माध्यमिक शिक्षा परिषद्, उ. प्र., प्रयागराज
द्वारा निर्धारित नवीनतम् पाठ्यक्रमानुसार एवं NCERT पर आधारित

भूगोल

कक्षा 11

प्रमुख आकर्षण

- सभी मुख्य शीर्षकों की सरलतम् परिभाषाएँ एवं व्याख्या
- नवीन परीक्षा प्रणाली के अनुरूप बहुविकल्पीय एवं अति लघु (हल सहित), लघु एवं दीर्घ उत्तरीय प्रश्नों का समावेश
- NCERT पाठ्य–पुस्तक से सम्बन्धित प्रश्न एवं उनके हल
- छात्रों के अभ्यास एवं मूल्यांकन के लिए महत्वपूर्ण प्रश्न

लेखकगण

डॉ. चतुर्भुज मामोरिया

चन्द्रेश कुमार यादव

कोड : **550**

मूल्य : ₹ 295

पाठ्यपुस्तकों में पाठ्य सामग्री का पुनर्संयोजन

कोविड–19 महामारी को देखते हुए, विद्यार्थियों के ऊपर से पाठ्य सामग्री का बोझ कम करना अनिवार्य है। राष्ट्रीय शिक्षा नीति, 2020 में भी विद्यार्थियों के लिए पाठ्य सामग्री का बोझ कम करने और रचनात्मक नज़रिए से अनुभवात्मक अधिगम के अवसर प्रदान करने पर जोर दिया गया है। इस पृष्ठभूमि में, राष्ट्रीय शैक्षिक अनुसंधान एवं प्रशिक्षण परिषद् ने सभी कक्षाओं में पाठ्य–पुस्तकों को पुनर्संयोजित करने की शुरूआत की है। इस प्रक्रिया में रा.शै.अ.प्र.प. द्वारा पहले से ही विकसित कक्षावार सीखने के प्रतिफलों को ध्यान में रखा गया है।

यहां सारणी बनाकर विषय से हटायी गई पाठ्य सामग्रियों के बारे में सूचित किया गया है, जिन्हें आकलन प्रक्रिया में शामिल नहीं किया जाना है।

भौतिक भूगोल के मूल सिद्धांत

अध्याय का नाम	हटाए गए विषय/अध्याय
इकाई : भूगोल एक विषय के रूप में भूगोल एक विषय के रूप में	• भौतिक भूगोल एवं प्राकृतिक विज्ञान, भूगोल एवं सामाजिक विज्ञान
इकाई : पृथ्वी : पृथ्वी की उत्पत्ति एवं विकास	• हमारा सौर मण्डल, चन्द्रमा, भूवैज्ञानिक काल मापक्रम, सारणी
पृथ्वी की आंतरिक संरचना	• क्रियाकलाप : भूकम्प अधिकेन्द्र का पता लगाना
इकाई : भू–आकृतियां : खनिज एवं शैल	संपूर्ण अध्याय
इकाई : पृथ्वी का जीवन : पृथ्वी पर जीवन	संपूर्ण अध्याय

भारत—भौतिक पर्यावरण

अध्याय का नाम	हटाए गए विषय/अध्याय
अध्याय : संरचना तथा भू–आकृति विज्ञान	• हिमालय पर्वतमाला में क्षेत्रीय विभिन्नताएं, पांच उपखंड हटा दिए गए हैं और सम्बन्धित आंकड़े—हटा दिए गए हैं।
अध्याय : अपवाह तंत्र	• पश्चिम की ओर बहने वाली छोटी नदियां, पूर्व की ओर बहने वाली छोटी नदियां, नदी बहाव प्रवृत्ति, हिमालय और प्रायद्वीपीय नदियों के बीच तुलना की तालिका हटाई गई हैं।
अध्याय : जलवायु	• भारत की जलवायु को प्रभावित करने वाले कारक के दो वर्ग और शीर्षक स्थिति तथा उच्चावच सम्बन्धी कारक, वायुदाब और पवनों से जुड़े कारक, शीतऋतु में मौसम की क्रियाविधि, ग्रीष्मऋतु में मौसम की क्रियाविधि वर्षा वाही तंत्र तथा वर्षा का वितरण, मानसून वर्षा की विशेषताएं, वर्षा की परिवर्तिता, भारत के जलवायु प्रदेश। सम्बन्धित आंकड़े और तालिका हटाई गई हैं।
अध्याय : प्राकृतिक वनस्पति	• भारत में वन आवरण, वन और जीवन बॉक्स में जिलों से सम्बन्धित आंकड़े, नीलगिरि, नंदा देवी, सुंदरबन और मन्नार की खाड़ी के जीवमंडल निचय का विवरण हटाया गया है।
अध्याय : मृदा	• संपूर्ण अध्याय
इकाई : प्राकृतिक संकट तथा आपदाएं : कारण, परिणाम तथा प्रबंध	
अध्याय : प्राकृतिक संकट तथा आपदाएं	• सम्बन्धित तालिक उष्णकटिबंधीय चक्रवात की संरचना हटाई गई हैं।
परिशिष्ट • राज्य, उनकी राजधानी, जिलों की संख्या, क्षेत्रफल एवं जनसंख्या • केंद्रशासित राज्य, उनकी राजधानी, क्षेत्रफल और जनसंख्या • जल उपलब्धता—द्रोणी के अनुसार राज्य/केन्द्र शासित क्षेत्रों में वनाच्छादन • राज्य अनुसार देश में संरक्षित क्षेत्र तंत्र का विस्तृत विवरण	• सभी परिशिष्ट हटा दिए गए हैं।

नोट : विभिन्न अध्यायों से हटाए गए अंश से सम्बन्धित प्रश्न जो अभ्यास के अंतर्गत दिए गए हैं, उन पर विचार न किया जाए।

भूमिका

उत्तर प्रदेश माध्यमिक शिक्षा परिषद्, प्रयागराज द्वारा वर्ष 2018-19 में भूगोल का कक्षा-11 के लिए नवीन पाठ्यक्रम उपलब्ध कराया गया है। नवीन पाठ्यक्रम को दृष्टिगत रखते हुए पुस्तक का यह संस्करण नवीन स्वरूप में छात्रों की आवश्यकताओं एवं जिज्ञासाओं की पूर्ति के लिए आपके समक्ष प्रस्तुत है। पुस्तक में, विषय वस्तु को, शिक्षा के सिद्धान्तानुसार, ''सरल से कठिन की ओर'' के अनुरूप वर्णित किया गया है। विषय सामग्री को रुचिकर बनाने के लिए उदाहरणों एवं चित्रों का प्रयोग किया गया है। यथासम्भव, छात्रों की रुचि के अनुसार, सरल भाषा का प्रयोग किया गया है।

सम्पूर्ण पुस्तक में अन्तर्राष्ट्रीय चिह्नों एवं प्रतीकों को वरीयता प्रदान की गयी है तथा भारत सरकार द्वारा मान्य शब्दावली का प्रयोग किया गया है। N.C.E.R.T. पाठ्यक्रम से सम्बन्धित प्रश्नों को भी पुस्तक में सरल तरीके से हल किया गया है। पुस्तक में वस्तुनिष्ठ, अति लघु उत्तरीय, लघु उत्तरीय एवं दीर्घ उत्तरीय प्रश्नों को उत्तरों के साथ उनका हल भी दिया गया है। दीर्घ उत्तरीय प्रश्नों के बाद छात्रों के अभ्यास हेतु प्रश्न भी पर्याप्त संख्या में दिये गये हैं। हमें पूर्ण विश्वास है कि प्रस्तुत पुस्तक छात्रों एवं शिक्षकों के मन व मस्तिष्क में स्थान बनाने में सफल होगी।

हमने, यद्यपि अपना पूरा प्रयास किया है कि त्रुटि रहित पुस्तक आपके हाथों में पहुंचे फिर भी यदि कोई त्रुटि रह गयी हो तो सुधी पाठक क्षमा करते हुए अपने सुझाव हमें प्रेषित करेंगे जिसके लिए हम उनके आभारी रहेंगे तथा उनके अच्छे सुझावों को स्वागत के साथ पुस्तक में स्थान देंगे।

अन्त में हम साहित्य भवन प्रकाशन का आभार प्रकट करते हैं जिन्होंने अपने अथक् प्रयासों से इस पुस्तक को समय पर प्रकाशित कर आप तक पहुंचाया है।

हमें पूर्ण विश्वास है कि यह पुस्तक विद्यार्थियों के लिए पूर्ण उपयोगी सिद्ध होगी।

— लेखकगण

पाठ्यक्रम

माध्यमिक शिक्षा परिषद्, उत्तर प्रदेश, प्रयागराज द्वारा जारी
संशोधित पाठ्यक्रम के अनुसार

1. लिखित (केवल प्रश्न–पत्र) समय : 3 घण्टा
अंक : 70

2. प्रयोगात्मक अंक : 70

खण्ड 'क'	**भौतिक भूगोल के मूल सिद्धान्त**		**35 अंक**
	इकाई–1 : एक विषय के रूप में भूगोल	05 अंक	
	इकाई–2 : पृथ्वी	05 अंक	
	इकाई–3 : भू–आकृतियां	05 अंक	
	इकाई–4 : जलवायु	05 अंक	30
	इकाई–5 : जल (महासागर)	05 अंक	
	इकाई–6 : पृथ्वी पर जीवन	05 अंक	
	मानचित्र कार्य एवं आरेख	05 अंक	05
खण्ड 'ख'	**भारत : भौतिक पर्यावरण**		**35 अंक**
	इकाई–7 : परिचय	07 अंक	
	इकाई–8 : भू : आकृति विज्ञान	08 अंक	
	इकाई–9 : जलवायु, वनस्पति एवं मृदा	08 अंक	
	इकाई–10 : प्राकृतिक आपदायें एवं संकट	07 अंक	
	मानचित्र कार्य	05 अंक	05 अंक
खण्ड 'ग'	**प्रयोगात्मक कार्य एवं आरेख**		**30 अंक**
	इकाई–1 : मानचित्र के आधारभूत तत्व		10 अंक
	इकाई–2 : स्थलाकृति एवं मौसम मानचित्र		15 अंक
	प्रयोगात्मक पुस्तिका एवं मौखिकी		05 अंक

खण्ड–क

भौतिक भूगोल के मूल सिद्धान्त — 35 अंक

इकाई 1 : एक विषय के रूप में भूगोल — 05 अंक

(1) भूगोल एक समाकलन विषय के रूप मे; स्थानिक गुण विज्ञान के रूप में; भूगोल की शाखाएं—भौतिक भूगोल एवं मानव भूगोल।
(2) क्षेत्र एवं व्यवसायिक विकल्प।

इकाई 2 : पृथ्वी — 05 अंक

(1) पृथ्वी की उत्पत्ति एवं विकास, पृथ्वी की आंतरिक संरचना,
(2) वेगनर का महाद्वीपीय विस्थापन सिद्धान्त, प्लेट विवर्तनिकी,
(3) भूकम्प एवं ज्वालामुखी—कारण, प्रकार एवं प्रभाव।

इकाई 3 : भू–आकृतियां — 05 अंक

(1) खनिज एवं शैल—शैलों के प्रमुख प्रकार एवं विशेषताएं;
(2) भू–आकृतिक प्रक्रियाएं—अपक्षय, वृहतक्षरण, अपरदन एवं निक्षेपण, मृदा–निर्माण।
(3) भू–आकृतियां एवं उनका विकास।

इकाई 4 : जलवायु — 05 अंक

(1) वायुमंडल—संघटन एवं संरचना; मौसम एवं जलवायु के तत्व।

(2) सूर्या–भिताप—आपतन कोण एवं वितरण, पृथ्वी का ऊष्मा बजट; वायुमंडल का गर्म एवं ठंडा होना (संचलन एवं संवहन, पार्थिव विकिरण अभिवहन)। तापमान–तापमान को प्रभावित (नियंत्रित) करने वाले कारक; तापमान का वितरण—क्षैतिज एवं ऊर्ध्वाधर; तापमान का व्युत्क्रमण।

(3) वायुदाब—वायुदाब पेटियां, पवन–भूण्डलीय, मौसमी एवं स्थानिक, वायुराशियां एवं वाताग्र; उष्ण कटिबंधीय, शीतोष्ण कटिबंधीय एवं चक्रवात।

(4) वर्षण–वाष्पीकरण, संघनन—ओस, पाला, धुंध, कोहरा एवं मेघ; वर्षा–प्रकार एवं विश्व वितरण।

(5) विश्व की जलवायु—वर्गीकरण (कोपेन); ग्रीनहाउस प्रभाव, भूंडलीय ऊष्मन एवं जलवायु परिवर्तन।

(6) जलवायु एवं वैश्विक चिंतन।

इकाई 5 : जल (महासागर) — 05 अंक

(1) जलीय चक्र।

(2) महासागर—अन्तः समुद्री उच्चावच, तापमान एवं लवणता।

(3) महासागरीय—तरंगे, समुद्री धाराएं।

इकाई 6 : पृथ्वी पर जीवन — 05 अंक

(1) जैवमंडल—पादप एवं अन्य जीवों की विशेषताएं, जैवविविधता एवं संरक्षण, पारिस्थितक तंत्र एवं पारिस्थितिक संतुलन। जैव–भू रासायनिक चक्र।

मानचित्र — 05 अंक

भारत के रूपरेखीय/प्राकृतिक/राजनैतिक मानचित्र पर इकाई 1 से 6 की विशेषताओं को चिन्हित करने सम्बन्धी मानचित्र कार्य—1/2 अंक सही स्थान एवं 1/2 अंक सही उत्तर हेतु। दृष्टिबाधित परीक्षार्थियों हेतु मानचित्र स संबंधित 05 प्रश्न पूछे जायेंगे।

खण्ड–ख

भारत : भौतिक पर्यावरण — 30 अंक

इकाई 7 : परिचय — 07 अंक

(1) स्थिति, विश्व में भारत का स्थान एवं आंतरिक सम्बन्ध।

इकाई 8 : भू–आकृति विज्ञान — 08 अंक

(1) संरचना एवं उच्चावच; भू–आकृतिक विभाजन।

(2) अपवाह–तंत्र; जल–विभाजक संकल्पना; हिमालीय एवं प्रायद्वीपीय नदियां।

इकाई 9 : जलवायु, वनस्पति एवं मृदा — 08 अंक

(1) मौसम एवं जलवायु–तापमान, वायुदाब, पवन और वर्षा का स्थानिक एवं कालिक वितरण।

(2) भारतीय मानसून–क्रियाविधि : आरंभ एवं परिवर्तिता; वर्षा की परिवर्तनशीलता; स्थानिक एवं कालिक; जलवायु के प्रकार।

(3) प्राकृतिक वनस्पति—वनों के प्रकार एवं वितरण, वन्य जीवन संरक्षण, जीव मंडल निचय।

(4) मृदा—प्रमुख प्रकार एवं विभाजन, भारतीय कृषि अनुंसधान परिषद (I.C.A.R.) का वर्गीकरण; मृदा अवकर्षण एवं संरक्षण।

इकाई 10 : प्राकृतिक आपदाएं एवं संकट : कारण, परिणाम तथा प्रबन्ध — 07 अंक

(1) बाढ़।

(2) सूखा—प्रकार तथा प्रभाव।

(3) भूकम्प एवं सुनामी।

(4) चक्रवात—लक्षण एवं प्रभाव।

(5) भू–स्खलन।

मानचित्र — 05 अंक

भारत के रूपरेखीय (Outline) प्राकृतिक तथा राजनैतिक मानचित्र पर उपरोक्त इकाईयों की विशेषताओं को चिन्हित तथा नामांकित करने सम्बन्धी मानचित्र कार्य— 1/2 अंक सही स्थान एवं 1/2 अंक सही उत्तर के लिये। दृष्टिबाधित परीक्षार्थियों के लिये मानचित्र से संबंधित 05 प्रश्न पूछे जायेंगे।

विषय-सूची

खण्ड-क : भौतिक भूगोल के मूल सिद्धान्त

इकाई 1 : एक विषय के रूप में भूगोल

इकाई 2 : पृथ्वी

इकाई 3 : भू-आकृतियां

इकाई 4 : जलवायु

इकाई 5 : जल (महासागर)

इकाई 6 : पृथ्वी पर जीवन

खण्ड-ख : भौतिक पर्यावरण

इकाई 7 : परिचय

इकाई 8 : भू-आकृति विज्ञान

इकाई 9 : जलवायु, वनस्पति एवं मृदा

इकाई 10 : प्राकृतिक आपदाएं एवं संकट : कारण, परिणाम तथा प्रबंध

1 भूगोल : एक विषय के रूप में

परिचय

हम सब लोग धरातल पर रहते हैं। हमारा जीवन हमारे परिस्थान में अनेक तरह से प्रभावित होता है। हम निर्वाह के लिए अपने आस–पास के संसाधनों पर आश्रित होते हैं। आदिम समाज अपने भरण–पोषण के लिए प्राकृतिक निर्वाह–संसाधनों, जैसे पशुओं तथा खाद्य पौधों पर आश्रित था। समय बीतने के साथ हमने तकनीकों का विकास किया तथा प्राकृतिक संसाधनों, यथा भूमि, मृदा, जल का उपयोग करते हुए अपना आहार उत्पादन प्रारम्भ किया। हमने अपने भोजन की आदतों एवं वस्त्र को मौसमी दशाओं के अनुरूप समायोजित किया। ध्यातव्य है कि प्राकृतिक संसाधन आधार, तकनीकी विकास, भौतिक वातावरण के साथ अनुकूलन एवं उसका परिष्करण, सामाजिक संगठन तथा सांस्कृतिक विकास में विभिन्नता पाई जाती है।

भूगोल हमको विविधता समझने तथा समय एवं स्थान के सन्दर्भ में ऐसी भिन्नताओं को उत्पन्न करने वाले कारकों की खोज करने की क्षमता प्रदान करता है।

पृथ्वी की सतह एकरूप नहीं है। इसके भौतिक स्वरूप में भिन्नता होती है। यहां पर्वत, पहाड़ियां, घाटियां, मैदान, पठार, समुद्र, झील, रेगिस्तान, वन एवं उजाड़ क्षेत्र मिलते हैं। यहां सामाजिक व सांस्कृतिक तत्वों में भिन्नता पाई जाती है जो सांस्कृतिक विकास की पूर्ण अवधि में मानव द्वारा सृजित ग्रामों, नगरों, सड़कों, रेलों, पत्तनों, बाजारों एवं मानवजनित अन्य कई तत्वों के रूप में विद्यमान है। इस भिन्नता में भौतिक पर्यावरण एवं सांस्कृतिक लक्षणों के बीच सम्बन्धों को समझने का संकेत निहित होता है। इन संकेतों को अच्छी तरह समझने के लिए भूगोल को विभिन्न शाखाओं में विभक्त किया गया है।

भूगोल : तथ्यात्मक परीक्षण

सरल शब्दों में यह कहा जा सकता है कि भूगोल पृथ्वी का वर्णन है। सबसे पहले भूगोल शब्द का प्रयोग **इरेटॉस्थेनीज** नामक एक ग्रीक विद्वान (276-194 ई. पू.) ने किया। यह शब्द, ग्रीक भाषा के दो शब्दों 'Geo' (पृथ्वी) एवं 'graphos' (वर्णन) से प्राप्त किया गया है। दोनों को एक साथ रखने पर इसका अर्थ बनता है, पृथ्वी का वर्णन। पृथ्वी को सदैव मानव के आवास के रूप में देखा गया है और इस दृष्टि से विद्वान भूगोल को 'मानव के निवास के रूप में पृथ्वी का वर्णन' परिभाषित करते हैं।

भूगोल को उन सभी तथ्यों का अध्ययन करना होता है जो क्षेत्रीय सन्दर्भ में अलग–अलग होते हैं। भूगोलवेत्ता मात्र धरातल पर तथ्यों में विभिन्नता का अध्ययन नहीं करते अपितु उन कारकों का भी अध्ययन करते है। जो इन विभिन्नताओं के कारण होते हैं। जैसे, फसल का स्वरूप एक प्रदेश से दूसरे प्रदेश में भिन्न होता है, किन्तु यह भिन्नता एक तथ्य के रूप में मिट्टी, जलवायु, बाजार में मांग, किसानों की व्यय–क्षमता, तकनीकी निवेश की उपलब्धता आदि से भिन्नता से सम्बन्धित होती है। इस प्रकार भूगोल की दिलचस्पी किन्हीं दो तत्वों या एक से अधिक तत्वों के मध्य कार्य–कारण सम्बन्ध को ज्ञात करने में हैं।

एक भूगोलवेत्ता तथ्यों की व्याख्या कार्य–कारण सम्बन्धों के ढांचे में ही करता है, क्योंकि यह केवल व्याख्या में ही सहायक नहीं होता अपितु तथ्य के पूर्वानुमान एवं भविष्य के परिप्रेक्ष्य में देखने की क्षमता भी रखता है। वस्तुतः भूगोल 'प्रकृति' तथा 'मानव' के समग्र इकाई के रूप में अन्तर्प्रक्रिया के अध्ययन से सम्बन्धित है।

एक वैज्ञानिक विषय के रूप में भूगोल तीन वर्गीकृत प्रश्नों से सम्बद्ध है—

(i) कुछ प्रश्न धरातल पर पाए जाने वाले प्राकृतिक तथा सांस्कृतिक विशेषताओं के प्रतिरूप की पहचान से जुड़े होते हैं जो 'क्या' प्रश्न के उत्तर देते हैं।

(ii) कुछ प्रश्न पृथ्वी पर भौतिक सांस्कृतिक तत्वों के वितरण से सम्बन्धित होते हैं, जो 'कहां' प्रश्न से सम्बद्ध होते हैं।

(iii) तृतीय प्रश्न व्याख्या अथवा तत्वों एवं तथ्यों के मध्य कार्य–कारण सम्बन्ध से जुड़ा हुआ है। भूगोल का यह पक्ष 'क्यों' प्रश्न से जुड़ा हुआ है।

भूगोल : एक समाकलन (Integrating) विषय के रूप में

भूगोल एक संश्लेषणात्मक विषय है जो क्षेत्रीय संश्लेषण तथा इतिहास कालिक संश्लेषण का प्रयास करता है। यह इस तथ्य को मानता है कि विश्व एक परस्पर निर्भर तन्त्र है। भूगोल अनेक प्राकृतिक एवं सामाजिक विज्ञानों से परस्पर अन्तर्सम्बन्धित है। प्राकृतिक या सामाजिक सभी विज्ञानों का एक मूल उद्देश्य है—यथार्थता को ज्ञात करना। अतः भूगोल न केवल एक स्थान से दूसरे स्थान में तथ्यों की भिन्नता पर ध्यान देता है बल्कि उन्हें समग्रता से समाकलित करता है।

भूगोल का उद्देश्य—भूगोल का उद्देश्य पृथ्वी तथा मानव के अन्तर्सम्बन्धों को समझना है। ऐसी दशा में भूगोल के उद्देश्य को निम्नलिखित बिन्दुओं द्वारा समझा जा सकता है—

(i) पृथ्वी तल का मानव संसार के रूप में अध्ययन करना है।

(ii) स्थानों तथा प्रदेशों की विभिन्नताओं और उनके समाकलित स्वरूप की व्याख्या करना।

(iii) पृथ्वी तल पर विभिन्न संसाधनों, मानव संसाधनों तथा अधिवासों का विस्तृत अध्ययन करना।

(iv) विभिन्न प्रदेशों के पार्थिव घटनाक्रम को समझना तथा उनका मानव क्रियाओं से अन्तर्सम्बन्धित स्वरूप का अध्ययन करना।

(v) विभिन्न प्रदेशों के संसाधनों का मूल्यांकन करना, उनका समुचित उपयोग करते हुए मानव के विकास में समुचित योगदान देना। सतत् विकास की गति को अनवरत बनाए रखने का प्रयास करना।

इस प्रकार भूगोल के अध्ययन का मुख्य उद्देश्य मानव एवं पर्यावरण के अन्तर्सम्बन्धों को समझते हुए सतत् विकास की प्रक्रिया को बनाए रखना है।

भूगोल : विषय क्षेत्र

भूगोल के विषय–क्षेत्र से अभिप्राय उस समस्त सामग्री से है जिसका अध्ययन भूगोल के अन्तर्गत किया जाता है। दूसरे शब्दों में, हम भूगोल के अन्तर्गत पृथ्वी तल के उस भाग का विस्तृत अध्ययन करते हैं, जिस पर मानव निवास करता है। इसके अन्तर्गत उन विषयों को भी सम्मिलित किया जाता है जो मानव क्रियाओं को प्रभावित करती हैं। संक्षेप में हम भूगोल के विषय–क्षेत्र के अन्तर्गत निम्नलिखित विषयों का अध्ययन करते हैं—

(1) **स्थलमण्डल**—इसके अन्तर्गत महाद्वीपों, द्वीपों, पर्वतों, मैदानों, प्राकृतिक घटनाओं तथा प्राकृतिक संसाधनों का अध्ययन करते हैं।

(2) **वायुमण्डल**—इसमें वायुमण्डल की विशेषतः निचली परत क्षोभमण्डल का विस्तृत अध्ययन करते हैं।

(3) **जलमण्डल**—महासागरीय नितल, महासागरीय जल की विशेषताओं, महासागरीय संसाधनों आदि का अध्ययन भूगोल की विषय–वस्तु के अन्तर्गत आता है।

(4) **जैवमण्डल**—जैवमण्डल में मानव तथा वृहद् जीव एवं उनकी खाद्य शृंखला, तथा पारिस्थैतिक सन्तुलन का अध्ययन किया जाता है।

(5) **पृथ्वी की सूर्य से सापेक्ष स्थिति**—इनमें पृथ्वी के ग्रहीय सम्बन्धों का अध्ययन होता है।

वर्तमान समय में मानव एवं प्रकृति का सम्बन्ध समय के साथ परिवर्तित होता जा रहा है। अतः पर्यावरणीय समस्याओं, संसाधनों के संरक्षण एवं सतत् विकास की अवधारणा को भूगोल के विषय–क्षेत्र के अन्तर्गत सम्मिलित किया जाने लगा है।

भूगोल : विभिन्न प्राकृतिक विज्ञानों से सम्बन्ध

भूगोल एक ऐसा विज्ञान है जो भूतल का अध्ययन मानव केन्द्रित विचारधारा की दृष्टि से करता है। अतएव इसके समग्र अध्ययन में विभिन्न प्राकृतिक एवं सामाजिक विज्ञानों का स्वतः समावेश हो जाता है।

भूगोल एवं खगोल विज्ञान—भूगोल में सौरमण्डल की उत्पत्ति, सूर्य एवं चन्द्रमा तथा पृथ्वी के सम्बन्धों का अध्ययन किया जाता है। खगोल विज्ञान में भी खगोल पिण्डों की सापेक्ष स्थितियों की व्याख्या की जाती है। अतएव दोनों का घनिष्ठ सम्बन्ध है।

भूगोल एवं गणित—भूगोल में देशों एवं प्रदेशों की सीमाओं, उनके अक्षांशीय एवं देशान्तरीय विस्तार, क्षेत्रफल आदि का अध्ययन किया जाता है। वर्तमान समय में विधितन्त्र में मात्रात्मक तकनीकी का भूगोल में विस्तार होता जा रहा है। अतएव भूगोल का गणित से प्राचीन समय से ही गहन सम्बन्ध रहा है।

भूगोल एवं भू–गर्भ विज्ञान—पृथ्वी की सतह का स्वरूप बहुत कुछ पृथ्वी की भू–गर्भिक संरचना तथा शक्तियों द्वारा निर्धारित होता है। खनिज भण्डार पृथ्वी के भू–गर्भ में ही स्थित है। अतः भू–गर्भशास्त्र एवं भूगोल का गहन सम्बन्ध है।

भूगोल एवं जलवायु विज्ञान—जलवायु विज्ञान में विभिन्न प्रदेशों की जलवायु दशाओं आदि का अध्ययन किया जाता है जबकि प्रदेश की संकल्पना भूगोल द्वारा निर्धारित की जाती है। इसलिए दोनों विज्ञान एक–दूसरे के पूरक हैं।

भूगोल एवं जल विज्ञान—भूगोल में महासागरों व अन्य जलमण्डलों का विस्तृत विवेचन होता है। जल विज्ञान में भी जलमण्डलों की विस्तृत विवेचना की जाती है अतएव दोनों विषयों का घनिष्ठ सम्बन्ध है।

भूगोल एवं मृदा विज्ञान—मिट्टी में ही मानव कृषि करके अनेक प्रकार की फसलों को उगाता है। खाद्यान्नों का उत्पादन करने वाली मिट्टियों का विस्तृत अध्ययन भूगोल तथा मृदा विज्ञान दोनों में किया जाता है। अतः दोनों विषयों का घनिष्ठ सम्बन्ध है।

भूगोल एवं जैव विज्ञान—जैव विज्ञान में विभिन्न जीवों एवं वनस्पतियों का अध्ययन किया जाता है। वनस्पतियां एवं जीव प्रमुख प्राकृतिक संसाधन हैं जिनका अध्ययन भूगोल विज्ञान में भी किया जाता है। अतः दोनों विषयों का घनिष्ठ सम्बन्ध है।

भूगोल : विभिन्न सामाजिक विज्ञानों से सम्बन्ध

भूगोल के विभिन्न सामाजिक विज्ञानों से सम्बन्ध को निम्नलिखित विवरणों द्वारा समझा जा सकता है—

भूगोल एवं समाजशास्त्र—समाजशास्त्र एक ऐसा विज्ञान है जिसमें मानव के सामाजिक जीवन के विभिन्न पहलुओं का अध्ययन किया जाता है। भूगोल विभिन्न प्रदेशों में निवास करने वाली जनसंख्या के प्राकृतिक एवं सांस्कृतिक पर्यावरण, उनके सम्बन्धों तथा उनके प्रभावों का विस्तृत अध्ययन करता है। अतएव भूगोल एवं समाजशास्त्र का घनिष्ठ सम्बन्ध है।

भूगोल एवं अर्थशास्त्र—अर्थशास्त्र आर्थिक क्रियाओं के वितरण, विनिमय एवं उपभोग की व्याख्या करता है। भूगोल में विभिन्न क्षेत्रों के आर्थिक संसाधनों के वितरण एवं उनके मानव की आर्थिक क्रियाओं पर प्रभावों की व्याख्या की जाती है। अतः भूगोल एवं अर्थशास्त्र का घनिष्ठ सम्बन्ध है।

भूगोल एवं राजनीतिशास्त्र—राजनीतिशास्त्र में राज्यों की उत्पत्ति, विकास, उनकी प्रशासनिक व्यवस्थाओं आदि का विस्तृत अध्ययन किया जाता है। राज्यों के संसाधनों, उसकी जनसंख्या तथा सामाजिक–सांस्कृतिक विशेषताओं का अध्ययन भूगोल में भी किया जाता है। अतएव भूगोल एवं राजनीतिशास्त्र दोनों घनिष्ठ रूप से सम्बन्धित हैं।

भूगोल एवं इतिहास—इतिहास में पूर्व घटित घटनाओं की व्याख्या उनके ऐतिहासिक सन्दर्भ में की जाती है। वर्तमान भौगोलिक घटनाएं ही अतीत में इतिहास बनती हैं। भूगोल में विभिन्न धरातलीय तत्वों की व्याख्या ऐतिहासिक सन्दर्भ में की जाती है। अतएव इतिहास एवं भूगोल का घनिष्ठ सम्बन्ध है।

हम कह सकते हैं कि भूगोल एक ऐसा विज्ञान है जो भौतिक विज्ञान, मानव विज्ञान तथा सामाजिक विज्ञान को परस्पर जोड़ने वाली एक महत्वपूर्ण शृंखला है। जिसका लक्ष्य 'पृथ्वी तल' पर प्राकृतिक वातावरण और समस्त मानव जाति की पारस्परिक प्रतिक्रिया को समझना है। इसलिए इसे अन्तरानुशासिक विज्ञान भी कहते हैं।

भूगोल की शाखाएं

भूगोल में अनेक भौतिक एवं सामाजिक विज्ञानों को सम्मिलित किया जाता है। भौतिक एवं मानव भूगोल तथा उपागम के अध्ययन के आधार पर क्रमबद्ध एवं प्रादेशिक भूगोल के रूप में इसमें द्वैतवाद (Dualism) भी देखने को मिलता है वास्तव में भूगोल का अध्ययन इनके समाकलित अध्ययन से ही पूर्ण होता है। भूगोल का शाखाओं एवं उपशाखाओं में विभाजन भिन्न प्रकार से किया गया है—

भूगोल

भौतिक भूगोल	मानव भूगोल
(i) भू–आकृति विज्ञान	(i) ऐतिहासिक भूगोल
(ii) जलवायु विज्ञान	(ii) आर्थिक भूगोल
(iii) समुद्र विज्ञान	(iii) सामाजिक भूगोल
(iv) खगोल विज्ञान	(iv) सांस्कृतिक भूगोल
(v) जीव भूगोल	(v) राजनीतिक भूगोल
(vi) गणित भूगोल	(vi) जनसंख्या भूगोल
(vii) मृदा भूगोल	(vii) अधिवास भूगोल
(viii) वनस्पति भूगोल	(viii) ग्रामीण भूगोल
(ix) पर्यावरण भूगोल	(ix) नगरीय भूगोल
(x) स्वास्थ्य भूगोल	(x) संसाधन भूगोल
(xi) मानचित्र विज्ञान	(xi) सैन्य भूगोल
(xii) पर्यटन भूगोल	(xii) आचरण भूगोल

भौतिक भूगोल—भूगोल की इस शाखा के अन्तर्गत पृथ्वी की उत्पत्ति, पृथ्वी की आंतरिक संरचना, चट्टान, ज्वालामुखी, भूकंप, अपक्षय एवं अपरदन के कारकों, वायुमण्डल, जलमण्डल एवं जैव मण्डल आदि का विस्तृत अध्ययन किया जाता है। भौतिक भूगोल की प्रमुख उपशाखाएं निम्नलिखित हैं—

(1) भू–आकृति विज्ञान—इसमें स्थलरूपों की उत्पत्ति, विकास, संरचना, अपरदन के कारकों का विस्तृत अध्ययन किया जाता है।

(2) मौसम एवं जलवायु विज्ञान— इसमें मौसम एवं जलवायु के कारकों, ऋतुओं, जलवायु प्रदेशों एवं उनकी विशेषताओं का अध्ययन किया जाता है।

(3) समुद्र विज्ञान—इसमें महासागरों, उनके नितल, संरचना एवं उत्पत्ति तापमान, लवणता, सामुद्रिक गतियों आदि का अध्ययन किया जाता है।

(4) खगोल विज्ञान—इसमें पृथ्वी के ग्रहीय सम्बन्धों तथा सूर्य एवं चन्द्रमा की सापेक्ष स्थिति का अध्ययन समाहित है।

(5) जैव भूगोल—इसमें वनस्पति तथा जीवों का भौगोलिक विश्लेषण किया जाता है।

(6) मृदा भूगोल—इसमें मिट्टी की उत्पत्ति, निर्माण प्रक्रिया, वितरण, उत्पादकता आदि का अध्ययन किया जाता है।

(7) पर्यावरण भूगोल—इसके अन्तर्गत पर्यावरण, पर्यावरणीय कारकों, इनमें परिवर्तन तथा प्रभाव एवं संरक्षण आदि का अध्ययन होता है।

मानव भूगोल

इसमें मानव, उसकी उत्पत्ति, प्रजातियों, उनके विवरण तथा उनकी क्रियाओं की विस्तृत विवेचना तथा उनके पर्यावरणीय सम्बन्धों का अध्ययन किया जाता है।

मानव भूगोल की प्रमुख शाखाएं निम्नलिखित हैं—

(1) ऐतिहासिक भूगोल—इसमें प्राचीन देशों का भौगोलिक अध्ययन किया जाता है।

(2) आर्थिक भूगोल—इसमें मानव की आर्थिक क्रियाओं का भौगोलिक वर्णन किया जाता है।

कृषि भूगोल, औद्योगिक भूगोल, संसाधन भूगोल, वाणिज्य भूगोल, परिवहन भूगोल, पर्यटन भूगोल आदि आर्थिक भूगोल की उपशाखाएं हैं।

(3) सामाजिक भूगोल—इसके अन्तर्गत विभिन्न प्रदेशों में निवास करने वाले मानव वर्गों की सामाजिक विशेषताओं और उन पर भौगोलिक प्रभावों का अध्ययन होता है।

(4) सांस्कृतिक भूगोल—इसमें सांस्कृतिक भू—दृश्यों तथा विभिन्न प्रदेशों के सांस्कृतिक प्रतिरूपों का भौगोलिक विश्लेषण किया जाता है।

(5) राजनीतिक भूगोल—इसके अन्तर्गत विभिन्न देशों/प्रदेशों की राजनीतिक सीमाओं, परिसीमाओं, प्रशासनिक व्यवस्थाओं, सीमा—क्षेत्रीय विवादों एवं अन्तर्राष्ट्रीय सम्बन्धों तथा संसाधनों का अध्ययन होता है।

(6) जनसंख्या भूगोल—इसमें जनसंख्या, वितरण, वृद्धि, प्रवास, संरचना, विशेषताओं एवं जनसंख्या नीतियों की विवेचना सम्मिलित है।

(7) अधिवास भूगोल—इसमें ग्रामीण एवं नगरीय अधिवासों की उत्पत्ति, प्रतिरूप, प्रकार, कार्यों आदि का अध्ययन होता है।

भूगोल की विभिन्न शाखाओं का विभाजन सैद्धान्तिक आधार पर उपर्युक्त हो सकता है किन्तु किसी भी क्षेत्र का समग्र अध्ययन विभिन्न शाखाओं के सामूहिक अध्ययन से ही पूर्ण होता है। भूगोल एक समाकलित विज्ञान है जिसमें विभिन्न विज्ञानों का समाकलित अध्ययन क्रमबद्ध एवं प्रादेशिक रीतियों से किया जाता है।

भौतिक भूगोल के अध्ययन का महत्व

भूगोल में समाहित भौतिक भूगोल एवं मानव भूगोल का महत्व मनुष्य के लिए निर्विवाद है। विशेषकर भौतिक भूगोल में भूमण्डल, वायुमण्डल, जलमण्डल एवं जैवमण्डल का विस्तृत अध्ययन किया जाता है। मिट्टियों का निर्माण एक निश्चित प्रक्रिया द्वारा होता है जिसमें जलवायु की महत्वपूर्ण भूमिका होती है। समय के साथ—साथ मिट्टियां परिपक्व होती हैं तथा मृदा पार्श्विका के निर्माण में सहायक होती हैं।

अलग—अलग उच्चावच स्वरूपों पर अलग—अलग प्रकार की मानव क्रियाएं विकसित होती हैं तथा भिन्न—भिन्न प्रकार के सांस्कृतिक भू—दृश्यों का निर्माण होता है। पठारी भाग सामान्यतः खनिजों के भण्डार हैं। पर्वतीय भाग सामान्यतः पर्यटन स्थलों के रूप में विकसित हो रहे हैं। यहीं नदियों के उद्गम स्थल भी हैं।

जलवायु द्वारा मानव अधिवास, उनके रहन—सहन का स्तर, भोजन, वस्त्र एवं उनकी संस्कृति प्रभावित होती है। वनस्पति, कृषि, पशुपालन, उद्योग आदि भी बहुत कुछ जलवायु कारकों द्वारा प्रभावित होते हैं।

समुद्र संसाधनों के अगाध भण्डार रहे हैं। भारत ने समुद्री तल से मैंगनीज पिण्ड एकत्रित करने की तकनीकी का विकास कर लिया है। इसके अलावा समुद्री जीवों से विभिन्न प्रकार के उत्पाद प्राप्त किये जाने लगे हैं। समुद्र परिवहन में भी अपनी महत्वपूर्ण भूमिका निभाते हैं।

मिट्टी एक ऐसा महत्वपूर्ण संसाधन है जो नव्यकरणीय है, यह कृषि का आधार है। यह पौधों, पशुओं एवं सूक्ष्म जीवाणुओं का आधार है। इसका अध्ययन भूगोल में महत्वपूर्ण है।

वर्तमान समय में प्राकृतिक संसाधनों के अधिकाधिक विदोहन से अनेक पर्यावरणीय समस्याएं उत्पन्न हो रही हैं। सतत् विकास के लिए आवश्यक है कि भौतिक पर्यावरण को भली—भांति समझा जाय। इस दृष्टि से भौतिक भूगोल के महत्व को सर्वोपरि माना जा सकता है।

यह भी जानिए

प्राकृतिक विज्ञान—मानव आदिकाल से अपने चारों ओर घटित प्राकृतिक दृश्यों को एवं प्राकृतिक घटनाओं को देखता रहा है। जैसे—आकाश का नीला दिखाई देना, बादल में बिजली चमकना व कड़कना, समुद्र में ज्वार—भाटा आना, वर्षा के बाद इन्द्रधनुष दिखाई देना आदि। इन समस्त घटनाओं को जानने के लिए प्रारम्भ से ही मानव उत्सुक रहा होगा तथा इनकी खोज अपनी बुद्धि एवं तर्कपूर्ण अनुमान से ही नहीं बल्कि प्रयोगों द्वारा करता रहा होगा। इस प्रकार के अध्ययन से मानव ने यह निष्कर्ष निकाला कि प्रत्येक घटना किसी प्राकृतिक नियम के अनुसार होती है। इन्हीं नियमों व सुव्यवस्थित जानकारी को प्राकृतिक विज्ञान के नाम से जाना जाता है।

नवीकरणीय संसाधन—वे समस्त संसाधन जिनको भौतिक, रासायनिक अथवा यांत्रिक प्रक्रियाओं द्वारा नवीकृत या पुनः उत्पन्न किया जा सकता है नवीकरणीय योग्य संसाधन कहा जाता है। इन्हें पुनः स्थापनीय संसाधन भी कहते हैं, जैसे—सौर ऊर्जा, पवन ऊर्जा, जल, वन आदि।

सतत् विकास—सतत् विकास पर्यावरण को बिना क्षति पहुंचाए किया जाने वाला विकास है। इसमें वर्तमान विकास प्रक्रिया का निर्धारण भविष्य की आवश्यकताओं को ध्यान में रखकर किया जाता है।

प्राकृतिक वातावरण एवं समग्र वातावरण में अंतर

क्र.सं.	प्राकृतिक वातावरण	समग्र वातावरण
1.	इस वातावरण की रचना प्राकृतिक तत्वों द्वारा होती है।	इस वातावरण की रचना प्राकृतिक एवं मानवीय तत्वों से मिलकर होती है।
2.	इसमें भूमि, वायु, वनस्पति, जल, मिट्टी आदि तत्व सम्मिलित होते हैं।	इसमें भौतिक, जैविक और सांस्कृतिक वातावरण सम्मिलित होते हैं।
3.	इसमें स्थलमण्डल, जल मण्डल तथा वायुमण्डल सम्मिलित होते हैं।	इसमें जैव मण्डल की भूमिका अत्यन्त महत्वपूर्ण होती है।

भौतिक भूगोल एवं जैव भूगोल में अन्तर

क्र.सं.	भौतिक भूगोल	जैव भूगोल
1.	यह महाद्वीपों, पर्वतों, पठारों मैदानों, नदी घाटियों एवं अन्य भू-लक्षणों का अध्ययन है।	इसमें विभिन्न प्रकार के वनों तथा जीव जन्तुओं के वितरण का अध्ययन किया जाता है।
2.	इसमें चार उपशाखाएं समाहित हैं-भू-आकृति विज्ञान, जलवायु विज्ञान, जल विज्ञान एवं मृदा भूगोल।	इसमें भी चार उपशाखाएं समाहित हैं-वनस्पति भूगोल, प्राणी भूगोल, मानव पारिस्थितिकी तथा पर्यावरण भूगोल

स्मरणीय बिन्दु

- भूगोल शब्द की उत्पत्ति ग्रीक भाषा (यूनानी भाषा) के दो मूल शब्दों Geo (पृथ्वी) एवं Graphos (वर्णन) से हुई है। जिसका अर्थ होता है-पृथ्वी का वर्णन।
- पृथ्वी को सामान्यतया मानव के आवास के रूप में देखा जाता है। जिस कारण विद्वान भूगोल को 'मानव के निवास के रूप में पृथ्वी का वर्णन' परिभाषित करते हैं।
- सर्वप्रथम भूगोल शब्द का प्रयोग यूनानी विद्वान इरेटॉस्थनीज (276-194 ई.पू.) ने किया था।
- भूगोल एक वैज्ञानिक विषय है जो समय और स्थान के सन्दर्भ में धरातलीय विभिन्नताओं का अध्ययन करता है।
- भूगोल एक अन्तर्विषयक विषय है जिसके अन्तर्गत विज्ञान एवं सामाजिक विज्ञान के विभिन्न विषयों का अध्ययन किया जाता है।
- भूगोल के अन्तर्गत भौतिक वातावरण के तत्व मानव को प्रभावित करते हैं एवं मानव स्वयं एक भौगोलिक कारक के रूप में वातावरण में परिवर्तन करता है। अतः मानव और प्रकृति दोनों ही परिवर्तनशील एवं गतिमान है।
- एक सामाजिक विज्ञान के रूप में भूगोल क्षेत्रीय समाकलन एवं संगठन का अध्ययन करता है। यह क्षेत्रीय विवरणों का विज्ञान है।
- एक वैज्ञानिक विषय के रूप में भूगोल क्या, कहां और क्यों सम्बन्धी प्रश्नों की उचित व्याख्या भी करता है।
- भूगोल धरातल के भौतिक एवं सांस्कृतिक तत्वों की व्याख्या क्षेत्रीय सन्दर्भ में करता है। यह अन्य विज्ञानों से अलग स्थानिक सन्दर्भ में यथार्थता की समग्रता को समझने में सहायक होता है।
- भौतिक भूगोल की सभी शाखाएं प्राकृतिक विज्ञानों से सम्बन्धित हैं। इसी प्रकार भू-आकृति विज्ञान, जलवायु विज्ञान, सामुद्रिक विज्ञान, मृदा भूगोल का प्राकृतिक विज्ञान से निकट का सम्बन्ध है।
- भूगोल की विभिन्न शाखाएं विभिन्न सामाजिक विज्ञानों से सम्बन्धित हैं। यह अन्य विज्ञानों में इस दृष्टि से भिन्न है कि यह विभिन्न विषयों से प्राप्त सूचनाओं एवं आंकड़ों का संश्लेषणात्मक अध्ययन करता है तथा मानचित्र के माध्यम से क्षेत्रीय प्रतिरूपों का निरूपण करता है।
- विषय वस्तुगत (क्रमबद्ध) उपागम का प्रतिपादन जर्मन भूगोलवेत्ता अलेक्जेंडर वान हम्बोल्ट (1769-1859 ई.) ने किया था जबकि प्रादेशिक उपागम का विकास भी जर्मन भूगोलवेत्ता कार्ल रिटर (1779-1859 ई.) के द्वारा किया गया।
- प्रादेशिक उपागम के अन्तर्गत विश्व को विभिन्न पदानुक्रमिक स्तर के प्रदेशों में विभाजित करके एक विशेष प्रदेश में सभी भौगोलिक तथ्यों का अध्ययन किया जाता है।
- भौतिक भूगोल की प्रमुख शाखाएं-भू-आकृति विज्ञान, जलवायु विज्ञान, जलविज्ञान एवं मृदा भूगोल आदि हैं।
- मानव भूगोल की प्रमुख शाखाएं-सामाजिक एवं सांस्कृतिक भूगोल, जनसंख्या एवं बस्ती भूगोल, आर्थिक भूगोल, ऐतिहासिक भूगोल एवं राजनीतिक भूगोल आदि हैं।
- जीव भूगोल के अन्तर्गत पादप भूगोल, प्राणी भूगोल, पारिस्थितिकी एवं पर्यावरण भूगोल आदि को सम्मिलित किया जाता है।
- प्रादेशिक उपागम के आधार पर भूगोल की शाखाओं के अन्तर्गत प्रादेशिक अध्ययन/क्षेत्रीय अध्ययन, प्रादेशिक विकास, प्रादेशिक विश्लेषण एवं प्रादेशिक योजना आदि सम्मिलित हैं।
- भौतिक भूगोल के अन्तर्गत भूमण्डल, वायुमण्डल, जलमण्डल एवं जैवमण्डल का अध्ययन किया जाता है।
- वर्तमान समय में भौतिक भूगोल प्राकृतिक संसाधनों के मूल्यांकन एवं प्रबन्धन से सम्बन्धित विषय के रूप में विकसित हो रहा है।
- आज संसाधनों के बढ़ते उपयोग ने सम्पूर्ण विश्व में पारिस्थितिक असन्तुलन उत्पन्न कर दिया है। अतः सतत् विकास के लिए भौतिक पर्यावरण की जानकारी होना अति आवश्यक है।

एन.सी.ई.आर.टी. पाठ्यपुस्तक भूगोल के प्रश्न (हल सहित)

बहुविकल्पीय प्रश्न

(i) निम्नलिखित में से किस विद्वान ने भूगोल (Geography) शब्द (Term) का प्रयोग किया?

(क) हेरोडट्स (ख) गैलीलियो

(ग) इरेटॉस्थेनीज (घ) अरस्तू

(ii) निम्नलिखित में से किस लक्षण को भौतिक लक्षण कहा जा सकता है?

(क) पत्तन (ख) मैदान

(ग) सड़क (घ) जल उद्यान

(iii) स्तम्भ 'क' एवं स्तम्भ 'ख' के अन्तर्गत लिखे गये विषयों को पढ़िए :

स्तम्भ 'क' प्राकृतिक/सामाजिक विज्ञान	स्तम्भ 'ख' भूगोल की शाखाएं
1. मौसम विज्ञान	(अ) जनसंख्या भूगोल
2. जनांकिकी	(ब) मृदा भूगोल
3. समाजशास्त्र	(स) जलवायु विज्ञान
4. मृदा विज्ञान	(द) सामाजिक भूगोल

सही मेल को चिह्नांकित कीजिए :

(क) 1 ब, 2 स, 3 अ, 4 द (ख) 1 द, 2 ब, 3 स, 4 अ

(ग) 1 अ, 2 द, 3 ब, 4 स (घ) 1 स, 2 अ, 3 द, 4 ब

(iv) निम्नलिखित में से कौन सा प्रश्न कार्य–कारण सम्बन्ध से जुड़ा हुआ है?

(क) क्यों (ख) क्या

(ग) कहां (घ) कब

(v) निम्नलिखित में से कौन–सा विषय कालिक संश्लेषण करता है?

(क) समाजशास्त्र (ख) मानवशास्त्र

(ग) इतिहास (घ) भूगोल

उत्तर–(i) (ग), (ii) (ख), (iii) (घ), (iv) (क), (v) (ग)।

निम्नलिखित प्रश्नों के उत्तर लगभग 30 शब्दों में दीजिए।

(i) आप विद्यालय जाते समय किन महत्वपूर्ण सांस्कृतिक लक्षणों का पर्यवेक्षण करते हैं? क्या वे सभी समान हैं अथवा असमान? उन्हें भूगोल के अध्ययन में सम्मिलित करना चाहिए अथवा नहीं? यदि हां, तो क्यों?

उत्तर–सांस्कृतिक लक्षणों से अभिप्राय उन सभी भू–दृश्यों से है जिन्हें मानव स्वयं निर्मित करता है। मानव मकान (अधिवास), सड़कें, रेलमार्ग, खेत, खलिहान, कारखाने, बन्दरगाह, बागान आदि का निर्माण करता है। विद्यालय जाते समय ये भू–दृश्य स्पष्ट दिखाई पड़ते हैं। इनमें सर्वत्र असमानता मिलती है। ये सब भूगोल के विषय क्षेत्र के अन्तर्गत आते हैं। पृथ्वी तल पर व्याप्त विभिन्नताओं का अध्ययन भूगोल का मुख्य विषय है। धरातल पर उपलब्ध सांस्कृतिक लक्षणों का अध्ययन भूगोल विषय के अन्तर्गत किया जाना पूर्णरूपेण उचित है।

(ii) आपने एक टेनिस गेंद, क्रिकेट गेंद, संतरा एवं लौकी देखी होगी। इनमें से कौन–सी वस्तु की आकृति पृथ्वी की आकृति से मिलती–जुलती है? आपने इस विशेष वस्तु को पृथ्वी की आकृति का वर्णन करने के लिए क्यों चुना है?

उत्तर–टेनिस गेंद, क्रिकेट गेंद, सन्तरा एवं लौकी में से पृथ्वी की आकृति संतरे की आकृति से मिलती–जुलती है। पृथ्वी की आकृति भी पूर्णतः गोलाकार नहीं है। इसके उत्तरी–दक्षिणी एवं पूर्वी पश्चिमी व्यास में अन्तर है। अतएव पृथ्वी की आकृति का वर्णन करने के लिए सन्तरे का चयन अधिक तर्कसंगत है।

(iii) क्या आप अपने विद्यालय में वन महोत्सव समारोह का आयोजन करते हैं? हम इतने पौधारोपण क्यों करते हैं? वृक्ष किस प्रकार पारिस्थितिक सन्तुलन बनाए रखते हैं?

उत्तर–हमारे विद्यालय में वन महोत्सव समारोह का आयोजन किया जाता है। वनों के अनेक प्रत्यक्ष एवं अप्रत्यक्ष लाभ हैं। आज वनों का क्षेत्रफल कम होता जा रहा है। राष्ट्रीय वन नीति के अनुसार धरातल के कम–से–कम 33 प्रतिशत भाग पर वनों का होना आवश्यक है। अतएव हम प्रतिवर्ष अधिक–से–अधिक पौधारोपण करते हैं वृक्ष पारिस्थितिक सन्तुलन को बनाये रखने में सहायक होते हैं। इनसे तापमान नियन्त्रित होता है, वर्षा होने में मदद मिलती है, वृक्ष भूमि एवं मृदाक्षरण को रोकते हैं तथा वन्य जीवों के आवास–स्थल भी हैं।

(iv) आपने हाथी, हिरण, केंचुए, वृक्ष एवं घास देखी है। वे कहां रहते एवं बढ़ते हैं? इस मण्डल को क्या नाम दिया गया है? क्या आप इस मण्डल के कुछ लक्षणों का वर्णन कर सकते हैं?

उत्तर–हमने हाथी, हिरण, केंचुए, वृक्ष एवं घास देखे हैं। ये सभी जीवमण्डल में रहते हैं। जैवमण्डल, जलमण्डल, स्थलमण्डल एवं वायुमण्डल के मध्य एक पतली पट्टी को कहते हैं जिसमें विभिन्न प्रकार के जीवों के विकास की उपयुक्त दशाएं उपलब्ध होती हैं।

(v) आपको अपने निवास से विद्यालय जाने में कितना समय लगता है? यदि विद्यालय आपके घर की सड़क के उस पार होता तो आप विद्यालय पहुंचने में कितना समय लेते हैं? आने–जाने के समय पर आपके घर एवं विद्यालय के बीच की दूरी का क्या प्रभाव पड़ता है? क्या आप समय को स्थान या इसके विपरीत स्थान को समय में परिवर्तित कर सकते हैं?

उत्तर–अपने निवास से विद्यालय जाने में हमें सामान्यतः 40 मिनट का समय लगता है। यदि विद्यालय घर की सड़क के उस पार होता तो विद्यालय पहुंचने में कम समय अर्थात् लगभग 30 मिनट ही लगते। आने–जाने के समय पर विद्यालय एवं घर के बीच की दूरी का स्पष्ट प्रभाव होता है। विद्यालय किसी वाहन से जाते हैं तो समय कम लगेगा और यदि पैदल जाया जाता है तो समय अधिक लगेगा। इस प्रकार समय को स्थान या स्थान को समय में परिवर्तित किया जा सकता है। विद्यालय की 40 मिनट की दूरी को वाहन से केवल 15 मिनट में ही पूरा किया जा सकता है।

निम्नलिखित प्रश्नों के उत्तर लगभग 150 शब्दों में दीजिए :

(i) आप अपने परिस्थान (Surrounding) का अवलोकन करने पर पाते हैं कि प्राकृतिक एवं सांस्कृतिक दोनों तथ्यों में भिन्नता पाई जाती है। सभी वृक्ष एक ही प्रकार के नहीं होते। सभी पशु एवं पक्षी जिसे आप देखते हैं, भिन्न–भिन्न होते हैं। ये सभी भिन्न तत्व धरातल पर पाये जाते हैं। क्या अब आप यह तर्क दे सकते हैं कि भूगोल प्रादेशिक/क्षेत्रीय भिन्नता का अध्ययन है?

उत्तर–मानव जिस परिवेश में निवास करता है उसे उसका परिस्थान (Surrounding) कहते हैं। मानव प्राकृतिक भू–दृश्य को परिवर्तित करके सांस्कृतिक भू–दृश्य का निर्माण करता है। पर्वतीय क्षेत्रों की भू–दृश्यावली, मैदानी, पठारी अथवा रेगिस्तानी क्षेत्रों से भिन्न होती है। इन सबका अध्ययन भूगोल में किया जाता है। इसीलिए भूगोल को क्षेत्रीय/प्रादेशिक विभिन्नताओं का अध्ययन करने वाला विषय माना जाता है। क्षेत्रीय विभिन्नता की अवधारणा का विकास 18वीं एवं 19वीं शताब्दी में जर्मन भूगोलवेत्ताओं द्वारा किया गया। हैटनर ने अपने लेखों में क्षेत्रीय/प्रादेशिक विभिन्नता की अवधारणा को स्पष्ट रूप से समझाने का प्रयास किया। हैटनर ने भूगोल को परिभाषित करते हुए लिखा–''भूगोल धरातल के विभिन्न भागों में कारणात्मक रूप से सम्बन्धित तथ्यों में भिन्नता का अध्ययन करता है।'' हैटनर ने भूगोल की परिभाषा, उद्देश्य किए। तथा अध्ययन क्षेत्र को स्पष्ट करने के लिए कई अनुसन्धानात्मक लेख प्रकाशित किये थे।

बाद में चलकर इस संकल्पना का विकास फ्रांसीसी भूगोलवेत्ता विडाल डि ला ब्लांश, चोले आदि ने किया। ब्रिटिश भूगोलवेत्ताओं की एक समिति ने सन् 1950 में भूगोल की परिभाषा में क्षेत्रीय विभिन्नता एवं उनके सम्बन्धों को सम्मिलित किया। अमेरिकन भूगोलवेत्ताओं ने भी क्षेत्रीय भिन्नता की अवधारणा के विकास में अपनी सहमति व्यक्त की।

क्षेत्रीय/प्रादेशिक विभिन्नता धरातल पर सर्वत्र देखने को मिलती है। यह विभिन्नता भौतिक तत्वों के साथ–साथ मानव के जीवन, रहन–सहन एवं उनके निवास क्षेत्रों में भी देखने को मिलती है। अतएव भूगोल को क्षेत्रीय/प्रादेशिक विभिन्नताओं का अध्ययन करने वाला विषय माना गया है।

(ii) आप पहले ही भूगोल, इतिहास, नागरिकशास्त्र एवं अर्थशास्त्र का सामाजिक विज्ञान के घटक के रूप में अध्ययन कर चुके है। इन विषयों के समाकलन का प्रयास उनके अन्तरापृष्ठ (Interface) पर प्रकाश डालते हुए कीजिए।

उत्तर—प्राचीन काल में, पृथ्वी तल पर जितने भी तत्व विद्यमान थे उनका समाकलित स्वरूप प्रकट करना भूगोल का प्रमुख कार्य था। कालान्तर में जैसे-जैसे मानव ज्ञान का विस्तार होता गया, प्रत्येक तत्व के बारे में विस्तृत जानकारी की आवश्यकता महसूस हुई और विश्लेषण के फलस्वरूप प्रत्येक तत्व को विज्ञान का रूप दे दिया गया, जैसे—जलवायु विज्ञान, वनस्पति विज्ञान, मृदा विज्ञान, मानव की आवश्यकताओं से सम्बन्धित विषयों के सन्दर्भ में सामाजिक विज्ञानों का विकास हुआ। भूगोल का अन्तरापृष्ठ (Interface) सम्बन्ध सभी प्राकृतिक (भौतिक) एवं सामाजिक विज्ञानों से है।

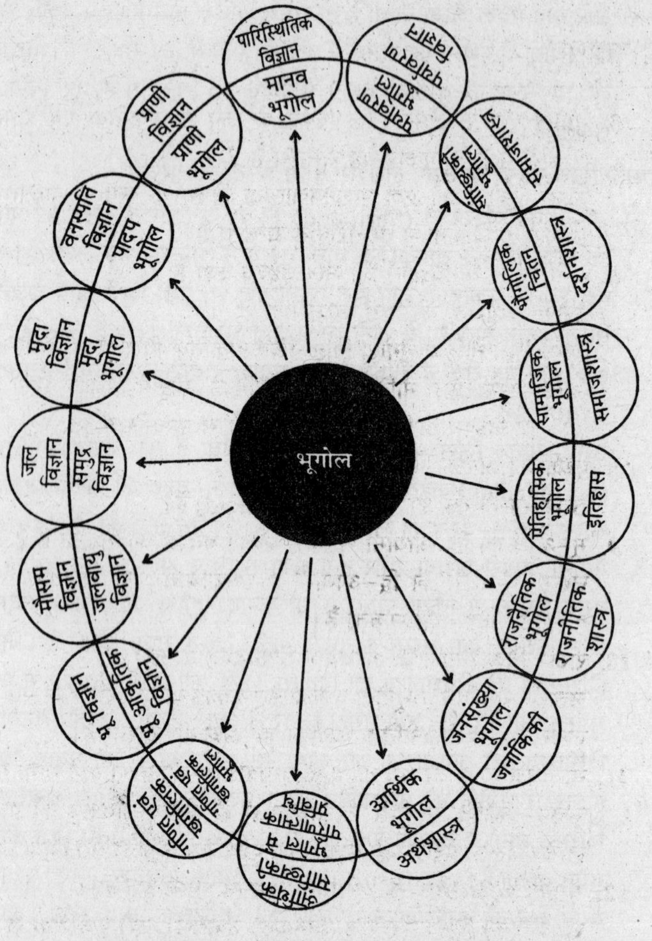

चित्र-भूगोल तथा उसका अन्य विषय से सम्बन्ध

दिये गये रेखाचित्र द्वारा भूगोल के अन्तरापृष्ठ सम्बन्ध को प्रमुख प्राकृतिक एवं सामाजिक विज्ञानों से दर्शाया गया है जो भूगोल के समाकलित स्वरूप को स्पष्ट करता है।

भूगोल स्थानिक सन्दर्भ में यथार्थता की समग्रता का अध्ययन करता है। इसके साथ ही यह अन्य विषयों के समाकलन का भी प्रयास करता है। इस प्रकार भूगोल का एक संश्लेषणात्मक विषय के रूप में अनेक प्राकृतिक एवं सामाजिक विज्ञानों से अन्तरापृष्ठ सम्बन्ध है।

परियोजना कार्य

(अ) वन को एक संसाधन के रूप में चुनिए, एवं

(i) भारत के मानचित्र पर विभिन्न प्रकार के वनों का वितरण को दर्शाइए।

उत्तर—

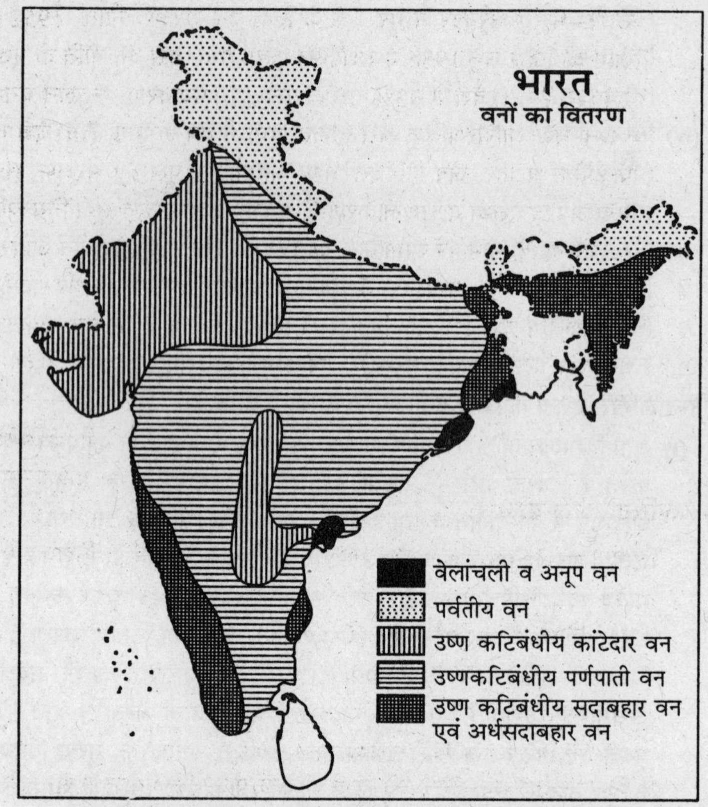

(ii) 'देश के लिए वनों के आर्थिक महत्व' के विषय पर एक लेख लिखिए।

उत्तर— 'देश के लिए वनों का आर्थिक महत्व'

भारत प्राकृतिक वन संसाधन, उनकी संरचना और महत्व की दृष्टि से बहुत ही सम्पन्न है। इन पर अनेक लकड़ी का सामान बनाने, लकड़ी चीरने, कागज, पेन्सिल, चाय की पेटियों, गत्ते, दियासलाई, प्लाईवुड, खिलौने आदि बनाने के कारखाने निर्भर करते हैं।

भारत कीमती लकड़ियों के लिए प्रसिद्ध है। भारत के सागौन की ललक यूरोप तक के देशों में रही है। इसी प्रकार शीशम, साल, चन्दन और आबनूस की महत्ता सर्वविदित है। यहां कठोर और मुलायम दोनों प्रकार की लकड़ियां उत्पादित की जाती हैं लेकिन कड़ी लकड़ी की प्रधानता है। मुलायम लकड़ी में सफेद फर, देवदार चीड़, मील पाइन, स्प्रूस और रोजवुड विशेष उल्लेखनीय हैं।

भारत का कागज उद्योग जो वनों पर आधारित है अब एक विकसित उद्योग है। भारत में लाख उत्पादन विशेष उल्लेखनीय है क्योंकि यह विश्व का सबसे बड़ा लाख उत्पादक देश है। देश में मध्य प्रदेश एवं बिहार लाख के प्रमुख उत्पादक राज्य हैं। वनों से दो प्रकार के लाभ प्राप्त होते हैं—

(1) प्रत्यक्ष लाभ—ईंधन की प्राप्ति, उद्योगों के लिए लकड़ी, अन्य पदार्थ, जैसे—खैर, चन्दन, कत्था, तेल, दवाइयां, लाख, काष्टमण्डी गोंद, औषधियां, राल व विरोजा एवं खस आदि प्राप्त होते हैं।

(2) अप्रत्यक्ष लाभ—(i) जलवायु नम एवं सन्तुलित रहती है, (ii) बाढ़ नियंत्रण, (iii) जंगली जानवरों से रक्षा, (iv) वर्षा लाने में सहायक, (v) उपजाऊपन बढ़ाने में सहायक, (vi) पर्यावरण सन्तुलन बनाने में सहायक, (vii) पर्यटकों के आकर्षण केन्द्र।

(iii) भारत में वन संरक्षण का ऐतिहासिक विवरण राजस्थान एवं उत्तरांचल (वर्तमान उत्तराखण्ड) में 'चिपको आन्दोलन' पर प्रकाश डालते हुए प्रस्तुत कीजिए।

उत्तर—भारत सरकार ने पूरे देश के लिए वन संरक्षण नीति, 1952 में लागू की जिसे सन् 1988 में संशोधित किया गया। इस वन नीति के मुख्य उद्देश्य हैं—(i) देश में 33% वन लगाना; (ii) पर्यावरण सन्तुलन बनाये रखना तथा पारिस्थितिक असन्तुलित क्षेत्रों में वन लगाना; (iii) देश की प्राकृतिक धरोहर, जैव विविधता तथा आनुवंशिक पूल का संरक्षण; (iv) मृदा अपरदन तथा मरुस्थलीकरण को रोकना तथा बाढ़ व सूख नियन्त्रण, (v) निम्नीकृत भूमि पर सामाजिक वानिकी एवं वनारोपण द्वारा वन आवरण का विस्तार, (vi) वनों की उत्पादकता बढ़कर वनों पर निर्भर ग्रामीण जनजातियों को इमारती लकड़ी, ईंधन, चारा और भोजन उपलब्ध करवाना और लकड़ी के स्थान पर अन्य वस्तुओं को प्रयोग में लाना; (viii) वृक्षारोपण करना, वृक्षों की कटाई पर रोक लगाने हेतु जन आन्दोलन चलाना जिसमें महिलाएं भी शामिल हों ताकि वनों पर दबाव कम हो।

सन् 1730 ई. जोधपुर (राजस्थान) जिले के खेजड़ली गांव में वृक्षों की रक्षा के लिए अमृतादेवी ने 'चिपको आन्दोलन' चलाया था, जिसमें अमृता बाई के साथ–साथ अनेक महिलाओं ने अपने प्राणों की आहुति दी थी और इसी क्रम में सुन्दर लाल बहुगुणा ने उत्तराखण्ड (टिहरी) में वृक्षों की कटाई रोकने हेतु चिपको आन्दोलन चलाया जिसमें बहुत बड़ी संख्या में महिलाओं और पुरुषों ने सहयोग किया।

अभ्यासार्थ प्रश्न

बहुविकल्पीय प्रश्न

1. भूगोल (Geography) शब्द निम्न में से किन दो शब्दों से मिलकर बना है—
(अ) जियो (Geo) + ग्राफोज (Graphos)
(ब) जी (Ge) + ग्राफी (Graphy)
(स) जियो (Geo) + ग्राफी (Graphy)
(द) जी (Ge) + ग्राफोज (Graphos)

2. निम्नलिखित में से कौन–सा विषय भौतिक/प्राकृतिक भूगोल से सम्बद्ध है?
(अ) मानवशास्त्र (ब) अर्थशास्त्र
(स) मृदाशास्त्र (द) जनांकिकी

3. विषय वस्तुगत (क्रमबद्ध) उपागम का प्रवर्तन निम्नलिखित में से किस भूगोलवेत्ता ने किया ?
(अ) रिचथोफेन (ब) हम्बोल्ट
(ब) कार्ल रिटर (द) हैटनर

4. प्रादेशिक उपागम का प्रवर्तन निम्नलिखित में से किस भूगोलवेत्ता द्वारा किया गया ?
(अ) विडाल डि ला ब्लाश (ब) हैटनर
(स) हम्बोल्ट (द) कार्ल रिटर

5. भू–सूचना विज्ञान तकनीकी में वैश्विक स्थितीय तन्त्र (G.P.S.) का उपयोग निम्नलिखित में से कहां होता है ?
(अ) आंकड़ों के एकत्रीकरण में (ब) मानचित्र बनाने में
(स) शुद्ध स्थिति ज्ञात करने में (द) सूचनाएं एकत्रित करने में

[**उत्तर**—1. (अ), 2. (स), 3. (ख), 4. (द), 5. (स)]

अति लघु उत्तरीय प्रश्न

1. 'भूगोल' शब्द का प्रयोग सबसे पहले किस विद्वान ने किया ?
उत्तर—ग्रीक विद्वान इरेटॉस्थेनीज ने।

2. अल्फ्रेड हैटनर की दृष्टि में भूगोल क्या है ?
उत्तर—अल्फ्रेड हैटनर के अनुसार, "भूगोल धरातल के विभिन्न भागों में कारणात्मक रूप से सम्बन्धित तथ्यों में भिन्नता का अध्ययन करता है।"

3. प्रकृति मानव जीवन के किन–किन पक्षों को प्रभावित करती है ?
उत्तर—प्रकृति मानव जीवन के विभिन्न पक्षों को प्रभावित करती है। इसकी छाप उसके वस्त्र, आवास एवं व्यवसाय आदि पर दिखाई देती है।

4. सामाजिक विज्ञान के रूप में भूगोल किसका अध्ययन करता है ?
उत्तर—एक सामाजिक विज्ञान के रूप में भूगोल क्षेत्रीय समाकलन एवं संगठन का अध्ययन करता है।

5. भूगोल एक संश्लेषणात्मक विषय के रूप में प्राकृतिक एवं सामाजिक विज्ञानों से किस प्रकार का सम्बन्ध है ?
उत्तर—भूगोल का एक संश्लेषणात्मक विषय के रूप में प्राकृतिक एवं सामाजिक विज्ञानों में अन्तरापृष्ठ सम्बन्ध है।

6. सभी प्रकार के विज्ञानों का मूल उद्देश्य क्या है ?
उत्तर—यथार्थता को ज्ञात करना।

7. परम्परागत भौतिक भूगोल किन–किन प्राकृतिक विज्ञानों से सम्बन्धित है?
उत्तर—परम्परागत भौतिक भूगोल भौमिकी, मौसम विज्ञान, जल विज्ञान एवं मृदा विज्ञान आदि प्राकृतिक विज्ञानों से सम्बन्धित है।

8. पृथ्वी का आकार कैसा है ?
उत्तर—पृथ्वी का आकार भू–आभ (Geoid) है।

9. भू–आभ को द्वि–आयामी में किस प्रकार बदला जा सकता है ?
उत्तर—भू–आभ को द्वि–आयामी में लेखाचित्रीय या गणितीय विधि से परिवर्तित किया जा सकता है।

10. राजनीतिक भूगोल के अध्ययन–विषयवस्तु बताइए।
उत्तर—राजनीतिक भूगोल एक क्षेत्रीय इकाई के रूप में राज्य एवं उसकी जनसख्या के राजनीतिक व्यवहार का अध्ययन करता है।

11. मानचित्र भूगोलवेत्ताओं का बहुत प्रभावशाली उपकरण क्यों माना गया है?
उत्तर—क्योंकि मानचित्र के माध्यम से ही क्षेत्रीय प्रतिरूप को प्रकाश में लाने के लिए सारणीबद्ध आंकड़ों को दृश्य रूप में परिवर्तित किया जाता है।

12. भूगोल के अध्ययन के दो प्रमुख उपागम स्पष्ट कीजिए।
उत्तर—(क) विषय वस्तुगत (क्रमबद्ध) उपागम। (ख) प्रादेशिक उपागम।

13. विषयवस्तु गत अथवा क्रमबद्ध उपागम के प्रवर्तक कौन है?
उत्तर—अलेक्जेंडर वॉन हम्बोल्ट (जर्मन भूगोलवेत्ता)।

14. प्रादेशिक भूगोल का विकास किसके द्वारा हुआ ?
उत्तर—कार्लरिटर (जर्मन भूगोलवेत्ता)।

15. भूगोल के अध्ययन की विषयवस्तुगत उपागम स्पष्ट कीजिए।
उत्तर—भूगोल के अध्ययन के विषयवस्तुगत उपागम में एक तथ्य का सम्पूर्ण वैश्विक स्तर पर अध्ययन किया जाता है। इसके पश्चात् क्षेत्रीय स्वरूप के वर्गीकृत प्रकारों की पहचान की जाती है।

16. क्रमबद्ध उपागम के आधार पर भूगोल की शाखाओं का नामोल्लेख कीजिए।
उत्तर—(क) भौतिक भूगोल, (ख) मानव भूगोल।

17. प्रादेशिक उपागम पर आधारित भूगोल की किन्हीं दो शाखाओं के नाम लिखिए।
उत्तर—(क) प्रादेशिक विकास, (ख) प्रादेशिक अध्ययन।

18. भौतिक भूगोल क्या है ?

उत्तर–वह विज्ञान जो पर्यावरण का निर्माण करने वाले भौतिक तत्वों एवं प्रक्रियाओं का अध्ययन करता है, भौतिक भूगोल कहलाता है। इसके अन्तर्गत पृथ्वी, ऊर्जा, वायु, जल, मौसम, भू–दृश्य, मृदा, जन्तु, पौधे आदि सम्मिलित होते हैं।

19. मानव भूगोल क्या है ?

उत्तर–भूगोल की वह शाखा जिसके अन्तर्गत मानव के जन्म से लेकर वर्तमान समय तक उसके विकास, क्रियाकलापों, परिवर्तनों एवं स्थानान्तरणों आदि का अध्ययन किया जाता है, मानव भूगोल कहलाती है।

20. भौतिक भूगोल की किन्हीं दो शाखाओं का नामोल्लेख कीजिए।

उत्तर–(क) भू–आकृति विज्ञान, (ख) जलवायु विज्ञान।

21. भू–आकृति विज्ञान क्या है ?

उत्तर–धरातल पर पाई जाने वाली आकृतियों (भू–आकृतियों), उनके क्रमिक विकास तथा सम्बन्धित प्रक्रियाओं का अध्ययन करने वाले विज्ञान को भू–आकृति विज्ञान कहते हैं।

22. जलवायु विज्ञान क्या है ?

उत्तर–वायुमण्डल की संरचना, मौसम और जलवायु के तत्व, जलवायु के प्रकार एवं जलवायु प्रदेशों के अध्ययन से सम्बन्धित विज्ञान को जलवायु विज्ञान कहते हैं।

23. मृदा भूगोल के सम्बन्ध में आप क्या जानते हैं ?

उत्तर–भौतिक भूगोल की वह शाखा जिसके अन्तर्गत मृदा के निर्माण, उसकी विशेषताओं, प्रकार, उत्पादकता स्तर एवं धरातल पर उसके वितरण का अध्ययन किया जाता है, मृदा भूगोल कहते हैं।

24. सामाजिक तथा सांस्कृतिक भूगोल क्या है ?

उत्तर–मानव भूगोल की वह शाखा जिसके अन्तर्गत समाज एवं उसकी स्थानिक व प्रादेशिक गत्यात्मकता तथा समाज के योगदान से निर्मित सांस्कृतिक तत्वों का अध्ययन किया जाता है, सामाजिक एवं सांस्कृतिक भूगोल कहलाती है।

25. जनसंख्या भूगोल क्या है ?

या

जनसंख्या भूगोल की विषय सामग्री का उल्लेख कीजिए।

उत्तर–मानव भूगोल की वह शाखा जिसके अन्तर्गत ग्रामीण व नगरीय क्षेत्रों में जनसंख्या वृद्धि, उसका वितरण, घनत्व, लिंग अनुपात, प्रवास एवं व्यावसायिक संरचना आदि का अध्ययन किया जाता है, जनसंख्या भूगोल कहलाती है।

26. अधिवास भूगोल से आप क्या समझते हैं ?

उत्तर–मानव भूगोल वह शाखा है जिसके अन्तर्गत ग्रामीण एवं नगरीय अधिवासों की स्थिति, उत्पत्ति, प्रतिरूप एवं व्यावसायिक संरचना आदि तथ्यों का अध्ययन किया जाता है। अधिवास भूगोल कहलाती है।

27. जैव भूगोल का अभ्युदय किस प्रकार हुआ ?

उत्तर–भौतिक भूगोल एवं मानव भूगोल के अन्तरापृष्ठ के फलस्वरूप जीव भूगोल का अभ्युदय हुआ।

28. जैव भूगोल की किन्हीं दो शाखाओं के नाम लिखिए।

उत्तर–(क) प्राणी भूगोल, (ख) वनस्पति भूगोल।

29. जैव भूगोल क्या है ?

उत्तर–भूगोल की वह शाखा जिसके अन्तर्गत पादपों और जन्तुओं का विवरण एवं उनका पर्यावरण के साथ अन्तर्सम्बन्धों का अध्ययन किया जाता है जैव भूगोल कहलाती है।

30. जन्तु भूगोल से आप क्या समझते हैं ?

उत्तर–जीव भूगोल की वह शाखा जिसके अन्तर्गत धरातल पर मिलने वाले प्राणियों विशेष रूप में जानवरों के वितरण का अध्ययन किया जाता है, जन्तु भूगोल कहलाती है।

31. वनस्पति भूगोल (पादप भूगोल) से आप क्या समझते हैं ?

उत्तर–जीव भूगोल की वह शाखा जिसके अन्तर्गत धरातल पर वनस्पति के वितरण एवं उनकी विशेषताओं का अध्ययन किया जाता है, वनस्पति भूगोल कहलाती है।

32. पारिस्थैतिक विज्ञान का आशय स्पष्ट कीजिए।

उत्तर–प्रजातियों के निवास क्षेत्र का वैज्ञानिक अध्ययन करने वाली भूगोल की एक शाखा को पारिस्थैतिक विज्ञान कहा जाता है।

33. पर्यावरण भूगोल की अध्ययन–विषयवस्तु बताइए।

उत्तर–जीव भूगोल की इस शाखा के अन्तर्गत सम्पूर्ण विश्व में पर्यावरण प्रतिबोधन के फलस्वरूप उत्पन्न पर्यावरणीय समस्याओं यथा–मृदाह्रास, प्रदूषण व संरक्षण आदि का अध्ययन किया जाता है।

34. प्रादेशिक उपगमन के आधार पर भूगोल की शाखाओं का नामोल्लेख कीजिए।

उत्तर–(क) प्रादेशिक अध्ययन, (ख) प्रादेशिक विकास, (ग) प्रादेशिक विश्लेषण, (घ) प्रादेशिक योजना।

35. भूगोल में किन–किन भू–सूचना विज्ञान तकनीकों का प्रयोग किया जाता है?

उत्तर–(क) दूरस्थ संवेदन तकनीक, (ख) भौगोलिक सूचना तन्त्र, (ग) वैश्विक स्थितीय तन्त्र।

36. मानव सीमित क्षेत्र में जलवायु को किस प्रकार अपरिवर्तित (बदलना) करता है ?

उत्तर–मानव वातानुकूलक एवं वायु शीतक आदि उपकरणों की सहायता से सीमित क्षेत्र में जलवायु को अपरिवर्तित करता है।

लघु उत्तरीय प्रश्न

1. भूगोल का अध्ययन क्यों आवश्यक है ?
2. एक वैज्ञानिक विषय के रूप में भूगोल कौन–कौन–से प्रश्नों से सम्बद्ध है? अपना उत्तर संक्षेप में दीजिए।
3. भूगोल को एक समाकलन विषय के रूप में स्पष्ट कीजिए।
4. भौतिक भूगोल एवं प्राकृतिक विज्ञान कैसे सम्बन्धित हैं ? समझाइए।
5. भूगोल एवं सामाजिक विज्ञानों के सम्बन्ध को संक्षेप में समझाइए।
6. भूगोल के अध्ययन के प्रमुख उपागमों को स्पष्ट कीजिए।
7. ऐतिहासिक भूगोल की विषयवस्तु को स्पष्ट कीजिए।
8. भूगोल एवं इतिहास के सम्बन्धों को संक्षेप में बताइए।
9. भौतिक भूगोल के महत्व को समझाइए।
10. प्राकृतिक वातावरण एवं समग्र वातावरण में अन्तर स्पष्ट कीजिए।
11. भौतिक भूगोल तथा जैव भूगोल में भेद कीजिए।

विस्तृत उत्तरीय प्रश्न

1. विभिन्न प्राकृतिक एवं सामाजिक विज्ञानों से भूगोल के सम्बन्ध की विवेचना कीजिए।
2. भूगोल की प्रमुख शाखाओं का नामोल्लेख करते हुए उनके सम्बन्ध में संक्षिप्त विवरण प्रस्तुत कीजिए।
3. भौतिक भूगोल की विभिन्न शाखाओं पर विस्तार से प्रकाश डालिए।
4. मानव भूगोल की विभिन्न शाखाओं पर विस्तार से प्रकाश डालिए।
5. भौतिक भूगोल के महत्व का आलोचनात्मक मूल्यांकन कीजिए।

2 पृथ्वी की उत्पत्ति एवं विकास

पृथ्वी: उत्पत्ति का प्रारम्भिक सिद्धान्त

पृथ्वी की उत्पत्ति के प्रारम्भिक सिद्धान्त को हम दो चरणों में विभक्त करके समझ सकते हैं–

चरण-1

पृथ्वी की उत्पत्ति के सम्बन्ध में विभिन्न दार्शनिकों तथा वैज्ञानिकों ने अनेक परिकल्पनाएं प्रस्तुत की हैं। इनमें से एक प्रारम्भिक एवं लोकप्रिय मत जर्मन दार्शनिक **इमैनुअल कान्ट** (Immanuel Kant) का है। 1976 ई. में गणितज्ञ लाप्लेस (Laplace) ने इस मत का संशोधन प्रस्तुत किया जो **नीहारिका परिकल्पना** (Nebular hypothesis) के नाम से जाना जाता हैं। इस परिकल्पना के अनुसार ग्रहों का निर्माण धीमी गति से घूमते हुए पदार्थों के बादल से हुआ जो कि सूर्य की युवा अवस्था से जुड़े हुए थे। बाद में 1900 ई. में चेम्बरलेन और मोल्टन (Chamberlain & Moulton) ने कहा कि ब्रह्मांड में एक अन्य भ्रमणशील तारा सूर्य के पास से गुजरा। इसके फलस्वरूप तारे के गुरुत्वाकर्षण से सूर्य–सतह से सिगार के आकार का कुछ पदार्थ निकलकर उससे पृथक हो गया। यह तारा जब सूर्य से दूर चला गया तो सूर्य–सतह से बाहर निकला हुआ यह पदार्थ सूर्य के चारों तरफ घूमने लगा। यही धीरे–धीरे संघनित होकर ग्रहों के रूप में बदल गया। पहले सर जेम्स जींस (Sir James Jeans) और बाद में सर हॉरोल्ड जैफरी (Sir Harold Jeffrey) ने इस मत का समर्थन किया।

चरण-2

बाद के तर्क सूर्य के साथ एक और साथी तारे के होने की बात स्वीकार करते हैं। ये तर्क ''द्वैतारक सिद्धन्त'' (Binary theories) के नाम से जाने जाते हैं। 1950 ई. में रूस के ऑटो शिमिड (Otto schmidt) तथा जर्मनी के कार्ल वाइजास्कर (Carl weizascar) ने नीहारिका परिकल्पना (Nebular hypothesis) में कुछ संशोधन किया। उनके विचार से सूर्य एक सौर नीहारिका से घिरा हुआ था जो मुख्यतः हाइड्रोजन, हीलीयम व धूलिकणों की बनी थी। इन कणों के घर्षण व टकराने (Collision) से एक चपटी तश्तरी की आकृति के बादल का निर्माण हुआ और अभिवृद्धि (Accretion) प्रकम द्वारा ही ग्रहों का निर्माण हुआ। अंततोगत्वा, वैज्ञानिकों ने पृथ्वी या अन्य ग्रहों की ही नहीं बल्कि पूरे ब्रह्मांड की उत्पत्ति संबंधी समस्याओं को समझने का प्रयत्न किया।

पृथ्वी: उत्पत्ति का आधुनिक सिद्धान्त

पृथ्वी की उत्पत्ति के आधुनिक सिद्धांत के अन्तर्गत ब्रह्मांड की उत्पत्ति, तारों का निर्माण एवं ग्रहों का निर्माण सम्मिलित है। इनका विवरण निम्नलिखित है–

I. ब्रह्मांड की उत्पत्ति–आधुनिक समय में ब्रह्मांड की उत्पत्ति संबंधी सर्वमान्य सिद्धांत बिग बैंग सिद्धांत (Big bang theory) है। इसे विस्तारित ब्रह्मांड परिकल्पना (Expanding universe hypothesis) भी कहते हैं। 1920 ई. में एडविन हब्बल (Edwin Hubble) ने प्रमाण दिये कि ब्रह्मांड का विस्तार हो रहा है। समय बीतने के साथ आकाशगंगाएं एक दूसरे से दूर हो रही हैं। यद्यपि इनका सिद्धांत आंशिक रूप से ही मान्य है।

बिग बैंग सिद्धांत के अनुसार ब्रह्मांड का विस्तार निम्न अवस्थाओं में हुआ है :

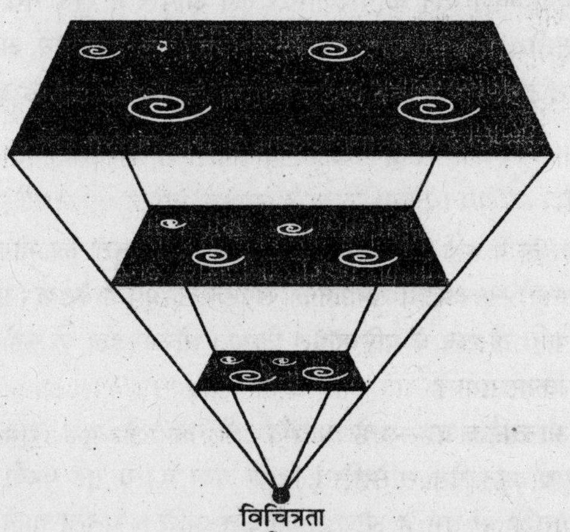

चित्र: बिग बैंग

(i) शुरू में वे सभी पदार्थ, जिनसे ब्रह्मांड बना है, अति छोटे गोलक (एकाकी परमाणु) के रूप में एक ही स्थान पर स्थित थे, जिसका आयतन अत्यधिक सूक्ष्म एवं तापमान तथा घनत्व अनंत था।

(ii) बिग बैंग की प्रक्रिया में इस अति छोटे गोलक में भीषण विस्फोट हुआ। इस प्रकार की विस्फोट प्रक्रिया से बड़ा /विस्तृत विस्तार हुआ। वैज्ञानिकों का मानना है कि बिग बैंग की घटना आज से 13.7 अरब वर्षों पहले हुई थी। ब्रह्मांड का विस्तार आज भी जारी है। विस्तार के कारण कुछ ऊर्जा पदार्थ में परिवर्तित हो गई। विस्फोट (Bang) के बाद एक सैकण्ड के अल्पांश के अंतर्गत ही वृहत् विस्तार हुआ। इसके बाद विस्तार की गति धीमी पड़ गई। बिग बैंग होने के आरंभिक तीन मिनट के अन्तर्गत ही पहले परमाणु का निर्माण हुआ।

(iii) बिग बैंग से 3 लाख वर्षों के दौरान, तापमान 4500 केल्विन तक गिर गया और परमाणवीय पदार्थ का निर्माण हुआ। ब्रह्मांड पारदर्शी हो गया।

ब्रह्मांड के विस्तार का अर्थ है आकाशगंगाओं के बीच की दूरी में विस्तार का होना। हॉयल (Hoyle) ने इसका विकल्प 'स्थिर अवस्था संकल्पना' (Steady state concept) के नाम से प्रस्तुत किया। इस संकल्पना के अनुसार ब्रह्मांड किसी भी समय में एक ही जैसा रहा है। यद्यपि ब्रह्मांड के विस्तार संबंधी अनेक प्रमाणों के मिलने पर वैज्ञानिक अब ब्रह्मांड विस्तार सिद्धांत के ही पक्षधर हैं।

II. तारों का निर्माण–ऐसी मान्यता है कि तारों का निर्माण लगभग 5 से 6 अरब वर्षों पहले हुआ। आकाशगंगाओं में असंख्य तारे पाये जाते हैं। एक अकेली आकाशगंगा का व्यास 80 हजार से 1 लाख 50 हजार प्रकाश वर्ष के बीच हो सकता है। आकाशगंगा का निर्माण प्रारम्भ में हाइड्रोजन गैस से बने बादलों के संचयन से हुआ जिसे 'नीहारिका' कहा गया। इस नीहारिका में गैसीय बादलों के झुण्ड विकसित हुए जो बाद में गैसीय पिण्डों में बदल गये। इन्हीं गैसीय पिण्डों से तारों का निर्माण हुआ।

III. ग्रहों का निर्माण–ग्रहों के विकास की तीन अवस्थाएं मानी जाती हैं, जिनका विवरण निम्नलिखित है–

(i) **प्रथम अवस्था**–नीहारिका के अन्दर गैस के गुंथित झुण्ड के रूप में तारे पाये जाते हैं। इन गुंथित झुण्डों में गुरुत्वाकर्षण बल से गैसीय बादल में

गैसीय क्रोड का निर्माण हुआ। इस गैसीय क्रोड के चारों ओर गैस व धूलि कणों की घूमती हुई तश्तरी विकसित हुई।

(ii) **द्वितीय अवस्था**—इस अवस्था में गैसीय बादल का संघनन आरम्भ हुआ तथा क्रोड को ढकने वाला पदार्थ छोटे गोलों के रूप में विकसित हुआ। ये छोटे गोले पारस्परिक आकर्षण प्रक्रिया द्वारा ग्रहाणुओं के रूप में विकसित हुए। ये ग्रहाणु गुरुत्वाकर्षण बल के परिणामस्वरूप आपस में जुड़ गये।

(iii) **तृतीय अवस्था**—ग्रहों के विकास की इस अन्तिम अवस्था में इन अनेक छोटे–छोटे ग्रहाणुओं के सहवर्धित होने पर कुछ बड़े पिण्ड ग्रहों के रूप में निर्मित हुए।

सौर मण्डल

सौरमण्डल में ग्रहों की संख्या 8 है। अभी तक प्लूटो को भी एक ग्रह माना जाता था, किन्तु अन्तर्राष्ट्रीय खगोलकी संगठन ने अपनी बैठक (अगस्त 2006) में इसे 'बौने ग्रह' के रूप में परिभाषित किया। सौरमण्डल के ग्रहों को दो भागों में विभाजित किया गया है—

(क) आन्तरिक ग्रह—इन्हें 'पार्थिव' भी कहते हैं। बुध, शुक्र, मंगल तथा पृथ्वी को इसके अन्तर्गत सम्मिलित किया गया है। ये ग्रह पृथ्वी की भांति ही शैलों तथा धातुओं से बने हैं और अपेक्षाकृत अधिक घनत्व वाले हैं।

(ख) बाह्य ग्रह—अन्य चार ग्रह बृहस्पति, शनि, अरुण एवं वरुण को बाह्य ग्रह कहा गया है। बृहस्पति (Jupiter) की भांति होने के कारण इन ग्रहों को जोवियन (Jovian) ग्रह भी कहा जाता है। ये ग्रह आकार में अपेक्षाकृत बड़े हैं। इनका घनत्व अपेक्षाकृत कम है तथा इनका सघन वायुमण्डल हाइड्रोजन तथा हीलियम गैस से बना है।

उल्लेखनीय तथ्य यह है कि आंतरिक ग्रहों को **पार्थिव ग्रह** और बाह्य ग्रहों को **जोवियन ग्रह** कहा जाता है।

पार्थिव एवं जोवियन ग्रहों में भेद—पार्थिव एवं जोवियन ग्रहों में भेद/अंतर निम्नलिखित हैं—

(i) पार्थिव ग्रह आकार में छोटे तथा जोवियन ग्रह आकार में अपेक्षाकृत अधिक बड़े हैं।

(ii) पार्थिव ग्रह सूर्य से अपेक्षाकृत कम दूरी पर स्थित हैं जबकि जोवियन ग्रहों की दूरी अधिक है।

(iii) पार्थिव ग्रहों की संरचना चट्टानी है जबकि जोवियन ग्रहों की संरचना गैसीय है।

(iv) पार्थिव ग्रहों के उपग्रहों की संख्या कम (पृथ्वी का केवल एक तथा मंगल के दो) हैं जबकि जोवियन ग्रहों के उपग्रहों की संख्या अधिक (बृहस्पति के 16 शनि के 30 अरुण के 17 तथा वरुण के 8 उपग्रह) हैं।

चंद्रमा की उत्पत्ति—चन्द्रमा पृथ्वी का एकमात्र उपग्रह है। इसकी उत्पत्ति 4.44 अरब वर्षों पूर्व मानी जाती है। वैज्ञानिकों की मान्यता है कि चन्द्रमा की उत्पत्ति एक बड़े टकराव के कारण हुई जिसे 'द बिग स्प्लैट' कहा जाता है। ऐसी मान्यता है कि पृथ्वी की उत्पत्ति के कुछ समय बाद ही एक विशाल पिण्ड पृथ्वी से टकराया जिससे पृथ्वी का एक हिस्सा टूटकर अन्तरिक्ष में बिखर गया। यह पदार्थ पृथ्वी के कक्ष में घूमने लगा जो चन्द्रमा कहलाया।

पृथ्वी का उद्भव—पृथ्वी का उद्भव लगभग 460 करोड़ वर्ष पूर्व हुआ था। प्रारम्भ में पृथ्वी चट्टानी, गर्म एवं निर्जन ग्रह थी इसका वायुमण्डल विरल था जो कि हाइड्रोजन व हीलियम गैसों से बना था। यह आज की पृथ्वी के वायुमण्डल से बहुत भिन्न था। अनेक घटनाओं एवं क्रियाओं से यह चट्टानी, निर्जन एवं गर्म पृथ्वी एक सुन्दर ग्रह के रूप में परिवर्तित हो गयी। आज से लगभग 380 करोड़ वर्ष पूर्व इस ग्रह पर जीवन का विकास हुआ। पृथ्वी की संरचना परतदार है जिसका बाह्य भाग कम घनत्व का तथा आन्तरिक भाग अधिक घनत्व का है।

चन्द्रमा की उत्पत्ति के दौरान भीषण टक्कर होने की प्रक्रिया के कारण पृथ्वी का तापमान पुनः बढ़ गया। विभेदन की इस प्रक्रिया द्वारा पृथ्वी का पदार्थ अनेक परतों में विभाजित हो गया। पृथ्वी के धरातल से क्रोड तक निम्न तीन परतें पायी जाती हैं।

(i) पर्पटी (क्रस्ट) (ii) प्रावार (मेटल) (iii) क्रोड–(अ) आन्तरिक क्रोड (ब) बाह्य क्रोड।

स्थल मंडल का विकास—ग्रहाणु व अन्य खगोलीय पिण्डों की संरचना अधिकांशतया घने एवं हल्के पदार्थों के मिश्रण से हुई है। ग्रहाणु, ग्रहों की उत्पत्ति से पूर्व ब्रह्माण्ड में बिखरे हुए छोटे–छोटे धूलिकणों जैसी आकृति वाले कण थे। इन ग्रहाणुओं के एकत्र होने से ही पृथ्वी सहित अन्य ग्रहों का निर्माण हुआ। गुरुत्व बल के कारण जब पदार्थों का एकत्रीकरण हो रहा था तो इन एकत्रित पिण्डों ने पदार्थ को प्रभावित किया जिससे अत्यधिक ताप की उत्पत्ति हुई। अत्यधिक ताप के कारण पृथ्वी आंशिक रूप से द्रव अवस्था में परिवर्तित हो गयी। तापमान की अधिकता के कारण ही चट्टानों के हल्की व भारी पदार्थों का स्तरीकरण होना प्रारम्भ हो गया। भारी पदार्थ पृथ्वी के केन्द्र की ओर चले गये तथा हल्के पदार्थ धरातलीय भाग की ओर आने लगे। ये पदार्थ समय के साथ–साथ ठण्डे हो गये और ठोस रूप में परिवर्तित होकर छोटे आकार के हो गये। अंत में ये पृथ्वी की भूपर्पटी के रूप में विकसित हो गये।

वायुमण्डल का विकास—पृथ्वी के वायुमंडल की वर्तमान संरचना में नाइट्रोजन और ऑक्सीजन गैसों का प्रमुख योगदान है। वर्तमान वायुमण्डल के विकास से तीन अवस्थाएं संबद्ध हैं, जो निम्नलिखित हैं—

(i) **प्रथम अवस्था**—वायुमण्डल के विकास की प्रारम्भिक अवस्था में धरातल पर हाइड्रोजन व हीलियम गैसों की अधिकता थी। यह वायुमण्डल सौर पवन के कारण पृथ्वी से दूर हो गया। सौर पवन सूर्य द्वारा उत्सर्जित गैसों का आवेशित बादल है जो कि सूर्य में सभी दिशाओं में गमन करता है। ऐसी स्थिति पृथ्वी सहित समस्त पार्थिव ग्रहों—बुध, शुक्र व मंगल पर भी हुई। समस्त पार्थिव ग्रहों से सौर पवन के प्रभाव के कारण आदि कालिक वायुमण्डल या तो दूर धकेल दिया गया था समाप्त हो गया।

(ii) **द्वितीय अवस्था**—वायुमण्डल के विकास की इस अवस्था में पृथ्वी के ठण्डा होने एवं विभेदन के दौरान पृथ्वी के आन्तरिक भाग से अनेक गैसें व जलवाष्प बाहर निकले। इसी से आज के वायुमण्डल का उद्भव हुआ। आरम्भ में वायुमण्डल में जलवाष्प, नाइट्रोजन, कार्बन डाइ ऑक्साइड, मीथेन, अमोनिया आदि गैसें अधिक मात्रा में तथा स्वतन्त्र ऑक्सीजन बहुत कम मात्रा में थी।

(iii) **तृतीय अवस्था**—वायुमण्डल के विकास की इस अवस्था में वायुमण्डल की संरचना को जैवमण्डल के प्रकाश संश्लेषण प्रक्रिया ने संशोधित किया।

जलमण्डल का विकास—पृथ्वी पर लगातार ज्वालामुखीय विस्फोट होने से वायुमण्डल में जलवाष्प व गैसों की मात्रा बढ़ने लगी। पृथ्वी के ठंडा होने के साथ–साथ जलवाष्प का संघनन होना प्रारम्भ हो गया। वायुमण्डल में उपस्थित कार्बन डाई ऑक्साइड गैस के वर्षा के पानी में घुलने से पृथ्वी के तापमान में और अधिक कमी आने लगी। फलस्वरूप अधिक संघनन हुआ और लाखों वर्षों तक निरन्तर मूसलाधार वर्षा होती रही। बादलों की भयंकर गड़गड़ाहट और बिजली की तेज चमक के साथ प्रलयंकारी वर्षा होती रही। पृथ्वी के गड्डों में जल भर गया तथा वे महासागर बन गये। पृथ्वी पर उपस्थित महासागर पृथ्वी की उत्पत्ति से लगभग 50 करोड़ वर्षों के अन्तर्गत बने। इस तरह पृथ्वी पर जलमण्डल का विकास हुआ।

जीवन की उत्पत्ति—वैज्ञानिकों की मान्यता है कि धरातल पर जीवन का विकास लगभग 380 करोड़ वर्षों पहले प्रारम्भ हुआ। आधुनिक वैज्ञानिक धरातल पर जीवन की उत्पत्ति को एक प्रकार की रासायनिक प्रतिक्रिया मानते हैं। इस रासायनिक प्रतिक्रिया से पहले जटिल जैव अणु बने और उनका समूहन हुआ। यह समूहन अपने आपको दोहराता था। यह निर्जीव पदार्थ को जीवित तत्व में

परिवर्तित करने में सक्षम था। 300 करोड़ साल पुराने भू-गर्भिक शैलों में पाई जाने वाली सूक्ष्म संरचना आज के शैवाल की संरचना से मिलती-जुलती है। पहले एक कोशिकीय जीवाणु का विकास हुआ और धीरे-धीरे मानव का विकास हुआ। मानव धरातल पर सर्वोत्तम कृति माना जाता है।

यह भी जानिए

प्रकाश वर्ष—प्रकाश वर्ष (Light year) समय का नहीं वरन् दूरी का माप है। प्रकाश की गति 3 लाख किमी प्रति सेकण्ड है। विचारणीय है कि एक साल में प्रकाश जितनी दूरी तय करेगा, वह एक प्रकाश वर्ष होगा। यह 9.461 × 1012 किमी के बराबर है। पृथ्वी व सूर्य की औसत दूरी 14 करोड़ 95 लाख, 98 हजार किलोमीटर है। प्रकाश वर्ष के संदर्भ में यह प्रकाश वर्ष का केवल 8.311 मिनट है।

भीतरी ग्रह पार्थिव हैं, जबकि दूसरे ज्यादातर ग्रह गैसीय कारण जानें—सौरमण्डल में सूर्य के निकट भारी तत्वों—सिलिका, लोहा, ऐलुमीनियम आदि से निर्मित ग्रह हैं जो भीतरी ग्रह कहलाते हैं। सूर्य से दूर हल्के तत्वों के ग्रह हैं; जैसे—बृहस्पति, शनि, वरुण, अरुण आदि। जिस समय गैस के धूल-कण तश्तरी के रूप में सूर्य के चारों ओर संगठित हो रहे थे तो सूर्य की किरणें तश्तरी को पारकर (वेधकर) अधिक दूर नहीं जा सकती थीं। अतः तश्तरी के भीतरी भाग की ओर उष्णता की अधिकता से भारी तथ्वों वाले भीतरी ग्रहों का निर्माण हुआ। तश्तरी के बाहरी भाग की ओर जहां सूर्य की किरणें नहीं पहुंच पाई वहां अत्यन्त न्यून तापमान (–270° सेल्सियस) के कारण हल्के गैसीय पदार्थ रहे जो शीत से जम गये। इस प्रकार सूर्य से दूर बाहर की ओर हल्के तत्वों अर्थात् गैसीय ग्रहों का निर्माण हुआ।

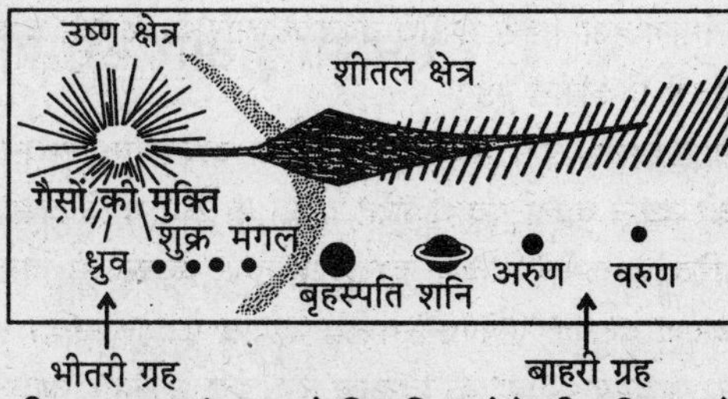

पृथ्वी की परतदार संरचना के विकसित होने की प्रक्रिया को समझें—अपने जन्म के समय पृथ्वी अत्यन्त तप्त अवस्था में थी। यह चट्टानी, गर्म एवं वीरान ग्रह थी। इसका वायुमण्डल अत्यन्त विरल था जो हाइड्रोजन एवं हीलियम से बना हुआ था। अत्यन्त तापमान के कारण पृथ्वी आंशिक रूप से द्रव अवस्था में रह गयी तथा तापमान की अधिक के कारण हल्के एवं भारी घनत्व के मिश्रण वाले पदार्थ घनत्व के अन्तर के कारण अलग होना प्रारम्भ हो गये। फलस्वरूप लोहा व निकिल जैसे भारी पदार्थ पृथ्वी के केन्द्र में चले गये तथा हल्के पदार्थ जैसे—सिलिका, ऐलुमीनियम तथा मैग्नेशियम आदि पृथ्वी की सतह या ऊपरी भाग की तरफ आ गये। समय के साथ-साथ ये पदार्थ ठण्डे हुए और ठोस रूप में परिवर्तित होकर छोटे आकार के होकर पृथ्वी की भूपर्पटी के रूप में विकसित हो गये। चन्द्रमा की उत्पत्ति के दौरान पृथ्वी के तापमान में पुनः वृद्धि हुई जिससे पृथ्वी का पदार्थ अनेक परतों में अलग हो गया। विभेदन की इस प्रक्रिया द्वारा पृथ्वी की परत दार संरचना का विकास हुआ। पृथ्वी के धरातल से क्रोड तक कई परतें पायी जाती हैं जिनमें पर्पटी, प्रावार, बाह्य क्रोड एवं आन्तरिक क्रोड आदि प्रमुख हैं।

स्मरणीय बिन्दु

- जर्मन दार्शनिक इमेनुअल कान्ट ने 1755 ई. में न्यूटन के गुरुत्वाकर्षण नियमों पर आधारित अपनी वायव्य राशि परिकल्पना के माध्यम से पृथ्वी सहित अन्य ग्रहों की उत्पत्ति को समझाने का प्रयास किया।
- सन् 1796 ई. में फ्रांसीसी ज्योतिषी व गणितज्ञ लाप्लास ने कान्ट की परिकल्पना में संशोधन प्रस्तुत किया जो कि 'निहारिका परिकल्पना' के नाम से जानी जाती है।
- लाप्लास की निहारिका परिकल्पना के अनुसार ग्रहों की उत्पत्ति धीमी गति से घूमते हुए पदार्थो के बादल से हुई है।
- सन् 1900 में चेम्बरलिन व मोल्टन ने बताया कि पृथ्वी की उत्पत्ति ब्रह्माण्ड में एक अन्य भ्रमणशील तारे के सूर्य के निकट से गुजरने के परिणामस्वरूप हुई है।
- सन् 1950 में रूस के ऑटोश्मिड व जर्मनी के कार्ल वाइजास्कर ने निहारिका परिकल्पना में संशोधन कर अपना मत प्रस्तुत किया।
- वर्तमान समय में ब्रह्माण्ड की उत्पत्ति के सम्बन्ध में सर्वमान्य सिद्धान्त 'बिग बैंग सिद्धान्त' है।
- बिग बैंग सिद्धान्त का श्रेय एडविन हब्बल को जाता है जिसने यह प्रमाणित किया कि ब्रह्माण्ड का विस्तार हो रहा है। समय बीतने के साथ आकाशगंगाएं एक-दूसरे से दूर होती जा रही हैं।
- बिग बैंग सिद्धांत के अनुसार ब्रह्माण्ड का विस्तार तीन अवस्थाओं में हुआ—
  (i) प्रथम अवस्था में ब्रह्माण्ड का निर्माण करने वाले तत्व एकाकी परमाणु के रूप में अत्यन्त सूक्ष्म अवस्था में एक ही स्थान पर स्थित थे।
  (ii) द्वितीय अवस्था में एकाकी परमाणु में भीषण विस्फोट होने से ब्रह्माण्ड का विस्तार हुआ।
  (iii) तृतीय अवस्था में तापमान अत्यन्त कम हो गया और परमाणवीय पदार्थ का निर्माण हुआ।
- आकाश गंगा का निर्माण हाइड्रोजन गैस से बने विशाल बादल के सचयन से हुआ है।
- हमारा सौरमण्डल 8 ग्रहों, 63 उपग्रहों, लाखों छोटे पिण्डों, धूमकेतु एवं वृहत् मात्रा में धूलिकण एवं गैसों से निर्मित है।
- पृथ्वी सहित सूर्य के निकटतम चार ग्रह—बुध, शुक्र, पृथ्वी व मगल भीतरी ग्रह तथा चार अन्य ग्रह—बृहस्पति, शनि, अरुण व वरुण बाह्य या जोवियन ग्रह कहलाते हैं।
- चन्द्रमा पृथ्वी का एकमात्र प्राकृतिक उपग्रह है। जिसकी उत्पत्ति लगभग 4.44 अरब वर्ष पूर्व पृथ्वी व एक बड़े आकार के पिंड के टकराने से मानी जाती है।
- पृथ्वी के धरातल से क्रोड तक कई परतें पायी जाती हैं जैसे—पर्पटी, प्रावार, बाह्य क्रोड व आन्तरिक क्रोड।
- पृथ्वी के वायुमण्डल की वर्तमान संरचना में नाइट्रोजन एवं ऑक्सीजन गैसों का प्रमुख योगदान है।
  प्रारम्भिक वायुमण्डल में हाइड्रोजन एवं हीलियम गैसों की अधिकता थी। यह सौर पवन के कारण पृथ्वी से दूर हो गया।
- पृथ्वी के ठडा होने एव विभेदन के दौरान पृथ्वी के आन्तरिक भाग से अनेक गैसें व जलवाष्प बाहर निकले जिससे वर्तमान वायुमण्डल का जन्म हुआ।
- पृथ्वी के ठण्डा होने के साथ-साथ जलवाष्प के संघनित होने से अत्यधिक वर्षा होने लगी फलस्वरूप वर्षा का जल गर्तों में एकत्रित होने से महासागरों का निर्माण हुआ।
- पृथ्वी की उत्पत्ति का अन्तिम चरण जीवन की उत्पत्ति एवं विकास से सम्बन्धित है।

एन.सी.ई.आर.टी. पाठ्यपुस्तक भूगोल के प्रश्न (हल सहित)

बहुविकल्पीय प्रश्न

(i) निम्नलिखित में से कौन–सी संख्या पृथ्वी की आयु को प्रदर्शित करती है?

(क) 46 लाख वर्ष (ख) 4600 करोड़ वर्ष

(ग) 13.7 अरब वर्ष (घ) 13.7 खरब वर्ष

(ii) निम्नलिखित में से कौन–सी अवधि सबसे लम्बी है?

(क) इओन (Eons) (ख) महाकल्प (Era)

(ग) कल्प (Period) (घ) युग (Epoch)

(iii) निम्न में से कौन–सा तत्व वर्तमान वायुमण्डल के निर्माण व संशोधन में सहायक नहीं है?

(क) सौर पवन (ख) गैस उत्सर्जन

(ग) विभेदन (घ) प्रकाश संश्लेषण

(iv) निम्नलिखित में से भीतरी ग्रह कौन से हैं?

(क) पृथ्वी व सूर्य के बीच पाये जाने वाले ग्रह

(ख) सूर्य व क्षुद्र ग्रहों की पट्टी के बीच पाये जाने वाले ग्रह

(ग) वे ग्रह जो गैसीय हैं

(घ) बिना उपग्रह वाले ग्रह

(v) पृथ्वी पर जीवन निम्नलिखित में से लगभग कितने वर्षो पहले प्रारम्भ हुआ?

(क) 1 अरब 37 करोड़ वर्ष पहले

(ख) 460 करोड़ वर्ष पहले

(ग) 38 लाख वर्ष पहले

(घ) 3 अरब 80 करोड़ वर्ष पहले

उत्तर–(i) (ख), (ii) (क), (iii) (क), (iv) (ख), (v) (घ)।

ध्यातव्य–प्रश्न 1 (i) में 'ख' विकल्प पाठ्य–पुस्तक में गलत छपा है। सही उत्तर 460 करोड़ वर्ष होना चाहिए।

निम्नलिखित प्रश्नों के उत्तर लगभग 30 शब्दों में दीजिए

(i) पार्थिव ग्रह चट्टानी क्यों है?

उत्तर–बुध, शुक्र, पृथ्वी एवं मंगल भीतरी ग्रह कहलाते है। इन्हें पार्थिव ग्रह भी कहते हैं। इनकी रचना चट्टानी है। इन ग्रहों के चट्टानी होने के कारण हैं–

(क) पार्थिव ग्रहों का निर्माण सूर्य के निकट हुआ जहां अत्यधिक तापमान के कारण गैसों का संघनन नहीं हो सका।

(ख) सूर्य के समीप सौर वायु के अधिक शक्तिशाली होने के कारण यह पार्थिव ग्रहों से अधिक मात्रा में गैस व धूलिकण उड़ा ले गयी।

(ग) पार्थिव ग्रहों के आकार में छोटे होने के कारण इनकी गुरुत्वाकर्षण शक्ति अपेक्षाकृत कम थी।

(ii) पृथ्वी की उत्पत्ति से सम्बन्धित दिये गये तर्को में निम्न वैज्ञानिकों के मूलभूत अन्तर बताएं–

(क) काण्ट व लाप्लेस। (ख) चेम्बरलेन व मोल्टन।

उत्तर–काण्ट व लाप्लेस का पृथ्वी की उत्पत्ति से सम्बन्धित सिद्धान्त एक तारक परिकल्पना (Parental Hypothesis) कहलाता है। इसमें पृथ्वी की उत्पत्ति उस एक नीहारिका से मानी गयी है जिसका अवशिष्ट भाग बाद में सूर्य बना। चेम्बरलेन एवं मोल्टन की ग्रहाणु परिकल्पना द्वैतारक परिकल्पना (Bi-parental Concept) कहलाती है। इसमें पृथ्वी की उत्पत्ति दो तारों (सूर्य एवं उसके साथी तारे) के सहयोग से हुई मानी गयी है।

(iii) 'विभेदन' प्रक्रिया से आप क्या समझते हैं?

उत्तर–पृथ्वी में विभेदन की क्रिया के फलस्वरूप अधिक घनत्व वाले भारी पदार्थ (जैसे लोहा और निकिल) पृथ्वी के क्रोड में चले गये और हल्के पदार्थ पृथ्वी की ऊपरी परतों में आ गये। पृथ्वी के आन्तरिक भाग में विभिन्न घनत्व वाली परतों की अवस्थिति का प्रमुख कारण विभेदन की प्रक्रिया ही है।

(iv) प्रारम्भिक काल में पृथ्वी के धरातल का स्वरूप क्या था?

उत्तर–प्रारम्भिक काल में पृथ्वी धरातल का स्वरूप चट्टानी, गर्म एवं वीरान था। यह आज की पृथ्वी के वायुमण्डल से बिल्कुल भिन्न था। आज से लगभग 380 करोड़ वर्ष पूर्व पृथ्वी के धरातल पर जीवन के विकास से सम्बन्धित अवस्थाएं उत्पन्न हुईं और इस पर जीवन का विकास हुआ।

(v) पृथ्वी के वायुमण्डल को निर्मित करने वाली प्रारम्भिक गैसें कौन–सी थीं?

उत्तर–पृथ्वी के वायुमण्डल का निर्माण करने वाली प्रारम्भिक गैसें हाइड्रोजन व हीलियम थीं।

निम्नलिखित प्रश्नों का उत्तर लगभग 150 शब्दों में दीजिए।

(i) 'बिग बैंग' सिद्धान्त का विस्तार से वर्णन करें।

उत्तर–बिग बैंग सिद्धान्त–ब्रह्माण्ड की उत्पत्ति के सम्बन्ध में सर्वमान्य सिद्धान्त 'बिग बैंग सिद्धान्त' है। इस सिद्धान्त की मान्यता है कि ब्रह्माण्ड का विस्तार हो रहा है। इस सिद्धान्त को प्रतिस्थापित करने का श्रेय एडविन हब्बल को है जिन्होंने प्रमाणों के आधार पर यह सिद्ध किया कि ब्रह्माण्ड विस्तृत हो रहा है और समय के साथ–साथ आकाश–गंगाएं एक–दूसरे से दूर होती जा रही हैं।

ब्रह्माण्ड के विस्तार की अवस्थाएं–बिग बैंग सिद्धान्त के अनुसार ब्रह्माण्ड का विस्तार निम्नलिखित तीन अवस्थाओं में हुआ है–

(i) **ब्रह्माण्ड निर्माणकारी पदार्थ का एक ही स्थान पर स्थित होना**–प्रारम्भिक अवस्था में ब्रह्माण्ड का निर्माण करने वाले सभी पदार्थ अत्यन्त छोटे गोलक के रूप में एक ही स्थान पर केन्द्रित थे।

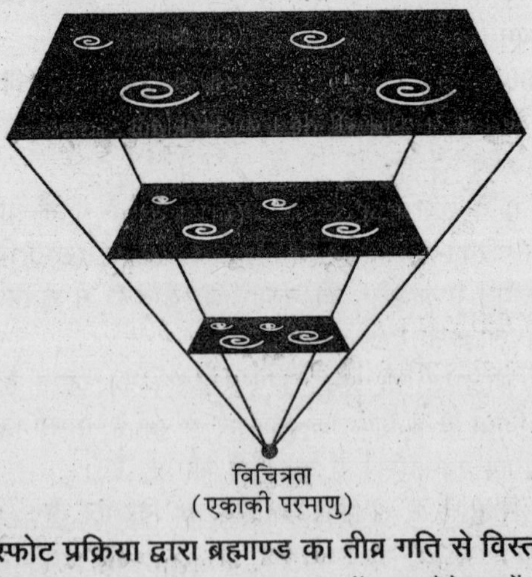

विचित्रता
(एकाकी परमाणु)

(ii) **विस्फोट प्रक्रिया द्वारा ब्रह्माण्ड का तीव्र गति से विस्तार होना**–बिग बैंग सिद्धान्त के अनुसार कालान्तर में इन छोटे कणों में तीव्र गति से विस्फोट हुआ। इस विस्फोट के कारण ब्रह्माण्ड का तीव्र गति से विस्तार हुआ। यह विस्तार आज भी जारी है।

(iii) **तापमान में तीव्र गति से कमी आना**–बिग बैंग की घटना के घटित होने से तीन लाख वर्षों के दौरान तापमान में तीव्र गति से ह्रास हुआ। इसी के फलस्वरूप पारदर्शी ब्रह्माण्ड का निर्माण हुआ।

प्रारम्भ में आकाशगंगाएं छोटी थीं। इनके बीच की दूरियां कम थीं। बिग बैंग प्रक्रिया के कारण आकाशगंगाओं के मध्य स्थित छोटे गोलकों में विस्फोट हुआ, जिससे आकाशगंगाओं के बीच की दूरी बढ़ने लगी अर्थात् ब्रह्माण्ड का विस्तार होने लगा।

इस प्रकार तारों के विस्फोट और पदार्थों के घनीभूत होने से ग्रहों का निर्माण हुआ। इसी प्रक्रिया की पुनरावृत्ति ग्रहों पर हुई और उपग्रहों का निर्माण हुआ।

(ii) पृथ्वी के विकास सम्बन्धी अवस्थाओं को बताते हुए प्रत्येक अवस्था/चरण को संक्षेप में वर्णित करें।

उत्तर—पृथ्वी के विकास को निम्नलिखित अवस्थाओं/चरणों में विभाजित किया जा सकता है।

(क) स्थलमण्डल का विकास—गुरुत्व बल के कारण जब पदार्थों का एकीकरण हो रहा था तो पिण्डों ने पदार्थ को प्रभावित किया जिससे अत्यधिक ताप की उत्पत्ति हुई। अत्यधिक ताप के कारण पृथ्वी आंशिक रूप से द्रव अवस्था में परिवर्तित हो गयी। तापमान की अधिकता के कारण ही चट्टानों के हल्के एवं भारी पदार्थों का स्तरीकरण होने लगा। भारी पदार्थ केन्द्र की ओर चले गये और हल्के पदार्थ धरातलीय भाग की ओर आने लगे। अन्ततः पृथ्वी का वर्तमान स्वरूप प्राप्त हो गया। चन्द्रमा की उत्पत्ति के दौरान भीषण टकराव के कारण पृथ्वी का तापमान पुनः बढ़ा तथा ऊर्जा उत्पन्न हुई। इसके फलस्वरूप धरातल से लेकर क्रोड तक कई परतों की उत्पत्ति हो गयी। ये परतें मुख्यतः इस प्रकार हैं—

(i) पर्पटी या क्रस्ट, (ii) प्रावार या मेंटल, (iii) बाह्य क्रोड, (iv) आन्तरिक क्रोड।

(ख) वायुमण्डल व जलमण्डल का विकास—वायुमण्डल का विकास निम्नलिखित तीन अवस्थाओं में हुआ—

(अ) आदिकालिक वायुमण्डलीय गैसों का ह्रास,

(ब) पृथ्वी के आन्तरिक भाग से भाप व जलवायु का उत्सर्जन,

(स) जैवमण्डल की 'प्रकाश संश्लेषण प्रक्रिया' द्वारा संशोधन।

आदिकालिक वायुमण्डल जिसमें हाइड्रोजन व हीलियम की अधिकता थी। द्वितीय अवस्था में पृथ्वी के आन्तरिक भाग से गैसें धरातल के ऊपर आईं और लगातार ज्वालामुखी विस्फोट से वायुमण्डल में जलवाष्प व गैसें बढ़ने लगीं। जलवाष्प के संघनन के कारण वर्षा हुई जिससे महासागरों की उत्पत्ति हुई।

लगभग 250 से 300 करोड़ वर्ष पहले प्रकाश–संश्लेषण की प्रक्रिया द्वारा ऑक्सीजन में वृद्धि हुई।

(ग) जीवन की उत्पत्ति—पृथ्वी की उत्पत्ति के अन्तिम चरण में जीवन की उत्पत्ति हुई। रासायनिक अभिक्रिया द्वारा पहले जटिल जैव अणु बने जिससे निर्जीव पदार्थ जीवित तत्वों में परिवर्तित हो गये।

अभ्यासार्थ प्रश्न

बहुविकल्पीय प्रश्न

1. निम्नलिखित में ब्रह्माण्ड की उत्पत्ति का सर्वमान्य नवीनतम सिद्धान्त है—

(अ) नीहारिका सिद्धान्त (ब) ज्वारीय सिद्धान्त
(स) ग्रहाणु सिद्धान्त (द) बिग बैंग सिद्धान्त

2. 'एडबिन हब्बल' का सम्बन्ध निम्नलिखित में से किस परिकल्पना से है?

(अ) ज्वारीय परिकल्पना (ब) नीहारिका परिकल्पना
(स) ग्रहाणु परिकल्पना (द) बिग बैंग परिकल्पना

3. 'प्रकाश वर्ष' इकाई है—

(अ) दूरी की (ब) समय की
(स) तापमान की (द) ऊंचाई की

4. वर्तमान में ग्रहों की संख्या मानी जाती है—

(अ) 9 (ब) 10
(स) 8 (द) 11

5. 'द बिग स्प्लेट' का सम्बन्ध निम्नलिखित में है—

(अ) पृथ्वी की उत्पत्ति से (ब) पृथ्वी पर जीवों की उत्पत्ति से
(स) वायुमण्डल की संरचना से (द) चन्द्रमा की उत्पत्ति से

[**उत्तर**—1. (द), 2. (द), 3. (अ), 4. (स), 5. (द)]

अति लघु उत्तरीय प्रश्न

1. नीहारिका किसे कहते हैं?

उत्तर—अन्तरिक्ष में हल्की गैसों (जैसे—हाइड्रोजन) और धूल के विशालकाय बादलों को नीहारिका (नेबुला) कहते हैं।

2. नीहारिका परिकल्पना के अनुसार ग्रहों का निर्माण किस तरह हुआ?

उत्तर— नीहारिका परिकल्पना के अनुसार ग्रहों का निर्माण धीमी गति से घूमते हुए पदार्थों के बादल से हुआ।

3. नीहारिका परिकल्पना में किन विद्वानों ने संशोधन किया?

उत्तर— (i) आटोशिमिड, (ii) कार्ल वाइजास्कर

4. वर्तमान समय में ब्रह्माण्ड की उत्पत्ति सम्बन्धी कौन–सा सिद्धान्त सबसे अधिक मान्य है।

उत्तर—बिग बैंग सिद्धान्त

5. बिग बैंग सिद्धान्त को एक और किस नाम से भी जाना जाता है?

उत्तर—विस्तारित ब्रह्माण्ड परिकल्पना

6. बिग बैंग सिद्धान्त का प्रतिपादक किस विद्वान को माना जाता है?

उत्तर—एडविन हब्बल।

7. स्थिर अवस्था संकल्पना किस भूगोलवेत्ता ने प्रस्तुत की?

उत्तर—हॉयल ने।

8. स्थिर अवस्था संकल्पना के अनुसार ब्रह्माण्ड की स्थिति स्पष्ट कीजिए।

उत्तर—स्थिर अवस्था संकल्पना के अनुसार ब्रह्माण्ड किसी भी समय में एक जैसा ही रहा है।

9. प्रकाश वर्ष क्या है?

उत्तर—एक वर्ष में प्रकाश द्वारा तय की गई दूरी को प्रकाश वर्ष के नाम से जाना जाता है।

10. आकाश गंगाओं की दूरी प्रकाश वर्ष में मापने का कारण बताइए।

उत्तर—आकाशगंगाओं का विस्तार अधिक होने के कारण उनकी दूरी प्रकाश वर्षों में मापी जाती है।

11. एक आकाश गंगा के निर्माण का प्रारंभ किस प्रकार हुआ?

उत्तर—एक आकाशगंगा के निर्माण की शुरुआत हाइड्रोजन गैस से बने विशाल बादल के संचयन से होती है जिसे नीहारिका के नाम से जाना गया।

12. प्रकाश की गति कितनी है ?

उत्तर— 3 लाख किमी प्रति सेकण्ड।

13. पृथ्वी से सूर्य की औसत दूरी कितनी है?

उत्तर–14,95,98,000 किमी।

14. सौरमण्डल का मूल स्रोत (जनक) किसे माना जाता है?

उत्तर–नीहारिका को सौरमण्डल का मूल स्रोत (जनक) माना जाता है।

15. सौरमण्डल के ग्रहों के नाम लिखिए।

उत्तर–बुध, शुक्र, पृथ्वी, मंगल, बृहस्पति, शनि, यूरेनस, नेप्च्यून।

16. भीतरी या पार्थिव ग्रह कौन–कौन से हैं?

उत्तर–भीतरी या पार्थिव ग्रह चार हैं–(i) बुध, (ii) शुक्र, (iii) पृथ्वी, (iv) मंगल।

17. जोवियन ग्रह क्या हैं?

उत्तर–गैसों के झुण्ड से निर्मित विशाल ग्रहों को जोवियन ग्रह कहते हैं।

18. जोवियन ग्रह कौन–कौन से हैं?

उत्तर–जोवियन ग्रह चार हैं (i) बृहस्पति, (ii) शनि, (iii) यूरेनस, (iv) नेप्च्यून।

19. पृथ्वी का एकमात्र उपग्रह कौन सा है?

उत्तर–चन्द्रमा।

20. डार्विन की संकल्पना के अनुसार चन्द्रमा का निर्माण किस पदार्थ से हुआ है?

उत्तर–डार्विन की संकल्पना के अनुसार चन्द्रमा का निर्माण उसी पदार्थ से हुआ है जहां वर्तमान समय में प्रशान्त महासागर एक गर्त के रूप में विद्यमान है।

21. 'द बिग स्प्लेट' को स्पष्ट कीजिए।

उत्तर–भूगोलविदों के अनुसार पृथ्वी के उपग्रह के रूप में चन्द्रमा की उत्पत्ति एक बड़े टकराव का परिणाम है जिसे बिग स्प्लेट के नाम से जाना जाता है।

22. चन्द्रमा की उत्पत्ति का समय बताइए।

उत्तर–चन्द्रमा की उत्पत्ति लगभग 4.44 अरब वर्ष पूर्व हुई।

23. शुरुआत में पृथ्वी कैसी थी?

उत्तर–शुरुआत में पृथ्वी चट्टानी, गर्म और वीरान ग्रह थी।

24. सौरमण्डल में किस ग्रह के सर्वाधिक उपग्रह हैं?

उत्तर–शनि ग्रह के सर्वाधिक उपग्रह हैं जिनकी संख्या 30 से अधिक है।

25. पृथ्वी के धरातल से क्रोड तक कौन–कौन सी परतें पायी जाती हैं? नामोल्लेख कीजिए।

उत्तर–पृथ्वी के धरातल से क्रोड तक पर्पटी, प्रावार, बाह्य क्रोड एवं आन्तरिक क्रोड आदि परतें पायी जाती हैं।

26. पृथ्वी के वायुमण्डल की वर्तमान संरचना में कौन–सी गैसों का प्रमुख योगदान है?

उत्तर–(क) नाइट्रोजन, (ख) ऑक्सीजन।

27. वर्तमान वायुमण्डल का उद्भव किस प्रकार हुआ?

उत्तर–पृथ्वी के विभेदन के दौरान पृथ्वी के आन्तरिक भाग से अनेक गैसें व जलवाष्प बाहर निकले जिससे वर्तमान वायुमण्डल का उद्भव हुआ।

28. गैस उत्सर्जन किसे कहा जाता है?

उत्तर–पृथ्वी के आन्तरिक भाग से धरातल पर गैसों के आने की प्रक्रिया को।

29. कौन–सा ग्रह जीवन के लिए अनुकूल है?

उत्तर–पृथ्वी।

30. पृथ्वी पर जीवन के चिन्ह किस रूप में पाये जाते हैं?

उत्तर–अलग–अलग समय की चट्टानों में पाए जाने वाले जीवाश्म के रूप में।

31. महाकल्प क्या है? महाकल्पों के नाम लिखिए।

उत्तर–भौगोलिक समय की सबसे बड़ी इकाई को महाकल्प कहते हैं। ये निम्नलिखित हैं–(क) प्रीकैम्बियन, (ख) पुराजीव, (ग) मध्यजीव, (घ) नवजीवन।

32. भू–वैज्ञानिक काल मापक्रम के अनुरूप नवजीवन महाकल्प को कौन–कौन से कल्पों में बांटा जा सकता है?

उत्तर–(क) तृतीय कल्प, (ख) चतुर्थ कल्प।

33. भू–वैज्ञानिक काल मापक्रम के अनुरूप मध्यजीवी महाकल्प को कौन–कौन से कल्पों में बांटा जा सकता है?

उत्तर–(क) ट्रियासिक, (ख) जुरेसिक, (ग) क्रीटेशियस।

34. पुराजीव महाकल्प को किन कल्पों में बांटा जा सकता है?

उत्तर–(क) कैम्ब्रियन, (ख) ओर्डोवियसन, (ग) प्रवालवदि (सिलरियन), (घ) डेवोनियन, (स) कार्बोनिपफेरस, (द) परमियन।

लघु उत्तरीय प्रश्न

1. सौरमंडल की उत्पत्ति के सम्बन्ध में लाप्लास के विचार प्रस्तुत कीजिए।

अथवा

लाप्लास द्वारा प्रस्तुत निहारिका परिकल्पना को संक्षेप में प्रस्तुत कीजिए।

2. द्वैतारक परिकल्पना का संक्षिप्त विवरण प्रस्तुत कीजिए।

3. बिग बैंग सिद्धान्त का संक्षिप्त विवरण प्रस्तुत कीजिए।

4. तारों के निर्माण की प्रक्रिया को संक्षेप में समझाइए।

5. सौरमण्डल किसे कहते हैं? संक्षेप में लिखिए।

6. चन्द्रमा की उत्पत्ति किस प्रकार हुई? संक्षेप में बताइए।

7. पृथ्वी के उद्भव एवं विकास का संक्षिप्त विवरण प्रस्तुत कीजिए।

8. वायुमण्डल के विकास की प्रमुख अवस्थाओं का संक्षिप्त विवरण प्रस्तुत कीजिए।

9. धरातल पर जीवन की उत्पत्ति कैसे हुई? संक्षेप में लिखिए।

10. ग्रहों का निर्माण एवं विकास किस प्रकार हुआ?

11. सौरमण्डल के ग्रहों को कितने भागों में विभक्त किया गया है? संक्षिप्त विवरण प्रस्तुत कीजिए।

12. स्थलमण्डल के विकासक्रम का संक्षिप्त विवरण प्रस्तुत कीजिए।

13. जलमण्डल का विकास किस प्रकार हुआ? संक्षेप में लिखिए।

विस्तृत उत्तरीय प्रश्न

1. सौरमण्डल क्या है? ग्रहों का वर्गीकरण कर इनके निर्माण व विकास की अवस्थाएं बताइए।

2. पृथ्वी की उत्पत्ति से सम्बन्धित सिद्धान्तों की समीक्षा कीजिए।

3 पृथ्वी की आंतरिक संरचना

परिचय

वस्तुतः पृथ्वी के आंतरिक भाग को अप्रत्यक्ष प्रमाणों के आधार पर ही समझा जा सकता है, क्योंकि पृथ्वी के आंतरिक भाग में न तो कोई पहुंच सका है और न पहुंच सकता है। पृथ्वी के धरातल का विन्यास मुख्यतः भूगर्भ में होने वाली प्रक्रियाओं का फल है। बहिर्जात एवं अंतर्जात प्रक्रियाएं निरंतर भू-दृश्य को आकार देती रहती हैं। अंतर्जात प्रक्रियाओं के प्रभाव को नजरअंदाज कर किसी भी क्षेत्र की भू-आकृति को समझना संभव नहीं है। दूसरे शब्दों में किसी भी प्रदेश की भू-आकृति को समझने के लिए भू-गर्भिक क्रियाओं के प्रभाव को जानना नितांत आवश्यक है।

भू-गर्भ की जानकारी के साधन—पृथ्वी की त्रिज्या 6.370किमी है। पृथ्वी की आंतरिक संरचना/परिस्थितियों के कारण यह संभव नहीं है कि कोई पृथ्वी के केन्द्र तक पहुंचकर उसका निरीक्षण कर सके या वहां के पदार्थ का कुछ नमूना प्राप्त कर सके। यह आश्चर्य की बात है कि ऐसी परिस्थितियों में भी वैज्ञानिक हमें यह बताने में सक्षम हुए कि भूगर्भ की संरचना कैसी है और इतनी गहराई पर किस प्रकार के पदार्थ पाए जाते हैं? पृथ्वी की आतरिक संरचना के विषय में हमारी अधिकांश जानकारी परोक्ष रूप से प्राप्त अनुमानों पर आधारित है। यद्यपि इस जानकारी का कुछ भाग प्रत्यक्ष प्रेक्षणों तथा पदार्थ विश्लेषण पर भी आधारित है।

भू-गर्भ की जानकारी के प्रत्यक्ष स्रोत—पृथ्वी से सबसे आसानी से उपलब्ध ठोस पदार्थ धरातलीय चट्टानें हैं या वे चट्टाने हैं, जो हम खनन क्षेत्रों से प्राप्त करते हैं। दक्षिणी अफ्रीका की सोने की खानें 3 से 4 किमी तक गहरी हैं। इससे अधिक गहराई में जा पाना असंभव है, क्योंकि उतनी गहराई पर तापमान बहुत अधिक होता है। खनन के अतिरिक्त वैज्ञानिक, विभिन्न परियोजनाओं के अन्तर्गत पृथ्वी की आतरिक स्थिति को जानने के लिए पर्पटी में गहराई तक अंवेषण कर रहे हैं संपूर्ण विश्व के वैज्ञानिक दो मुख्य परियोजनाओं पर काम कर रहे हैं—ये हैं गहरे समुद्र में प्रवेधन परियोजना (Deep ocean drilling project) व समन्वित महासागरीय प्रवेधन परियोजना (Integrated ocean drilling project)। आज तक सबसे गहरा प्रवेधन (Drill) आर्कटिक महासागर में कोला (Kola) क्षेत्र में 12 किमी की गहराई तक किया गया है। इन परियोजनाओं और बहुत सी अन्य गहरी खुदाई परियोजनाओं के अंतर्गत, विभिन्न गहराई से प्राप्त पदार्थों के विश्लेषण से हमें पृथ्वी की आंतरिक संरचना से संबंधित असाधारण जानकारी प्राप्त हुई है।

ज्वालामुखी उद्गार प्रत्यक्ष जानकारी का एक अन्य स्रोत है। जब कभी भी ज्वालामुखी उद्गार से लावा पृथ्वी के धरातल पर आता है, यह प्रयोगशाला अन्वेषण परीक्षण के लिए उपलब्ध होता है। यद्यपि इस बात का निश्चय कर पाना कठिन होता है कि यह मैग्मा कितनी गहराई से निकला है।

भूगर्भ की जानकारी के अप्रत्यक्ष स्रोत—भूगर्भ की जानकारी के अप्रत्यक्ष स्रोतों के अन्तर्गत निम्नलिखित वस्तुस्थितियां महत्वपूर्ण हैं—

(1) **खनन**—खनन क्रिया से हमें पता चलता है कि पृथ्वी के धरातल में गहराई बढ़ने के साथ-साथ तापमान एवं दबाव में वृद्धि होती है। इतना ही नहीं, हमें यह भी पता चलता है कि गहराई बढ़ने के साथ-साथ पदार्थ का घनत्व भी बढ़ता जाता है। तापमान, दबाव और घनत्व में इस परिवर्तन की दर को आंका जा सकता है। पृथ्वी की कुल मोटाई को ध्यान में रखते हुए, वैज्ञानिकों ने विभिन्न गहराइयों पर पदार्थ के तापमान, दबाव एवं घनत्व के मान को अनुमानित किया है।

(2) **उल्काएं**—पृथ्वी की आंतरिक जानकारी का दूसरा अप्रत्यक्ष स्रोत उल्काएं हैं, जो कभी-कभी धरती तक पहुंचती हैं। यद्यपि हमें यह भी ध्यान रखना चाहिए कि उल्काओं के विश्लेषण के लिए उपलब्ध पदार्थ पृथ्वी के आंतरिक भाग से प्राप्त नहीं होते हैं। परन्तु उल्काओं से प्राप्त पदार्थ और उनकी संरचना पृथ्वी से मिलती-जुलती है। उल्काएं वैसे ही पदार्थ के बने ठोस पिंड हैं, जिनसे हमारी पृथ्वी बनी है। अतः पृथ्वी की आंतरिक जानकारी के लिए उल्काओं का अध्ययन एक अन्य महत्वपूर्ण स्रोत है।

(3) **गुरुत्वाकर्षण एवं चुम्बकीय सर्वेक्षण**—भू-गर्भ की जानकारी के अप्रत्यक्ष स्रोतों में गुरुत्वाकर्षण एवं चुंबकीय क्षेत्र की भूमिका भी महत्वपूर्ण है। पृथ्वी के धरातल पर विभिन्न अक्षांशों पर गुरुत्वाकर्षण बल एक समान नहीं होता है। यह ध्रुवों पर अधिक तथा भूमध्यरेखा पर कम होता है। पृथ्वी के केन्द्र से दूरी के कारण गुरुत्वाकर्षण बल ध्रुवों पर अधिक और भूमध्य रेखा पर कम होता है। गुरुत्व का मान पदार्थ के द्रव्यमान के अनुसार भी बदलता है। पृथ्वी के भीतर पदार्थों का असमान वितरण भी इस भिन्नता को प्रभावित करता है। अलग-अलग स्थानों पर गुरुत्वाकर्षण की भिन्नता अनेक अन्य कारकों से भी प्रभावित होती है। इस भिन्नता को गुरुत्व विसंगति (Gravity anomaly) कहा जाता है। गुरुत्व विसंगति हमें भूपर्पटी में पदार्थ के द्रव्यमान के वितरण की जानकारी देती है। चुंबकीय सर्वेक्षण भी भूपर्पटी में चुंबकीय पदार्थ के वितरण की जानकारी देते हैं।

उल्लेखनीय तथ्य यह है कि भूकंप एवं ज्वालामुखी विस्फोट विनाशकारी गतिविधियां होते हुए भी भूगर्भ की संरचना के बारे में अत्यन्त महत्वपूर्ण जानकारी प्रदान करते हैं। इनका संदर्भ के अनुसार विवरण निम्नलिखित है—

भूकम्प—विनाशकारी आपदा होने के बावजूद भूकंप भूगर्भ की जानकारी का बहुत महत्वपूर्ण स्रोत है। इसका विस्तृत विवेचन निम्नलिखित है—

भूकम्प का अर्थ—भूपर्पटी की चट्टानों में अचानक संचरण होने के कारण भूर्पटी या प्रावार (मैंटल) में किसी बिन्दु पर लगने वाले झटके या झटकों के क्रम को भूकम्प कहते हैं

भूकम्प की उत्पत्ति—भू-पर्पटी की शैलों में गहरी दरारें भ्रंश होती हैं। भ्रंश के दोनों ओर की शैलें जब वितरीत दिशा में गति करती हैं। अलग होने की प्रवृति के कारण एक समय पर घर्षण का प्रभाव कम हो जाता है जिसके परिणामस्वरूप शैल खण्ड विकृत होकर अचानक एक-दूसरे की विपरीत दिशा में खिसक जाते हैं। इसके फलस्वरूप ऊर्जा तरंगे निकलती हैं और सभी दिशाओं में गतिशील हो जाती हैं। फलस्वरूप कम्पन होना प्रारम्भ हो जाता है। इस प्रकार भूकम्प की उत्पत्ति होती है।

भूकम्पीय तरंगें—भूकम्पीय तरंगें पृथ्वी की आन्तरिक परतों का सम्पूर्ण चित्र प्रस्तुत करती हैं। पृथ्वी के आन्तरिक भाग से ऊर्जा के निकलने के कारण तरंगें उत्पन्न होती हैं, जो समस्त दिशाओं में फैलकर भूकम्प लाती हैं।

भूकम्पीय तरंगों के प्रकार एवं अभिलेखन—भूकम्पमापी यंत्र सतह पर पहुंचने वाली तरंगों का अभिलेखन करता है।

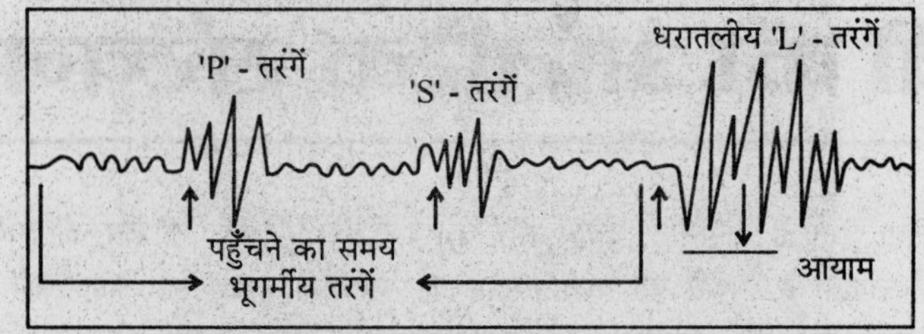

चित्र—भूकंप-अभिलेख

प्रस्तुत चित्र में प्रदर्शित भूकम्पीय तरंगों का अभिलेखीय वक्र तीन भिन्न प्रकार की बनावट वाली तरंगों को प्रदर्शित करता है। मूल रूप से भूकम्पीय तरंगें दो प्रकार की है—(i) भूगर्भिक तरंगें एवं (ii) धरातीय तरंगें।

(i) **भूगर्भिक तरंगें**—ये तरंगें भूकम्प के उद्गम केन्द्र से ऊर्जा के मुक्त होने के दौरान उत्पन्न होती हैं।

भूगर्भिक तरंगें दो प्रकार की होती हैं—इन्हें 'P' तरंगें तथा 'S' तरंगें कहा जाता है। '*p*' तरंगें तीव्र गति से चलने वाली तरंगें हैं। ये तरंगें ध्वनि तरंगों जैसी होती हैं तथा ठोस, द्रव तथा गैस तीनों प्रकार के पदार्थों से होकर गुजर सकती हैं। इन्हें प्राथमिक तरंगें भी कहा जाता है।

(ii) **धरातलीय तरंगें**—ये तरंगे धरातल के साथ–साथ चलती हैं। ये तरंगें अत्यधिक विनाशकारी होती हैं। इनसे शैलों में विस्थापन होता है तथा जन–धन की अत्यधिक हानि होती है। परावर्तन से तरंगें प्रतिध्वनित होकर वापस लौट आती हैं जबकि आवर्तन से तरंगें कई दिशाओं में चलती हैं।

भूकम्पलेखी यंत्र पर सर्वप्रथम *p* तरंगें तत्पश्चात् 'S' तरंगें तथा अन्त में धरातलीय तरंगें अभिलेखित होती हैं।

'*p*' तरंगों के कम्पन की दिशा तरंगों की दिशा के समानान्तर होती है। 'S' तरंगें ऊर्ध्वाधर तल में तरंगों की दिशा के समकोण पर कम्पन करती हैं। ये जिस पदार्थ से गुजरती है उनमें उभार व गर्त बनाती हैं।

छाया क्षेत्र का उद्भव—भूकम्प लेखी यंत्र पर कुछ क्षेत्र ऐसे भी हैं, जहां कोई भी भूकम्पीय तरंग अभिलेखित नहीं होती। ऐसे क्षेत्र को भूकम्पीय छाया क्षेत्र के नाम से जाना जाता है।

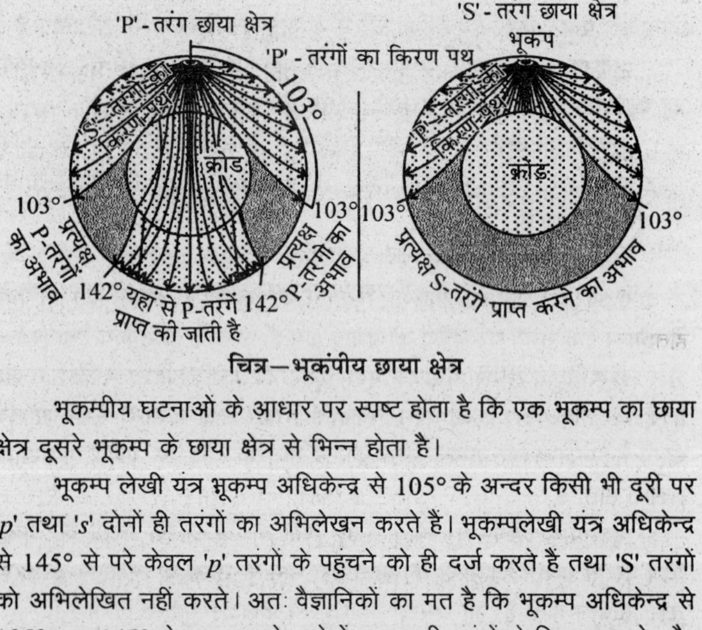

चित्र—भूकंपीय छाया क्षेत्र

भूकम्पीय घटनाओं के आधार पर स्पष्ट होता है कि एक भूकम्प का छाया क्षेत्र दूसरे भूकम्प के छाया क्षेत्र से भिन्न होता है।

भूकम्प लेखी यंत्र भूकम्प अधिकेन्द्र से 105° के अन्दर किसी भी दूरी पर '*p*' तथा '*s*' दोनों ही तरंगों का अभिलेखन करते हैं। भूकम्पलेखी यंत्र अधिकेन्द्र से 145° से परे केवल '*p*' तरंगों के पहुंचने को ही दर्ज करते हैं तथा 'S' तरंगों को अभिलेखित नहीं करते। अतः वैज्ञानिकों का मत है कि भूकम्प अधिकेन्द्र से 105° तथा 145° के मध्य का क्षेत्र दोनों प्रकार की तरंगों के लिए छाया क्षेत्र है।

भूकम्प के प्रकार

भूकम्प के प्रकार निम्नलिखित हैं—

(क) विवर्तनिक भूकम्प—ये भूकम्प भ्रंशतल के सहारे चट्टानों के सरकने के परिणामस्वरूप आते हैं।

(ख) ज्वालामुखी भूकम्प—ज्वालामुखी उद्गार के सहारे आन्तरिक भाग से निकलने वाला लावा ऊपरी चट्टानों पर धक्के लगाता है जिससे भूकम्प आते हैं। ये सामान्यतः विवर्तनिक भूकम्प ही हैं जो सक्रिय ज्वालामुखी क्षेत्रों में आते हैं।

(ग) नियात भूकम्प—खनन क्षेत्रों में भूमिगत खदानों की छतों के ढह जाने से हल्के झटके महसूस किये जाते हैं, इन्हें ही नियात (Collapse) भूकम्प कहा जाता है।

(घ) विस्फोट भूकम्प—कभी–कभी परमाणु एवं रासायनिक विस्फोट से उत्पन्न होने वाले कम्पन को विस्फोट भूकम्प कहा जाता है।

(ङ) बांध जनित भूकम्प—ऐसे भूकम्प बड़े–बड़े बांध वाले क्षेत्रों में आते हैं। बांध क्षेत्रों में अत्यधिक पानी एकत्रित कर लिया जाता है जिससे नीचे की चट्टानें अव्यवस्थित हो जाती हैं जिससे भूकम्प उत्पन्न होते हैं। इन्हें बांध जनित भूकम्प कहते हैं।

भूकम्प का मापन—भूकम्पीय घटनाओं का मापन भूकम्पीय तीव्रता के आधार पर या आघात की तीव्रता के आधार पर किया जाता है। भूकम्पीय तीव्रता की मापनी 'रिक्टर स्केल' (Richter scale) के नाम से जानी जाती है। भूकम्पीय तीव्रता भूकम्प के दौरान ऊर्जा मुक्त होने से सम्बन्धित है। इस मापनी के अनुसार भूकम्प की तीव्रता 0 से 10 तक होती है। आघात की तीव्रता/गहनता (Intensity scale) को इटली के भूकम्प वैज्ञानिक मरकैली (Mercalli) के नाम पर जाना जाता है। वह झटकों से हुई प्रत्यक्ष हानि द्वारा निर्धारित की जाती है। इसकी गहनता 1 से 12 तक होती है।

भूकम्प के प्रभाव—भूकम्प से होने वाली (हानियों) प्रकोपों को निम्न प्रकार व्यक्त कर सकते हैं—

(1) धरातल में कम्पन, (2) धरातलीय विसंगति, (3) भूस्खलन व पंकस्खलन, (4) हिमस्खलन, (5) धरातलीय विस्थापन, (6) मृदा द्रवण, (7) धरातल का एकतरफा झुकाव, (8) बांधों व तटबन्धों के टूटने से अपार जन–धन की हानि, (9) आग लगना, (10) इमारतों, सड़कों तथा अन्य निर्माण–कार्यों का नष्ट होना।

भूकम्प की आवृत्ति—भूकम्प एक प्राकृतिक आपदा है। तीव्र भूकम्प के झटकों से जन व धन की अत्यधिक क्षति होती है। फिर भी ऐसा नहीं है कि विश्व के सभी भागों में तीव्र भूकम्प ही आते हैं। केवल वही क्षेत्र जो भ्रंश के समीप है, ऐसे तीव्र झटके महसूस करते हैं।

प्रायः यह देखा गया है कि रिक्टर स्केल पर 8 से अधिक तीव्रता वाले भूकंप के आने की संभावना बहुत ही कम होती है जो 1-2 वर्षों में एक ही बार आते हैं। जबकि हल्के भूकंप लगभग हर मिनट पृथ्वी के किसी न किसी भाग में महसूस किए जाते हैं।

पृथ्वी: आंतरिक संरचना

पृथ्वी के धरातल का विन्यास मुख्यतः भू–गर्भ में होने वाली प्रक्रियाओं का परिणाम है। पृथ्वी की आन्तरिक एवं बाह्य शक्तियां लगातार भू–दृश्य को आकार देती रहती हैं। पृथ्वी की आन्तरिक संरचना के सम्बन्ध में विभिन्न विद्वानों ने अपने–अपने विचार व्यक्त किये हैं। इनमें स्वेस, जॉली, रॉस आदि के विचार महत्वपूर्ण हैं। वर्तमान समय में आन्तरिक संरचना के बारे में सबसे महत्वपूर्ण जानकारी भूकम्पीय तरंगों के अध्ययन व विश्लेषण से प्राप्त होती है। भूकम्प की तरंगें आन्तरिक भाग में समान गति से संचरित नहीं होती हैं। जैसे–जैसे ये तरंगें

भूगर्भ में गहराई में जाती हैं, इनकी गति बढ़ती जाती है। इससे स्पष्ट होता है कि पृथ्वी की आन्तरिक संरचना एक जैसी नहीं है। भूकम्पीय तरंगों के आधार पर पृथ्वी के आन्तरिक भाग को निम्न परतों में विभाजित किया गया है–

(1) भूपर्पटी या क्रस्ट, (2) मेंटल, (3) क्रोड या अन्तरतम।

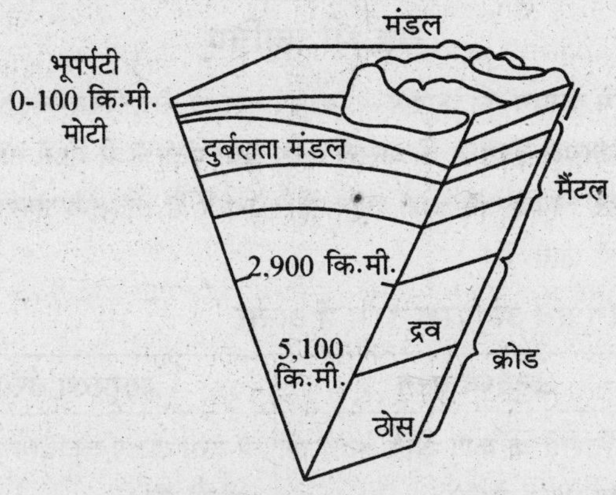

चित्र–पृथ्वी का आन्तरिक भाग

1. भू–पर्पटी (क्रस्ट)–पृथ्वी की सबसे ऊपरी परत भू–पर्पटी या क्रस्ट है। भू–पपर्टी की मोटाई महासागरों व महाद्वीपों के नीचे अलग–अलग मिलती है। महासागरों के नीचे इसकी मोटाई 5 किमी तथा महाद्वीपों के नीचे 30 किमी तक है। प्रमुख पर्वतीय श्रृंखलाओं में इसकी मोटाई और भी अधिक है। भू–पर्पटी की चट्टानों का घनत्व 3 ग्राम प्रतिघन सेमी के लगभग प्राप्त होता है। भू–पपर्टी पृथ्वी का सबसे बाहरी भंगुर (Britle) भाग है।

2. मेंटल–भू–पर्पटी के नीचे का भाग मेंटल है। मेंटल का ऊपरी भाग दुर्बलता मण्डल कहलाता है जहां भूकम्प तरंगों की गति अत्यन्त मन्द हो जाती है। ज्वालामुखी उद्गार के दौरान निकलने वाला लावा यहीं से प्राप्त होता है। इसकी गहराई 100 से 200 किमी तक है। निचली मेंटल का विस्तार दुर्बलता मण्डल के समाप्त होने के बाद तक विस्तृत है।

3. क्रोड या अन्तरतम–क्रोड व मेंटल की सीमा 2900 किमी की गहराई तक है। क्रोड को दो भागो में विभाजित किया गया है–बाह्य क्रोड एवं आन्तरिक क्रोड। बाह्य क्रोड को तरल अवस्था में माना गया है। आन्तरिक क्रोड ठोस अवस्था में है। आन्तरिक भाग में जाने पर घनत्व बढ़ जाता है। आन्तरिक केन्द्रीय भाग की संरचना भारी पदार्थों निकिल एवं फेरियम से मानी गयी है अतः इसे 'निफे' कहते हैं।

ज्वालामुखी

ज्वालामुखी वह छिद्र है जिससे गैसें, राख, तरल चट्टान पदार्थ व लावा पृथ्वी तल तक पहुंचता है। ज्वालमुखी उद्गार के समय जो पदार्थ बाहर निकलते हैं उनमें लावा प्रवाह, लावा के जमे हुए टुकड़े, ज्वालामुखी बम, राख, धूलिकण व गैसें जैसे–नाइट्रोजन यौगिक, सल्फर यौगिक और अल्प मात्रा में क्लोरीन, हाइड्रोजन व आर्गन शामिल होते हैं।

ज्वालामुखियों को निम्न प्रकार से वर्गीकृत किया जा सकता है।

1. शील्ड ज्वालामुखी–शील्ड ज्वालामुखी सबसे विशाल होते हैं। हवाई द्वीप के अधिकांश ज्वालामुखी इसी प्रकार के ज्वालामुखी हैं। इनमें लावा फब्वारों के रूप में बाहर निकलता है।

2. मिश्रित ज्वालामुखी–ये अधिक भीषण हैं। उद्गार के समय इनसे भारी मात्रा में ज्वलखण्डाश्मि पदार्थ (Pyroclastic) व राख धरातल पर आती है। इनका जमाव नली के आस–पास परतों के रूप में हो जाता है।

चित्र-शील्ड ज्वालामुखी

चित्र-मिश्रित ज्वालामुखी

3. ज्वालामुखी कुण्ड–ये सबसे अधिक विस्फोटक ज्वालामुखी हैं। इनके लावा भण्डार विशाल होने के साथ–साथ इनके बहुत पास स्थित होते हैं। इनसे निर्मित पहाड़ी मिश्रित ज्वालामुखी जैसी होती है।

4. बेसाल्ट प्रवाह क्षेत्र–यह ज्वालामुखी अत्यधिक तरल लावा उगलते हैं। कभी–कभी ज्वालामुखी प्रवाह सैकड़ों वर्ग किमी क्षेत्र में फैल जाता है। दक्षिण भारत का दक्कन ट्रैप वृहद् बेसाल्ट लावा प्रवाह क्षेत्र है।

5. मध्य महासागरीय कटक ज्वालामुखी–इनका उद्गार महासागरों में होता है। मध्य महासागरीय कटक एक विस्तृत श्रृंखला है जो लगभग 70,000 किमी लम्बाई में फैली है। जब ज्वालामुखी उद्गार महासागरों में इन कटकों के सहारे होता है तो उसे मध्य महासागरीय ज्वालामुखी कटक कहा जाता है।

ज्वालामुखी से निर्मित स्थल आकृतियां

ज्वालामुखी संक्रियाओं के कारण निम्नलिखित स्थल आकृतियों का निर्माण होता है–

अंतर्वेधी आकृतियां–ज्वालामुखी उद्गार से जो लावा निकलता है, उसके ठंडा होने से आग्नेय शैल बनती हैं। लावा का यह जमाव या तो धरातल पर पहुंच कर होता है या धरातल तक पहुंचने से पहले ही भू–पटल के नीचे शैल परतों में ही हो जाता है। लावा के ठंडा होने के स्थान से आधार पर आग्नेय शैलों का वर्गीकरण किया जाता है–1. ज्वालामुखी शैलों (जब लावा धरातल पर पहुंच कर ठंडा होता है) और 2. पातालीय (Plutonic) शैल (जब लावा धरातल के नीचे ही ठंडा होकर

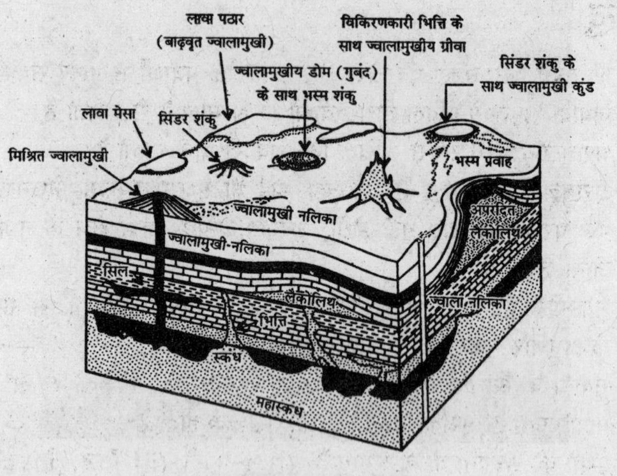

चित्र-ज्वालामुखी स्थलाकृतियां

जम जाता है)। जब लावा भू-पटल के भीतर ही ठंडा हो जाता है तो कई आकृतियां बनती हैं। ये आकृतियां अंतर्वेधी आकृतियां (Intrusive forms) कहलाती हैं। इनमें से कुछ संलग्न चित्र दिखाई गई हैं।

बैथोलिथ—यदि मैग्मा का बड़ा पिण्ड भू-पर्पटी में अधिक गहराई पर ठंडा हो जाए तो यह एक गुबद की आकृति में विकसित हो जाता है। अनाच्छादन प्रक्रियाओं के द्वारा ऊपरी पदार्थ के हट जाने पर ही यह धरातल पर प्रकट होते हैं। ये विशाल क्षेत्र में फैले होते हैं और कभी-कभी इनकी गहराई भी कई किमी तक होती है। ये ग्रेनाइट के बने पिण्ड हैं। इन्हें बैथोलिथ कहा जाता है जो मैग्मा भण्डारों के जमे हुए भाग हैं।

लैकोलिथ—ये गुंबदनुमा बहुत बड़ी अन्तर्वेधी चट्टानें हैं जिनका तल समतल व एक पाइपरूपी वाहक नली से नीचे से जुड़ा होता है। इनकी आकृति धरातल पर पाए जाने वाले मिश्रित ज्वालामुखी के गुंबद से मिलती है। अंतर केवल यह होता है कि लैकोलिथ गहराई में पाया जाता है। कर्नाटक के पठार में ग्रेनाइट चट्टानों की बनी ऐसी ही गुंबदनुमा पहाड़ियां हैं। इनमें से अधिकतर अब अपत्रित (Exfoliated) हो चुकी हैं व धरातल पर देखी जा सकती हैं। ये लैकोलिथ व बैथोलिथ के अच्छे उदाहरण हैं।

लैपोलिथ, फैकोलिथ व सिल—ऊपर उठते लावे का कुछ भाग क्षैतिज दिशा में पाए जाने वाले कमजोर धरातल में चला जाता है। यहां यह अलग-अलग आकृतियों में जम जाता है। यदि यह तश्तरी (Saucer) के आकार में जम जाए तो यह लैपोलिथ कहलाता है। कई बार अन्तर्वेधी आग्नेय चट्टानों की मोड़दार अवस्था में अपनति (Anticline) के ऊपर व अभिनति (Syncline) के तल में लावा का जमाव पाया जाता है। ये परतनुमा/लहरदार चट्टानें एक निश्चित वाहक नली से मैग्मा भण्डरों से जुड़ी होती हैं। (जो क्रमशः बैथोलिथ में विकसित होते हैं) यह ही फैकोलिथ कहलाते हैं।

अन्तर्वेधी आग्नेय चट्टानों का क्षैतिज तल में एक चादर के रूप में ठंडा होना सिल या शीट कहलाता है। जमाव की मोटाई के आधार पर इन्हें विभाजित किया जाता है—कम मोटाई वाले जमाव को शीट तथा घने मोटाई वाले जमाव सिल कहलाते हैं।

डाइक—जब लावा का प्रवाह दरारों में धरातल के लगभग समकोण होता है और अगर यह इसी अवस्था में ठंडा हो जाए तो एक दीवार की भांति संरचना निर्मित करता है। यही संरचना डाइक कहलाती है। पश्चिम महाराष्ट्र क्षेत्र की अंतर्वेधी आग्नेय चट्टानों में यह आकृति अधिकांश मात्रा में पाई जाती है। ज्वालामुखी उद्गार से बने दक्कन ट्रेप के विकास में डाइक उद्गार की वाहक समझी जाती है।

यह भी जानिए

पृथ्वी में कम्पन का कारण—जब धरातल के नीचे स्थित चट्टानों में कोई आकस्मिक हलचल होती है तो उससे तरंगें पैदा होती हैं ये तरंगे अपने उद्भव केन्द्र से बाहर निकलकर चारों और फैल जाती हैं, जिसके कारण पृथ्वी में कम्पन पैदा हो जाता है।

अनुदैर्घ्य तरंग एवं अनुप्रस्थ तरंग में अन्तर

क्र.सं.	अनुदैर्घ्य तरंग	अनुप्रस्थ तरंग
1.	इन तरंगों के कण आगे बढ़ने की दिशा में चलते हैं।	ये तरंगे ढोलन की दिशा पर समकोण चलती हैं।
2.	इन्हें प्राथमिक तरंगें, ध्वनि तरंगें या P-waves कहा जाता है।	इन्हें द्वितीय तरंगे या Swaves भी कहा जाता है।
3.	इनकी गति कुछ तेज होती है।	इनकी गति धीमी होती है।
4.	ये तरल, गैस तथा ठोस तीनों माध्यमों से गुजर सकती हैं।	ये केवल ठोस माध्यम से ही गुजर सकती हैं।

भूपृष्ठ तथा अभ्यांतर में अन्तर

क्र.सं.	भू-पृष्ठ	अभ्यान्तर
1.	यह पृथ्वी की बाहरी परत है।	यह पृथ्वी की भीतरी परत है।
2.	यह सबसे हल्की परत है।	यह सबसे भारी परत है।
3.	इस परत का औसत घनत्व 2.75 है।	इस परत का औसत घनत्व 17.2 है।
4.	यह पृथ्वी के 0.5% भाग को घेरे हुए है।	यह पृथ्वी के 83% भाग को घेरे हुए है।
5.	इसमें सिलिका तथा ऐलुमिनीयम की अधिकता होती है।	इसमें निकिल तथा लोहे की अधिकता होती है।

मैग्मा तथा लावा में अन्तर

क्र.सं.	मैग्मा	लावा
1.	धरातल के नीचे तरल व पिघली अवस्था में लाल रंग के तरल पदार्थ को मैग्मा कहते हैं।	पृथ्वी के आन्तरिक भागों में स्थित मैग्मा जब धरातल पर आ जाता है तो इसके जमाव को लावा कहते हैं।
2.	इससे धरातल के नीचे पातालीय शैलों का निर्माण होता है।	इससे धरातल के ऊपर ज्वालामुखी शैलों का निर्माण होता है।
3.	इससे धरातल के नीचे बैथोलिथ, लोकोलिथ, फैकोलिथ, सिल व डाइक जैसी अन्तर्वेधी आकृतियों का निर्माण होता है।	इससे धरातल के ऊपर विभिन्न प्रकार की आकृतिया जैसे लावा पठार, सिंडर शंकु, लावा शील्ड, काल्डेरा आदि का निर्माण होता है।

स्मरणीय बिन्दु

- पृथ्वी की आन्तरिक संरचना मानव के लिए पहेली बनी हुई है क्योंकि पृथ्वी के आन्तरिक भाग में न तो कोई पहुंच सका है और न ही पहुंचने की सम्भावना है।
- पृथ्वी के आन्तरिक भाग की जानकारी के प्रत्यक्ष स्रोतों में ठोस धरातलीय चट्टानें अथवा वे चट्टानें हैं जिनको हम खनन क्षेत्रों से प्राप्त करते हैं।
- पृथ्वी के आन्तरिक भाग की जानकारी के अप्रत्यक्ष स्रोतों में गहराई के साथ बढ़ता तापमान, घनत्व व दबाव, उल्काएं, गुरुत्वाकर्षण, चुम्बकीय क्षेत्र तथा भूकम्प सम्बन्धी क्रियाएं आदि सम्मिलित हैं।
- भूकम्प एक प्राकृतिक घटना है। पृथ्वी के आन्तरिक भाग से ऊर्जा के निकलने के कारण तरंगे उत्पन्न होती हैं जो समस्त दिशाओं में फैलकर भूकम्प लाती हैं।
- पृथ्वी के आन्तरिक भाग में जिस केन्द्र से भूकम्पीय ऊर्जा निकलती है, उसे भूकम्प का उद्गम केन्द्र के नाम से जाना जाता है।
- धरातल का वह बिन्दु जो कि उद्गम केन्द्र के निकटतम होता है, अभिकेन्द्र कहलाता है। अभिकेन्द्र पर ही सर्वप्रथम तरंगों को महसूस किया जाता है।
- भूकम्पीय तरंगों का अभिलेखन भूकम्पमापी यंत्र द्वारा किया जाता है जिसे 'सीसमोग्राफ' कहा जाता है।
- जब भूकम्प अपने उद्गम केन्द्र से आरम्भ होता है तो तीन प्रकार की तरंगें उठने लगती हैं, जो हैं—(1) 'P' तरंगें, (ii) 'S' तरंगें, (iii) 'L' तरंगें।
- 'P' तरंगें गैस, तरल एवं ठोस तीनों प्रकार के पदार्थों से गुजर सकती हैं जबकि 'S' तरंगे केवल ठोस पदार्थों के ही माध्यम से चलती हैं।
- धरातलीय तरंगें सबसे अधिक विनाशकारी मानी जाती हैं।
- धरातल पर कई ऐसे क्षेत्र हैं जहां कोई भी भूकम्पीय तरंग सीसमोग्राफ पेज पर अभिलेखित नहीं होतीं, उन्हें 'भूकम्पीय छाया क्षेत्र के नाम से जाना जाता है।
- भूकम्पीय तीव्रता का मापन 'रिक्टर स्केल पर किया जाता है। इस मापनी के अनुसार भूकम्प की तीव्रता 0 से 10 तक होती है।
- भूकम्प के आघात को तीव्रता अथवा गहनता को 'मरकेली स्केल' पर मापा जाता है। इसकी गहनता 1 से 12 तक होती है।
- पृथ्वी की संरचना के तीन भाग हैं—(i) भू–पर्पटी, (ii) मेंटल, (iii) क्रोड।
- उद्गार की प्रकृति एवं धरातल पर विकसित आकृतियों के आधार पर ज्वालामुखी के प्रकार हैं—(i) शील्ड ज्वालामुखी, (ii) मिश्रित ज्वालामुखी, (iii) ज्वालामुखी कुण्ड, (iv) बेसाल्ट प्रवाह क्षेत्र, (v) मध्य महासागरीय कटक ज्वालामुखी।
- ज्वालामुखी उद्गार के फलस्वरूप निकलने वाले लावा के ठण्डे होने पर आग्नेय शैलों का निर्माण होता है।
- लावा के भू–पटल के भीतर ही ठण्डे होने से कई आकृतियां बनती हैं जिनमें बैथोलिथ, लोकोलिथ, फेकोलिथ, सिल एवं डाइक आदि प्रमुख हैं।

एन.सी.ई.आर.टी. पाठ्यपुस्तक भूगोल के प्रश्न (हल सहित)

बहुविकल्पीय प्रश्न

(i) निम्नलिखित में से कौन भूगर्भ की जानकारी का प्रत्यक्ष साधन है?

(क) भूकम्पीय तरंगे (ख) गुरुत्वाकर्षण बल

(ग) ज्वालामुखी (घ) पृथ्वी का चुम्बकत्व

(ii) दक्कन ट्रैप की शैल समूह किस प्रकार के ज्वालामुखी उद्गार का परिणाम है?

(क) शील्ड (ख) मिश्र

(ग) प्रवाह (घ) कुण्ड

(iii) निम्नलिखित में से कौन–सा स्थलमण्डल को वर्णित करता है?

(क) ऊपरी व निचले मैण्टिल

(ख) भूपटल व क्रोड

(ग) भू–पटल व ऊपरी मैण्टिल

(घ) मैण्टिल व क्रोड

(iv) निम्न में से कौन–सी भूकम्प तरंगें चट्टानों में संकुचन व फैलाव लाती हैं?

(क) 'P' तरंगे (ख) 'S' तरंगे

(ग) धरातलीय तरंगे (घ) इनमें से कोई नहीं।

उत्तर—(i) (ग), (ii) (ग), (iii) (ग), (iv) (क)।

निम्नलिखित प्रश्नों के उत्तर लगभग 30 शब्दों में दीजिए

(i) भूगर्भीय तरंगें क्या हैं?

उत्तर—भू–गर्भिक क्रियाओं के कारण चट्टानों का घर्षण व स्थानान्तरण होता है जिससे ऊर्जा उत्पन्न होती है। ऊर्जा के निकलने के कारण तरंगें उत्पन्न होती हैं और ये भूकम्प लाती हैं। ऐसी तरंगों को ही भूगर्भीय तरंगें कहते हैं।

(ii) भूगर्भ की जानकारी के लिए प्रत्यक्ष साधनों के नाम बताइए।

उत्तर—वे स्रोत जिनसे प्रत्यक्ष रूप से पृथ्वी की आन्तरिक संरचना के विषय में जानकारी प्राप्त होती है, उन्हें भूगर्भ की जानकारी के प्रत्यक्ष स्रोत कहा जाता है। ये हैं—

(क) धरातलीय ठोस चट्टानें

(ख) ज्वालामुखी उद्गार

(ग) भूगर्भिक क्षेत्रों में खनन से प्राप्त चट्टानें।

(iii) भूकम्पीय तरंगें छाया क्षेत्र कैसे बनाती हैं?

उत्तर—भूकम्पलेखी यन्त्र (सीसमोग्राफ) पर दूरस्थ स्थानों से आने वाली भूकम्पीय तरंगों का अभिलेखन होता है। कुछ क्षेत्रों में कोई भी भूकम्पीय तरंग अभिलेखित नहीं होती हैं। ऐसे क्षेत्र को 'भूकम्पीय छाया क्षेत्र' कहा जाता है। एक भूकम्प का छाया क्षेत्र दूसरे भूकम्प के छाया क्षेत्र से भिन्न होता है।

(iv) भूकम्पीय गतिविधियों के अतिरिक्त भूगर्भ की जानकारी सम्बन्धी अप्रत्यक्ष साधनों का संक्षेप में वर्णन कीजिए।

उत्तर—वे साधन जिनसे अप्रत्यक्ष रूप से पृथ्वी के आन्तरिक भाग की जानकारी प्राप्त होती है, उन्हें अप्रत्यक्ष साधन या स्रोत कहा जाता है। इसके अन्तर्गत निम्न स्रोत महत्वपूर्ण हैं—

(क) तापमान, दबाव एवं घनत्व

(ख) उल्काएं,

(ग) गुरुत्वाकर्षण,

(घ) चुम्बकीय क्षेत्र तथा

(ङ) भूकम्पीय गतिविधियां

निम्नलिखित प्रश्नों के उत्तर लगभग 150 शब्दों में दीजिए—

(i) भूकम्पीय तरंगों के संचरण का उन चट्टानों पर प्रभाव बताएं जिनसे होकर ये तरंगें गुजरती हैं?

उत्तर—भूकम्पीय तरंगों के संचरण से शैलों में कम्पन पैदा होता है। ये धरातल के जिस क्षेत्र से होकर गुजरती हैं, वहां की चट्टानों को तरंगों की प्रकृति के अनुरूप प्रभावित करती हैं। इनके प्रभावों को निम्न प्रकार से स्पष्ट किया जा सकता है—

(क) भूकम्पीय तरंगें जिस क्षेत्र से होकर संचरित होती हैं, उस क्षेत्र में एकाएक कम्पन्न होने लगता है।

(ख) प्राथमिक (P) तरंगों द्वारा जो कम्पन होता है, उसकी दिशा तरंगों की दिशा के समानान्तर होती है। इस प्रकार की तरंगें संचरण गति की दिशा में ही पदार्थों पर अपना दबाव डालती हैं। दबाव के फलस्वरूप पदार्थों के घनत्व में अन्तर आ जाता है तथा चट्टानों में संकुचन व फैलाव की प्रक्रिया पैदा होती है।

(ग) द्वितीयक प्रकार की लहरें (S) ऊर्ध्वाकार तल में तरंगों की दिशा के समकोण पर कम्पन पैदा करती हैं। अतएव ये तरंगें जिस पदार्थ से होकर गुजरती हैं, उसमें उभार व गर्त बनाती हैं। 'S' तरंगों की एक प्रमुख विशेषता यह है कि ये द्रव पदार्थों में प्रवेश नहीं करती हैं। ये केवल ठोस पदार्थों में ही चलती हैं।

(घ) धरातीय तरंगें सबसे अन्त में धरातल पर पहुंचती हैं लेकिन ये सबसे अधिक खतरनाक होती हैं। धरातल पर सबसे अधिक विनाश इन्हीं तरंगों से होता है।

(ii) अन्तर्वेधी आकृतियों से आप क्या समझते हैं? विभिन्न अन्तर्वेधी आकृतियों का संक्षेप में वर्णन करें।

उत्तर—ज्वालामुखी उद्‌गार के समय निकलने वाला लावा जब धरातल के नीचे ही चट्टानों के मध्य जमा हो जाता है तो उससे अनेक आकृतियां बनती हैं। इन्हीं आकृतियों को अन्तर्वेधी आकृतियां कहा जाता है। इनमें से प्रमुख अन्तर्वेधी आकृतियां निम्न हैं—

1. **बैथोलिथ**—इसकी आकृति गुम्बदाकार होती है। अपक्षय तथा अपरदन की प्रक्रियाओं द्वारा ऊपरी पदार्थ के स्थानान्तरित हो जाने से ये धरातल पर दिखाई पड़ने लगते हैं। इनकी संरचना ग्रेनाइट चट्टनों से हुई होती है।

2. **लैकोलिथ**—इसका तल समतल होता है तथा वह एक पाइप जैसी नली द्वारा नीचे से जुड़ा होता है। इनकी आकृति मिश्रित ज्वालामुखी गुम्बद से मिलती-जुलती है। कर्नाटक के पठार पर ग्रेनाइट चट्टानों से निर्मित गुम्बदनुमा पहाड़ियां इसका उदाहरण हैं।

3. **लैपोलिथ**—ज्वालामुखी उद्‌गार के समय ऊपर उठता हुआ लावा जब क्षैतिज दिशा में चट्टानों के मध्य तश्तरी के आकार में जमा हो जाता है तो उसे लैपोलिथ कहते हैं।

4. **फैकोलिथ**—धरातल के नीचे चट्टानों में अपनति तथा अभिनति के रूप में लावा के जमाव को फैकोलिथ कहा जाता है।

5. **सिल**—धरातल के नीचे जब आग्नेय चट्टानें क्षैतिज अवस्था में चादर के रूप में ठण्डी होकर जम जाती हैं तो उन्हें सिल कहा जाता है।

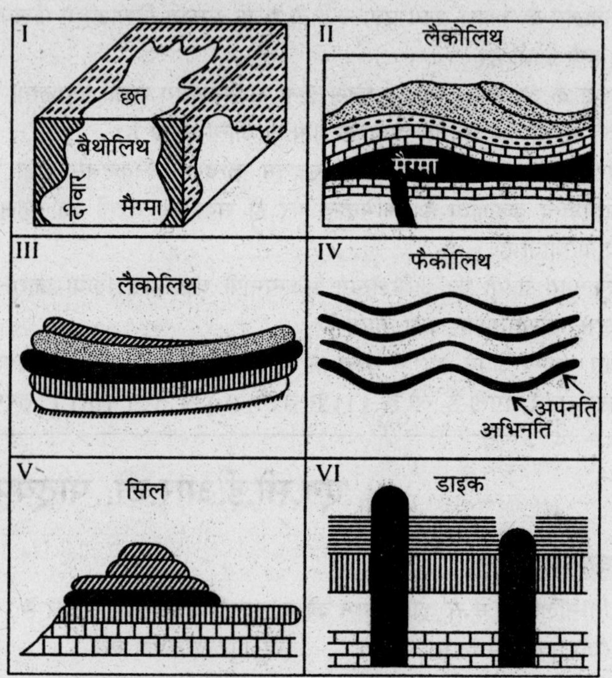

चित्र-अन्तर्वेधी आकृतियां

6. **डाइक**—इसमें लावा का जमाव धरातलीय चट्टानों के समकोण पर एक दीवार की भांति होता है। पश्चिमी महाराष्ट्र में इस प्रकार की संरचनाएं पायी जाती हैं।

अभ्यासार्थ प्रश्न

बहुविकल्पीय प्रश्न

1. पृथ्वी की त्रिज्या कितनी है?

(अ) 6.370 किमी (ब) 5.630 किमी

(स) 7.950 किमी (द) 4.270 किमी

2. पृथ्वी की आन्तरिक संरचना के विषय में जानकारी का प्रत्यक्ष स्रोत है—

(अ) खनन क्षेत्रों से प्राप्त चट्टानें

(ब) तापमान एवं घनत्व

(स) उल्काएं

(द) गुरुत्वाकर्षण बल

3. भूकम्प तरंगों को अभिलेखित करने वाले यन्त्र को कहा जाता है—

(अ) थर्मोग्राफ (ब) बैरोग्राफ

(स) सीसमोग्राफ (द) माइक्रोग्राफ

4. भूकम्प की वे तरंगें जो भूकम्प अधिकेन्द्र (Epicen're) पर सबसे पहले पहुंचती हैं, कहलाती हैं—

(अ) धरातलीय तरंगें (ब) सुनामी तरंगें

(स) 'P' तरंगें (द) 'S' तरंगें

5. निम्नलिखित में कौन-सी अन्तर्वेधी आकृति तश्तरीनुमा होती है—

(अ) बैथोलिथ (ब) लैपोलिथ

(स) लैकोलिथ (द) फैकोलिथ

[**उत्तर**—1. (अ), 2. (अ), 3. (स), 4. (स), 5. (ब)।]

अति लघु उत्तरीय प्रश्न

1. मैग्मा को स्पष्ट कीजिए।

उत्तर—धरातल के नीचे तरल व पिघली अवस्था में लाल रंग के तरल पदार्थ को मैग्मा कहते हैं।

2. लावा क्या है?
उत्तर—पृथ्वी के आन्तरिक भागों में स्थित मैग्मा जब धरातल पर आ जाता है तो इसके जमाव को लावा कहते हैं।

3. पृथ्वी के आन्तरिक भाग को अप्रत्यक्ष प्रमाणों के आधार पर ही क्यों जाना जा सकता है?
उत्तर—क्योंकि पृथ्वी के आन्तरिक भाग में न तो कोई पहुंच सका है और न ही पहुंच सकता है।

4. सुनामी का क्या आशय है?
उत्तर—भूकम्प के कारण सागरीय जल में उठने वाली विशाल लहरों को सुनामी कहते हैं।

5. सुनामी लहरें किस प्रकार उत्पन्न होती हैं ?
उत्तर—जब समुद्रों में तीव्र शक्तिशाली भूकम्प आते हैं अथवा ज्वालामुखी विस्फोट होता है तो विनाशकारी सुनामी लहरें उत्पन्न हो जाती हैं।

6. भूगर्भ की जानकारी प्राप्त करने के लिए विश्व के वैज्ञानिक किन–किन परियोजनाओं पर कार्य कर रहे हैं?
उत्तर—(क) गहरे समुद्र में प्रवेधन परियोजना, (ख) समन्वित महासागरीय प्रबंधन परियोजना।

7. अब तक सबसे गहरा प्रवेधन कहां किया गया है?
उत्तर—वर्तमान समय तक सबसे गहरा प्रवेधन आर्कटिक महासागर के कोला क्षेत्र में 12 किमी की गहराई तक किया गया है।

8. गुरुत्वाकर्षण बल ध्रुवों पर कम तथा भूमध्य रेखा पर अधिक क्यों होता है?
उत्तर—पृथ्वी के केन्द्र से दूरी के कारण।

9. गुरुत्व विसंगति का आशय क्या है?
उत्तर—विभिन्न स्थानों पर गुरुत्वाकर्षण की भिन्नता को गुरुत्व विसंगति कहते हैं।

10. गुरुत्व विसंगति से हमें क्या जानकारी मिलती है?
उत्तर—गुरुत्व विसंगति से हमें भूपर्पटी में पदार्थ के द्रव्यमान के वितरण की जानकारी प्राप्त होती है।

11. भ्रश को स्पष्ट कीजिए।
उत्तर—जब भूपटल के दो भागों के मध्य टूटन एवं विखण्डन की क्रिया होती है तो उसे भ्रश कहते हैं।

12. भूकम्प मूल किसे कहते हैं?
उत्तर—जहां से भूकम्प की तरंगों का आविर्भाव होता है, वह स्थान भूकम्प का उद्गम केन्द्र भूकम्प मूल या अवकेन्द्र कहलाता है।

13. भूकम्प केन्द्र किसे कहते हैं?
उत्तर—भूतल पर स्थित वह स्थान जहां पर सर्वप्रथम भूकम्पीय तरंगों का अनुभव होता है, उसे अधिकेन्द्र या भूकम्प केन्द्र कहते हैं।

14. भूकम्पीय तरंगें क्या हैं?
उत्तर—भूकम्प के उद्गम केन्द्र से बाहर की ओर फैलने वाली तरंगों को भूकम्पीय तरंगें कहते हैं।

15. भूकम्पीय तरंगों का अभिलेखन किस यंत्र द्वारा किया जाता है?
उत्तर—भूकम्पमापी यंत्र (सीसमोग्राफ)।

16. भूकम्पीय तरंगें कितने प्रकार की होती हैं?
उत्तर—(i) भूगर्भिक तरंगें, (ii) धरातलीय तरंगें।

17. भूगर्भीय तरंगें किस समय उत्पन्न होती हैं?
उत्तर—भूकम्प के उद्गम केन्द्र से ऊर्जा के मुक्त होने के दौरान।

18. धरातलीय तरंगें क्या हैं?
उत्तर—भूगर्भिक तरंगें एवं धरातलीय शैलों के मध्य अन्योन्य क्रिया के कारण उत्पन्न नई तरंगों को धरातलीय तरंगें कहते हैं।

19. भूगर्भीय तरंगें कितने प्रकार की होती हैं?
उत्तर—(i) प्राथमिक तरंगें (P तरंगें), (ii) द्वितीयक तरंगें (S तरंगें)।

20. प्राथमिक तरंगों की किन्हीं दो विशेषताओं का उल्लेख कीजिए।
उत्तर—(i) प्राथमिक तरंगें ध्वनि तरंगों जैसी होती हैं।
(ii) ये ठोस, द्रव तथा गैस तीनों प्रकार के पदार्थों से गुजर सकती हैं।

21. सबसे तीव्र और सबसे धीमी गति से चलने वाली भूकम्पीय तरंगों के नाम लिखिए।
उत्तर—सबसे तीव्र गति—प्राथमिक तरंगें (P)
सबसे धीमी गति—धरातलीय तरंगें (L)

22. भूकम्पलेखी यंत्र पर सबसे अन्त में अभिलेखित होने वाली तरंगें कौन–सी हैं?
उत्तर—धरातलीय तरंगें।

23. सर्वाधिक विनाशकारी कौन–सी भूकम्पीय तरंगें होती हैं?
उत्तर—धरातलीय तरंगें।

24. भूकम्पीय छाया क्षेत्र किसे कहते हैं?
उत्तर—कुछ ऐसे क्षेत्र हैं जहां कोई भी भूकम्पीय तरंग अभिलेखित नहीं होती। ऐसे क्षेत्र को भूकम्पीय छाया क्षेत्र कहा जाता है।

25. विवर्तनिक भूकम्प का आशय क्या है?
उत्तर—पृथ्वी के आन्तरिक भाग में होने वाली हलचलों के कारण उत्पन होने वाले भूकम्प विवर्तनिक भूकम्प होते हैं।

26. नियात भूकम्प क्या है?
उत्तर—अत्यधिक मात्रा में होने वाले खनन कार्य से भूमिगत खानों की छत ढह जाती है जिससे हल्के झटके महसूस किए जाते हैं इन्हें नियात भूकम्प कहा जाता है।

27. भूकम्पीय घटनाओं का मापन किस आधार पर किया जाता है?
उत्तर—भूकम्पीय तीव्रता के आधार पर अथवा आघात की तीव्रता के आधार पर।

28. भूकम्पीय तीव्रता के मापन यंत्र को किस नाम से जाना जाता है?
उत्तर—रिक्टर स्केल।

29. भूकम्पीय आघात की तीव्रता/गहनता के मापन यंत्र को किस नाम से जाना जाता है?
उत्तर—मरकैली स्कैल।

30. किन्हीं दो प्राकृतिक आपदाओं का नामोल्लेख कीजिए।
उत्तर—(i) भूकम्प, (ii) ज्वालामुखी।

31. भू–स्खलन क्या है ?
उत्तर—पर्वतों पर मिट्टी तथा चट्टानों के ऊपर से नीचे की ओर खिसकने, लुढकने एवं गिरने की प्रक्रिया को भूस्खलन कहते हैं।

32. हिम स्खलन को स्पष्ट कीजिए।
उत्तर—अधिक मात्रा में हिम के संचयन से हिम व मिट्टी आदि का ढेर अचानक तीव्र गति से पर्वतों से फिसलकर नीचे आ जाता है। इसे हिम स्खलन कहते हैं।

33. भू–पर्पटी या क्रस्ट किसे कहते हैं?
उत्तर—पृथ्वी की सबसे ऊपर या बाहरी परत को भूपर्पटी या कस्ट कहते हैं।

34. मेंटल के ऊपरी भाग को क्या कहते हैं?
उत्तर—दुर्बलता मंडल।

35. मोहो असांतत्य को स्पष्ट कीजिए।

उत्तर–भूपर्पटी की निचली सतह पर तथा मैंटल की ऊपरी सतह पर (दोनों के बीच) पायी जाने वाली असमानता को मोहो असांतत्य कहते हैं।

36. पृथ्वी के क्रोड का निर्माण किन–किन पदार्थो से हुआ है?

उत्तर–पृथ्वी के क्रोड का निर्माण भारी पदार्थों जैसे निकिल व लोहा से हुआ है।

37. पृथ्वी का बाह्य व आन्तरिक क्रोड किस स्थिति में है?

उत्तर–पृथ्वी का बाह्य क्रोड तरल अवस्था में तथा आन्तरिक क्रोड ठोस स्थिति में है।

38. ज्वालामुखी क्या है?

उत्तर–वह स्थान जहां से निकलकर गैसें, राख एवं तरल चट्टानी पदार्थ, लावा पृथ्वी के धरातल तक पहुंचता है, ज्वालामुखी कहलाता है।

39. ज्वालामुखी के कोई दो प्रकार बताइए।

उत्तर–(i) शील्ड ज्वालामुखी, (ii) मिश्रित ज्वालामुखी।

40. पृथ्वी पर पाये जाने वाले सबसे अधिक घातक ज्वालामुखी /विस्फोटक ज्वालामुखी कौन–से होते हैं?

उत्तर–ज्वालामुखी कुण्ड (काल्डेरा)।

41. भारत में वृहत बेसाल्ट लावा प्रवाह क्षेत्र कौन–सा है?

उत्तर–भारत का दक्कन ट्रेप, जिस पर वर्तमान महाराष्ट्र पठार का अधिकांश भाग पाया जाता है।

42. आग्नेय शैल का निर्माण किस प्रकार होता है?

उत्तर–ज्वालामुखी उद्गार से निकलने वाले लावा के ठंडा होने से आग्नेय शैल का निर्माण होता है।

43. ज्वालामुखी निर्मित किन्हीं दो अन्तर्वेधी आकृतियों के नाम लिखिए।

उत्तर–(i) बैथोलिथ, (ii) लैकोलिथ।

44. बैथेलिथ क्या है?

उत्तर–ज्वालामुखी मैग्मा का एक बड़ा पिण्ड भूर्पटी में अधिक गहराई पर ठण्डा हो जाए तो यह एक गुम्बद के रूप में विकसित हो जाता है। इसे बैथोलिक कहते हैं।

45. भारत में लैकोलिथ आकृति का एक उदाहरण प्रस्तुत कीजिए।

उत्तर–कर्नाटक के पठार में ग्रेनाइट चट्टानों से बनीं गुम्बदनुमा पहाड़ियां।

46. सिल या शीट क्या है?

उत्तर–अन्तर्वेधी आग्नेय चट्टानों का क्षैतिज तल में एक चादर के रूप में ठंडा होकर स्थिर होना सिल या शीट कहलाता है।

लघु उत्तरीय प्रश्न

1. भूगर्भ (पृथ्वी की आंतरिक संरचना) का अध्ययन भूगोल में क्यों महत्वपूर्ण है? संक्षिप्त उत्तर दीजिए।

2. पृथ्वी की आंतरिक संरचना के सम्बन्ध में जानकारी प्रदान करने वाले प्रमुख स्रोतों का उल्लेख कीजिए।

3. भूकम्पीय तरंगें क्या हैं? इनके प्रकार बताइए।

4. सीसमोग्राफ क्या है? इसे किस उद्देश्य हेतु प्रयुक्त किया जाता है।

5. भूगर्भिक तरंगों का विवरण प्रस्तुत कीजिए।

6. भूकम्पीय घटनाओं का मापन किस प्रकार किया जाता है?

7. भूकम्पीय आपदा से होने वाले प्रकोपों का विवरण दीजिए।

8. भूपर्पटी क्या है? इसकी मुख्य विशेषताओं का उल्लेख कीजिए।

9. मैग्मा और लावा में अन्तर स्पष्ट कीजिए।

10. शील्ड ज्वालामुखी क्या है? इन ज्वालामुखियों का ढाल तीव्र क्यों नहीं होता? लिखिए।

11. मिश्रित ज्वालामुखी का विवरण दीजिए।

12. ज्वालामुखी कुण्ड/काल्डेरा का निर्माण किस प्रकार होता है?

13. बेसाल्ट प्रवाह क्षेत्र ज्वालामुखी की प्रमुख विशेषताओं का उल्लेख कीजिए।

14. लैकोलिथ आकृति के निर्माण की प्रक्रिया समझाइए।

विस्तृत उत्तरीय प्रश्न

1. पृथ्वी के आन्तरिक भाग की जानकारी परोक्ष प्रेक्षणों पर ही आधारित क्यों है? आलोचनात्मक परीक्षण कीजिए।

अथवा

भूगर्भ की संरचना के सभी आंकड़े अप्रत्यक्ष स्रोतों पर ही क्यों आधारित हैं? विश्लेषण कीजिए।

अथवा

पृथ्वी की परतदार संरचना की जानकारी के महत्वपूर्ण साधन अप्रत्यक्ष स्रोत ही हैं। सप्रमाण उत्तर दीजिए।

2. भूकम्प की उत्पत्ति का उल्लेख करते हुए भूकम्पीय तरंगों का विवरण प्रस्तुत कीजिए।

3. भूकम्प के प्रमुख प्रकारों का उल्लेख कीजिए।

अथवा

भूकम्प कितने प्रकार के होते हैं? विस्तृत विवरण दीजिए।

4. भूकम्पीय तरंगों के प्रकार, अभिलेखन एवं छाया क्षेत्र के उद्भव का विस्तृत विवरण प्रस्तुत कीजिए।

5. पृथ्वी की आन्तरिक संरचना का विवरण दीजिए।

अथवा

पृथ्वी की आन्तरिक संरचना में किन–किन अवयवों की महत्वपूर्ण भूमिका है। समीक्षा कीजिए।

6. ज्वालामुखी कितने प्रकार के होते हैं? प्रत्येक का सारगर्भित विवरण प्रस्तुत कीजिए।

अथवा

ज्वालामुखी के प्रकारों का उल्लेख करते हुए ज्वालामुखी विस्फोट से हुए हानि–लाभ समझाइए।

4 महासागरों एवं महाद्वीपों का वितरण

परिचय

पृथ्वी के 29% हिस्से पर महाद्वीप तथा शेष हिस्से पर महासागर विस्तृत हैं। महाद्वीपों एवं महासागरों की स्थिति हमेशा से ऐसी नहीं रही है। आने वाले समय में भी महाद्वीपों और महासागरों की स्थिति आज जैसी नहीं रहेगी क्योंकि प्रकृति निरन्तर परिवर्तनशील है। वस्तुतः महाद्वीपों और महासागरों की स्थिति में कुछ न कुछ परिवर्तन सदैव हो रहा है, चाहे वह स्पष्ट हो अथवा न हो। इस अध याय में हम महागरों एवं महाद्वीपों की अवस्थिति, प्रकृति आदि का अध्ययन करेंगे।

महाद्वीपीय प्रवाह

अटलांटिक महासागरीय तटरेखा की आकृति का सूक्ष्मता से निरीक्षण करने पर यह स्पष्ट होता है कि इस महासागर की दोनों ओर की तटरेखा में आश्चर्यजनक सममिति (Symmetry) है। इसी समानता के कारण बहुत से वैज्ञानिकों ने दक्षिण एवं उत्तर अमेरिका तथा यूरोप व अफ्रीका के एक साथ जुड़े होने की संभावना को स्वीकार किया। विज्ञान के इतिहास के ज्ञात अभिलेखों से पता चलता है सन् 1596 में एक डच मानत्रिवेत्ता अब्राहम ऑरटेलियस (Abraham Ortelius) ने सर्वप्रथम इस संभावना को व्यक्त किया था। एन्टोनियो पैलेग्रीनी (Antonio Pellegrini) ने एक मानचित्र बनाया, जिसमें तीनों महाद्वीपों को एक साथ दिखाया गया था। जर्मन मौसमविद अल्फ्रेड वेगनर (Alfred Wegener) ने "महाद्वीपीय विस्थापन सिद्धान्त" सन् 1912 में प्रस्तावित किया। यह सिद्धान्त महाद्वीप एवं महासागरों के वितरण से ही सम्बन्धित था।

महाद्वीपीय विस्थापन सिद्धान्त की मूलभूत अवधारणा यह थी कि सभी महाद्वीप एक अकेले भूखंड में जुड़े हुए थे। वेगनर के अनुसार आज के सभी महाद्वीप इस भूखंड के हिस्से थे तथा यह एक बड़े महासागर से घिरा हुआ था। उन्होंने इस बड़े महाद्वीप को पैंजिया (Pangaea) का नाम दिया। पैंजिया का अर्थ है—सम्पूर्ण पृथ्वी। विशाल महासागर को पैंथालासा (Panthalassa) कहा, जिसका अर्थ है—जल ही जल। वेगनर के तर्क के अनुसार लगभग 20 करोड़ वर्ष पहले इस बड़े महाद्वीप पैंजिया का विभाजन शुरू हुआ। पैंजिया पहले दो बड़े महाद्वीपीय पिंडों लारेशिया (Laurasia) और गोंडवानालैंड (Gondwanaland) क्रमशः उत्तरी व दक्षिणी भूखंडों के रूप में विभक्त हुआ। इसके बाद लारेशिया व गोडवानालैंड धीरे-धीरे अनेक छोटे हिस्सों में बंट गए, जो आज के महाद्वीप के रूप में हैं।

महाद्वीपीय विस्थापन के पक्ष में प्रमाण

महाद्वीपीय विस्थापन के पक्ष में बहुत से प्रमाण प्रस्तुत किए गए। इनमें कुछ प्रमुख प्रमाणों का विवरण निम्नलिखित हैं—

(1) **महाद्वीपों में साम्य**—वेगनर के अनुसार दक्षिण अमेरिका एवं अफ्रीका की तटरेखाओं में समानता मिलती है। सन् 1964 में बुलर्ड नामक विद्वान के द्वारा कम्प्यूटर से तैयार मानचित्र द्वारा तटों का यह साम्य सही सिद्ध हुआ।

(2) **महासागरों के पार चट्टानों की आयु में समानता**—दक्षिण अमेरिका एवं अफ्रीका के अन्ध महासागरीय तटों में समानता मिलती है। इससे स्पष्ट होता है कि कभी ये महाद्वीप मिले हुए थे तथा अन्ध महासागर की स्थिति नहीं थी।

(3) **टिलाइट**—हिमानी के निक्षेपण से निर्मित अवसादी चट्टानों को टिलाइट कहा जाता है। हिमावरण का प्रभाव इन स्थलखण्डों पर स्पष्ट रूप से दिखलायी देता है। इससे स्पष्ट होता है कि कभी ये सभी भूखण्ड एक ही स्थलखण्ड के भाग थे।

(4) **प्लेसर निक्षेप**—अफ्रीका महाद्वीप के घाना तट पर प्लेसर निक्षेपों की अधिकता मिलती है। यहां उद्गम चट्टानों का अभाव मिलता है। इससे स्पष्ट होता है कि घाना में पाये जाने वाले प्लेसर निक्षेप ब्राजील पठार से सम्बद्ध हैं। अतः स्पष्ट है कि दोनों महाद्वीप मिले हुए थे।

(5) **जीवाश्मों का वितरण**—स्थलखण्डों के विपरीत समुद्री किनारों पर पाए जाने वाले जीवावशेष व वनस्पति अवशेषों में समानता देखने को मिलती है। 'मेसोसारस' नामक छोटे जीव के अवशेष दक्षिणी अफ्रीका के केप प्रान्त और ब्राजील के इरावर शैल समूहों में ही पाये गए तथा ग्लोसोपेट्रिस वनस्पति पायी जाती है। इससे स्पष्ट होता है कि कभी ये दोनों भाग एक-दूसरे से जुड़े हुए थे।

प्रवाह सम्बन्धी बल—भूगोलवेत्ता वेगनर के अनुसार महाद्वीपीय विस्थापन के दो कारण थे—(क) पोलर या ध्रुवीय फ्लीइंग बल (Polar fleeing force) तथा (ख) ज्वारीय बल (Tidal force)। ध्रुवीय फ्लीइंग बल पृथ्वी के घूर्णन से सम्बन्धित है। पृथ्वी की आकृति एक सम्पूर्ण गोले जैसी नहीं है; यह भूमध्यरेखा पर उभरी हुई है। यह उभार पृथ्वी के घूर्णन के कारण है। दूसरा बल, जो वेगनर महोदय ने सुझाया—वह ज्वारीय बल है, जो सूर्य व चन्द्रमा के आकर्षण से जुड़ा है, जिससे महासागरों में ज्वार पैदा होते हैं। वेगनर का मानना था कि करोड़ों वर्षों के दौरान ये बल प्रभावशाली होकर विस्थापन के लिए सक्षम हो गए। यद्यपि बहुत से भूगोलवेत्ता इन दोनों ही बलों को महाद्वीपीय विरथापन के लिए अपर्याप्त समझते हैं।

संवहन-धारा सिद्धान्त—1930 के उत्तरार्द्ध के आर्थर होम्स (Arthur Holmes) ने मेंटल (Mantle) भाग में संवहन-धाराओं के प्रभाव की सम्भावना प्रकट की। ये धाराएं रेडियोएक्टिव तत्वों से उत्पन्न ताप भिन्नता से मेंटल भाग उत्पन्न होती हैं। होम्स ने तर्क दिया कि पूरे मेंटल भाग में इस प्रकार की धाराओं का तन्त्र विद्यमान है। यह उन प्रवाह बलों की व्याख्या प्रस्तुत करने का प्रयास था, जिसके आधार पर समकालीन भूगोलवेत्ताओं ने महाद्वीपीय विस्थापन सिद्धान्त को नकार दिया था।

महासागरीय अधस्तल का मानचित्रण—महासागरों की बनावट तथा आकार पर विस्तृत शोध से यह स्पष्ट होता है कि महासागरों का अधस्तल एक विस्तृत मैदान नहीं है, वरन् उनमें भी उच्चावचन पाया जाता है। युद्धोत्तर काल (Post-war period) महासागरीय अधस्तल के निरूपण अभियान ने महासागरीय उच्चावच सम्बन्धी विस्तृत जानकारी प्रस्तुत की व यह दिखाया कि इसके अधस्तली में जलमग्न पर्वतीय कटकें व गहरी खाइयां हैं, जो प्रायः महाद्वीपों के किनारों पर स्थित हैं। मध्य महासागरीय कटकें ज्वालामुखी उद्गार के रूप में सबसे अधिक सक्रिय पायी गईं। महासागरीय पर्पटी की चट्टानों के काल निर्धारण (Dating) ने यह तथ्य स्पष्ट कर दिया है कि महासागरों के नितल की चट्टानें महाद्वीपीय भागों

में पाई जाने वाली चट्टानों की अपेक्षा नई हैं। महासागरीय कटक के दोनों ओर की चट्टानें, जो कटक से बराबर दूरी पर स्थित हैं, उन की आयु व रचना में भी आश्चर्यजनक समानता पाई जाती है।

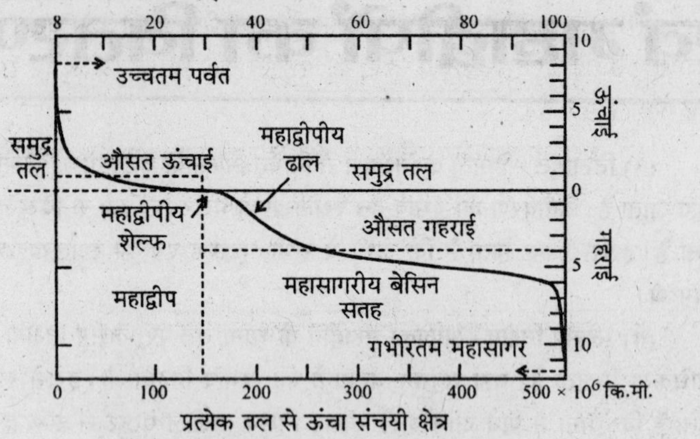

चित्र—महासागरीय अधस्तल (Ocean floor)

महासागरीय अधस्तल की बनावट—गहराई और उच्चावच के प्रकार के आधार पर महासागरीय अधस्तल को तीन प्रमुख हिस्सों में विभक्त किया गया है। इनका विवरण निम्नलिखित है—

(क) महाद्वीपीय सीमा—ये महाद्वीपीय किनारों और गहरे समुद्री बेसिन के बीच का हिस्सा है। इसमें महाद्वीपीय मग्नतट, महाद्वीपीय ढाल, महाद्वीपीय उभार तथा गहरी महासागरीय खाइयां आदि सम्मिलित हैं। महासागरों व महाद्वीपों के वितरण को समझने के लिए गहरी–महासागरीय खाइयों के क्षेत्र विशेष महत्वपूर्ण और रोचक हैं।

(ख) वितलीय मैदान—ये विस्तृत मैदान महाद्वीपीय तटों व मध्य महासागरीय कटकों के मध्य पाए जाते हैं। वितलीय मैदान, वह क्षेत्र हैं, जहां महाद्वीपों से बहाकर लाए गए अवसाद इनके तटों से दूर निक्षेपित होते हैं।

(ग) मध्य सागरीय कटक—मध्य महासागरीय कटक आपस में जुड़े हुए पर्वतों की एक श्रृखला बनाती है। महासागरीय जल में डूबी हुई, यह पृथ्वी के धरातल पर पाई जाने वाली सम्भवतः सबसे लम्बी पर्वत श्रृखला है। इन कटकों के मध्यवर्ती शिखर पर एक रिफ्ट, एक प्रभाजक पठार तथा इसकी लम्बाई के साथ–साथ पार्श्व मण्डल इसकी विशेषता है। मध्यवर्ती भाग में उपस्थित द्रोणी वस्तुतः सक्रिय ज्वालामुखी क्षेत्र है।

भूकम्प व ज्वालामुखियों का वितरण

विश्व मानचित्र पर भूकम्प एवं ज्वालामुखी के वितरण को देखने से स्पष्ट होता है कि दोनों के क्षेत्र लगभग समान हैं। इससे स्पष्ट होता है कि दोनों क्रियाएं अन्तर्सम्बन्धित हैं। भूगोलवेत्ताओं ने उत्तरी गोलार्द्ध में सक्रिय ज्वालामुखियों की संख्या 275 तथा दक्षिणी गोलार्द्ध में 155 बताई है।

ज्वालामुखी एवं भूकम्प विश्व में एक निश्चित क्रम में पाये जाते हैं। अतः इन्हें विभिन्न पेटियों में प्रदर्शित किया जा सकता है। विश्व में ज्वालामुखी एवं भूकम्प की निम्न पेटियां पाई जाती हैं—

(1) परिप्रशान्त महासागरीय पेटी—यह पेटी प्रशान्त महासागर के चारों ओर फैली हुई है। यह पेटी ज्वालमुखी एवं भूकम्प दोनों दृष्टियों से संवेदनशील है। इस पेटी में विश्व के लगभग 63 प्रतिशत भूकम्प आते हैं। इसलिए इस पेटी को 'रिंग ऑफ दि फायर' के नाम से भी जाना जाता है। विश्व के लगभग 88% ज्वालामुखी इसी क्षेत्र में हैं।

चित्र—भूकम्प तथा ज्वालामुखियों का वितरण

(2) मध्य महाद्वीपीय पेटी—महाद्वीपों के मध्य में स्थित होने के कारण इस पेटी को मध्य महाद्वीपीय पेटी कहते हैं। यह आइसलैण्ड से प्रारम्भ होकर भूमध्यसागर के तटवर्ती पर्वतीय क्षेत्रों को सम्मिलित करती हुई म्यांमार से होकर जावा द्वीप तक जाती है और फिलीपीन्स के पास परिप्रशान्त मध्यसागरीय पेटी से मिल जाती है। भारत के भूकम्प क्षेत्र भी इसी पेटी में सम्मिलित किए जाते हैं।

(3) मध्य अटलांटिक पेटी—यह पेटी अटलाण्टिक महासागर के मध्यवर्ती भाग में मध्यवर्ती कटक के सहारे उत्तर से दक्षिण में वोवेट द्वीप तक फैली हुई है। इसमें विश्व के लगभग 10% ज्वालामुखी तथा 10% भूकम्प आते हैं।

(4) अन्य क्षेत्र—उपर्युक्त क्षेत्रों के अलावा एक प्रमुख पेटी अफ्रीका महाद्वीप के पूर्वी भाग में नील नदी घाटी में उत्तर से दक्षिण तक फैली है। यह विश्व

प्रसिद्ध रिफ्ट घाटी है, जिसमें अनेक सक्रिय ज्वालामुखी हैं। यही भूकम्प का भी प्रमुख क्षेत्र है। हिन्द महासागर के ज्वालामुखी एवं भूकम्प भी इसी क्षेत्र में सम्मिलित किये जाते हैं।

महासागरीय अधस्तल का विस्तार : पुराचुम्बकीय अध्ययन व महासागरीय तल के मानचित्रण की दृष्टि से

चट्टानों के पुरा चुम्बकीय अध्ययन एवं महासागरीय तल के मानचित्रण ने सागरीय अधःस्तल के विस्तार के सम्बन्ध में निम्न तथ्य महत्वपूर्ण माने हैं—

(क) महासागरीय कटकों एवं ज्वालामुखी उद्गार का घनिष्ठ सम्बन्ध है। ज्वालामुखी उद्गार से इस क्षेत्र में बड़ी मात्रा में लावा बाहर निकलता रहता है।

(ख) महासागरीय कटकों के समीप की चट्टानें नवीनतम हैं तथा इनमें सामान्य चुम्बकत्व ध्रुवण पाया जाता है। कटक के दोनों ओर की चट्टानों के निर्माण–काल, संरचना, संघटन एवं चुम्बकीय गुणों में समानता मिलती है। कटकों के शीर्ष से दूर चट्टानों की आयु भी अधिक है।

(ग) महासागरीय पर्पटी की चट्टानें महाद्वीपीय पर्पटी की चट्टानों से अपेक्षाकृत नई हैं। महासागरीय पर्पटी की चट्टानें कहीं भी 20 करोड़ वर्ष से अधिक प्राचीन नहीं हैं।

(घ) मध्य महासागरीय कटकों के क्षेत्र में भूकम्प उद्गम केन्द्र कम गहराई में हैं। गहरी खाइयों में उद्गम केन्द्र अधिक गहराई पर हैं।

प्लेट विवर्तनिकी : विश्व की प्रमुख बड़ी प्लेटें एवं छोटी प्लेटें

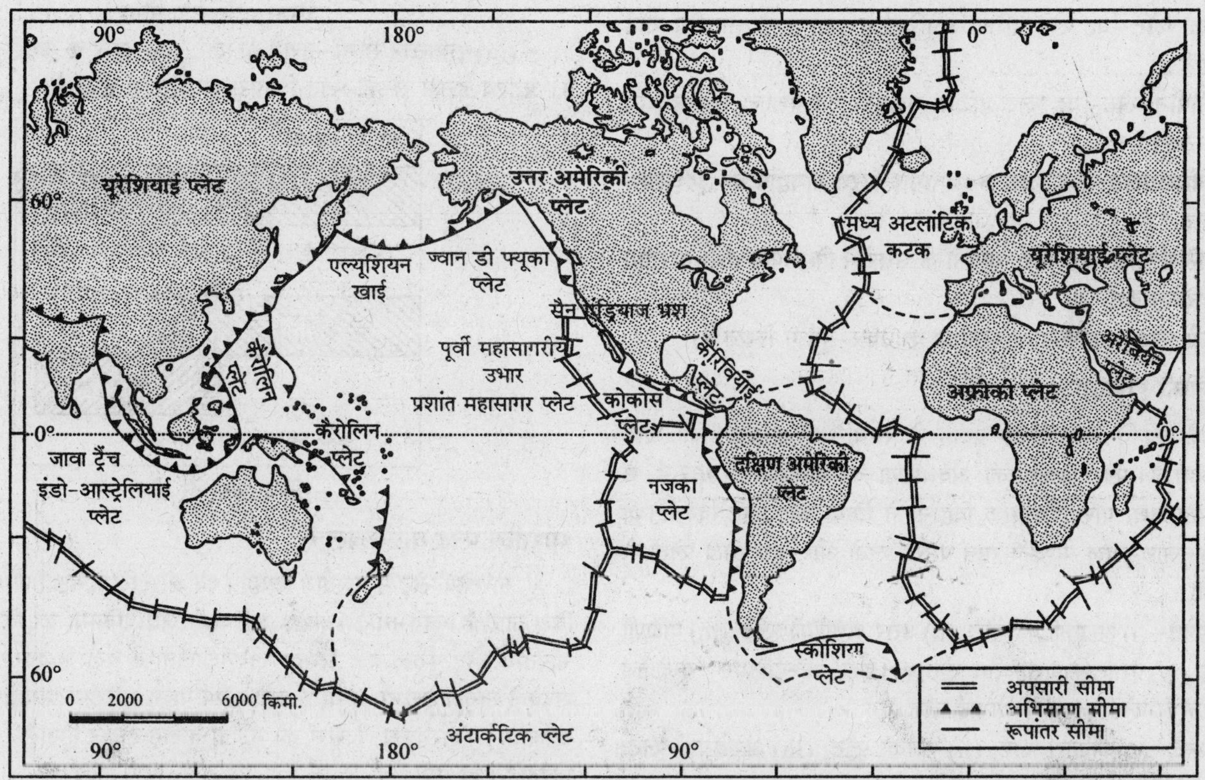

चित्र-संसार की प्रमुख बड़ी व छोटी प्लेट का वितरण

सन् 1967 में मैक्कै σ जी (Mckenzie), पारकर (Parker) तथा मोरगन (Morgan) ने संयुक्त रूप से अपेक्षाकृत एक परिष्कृत अवधारणा प्रस्तुत की जिसे प्लेट विवर्तनिकी (Plate tectonics) कहा जाता है। एक विवर्तनिक प्लेट, जिसे लियोस्फेरिक प्लेट भी कहा जाता है, ठोस चट्टान का विशाल व अनियमित आकार का खण्ड है जो महाद्वीपीय व महासागरीय स्थलमण्डलों से मिलकर बना है। ये प्लेटें दुर्बलतामण्डल (Asthenosphere) पर एक दृढ़ इकाई के रूप में क्षैतिज अवस्था में गतिशील हैं। स्थलमण्डल में पर्पटी एवं ऊपरी मैंटल को सम्मिलित किया जाता है, जिसकी मोटाई महासागरों में 5 से 100 किमी तथा महाद्वीपीय भागों में लगभग 200 किमी है। एक प्लेट को महाद्वीपीय या महासागरीय प्लेट भी कहा जा सकता है; जो इस बात पर निर्भर है कि उस प्लेट का अधिकांश भाग महासागर या महाद्वीप से सम्बद्ध है; जैसे—प्रशान्त प्लेट मुख्यतः महासागरीय प्लेट है, जबकि यूरेशियन प्लेट को महाद्वीपीय प्लेट कहा जाता है। प्लेट विवर्तनिकी के सिद्धान्त के अनुसार पृथ्वी का स्थलमण्डल सात मुख्य प्लेटों व कुछ छोटी प्लेटों में बंटा हुआ है। नवीन वलित पर्वत श्रेणियां, खाइयां तथा भ्रंश इन मुख्य प्लेटों को सीमांकित करते हैं।

विश्व की प्रमुख बड़ी प्लेटें

1. **इंडो–ऑस्ट्रेलियन–न्यूजीलैंड प्लेट**—इस प्लेट को भारतीय प्लेट के नाम से भी जाना जाता है। इस प्लेट के अन्तर्गत भारतीय उपमहाद्वीप, ऑस्ट्रेलिया व न्यूजीलैंड की स्थलीय पर्पटी तथा हिन्द महासागर व प्रशान्त महासागर की दक्षिणी–पश्चिमी महासागरीय पर्पटी सम्मिलित है।

2. **यूरेशियाई प्लेट**—यह एकमात्र ऐसी प्लेट है जो अधिकांशतया महाद्वीपीय पर्पटी से निर्मित है। यह प्लेट पूर्वी अटलांटिक महासागरीय तल, पश्चिम में मध्य अटलांटिक कटक, दक्षिण में आल्पस हिमालय पर्वतीय क्रम तथा पूर्व में द्वीपीय भागों तक फैली हुई है।

3. **उत्तरी अमेरिकन प्लेट**—इस प्लेट के अन्तर्गत पश्चिमी अटलांटिक महासागरीय तल सम्मिलित हैं तथा दक्षिणी अमेरिकी प्लेट व कैरेबियन द्वीप इसकी सीमा का निर्धारण करते हैं।

4. **दक्षिणी अमेरिकन प्लेट**—इस प्लेट के अन्तर्गत पश्चिमी अटलांटिक तल सम्मिलित है। इसे उत्तरी अमेरिकी प्लेट व कैरेबियन द्वीप पृथक् करते हैं।

5. **प्रशान्त महासागरीय प्लेट**—पूर्वी प्रशान्त कटक से पश्चिम की ओर सम्पूर्ण प्रशान्त महासागर पर फैली यह एकमात्र एक ऐसी प्लेट है जो पूर्ण रूप से महासागरीय पर्पटी से निर्मित है।

6. **अंटार्कटिका प्लेट**—इस प्लेट का अधिकांश भाग हिम से घिरा हुआ है। यह प्लेट अटलांटिक महाद्वीप के चारों ओर महासागरीय कटकों तक विस्तृत है।

7. **अफ्रीकी प्लेट**—यह एक मिश्रित महाद्वीपीय व महासागरीय प्लेट है। इसका विस्तार पूर्व में भारतीय, दक्षिण में अंटार्कटिका, पश्चिम में मध्य अटलांटिक कटक व उत्तर में यूरेशियन प्लेट तक है।

विश्व की प्रमुख छोटी प्लेटें

1. **कोकोस प्लेट**—यह प्लेट मध्यवर्ती अमेरिका एवं प्रशान्त महासागरीय प्लेट के मध्य स्थित है।

2. **नजका प्लेट**—यह प्लेट दक्षिण अमेरिका व प्रशान्त महासागरीय प्लेट के मध्य स्थित है।

3. **फिलीपीन प्लेट**—यह प्लेट एशिया महाद्वीप एवं प्रशान्त महासागरीय प्लेट के मध्य स्थित है।

4. **अरेबियन प्लेट**—इस प्लेट के अन्तर्गत अरब प्रायद्वीप का अधिकांश भूभाग सम्मिलित है।

5. **कैरोलिन प्लेट**—यह प्लेट न्यूगिनी के उत्तर में फिलीपीन तथा भारतीय प्लेट के मध्य स्थित है।

6. **फ्यूजी प्लेट**—यह प्लेट ऑस्ट्रेलिया के उत्तर–पूर्व में स्थित है।

प्लेट विवर्तनिकी : सिद्धान्त

प्लेटों की प्रकृति और उनके प्रवाह से सम्बन्धित अध्ययन को प्लेट विवर्तनिकी कहते हैं। प्लेट विवर्तनिकी अवधारणा का प्रतिपादन 1967 ई. में मैकेन्जी, मोरगन तथा पारकर नामक विद्वानों ने किया था। प्लेट विवर्तनिकी सिद्धान्त के अनुसार स्थल–मण्डल सात प्रमुख प्लेटों और कुछ छोटी प्लेटों से मिलकर बना है।

प्रमुख प्लेटें—(i) अंटार्कटिका प्लेट, (ii) उत्तर अमेरिकी प्लेट, (iii) दक्षिणी अमेरिकी प्लेट, (iv) प्रशान्त महासागरीय प्लेट, (v) इंडो–ऑस्ट्रेलियन–न्यूजीलैंड प्लेट, (vi) अफ्रीकी प्लेट, (vii) यूरेशियाई प्लेट।

छोटी प्लेटें—(i) कोकोस प्लेट, (ii) नजका प्लेट, (iii) अरेबियन–प्लेट, (iv) फिलीपीन प्लेट, (v) फ्यूजी प्लेट।

इन प्लेटों के किनारे ही सर्वाधिक महत्वपूर्ण होते हैं क्योंकि भूकम्प, ज्वालामुखी तथा अन्य विवर्तनिकी घटनाएं इन प्लेटों के किनारों के सहारे ही घटित होती हैं। प्लेट संचरण के फलस्वरूप निम्नांकित तीन प्रकार के प्लेट किनारों (सीमाओं) का निर्माण होता है–

(i) **अपसारी सीमा**—इसमें दो प्लेट एक–दूसरे की विपरीत दिशाओं में खिसकती हैं। मध्य अटलाण्टिक कटक अपसारी सीमा का प्रमुख उदाहरण है।

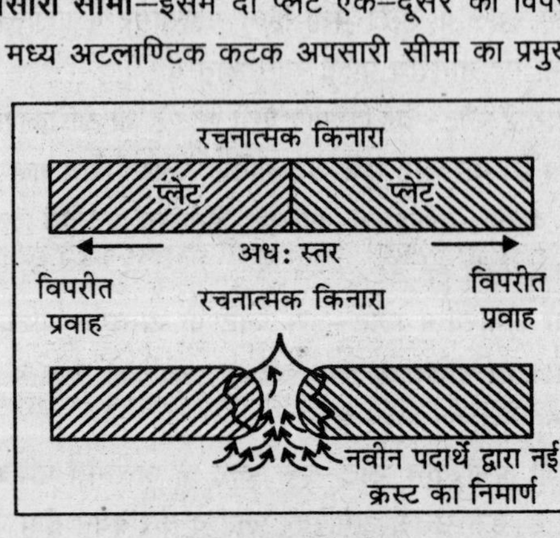

चित्र-अपसारी सीमा

(ii) **अभिसरण सीमा**—जब दो प्लेट एक–दूसरे की ओर सरकती हैं तो अधिक घनत्व वाली शैल नीचे मेंटल में जाकर पिघलकर नष्ट हो जाती है। वह स्थान जहां प्लेट धंसती है, उसे प्रविष्ठन (प्रवेश) क्षेत्र कहा जाता है।

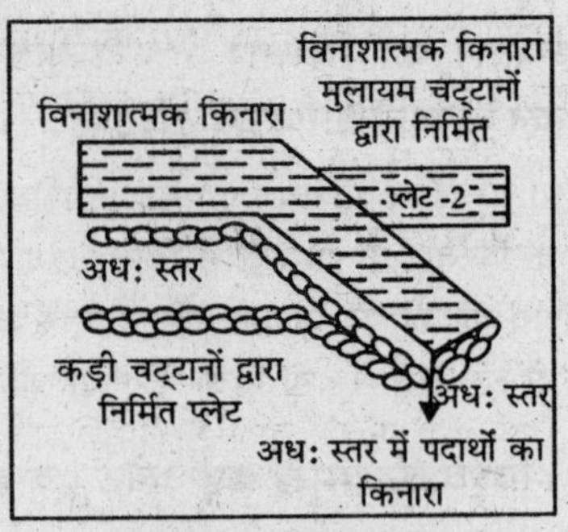

चित्र-अभिसरण सीमा

(iii) **रूपान्तर सीमा**—इसमें दो प्लेटें एक–दूसरे के अगल–बगल सरकती हैं। अतएव इससे संरक्षी प्लेट किनारों का निर्माण होता है।

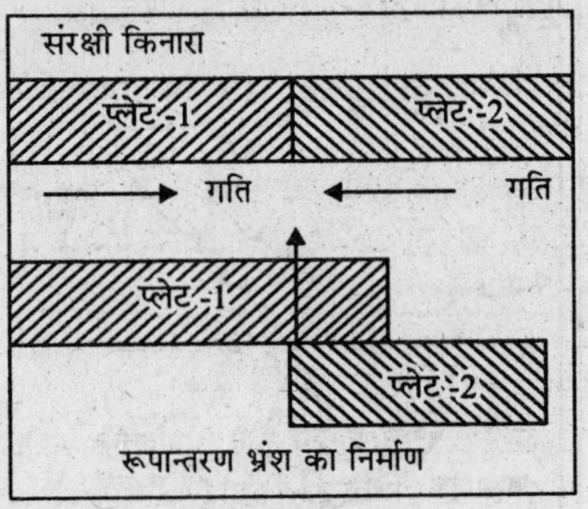

चित्र-रूपान्तर सीमा

भारतीय प्लेट का संचलन

भारतीय प्लेट में भारतीय प्रायद्वीप एवं ऑस्ट्रेलिया महाद्वीपीय भाग सम्मिलित किए जाते हैं। लगभग 20 करोड़ वर्ष पहले जब पैन्जिया का विभाजन हुआ तब भारतीय प्लेट गुरुत्व बल अथवा प्लवनशीलता के बल के कारण उत्तर की ओर सरकने लगी। लगभग 4 या 5 करोड़ वर्ष पहले भारतीय प्रायद्वीप एशिया से जा टकराया। फलस्वरूप, टेथिस का मलवा वलित होकर हिमालय पर्वत के रूप में परिवर्तित हो गया।

भारतीय प्लेट और एशियाई प्लेट के मध्य टेथिस सागर स्थित था और तिब्बतीय खण्ड एशियाई स्थलखण्ड के समीप था। जब भारतीय प्लेट एशियाई प्लेट की ओर सरक रही थी उस समय लावा प्रवाह से दक्कन ट्रैप का निर्माण हुआ। यह भारतीय भौगोलिक इतिहास की प्रमुख घटना थी। लावा जमाव की प्रक्रिया का प्रारम्भ 6 करोड़ वर्ष पहले हुआ। भारतीय उपमहाद्वीप उस समय की भूमध्य रेखा के समीप स्थित था और आज भी इसकी स्थिति भूमध्य रेखा के समीप ही उत्तरी गोलार्द्ध में है। हिमालय निर्माण की प्रक्रिया आज से लगभग 7 करोड़ वर्ष पहले प्रारम्भ हुई थी, यह आज भी जारी है। भूगोलवेत्ताओं की मान्यता है कि आज भी हिमालय का उत्थान हो रहा है।

यह भी जानिए

ध्रुवों का घूमना (Polar Wandering)—पहले महाद्वीप पेंजिया के रूप में परस्पर एक–दूसरे से जुड़े हुए थे, इसका सबसे शक्तिशाली प्रमाण पुरा चुम्बकत्व से प्राप्त हुआ है। मैग्मा, लावा तथा असंगठित अवसाद में उपस्थित चुम्बकीय प्रवृत्ति वाले खनिज जैसे मैग्नेटाइट, हेमेटाइट, इल्मेनाइट और पाइरोटाइट इसी प्रवृत्ति के कारण उस समय के चुम्बकीय क्षेत्र के समानान्तर एकत्र हो गए। यह गुण शैलों में स्थाई चुम्बकत्व के रूप में रह जाता है। चुम्बकीय ध्रुव की

स्थिति में कालिक परिवर्तन होता रहा है, जो शैलों में स्थाई चुम्बकत्व के रूप में अभिलेखित किया जाता है। वैज्ञानिक विधियों द्वारा पुराने शैलों में हुए ऐसे परिवर्तनों को जाना जा सकता है, जिनसे भू–वैज्ञानिक काल में ध्रुवों की बदलती हुई स्थिति की जानकारी होती है। इसे ही **ध्रुवों का घूमना** कहते हैं। ध्रुवों का घूमना यह स्पष्ट करता है कि महाद्वीपों का समय–समय पर संचलन होता रहा है और वे अपनी गति की दिशा भी बदलते रहे हैं।

अपसरण क्षेत्र तथा अभिसरण क्षेत्र में अन्तर

अपसरण क्षेत्र–ये वे सीमाएं हैं जहां प्लेटें एक–दूसरे से अलग होती हैं। भूगर्भ से मैग्मा बाहर आता है। ये महासागरीय कटकों के साथ–साथ देखा जाता है। इन सीमाओं के साथ ज्वालामुखी तथा भूकम्प मिलते हैं। इसका उदाहरण मध्य अटलांटिक कटक है जहां से अमेरिकी प्लेटें तथा यूरेशियम व अफ्रीकी प्लेटें अलग होती हैं।

अभिसरण क्षेत्र–ये वे सीमाएं हैं जहां एक प्लेट का किनारा दूसरे के ऊपर चढ़ जाता है। इनसे गहरी खाइयों तथा वलित श्रेणियों की रचना होती है। ज्वालामुखी तथा गहरे भूकम्प उत्पन्न होते हैं।

रिंग ऑफ फायर–प्रशान्त महासागर के किनारे एक्रिय ज्वालामुखी के क्षेत्र रिंग ऑफ फायर कहलाते हैं।

प्लेट प्रवाह की दर का निर्धारण होना–सामान्य व उत्क्रमण चुम्बकीय क्षेत्र की पट्टियां जो मध्य महासागरीय कटक के समानान्तर स्थित हैं, प्लेट प्रवाह की दर समझने में वैज्ञानिकों के लिए सहायक सिद्ध हुई हैं। प्लेटों की प्रवाह दर का मापन मैग्नेटिक स्ट्रेटिग्रफी मापक के द्वारा किया जाता है। सामान्यतया प्लेटों की प्रवाह दर 2 से 5 सेमी प्रतिवर्ष होती है। उदाहरणार्थ–आर्कटिका कटक की प्रवाह दर सबसे कम है जो कि 2.5 सेमी प्रतिवर्ष से भी कम है जबकि ईस्टर द्वीप के निकट पूर्वी प्रशान्त महासागरीय उभार जो कि चिली से 3400 किमी पश्चिम की ओर दक्षिण प्रशान्त महासागर में है, इसकी प्रवाह दर 5 सेण्टीमीटर प्रतिवर्ष है जो कि सबसे अधिक है।

स्मरणीय बिन्दु

- पृथ्वी के 29 प्रतिशत भाग पर महाद्वीप एवं शेष 71 प्रतिशत भाग पर महासागर फैले हुए हैं।
- अटलांटिक महासागर के दोनों तटों में पर्याप्त समानता देखने को मिलती है। वैज्ञानिकों की मान्यता है कि किसी समय दक्षिण व उत्तर अमेरिकी तथा यूरोप व अफ्रीका महाद्वीप एक–दूसरे से जुड़े हुए होंगे।
- महाद्वीपों की समानता का सर्वप्रथम प्रतिपादन सन् 1596 में डच मानचित्रकार अब्राहम ऑरटेलियम ने किया था।
- सन् 1912 में जर्मनी के मौसम वैज्ञानिक अल्फ्रैड वेगनर ने महाद्वीपीय विस्थापन सिद्धान्त पर प्रतिपादन किया।
- वेगनर के अनुसार लगभग 20 करोड़ वर्ष पूर्व 'पैंजिया' का विभाजन हुआ तथा महाद्वीपों के प्रवाह द्वारा वर्तमान स्थिति प्राप्त हुई।
- वेगनर के अपने सिद्धान्त के समर्थन में अनेक प्रमाण प्रस्तुत किए जिनमें महाद्वीपों में साम्यता, महासागरों के पार चट्टानों की आयु में समानता, टिलाइट, प्लेसर निक्षेप एवं जीवाश्मों का वितरण आदि हैं।
- 1930 के दशक में आर्थर होम्स ने इसी सम्बन्ध में संवहन धारा का सिद्धान्त प्रस्तुत किया।
- आर्थर होम्स के अनुसार संवहन धाराएं रेडियोएक्टिव तत्वों से उत्पन्न ताप भिन्नता से मेंटल भाग में उत्पन्न होती हैं।
- गहराई व उच्चावच के प्रकार के आधार पर महासागरीय तल के तीन भाग होते हैं–(i) महाद्वीपीय सीमा, (ii) वितलीय मैदान, (iii) मध्य महासागरीय कटक।
- प्रशान्त महासागर के किनारों पर सक्रिय ज्वालामुखियों का क्षेत्र स्थित है। जिस कारण इस क्षेत्र को 'रिंग ऑफ फायर' कहा जाता है।
- महासागरीय तली के विस्तार के सम्बन्ध में 'हेरी हेस' नामक वैज्ञानिक ने सन् 1961 में 'सागरीय अधस्तल विस्तार' सिद्धान्त प्रस्तुत किया।
- हेरीहेस के अनुसार महासागरीय कटकों के शीर्ष पर निरन्तर ज्वालामुखी उद्भेदन से महासागरीय पर्पटी में विभेदन हुआ एवं नया लावा इस दरार को भरकर पर्पटी को दोनों तरफ धकेल रहा है। जिस कारण सागरीय अधःस्तर का विस्तार हो रहा है।
- सन् 1967 मे मैक्कैंजी, पारकर व मोरगन ने महाद्वीपों एवं महासागरों के वितरण के अध्ययन से सम्बन्धित एक समन्वित अवधारणा प्रस्तुत की जिसे 'प्लेट विवर्तनिकी' कहा गया।
- प्लेट विवर्तनिकी सिद्धान्त के अनुसार पृथ्वी का स्थलमण्डल सात मुख्य प्लेटों एवं कुछ छोटी प्लेटों में विभक्त है। ये प्लेट सदैवच गतिशील रहती हैं।
- प्लेटों के गतिशील रहने से तीन प्रकार की प्लेट सीमाओं का निर्माण होता है–

  (i) अपसारी सीमा, (ii) अभिसरण सीमा, (iii) रूपान्तर सीमा।
- भारतीय प्लेट का समय के साथ–साथ संचलन हुआ। इसके उत्तर की ओर खिसकने से हिमालय की उत्पत्ति हुई। यह प्रक्रिया आज भी जारी है और हिमालय की ऊंचाई अब भी बढ़ रही है।

एन.सी.ई.आर.टी. पाठ्यपुस्तक भूगोल के प्रश्न (हल सहित)

बहुविकल्पीय प्रश्न

(i) निम्न में से किसने सर्वप्रथम यूरोप, अफ्रीका व अमेरिका के साथ स्थित होने की सम्भावना व्यक्त की ?

(क) अल्फ्रेड वेगनर

(ख) अब्राहम आरटोलियस

(ग) एन्टोनियो पेलैग्रिनी

(घ) एडमण्ड हेस

(ii) पोलर फ्लीइंग बल निम्नलिखित में से किससे सम्बन्धित है?

(क) पृथ्वी का परिक्रमण (ख) पृथ्वी का घूर्णन

(ग) गुरुत्वाकर्षण (घ) ज्वारीय बल

(iii) इसमें से कौन–सी लघु प्लेट नहीं है?

(क) नजका (ख) फिलीपीन

(ग) अरब (घ) अण्टार्कटिक

(iv) सागरीय अधस्तल विस्तार सिद्धान्त की व्याख्या करते हुए हेस ने निम्न में से किस अवधारणा पर विचार नहीं किया–

(क) मध्य महासागरीय कटकों के साथ ज्वालामुखी क्रियाएं

(ख) महासागरीय नितल की चट्टानों में सामान्य व उत्क्रमण चुम्बकत्व क्षेत्र की पट्टियों का होना

(ग) विभिन्न महाद्वीपों में जीवाश्मों का वितरण

(घ) महासागरीय तल की चट्टानों की आयु

(v) हिमालय पर्वतों के साथ भारतीय प्लेट की सीमा किस तरह की प्लेट सीमा है?

(क) महासागरीय–महाद्वीपीय अभिसरण

(ख) अपसारी सीमा

(ग) रूपान्तर सीमा

(घ) महाद्वीपीय–महाद्वीपीय अभिसरण

उत्तर–(i) (ख), (ii) (ख), (iii) (घ), (iv) ग, (v) (घ)।

निम्नलिखित प्रश्नों के उत्तर लगभग 30 शब्दों में दीजिए–

(i) महाद्वीपों के प्रवाह के लिए वेगनर ने किन बलों का उल्लेख किया ?

उत्तर–महाद्वीपों के प्रवाह के लिए वेगनर ने दो बलों का उल्लेख किया–
ध्रुवीय फ्लीइंग बल का सम्बन्ध पृथ्वी के घूर्णन से था। पृथ्वी की आकृति पूर्णतयाः गोलाकार न होकर भूमध्य रेखा पर उभरी हुई है। भूमध्य रेखा का यह उभार पृथ्वी की घूर्णन गति के कारण है।

ज्वारीय बल का सम्बन्ध सूर्य और चन्द्रमा के आकर्षण से है। इससे महासागरों में ज्वार उत्पन्न होता है।

(ii) मेंटल में संवहन धाराओं के आरम्भ होने और बने रहने के क्या कारण हैं?

उत्तर–मेंटल में संवहन धाराओं की उत्पत्ति रेडियोऐक्टिव तत्वों से उत्पन्न ताप की भिन्नता के कारण होती है। चूंकि रेडियोएक्टिव पदार्थ मेंटल में अवस्थित हैं अतएव इस प्रकार की संवहन धाराएं मेंटल में बनी रहती हैं।

(iii) प्लेट की रूपान्तर सीमा, अभिसरण सीमा और अपसारी सीमा में मुख्य अन्तर क्या है ?

उत्तर–प्लेट की रूपान्तर सीमा में पर्पटी का न तो निर्माण होता है और न ही विनाश होता है। अभिसरण सीमा में एक प्लेट, दूसरी प्लेट के नीचे धंसती है। जबकि अपसारी सीमा में दो प्लेट एक–दूसरे से विपरीत दिशा में अलग हटती हैं।

(iv) दक्कन ट्रैप के निर्माण के दौरान भारतीय स्थलखण्ड की स्थिति क्या थी?

उत्तर–लगभग 14 करोड़ वर्ष पूर्व भारतीय उपमहाद्वीप सुदूर दक्षिण में 50° दक्षिणी अक्षांश पर स्थित था। भारतीय प्लेट का एशियाई प्लेट की ओर प्रवाह हुआ। लगभग 6 करोड़ वर्ष पहले ज्वालमुखी उद्‌गार से तीव्र लावा प्रवाह हुआ और दक्कन ट्रैप का निर्माण हुआ। यह प्रक्रिया एक लम्बे समय तक चलती रही। उस समय भारतीय उपमहाद्वीप भूमध्य रेखा के समीप स्थित था।

निम्नलिखित प्रश्नों के उत्तर लगभग 150 शब्दों में दीजिए–

(i) महाद्वीपीय विस्थापन सिद्धान्त के पक्ष में दिए गए प्रमाणों का वर्णन कीजिए।

उत्तर–'महाद्वीपीय विस्थापन सिद्धान्त' का प्रतिपादन वेगनर महोदय ने सन् 1912 में किया।

वेगनर ने महाद्वीपों के विस्थापन के सम्बन्ध में निम्न प्रमाण दिए–

(1) **महाद्वीपों में साम्य**–वेगनर के अनुसार दक्षिणी अमेरिका एवं अफ्रीका की तट–रेखाओं में समानता मिलती है, इन्हें एक–दूसरे से जोड़ा जा सकता है।

(2) **महासागरों के पार चट्टानों की आयु में समानता**–दक्षिणी अमेरिका एवं अफ्रीका के अन्ध महासागरीय तटों में समानता मिलती है। इस दोनों किनारों पर पाये जाने वाले समुद्री निक्षेप 'जुरैसिक काल' के हैं।

(3) **टिलाइट**–हिमानी निक्षेपों से निर्मित अवसादी चट्टानों को 'टिलाइट' कहा जाता है। हिमावरण का प्रभाव इन स्थलखण्डों पर स्पष्ट दिखाई पड़ता है। इससे स्पष्ट होता है कि कभी ये सभी भूखण्ड एक ही स्थलखण्ड के भाग थे।

(4) **प्लेसर निक्षेप**–अफ्रीका महाद्वीप के घाना तट पर प्लेसर के बड़े निक्षेप मिलते हैं। यहां उद्‌गम चट्टानों का अभाव मिलता है। इससे स्पष्ट होता है कि घाना में पाये जाने वाले प्लेसर के निक्षेप ब्राजील पठार से सम्बद्ध हैं।

(5) **जीवाश्मों का वितरण**–स्थलखण्डों के विपरीत समुद्री किनारों पर पाये जाने वाले जीवावशेष व वनस्पति अवशेष में समानता मिलती है। मेसोसारस नामक छोटे जीव के अवशेष दक्षिणी अफ्रीका के केप प्रान्त और ब्राजील के इरावर शैल समूहों में ही पाये जाते हैं तथा ग्लोसोपेट्रिस वनस्पति पाई जाती है। इससे स्पष्ट होता है कि कभी ये दोनों भाग एक–दूसरे से जुड़े हुए थे।

(ii) महाद्वीपीय विस्थापन सिद्धान्त एवं प्लेट विवर्तनिकी सिद्धान्त में मूलभूत अन्तर बताइए।

उत्तर–महाद्वीपीय विस्थापन सिद्धान्त एवं प्लेट विवर्तनिकी सिद्धान्त में प्रमुख अन्तर निम्न हैं–

महाद्वीपीय विस्थापन सिद्धान्त	प्लेट विवर्तनिकी सिद्धान्त
1. महाद्वीपीय विस्थापन सिद्धान्त महाद्वीप एवं महासागरों की उत्पत्ति व वितरण की व्याख्या करता है।	1. प्लेट विवर्तनिकी सिद्धान्त का सम्बन्ध विभिन्न भूगर्भिक घटनाओं से है। इस सिद्धान्त के द्वारा महाद्वीप एवं महासागरों की उत्पत्ति, पर्वत–निर्माण, भूकम्प एवं ज्वालामुखी की उत्पत्ति आदि की विस्तृत व्याख्या की जाती है।
2. इस सिद्धान्त के अनुसार सभी स्थलखण्ड पैन्जिया के रूप में सम्बद्ध थे। बाद में पैन्जिया का विखण्डन हुआ। इसका उत्तरी भाग लारेशिया और दक्षिणी भाग गोण्डवानालैण्ड कहलाया। यह घटना आज से लगभग 20 करोड़ वर्ष पहले हुई।	2. इस सिद्धान्त के अनुसार पृथ्वी का स्थलमण्डल सात मुख्य प्लेटों और कुछ छोटी प्लेटों में विभक्त है। नवीन वलित पर्वत श्रेणियां, खाइयां और भ्रंश इन मुख्य प्लेटों को सीमांकित करते हैं।
3. इस सिद्धान्त के अनुसार स्थलखण्ड सियाल के बने हैं जो अधिक घनत्व वाले सिमा पर तैर रहे हैं।	3. इस सिद्धान्त के अनुसार एक विवर्तनिक प्लेट जो महाद्वीपीय एवं महासागरीय स्थलखण्डों से मिलकर बना है।
4. इस सिद्धांत के अनुसार महाद्वीपों का प्रवाह ध्रुवीय फ्लीइंग बल एवं सूर्य तथा चन्द्रमा के ज्वारीय बल के कारण हुआ।	4. इस सिद्धान्त के अनुसार प्लेटें दुर्बलता मण्डल पर एक दृढ़ इकाई के रूप में क्षैतिज अवस्था में चलायमान हैं।

(iii) महाद्वीपीय प्रवाह सिद्धान्त के उपरान्त की प्रमुख खोज क्या है ? जिससे वैज्ञानिकों ने महासागर एवं महाद्वीपीय वितरण के अध्ययन में पुनः रुचि ली?

उत्तर–महाद्वीपीय प्रवाह सिद्धान्त के उपरान्त वैज्ञानिकों ने कुछ ऐसी जानकारियां उपलब्ध करायीं जो वेगनर के समय में ज्ञात नहीं थीं। इस सम्बन्ध में निम्न दो जानकारियां महत्वपूर्ण रहीं–

(क) सागरीय अधःस्तल का विस्तार (सागर नितल प्रसारण)–सागरीय अधःस्तल का विस्तार चट्टानों के पुरा चुम्बकीय गुणों के अध्ययन का परिणाम रहा है। इसी आधार पर **हेस** महोदय ने 1961 ई. में एक सिद्धान्त का प्रतिपादन किया जिसे 'सागरीय अधःस्तल विस्तार' सिद्धान्त के नाम से जाना जाता है। इन्होंने बताया कि यदि ज्वालामुखी पर्पटी से एक नई पर्पटी का निर्माण होता है तो दूसरी ओर महासागरीय गर्तों में इसका विनाश होता है।

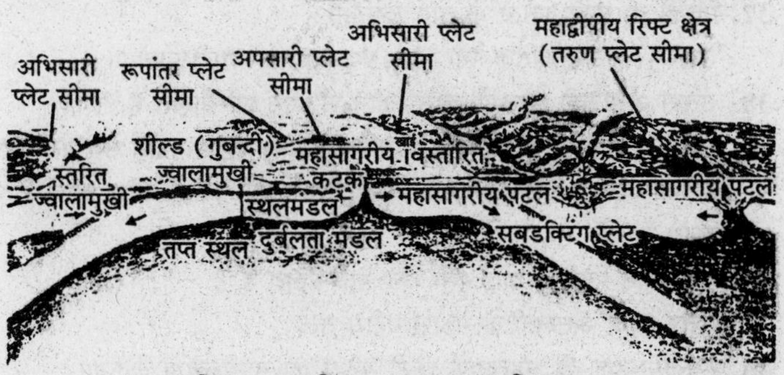

चित्र—सागरीय अध:स्तल का विस्तार

(ख) प्लेट विवर्तनिकी सिद्धान्त—प्लेट विवर्तनिकी सिद्धान्त का प्रतिपादन सन् 1967 ई. में मैकेन्जी, पारकर तथा मोरगन ने किया। एक विवर्तनिक प्लेट महाद्वीप एवं महासागरों के स्थलमण्डलों से मिलकर बनती है। प्लेटें गतिशील होती हैं जिनके कारण उन पर स्थित महाद्वीप एवं महासागरों की स्थिति में परिवर्तन होता रहता है। इन प्लेटों की सीमाएं वलित पर्वत श्रेणियां, खाइयां एवं भ्रंश आदि हैं। इन गतिशील प्लेटों के किनारों के सहारे ही ज्वालामुखी उद्गार, भूकम्प आदि आकस्मिक घटनाएं होती रहती हैं।

अभ्यासार्थ प्रश्न

बहुविकल्पीय प्रश्न

1. 'महाद्वीपीय विस्थापन सिद्धान्त' के जन्मदाता हैं—

(अ) लोथियन ग्रीन (ब) अल्फ्रेड वेगनर

(स) अब्राहम आरटेलियस (द) एन्टोनियो पैलेग्रीनी

2. 'संवहन धारा सिद्धान्त' का सम्बन्ध किस भूगोलवेत्ता से है ?

(अ) वेगनर (ब) आर्थर होम्स

(स) बुलार्ड (द) जेम्स जीन्स

3. किस क्षेत्र को 'रिंग ऑफ फायर' कहा जाता है ?

(अ) मध्य महाद्वीपीय क्षेत्र (ब) मध्य अटलाण्टिक क्षेत्र

(स) हिन्द महासागरीय क्षेत्र (द) परिप्रशान्त महासागरीय क्षेत्र

4. रूपान्तर भ्रंश का निर्माण निम्नलिखित में से किससे होता है ?

(अ) दो प्लेटों के अभिसरण से

(ब) दो प्लेटों के अपसरण से

(स) दो प्लेटों के अलग-बगल खिसकने से

(द) उपर्युक्त सभी स्थितिगों में

5. हिमालय पर्वत का सम्बन्ध निम्नलिखित में किससे है ?

(अ) टेथिस सागर से (ब) आर्कटिका सागर से

(स) अरब सागर से (द) भूमध्य सागर से

[**उत्तर**—1. (ब), 2. (ब), 3. (द), 4. (स), 5. (अ)।]

अति लघु उत्तरीय प्रश्न

1. पृथ्वी के कितने प्रतिशत हिस्से पर महाद्वीपों का विस्तार है ?

उत्तर—29 प्रतिशत भाग पर।

2. महाद्वीपीय प्रवाह के सम्बन्ध में डच मानचित्रकार अब्राहम ऑरटेलियस ने क्या विचार दिया ?

उत्तर—मानचित्रकार अब्राहम ऑरटेलियम ने सबसे पहले उत्तर व दक्षिणी अमेरिका, यूरोप व अफ्रीका के एक साथ जुड़े होने की सम्भावना प्रकट की।

3. महाद्वीपीय विस्थापन सिद्धान्त को कब व किसने प्रस्तुत किया?

उत्तर—सन् 1912 में जर्मन मौसमविद् अल्फ्रेड वेगनर ने।

4. वेगनर के महाद्वीपीय विस्थापन सिद्धान्त की आधारभूत अवधारणा क्या है?

उत्तर—वेगनर की आधारभूत संकल्पना यह थी कि समस्त महाद्वीप अकेले भूखण्ड पैंजिया से जुड़े हुए थे।

5. अल्फ्रेड वेगनर ने बड़े महाद्वीप को किस नाम से सम्बोधित किया ?

उत्तर—पैंजिया।

6. पैंजिया का अर्थ बताइए।

उत्तर—सम्पूर्ण पृथ्वी।

7. वेगनर ने विशाल महासागर को किस नाम से सम्बोधित किया?

उत्तर—पैंथालासा।

8. वेगनर की दृष्टि में महाद्वीप का विभाजन कब हुआ ?

उत्तर—लगभग 20 करोड़ वर्ष पहले।

9. पैंजिया के विभाजन से कौन-कौन से दो महाद्वीपीय पिण्ड निर्मित हुए ?

उत्तर—(क) लारेशिया, (ख) गौंडवानालैण्ड।

10. उन दो महाद्वीपों के नाम लिखिए जिनकी आमने-सामने की तटरेखाएं अद्भुत तथा त्रुटिरहित साम्य दिखाती हैं ?

उत्तर—(क) दक्षिण अमेरिका, (ख) अफ्रीका।

11. किस विद्वान् ने कब कम्प्यूटर प्रोग्राम की मदद से अटलांटिक तटों को संयुक्त करते हुए एक मानचित्र बनाया ?

उत्तर—सन् 1964 में बुलर्ड नामक विद्वान् ने।

12. महासागरों के पार महाद्वीपों की चट्टानों के निर्माण के समय का निर्धारण किस विधि द्वारा किया जा सकता है ?

उत्तर—रेडियोमिट्रिक काल निर्धारण विधि से।

13. टिलाइट क्या है ?

उत्तर—हिमानी निक्षेपण से निर्मित अवसादी चट्टानें।

14. टिलाइट चट्टानें क्यों महत्वपूर्ण मानी जाती हैं ?

उत्तर—क्योंकि ये पुरातन जलवायु और महाद्वीपों के विस्थापन के स्पष्ट प्रमाण प्रस्तुत करती हैं।

15. टिलाइट चट्टानें कहां-कहां मिलती हैं ?

उत्तर—भारत, अफ्रीका, फॉकलैंडद्वीप, मैडागास्कर, अंटार्कटिक एवं ऑस्ट्रेलिया में।

16. प्लेसर निक्षेप क्या है ?

उत्तर—मूल्यवान खनिजों विशेषकर स्वर्ण कण, जो नदियों द्वारा शैल शिराओं को धोकर लाए जाते हैं प्लेसर निक्षेप कहलाते हैं।

17. लेमूरिया से क्या आशय है ?

उत्तर—लेमूर नामक जन्तु भारत, मैडागास्कर व अफ्रीका में मिलते हैं। तीनों स्थलखण्डों को जोड़कर एक सतत् स्थलखण्ड की उपस्थिति को लेमूरिया के नाम से जाना जाता है।

18. मेसोसारस नामक जीव के अस्थि अवशेष कहां मिलते हैं ?

उत्तर—दक्षिण अफ्रीका के दक्षिणी केप प्रान्त में।

19. वेगनर के अनुसार महाद्वीपीय विस्थापन के कौन-कौन से कारण थे।

उत्तर—(क) पोलर या ध्रुवीय फ्लीइंग बल, (ख) ज्वारीय बल।

20. ज्वारीय बल क्या है ?

उत्तर–सूर्य व चन्द्रमा की आकर्षण शक्ति से उत्पन्न होने वाला बल।

21. महाद्वीपीय विस्थापन के पक्ष में वेगनर द्वारा दिए गए कोई दो प्रमाणों के नाम लिखिए।

उत्तर–(क) महाद्वीपों में साम्य, (ख) महासागरों के पार चट्टानों की आयु में समानता।

22. महासागरीय अधस्तल किसे कहते हैं ?

उत्तर–वह सम्पूर्ण महासागरीय भाग जो निम्न जल चिह्न (Low water mark) से नीचे स्थित होता है।

23. महासागरीय पर्पटी की चट्टानों के काल निर्धारण से क्या स्पष्ट होता है ?

उत्तर–यह स्पष्ट होता है कि महासागरों के नितल की चट्टानें महाद्वीपीय भागों में पायी जाने वाली चट्टानों की अपेक्षा नवीन हैं।

24. गहराई व उच्चावच के आधार पर महासागरीय तल को कितने भागों में बांटा जा सकता है ?

उत्तर–(क) महाद्वीपीय सीमा, (ख) गहरे समुद्री बेसिन, (ग) मध्यम सागरीय कटक।

25. महाद्वीपीय सीमा क्या है ?

उत्तर–महाद्वीपीय किनारों एवं गहरे समुद्री बेसिन के मध्य के भाग।

26. महाद्वीपीय सीमा के प्रमुख हिस्सों का उल्लेख कीजिए।

उत्तर–(क) महाद्वीपीय मान तट, (ख) महाद्वीपीय ढाल, (ग) महाद्वीपीय उभा, (घ) गहरी महासागरीय खाइयां।

27. महाद्वीपीय शेल्फ किसे कहते हैं ?

उत्तर–किसी महाद्वीप का क्रमशः ढलवां होता हुआ भाग, जो पानी में डूबा होता है।

28. महाद्वीपीय ढाल क्या है ?

उत्तर–महाद्वीपीय मान तट से समुद्र की ओर वितल क्षेत्र के गहरे तल तक का ढाल वाला भाग।

29. वितलीय मैदान का आशय स्पष्ट कीजिए।

उत्तर–महाद्वीपीय तटों एवं मध्य महासागरीय कटकों के बीच पाये जाने वाले मैदानों को वितलीय मैदान कहते हैं।

30. किन्हीं दो भूकम्पीय पेटियों के नाम लिखिए।

उत्तर–(i) प्रशान्त महासागर तटीय पेटी, (ii) अल्पाइन हिमालय पेटी।

31. 'रिंग ऑफ फायर' क्या है ?

उत्तर–प्रशान्त महासागर के किनारों को सक्रिय ज्वालामुखी का क्षेत्र होने के कारण 'रिंग ऑफ फायर' कहा जाता है।

32. 'सागरीय अधःस्तल विस्तार' परिकल्पना के प्रतिपादक कौन हैं ?

उत्तर–हैरी हैस।

33. प्लेट विवर्तनिकी सिद्धान्त कब और किसने दिया ?

उत्तर–1967 ई. में मैकेन्जी, पारकर व मोरगन ने दिया।

34. प्लेट क्या है ?

उत्तर–भूपृष्ठ का कठोर खण्ड जो भारी अर्धपिघली शैल में आर–पार तैर सकता है। प्लेट्स से ही महाद्वीप बने हैं।

35. विवर्तनिक प्लेट से क्या आशय है ?

उत्तर–विवर्तनिक प्लेट जिसे लिथोस्फेरिक प्लेट भी कहा जाता है, ठोस चट्टान का विशाल व अनियमित आकार का खंड होता है।

36. पृथ्वी का स्थलमण्डल कितनी मुख्य प्लेटों से मिलकर बना है?

उत्तर–सात प्लेटों से मिलकर।

37. किन्हीं दो मुख्य प्लेटों के नाम लिखिए।

उत्तर–(i) अंटार्कटिक प्लेट, (ii) प्रशान्त महासागरीय प्लेट।

38. उत्तरी अमेरिकी प्लेट में कौन–कौन से भाग सम्मिलित हैं ?

उत्तर–उत्तरी अमेरिकी प्लेट में पश्चिमी अंध महासागरीय तल सम्मिलित हैं तथा दक्षिणी अमेरिकन प्लेट व कैरेबियन द्वीप इसकी सीमा का निर्धारण करते हैं।

39. यूरेशियाई प्लेट में कोई–सा क्षेत्र सम्मिलित है ?

उत्तर–पूर्वी अटलांटिक महासागरीय तल।

40. स्थलमण्डल की महत्वपूर्ण छोटी प्लेटों का नामोल्लेख कीजिए।

उत्तर–कोकोस, नजका, अरेबियन, फिलीपीन्स तथा कैरोलिन, फ्यूजी प्लेट आदि स्थलमण्डल की महत्वपूर्ण छोटी प्लेटें हैं।

41. कोकोस प्लेट कहां अवस्थित है ?

उत्तर–कोकोस प्लेट मध्यवर्ती अमेरिका एवं प्रशान्त महासागरीय प्लेट के मध्य स्थित है।

42. नजका प्लेट की स्थिति को बताइए।

उत्तर–नजका प्लेट दक्षिण अमेरिका व प्रशान्त महासागरीय प्लेट के बीच स्थित है।

43. फिलीपीन प्लेट कहां पायी जाती है ?

उत्तर–फिलीपीन प्लेट एशिया महाद्वीप एवं प्रशान्त महासागरीय प्लेट के मध्य पायी जाती है।

44. कैरोलिन प्लेट कहां स्थित है ?

उत्तर–कैरोलिन प्लेट न्यूगिनी के उत्तर में फिलीपीन व इंडियन प्लेट के मध्य स्थित है।

45. ऑस्ट्रेलिया के उत्तर पूर्व में स्थित छोटी प्लेट का उल्लेख कीजिए।

उत्तर–फ्यूजी प्लेट।

46. वेगनर के अनुसार 'सुपर महाद्वीप' क्या है ?

उत्तर–वेगनर के अनुसार 'सुपर महाद्वीप' पैन्जिया है।

47. प्लेट संचरण के कारण कौन–कौन सी प्लेट सीमाएं बनती हैं ?

उत्तर–(क) अपसारी सीमा, (ख) अभिसरण सीमा, (ग) रूपान्तर सीमा।

48 अपसारी सीमा किसे कहते हैं ?

उत्तर–जब दो प्लेट एक–दूसरे से विपरीत दिशा में अलग हटती हैं एवं नई पर्पटी का निर्माण होता है उन्हें अपसारी सीमा कहते हैं।

49. अपसारी सीमा का उदाहरण दीजिए।

उत्तर–मध्य अटलांटिक कटक।

50. अभिसरण सीमा से क्या आशय है ?

उत्तर–जब एक प्लेट दूसरी प्लेट के नीचे धंसती है, वह अधिसरण सीमा कहलाती है।

51. प्रविष्ठन क्षेत्र क्या है ?

उत्तर–जहां दो भूपृष्ठीय प्लेटें टकराती हैं तथा अधिक सघन सामूहिक भूपृष्ठ कम सघन प्लेट के नीचे चली जाती हैं प्रविष्ठन क्षेत्र कहलाता है।

52. अभिसरण कितने प्रकार से हो सकता है ?

उत्तर–अभिसरण तीन प्रकार का होता है–

53. रूपान्तर सीमा से क्या आशय है ?

उत्तर–वह स्थान जहां न तो नई पर्पटी की निर्माण होता है और न ही पर्पटी का विनाश होता है।

54. रूपान्तर भ्रंश क्या है ?

उत्तर–दो प्लेटों को अलग करने वाला तल रूपान्तर भ्रंश कहलाता है।

55. किस प्लेट की प्रवाह दर सबसे अधिक है ?

उत्तर–प्रशान्त महासागरीय प्लेट की।

56. पृथ्वी के आन्तरिक हिस्से में ताप उत्पत्ति के माध्यम कौन–कौन से हैं ?

उत्तर–पृथ्वी के आन्तरिक भाग में ताप उत्पत्ति के दो माध्यम हैं–(क) रेडियोधर्मी तत्वों का क्षय, (ख) अवशिष्ट ताप।

57. भारतीय प्लेट में कौन–कौन से भाग सम्मिलित हैं?

उत्तर–प्रायद्वीपीय भारत तथा ऑस्ट्रेलिया महाद्वीपीय भाग सम्मिलित हैं।

58. टेथीस सागर के बारे में आप क्या जानते हैं?

उत्तर–लारेशिया और गौंडवानालैंड के बीच में स्थित एक लम्बी व उथली भू–अभिनति को वेगनर ने टेथीस सागर कहा।

लघु उत्तरीय प्रश्न

1. 'पैंजिया' का आशय स्पष्ट करते हुए इसके विभाजन पर संक्षिप्त टिप्पणी लिखिए।
2. टिलाइट चट्टानें क्या हैं ? ये कहां पायी जाती हैं ?
3. वेगनर के महाद्वीपीय प्रवाह सम्बन्धी बल को संक्षेप में लिखिए।
4. संवहन धारा सिद्धान्त को स्पष्ट कीजिए।
5. महासागरीय कटकों का अध्ययन क्यों महत्वपूर्ण है? संक्षेप में समझाइए।
6. हेस द्वारा प्रतिपादित सागरीय अधस्तल विस्तार परिकल्पना को स्पष्ट कीजिए।
7. प्लेट संचरण की अपसारी सीमा को स्पष्ट कीजिए।
8. अभिसरण सीमा से क्या तात्पर्य है? 'अभिसरण' कितने प्रकार से हो सकता है?
9. रूपान्तर भ्रंश क्या है ? ये भ्रंश महासागरीय कटकों से लम्बवत स्थिति में क्यों पाए जाते हैं ?
10. संवहन प्रवाह को स्पष्ट कीजिए।
11. स्थलमण्डल की बड़ी प्लेटों का विवरण प्रस्तुत कीजिए।
12. स्थलमण्डल की छोटी प्लेटों का विवरण प्रस्तुत कीजिए।
13. भारतीय प्लेट की अवस्थिति व विस्तार का संक्षिप्त विवरण प्रस्तुत कीजिए।
14. वेगनर द्वारा प्रतिपादित महाद्वीपीय विस्थापन सिद्धान्त को संक्षेप में लिखिए।

विस्तृत उत्तरीय प्रश्न

1. महाद्वीपीय प्रवाह (ड्रिफ्ट) सिद्धान्त की विस्तृत समीक्षा कीजिए।
2. प्लेट विवर्तनिकी सिद्धान्त के अनुसार विश्व की प्रमुख बड़ी प्लेटों एवं छोटी प्लेटों का विस्तार से वर्णन कीजिए।
3. प्लेट विवर्तनिकी सिद्धान्त को विस्तार से लिखिए।
4. भूकम्प एवं ज्वालामुखियों का सचित्र विवरण प्रस्तुत कीजिए।
5. अल्फ्रेड वेगनर के महाद्वीपीय विस्थापन सिद्धान्त की आधारभूत अवधारण की समीक्षा कीजिए।
6. सागरीय अधःस्तल के विस्तार के सम्बन्ध में पुरा चुम्बकीय अध्ययन और महासागरीय तल के मानचित्रण ने कौन–से तथ्य प्रकट किए ? विस्तारपूर्वक समझाइए।

5 खनिज एवं शैल

परिचय

एक ऐसा प्राकृतिक, कार्बनिक एवं अकार्बनिक तत्व जिसकी एक क्रमबद्ध परमाण्विक संरचना, निश्चित रासायनिक संगठन एवं भौतिक गुणधर्म होते हैं, खनिज कहलाता है।

खनिज कणों के संग्रहीत होने से निर्मित ठोस पदार्थ, जिससे भूपर्पटी की रचना हुई है **शैल** के अन्तर्गत आते हैं।

पृथ्वी भिन्न–भिन्न तत्वों से निर्मित है। इसकी बाहरी परत पर संबद्ध तत्व ठोस रूप में एक आन्तरिक परत में गर्म एवं पिघली हुई अवस्था में पाए जाते हैं। पृथ्वी के सम्पूर्ण पर्पटी का लगभग 98 प्रतिशत भाग आठ तत्वों, जैसे ऑक्सीजन, सिलिकन, ऐलुमिनियम, लौहा, कैल्सियम, सोडियम, पोटैशियम तथा मैग्नीशियम से बना है तथा शेष भाग टायटेनियम, हाइड्रोजन, फॉस्फोरस, मैंगनीज, सल्फर, कार्बन, निकिल एवं अन्य पदार्थों से बना है।

पृथ्वी : पर्पटी के प्रमुख तत्व

पृथ्वी की पर्पटी में विद्यमान प्रमुख तत्वों की मात्रा भिन्न–भिन्न होती है। कुछ तत्वों का प्रतिशत अधिक होता है तो कुछ का अत्यन्त कम। निम्नांकित सारणी द्वारा हम इस तथ्य को भली–भांति समझ सकते हैं–

क्र. सं.	पदार्थ/तत्व	भार के अनुसार प्रतिशत मात्रा
1.	ऑक्सीजन	46.60
2.	सिलिकन	27.72
3.	ऐलुमिनियम	8.13
4.	लौह	5.00
5.	कैल्सियम	3.63
6.	सोडियम	2.83
7.	पोटैशियम	2.59
8.	मैग्निशियम	2.09
9.	अन्य	1.41

भूपर्पटी पर पाये जाने वाले तत्व सामान्यतया अलग–अलग नहीं मिलते अपितु दूसरे तत्वों के साथ मिलकर विभिन्न पदार्थों का निर्माण करते हैं। यही पदार्थ खनिज कहलाते हैं।

यद्यपि स्थलमण्डल का निर्माण करने वाले तत्वों की संख्या बहुत कम है, लेकिन आपस में उनका संयोजन विभिन्न तरीकों से होता है, जिससे खनिजों के अनेक प्रकार विकसित होते हैं। भूपर्पटी पर कम–से–कम 2000 प्रकार के खनिजों को पहचाना गया है, और उनको नाम दिया गया है लेकिन इनमें से सामान्यतः उपलब्ध लगभग सभी पदार्थ, छह प्रमुख खनिज समूहों से सम्बन्धित होते हैं, जिनको शैलों का निर्माण करने वाले प्रमुख खनिज माना गया है।

मैग्मा : समस्त खनिजों का मूल स्त्रोत–पृथ्वी के आन्तरिक भाग में पाया जाने वाला मैग्मा समस्त खनिजों का मूल स्त्रोत है। तप्त मैग्मा के ठंडे होने पर खनिजों के क्रिस्टल बनने लगते हैं और इस प्रक्रिया में जैसे–जैसे मैग्मा ठंडा होकर ठोस शैल बनता है, खनिजों की क्रमबद्ध शृंखला का निर्माण होने लगता है। कोयला, पेट्रोलियम तथा प्राकृतिक गैस जैसे खनिज कार्बनिक पदार्थ हैं। ये क्रमशः ठोस, तरल एवं गैस रूप में पाए जाते हैं।

खनिज : भौतिक विशेषताएं

खनिजों की भौतिक विशेषताएं निम्नलिखित हैं–

(1) **क्रिस्टल**–इसका बाहरी रूप अणुओं की आन्तरिक व्यवस्था द्वारा निर्धारित होता है।

(2) **विदलन**–खनिजों का विदलन एक या कई दिशाओं में अथवा एक–दूसरे से कोण बनाकर भी टूट सकते हैं।

(3) **विभंजन**–अणुओं की कोई निश्चित सतह नहीं होती है। इनका विभाजन अनियमित रूप से होता है।

(4) **चमक**–प्रत्येक खनिज अपनी अलग–अलग चमक रखते हैं; जैसे–मैटेलिक, रेशमी, ग्लॉसी आदि।

(5) **रंग**–खनिज में रंगों का निर्धारण दो प्रकार से होता है–परमाण्विक संरचना के आधार पर तथा अशुद्धियों के आधार पर, मैलाकाइट, एजूराइट तथा कैल्सोपाइराइट आदि का रंग परमाण्विक संरचना द्वारा निश्चित होता है।

(6) **धारियां**–खनिजों में अलग–अलग रंगों की धारियां पाई जाती हैं; जैसे–फ्लोराइट का रंग बैंगनी या हरा होता है और उस पर श्वेत धारियां पायी जाती हैं।

(7) **पारदर्शिता**–खनिज पारदर्शी, पारभासी तथा अपारदर्शी होते हैं।

(8) **संरचना**–प्रत्येक खनिज की संरचना अलग–अलग प्रकार की होती है। इनकी संरचना क्रिस्टल की विशेष व्यवस्था द्वारा निर्धारित होती है।

(9) **कठोरता**–खनिज सामान्यतः कठोर होते हैं। किन्तु कुछ खनिज मुलायम भी होते हैं। कुछ प्रमुख कठोर खनिज टैल्क, जिप्सम, कैल्साइट, फ्लोराइट, हीरा, ऐपेटाइड, फेल्डस्पर, क्वार्ट्ज आदि हैं।

कुछ प्रमुख खनिज तथा उनकी विशेषताएं

(क) फेल्डस्पर–सिलिकन और ऑक्सीजन सभी फेल्डस्परों में उपस्थित होते हैं जबकि सोडियम, पोटैशियम, कैल्सियम, ऐलुमीनियम आदि तत्व भिन्न–भिन्न फैल्डस्पर में सम्मिलित हैं। पृथ्वी की पर्पटी का आधा भाग फेल्डस्पर से बना है। इसका रंग हल्का क्रीम से हल्का गुलाबी रंग का होता है। चीनी मिट्टी के बर्तन तथा कांच बनाने में इसका उपयोग होता है।

(ख) क्वार्ट्ज–ये रेत तथा ग्रेनाइट का प्रमुख घटक है। इसमें सिलिका होता है। यह एक कठोर खनिज है। पानी में सर्वथा अघुलनशील होता है। यह श्वेत या रंगहीन होता है। इसका उपयोग रेडियो व रडार में होता है। यह ग्रेनाइट का एक महत्वपूर्ण घटक है।

(ग) पाइरॉक्सीन–कैल्सियम, ऐलुमीनियम, मैग्नीशियम, आयरन तथा सिलिका इसमें सिम्मलित हैं। पृथ्वी की भूपृष्ठ का 10 प्रतिशत हिस्सा पाइरॉक्सीन से बना है। सामान्यतः यह उल्कापिंड में पाया जाता है। इसका रंग हरा या काला होता है।

(घ) एम्फीबोल–इसके प्रमुख तत्व ऐलुमीनियम, कैल्सियम, सिलिका, लौह, मैग्नीशियम हैं। इनसे पृथ्वी के भूपृष्ठ का 7 प्रतिशत भाग निर्मित है। यह हरे

एवं काले रंग का होता है, तथा इसका उपयोग एस्बेस्टस के उद्योग में होता है। हॉर्नब्लेन्ड भी एम्फीबोल का एक प्रकार है।

(ङ) **माइका**—इसमें पोटैशियम, ऐलुमीनियम, मैग्नीशियम, लौह, सिलिका आदि पाये जाते हैं। पृथ्वी की पर्पटी में इसका 4 प्रतिशत अंश होता है। ये सामान्यतः आग्नेय व रूपान्तरित शैलों में पाए जाते हैं। इनका उपयोग विद्युत उपकरणों में होता है।

(च) **ऑलिवीन**—मैग्नीशियम, लौह एवं सिलिका ऑलिवीन के प्रमुख तत्व होते हैं। इनका उपयोग आभूषणों में होता है। यह सामान्यतः हरे रंग के क्रिस्टल होते हैं जो प्रायः बैसाल्टिक शैलों में पाए जाते हैं।

ध्यातव्य—उपर्युक्त प्रमुख खनिजों के अतिरिक्त क्लोराइट, कैलसाइट, मैग्नेटाइट, हेमेटाइट, बॉक्साइट एवं बैराइट जैसे अन्य खनिज भी शैलों में अल्प मात्रा में उपस्थित होते हैं।

धात्विक खनिज—इसके अन्तर्गत उन खनिजों को सम्मिलित किया जाता है जिनमें धातु तत्व होते हैं। ये निम्नलिखित तीन प्रकारों में विभक्त होते हैं—

(i) बहुमूल्य धातु : स्वर्ण, चांदी, प्लैटिनम आदि।

(ii) लौह धातु : लौह एवं स्टील के निर्माण के लिए लोहे में मिलाई जाने वाली अन्य धातुएं।

(iii) अलौहिक धातु : इनमें ताम्र, सीसा, जिंक, टिन, ऐलुमीनियम आदि ध ातु शामिल होते हैं।

अधात्विक खनिज—यह ऐसा खनिज है जिसमें धातु का अंश नहीं पाया जाता। गंधक, फॉस्फेट तथा नाइट्रेट अधात्विक खनिज हैं। सीमेंट अधात्विक खनिजों का मिश्रण है।

शैलें : प्रकृति तथा विशेषताएं

पृथ्वी की पर्पटी शैलों से बनी है। शैल का निर्माण एक या एक से अधिक खनिजों से मिलकर होता है। शैल कठोर या नरम तथा विभिन्न रंगों की हो सकती है। उदाहरणार्थ—ग्रेनाइट कठोर जबकि शैलखड़ी नरम है। गैब्रो काला तथा क्वार्टजाइट दूधिया श्वेत हो सकता है। शैलों में खनिज घटकों का कोई निश्चित संघटन नहीं होता है। शैलों में सामान्यतः पाए जाने वाले खनिज पदार्थ फेल्डस्पर व क्वार्ट्ज हैं।

शैलों एवं स्थलाकृतियों तथा शैलों एवं मृदा में निकट सम्बन्ध होने के कारण भूगोलशास्त्री को शैलों का मौलिक ज्ञान होना आवश्यक होता है। शैलों के विभिन्न प्रकार हैं, जिनको उनकी निर्माण पद्धति के आधार पर तीन समूहों में विभक्त किया गया है—(i) **आग्नेय शैल**—मैग्मा तथा लावा से घनीभूत, (ii) **अवसादी शैल**—बहिर्जनित प्रक्रियाओं के द्वारा शैलों के अंशों के निक्षेपण का परिणाम तथा (iii) **कायान्तरित शैल**—उपस्थित शैलों में पुनर्क्रिस्टलीकरण की प्रक्रिया से निर्मित।

शैलों का अध्ययन 'पेट्रोलॉजी' के अन्तर्गत किया जाता है। पेट्रोलॉजी शैलों का विज्ञान है। एक पेट्रो वैज्ञानिक शैलों के विभिन्न स्वरूपों का अध्ययन करता है। दूसरे शब्दों में इस अध्ययन में खनिज की संरचना, बनावट, गठन, स्रोत, प्राप्ति स्थान, परिवर्तन तथा दूसरे शैलों के साथ सम्बन्ध आदि सम्मिलित हैं।

आग्नेय शैल : विशेषताएं व आर्थिक महत्व

आग्नेय शैल की प्रमुख विशेषताएं निम्नलिखित हैं—

(क) इन शैलों की रचना सर्वप्रथम हुई। अतः उन्हें प्राथमिक शैलें भी कहा जाता है।

(ख) इन शैलों में परतों का अभाव पाया जाता है।

(ग) ये शैलें कठोर होती हैं अतएव इन पर अपक्षय का प्रभाव बहुत कम पड़ता है।

(घ) इन शैलों में जीवावशेष एवं वनस्पति अवशेष का अभाव मिलता है।

(ङ) इन शैलों का निर्माण ज्वालमुखी उद्‌गार के समय निकलने वाले मैग्मा के जमाव से होता है।

(च) ये शैलें अछिद्रदार होती हैं।

(छ) ये शैलें रवेदार होती हैं।

(ज) इन शैलों में धात्विक खनिज मिलते हैं।

आग्नेय शैलें मानव उपयोग की दृष्टि से विशेष महत्वपूर्ण होती हैं। इनके महत्व को निम्नलिखित प्रकार से स्पष्ट किया जा सकता है—

(i) आग्नेय शैलों में सोना, चांदी, तांबा, अभ्रक, सीसा, जस्ता, गन्धक, मैग्नेसाइट आदि महत्वपूर्ण खनिज पाये जाते हैं, जो व्यापारिक दृष्टि से विशेष महत्वपूर्ण हैं।

(ii) आग्नेय शैलों पर अपक्षय एवं अपरदन क्रियाओं से काली मिट्‌टी का निर्माण होता है, जो कृषि की दृष्टि से विशेष महत्वपूर्ण है।

(iii) आग्नेय चट्‌टानों से निर्मित मिट्‌टी बड़ी उपजाऊ होती है अतएव इनमें कपास, गन्ना आदि फसलें आसानी से लाभदायक ढंग से की जा सकती हैं।

(iv) आग्नेय शैलों का उपयोग निर्माण—कार्यों में पर्याप्त मात्रा में किया जाता है।

अवसादी शैल : विशेषताएं व आर्थिक महत्व

अवसादी शैल की विशेषताएं निम्नलिखित बिन्दुओं के अन्तर्गत प्रस्तुत हैं—

(1) इन शैलों में परतें पायी जाती हैं जो एक के ऊपर एक जमा होती जाती है। भूतल का 75 प्रतिशत भाग इन्हीं शैलों से ढका है।

(2) इन शैलों में विभिन्न आकार वाले रवे पाये जाते हैं।

(3) इन शैलों में जीवाश्म एवं जीवावशेष पर्याप्त मात्रा में पाये जाते हैं।

(4) इन शैलों में छिद्र होते हैं अतएव जल इनमें आसानी से प्रवेश कर जाता है।

(5) अधिकांश अवसादी शैलों का जमाव सागरों में होता है अतएव इनमें लहरों एवं धाराओं के चिह्न स्पष्ट दिखाई देते हैं।

प्रमुख अवसादी शैलें—बलुआ पत्थर, चूना पत्थर, जिप्सम, खड़िया, कोयला व डोलोमाइट आदि हैं।

मानव उपयोग की दृष्टि से अवसादी शैलों का विशेष महत्व है। लोहा, खनिज तेल, प्राकृतिक गैस, कोयला आदि अवसादी शैलों में ही मिलते हैं। चूना पत्थर का उपयोग लौह इस्पात उद्योग में होता है। कठोर बलुआ पत्थरों का उपयोग भवन निर्माण में किया जाता है। परतदार चट्‌टानों में ही कृषि सफलतापूर्वक की जाती है।

कायान्तरित शैल : विशेषताएं व आर्थिक महत्व

कायान्तरित शैल की प्रमुख विशेषताएं निम्नलिखित हैं—

(1) इन चट्‌टानों में परतों का अभाव होता है।

(2) इनमें जीवाश्मों (Fossils) का अभाव पाया जाता है।

(3) ये शैलें संगठित तथा छिद्ररहित होती हैं। अतएव इन पर ऋतु—अपक्षय का विशेष प्रभाव नहीं पड़ता।

(4) रन्ध्रहीन होने के कारण इनमें जल आसानी से प्रवेश नहीं कर पाता है।

(5) इन चट्‌टानों में विभिन्न आकार वाले रवे पाये जाते हैं।

(6) इन शैलों का निर्माण आग्नेय एवं अवसादी दोनों प्रकार की शैलों से होता है। परन्तु इनमें मूल चट्‌टान का कोई लक्षण नहीं पाया जाता है।

कायान्तरित शैलें आर्थिक दृष्टि से विशेष महत्वपूर्ण हैं। इन शैलों में कुछ बहुमूल्य खनिज; जैसे—सोना, चांदी, हीरा आदि मिलते हैं। संगमरमर, ग्रेफाइट, चुम्बकीय लोहा आदि महत्वपूर्ण शैलें मिलती हैं जिनका उपयोग विभिन्न प्रकार से किया जाता है।

कायान्तरण—कायान्तरण एक प्रक्रिया है जिसमें समेकित शैलों में पुनः क्रिस्टलीकरण होता है तथा वास्तविक शैलों में पदार्थों का पुनर्संगठन हो जाता है। यह प्रक्रिया निम्नलिखित रूपों में सम्पन्न होती है—

(1) **गतिक कायान्तरण**—बिना रासायनिक परिवर्तनों के टूटने एवं पिसने के कारण वास्तविक शैलों में यान्त्रिकी व्यवधान एवं उनका पुनर्संगठन गतिक कायान्तरण कहलाता है।

(2) **ऊष्मीय कायान्तरण**—इसके अन्तर्गत चट्टानों के पदार्थों में रासायनिक परिवर्तन एवं पुनः क्रिस्टलीकरण होता है। यह दो प्रकार का होता है—

(i) **सम्पर्कीय रूपान्तरण**—ज्वालामुखी उद्‌गार के समय पृथ्वी के आन्तरिक भाग से गर्म मैग्मा बाहर निकलते समय सम्पर्क में आने वाली चट्टानों के मौलिक रूप में परिवर्तन कर देता है। ऐसे रूपान्तरण को सम्पर्कीय रूपान्तरण कहते हैं।

(ii) **क्षेत्रीय या प्रादेशिक रूपान्तरण**—पृथ्वी के आन्तरिक भाग में अधिक गहराई पर उच्च तापमान और दबाव अथवा इन दोनों के सम्मिलित प्रभाव के कारण चट्टानों में पुनः क्रिस्टलीकरण हो जाता है। इसे क्षेत्रीय या प्रादेशिक रूपान्तरण कहते हैं।

उपर्युक्त के परिप्रेक्ष्य में निम्नलिखित उदाहरण महत्वपूर्ण हैं—

मौलिक शैल	कायान्तरित शैल
चूना–पत्थर (परतदार शैल)	संगमरमर
बालुका पत्थर (परतदार शैल)	क्वार्ट्‌जाइट/स्फटिक
शैल या क्ले (परतदार शैल)	स्लेट
कोयला (परतदार शैल)	हीरा/ग्रेफाइट
बेसाल्ट (आग्नेय शैल)	शिस्ट
ग्रेनाइट (आग्नेय शैल)	ग्रेनाइट नीस
साइनाइट (आग्नेय शैल)	साइनाइट नीस

शैलें : पुरानी शैलों का नवीन शैलों में परिवर्तित होना अथवा शैली चक्र

महत्वपूर्ण तथ्य यह है कि शैलें अपने मूल रूप में अधिक समय तक नहीं रहतीं। इनमें परिवर्तन होता रहता है। परिवर्तन के फलस्वरूप पुरानी शैलें परिवर्तित होकर नवीन रूप धारण करती हैं।

आग्नेय शैलें प्राथमिक शैलें हैं। अवसादी तथा कायान्तरित शैलें प्राथमिक शैलों (आग्नेय शैलों) से ही बनी हैं। आग्नेय शैलों को कायान्तरित शैलों में भी परिवर्तित किया जा सकता है। आग्नेय और कायान्तरित शैलों से प्राप्त अंशों से अवसादी शैलें अस्तित्व में आती हैं। यह क्रिया विभिन्न चरणों में भिन्न–भिन्न स्वरूप धारण कर आगे बढ़ती रहती हैं। अन्ततोगत्वा पृथ्वी के आन्तरिक भाग में तापमान बढ़ने के कारण 'मैग्मा' अस्तित्व में आते हैं जो कि आग्नेय शैलों के उद्‌भव के कारण हैं।

उपर्युक्त को हम निम्नांकित रेखाचित्र द्वारा समझ सकते हैं—

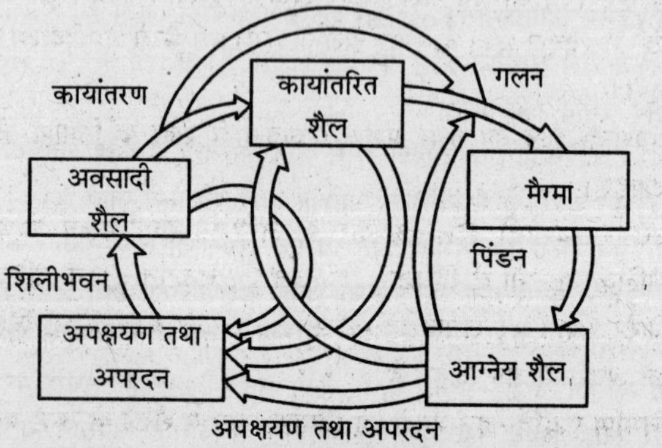

चित्र—पुरानी शैलों का नवीन शैलों में परिवर्तित होना अथवा शैली चक्र

यह भी जानिए

आग्नेय एवं अवसादी शैलों में अन्तर अथवा प्राथमिक तथा द्वितीयक शैलों में अन्तर

क्र.सं.	आग्नेय या प्राथमिक शैल	अवसादी या द्वितीयक शैल
1.	आग्नेय शैलों का निर्माण पृथ्वी के आन्तरिक भाग के मैग्मा एवं लावा के ठंडे होकर घनीभूत हो जाने पर होता है।	अवसादी शैलों का निर्माण उन प्राचीन चट्टानों एवं खनिजों के टुकड़ों से होता है जो कि पूरी तरह संगठित हो जाते हैं और परतों में जम जाते हैं।
2.	ये शैलें कठोर होती हैं।	ये शैलें मुलायम होती हैं।
3.	ये शैलें छिद्ररहित होती हैं।	ये शैलें रंध्रयुक्त होती हैं।
4.	इन शैलों में परतें नहीं पायी जाती हैं।	इन शैलों में परतें पायी जाती हैं।
5.	ये शैलें रवेदार होती हैं।	ये शैलें रवेदार नहीं होती हैं।
6.	इन शैलों में किसी भी प्रकार के जीवावशेष नहीं पाए जाते हैं।	इन शैलों की परतों के मध्य में जीवावशेष मिलते हैं।
7.	इन शैलों में धात्विक खनिज मिलते हैं।	इन शैलों में कार्बनिक खनिज मिलते हैं।
8.	इन शैलों का अपरदन बहुत मन्द गति से होता है।	इन शैलों का अपरदन अपेक्षाकृत तीव्र गति से होता है।
9.	इन शैलों का निर्माण सामान्यतः धरातल के नीचे होता है।	इन शैलों का निर्माण धरातल के ऊपर होता है।
10.	इन्हें प्राथमिक शैलें भी कहा जाता है।	इन्हें द्वितीयक शैलें भी कहा जाता है।

अवसादी तथा कायान्तरित शैलों में अन्तर अथवा द्वितीयक व तृतीयक शैलों में अन्तर

क्र. सं.	अवसादी या द्वितीयक शैल	कायान्तरित या तृतीयक शैल
1.	अवसादी शैलों का निर्माण उन प्राचीन चट्टानों एवं खनिजों के टुकड़ों से होता है।	कायान्तरित शैलों का निर्माण दाब, आयतन एवं तापमान में परिवर्तन की प्रक्रिया के फलस्वरूप होता है।
2.	इनका निर्माण संघनन एवं संयोजन प्रक्रियाओं द्वारा होता है।	इनका निर्माण आग्नेय व अवसादी शैलों के रूप बदलने से होता है।
3.	ये शैलें मुलायम होती हैं।	ये शैलें मौलिक शैलों की अपेक्षा अधिक संगठित व कठोर होती हैं।
4.	इन शैलों में मुख्यतः कार्बनिक खनिज पाए जाते हैं।	इन शैलों में मुख्यतः धात्विक खनिज पाए जाते हैं।
5.	ये शैलें रन्ध्रयुक्त होती हैं।	ये शैलें अरन्ध्र होती हैं।
6.	इन शैलों में परतें पायी जाती हैं।	इन शैलों में परतें नहीं पायी जाती हैं।
7.	इन शैलों की परतों में जीवावशेष पाए जाते हैं।	इन शैलों की परतों में जीवावशेष का अभाव पाया जाता है।
8.	इन शैलों का निर्माण धरातल पर होता है।	इन शैलों का निर्माण धरातल के नीचे होता है।

स्मरणीय बिन्दु

- पृथ्वी की सम्पूर्ण पर्पटी का लगभग 98 प्रतिशत भाग आठ तत्वों से मिलकर बना है, ये है—ऑक्सीजन, सिलिकन, ऐलुमिनियम, लोहा, कैल्सियम, सोडियम, पोटैशियम एवं मैग्नीशियम।
- पृथ्वी का शेष 2 प्रतिशत भाग टायटेनियम, हाइड्रोजन, फॉस्फोरस, मैंगनीज, सल्फर, कार्बन, निकिल एवं अन्य पदार्थों से निर्मित है।
- भूपर्पटी पर लगभग 2000 से भी अधिक प्रकार के खनिज पाए जाते हैं।
- पृथ्वी के आन्तरिक भाग में पाया जाने वाला मैग्मा खनिजों का मूल स्रोत है।
- कोयला, पैट्रोलियम एवं प्राकृतिक गैस कार्बनिक पदार्थ हैं जो क्रमशः ठोस, तरल एवं गैस रूप में पाये जाते हैं।
- भूपर्पटी पर पाये जाने वाले प्रमुख खनिजों में फेल्डस्पर, क्वार्ट्ज, पाइरॉक्सीन, एम्फीबोल आदि हैं।
- खनिजों को दो भागों में बांटा जा सकता है—(i) धात्विक खनिज, (ii) अधात्विक खनिज।
- धात्विक खनिजों के भी तीन प्रकार हैं—(i) बहुमूल्य धातु, (ii) लौहधातु, (iii) अलौहिक धातु।
- पृथ्वी की पर्पटी का निर्माण शैलों अर्थात् चट्टानों से हुआ है। शैल का निर्माण एक या एक से अधिक खनिजों से होता है।
- निर्माण पद्धति के आधार पर शैलों को तीन प्रकारों में बांटा जाता है—(i) आग्नेय शैल, (ii) अवसादी शैल, (iii) रूपान्तरित शैल।
- आग्नेय शैलों का निर्माण पृथ्वी के आन्तरिक भाग के मैग्मा एवं लावा से होता है।
- आग्नेय शैल प्राथमिक शैलें हैं। अन्य शैलों के निर्माण में इनकी आधारभूत भूमिका होती है।
- ग्रेनाइट, ग्रैबो, पैग्मेटाइट, बैसाल्ट, ज्वालामुखीय ब्रेशिया तथा टफ आग्नेय शैलों के उदाहरण हैं।
- अवसादी शैलों का निर्माण अपक्षय व अपरदन के विभिन्न साधनों द्वारा होता है।
- अवसादी शैलों को तीन प्रमुख समूहों में विभाजित किया गया है—(i) यांत्रिक रूप से निर्मित, (ii) कार्बनिक रूप से निर्मित, (iii) रासायनिक रूप से निर्मित।
- दाब, आयतन एवं तापमान में परिवर्तन की प्रक्रिया के फलस्वरूप कायान्तरित शैलों का निर्माण होता है।
- कायान्तरण दो प्रकार का होता है—(i) गतिशील कायान्तरण एवं ऊष्मीय कायान्तरण।
- ग्रेनाइट, सायनाइट, स्लेट, शिष्ट, क्वार्ट्ज एवं संगमरमर आदि कायान्तरित शैलों के प्रमुख उदाहरण हैं।
- शैलचक्र एक सतत् प्रक्रिया होती है जिसमें पुरानी शैलें परिवर्तित होकर नवीन रूप धारण कर लेती हैं।
- आग्नेय एवं कायान्तरित शैलों से प्राप्त अंशों से अवसादी शैलों का निर्माण होता है।

एन.सी.ई.आर.टी. पाठ्यपुस्तक भूगोल के प्रश्न (हल सहित)

बहुविकल्पीय प्रश्न

(i) निम्न में से कौन ग्रेनाइट के दो प्रमुख घटक हैं ?
(क) लौह एवं निकिल
(ख) सिलिका एवं ऐलुमिनियम
(ग) लौह एवं चांदी
(घ) लौह ऑक्साइड एवं पोटैशियम

(ii) निम्न में से कौन–सा कायान्तरित शैलों का प्रमुख लक्षण है ?
(क) परिवर्तनीय (ख) क्रिस्टलीय
(ग) शान्त (घ) पत्रण

(iii) निम्न में से कौन–सा एकमात्र तत्व वाला खनिज नहीं है ?
(क) स्वर्ण (ख) माइका
(ग) चांदी (घ) ग्रेफाइट

(iv) निम्न में से कौन–सा कठोरतम खनिज है ?
(क) टोपाज (ख) क्वार्ट्ज
(ग) हीरा (घ) फेल्डस्पर

(v) निम्न में से कौन–सी शैल अवसादी नहीं है ?
(क) टायलाइट (ख) ब्रेशिया
(ग) बोरैक्स (घ) संगमरमर

उत्तर–(i) (ग), (ii) (क), (iii) (ख), (iv) (ग), (v) (घ)।

निम्नलिखित प्रश्नों के उत्तर लगभग 30 शब्दों में दीजिए–

(i) शैल से आप क्या समझते हैं ? शैल के तीन प्रमुख वर्गों के नाम बताइए।

उत्तर–भू–पृष्ठ की रचना करने वाले पदार्थों को शैल या चट्टान कहते हैं। निर्माण–प्रक्रिया के आधार पर शैलो को तीन प्रमुख वर्गों में विभाजित किया गया है–(क) आग्नेय शैल या प्राथगिक शैल, (ख) अवसादी या परतदार शैल, तथा (ग) कायान्तरित या रूपान्तरित शैल।

(ii) आग्नेय शैल क्या है? आग्नेय शैल के निर्माण की पद्धति एवं उनके लक्षण बताइए।

उत्तर–आग्नेय शैल का आशय–पृथ्वी के आन्तरिक भाग में मैग्मा के ठण्डा एवं ठोस होकर जम जाने से निर्मित शैलों को आग्नेय शैल कहते हैं। इन शैलों का निर्माण सबसे पहले हुआ, इसलिए इन्हें प्राथमिक शैल भी कहते हैं।

निर्माण पद्धति–आग्नेय शैल का निर्माण उपरगामी गति में मैग्मा के ठंडा होकर ठोस हो जाने के कारण होता है।

लक्षण–(क) आग्नेय शैलें कठोर होती हैं, जिसमें परतें नहीं पाई जातीं। (ख) ये रवेदार तथा दानेदार होती हैं। (ग) इन शैलों में जीवाश्म नहीं पाये जाते।

(iii) अवसादी शैल का क्या अर्थ है? अवसादी शैल के निर्माण की पद्धति बताइए।

उत्तर–अवसादी शैल–अपक्षय व अपरदन के विभिन्न साधनों द्वारा मौलिक चट्टानों के विघटन, वियोजन एवं चट्टान चूर्ण के परिवहन तथा किसी स्थान पर जमाव के फलस्वरूप उसके अवसादों से निर्मित शैल को अवसादी शैल कहते हैं।

निर्माण पद्धति–इन शैलों का निर्माण आग्नेय शैलों के क्षय, वनस्पति व जीवावशेष आदि पदार्थों के द्वारा होता है।

(iv) शैली चक्र के अनुसार प्रमुख प्रकार की शैलों के मध्य क्या सम्बन्ध होता है ?

उत्तर–शैली चक्र का मूल स्रोत भू–सतह के नीचे स्थित मैग्मा है, जिससे आग्नेय शैल (प्राथमिक शैल) का निर्माण होता है। आग्नेय शैल अपक्षयित होकर अवसादी (द्वितीयक शैल) बनाती है तथा अन्य आग्नेय शैलें रूपान्तरित होकर कायान्तरित शैलों (तृतीयक शैल) का निर्माण करती हैं। विवर्तनिक घटनाओं द्वारा अवसादी व कायान्तरित शैलें पुनः मैंटल में पहुंच जाती हैं। जहां वे पिघलकर पुनः मैग्मा के रूप में बनकर आग्नेय शैलों का निर्माण करती हैं। इस प्रकार यह प्रक्रिया चलती रहती है।

निम्नलिखित प्रश्नों के उत्तर लगभग 150 शब्दों में दीजिए–

(i) 'खनिज' शब्द को परिभाषित करें एवं प्रमुख प्रकार के खनिजों के नाम लिखें।

उत्तर–खनिज की परिभाषा–खनिज एक ऐसा प्राकृतिक, कार्बनिक एवं अकार्बनिक तत्व है जिसमें एक क्रमबद्ध परमाण्विक संरचना, निश्चित रासायनिक संघटन तथा भौतिक गुण–धर्म होते हैं। खनिजों का निर्माण दो या दो से अधिक तत्वों से मिलकर होता है। किन्तु कभी–कभी एकल तत्व वाले खनिज भी पाये जाते हैं; जैसे–सल्फर, तांबा, सोना, ग्रेफाइट आदि।

प्रमुख खनिज–भू–पटल पर लगभग 2000 प्रकार के खनिजों को पहचाना गया है और उनका नामकरण किया गया है। इनमें से छः महत्वपूर्ण खनिज निम्नलिखित हैं–

(i) **फेल्डस्पर**–धरातल का लगभग आधा भाग इससे निर्मित है। चीनी–मिट्टी के बर्तन तथा कांच बनाने में इसका उपयोग होता है। इसका रंग हल्का क्रीम से हल्का गुलाबी होता है।

(ii) **क्वार्ट्ज़**–यह ग्रेनाइट का प्रमुख घटक है। यह सफेद, रंगहीन तथा अघुलनशील होता है। रेडियो तथा रडार में इसका उपयोग होता है।

(iii) **पाइरॉक्सीन**–यह उल्कापिंड में पाया जाता है। इसका रंग हरा और काला होता है।

(iv) **एम्फीबोल**–यह हरे एवं काले रंग का होता है तथा इसका उपयोग एस्बेस्टस के उद्योग में किया जाता है।

(v) **माइका**–यह मुख्यतः आग्नेय एवं रूपान्तरित शैलों में पाया जाता है। इसका उपयोग विद्युत उपकरणों में होता है।

(vi) **ऑलिवीन**–ये सामान्यतः हरे रंग के क्रिस्टल होते हैं जो प्रायः बेसाल्टिक शैलों में पाये जाते हैं। इनका उपयोग आभूषणों में होता है।

(ii) भू–पृष्ठीय शैलों में प्रमुख प्रकार के शैलों की प्रकृति एवं उनकी उत्पत्ति की पद्धति का वर्णन करें। आप उनमें अन्तर कैसे स्थापित करेंगे ?

उत्तर–धरातल के लगभग 75 प्रतिशत भाग पर अवसादी शैलें पाई जाती हैं। शेष भागों पर आग्नेय एवं रूपान्तरित शैलें प्राप्त होती हैं।

भू–पृष्ठ पर निम्न तीन प्रकार की शैलें पाई जाती हैं–

(क) आग्नेय शैलें, (ख) अवसादी शैलें, (ग) रूपान्तरित शैलें।

शैलों की उत्पत्ति एवं निर्माण प्रक्रिया को शैली चक्र (अग्रांकित चित्र) के माध्यम से स्पष्ट किया जा सकता है।

शैलों की उत्पत्ति–सामान्यतः शैलों की रचना दो रूपों में होती है–धरातल पर और भू–पृष्ठ के नीचे। भूपृष्ठ के नीचे बनी शैलें आग्नेय तथा ऊपर बनी शैलें अवसादी शैलें कहलाती हैं। इन दोनों शैलों के स्थान–परिवर्तन के समय उनमें परिवर्तन हो जाता है जिससे रूपान्तरित शैलों का निर्माण होता है।

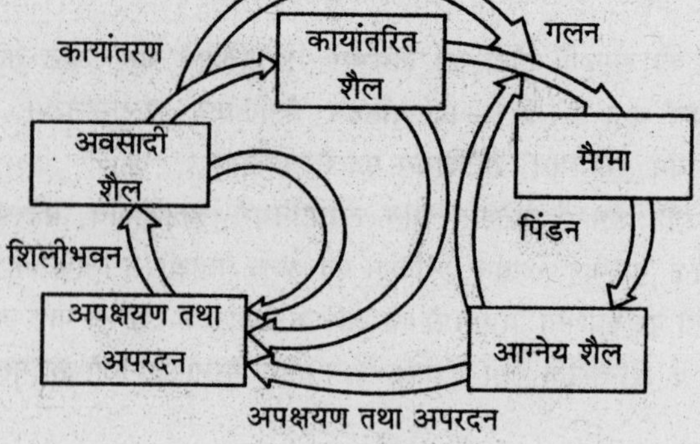

चित्र–शैली चक्र

पृथ्वी का प्रारम्भिक स्वरूप तरल अथवा गैसीय अवस्था में था। पृथ्वी धीरे– धीरे ठंडी होने लगी, इससे आग्नेय शैलों का निर्माण हुआ। अपक्षय की क्रियाओं द्वारा चट्टानें विघटित तथा वियोजित होकर कमजोर होने लगीं और अपरदन के विभिन्न कारकों द्वारा उनका स्थानान्तरण होकर वे अन्यत्र अवसादों के रूप में जमा हो गयीं। इस प्रकार अवसादी चट्टानों की रचना हुई। आगे चलकर गतिक एवं तापीय परिवर्तनों के कारण आग्नेय एवं अवसादी शैलों का रूप बदल गया है और रूपान्तरित अथवा कायान्तरित शैलों का निर्माण हुआ। भूपृष्ठीय शैलें विवर्तनिक घटनाओं द्वारा पुनः मेंटल में पहुंच जाती हैं, जहां वे पिघलकर मैग्मा के रूप में परिवर्तित होकर आग्नेय शैलों का निर्माण करती हैं। इस प्रकार शैलों के निर्माण की 'चक्रीय अवस्था' का आभास हो जाता है। यह प्रक्रिया चलती रहती है।

विभिन्न प्रकार की शैलों (चट्टानों) की प्रकृति एवं अन्तर

आग्नेय शैलें–ये शैलें (चट्टानें) कठोर, रवेदार एवं अप्रवेश्य होती हैं। इनमें जीवाश्म नहीं पाये जाते।

अवसादी शैलें–ये शैलें परतदार, कोमल, प्रवेश्य एवं जीवाश्मयुक्त होती हैं। इनका निर्माण धरातल पर होता है।

कायान्तरित शैलें–ये शैलें कठोर होती हैं, टूटने पर बिखर जाती हैं और इनकी अवस्थिति हजारों मीटर गहराई में होती है।

(iii) कायान्तरित शैल क्या है ? इनके प्रकार एवं निर्माण की पद्धति का वर्णन करें।

उत्तर–कायान्तरित शैल का अर्थ–ऐसी शैलें जिनका निर्माण मूल चट्टानों के रूप में परिवर्तन द्वारा होता है, उन्हें कायान्तरित शैल कहते हैं।

कायान्तरित शैलों की निर्माण पद्धति

कायान्तरित शैलों का निर्माण आग्नेय एवं अवसादी दोनों चट्टानों से मिलकर हुआ है। कायान्तरण की यह प्रक्रिया दाब, आयतन एवं तापमान (पी. वी. टी.) में परिवर्तन के कारण होती है। जब पृथ्वी के आन्तरिक भाग से निकलता हुआ मैग्मा धरातलीय चट्टानों के सम्पर्क में आता है या जब धरातल की ऊपरी चट्टानों का दबाव निचली चट्टानों पर पड़ता है तो चट्टानों के कायान्तरण की प्रक्रिया होती है। उदाहरणार्थ–आग्नेय और अवसादी शैलों का ऊष्मा, सम्पीडन एवं विलयन द्वारा रूपान्तरण होता है। संगमरमर, स्लेट और ग्रेफाइट इसी प्रकार की कायान्तरित चट्टानें हैं।

कायान्तरित चट्टानों के प्रकार–कायान्तरित शैलें निम्न प्रकार की होती हैं–

(1) **गतिक कायान्तरित शैल**—जब किसी मौलिक चट्टान में अत्यधिक दबाव के कारण रूपान्तरण होता है तो इस प्रकार निर्मित चट्टानों को गतिक कायान्तरित शैल कहते हैं। ग्रेनाइट, सायनाइट, स्लेट, शिस्ट, संगमरमर, क्वार्ट्ज आदि इस प्रकार की शैल हैं।

(2) **ऊष्मीय कायान्तरित शैलें**—अत्यधिक ऊष्मा के कारण अवसादी अथवा आग्नेय चट्टानों के खनिजों में 'रवों' का पुनर्निर्माण या रूप परिवर्तन होता है तो उसे तापीय रूपान्तरित शैल कहते हैं। ऊष्मीय कायान्तरण दो प्रकार का होता है—

(i) **सम्पर्कजनित कायान्तरण**—जब मैग्मा ऊपर आने का प्रयास करता है तब मार्ग में आने वाली चट्टानों के सम्पर्क से उनका पुनः क्रिस्टलीकरण हो जाता है। इस प्रकार चट्टानों को सम्पर्कजनित कायान्तरित शैल कहते हैं।

(ii) **प्रादेशिक कायान्तरण**—जब शैलों में विवर्तनिक क्रिया के फलस्वरूप एक विस्तृत क्षेत्र के रूप में परिवर्तन हो जाता है तो इस प्रकार निर्मित शैलों को प्रादेशिक कायान्तरित शैल कहा जाता है।

(3) **बैंडेड शैलें**—खनिज या विभिन्न समूहों के कण पतली से मोटी सतह में इस प्रकार व्यवस्थित होते हैं कि वे हल्के व गहरे रंगों में दिखाई देते हैं। कायान्तरित शैलों में ऐसी संरचनाओं को बैंडिंग कहते हैं।

अभ्यासार्थ प्रश्न

बहुविकल्पीय प्रश्न

1. भू–पर्पटी में सर्वाधिक मात्रा में मिलने वाला तत्व कौन–सा है ?
(अ) ऑक्सीजन (ब) सिलिकन
(स) कैल्सियम (द) पोटैशियम

2. 'माइका' का उपयोग निम्नलिखित में से किसमें होता है ?
(अ) रेडियो एवं राडार में (ब) चीनी मिट्टी के बर्तन बनाने में
(स) विद्युत उपकरणों में (द) इन सभी मे

3. पेट्रोलॉजी में अध्ययन किया जाता है—
(अ) जीव–जन्तुओं का (ब) महासागरीय नितल का
(स) विभिन्न शैलों का (द) जलवायु का

4. अवसादी शैलें बनती हैं—
(अ) गर्म पदार्थों के ठंडा होने से
(ब) अत्यधिक ताप व दाब के कारण
(स) अपक्षय एवं अपरदन क्रियाओं द्वारा
(द) उपर्युक्त सभी

5. धरातल पर सबसे अधिक विस्तार मिलता है—
(अ) आग्नेय शैलों का (ब) अवसादी शैलों का
(स) कायान्तरित शैलों का (द) इनमें से कोई नहीं।

[**उत्तर**—1. (अ), 2. (स), 3. (स), 4. (स), 5. (ब)।]

अति लघु उत्तरीय प्रश्न

1. पृथ्वी की सम्पूर्ण पर्पटी का 98 प्रतिशत हिस्सा किन–किन तत्वों से मिलकर बना हुआ है ?
उत्तर—पृथ्वी की सम्पूर्ण पर्पटी का 98 प्रतिशत भाग आठ तत्वों—ऑक्सीजन, सिलिकन, ऐलुमिनियम, लौहा, कैल्सियम, सोडियम, पोटैशियम व मैग्नीशियम से बना हुआ है।

2. खनिजों की क्रमबद्ध शृंखला का निर्माण किस प्रकार होता है?
उत्तर—पृथ्वी के आन्तरिक भाग में पाया जाने वाला मैग्मा के ठंडे होने पर खनिजों के क्रिस्टल बनने लगते हैं और इस प्रक्रिया के दौरान जैसे–जैसे मैग्मा ठंडा होकर ठोस शैल बनता है, खनिजों की क्रमबद्ध शृंखला का निर्माण होने लगता है।

3. विदलन क्या है ?
उत्तर—सापेक्षिक रूप से समतल सतह बनाने के लिए खनिजों की निश्चित दिशा में टूटने की प्रवृत्ति विदलन कहलाती है।

4. पृथ्वी की पर्पटी का आधा हिस्सा किस खनिज से बना हुआ है?
उत्तर—फेल्डस्पर नामक खनिज से।

5. चीनी–मिट्टी के बर्तन बनाने हेतु किस खनिज का उपयेाग किया जाता है?
उत्तर—फेल्डस्पर (फेल्सपार) का।

6. क्वार्ट्ज खनिज की प्रकृति तथा उपयोग बताइए।
उत्तर—क्वार्ट्ज एक कठोर खनिज है। इसका उपयोग रेडियो तथा रडार में होता है।

7. रेत तथा ग्रेनाइट का प्रमुख घटक कौन–सा खनिज है ?
उत्तर—क्वार्ट्ज।

8. उल्कापिंड में कौन–सा खनिज पाया जाता है ?
उत्तर—पाइरॉक्सीन नामक खनिज।

9. पाइरॉक्सीन खनिज में कौन–कौन से तत्व समाहित होते हैं ?
उत्तर—पाइरॉक्सीन खनिज में कैल्सियम, ऐलुमीनियम, मैग्नेशियम, आयरन एवं सिलिका आदि तत्व समाहित होते हैं।

10. एम्फीबोल खनिज का रंग कैसा होता है ?
उत्तर—हरा एवं काला रंग।

11. एम्फीबोल खनिज का उपयोग किस उद्योग में किया जाता है?
उत्तर—एस्बेस्टस उद्योग में।

12. माइका (अभ्रक) खनिज में कौन–कौन से तत्व सम्मिलित होते हैं ?
उत्तर—माइका खनिज में पोटैशियम, ऐलुमिनियम, मैग्नेशियम, लौह व सिलिका आदि तत्व सम्मिलित होते हैं।

13. सामान्यतः माइका (अभ्रक) किन–किन चट्टानों में पाया जाता है ?
उत्तर—आग्नेय एवं रूपान्तरित चट्टानों में।

14. विद्युत उपकरणों में किस खनिज का उपयोग किया जाता है ?
उत्तर—माइका (अभ्रक) का।

15. ऑलिविन खनिज में शामिल तत्वों के नाम बताइए तथा इसका उपयोग बताइए।
उत्तर—ऑलिविन खनिज में मैग्नीशियम, लौह व सिलिका आदि तत्व पाए जाते हैं। इसका उपयोग आभूषणों में होता है।

16. शैल किसे कहते हैं ?
उत्तर—भूपृष्ठ की रचना करने वाले पदार्थों को शैल या चट्टान कहते हैं।

17. शैलें कितने प्रकार की होती हैं ?
उत्तर—शैलें तीन प्रकार की होती हैं—(i) आग्नेय शैलें, (ii) अवसादी शैलें, (iii) कायान्तरित शैलें।

18. इग्निस (Igneous) शब्द का क्या अर्थ है ?
उत्तर—यह लैटिन भाषा का शब्द है, जिसका अर्थ अग्नि होता है।

19. आग्नेय शैल क्या है ?

उत्तर–पृथ्वी के आन्तरिक भाग में मैग्मा के ठंडा व ठोस होकर जम जाने से निर्मित शैलों को आग्नेय शैलें कहते हैं।

20. आग्नेय शैलों को प्राथमिक शैल क्यों कहा जाता है ?

उत्तर–सर्वप्रथम आग्नेय शैलों का निर्माण होने के कारण इसे प्राथमिक शैल कहा जाता है।

21. प्राथमिक शैलों से निर्मित होने वाली शैलों के नाम लिखिए।

उत्तर–(i) अवसादी शैलें, (ii) कायान्तरित शैलें।

22. आग्नेय शैल के चार उदाहरण प्रस्तुत कीजिए।

उत्तर–(i) ग्रेनाइट, (ii) बेसाल्ट, (iii) ग्रेब्रो, (iv) मेग्मेटाइट।

23. अवसादी शब्द का अर्थ स्पष्ट कीजिए।

उत्तर–अवसादी अर्थात् Sedimentary शब्द की व्युत्पत्ति लैटिन भाषा के शब्द सेडिमेंट्स से हुई है जिसका अर्थ व्यवस्थित होता है।

24. शिलीभवन क्या है ?

उत्तर–वह प्रक्रिया जिसके द्वारा असंगठित अवसाद कठोर शैल में परिवर्तित हो जाता है, शिलीभवन कहलाती है।

25. निर्माण प्रक्रिया के आधार पर अवसादी शैलों को वर्गीकृत कीजिए।

उत्तर–(क) यान्त्रिकी रूप से निर्मित, (ख) कार्बनिक रूप से निर्मित, (ग) रासायनिक रूप से निर्मित।

26. यान्त्रिकी रूप से निर्मित अवसादी शैलों के कोई दो उदाहरण प्रस्तुत कीजिए।

उत्तर–(क) बालुकाश्म, (ख) चूना प्रस्तर।

27. कायान्तरण क्या है ?

उत्तर–कायान्तरण वह प्रक्रिया है जिसमें समेकित शैलों में पुनः क्रिस्टलीकरण होता है तथा वास्तविक शैलों में पदार्थ पुनः संगठित हो जाते हैं।

28. कायान्तरित शैलों का निर्माण कैसे होता है ?

उत्तर–दाब, आयतन एवं तापमान में परिवर्तन की प्रक्रिया के फलस्वरूप इन शैलों का निर्माण होता है।

29. गतिशील कायान्तरण किसे कहते हैं ?

उत्तर–भू–गर्भिक हलचलों के समय चट्टानों में भारी दबाव से उष्णता बढ़ जाती है, जिससे चट्टानें पूर्गतः बदल जाती हैं जिसे गतिशील कायान्तरण कहते हैं। उदाहरणार्थ, कोयला ग्रेफाइट में परिवर्तित हो जाता है।

30. ऊष्मीय कायान्तरण कितने प्रकार का होता है ?

उत्तर–(क) सम्पर्क कायान्तरण, (ख) प्रादेशिक कायान्तरण।

31. पत्रण किसे कहते हैं ?

उत्तर–कायान्तरित शैलों में खनिज कणों की फैलने की प्रक्रिया को पत्रण या रेखांकन (Foliation) कहते हैं।

32. बैंडिंग क्या है ?

उत्तर–कायान्तरित शैलों की संरचनाओ मे कभी–कभी खनिजों के कण पतली से मोटी सतह में इस प्रकार फैल जाते है कि वे हल्के एवं गहरे रंगों में दिखाई देने लगते हैं, जिन्हें बैंडिंग कहते है।

33. कायान्तरित शैलों के दो उदाहरण प्रस्तुत कीजिए।

उत्तर–(क) संगमरमर, (ख) स्लेट।

34. 'शैली चक्र' क्या है ?

उत्तर–शैली चक्र एक सतत् प्रक्रिया है जिसमें पुरानी शैलें परिवर्तित होकर नवीन रूप धारण करती हैं।

लघु उत्तरीय प्रश्न

1. पृथ्वी की बाहरी परत क्यों महत्वपूर्ण है ? संक्षिप्त समीक्षा कीजिए।
2. खनिज को परिभाषित करते हुए इनके मूल स्त्रोत का उल्लेख कीजिए।
3. खनिजों के भौतिक गुणों का उल्लेख कीजिए।
4. खनिजों का वर्गीकरण प्रस्तुत कीजिए।
5. आग्नेय शैलों को प्रारम्भिक शैल क्यों कहा जाता है ? संक्षेप में लिखिए।
6. 'शिली भवन' से आप क्या समझते हैं ?
7. 'कायान्तरण' को स्पष्ट करते हुए इसके प्रकारों का उल्लेख कीजिए।
8. गतिक एवं ऊष्मीय कायान्तरित शैल में अन्तर स्पष्ट कीजिए।
9. आग्नेय शैलों की प्रमुख विशेषताओं का उल्लेख कीजिए।
10. आग्नेय शैलों के आर्थिक महत्व को संक्षेप में प्रस्तुत कीजिए।
11. अवसादी शैलों की विशेषताओं का उल्लेख कीजिए।
12. अवसादी शैलों का आर्थिक महत्व लिखिए।
13. कायान्तरित शैलों की विशेषताएं लिखिए।
14. कायान्तरित शैलों के आर्थिक महत्व का उल्लेख कीजिए।
15. कायान्तरण के प्रमुख प्रकारों का उल्लेख कीजिए।
16. आग्नेय एवं अवसादी शैलों में अन्तर स्पष्ट कीजिए।
17. अवसादी एवं कायान्तरित शैलों में भेद कीजिए।

विस्तृत उत्तरीय प्रश्न

1. खनिज को परिभाषित करते हुए इसकी भौतिक विशेषताओं का उल्लेख/वर्णन कीजिए।
2. किन्हीं छः खनिजों की विशेषताओं का विस्तारपूर्वक वर्णन कीजिए।
3. धात्विक एवं अधात्विक खनिजों का विस्तृत विवरण प्रस्तुत कीजिए।
4. शैलीचक्र की विभिन्न प्रघटनाओं को रेखाचित्रात्मक निरूपण करते हुए समझाइए।

अथवा

पुरानी शैलों का नवीन शैलों में परिवर्तित होना किस प्रक्रिया का परिणाम है? वर्णन कीजिए।

6 भू–आकृतिक प्रक्रियाएं

धरातल : भू-पर्पटी से संबद्ध विभिन्न प्रक्रियाएं

भू–पर्पटी गत्यात्मक अथवा गतिशील है। यह क्षैतिज और उर्ध्वाधर दिशाओं में संचालित होती है। भू–पर्पटी का निर्माण करने वाले पृथ्वी के भीतर सक्रिय आंतरिक बलों में पाया जाने वाला अन्तर ही पृथ्वी के बाह्य सतह में अन्तर के लिए जिम्मेदार है। मूलतः, धरातल सूर्य से प्राप्त ऊर्जा से प्राप्त ऊर्जा द्वारा प्रेरित बाह्य बलों से लगातार प्रभावित होता रहता है। वस्तुतः धरातल पृथ्वी मंडल के अंतर्गत उत्पन्न हुए बाह्य बलों और पृथ्वी के अंदर उद्‌भूत आंतरिक बलों से लगातार प्रभावित होता है एवं यह सदैव परिवर्तनशील है। बाह्य बलों को बहिर्जनिक (Exogenic) और आंतरिक बलों को अंतर्जनित (Endogenic) बल कहते है। बहिर्जनिक बलों की क्रियाओं का परिणाम है–उभरी हुई भू–आकृतियों का विघर्षण (Wearing down) तथा बेसिन/निम्न क्षेत्र। गर्तों का भराव (अधिवृद्धि/तल्लोचन)।

तल सन्तुलन : अंतर्जनित एवं बहिर्जनिक क्रियाओं का परिणाम

धरातल पर अपरदन के माध्यम से उच्चावच के मध्य अंतर के कम होने को तल संतुलन (Gradation) कहते है। अंतर्जनित शक्तियां लगातार धरातल के भागों को ऊपर उठाती हैं या उनका निर्माण करती हैं तथा इस प्रकार बहिर्जनिक प्रक्रियाएं उच्चावच में भिन्नता को सम (बराबर) करने में असफल रहती हैं। अतएव भिन्नता तब तक बनी रहती है जब तक बहिर्जनिक और अन्तर्जनित बलों के विरोधात्मक कार्य चलते रहते हैं। सामान्यतः अंतर्जनित बल मूल रूप से भू–आकृति निर्माण करने वाले बल हैं एवं बहिर्जनिक प्रक्रियाएं मुख्य रूप से भूमि विघर्षण बल होती हैं।

भू-तल : उपयोग की सीमा

भू–तल संवेदनशील है। मानव अपने निर्वाह के लिए इस पर आश्रित है तथा इसका व्यापक व सघन उपयोग करता है। लगभग सभी जीवों का धरातल के पर्यावरण के अनुवाह (Sustain) में योगदान होता है। मनुष्यों ने संसाधनों का अत्यधिक दोहन किया है। हमें इनका उपयोग करना चाहिए और भविष्य में जीवन निर्वाह के लिए इसकी पर्याप्त संभाव्यता को बचाये रखना चाहिए। ध ारातल के अधिकांश भाग को बहुत लंबी अवधि 'सैकड़ा–हजारों–वर्षों) में आकार प्राप्त हुआ है तथा मानव द्वारा इसके उपयोग एवं दुरुपयोग के कारण इसकी संभाव्यता (विभव) में बहुत तीव्र गति से ह्रास हो रहा है। यदि उन प्रक्रियाओं, जिन्होंने धरातल को विभिन्न आकार दिया और अभी दे रही हैं, तथा उन पदार्थों की प्रकृति जिनसे यह निर्मित है, को समझा लिया जाए तो निश्चित रूप से मानव उपयोग जनित हानिकारक प्रभाव को कम करने एवं भविष्य के लिए इसके संरक्षण हेतु आवश्यक उपाय किए जा सकते हैं।

भू–आकृतिक प्रक्रियाएं–धरातल के पदार्थों पर अंतर्जनित एवं बहिर्जनिक बलों द्वारा भौतिक दबाव तथा रासायनिक क्रियाओं के कारण भूतल के विन्यास में परिवर्तन को भू–आकृतिक प्रक्रियाएं कहते हैं। भू–आकृतिक प्रक्रियाओं के सम्बन्ध में निम्नलिखित बातें महत्वपूर्ण हैं–

(क) पटल विरुपण एवं ज्वालामुखीयता अंतर्जनित भू–आकृतिक प्रक्रियाएं हैं।

(ख) अपक्षय, वृहत क्षरण, अपरदन व निक्षेपण बहिर्जनिक भू–आकृतिक प्रक्रियाएं हैं।

भू–आकृतिक कारक–प्रकृति के किसी भी बहिर्जनिक तत्व (जैसे–जल, हिम, वायु इत्यादि), जो धरातल के पदार्थों का अधिग्रहण (Acquire) तथा परिवहन करने में सक्षम है, को भू–आकृतिक कारक कहा जा सकता है। व्यापक परिप्रेक्ष्य में प्रवाहयुक्त जल, भूमिगत जल, हिमानी, हवा, लहरों, धाराओं इत्यादि को भू–आकृतिक कारकों के अन्तर्गत रखा जा सकता है।

गुरुत्वाकर्षण : महत्वपूर्ण भू–आकृतिक कारक–गुरुत्वाकर्षण, ढाल के सहारे सभी गतिशील पदार्थों को सक्रिय बनाने वाली दिशात्मक (Directional) बल होने के साथ–साथ धरातल के पदार्थों पर दबाव (Stress) डालता है। अप्रत्यक्ष गुरुत्वाकर्षण प्रतिबल (Stress) लहरों एवं ज्वार–भाटा जनित धाराओं को क्रियाशील बनाता है। निःसंदेह गुरुत्वाकर्षण एवं ढाल प्रवणता के अभाव में गतिशीलता संभव नहीं हैं अतः अपरदन, परिवहन एवं निक्षेपण भी नहीं होगा। गुरुत्वाकर्षण एक ऐसा बल है जिसके माध्यम से हम धरातल संपर्क में रहते हैं। यह वह बल है जो भूतल के सभी पदार्थों के संचलन को प्रारम्भ करता है। सभी संचलन, चाहे वे पृथ्वी के अंदर हों या सतह पर, प्रवणता के कारण ही घटित होते हैं, जैसे ऊंचे स्तर से नीचे स्तर की ओर, तथा उच्च वायु दाब क्षेत्र से निम्न वायु दाब क्षेत्र की ओर।

अंतर्जनित प्रक्रियाएं–पृथ्वी के अंदर से निकलने वाली ऊर्जा भू–आकृतिक प्रक्रियाओं के लिए प्रमुख बल स्रोत होती है। पृथ्वी के अन्दर की ऊर्जा अधिकांशतः रेडियोधर्मी क्रियाओं, घूर्णन (Rotational) एवं ज्वारीय घर्षण तथा पृथ्वी की उत्पत्ति से जुड़ी ऊष्मा द्वारा उत्पन्न होती है। भू–तापीय प्रवणता और अन्दर से निकले ऊष्मा प्रवाह से प्राप्त ऊर्जा पटल विरूपण (Disastrophism) एवं ज्वालामुखीयता को प्रेरित करती है। भू–तापीय प्रवणता एवं अंदर के ऊष्मा प्रवाह, भू–पर्पटी की मोटाई व वृढ़ता गें अंतर के कारण अंतर्जनित बलों के कार्य समान नहीं होते हैं। अतः विर्वनिक द्वारा नियंत्रित मूल भू–पर्पटी की सतह असमतल होती है।

अंतर्जनित प्रक्रियाओं के अंतर्गत पटल विरूपण एवं ज्वाला मुखीयता अत्यंत महत्वपूर्ण हैं, जिनका विवरण निम्नलिखित है–

(क) पटल विरूपण–पटल विरूपण के अन्तर्गत निम्नलिखित प्रक्रियाएं सम्मिलित हैं–

(i) वलन प्रक्रिया द्वारा पर्वतों का निर्माण तथा संकीर्ण किन्तु लम्बी पट्टियों में क्रियाशील निर्माण प्रक्रियाओं का अध्ययन।

(ii) धरातल के विस्तृत क्षेत्र में सम्पन्न होने वाली गहाद्वीपों की रचना करने वाली शक्तियों का अध्ययन।

(iii) अपेक्षाकृत छोटे एवं संकीर्ण क्षेत्रों में संचलन द्वारा उत्पन्न भूकम्प आदि क्रियाएं।

(iv) प्लेटों के क्षैतिज संचलन में प्लेट विवर्तनिकी की भूमिका आदि का अध्ययन।

(ख) ज्वालामुखीयता–ज्वालामुखीयता के अंतर्गत पिघली हुई शैलों या लावा (Magma) का भूतल की ओर संचलन एवं अनेक आंतरिक तथा बाह्य ज्वालामुखीय स्वरूपों का निर्माण सम्मिलित होता है।

बहिर्जनिक प्रक्रियाएं—पृथ्वी के धरातल पर उत्पन्न होने वाली शक्तियों को बहिर्जनित शक्तियां कहते हैं। इन शक्तियों की उत्पत्ति प्रत्यक्ष एवं अप्रत्यक्ष रूप से सूर्य द्वारा निर्धारित वायुमण्डलीय ऊर्जा एवं अन्तर्जनित शक्तियों से नियंत्रित कारकों से उत्पन्न प्रवणता से होती है। विभिन्न तापमण्डलों में जलवायु तत्वों की विभिन्नता के कारण अनेक जलवायु प्रदेशों का निर्माण होता है, जिसमें तापक्रम एवं वर्षण में पर्याप्त विभिन्नता मिलती है। इन जलवायु तत्वों की भिन्नता के कारण धरातल पर विभिन्न क्षेत्रों में रासायनिक, भौतिक एवं जैविक प्रक्रियाओं में भी भिन्नता मिलती है जिससे विभिन्न क्षेत्रों में भू–आकृतिक प्रक्रियाएं गतिशील होती हैं। इनके परिणामस्वरूप विभिन्न क्षेत्रों में अपक्षय, वृहत् संचलन एवं अपरदन की क्रियाएं सम्पन्न होती है।

पृथ्वी के धरातल पर तापीय प्रवणता के कारण ही विभिन्न जलवायु प्रदेश निर्मित होते हैं जो कि अक्षांशीय, मौसमी एवं जल–थल के विस्तार में विभिन्नता के कारण उत्पन्न होते हैं। वनस्पति का घनत्व, प्रकार एवं वितरण मुख्यतः तापक्रम द्वारा निर्धारित होता है जो बहिर्जनिक भू–आकृतिक प्रक्रियाओं पर अप्रत्यक्ष प्रभाव डालते हैं। ऊंचाई, सूर्य के अभिमुख ढाल आदि के कारण सूर्यातप की प्राप्ति में भिन्नता मिलती है। इसके साथ ही वायु वेग एवं दिशा, वर्षण की मात्रा एवं प्रकार, वर्षण एवं वाष्पीकरण में सम्बन्ध, तापक्रम में दैनिक परिवर्तन, हिमकरण एवं पिघलन की आवृत्ति, तुषार आदि में अन्तर के कारण किसी भी जलवायु प्रदेश में भू–आकृतिक प्रक्रियाओं में भिन्नता मिलती है।

बहिर्जनिक भू–आकृतिक प्रक्रियाओं पर जलवायु कारकों विशेषकर तापक्रम का विशेष नियंत्रण होता है। अतएव बहिर्जनिक भू–आकृतिक प्रक्रियाएं अपनी अन्तिम ऊर्जा सूर्यातप से ही प्राप्त करके संचलित होती है।

अपक्षय—चट्टानों के अपने ही स्थान पर विघटन और वियोजन द्वारा विदीर्ण होकर नष्ट होने की प्रक्रिया को अपक्षय कहते हैं।

अपक्षय के विभिन्न प्रकारों का वर्णन निम्नलिखित हैं—

(क) भौतिक या यांत्रिक अपक्षय—इसके अन्तर्गत चट्टानों का विघटन भौतिक कारकों—तापमान, वर्षा, तुषारापात (पाला) आदि द्वारा होता है। यांत्रिक अपक्षय में चट्टनों में लगातार विस्तार एवं संकुचन होता रहता है। इससे चट्टानों के लगातार बढ़ने एवं घटने से वे कमजोर हो जाती हैं और अन्ततः छोटे–छोटे टुकड़ों में बिखर जाती हैं। यह प्रक्रिया निम्न प्रकार सम्पन्न होती है—

(i) **जल के कारण शैल विखण्डन**—गर्म प्रदेशों में सूर्य की गर्मी से तपी हुई शिलाओं पर जब वर्षा का पानी गिरता है तो शिलाएं अचानक चटकने लग जाती हैं। अन्ततः ढीली होकर टूट जाती हैं।

(ii) **ताप परिवर्तन से अपक्षय**—सूर्य की गर्मी से शिलाएं फैलती हैं और आयतन बढ़ जाता है, जबकि रात्रि में ठण्ड से शिलाएं सिकुड़ जाती हैं तथा उनका आयतन कम हो जाता है। इस प्रकार निरन्तर शिलाओं के फैलने एवं सिकुड़ने से वे ढीली पड़ जाती हैं और उनमें दरार पड़ जाती है। दरारों के बढ़ने से शिलाएं टूट जाती हैं।

(iii) **पाले के कारण अपक्षय**—शीतोष्ण प्रदेशों में शिलाओं (चट्टानों) की सन्धियों एवं दरारों में भरा पानी रात्रि में ठण्ड पड़ने से जम जाता है जिससे उसका आयतन बढ़ जाता है। जल के आयतन के बढ़ जाने से दरारें भी चौड़ी हो जाती हैं। दिन में वे पुनः सिकुड़ जाती हैं। फैलने एवं सिकुड़ने से चट्टानें विखण्डित होकर टूटने लगती हैं।

(iv) **दाब मोचन**—जब किसी कारण किसी भू–भाग से ऊपरी चट्टानें हट जाती हैं। तो उससे निचली चट्टानों पर पड़ने वाला दाब कम हो जाता है। जिसके फलस्वरूप चट्टानों में दरारें पड़ जाती हैं।

(v) **लवण अपक्षय**—चट्टानों में वर्षा का जल प्रवेश करता है तथा विघटन प्रारम्भ हो जाता है। जल एवं मिट्टी का घोल साथ–साथ प्रवेश करता है, जल सूख जाता है और नमक के रवे बने जाते हैं। इससे उसका आयतन बढ़ जाता है। इससे चट्टानों पर दबाव पड़ता है और वे टूटने लगती हैं।

(ख) रासायनिक अपक्षय—रासायनिक अपक्षय की क्रिया उष्णार्द्र जलवायु में प्रबल रूप से सम्पन्न होती है क्योंकि इस प्रकार के अपक्षय के लिए जल एवं उच्च तापक्रम एक महत्वपूर्ण कारक है। रासायनिक अपक्षय में ऑक्सीजन, कार्बन डाईऑक्साइड, हाइड्रोजन एवं नाइट्रोजन की भूमिका महत्वपूर्ण होती है। ये गैसें रासायनिक अभिक्रियाओं द्वारा शैलों के संगठन एवं संरचना में परिवर्तन उत्पन्न करती हैं और शैलें टूट जाती हैं। रासायनिक अपक्षय निम्न रूपों में सम्पन्न होता है—

(i) **ऑक्सीजन**—ऑक्सीजन का सम्पर्क जब जल से होता है तो जल से मिली ऑक्सीजन की क्रिया चट्टानों के खनिजों पर होती है। इस प्रकार खनिजों में ऑक्साइड्स बन जाते हैं और चट्टानों में वियोजन होने लगता है।

(ii) **कार्बोनेशन**—जब कार्बन डाइऑक्साइड गैस का सम्पर्क जल से होता है तो अनेक प्रकार के कार्बोनेट्स बन जाते हैं जो जल में घुलनशील होते हैं। इन कार्बोनेटों के निर्माण के कारण चट्टानों के घुलनशील तत्व जल में मिलकर उनके साथ बहने लगते हैं।

(iii) **हाइड्रेशन या जलयोजन**—चट्टानों का सम्पर्क जब जल से होता है तो जल के हाइड्रोजन से चट्टानों के खनिजों पर हाइड्रेशन की क्रिया होती है अर्थात् चट्टानें जल सोख लेती हैं और उनका आयतन बढ़ जाता है। इससे चट्टानें विदीर्ण होकर टूटने लगती हैं।

(iv) **विलयन या घोलीकरण**—जल के सम्पर्क में आने पर अनेक पदार्थ उसमें घुलकर चलने लगते हैं। शैलों का निर्माण करने वाले नाइट्रेट, सल्फेट एवं पोटेशियम जैसे खनिज इस प्रक्रिया से अधिक प्रभावित होते हैं।

(ग) जैविक अपक्षय—वनस्पतियां एवं जीव–जन्तु दोनों चट्टानों के विघटन एवं वियोजन में सहयोग करते हैं। इन कारकों द्वारा अपक्षय की क्रिया निम्न प्रकार से सम्पन्न होती है—

(i) **जीव–जन्तुओं द्वारा अपक्षय**—विभिन्न प्रकार के जीव–जन्तु लोमड़ी, केंचुआ, दीमक, चींटी, चूहा आदि छोटे–छोटे अन्य जीव चट्टानों को खोदकर अपना आवास बनाते हैं। इस प्रकार वे चट्टानों को अपने कार्यों द्वारा विघटित करते रहते हैं।

(ii) **वनस्पतियों द्वारा अपक्षय**—वनस्पति द्वारा अपक्षय दोनों रूपों—भौतिक एवं रासायनिक में होता है। वृक्षों व झाड़ियों की जड़ें चट्टानों में प्रवेश कर जाती हैं और चट्टानें कमजोर हो जाती हैं। वनस्पतियों की जड़ों में जलयुक्त बैक्टीरिया होते हैं जो चट्टानों के खनिजों को घुलाकर उसे अलग कर देते हैं।

(iii) **मानव द्वारा अपक्षय**—मानव अपने क्रिया–कलापों द्वारा प्रारम्भ से ही चट्टानों को कमजोर बनाकर विघटित करता रहा है। मनुष्य, कृषि, पशुपालन, खान खोदना, सड़क व सुरंगों का निर्माण, वन विनाश आदि द्वारा चट्टानों को निर्बल बनाता रहा है।

अपक्षय का महत्व

अपक्षय के महत्व को हम निम्नलिखित बिन्दुओं के अंतर्गत समझा सकते हैं—

(i) अपक्षय में चट्टानें छोटे–छोटे टुकड़ों में विदीर्ण हो जाती हैं। इससे मृदा निर्माण में सुविधा होती है।
(ii) अपक्षय, अपरदन एवं वृहद् संचलन के लिए उत्तरदायी है।
(iii) अपक्षयित पदार्थों की गहराई के आधार पर वनस्पति–जैव विविधता एवं जैव मात्रा का निर्धारण होता है।
(iv) अपक्षय वृहत् क्षरण, अपरदन तथा उच्चावच के निम्नीकरण में सहायक होता है।

(v) स्थलाकृतियां अपक्षय एवं अपरदन का परिणाम हैं।

(vi) शैलों के अपक्षय एवं निक्षेपण द्वारा मूल्यावान खनिजों, जैसे–लोहा, मैंगनीज, ऐलुमीनियम, तांबा आदि का संकेन्द्रण होता है जिससे उनका दोहन, प्रक्रमण तथा शोधन आसान हो जाता है।

(vii) अपक्षय मृदा निर्माण की एक महत्वपूर्ण प्रक्रिया है।

वृहत संचलन–वृहत् संचलन में चट्टानों से प्राप्त मलवे का विसर्पण, बहाव, स्खलन एवं पातन (fall) होता है। वृहत् संचलन में अपक्षय आवश्यक नहीं होता है क्योंकि इसमें अपक्षयित पदार्थों के साथ–साथ मूल चट्टानों का अवपातन भी ढाल के अनुरूप होने लगता है।

इसमें अपरदन के कारकों का सीधा सम्बन्ध नहीं होता। ढाल पर पदार्थ अपना प्रतिरोध प्रस्तुत करते हैं किन्तु गुरुत्वाकर्षण बल के कारण, सामान्य स्थितियों में वे सफल नहीं होते। कमजोर पदार्थ, पतले संस्तर वाली चट्टानें, भ्रंश, खड़े भृगु व तीव्र ढाल, पर्याप्त वर्षा तथा वनस्पति का अभाव आदि वृहत् संचलन के महत्वपूर्ण सहायक कारक हैं।

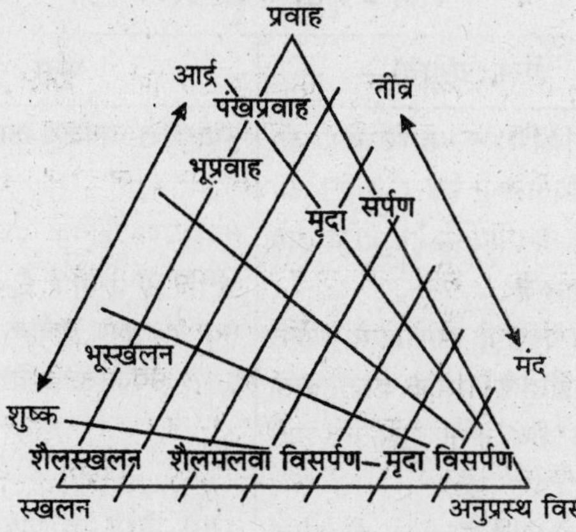

चित्र–वृहत् संचलन के विविध रूप

वृहत संचलन : सक्रियता के कारक

वृहत संचलन की सक्रियता के महत्वपूर्ण कारक निम्नलिखित हैं–

(क) प्राकृतिक एवं कृत्रिम साधनों द्वारा ऊपर के पदार्थों के टिकने का आधार का हटना।

(ख) ढालों की तीव्रता एवं ऊंचाई में वृद्धि का होना।

(ग) पदार्थों में भार का होना।

(घ) अत्यधिक वर्षा, संतृप्ति एवं ढाल के पदार्थों के स्नेहन द्वारा उत्पन्न अतिभार का होना।

(ङ) मूल ढाल की सतह से पदार्थ या भार का हटना।

(च) भूकम्प।

(छ) विस्फोट या मशीनों के द्वारा कम्पन्न होना।

(ज) प्राकृतिक रिवास की अधिकता का होना।

(झ) नदी, झील एवं अन्य जलाशयों से जल का अधिक विदोहन एवं ढालों तथा नदी तटों के नीचे से जल का मन्द प्रवाह।

(ञ) वनस्पतियों का अन्धाधुन्ध शोषण होना।

अपरदन एवं निक्षेपण

अपरदन की प्रक्रिया के अन्तर्गत अपक्षय द्वारा प्राप्त मलवे के प्रवाह को सम्मिलित किया जाता है। अपक्षय की क्रियाओं द्वारा प्राप्त मलवा निम्नलिखित अपरदन कारकों द्वारा एक स्थान से दूसरे स्थान को स्थानांतरित किया जाता है–

(क) नदी/प्रवाही जल, (ख) पवन, (ग) हिमनद, (घ) भूमिगत जल, (ङ) समुद्री लहरें।

अपरदन में अपघर्षण की क्रिया भी समाहित है। अपरदन कारकों के साथ जब चट्टानें स्थानांतरित होती हैं तो इस प्रक्रिया में वे एक दूसरे से टकाराकर सम्पर्क में आने वाली चट्टानों को विघटित करती हैं। महत्वपूर्ण तथ्य यह है कि अपक्षय अपरदन में सहायक अवश्य है किन्तु अपरदन हेतु अनिवार्य दशा नहीं है।

अपरदन का अर्थ है–"गतिज ऊर्जा का अनुप्रयोग, जो भू–सतह के साथ संचलित कारकों से सम्बन्धित होता है।" हिमनद एवं पवन इसके द्वारा प्रभावित होते हैं। लहरें एवं धाराएं तथा भूमिगत जल क्रमिक एवं से तटीय आकृतियों एवं गहराई तथा आन्तरिक संरचना द्वारा प्रभावित होते हैं। यदि शैलें चूना प्रधान हैं तो कार्स्ट स्थलाकृतियों का निर्माण होता है।

निक्षेपण–निक्षेपण अपरदन का परिणाम है। जब अपरदन के कारकों की प्रवाह–गति मन्द हो जाती है और ढाल में कमी हो जाती है निक्षेपण प्रारम्भ होता है। निक्षेपण की क्रिया में स्तरीकरण मिलता है अर्थात् बड़े आकार वाले कण पहले जमा होते हैं, इसके बाद क्रमशः छोटे आकार वाले कणों का जमाव होता जाता है।

मृदा निर्माण : प्रमुख कारक

मृदा एक गत्यात्मक माध्यम है जिसमें बहुत–सी रासायनिक, जैविक व भौतिक क्रियाएं निरन्तर चलती रहती हैं। मिट्टियों का सम्बन्ध जलवायु की दशाओं, भू–आकृतियों एवं वनस्पतियों से होता है। इनके सहयोग से मिट्टी निर्माण की प्रक्रिया पूर्ण होती है।

मृदा निर्माण के प्रमुख कारक निम्नलिखित हैं–

(i) **मूल चट्टान**–मृदा निर्माण मलवे के आकार, उनकी संरचना एवं शैल निक्षेपण के खनिज एवं रासायनिक संयोजन पर निर्भर करता है। मूल चट्टान में अपक्षय की प्रकृति एवं उसकी दर तथा आवरण की मोटाई महत्वपूर्ण तत्व है। समान आधार शैल पर मृदाओं में अन्तर हो सकता है।

(ii) **जलवायु**–जलवायु के दो प्रधान तत्वों–तापमान एवं वर्षा की भिन्नता के आधार पर मृदा निर्माण की प्रक्रियाओं में अन्तर मिलता है। मृदा निर्माण में जलवायु के प्रमुख तत्व प्रवणता, वर्षा, वाष्पीकरण की आवृत्ति, मौसमी भिन्नता आदि हैं।

(iii) **स्थलाकृति**–तीव्र ढालों पर मृदा छिछली तथा उच्च क्षेत्रों में गहरी अथवा मोटी होती है। निम्न ढालों पर जहां अपरदन न्यून तथा जल का संग्रहण अच्छा रहता है, मृदा निर्माण अच्छी प्रकार से होता है। इसी प्रकार सूर्योन्मुखी एवं विमुख ढालों पर भी मिट्टी में भिन्नता मिलती है।

(iv) **जैविक क्रियाएं**–जीवावशेष तथा वनस्पतियां मृदा में ह्यूमस एकत्रित करने में अपनी महत्वपूर्ण भूमिका निभाती हैं। बैक्टीरिया तथा मृदा के जीव हवा से गैसीय नाइट्रोजन प्राप्त कर उसे रासायनिक रूप में परिवर्तित कर देते हैं। जिसका उपयोग पौधों द्वारा किया जाता है। चींटी, दीमक, केंचुआ आदि मृदा निर्माण में अपनी महत्वपूर्ण भूमिका निभाते हैं।

(v) **कालावधि**–लघु समय की निक्षेपित जलोढ़ मिट्टी अपरिपक्व मानी जाती है और उसमें संस्तर नहीं मिलते। दीर्घकालीन अवधि में ही मृदा परिपक्व हो पाती है।

यह भी जानिए

धरातल के असमतल होने का कारण–धरातल का रूप कभी एक जैसा नहीं रहा। इसके रूप में परिवर्तन होता रहता है। यह परिवर्तन पृथ्वी की बाह्य और आन्तरिक शक्तियों के योग में होता है। इसमें भू–गर्भ की आन्तरिक हलचलें विशेष महत्त्वपूर्ण और प्रभावशाली होती हैं। आन्तरिक शक्तियां धरातल को

लगातार ऊपर उठाने में लगी रहती हैं। जबकि बाहरी शक्तियों धरातल को सम करने में लगी रहती है। परन्तु पूर्णतः सफल नहीं हो पाती इसलिए धरातल असमतल है। दूसरे शब्दों में भू–तापीय प्रवणता एवं अन्दर के ऊष्मा प्रवाह, भू–पर्पटी की मोटाई एवं कठोरता में अन्तर के कारण अन्तर्जित बलों के कार्य समान नहीं होते हैं। अतः विवर्तनिक क्रिया द्वारा नियंत्रित मूल भू–पर्पटी की सतह असमतल होती है।

भू–आकृतिक कारकों एवं भू–आकृतिक प्रक्रियाओं में सूक्ष्म अंतर को समझें–बहिर्जनिक तत्व जल, हिम, वायु जो धरातल के पदार्थों का अधिग्रहण (Acquire) तथा परिवहन करने में सक्षम होते हैं, उन्हें भू–आकृतिक कारक कहा जाता है। जब ये बहिर्जनिक तत्व ढाल प्रवणता के कारण गतिशील हो जाते हैं तो यह पदार्थों को दूसरे स्थान पर निक्षेपित (जमा) कर देते हैं। भू–आकृतिक प्रक्रियाएं तथा भू–आकृतिक कारक विशेषतः बहिर्जनिक तत्वों में एक ही हैं परन्तु अन्तर्जनित प्रक्रियाओं में इनमें भू–तापीय प्रवणता, ऊष्मा प्रवाह, भू–पर्पटी की मोटाई एवं दृढ़ता के कारण अन्तर पाया जाता है।

ज्वालामुखीयता एवं ज्वालामुखी शब्दों में अंतर–ज्वालामुखी उद्‌गार के समय पिघले हुए पदार्थों, लावा व गैसों आदि का भूतल की ओर संचालन ज्वालामुखीयता कहलाता है एवं जिस स्थान पर यह लावा निकल आता है उसे ज्वालामुखी कहते हैं।

सभी बहिर्जनिक प्रक्रियाओं के पीछे एकमात्र प्रेरक बल गुरुत्वाकर्षण बल है।

लोहे में जंग लगने का कारण : ऑक्सीकरण–ऑक्सीकरण वहीं होता है जहां वायुमण्डल एवं ऑक्सीजनयुक्त जल मिलते हैं। इस प्रक्रिया में लौह, मैंगनीज, गन्धक (Sulphur) इत्यादि सर्वाधिक शामिल होते हैं इसलिए शैलों का टूटना जारी रहता है। ऑक्सीकरण होने पर लोहे का लाल रंग, भूरे या पीले रंग में परिवर्तित हो जाता है। अतः हम लोहे में जंग लगने को ऑक्सीकरण का उदाहरण मान सकते हैं।

अपशल्कित गुंबद एवं अपशल्कित तार के मध्य अंतर–भार विहीनीकरण एवं दबाव मुक्त होने के कारण विस्तारण से उत्पन्न अपशल्कन चादरों के बड़े चिकने गोलाकार गुम्बद जिसका क्षैतिज विस्तार हजारों मीटर तक होता है, को अपशल्कन गुम्बद कहते हैं। ग्रेनाइट की शैलों में अपशल्कन के कारण चिकनी सतह के छोटे से लेकर बड़े गोलाश्म के निर्माण को टॉर कहते हैं।

पृथ्वी पर जैव विविधता के लिए अपक्षय आवश्यक है–जैविक अपक्षय, जीवों की वृद्धि या संचलन से उत्पन्न अपक्षय–वातावरण एवं भौतिक परिवर्तन से खनिजों एवं आयंस के स्थानांतर की दिशा में एक योगदान है। केंचुओं, दीमकों, चूहों, कृंतकों इत्यादि जैसे जीवों द्वारा बिल खोदने एवं वेजिंग (फान) के द्वारा नयी सतहों (Surfaces) का निर्माण होता है जिससे रासायनिक प्रक्रिया के लिए अनावृत्त (Expose) सतह में नमी एवं हवा के वेधन में सहायता मिलती है। मानव भी वनस्पतियों को अस्त–व्यस्त कर, खेत जोतकर एवं मिट्‌टी में कृषि करके धरातलीय पदार्थों में वायु, जल एवं खनिजों के मिश्रण तथा उनमें नये सम्पर्क स्थापित करने में सहायक होता है। सड़ने वाले पौधों एवं पशुओं के पदार्थ, ह्यूमिक, कार्बनिक एवं अन्य अम्ल जैसे तत्वों के उत्पादन में योगदान देते हैं जिससे कुछ तत्वों का सड़ना, क्षरण तथा घुलन बढ़ जाता है। शैवाल, खनिज पोषकों (Nutrients) लौह एवं मैंगनीज ऑक्साइड के संकेद्रण में सहायक होता है। पौधों की जड़ें धरातल के पदार्थों पर जबरदस्त दबाव डालती हैं तथा उन्हें यांत्रिक ढंग (Mechanically) से तोड़कर अलग–अलग कर देती हैं।

शैल व मृदा में अन्तर

क्र.सं.	शैल (चट्टान)	मृदा
1.	शैल विभिन्न खनिजों का समुच्चयिक रूप है।	मृदा शैल अपक्षय का परिणाम है।
2.	शैलों में जैव एवं अजैव दोनों तत्व पाये जाते हैं।	मृदा एक जैविक वस्तु है जिसमें ह्यूमस प्राप्त होता है।
3.	शैलों में कणों के आकार में पर्याप्त अन्तर होता है। बड़े से बड़ा टुकड़ा व छोटे कण सभी शैल कहलाते हैं।	मृदा के कण बारीक होते हैं और इसमें उपजाऊ शक्ति होती है।
4.	चट्टानों में पौधों के उगाने की क्षमता का होना आवश्यक नहीं है।	इसमें पौधों के पोषक तत्वों का होना आवश्यक है।
5.	शैलें धरातल तथा पृथ्वी के अन्दर गहराई तक प्राप्त हो सकती हैं।	मृदा एक धरातलीय पदार्थ है। इसकी गहराई शैल की अपेक्षा कम होती है।

स्मरणीय बिन्दु

- पृथ्वी के आन्तरिक भाग से उठने वाले बल तथा पृथ्वी की सतह पर उत्पन्न होने वाले बल धरातल को लगातार प्रभावित कर उसमें परिवर्तन लाते रहते हैं।
- अन्तर्जनित बल भू–आकृति निर्माण करने वाले बल हैं। ये धरातल पर पर्वत, पठार, मैदान आदि का निर्माण व विकास करते हैं।
- पटल विरूपिणी शक्तियां एवं ज्वालामुखी अन्तर्जनित भू–आकृतिक प्रक्रियाएं हैं और अपक्षय, वृहद्क्षरण, अपरदन तथा निक्षेपण बहिर्जनिक भू–आकृतिक प्रक्रियाएं है।
- प्रकृति के तत्व ढाल प्रवणता के कारण गतिशील होते हैं। प्रवाहित जल, भूमिगत जल, हिमनद, हवा, लहरें, धाराएं आदि कारक भू–आकृतियों का निर्माण करते हैं।
- पृथ्वी की अन्तर्जनित ऊर्जा भू–आकृतिक प्रक्रियाओं के लिए प्रमुख बल है। वे सभी प्रक्रियाएं जो धरातल को संचालित, उत्थापित तथा निर्मित करती हैं, पटल विरूपणी शक्ति के अन्तर्गत आती हैं।
- बहिर्जनिक प्रक्रियाएं अपनी ऊर्जा सूर्य द्वारा निर्धारित वायुमण्डलीय ऊर्जा एवं अन्तर्जनित शक्तियों से नियंत्रित विवर्तनिक कारकों से उत्पन्न प्रवणता से प्राप्त करती हैं।
- धरातल के पदार्थ गुरुत्वाकर्षण प्रतिबल के अतिरिक्त आण्विक प्रतिबलों से भी प्रभावित होते हैं। जो कि तापमान में परिवर्तन, क्रिस्टलन एवं पिघलन के द्वारा उत्पन्न होते हैं।
- बहिर्जनित भू–आकृतिक प्रक्रियाओं में अन्तर जलवायु के दो प्रमुख तत्वों–तापमान एवं वर्षण द्वारा नियंत्रित होता है।
- वनस्पति का घनत्व, प्रकार एवं वितरण प्रमुख रूप वर्षा एवं तापमान पर निर्भर करते हैं बहिर्जनिक भू–आकृतिक प्रक्रियाओं पर प्रत्यक्ष प्रभाव डालते हैं।
- जलवायवी कारकों के समान होने की स्थिति में बहिर्जनिक भू–आकृतिक प्रक्रियाओं के कार्यों की गहनता शैलों के प्रकार एवं संरचना पर निर्भर करती है।
- अपक्षय एक महत्वपूर्ण बहिर्जनिक प्रक्रिया है। अपक्षय के अन्तर्गत वायुमण्डलीय तत्वों के प्रति धरातल के पदार्थों की प्रक्रिया सम्मिलित है।

- अपक्षय प्रक्रियाओं के तीन मुख्य प्रकार है–(i) रासायनिक, (ii) भौतिक या यांत्रिक, (iii) जैविक।
- रासायनिक प्रक्रियाओं में विलयन, कार्बोनेशन, जलयोजन, ऑक्सीकरण एवं न्यूनीकरण आदि सम्मिलित हैं।
- अपक्षय की समस्त प्रक्रियाएं अन्तः सम्बन्धित होती हैं। जलयोजन, कार्बोनेशन एवं ऑक्सीकरण साथ–साथ चलकर अपक्षय प्रक्रिया में गति लाते है।
- भौतिक या यांत्रिक अपक्षय प्रक्रियाएं कुछ अनुप्रयुक्त बलों पर निर्भर करती हैं। इन बलों में गुरुत्वाकर्षण बल, विस्तारण बल तथा शुष्क व आर्द्र चक्रों से नियंत्रित जल का दबाव आदि प्रमुख हैं।
- चट्टानों की दरारों व रंध्रों के बार–बार हिमकरण एवं पिघलन चक्र की अवधि में हिमवृष्टि के कारण तुषार अपक्षय घटित होता है। यह प्रक्रिया मध्य अक्षांशों में ऊंचाई पर सर्वाधिक प्रभावी होती है।
- जैविक अपक्षय प्रक्रियाओं में जीव–जन्तुओं, वनस्पतियों एवं मानव को सम्मिलित किया जाता है।
- अपक्षय प्रक्रियाएं विशालकाय चट्टानों को न केवल तोड़ने तथा आवरण प्रस्तर व मृदा निर्माण के लिए मार्ग प्रशस्त करती हैं बल्कि अपरदन व वृहत संचलन के लिए भी उत्तरदायी है।
- वृहद् संचलन में शैलों का मलवा गुरुत्वाकर्षण के सीधे प्रभाव के कारण ढाल के अनुरूप स्थानान्तरित होने लगता है।
- वृहत संचलन की सक्रियता के कई कारक होते हैं जिनमें प्राकृतिक एवं कृत्रिम साधनों द्वारा ऊपर के पदार्थों के टिकने के आधार का हटाना, ढालों की प्रवणता एवं ऊंचाई में वृद्धि, पदार्थों का अतिभार, भारी वर्षा, भूकम्प, विस्फोट या मशीनों का कम्पन्न, अत्यधिक प्राकृतिक रिसाव आदि प्रमुख हैं।
- मंद संचलन में पदार्थों का संचलन इतना मंद होता है कि इसका आभास करना कठिन होता है और दीर्घकालिक पर्यवेक्षण से भी इसका आभास होता है।
- तीव्र संचलन आर्द्र जलवायु प्रदेशों में निम्न से लेकर तीव्र ढालों पर घटित होते हैं।
- भूस्खलन अपेक्षाकृत तीव्र एवं दिखाई देने योग्य संचलन हैं। इसमें स्थानान्तरित होने वाले पदार्थ अपेक्षाकृत शुष्क होते हैं।
- अपरदन के अन्तर्गत शैलों के विघटित मलबे एवं उसके परिवहन को सम्मिलित किया जाता है।
- धरातल के पदार्थों का अपरदन व परिवर्तन प्रवाही जल, पवन, हिमनद एवं भूमिगत जल आदि द्वारा सम्पन्न होता है।
- निक्षेपण अपरदन का परिणाम होता है। ढाल की कमी के कारण जल अपरदन के कारणों के वेग में कमी आ जाती है तो अवसादों का निक्षेपण प्रारम्भ हो जाता है।
- मृदा एक गतिशील माध्यम है जिसमें भौतिक, रासायनिक एवं जैविक क्रियाएं चलती रहती हैं। मृदा पर जलवायु दशाओं, भू–आकृतियों एवं वनस्पतियों का नियंत्रण होता है।
- मृदा निर्माण अपक्षय पर निर्भर करता है तथा अपक्षय जलवायु चट्टान निर्माणकारी पदार्थों की विशेषताओं एवं जीवों सहित कई कारकों के समुच्चय पर निर्भर करता है।

एन.सी.ई.आर.टी. पाठ्यपुस्तक भूगोल के प्रश्न (हल सहित)

बहुविकल्पीय प्रश्न

(i) निम्नलिखित मे से कौन–सी एक अनुक्रमिक प्रक्रिया है ?

(क) निक्षेपण (ख) ज्वालामुखीयता

(ग) पटल विरूपण (घ) अपरदन

(ii) जलयोजन प्रक्रिया निम्नलिखित पदार्थों में से किसे प्रभावित करती है?

(क) ग्रेनाइट (ख) क्वार्ट्ज

(ग) चीका (क्ले) मिट्टी (घ) लवण

(iii) मलवा अवधाव को किस श्रेणी में सम्मिलित किया जा सकता है?

(क) भूस्खलन

(ख) तीव्र प्रवाही वृहत् संचलन

(ग) मन्द प्रवाही वृहत् संचलन

(घ) अवतलन/धसकन

उत्तर–(i) (घ), (ii) (घ), (iii) (क)।

निम्नलिखित प्रश्नों के उत्तर लगभग 30 शब्दों में दीजिए।

(i) अपक्षय पृथ्वी पर जैव–विविधता के लिए उत्तरदायी है, कैसे ?

उत्तर–जैव विविधता पर अपक्षय का बहुत अधिक प्रभाव पड़ता है। जैव मात्रा एवं जैव विविधता वनस्पति द्वारा पूर्णतया प्रभावित होती है। अपक्षय द्वारा चट्टानों एवं खनिजों का स्थानान्तरण होता है तथा नई सतहों का निर्माण होता है। इससे रासायनिक प्रक्रिया द्वारा सतहों में नमी एवं वायु प्रवेश में सहायता मिलती है। इसके द्वारा मिट्टी में ह्यूमस, कार्बनिक एवं अम्लीय पदार्थों का प्रवेश होता है जिससे जैव विविधता प्रभावित होती है।

(ii) वृहत् संचलन जो वास्तविक, तीव्र एवं गोचर/अवगम्य हैं, वे क्या हैं ? सूचीबद्ध कीजिए।

उत्तर–पर्वतीय क्षेत्रों में गुरुत्वाकर्षण के कारण बहुत अधिक मात्रा में मलवा धरातल के अनुरूप स्थानान्तरित हो जाता है, इसे वृहत् संचलन कहा जाता है। वृहत् संचलन में असम्बद्ध कमजोर पदार्थ, छिछले संस्तर वाली शैलें, भ्रंश, तीव्र ढाल, मूसलाधार वर्षा तथा वनस्पति की कमी आदि इसके सहायक कारक हैं। वृहत् संचलन के दो प्रमुख प्रकार हैं–(i) मन्द संचलन, (ii) तीव्र संचलन।

(iii) विभिन्न गतिशील एवं शक्तिशाली बहिर्जनिक भू–आकृतिक कारक क्या हैं तथा वे क्या प्रधान कार्य सम्पन्न करते हैं ?

उत्तर–अपरदन के कारकों को गतिशील एवं शक्तिशाली बहिर्जनिक भू–आकृतिक कारकों में सम्मिलित किया जाता है। बहिर्जनिक भू–आकृतिक कारकों का प्रधान कार्य धरातल पर उत्पन्न विषमताओं को कम करना है। जैसे ही कोई भू–भाग ऊपर उठता है, अपक्षय तथा अपरदन की शक्तियां उस पर अपना कार्य करना प्रारम्भ कर देती हैं और अन्ततः उस भाग की विषमताओं में कमी आने लगती है। एक तरफ कटाव द्वारा ऊंचाई में कमी होती है और दूसरी ओर भराव (निक्षेपण) की क्रिया द्वारा निम्न भाग ऊपर उठता है। बहिर्जनिक भू–आकृतिक कारकों का प्रधान कार्य धरातलीय विषमताओं को कम करना है।

(iv) क्या मृदा निर्माण में अपक्षय एक आवश्यक अनिवार्यता है ?

उत्तर–मृदा निर्माण में अपक्षय की महत्वपूर्ण भूमिका होती है। अपक्षय को नियंत्रित करने वाले कारकों में जलवायु, चट्टानों की संरचना, उच्चावच

एवं जैविक तत्वों की महत्वपूर्ण भूमिका होती है। अपक्षय द्वारा प्राप्त चट्टान चूर्ण मृदा निर्माण का आधार है। वनस्पतियां एवं जीव–जन्तु तथा उनके अवशेष मिट्टियों में मूल उत्पादक तत्व ह्यूमस के आधार हैं। कि अपक्षय मृदा निर्माण के लिए मौलिक आधार के रूप में काम करता है।

निम्नलिखित प्रश्नों के उत्तर लगभग 150 शब्दों में दीजिए।

(i) "हमारी पृथ्वी भू–आकृतिक प्रक्रियाओं के दो विरोधात्मक वर्गों के खेल का मैदान है"। विवेचना कीजिए।

उत्तर–धरातल के निर्माण में दो प्रकार की शक्तियां कार्य करती हैं–

(i) अन्तर्जनिक शक्तियां तथा (ii) बहिर्जनित शक्तियां। अन्तर्जनित शक्तियां धरातल के नीचे गहराई से उत्पन्न होती हैं और बहुत ही मन्द गति से कार्य करती है। इनसे पर्वत निर्माण होता है तथा धरातल पर विषमताओं का सृजन होता है।

बहिर्जनित शक्तियां धरातल के ऊपर उत्पन्न होती हैं और अन्तर्जात बलों के ठीक विपरीत कार्य करती हैं अर्थात् उच्चावच को कम करने का प्रयास करती हैं। इस प्रकार बाह्य शक्तियों द्वारा धरातल की विषमताएं कम होती हैं। अतः इन शक्तियों को 'समतल स्थापक बल' भी कहा जाता है। दोनों शक्तियों के ये विपरीत कार्य तब तक बने रहते हैं जब तक कि अन्तर्जात एवं बहिर्जात बलों के विरोधात्मक कार्य चलते रहते हैं। अतः कहा जा सकता है कि पृथ्वी भू–आकृतिक प्रक्रियाओं के दो विरोधात्मक वर्गों के खेल का मैदान है।

(ii) "बहिर्जनिक भू–आकृतिक प्रक्रियाएं अपनी अन्तिम ऊर्जा सूर्य की गर्मी से प्राप्त करती हैं।" व्याख्या कीजिए।

उत्तर–पृथ्वी के धरातल पर उत्पन्न होने वाली शक्तियों को बहिर्जनित शक्तियां कहते हैं। इन शक्तियों की उत्पत्ति प्रत्यक्ष एवं अप्रत्यक्ष रूप से सूर्य द्वारा निर्धारित वायुमण्डलीय ऊर्जा एवं अन्तर्जनित शक्तियों से नियंत्रित कारकों से उत्पन्न प्रवणता से होती है। विभिन्न तापमण्डलों में जलवायु तत्वों की विभिन्नता के कारण अनेक जलवायु प्रदेशों का निर्माण होता है, जिसमें तापक्रम एवं वर्षण में पर्याप्त विभिन्नता मिलती है। इन जलवायु तत्वों की भिन्नता के कारण धरातल पर विभिन्न क्षेत्रों में रासायनिक, भौतिक एवं जैविक प्रक्रियाओं में भी भिन्नता मिलती है। जिससे विभिन्न क्षेत्रों में भू–आकृतिक प्रक्रियाएं गतिशील होती हैं।

पृथ्वी के धरातल पर तापीय प्रवणता के कारण ही विभिन्न जलवायु प्रदेश निर्मित होते हैं जो कि अक्षांशीय, मौसमी एवं जल–थल के विस्तार में विभिन्नता के कारण उत्पन्न होते हैं। वनस्पति का घनत्व, प्रकार एवं वितरण मुख्यतः तापक्रम द्वारा निर्धारित होता है जो बहिर्जनिक भू–आकृतिक प्रक्रियाओं पर अप्रत्यक्ष प्रभाव डालते हैं। ऊंचाई, सूर्य के अभिमुख ढाल आदि के कारण सूर्यातप की प्राप्ति में भिन्नता मिलती है। इसके साथ ही वायु वेग एवं दिशा, वर्षण की मात्रा एवं प्रकार, वर्षण एवं वाष्पीकरण में सम्बन्ध, तापक्रम में दैनिक परिवर्तन, हिमकरण एवं पिघलन की आवृत्ति, तुषार आदि में अन्तर के कारण किसी भी जलवायु प्रदेश में भू–आकृतिक प्रक्रियाओं में भिन्नता मिलती है।

इस प्रकार बहिर्जनिक भू–आकृतिक प्रक्रियाएं अपनी अन्तिम ऊर्जा सूर्यातप से ही प्राप्त करके संचलित होती हैं।

(iii) क्या भौतिक एवं रासायनिक अपक्षय प्रक्रियाएं एक–दूसरे से स्वतंत्र हैं ? यदि नहीं, तो क्यों ? सोदाहरण व्याख्या कीजिए।

उत्तर–अपक्षय के अन्तर्गत चट्टानों के कमजोर होने का कार्य दो प्रकार से होता है–(1) यांत्रिक विखण्डन द्वारा, (2) रासायनिक वियोजन द्वारा। भौतिक कारकों–तापक्रम, वर्षा, दबाव आदि के द्वारा चट्टानों के कमजोर पड़ने की प्रक्रिया को विघटन कहते हैं। इस प्रकार के अपक्षय को भौतिक अपक्षय कहा जाता है। रासायनिक प्रक्रियाओं–ऑक्सीकरण, कार्बोनेशन, जलयोजन आदि द्वारा चट्टानों के कमजोर होने की प्रक्रिया को रासायनिक वियोजन कहते हैं। इस प्रकार के अपक्षय को रासायनिक अपक्षय भी कहा जाता है।

दोनों प्रकार के अपक्षय एक–दूसरे से स्वतंत्र नहीं है। भौतिक एवं रासायनिक अपक्षय में भाग लेने वाले कारकों के प्रभावों को एक–दूसरे से अलग नहीं किया जा सकता है। उदाहरण के लिए, तापमान जो भौतिक अपक्षय में महत्वपूर्ण भूमिका निभाता है जिसके कारण चट्टानों का विस्तारण एवं संकुचन होता है और चट्टानें कमजोर होती हैं, चट्टानों की रासायनिक संरचना द्वारा पूर्णतया प्रभावित होता है। जब तक वह चट्टानों की रासायनिक संरचना के साथ अभिक्रिया नहीं करता, सक्रिय नहीं हो सकता। इसी प्रकार जल भी किसी चट्टान से तब तक अभिक्रिया नहीं करेगा जब तक कि उसे ताप या दाब के कारण ऊष्मा की प्राप्ति नहीं होती। उष्ण कटिबन्धीय जलवायु प्रदेशों में जहां वर्षभर तापमान अधिक होता है वहां रासायनिक अपक्षय ज्यादा क्रियाशील रहता है।

इस प्रकार भौतिक एवं रासायनिक अपक्षय एक–दूसरे से स्वतंत्र नहीं हैं।

(iv) आप किस प्रकार मृदा निर्माण प्रक्रियाओं तथा मृदा कारकों के बीच अन्तर ज्ञात करते हैं? जलवायु एवं जैविक क्रियाओं की मृदा निर्माण में दो महत्वपूर्ण कारकों के रूप में क्या भूमिका है ?

उत्तर–अपक्षय से प्राप्त मृदा, मृदा निर्माण का मूल स्रोत है। अपक्षय की क्रिया द्वारा प्राप्त पदार्थों का परिवहन एवं निक्षेपण होता है तत्पश्चात् उसमें बैक्टीरिया एवं अन्य छोटे पौधों का उपनिवेश होता है। इन पदार्थों के अवशेष कालान्तर में मिट्टी में ह्यूमस की मात्रा को बढ़ाते हैं। जीव–जन्तुओं तथा वायु द्वारा लाये गये विभिन्न प्रकार के पौधों के बीज मिट्टी में वनस्पति की वृद्धि करते हैं। बिल बनाने वाले जीव–जन्तु मिट्टी का स्थानान्तरण करते हैं। इस प्रकार उक्त प्रक्रिया द्वारा मिट्टी का निर्माण सम्पन्न होता है।

मिट्टी निर्माण प्रक्रियाओं से अभिप्राय उन माध्यमों या तत्वों से है जो मिट्टी में पहुंचकर उसकी उत्पादन क्षमता को बढ़ाते हैं और उसमें पोषण का गुण उत्पन्न करते हैं। जबकि मिट्टी निर्माण कारकों में उन तत्वों को सम्मिलित किया जाता है जो मिट्टी निर्माण के आवश्यक तत्वों का सृजन करने में सहायक होते हैं। इस प्रकार मिट्टी निर्माण का कार्य कारकों एवं प्रक्रिया पर संयुक्त रूप से निर्भर करता है।

मृदा निर्माण में जलवायु एवं जैविक कारकों की भूमिका–जलवायु मृदा निर्माण प्रक्रियाओं को नियंत्रित करती है। जलवायु की भिन्नता के आधार ही पॉडजला, कैल्सियम युक्त तथा लैटेराइट मिट्टियों का निर्माण होता है। जलवायु कारकों में प्रवणता, वर्षा एवं वाष्पीकरण की बारम्बारता व अवधि तथा आर्द्रता, तापक्रम में दैनिक एवं मौसमी भिन्नता आदि महत्वपूर्ण हैं।

विभिन्न जैविक कारक अपने कार्यों द्वारा मिट्टी की उत्पादकता को बढ़ाने में अपनी महत्वपूर्ण भूमिका निभाते हैं। जैव पदार्थ मिट्टियों में नमी धारण क्षमता तथा नाइट्रोजन की मात्रा को बढ़ाते हैं। मिट्टी में कुछ आवश्यक खनिज जीवों द्वारा ही प्राप्त होते हैं। जीव–जन्तु मिट्टियों में नाइट्रोजन निर्धारण करते हैं। इस प्रकार मिट्टी निर्माण में जलवायु तथा जैविक तत्वों की महत्वपूर्ण भूमिका होती है।

अभ्यासार्थ प्रश्न

बहुविकल्पीय प्रश्न

1. निम्नलिखित में अन्तर्जनिक बल है ?
(अ) पर्वत निर्माणकारी बल
(ब) चट्टानों का विघटन
(स) चट्टानों का वियोजन
(द) उपर्युक्त में से कोई नहीं

2. कौन–सा बल भू–आकृति का निर्माण करने के लिए उत्तरदायी है ?
(अ) अन्तर्जनिक बल (ब) बहिर्जनिक बल
(स) उपर्युक्त दोनों (द) इनमें से कोई नहीं

3. कौन–सी प्रक्रिया रासायनिक अपक्षय की प्रक्रिया नहीं है ?
(अ) ऑक्सीकरण (ब) कार्बोनेशन
(स) जलयोजन (द) हिमकरण एवं पिघलन

4. निम्नलिखित में से कौन–सा अपरदन का कार्य नहीं, परिणाम है?
(अ) अपरदन (ब) परिवहन
(स) विस्थापन (द) निक्षेपण

5. मृदा निर्माण में कौन–सा महत्वपूर्ण सक्रिय कारक है ?
(अ) मूल चट्टान (ब) जलवायु
(स) उच्चावच (द) कालावधि

[**उत्तर**–1. (अ) 2. (अ) 3. (द) 4. (द) 5. (ब)।]

अति लघु उत्तरीय प्रश्न

1. पृथ्वी की बाह्य सतह में अन्तर के लिए कौन–सा कारक उत्तरदायी है ?
उत्तर–भूपर्पटी का निर्माण करने वाले पृथ्वी के भीतर सक्रिय आन्तरिक बलों में पाया जाने वाला अन्तर ही पृथ्वी की बाह्य सतह के लिए उत्तरदायी है।

2. भू–पर्पटी का निर्माण करने वाले प्रमुख बलों के नाम लिखिए।
उत्तर–(i) अन्तर्जनित बल, (ii) बहिर्जनिक बल।

3. बहिर्जनिक बल से आप क्या समझते हैं ?
उत्तर–पृथ्वी की सतह पर उत्पन्न होने वाला या कार्य करने वाला बल बहिर्जनिक बल या बहिर्जात प्रक्रियाएं कहलाता है।

4. अन्तर्जनित बल क्या है ?
उत्तर–पृथ्वी के आन्तरिक भाग से उठने वाले बल को अन्तर्जनित बल या अन्तर्जात प्रक्रियाएं कहते हैं।

5. तल सन्तुलन किसे कहते हैं ?
उत्तर–धरातल पर अपरदन के माध्यम से उच्चावच के मध्य अन्तर के कम होने को तल सन्तुलन कहते हैं।

6. भू–आकृतिक प्रक्रियाओं से आप क्या समझते हैं ?
उत्तर–धरातल के पदार्थों पर अन्तर्जनिक एवं बहिर्जनिक बलों द्वारा भौतिक दबाव तथा रासायनिक क्रियाओं के कारण भूतल के विन्यास में परिवर्तन को भू–आकृतिक प्रक्रियाएं कहते हैं।

7. अन्तर्जनिक भू–आकृतिक प्रक्रियाओं का नामोल्लेख कीजिए।
उत्तर–(i) पटल विरूपण, (ii) ज्वालामुखीयता।

8. संचलन किस प्रकार घटित होते हैं ?
उत्तर–संचलन प्रवणता के कारण ही घटित होते हैं। ये ऊंचे स्तर से नीचे स्तर की ओर तथा उच्च वायुदाब क्षेत्र में निम्न वायुदाब क्षेत्र की ओर घटित होते हैं।

9. भू–आकृतिक कारक कौन–कौन से हैं ?
उत्तर–(i) प्रवाह युक्त जल, (ii) भूमिगत जल, (iii) हिमानी, (iv) वायु, (v) लहरें, (vi) धाराएं।

10. पृथ्वी के अन्दर की ऊर्जा किस प्रकार उत्पन्न होती है ?
उत्तर–पृथ्वी के अन्दर की ऊर्जा अधिकांशः रेडियोधर्मी क्रियाओं, घूर्णन एवं ज्वारीय घर्षण तथा पृथ्वी से जुड़ी ऊष्मा द्वारा उत्पन्न होती है।

11. विवर्तनिक द्वारा नियंत्रित मूल भूपर्पटी की सतह असमतल क्यों होती है ?
उत्तर–अंतर्जनित बलों के कार्य समान नहीं होते फलस्वरूप विवर्तनिक द्वारा नियंत्रित मूल भू–पर्पटी की सतह असमतल होती है।

12. विभंग का आशय स्पष्ट कीजिए।
उत्तर–अन्तर्जनिक बलों द्वारा उत्पन्न क्षैतिज संचलन के कारण तनाव की शक्ति कुछ प्रबल होती है तो चट्टानों के स्तरों में स्थानान्तरण होने लगता है। इसे विभंग कहते हैं।

13. प्रतिबल क्या है ?
उत्तर–प्रति इकाई क्षेत्र पर अनप्रयुक्त बल को प्रतिबल कहते हैं।

14. ठोस पदार्थों में प्रतिबल कैसे उत्पन्न होता है ?
उत्तर–ठोस पदार्थों में प्रतिबल धक्का एवं खिंचाव से उत्पन्न होता है।

15. अनाच्छादन में कौन–कौन–सी प्रक्रियाएं सम्मिलित की जाती हैं ?
उत्तर–अनाच्छादन के अन्तर्गत अपक्षय, वृहत् क्षरण, संचलन, अपरदन तथा परिवर्तन आदि प्रक्रियाएं सम्मिलित की जाती हैं।

16. अपक्षय किसे कहते हैं ?
उत्तर–मौसम की विभिन्न स्थैतिक शक्तियों द्वारा चट्टान के टूटने–फूटने की क्रिया को अपक्षय कहते हैं।

17. अपक्षय कितने प्रकार का होता है ?
उत्तर–(i) भौतिक या यांत्रिक अपक्षय, (ii) रासायनिक अपक्षय, (iii) जैविक अपक्षय।

18. घोल किसे कहते हैं ?
उत्तर–जब कोई वस्तु, जल या अम्ल (Acid) में घुल जाती है तो घुलित तत्वों के अम्ल को घोल कहते हैं।

19. जलयोजन क्या है ?
उत्तर–चट्टानों के खनिजों द्वारा जल के अवशोषण की क्रिया को जलयोजन कहते हैं। इस क्रिया द्वारा खनिजों के आयतन में वृद्धि हो जाती है और जिससे उनमें उत्पन्न तनाव द्वारा वे टूट जाते हैं।

20. कार्बोनेशन क्या है ?
उत्तर–कार्बोनेट एवं बाई कार्बोनेट की खनिजों से प्रतिक्रिया का प्रतिफल कार्बोनेशन कहलाता है।

21. अपशल्कन गुम्बद का आशय स्पष्ट कीजिए।
उत्तर–दबाव मुक्त होने के कारण विस्तारण से उत्पन्न अपशल्कन चादरों का क्षैतिज विस्तार सैकड़ों व हजारों मीटर तक हो सकता है। इसके फलस्वरूप निर्मित बड़े, चिकने गोलाकार गुम्बद को अपशल्कन गुम्बद कहते हैं।

22. ऑक्सीकरण को स्पष्ट कीजिए।
उत्तर–ऑक्साइड या हाइड्रोऑक्साइड के निर्माण के लिए खनिज एवं ऑक्सीजन का संयोग ऑक्सीकरण कहलाता है।

23. न्यूनीकरण क्रिया से क्या अभिप्राय है ?
उत्तर–जहां ऑक्सीजन का अभाव होता है, वहां दूसरी रासायनिक अपक्षय प्रक्रिया शुरू हो जाती है जिसे न्यूनीकरण क्रिया कहते हैं।

24. तुषार वेजिंग क्या है ?
उत्तर–जैसे ही जल जमता है, उसके आयतन में प्रसार होता है, इसके कारण शैल में जो बल उत्पन्न होता है, उसे तुषार वेजिंग कहते है।

25. वृहत् संचलन के बारे में आप क्या जानते हैं ?
उत्तर–पर्वतीय क्षेत्रों में गुरुत्वाकर्षण द्वारा असंगठित चट्टानें लुढ़ककर नीचे आ जाती हैं। इस क्रिया को वृहत् संचलन या वृहत् क्षरण कहते हैं।

26. वृहत् संचलन के प्रकार बताइए।
उत्तर–(i) मंद संचलन, (ii) तीव्र संचलन।

27. मलवा अवधाव क्या है ?
उत्तर–गुरुत्वाकर्षण के प्रभाव से ऊंचे भागों से हिम या मलवे का नीचे आना अवधाव कहलाता है।

28. तीव्र संचलन कितने प्रकार का होता है ?
उत्तर–(i) मृदा प्रवाह, (ii) कीचड़ प्रवाह, (iii) मलवा अवधाव।

29. भू–स्खलन क्या है ?
उत्तर–शैल के ढेर का गुरुत्व प्रभाव से नीचे की ओर खिसकना भूस्खलन कहलाता है।

30. भारत में मलवा अवधाव की घटनाएं किस क्षेत्र में अधिक होती हैं ?
उत्तर–हिमालयी क्षेत्र में।

31. शैल पतन किसे कहते हैं ?
उत्तर–शैल खण्डों का ढाल से दूरी रखते हुए स्वतंत्र रूप से गिरना शैल पतन कहलाता है।

32. मृदा क्या है ?
उत्तर–मृदा धरातल पर प्राकृतिक तत्वों का समुच्चय है जिसमें जीवित पदार्थ तथा पौधों को पोषित करने की क्षमता होती है।

33. मृदा के विकास में संलग्न जलवायवीय तत्वों का नामोल्लेख कीजिए।
उत्तर–(i) प्रवणता, वर्षा एवं वाष्पीकरण की बारम्बारता व अवधि तथा आर्द्रता।
(ii) तापक्रम में मौसमी तथा दैनिक भिन्नता।

लघु उत्तरीय प्रश्न

1. भू–आकृतिक प्रक्रिया और भू–आकृतिक कारक में अंतर स्पष्ट कीजिए।
2. पटल विरूपण के अन्तर्गत कौन–कौन सी प्रक्रियाएं सम्मिलित होती हैं ? संक्षिप्त विवरण प्रस्तुत कीजिए।
3. यान्त्रिक विखण्डन व रासायनिक वियोजन में अंतर स्पष्ट कीजिए।
4. अपक्षय को स्पष्ट करते हुए इसके कारकों का उल्लेख कीजिए।
5. रासायनिक अपक्षय से संबंधित संक्षिप्त विवरण प्रस्तुत कीजिए।
7. 'कार्बोनेशन' से आप क्या समझते हैं ? संक्षेप में समझाइए।
8. 'ऑक्सीकरण' से आप क्या समझते हैं ?
9. मृदा प्रवाह एवं कीचड़ प्रवाह में अंतर स्पष्ट कीजिए।
10. अपरदन को समझाते हुए इसके प्रमुख कारकों का उल्लेख कीजिए।
11. मिट्टी के निर्माण में मूल पदार्थों का योगदान स्पष्ट कीजिए।
12. प्रतिबल को समझाते हुए इसके प्रकारों का उल्लेख कीजिए।
13. 'अनाच्छादन' से आप क्या समझते हैं ?
14. भौतिक अपक्षय की प्रक्रियाओं को संक्षेप में समझाइए।
15. अपक्षय के महत्व का उल्लेख कीजिए।
16. वृहत् संचलन की सक्रियता के प्रमुख कारकों का संक्षिप्त विवरण प्रस्तुत कीजिए।
17. वृहत् संचलन एवं अपरदन में अंतर स्पष्ट कीजिए।
18. मृदा निर्माण के प्रमुख कारकों का उल्लेख कीजिए।
19. शैल एवं मृदा में अन्तर स्पष्ट कीजिए।

विस्तृत उत्तरीय प्रश्न

1. अपक्षय को परिभाषित करते हुए भौतिक या यांत्रिक अपक्षय को विस्तारपूर्वक समझाइए।
या
अपक्षय क्या है ? भौतिक अपक्षय की प्रामाणिक समीक्षा कीजिए।

2. रासायनिक अपक्षय को समझाते हुए इसके विविध प्रकारों का उल्लेख कीजिए।
या
'रासायनिक अपक्षय' क्या है ? यह कितने चरणों में सम्पन्न होता है ?

3. जैविक अपक्षय को समझाते हुए इसके विभिन्न कारकों का उल्लेख कीजिए।
या
'जैविक अपक्षय' से आप क्या समझते हैं ? जैविक अपक्षय की क्रिया के महत्वपूर्ण कारकों का उल्लेख कीजिए।

4. वृहत् संचलन के कारकों को विस्तारपूर्वक समझाइए।
या
वृहत संचलन से आप क्या समझते हैं ? इसमें किन–किन कारकों की भूमिका महत्वपूर्ण होती है। विस्तृत विवरण प्रस्तुत कीजिए।

5. अपरदन व निक्षेपण की प्रक्रियाओं का आलोचनात्मक परीक्षण कीजिए।
या
अपरदन व निक्षेपण में अंतर स्पष्ट करते हुए प्रत्येक की सारगर्भित समीक्षा प्रस्तुत कीजिए।

6. मृदा निर्माण में महत्वपूर्ण भूमिका का निर्वहन करने वाले कारकों को विस्तार से समझाइए।
या
मृदा क्या है ? मृदा को निर्मित करने वाले अवयवों का विस्तृत विवरण प्रस्तुत कीजिए।

7 भू-आकृतियां तथा उनका विकास

भू-आकृति

सामान्यतया छोटे से मध्यम आकार के भूखण्ड भू-आकृति कहलाते हैं। पृथ्वी के धरातल का निर्माण करने वाले पदार्थों पर अपक्षय की प्रक्रिया के बाद भू-आकृतिक कारक यथा-प्रवाहित जल, भूमिगत जल, वायु, हिमनद एवं तरंग अपरदन का कार्य करते हैं।

बहुत सी संबंधित भू-आकृतियां मिलकर भूदृश्य बनाती हैं, जो भूतल के विस्तृत हिस्से हैं। प्रत्येक भू-आकृति की अपनी भौतिक आकृति, आकार व पदार्थ होते हैं जो कि कुछ भू-प्रक्रियाओं और उनके कारकों द्वारा निर्मित हैं। अधिकतर भू-आकृतिक प्रक्रियाएं धीमी गति से कार्य करती हैं और इसी कारण उनके आकार बनने में लंबा समय लगता है। प्रत्येक भू-आकृति का एक प्रारंभ होता है। भू-आकृतियों के एक बार बनने के बाद उनके आकार, आकृति व प्रकृति में परिवर्तन आता है जो भू-आकृतिक प्रक्रियाओं व कार्यकर्त्ताओं के लगातार धीमें या तेज गति के कारण होता है।

भू-आकृति : विकास के विभिन्न चरण

भू-आकृति का विकास एकाएक न होकर विभिन्न चरणों में सम्पन्न हुआ है। इस तथ्य को हम निम्नलिखित विवरण से समझ सकते हैं-

(क) भू-आकृतियों का रूपांतरण-जलवायु संबंधी बदलाव व वायुराशियों के ऊर्ध्वाधर अथवा क्षैतिज संचलन के कारण, भू-आकृतिक प्रक्रियाओं की गहनता से या स्वयं ये प्रक्रियाएं स्वयं परिवर्तित हो जाती हैं जिनसे भू-आकृतियां रूपांतरित होती हैं। विकास का यहां अर्थ भूतल के एक भाग में एक भू-आकृति का दूसरी भू-आकृति में या एक भू-आकृति के एक रूप से दूसरे रूप में परिवर्तित होने की अवस्थाओं से है। इसका अर्थ यह है कि प्रत्येक भू-आकृति के विकास का एक इतिहास है और समय के साथ उसका परिवर्तन हुआ है। एक स्थलरूप विकास की अवस्थाओं से गुजरता है जिसकी तुलना जीवन की अवस्थाओं-युवावस्था, प्रौढ़ावस्था तथा वृद्धावस्था से की जा सकती है।

(ख) अपरदनकारी व निक्षेपणकारी कारकों की भूमिका-भूतल पर परिवर्तन अनेक भू-आकृतिक कारकों के द्वारा किए गये अपरदन से होता है। निक्षेपण प्रक्रिया भी बेसिनों, घाटियों व निचले स्थलरूपों को भर कर धरातलीय स्वरूप को परिवर्तित करती है। अपरदन के बाद निक्षेपण होता है और निक्षेपित तल भी फिर से अपरदित होते हैं। प्रवाहित जल, भूमिगत जल, हिमनद, पवनें व तरंगें प्रबल अपरनदकारी व निक्षेपणकारी कारक हैं जिनके साथ अपक्षय व बृहत् क्षरण भी सहायक होकर भूतल को आकार देते हैं और बदलते हैं। ये भू-आकृतिक कारक लंबे समय तक कार्य करते हुए क्रमबद्ध (Systematic) बदलाव लाते हैं जिसके परिणामस्वरूप स्थलरूपों का अनुक्रमिक (Sequential) विकास होता है। प्रत्येक भू-आकृतिक कारक एक विशेष प्रकार का स्थलरूप समुच्चय (Assemblage) बनाता है। यही नहीं, प्रत्येक प्रक्रिया व कारक अपने द्वारा बनाए गए स्थलरूपों पर अपनी एक अनोखी छाप छोड़ते हैं।

(ग) विभिन्न स्थल रूप एवं नियंत्रक-भू-आकृतिक कारक अपरदन व निक्षेपण में सक्षम होते हैं, अतः अपरदित तथा निक्षेपित-दो प्रकार के स्थलरूपों का निर्माण होता है। प्रत्येक कारक द्वारा कई प्रकार के स्थलरूप विकसित होते हैं, जो चट्टानों की संरचना तथा प्रकार; जैसे मोड़, जोड़, विभंग, कठोरता, कोमलता, पारगम्यता तथा अपारगम्यता भ्रंश, दरार, जोड़ आदि पर निर्भर करते हैं। कुछ अन्य स्वतंत्र नियंत्रक भी हैं जैसे (i) समुद्र तल का स्थायित्व, (ii) भूतल का विवर्तनाक स्वरूप (iii) जलवायु-जो स्थलरूपों के विकास को प्रभावित करते हैं। इन तीनों नियंत्रक कारकों में से किसी में व्यवधान आने के कारण भी स्थलरूपों का क्रमबद्ध एवं अनुक्रमिक विकास को बाधित कर सकता है।

भू-आकृतियों के विकास से सम्बद्ध विभिन्न वस्तु-स्थितियां

भू-आकृतियों का विकास विभिन्न भौगोलिक वस्तुस्थितियों का सामूहिक परिणाम है। इन वस्तु-स्थितियों में नदी (प्रवाहित जल), भौमजल (भूमिगत जल), हिमानी (हिमनद), लहरें और पवन आदि सम्मिलित हैं। धरातल/पृथ्वी पर विद्यमान विभिन्न भू-आकृतियों को समझने के लिए इनको तथा इनकी क्रियाओं को समझना अत्यंत आवश्यक है। इनका संदर्भगता वर्णन निम्नलिखित है-

1. (क) नदी (प्रवाहित जल) के कार्य-नदियां अपरदन की महत्वपूर्ण कारक हैं। इनके साथ प्रवाहित बड़े-बड़े शिलाखण्ड यंत्र की भांति कार्य करते हैं। इन्हीं की सहायता से नदी अपरदन का कार्य करती है। प्रवाहित जल का अपरदन व परिवहन शक्ति ढाल प्रवणता, जल की मात्रा एवं उसके साथ प्रवाहित अपक्षयित पदार्थों की मात्रा पर निर्भर करता है।

नदी के अपरदन कार्यों को निम्नलिखित भागों में विभक्त किया गया है-

(i) नदी का अपरदनात्मक कार्य-नदी का अपरदनात्मक कार्य युवावस्था में सर्वाधिक होता है। इस अवस्था में ढाल प्रवणता अधिक होने के कारण नदी अपनी घाटियों को गहरा करती जाती है। पृष्ठ अपरदन के द्वारा नदी की लम्बाई बढ़ती जाती है। नदी-अपरदन, जलप्रपात का निर्माण, V आकार की घाटी की रचना आदि युवावस्था के अपरदनात्मक स्थलरूप हैं। प्रौढ़ावस्था में नदी पार्श्व अपरदन करती है जिससे घाटी चौड़ी होती जाती है। नदी के अपरदन कार्य में घोलीकरण, अपघर्षण, सन्निघर्षण तथा जलगति क्रियाएं महत्वपूर्ण होती हैं।

(ii) नदी का परिवहन कार्य-नदी का परिवहन कार्य ढाल प्रवणता तथा जल की मात्रा पर निर्भर करता है। नदियां प्रारम्भिक अवस्था में ढाल अधिक होने के कारण अधिक परिवहन करने में सक्षम होती हैं। मैदानी भागों में ढाल मन्द होने के कारण परिवहन कार्य बहुत कम होता है।

(iii) नदी का निक्षेपणात्मक कार्य-मैदानी भागों में ढाल की कमी तथा परिवहित पदार्थों की मात्रा अधिक होने के कारण नदियां उनको आगे ले जाने में असमर्थ होती हैं। फलस्वरूप, उन पदार्थों को तली में अथवा पार्श्वों में जमा करना प्रारम्भ कर देती हैं। नदी के निक्षेपण कार्य द्वारा बाढ़ के मैदान एवं डेल्टाओं का निर्माण होता है।

(ख) नदी की विभिन्न अवस्थाएं-अपने उद्भव स्थान से लेकर अंतिम छोर तक नदी अनेकानेक कार्यों को पूर्ण करती है। उल्लेखनीय तथ्य यह है कि नदी का बहाव पहले तेज, बाद में मध्यम व अंत में बिल्कुल कम होता है। ऐसी स्थिति में इसके जल प्रवाह को निम्नलिखित भागों में विभक्त कर समझा जा सकता है-

(i) युवावस्था-इस अवस्था में नदियों की संख्या बहुत कम होती है ये नदियां उथली V आकार की घाटी का निर्माण करती हैं जिनमें बाढ़ के मैदान लगभग अनुपस्थित या संकरें बाढ़ मैदान मुख्य नदी के साथ-साथ पाए जाते हैं।

जल विभाजक अत्यधिक विस्तृत (चौड़े) तथा समतल होते हैं, जिनमें दलदल एवं झीलें होती हैं। इन ऊंचे समतल धरातल पर नदी विसर्प विकसित हो जाते हैं। ये विसर्प अंततः ऊंचे धरातलों में परिवर्तित हो जाते हैं। जहां अनावरित कठोर चट्टानें पाई जाती हैं। वहां जलप्रपात व क्षिप्रिकाएं बन जाते हैं।

(ii) **प्रौढ़ावस्था**—इस अवस्था में नदियों में जल की मात्रा अधिक होती है और सहायक नदियां भी इसमें आकार मिलती हैं। नदी घाटियां V आकार की होने के साथ–साथ गहरी होती हैं। मुख्यः नदी के व्यापक और विस्तृत होने से विस्तृत बाढ़ के मैदान पाए जाते हैं जिसमें घाटी के भीतर ही नदी विसर्प बनाती हुई प्रवाहित होती है। युवावस्था मे निर्मित समतल, विस्तृत व अंतर नदीय दलदली क्षेत्र लुप्त हो जाते हैं और नदी विभाजन स्पष्ट होते हैं। जलप्रपात व क्षिप्रिकाएं समाप्त अथवा लुप्त हो जाती हैं।

(iii) **वृद्धावस्था**—वृद्धावस्था में छोटी सहायक नदियां कम होती हैं और ढाल मंद होता है। नदियां स्वतंत्र रूप से विस्तृत बाढ़ के मैदानों में बहती हुई नदी विसर्प, प्राकृतिक तटबंध, गोखुर झील आदि का निर्माण करती हैं। विभाजक विस्तृत और समतल होते हैं जिनमें झील, दलदल पाये जाते हैं। अधिकतर भूदृश्य समुद्रतल के बराबर अथवा थोड़े ऊंचे होते हैं।

(ग) नदी की युवावस्था : निर्मित विभिन्न स्थल रूप—इस अवस्था में नदियां मुख्य रूप से अपरदन का कार्य करती हैं। नदियों में जल की मात्रा कम होती है किन्तु ढाल की अधिकता के कारण वेग बहुत अधिक होता है। इस अवस्था में नदियां लम्बवत् अपरदन द्वारा घाटियों को गहरा करती जाती हैं। इस अवस्था में निम्न स्थलरूपी का निर्माण होता है—

(i) **'वी' आकार की घाटी**—पर्वतीय भागों में नदियां निम्न कटाव करती हैं जिससे घाटी की गहराई बढ़ती जाती है जिसके दोनों पार्श्व उत्तल होते हैं। इस प्रकार की घाटी को V 'वी' आकर की घाटी कहते हैं। इसे कन्दरा भी कहा जाता है। 'वी' आकार की घाटियां परिवर्तित होकर गार्ज एवं कैनियन का निर्माण करती हैं।

चित्र—V आकार की घाटी

(ii) **जल गर्तिका**—जल में मिले हुए कंकड़, पत्थर अपने अपरदन कार्यों द्वारा नदी मार्ग में छोटे–छोटे गड्ढों का निर्माण करते हैं जिन्हें 'जलगर्तिका' कहा जाता है।

(iii) **जलप्रपात**—नदी के मार्ग में जब चट्टानों की क्षैतिज परतें कठोर तथा कोमल चट्टानों के क्रम में बिछी होती हैं तो जल अपने अपरदन कार्यों द्वारा कोमल चट्टानों को काट देता है तथा खड़े ढाल का निर्माण कर ऊपर से नीचे अत्यधिक वेग से गिरता है इसे 'जलप्रपात' कहते हैं।

चित्र—जलप्रपात

(iv) **क्षिप्रिका**—नदी के जिस भाग में जलधारा का प्रवाह साधारण वेग से अधिक होता है और वह सीढ़ीनुमा सपाट ढाल के साथ प्रवाहित होता है, उसे क्षिप्रिका कहते हैं।

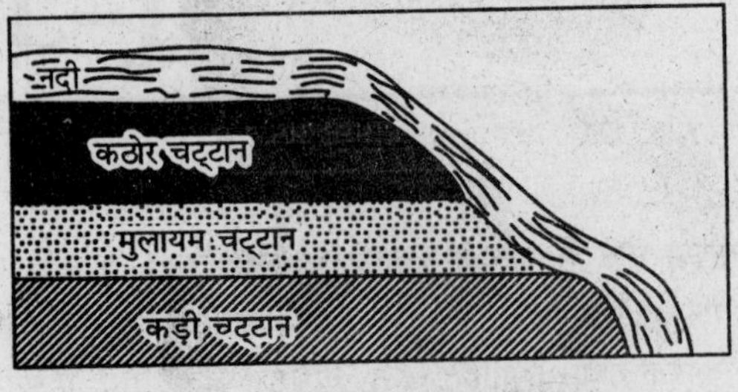

चित्र—क्षिप्रिका

(v) नदी वेदिका—जब नदी में पुनर्यौवन की अवस्था आ जाती है तो नदी अपनी घाटी को पुनः गहरा करने लगती है। अतः अपनी पुरानी चौड़ी घाटी के अन्तर्गत नवीन एवं संकरी घाटी का निर्माण करने लगती है जिनका आकार सीढ़ीनुमा होता है। इसे नदी वेदिका कहते हैं।

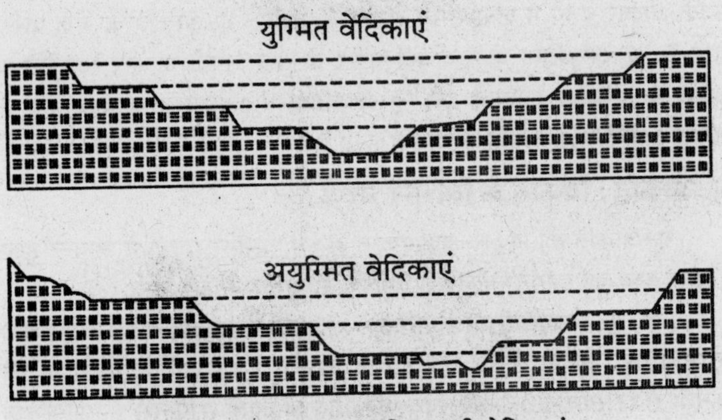

चित्र—युग्मित तथा अयुग्मिद नदी वेदिकाएं

(vi) **संचनात्मक सोपान**—नदी कोमल चट्टानों को शीघ्र काट देती है। इस प्रकार के अपरदन के कारण नदी घाटी के दोनों ओर सोपानाकार सीढ़ियों का निर्माण होने लगता है। सोपानाकार आकृति को संरचनात्मक सोपान कहते हैं।

(घ) नदी : निक्षेपणात्मक कार्य एवं सम्वद्ध विभिन्न स्थलाकृतियां— नदी के वेग के मन्द पड़ जाने के कारण उसकी भार वहन करने की क्षमता भी कम हो जाती है जिसके परिणामस्वरूप नदी की तलहटी तथा किनारों पर नदी के जलोढ़कों तथा तलघट के जमाव होने लगते हैं। इन अवसादों के निक्षेप में नदी पहले मोटे पदार्थों तथा अन्त में महीन पदार्थों का जमाव करती है। इन निक्षेपित पदार्थों से निम्नलिखित स्थलाकृतियां निर्मित होती हैं—

(i) **जलोढ़ शंकु**—नदी जब मैदान में प्रवेश करती है तो वह सर्वप्रथम भारी पदार्थों को पर्वतों की पदस्थली में जमा करती है। इसे जलोढ़ शंकु कहते हैं।

(ii) **जलोढ़ पंख**—पर्वतों के पदीय ढाल पर जल नदी के जलोढ़कों का जमाव पंखनुमा रूप में होता है। ऐसी आकृति जलोढ़ पंख कहलाती है।

(iii) **गिरिपदीय जलोढ़ मैदान**—कई जलोढ़ पंखों के विस्तृत संयुक्त रूप को 'जलोढ़ मैदान' कहते हैं।

(iv) **गोखुर झील**—नदी के विसर्पित मार्गों में बहते समय जब अचानक जल की मात्रा में वृद्धि होती है, तब नदी अपने विसर्पित मार्ग का अनुसरण न कर सीधे बहने लगती है। ऐसी स्थिति में इस झील की आकृति 'गाय के खुर' के समान होती है, इसलिए से 'गोखुर झील' कहते हैं।

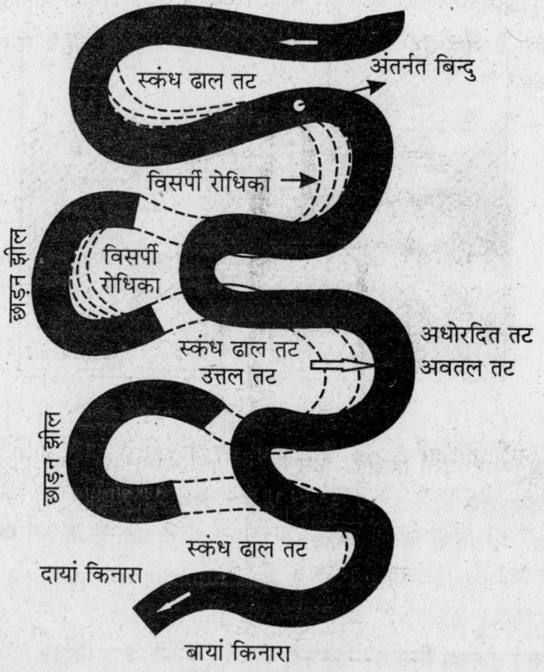

चित्र—गोखुर झील

(v) **प्राकृतिक तटबन्ध**—बाढ़ के समय नदी अपने बहुत से अवसादों का जमाव अपने किनारों पर कर देती है। इस आकृति को प्राकृतिक तटबन्ध के नाम से पुकारते हैं।

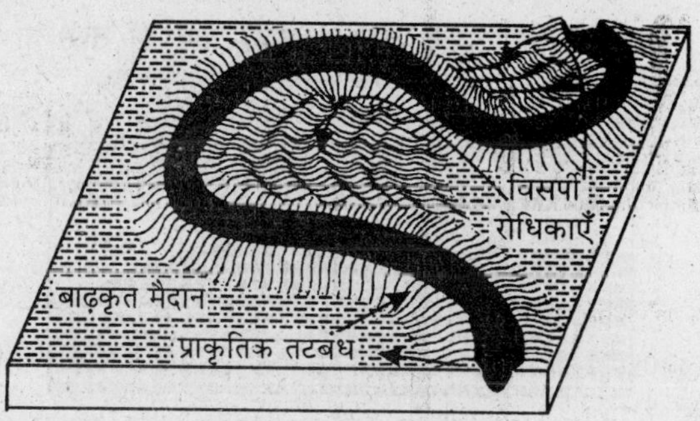

चित्र—प्राकृतिक तटबन्ध

(vi) **बाढ़ के मैदान**—युवावस्था में नदी अपनी घाटी को गहरा तथा प्रौढ़ावस्था में घाटी की चौड़ा करने का कार्य करती है। जब बाढ़ की समाप्ति होती है तब नदी के अवसाद दूर तक सम्पूर्ण बाढ़ग्रस्थ मैदान में बिछे मिलते हैं जिसे बाढ़ का मैदान कहते हैं।

(vii) **डेल्टा**—नदी जीर्णावस्था में डेल्टा का निर्माण करती है। डेल्टा का जमाव विशालतम पंखे जैसा होता है। नदी द्वारा निर्मित इस त्रिभुजाकार आकृति को सर्वप्रथम हेरोडोट्स नामक भूगोलवेत्ता ने डेल्टा के नाम से सम्बोधित किया था। भारत में गंगा का डेल्टा सबसे बड़ा डेल्टा है।

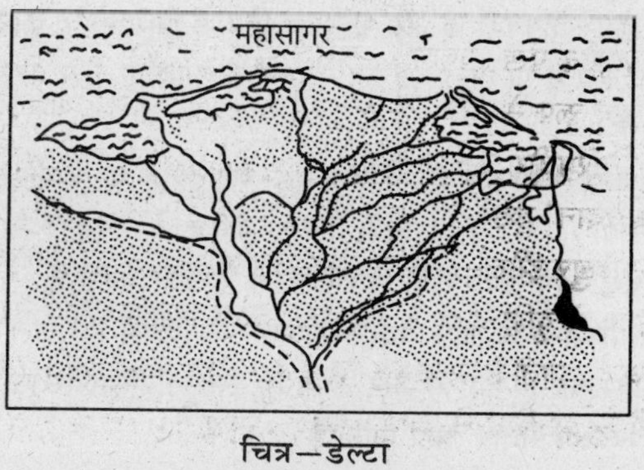

चित्र—डेल्टा

2. **भौमजल/भूमिगत जल : अपरदन कार्य से निर्मित प्रमुख स्थलाकृतियां**—भौमजल के अपरदनात्मक कार्य से निर्मित प्रमुख स्थलाकृतियां निम्नलिखित हैं—

(i) **लैपीज**—जब कार्स्ट क्षेत्रों में जल की घुलन क्रिया के कारण ऊपरी बाह्य सतह अत्यधिक ऊबड़–खाबड़ एवं पतली शिखरिकाओं तथा संकरे गड्ढों वाली हो जाती है तो ऐसी स्थलाकृति को लैपीज कहते हैं।

(ii) **घोल रन्ध्र**—जल की घुलन क्रिया के कारण कीप के आकार के गर्तों का निर्माण हो जाता है, जिन्हें घोल रन्ध्र कहते हैं। इनका व्यास कुछ सेण्टीमीटर से लेकर कई मीटर तक होता है।

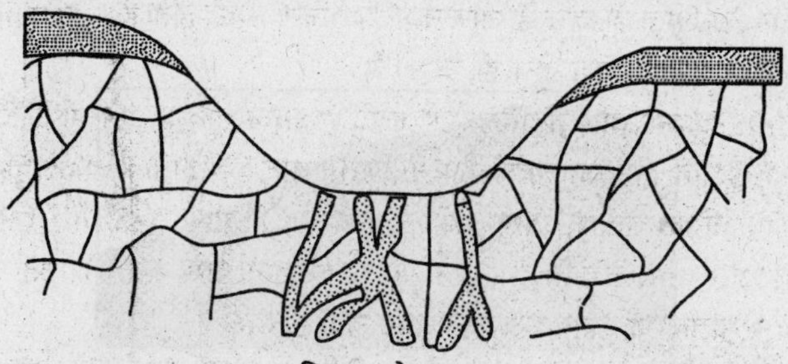

चित्र—घोल रन्ध्र

(iii) **डोलाइन**—विस्तृत आकार वाले घोल रन्ध्र डोलाइन के नाम से जाने जाते हैं।

(iv) **युवाला**—निरन्तर घोलीकरण की क्रिया के कारण जब कई डोलाइन मिलकर एक बड़ा आकार धारण कर लेते हैं। तब उसे युवाला की संज्ञा दी जाती है। इनका निर्माण ऊपर छत के ध्वस्त हो जाने अथवा असंख्य घोलरन्ध्रों के आपस में मिल जाने पर भी हो जाता है।

(v) **कन्दरा या गुफा**—इनका निर्माण घुलन क्रिया अथवा अपघर्षण द्वारा होता है। यह ऊपरी सतह के नीचे खोखले भाग के रूप में स्थित होती है और इनके अन्दर निरन्तर जल का प्रवाह होता रहता है। जैसे–जैसे भूमिगत जल का रासायनिक एवं यांत्रिक अपरदन का कार्य आगे बढ़ता है जमीन के नीचे गलियारों द्वारा आपस में संलग्न कंदराओं का एक जाल रूप विकसित होता जाता है।

3. (क) **हिमानी : अपरदन से निर्मित विभिन्न स्थलाकृतियां**—हिमानी के अपरदनात्मक कार्यों द्वारा निम्न स्थलाकृतियों का निर्माण होता है—

(i) **'यू' आकार की घाटी**—हिमनदी जिस घाटी में होकर बहती है उसका आकार अंग्रेजी के 'U' के समान होता है। अतएव इसे U आकार की घाटी कहा जाता है।

(ii) **लटकती घाटी**—मुख्य हिमनदी में मिलने वाली सहायक हिमनदी जिस घाटी में होकर बहती है, वह घाटी हिम के पिघल जाने में मुख्य हिमनदी घाटी में लटकती हुई प्रतीत होती है। इसे लटकती घाटी कहते हैं।

(iii) **सर्क या हिमगह्वर**—कभी–कभी U आकार की घाटियों के सिरे पर हिम–जल के अन्दर जम जाता है। कालान्तर में ये गर्त बढ़ते हुए आराम कुर्सी की आकृति के रूप में बदल जाते हैं। इनमें पानी भर जाने से झील बन जाती है जो हिमगह्वर नाम से जानी जाती है।

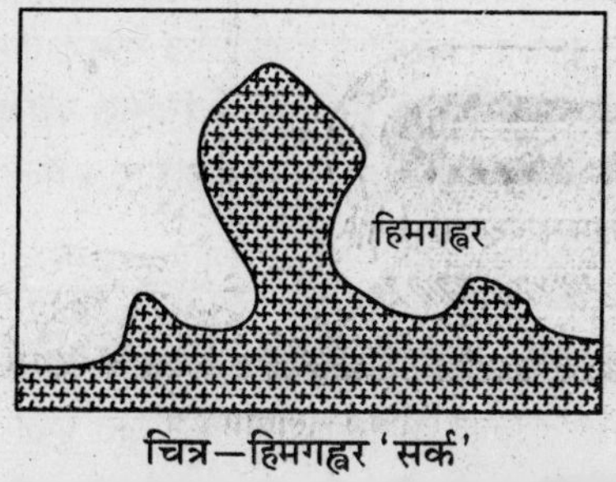

चित्र—हिमगह्वर 'सर्क'

(iv) **गिरिश्रृंग**—जब तीन या अधिक हिमनदियां अपने शीर्षों की ओर अपरदन करती हैं तो उनके हिमंगह्वरों के आपस में मिल जाने से प्रपाती एवं नुकीली चोटी बन जाती है, इसे गिरिश्रृंग कहते हैं।

(v) **नूनाटक**—बर्फ की मात्रा बढ़ने पर कई हिमनदी आपस में मिल जाती हैं जिससे धरातल का एक विस्तृत भाग हिम से ढककर ऊंचा उठ जाता है। इसे नूनाटक कहते हैं।

(vi) **मेष शिलाएं**—हिमनदी के मार्ग में जब ऊंची कठोर चट्टानें आ जाती हैं तो हिमनदी इनके ऊपर चढ़कर इन्हें घिस देती हैं। इन चट्टानों में हिमनदी के सम्मुख भाग का ढाल मन्द तथा विपरीत भाग का ढाल तीव्र होता है। इन्हें मेष शिलाएं कहते हैं।

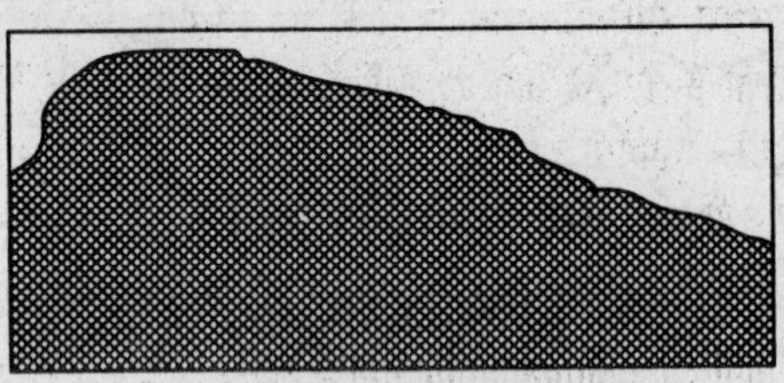

चित्र—मेष शिलाएं

(vii) **फियोर्ड**—उच्च अक्षांशों में हिम नदियां अपनी घाटियों को समुद्र तल से भी गहरा काट देती हैं। इनमें समुद्र का जल बहुत दूर तक भर जाता है। ये लम्बी तथा खड़ी दीवारों वाली जल से भरी घाटियां फियोर्ड कहलाती हैं।

(viii) **पेटनास्टर झील**—हिमनदी घाटी में चट्टानी संरचना की भिन्नता के कारण बहुत बड़े आकार की सीढ़ियां बन जाती हैं। इन्हें दैत्य सोपान कहते हैं। दैत्य सोपानों पर स्थित गड्डों में पानी भर जाने से झील बन जाती है। इन्हें पेटनास्टर झील कहते हैं।

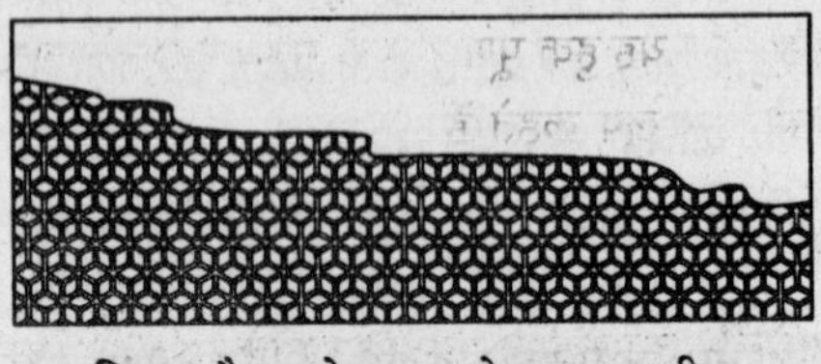

चित्र—दैत्य सोपान व पेटनास्टर झील

(ix) **शृंगपुच्छ**—इसमें चट्टानों के ढाल का क्रम मेष शिलाओं के विपरीत होता है। हिमनदी के सम्मुख भाग का ढाल तीव्र तथा विपरीत भाग का ढाल मन्द होता है।

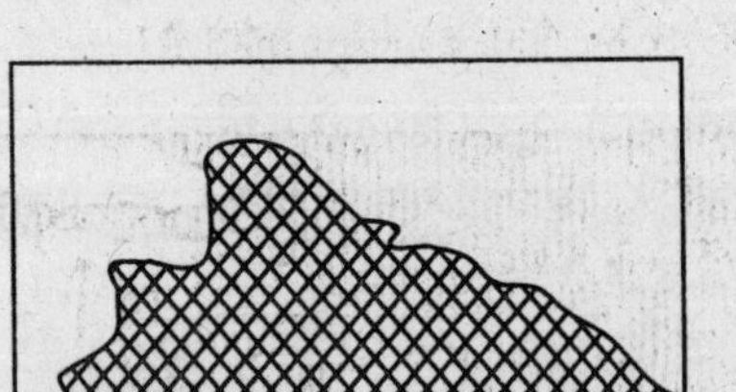

चित्र—शृंगपुच्छ

(x) **शैल बेसिन**—हिमानी अपरदन के कारण पर्वतीय भागों में हुए कुछ गड्ढों में जल भर जाता है। सूखने पर इसे शैल बेसिन कहा जाता है।

(ख) हिमानी (हिमनद) : निक्षेपण से निर्मित स्थलाकृतियां—हिमानी/हिमनद के निक्षेपणात्मक कार्यों द्वारा अनेक विशिष्ट स्थलाकृतियों का निर्माण होता है जिनका विवरण निम्नलिखित है—

(i) **हिमोढ़**—जब हिमानी पिघलने लगती है तो वह अपने साथ लाये कंकड़–पत्थरों तथा शैल खण्डों को जमा करने लगती है। ये कंकड–पत्थर तथा शैल खण्ड ही हिमोढ़ कहलाते हैं। हिमोढ़ निम्नलिखित प्रकार के होते हैं—

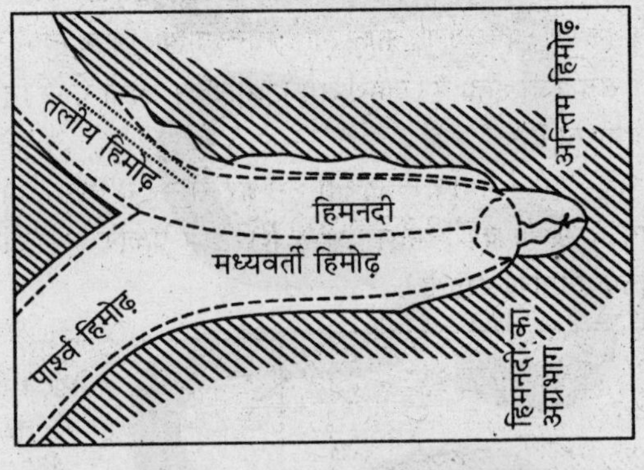

चित्र-हिमोढ़

(अ) पार्श्ववर्ती हिमोढ़—हिमनद के किनारों या पार्श्वों पर एक पंक्तिबद्ध रूप में जमा होने वाले पदार्थों को पार्श्ववर्ती हिमोढ़ कहते हैं।

(ब) मध्यवर्ती हिमोढ़—जब दो हिमानियां मिलती हैं तो उन हिमानियों के पार्श्व जो एक–दूसरे से मिल जाते हैं उन किनारों पर जमा होने वाले हिमोढ़ों को मध्यवर्ती हिमोढ़ कहते हैं।

(स) तलस्थ हिमोढ़—हिमनदी के तल में यत्र–तत्र बिखरे हिमोढ़ तलस्थ हिमोढ़ कहलाते है

(द) अन्तस्थ हिमोढ़—जब हिमानी पिघलने लगती है तो उसके अग्रवर्ती भाग में हिमोढ़ अर्द्ध–चन्द्रकार रूप में जमा होने लगते हैं, जिन्हें अन्तस्थ हिमोढ़ कहते हैं।

(ii) **ड्रमलिन**—हिमानीकृत क्षेत्रों में उल्टी नाव की तरह या अण्डों की टोकरी के समान दिखने वाली आकृति ड्रमलिन कहलाती है।

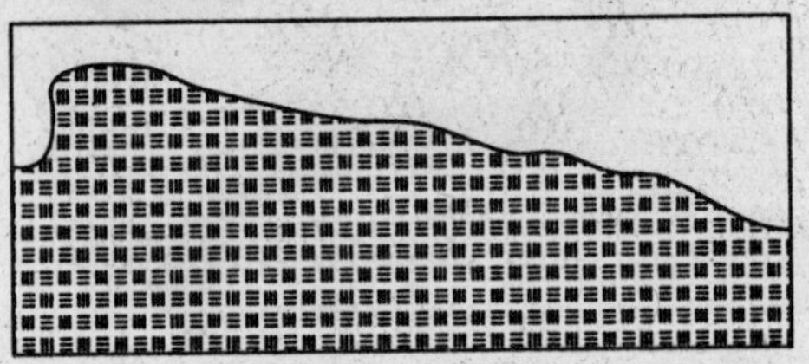

चित्र—ड्रमलिन

(iii) **विस्थापित शैल खण्ड**—हिमनदी के साथ आये कंकड, पत्थर तथा शैल खण्ड जो अपने टूटे हुए स्थान से दूर निक्षेपित होते हैं विस्थापित शैल खण्ड कहलाते हैं।

(iv) **हिमानी जलोढ़ निक्षेप**—हिमानी के पिघल जाने पर, उस पिघले हुए जल के द्वारा जो निक्षेप होता है उसे हिमानी जलोढ़ निक्षेप कहते हैं।

(v) **एस्कर या मृदा कटक**—हिम के पिघलने से प्राप्त जलधाराओं द्वारा बजरी, रेत तथा कंकड,–पत्थरों के निक्षेप से निर्मित लम्बे, संकरे तथा तीव्र ढाल वाली सर्पिलाकार आकृति को 'एस्कर या मृदा कटक' कहते हैं।

(vi) **केम**—हिमनदी के अग्र भाग पर हिम के पिघलने के कारण मलवे का निक्षेप ढेर के रूप में या टीलों के रूप में जमा हो जाता है। इस तरह के टीले को 'केम' कहते हैं।

(vii) **केटिल या हमोक**—हिम के बड़े–बड़े टुकड़ों के पिघल जाने पर जल अवतलित भागों में जमा हो जाता है जिससे केटिल का निर्माण होता है। केटिल के मध्य में कई छोटे–छोटे टीले होते हैं जिसे 'हमोक' कहते हैं।

(viii) **हिमानी अवक्षेप मैदान**—हिमानी के पिघले हुए जल के साथ जो मलवा एक विस्तृत भू–भाग में फैल जाता है, उससे निर्मित विस्तृत समतल भाग को हिमानी अवक्षेप मैदान कहा जाता है।

4. (क) लहरें : अपरदन द्वारा निर्मित स्थलाकृतियां—लहरों का अपरदन कार्य घोल क्रिया, अपघर्षण, संक्षारण, सन्निघर्षण, जल दाब एवं जलगति क्रिया द्वारा संचालित होता है। लहरें अपने अपरदन कार्यों द्वारा निम्न स्थलरूपों का निर्माण करती हैं—

(i) **भृगु**—तटीय मैदान के ढलवां तट पर सागरीय तरंगें अपने प्रहार द्वारा निचले भाग में खांचों का निर्माण करती हैं। इस प्रकार खड़े ढाल के रूप में तटीय भृगु का निर्माण होता है।

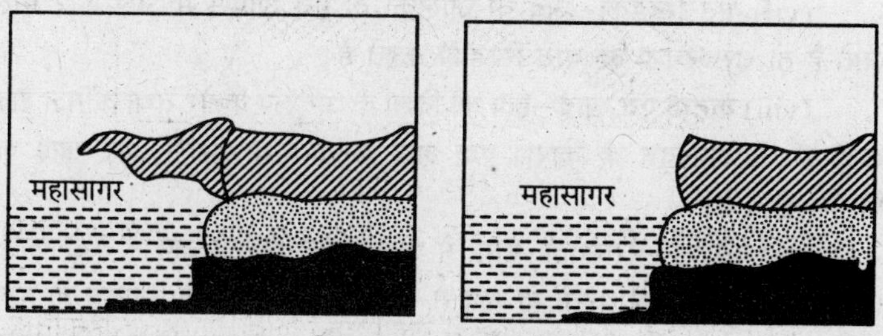

चित्र—भृगु का निर्माण

(ii) **लघु निवेशिका**—जब तट के समानान्तर क्रमशः कठोर तथा कोमल शैल का विस्तार होता है तो जल कोमल शैल का भीतर–ही–भीतर अपरदन करने लगता है और कोमल चट्टान वाले भाग में अण्डाकार कटान होने लगता है जिससे 'लघु निवेशिका' का निर्माण होता है।

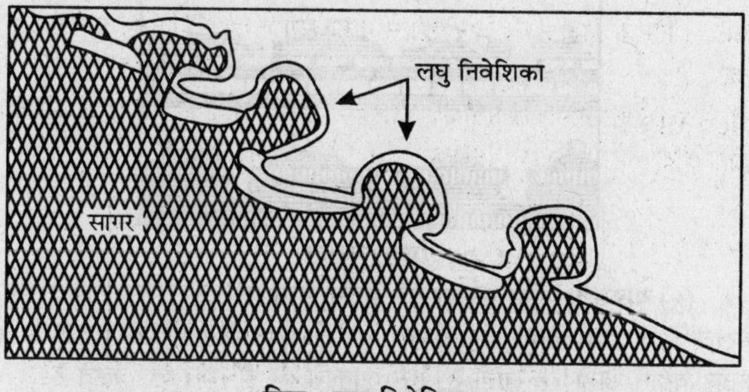

चित्र—लघु निवेशिका

(iii) **कन्दरा**—लघु निवेशिका के तरंगों द्वारा अधिक गहरा होते जाने के कारण समुद्री गुफाओं का निर्माण होता है। इन्हें ही 'कन्दरा' कहते हैं।

(iv) **वात रन्ध्र**—जब तरंगों के दाब के कारण कन्दरा की हवा सिकुड़ती है तो दाब के कारण कुछ हवा कन्दरा की छत को तोड़कर छिद्र करके ऊपर निकल जाती है। इन छिद्रों को ही 'वात रन्ध्र' कहते हैं।

(v) **तटवर्ती मेहराब**—जब सागर तट से जल की ओर निकले हुए शीर्ष स्थल के दोनों किनारों पर कन्दरा का निर्माण हो जाता है, जब दोनों कन्दाराएं विस्तृत होकर एक–दूसरे से मिल जाती हैं तथा उनके आर–पार जल बहने लगता है तो इस तरह की आकृति को तटवर्ती मेहराब कहते हैं।

(vi) **तरंग निर्मित प्लेटफार्म**—सागरतटीय भृगु के टूटकर क्रमशः पीछे हटते रहने के तटीय भाग पर जल के अन्दर एक मैदान का निर्माण होता है जिसे 'तरंग निर्मित प्लेटफार्म' कहते हैं।

(vii) **गुहास्तम्भ**—अपरदन के कारण मेहराब की छत कमजोर होकर टूट जाती है। जिस कारण शीर्षस्थल का सागर की ओर वाला भाग तट से अलग हो जाता है। इसे ही गुहास्तम्भ कहते हैं।

(viii) **खाड़ी या सागरोन्मुखी कगार**— सागर के तटवर्ती भाग में कमजोर चट्टानों के गहराई तट कट जाने के कारण गहरी खाई का निर्माण होता है जिसे खाड़ी कहते हैं। खाड़ी के दोनों किनारों के कठोर शैल खण्डों को सागरोन्मुखी कगार कहते हैं

(ख) लहरें : निक्षेपण कार्य द्वारा निर्मित स्थलाकृतियां—लहरों के निक्षेपण कार्य द्वारा निर्मित विशिष्ट स्थलाकृतियां निम्नलिखित हैं—

(i) **पुलिन**—सागरीय तट के किनारे मलवे के निक्षेप से बने स्थलरूप को पुलिन कहते हैं।

(ii) **कस्प पुलिन**—पुलिन के सागरवर्ती भाग में रेत, गोलाश्म तथा बजरी द्वारा निर्मित पतले–पतले कटकों जैसी आकृति को कस्प पुलिन कहते हैं।

(iii) **स्पिट**—जब सागरीय मलवे का निक्षेप तट के लम्बवत् या भू–जिह्वा की तरह होता है तो इस आकृति को स्पिट या संलग्न भित्ति कहते हैं।

(iv) **रोधिका**—तरंगों या धाराओं द्वारा जब मलवे का निक्षेप कटक या बांध के रूप में होता है तो उस आकृति को रोधिका कहते हैं।

(v) **अपतट रोधिका**—जब रोधिका का निर्माण तट से दूर प्रायः तट के समानान्तर होता है तो इसे अपतट रोधिका कहते हैं।

(vi) **हुक**— तूफानी तरंगों के कारण स्पिट तट की ओर मुड़ जाती है तो तट की ओर मुड़ी इस स्पिट को ही हुक कहते हैं।

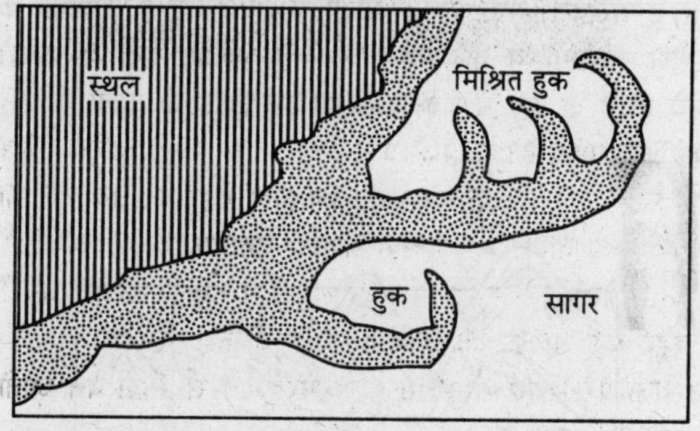

चित्र—हुक

(vii) **लूप**—जब यह हुक पूर्ण रूप से मुड़कर छल्ले का निर्माण कर तट से जा मिलता है, तो उसे लूप कहते हैं।

(viii) **संयोजक रोधिका**— दो शीर्ष स्थलों या दो द्वीपों को मिलाने वाली रोधिका को संयोजक रोधिका कहते हैं।

(ix) **टोम्बोलो**—तट से किसी द्वीप या शीर्ष स्थल से किसी द्वीप को मिलाने वाली रोधिका को टोम्बोलो कहते हैं।

(x) **लैगून एवं खाड़ी रोधिका**—जब रोधिका द्वारा खाड़ी के दोनों भाग परस्पर जुड़ जाते हैं तो उसे खाड़ी रोधिका कहते हैं। खाड़ी तथा खाड़ी रोधिका के मध्य जल के भरे हुए भाग को लैगून कहते हैं।

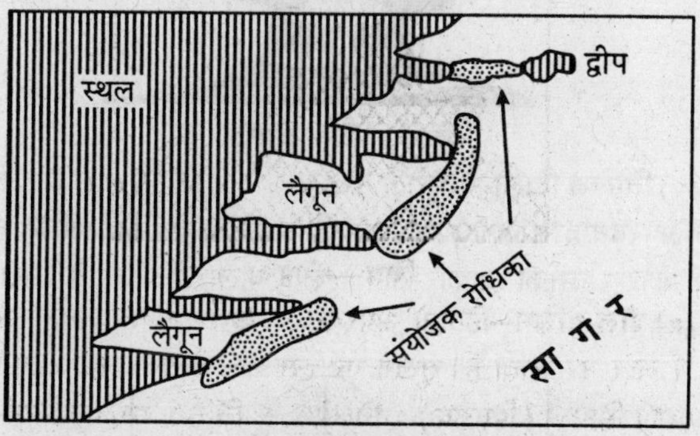

चित्र—लैगून एवं खाड़ी रोधिका

(xi) **रोधी द्वीप**—जब लहरें अपने मलवे का जमाव कर द्वीप का निर्माण करती हैं तो उसे रोधी द्वीप कहते हैं।

(xii) **उभयाग्र भाग**—जब दो रोधिकाओं के अग्र भाग एक त्रिकोण के रूप में मिल जाते हैं तो उभयाग्र रोधिका का निर्माण होता है।

5. (क) पवन : अपरदन कार्य द्वारा निर्मित स्थलाकृतियां

पवन के अपरदन कार्यों द्वारा निम्नलिखित विशिष्ट स्थलाकृतियों का निर्माण होता है–

(i) **अपवाह बेसिन**–असंगठित पदार्थों की परत को हवा अपने साथ उड़ाकर ले जाती है जिससे वहां एक गर्त का निर्माण हो जाता है जिसे वातागर्त या अपवाह बेसिन कहते हैं।

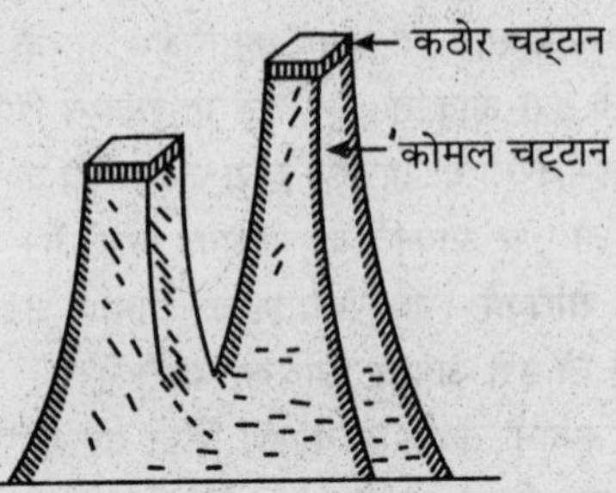

चित्र–भूस्तम्भ

(ii) **इन्सेलबग**–मरुस्थलों में शैलों के अपक्षय तथा अपरदन के कारण कोमल शैल आसानी से कट जाती है परन्तु कठोर शैल के अवशेष भाग ऊंचे–ऊंचे टीलों के रूप में बच जाते हैं। इस तरह के टीलों या टापुओं को इन्सेलबर्ग कहा जाता है।

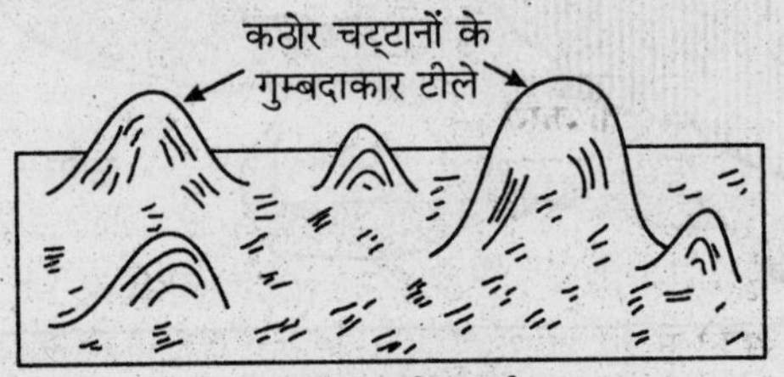

चित्र–इन्सेलबर्ग

(iii) **छत्रक शिला**–मरुस्थलीय भागों में हवा के प्रहार से चट्टान के निचले भाग का अधिक अपरदन हो जाता है तथा ऊपरी भाग छतरी की तरह शेष रहता है, इस छतरीनुमा आकृति को छत्रक शिला कहते हैं।

चित्र–छत्रक शिला

(iv) **तिपहल शिला**–पथरीले मरुस्थलों में सतह पर पड़े शिलाखण्डों पर पवन के अपरदन द्वारा खरोंचें पड़ जाती हैं। पवन के कई दिशाओं से चट्टान पर प्रहार के कारण उसका आकार तीन फलक वाला हो जाता है जिसे तिपहल शिला कहते हैं।

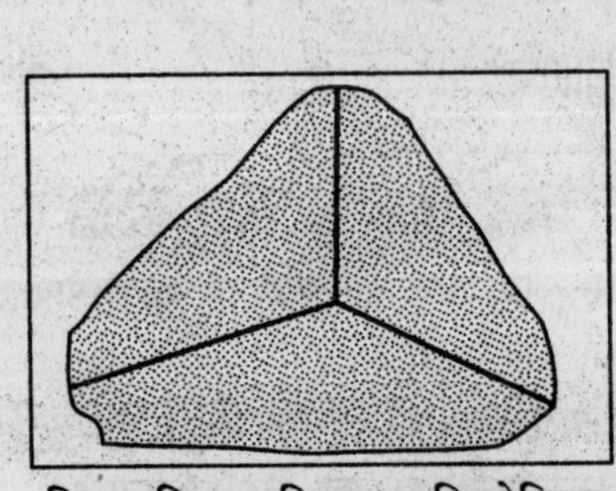

चित्र–तिपहल शिला या त्रिकोटिका

(v) **भूस्तम्भ**–जहां असंगठित पदार्थों के ऊपर कहीं–कहीं कठोर पदार्थों के चट्टानी टुकड़े होते हैं, वहां हवा के प्रहार से निचली असंगठित पदार्थों की परत का अपरदन होने लगता है। केवल उस कठोर चट्टान के नीचे की असंगठित चट्टानें शेष रह जाती हैं। इस प्रकार की आकृति को 'भूस्तम्भ' कहते हैं।

(vi) **आश्मिक जालक**–जहां कठोर चट्टान की परत में कहीं–कहीं कोमल चट्टान का भाग आ जाता है तो हवा द्वारा कोमल भाग का अपरदन हो जाता है और एक जालीनुमा आकृति शेष रह जाती है, जिसे 'आश्मिक जालक' कहते हैं।

(vii) वात खिड़की–जब दो जालकों के गर्त आपस में आर–पार मिल जाते हैं तो उस रचना को वात खिड़की कहते हैं।

(viii) **कटक एवं खाई**–हवा की दिशा के अनुरूप कठोर तथा कोमल शैल खड़ी हो तो अपरदन के कारण एक ओर कटक तथा दूसरी ओर खाई का निर्माण होता है।

(ix) **ज्यूगेन**–मरुस्थली भागों में जहां चट्टानें क्षैतिज रूप में तथा कठोर एवं कोमल चट्टानों की परतों के रूप में मिलती हैं तो हवा के अपदन के द्वारा इनका आकार स्याही की दवात जैसा हो जाता है। इस आकृति को ही ज्यूगेन कहते हैं।

चित्र-ज्यूगेन

(x) **यारडंग**–जहां चट्टानों की कठोर तथा कोमल परतें लम्बवत् रूप में मिलती हैं तो हवा कोमल चट्टानी भाग का अपरदन तीव्र गति से करती हैं और कठोर चट्टानें खड़ी रह जाती हैं। इस आकृति को ही 'यारडंग' कहते हैं।

(xi) **गहन वातगर्त**–हवा के प्रहार के कारण जब एक वातगर्त अत्यधिक गहरा हो जाता है तो उसे गहन वातगर्त कहते हैं।

(xii) **नमकीन झील**–जहां गहन वातगर्त जल तल तक पहुंच जाता है तो इस गर्त में लवणीय झील का निर्माण होता है, जिसे नमकीन झील कहते हैं।

(ख) पवन : निक्षेपण कार्य द्वारा निर्मित स्थलाकृतियां–पवन का निक्षेपण कार्य कई बातों पर निर्भर करता है। तीव्र वेग से चलने वाली पवन के साथ अधिक मात्रा में पदार्थों का परिवहन होता है। अतः पवन के वेग में कमी आते ही उसकी परिवहन सामर्थ्य घट जाती है तथा निक्षेपण प्रारम्भ हो जाता है। ऐसी दशा में निम्नलिखित विशिष्ट स्थलाकृतियों का निर्माण होता है–

(i) **बालुका स्तूप**–पवन द्वारा बालू या रेत के निक्षेपण से निर्मित डिब्बे या स्तूपों को बालूका स्तूप कहा जाता है। अपने आकार के आधार पर ये निम्नलिखित चार प्रकार के होते हैं–

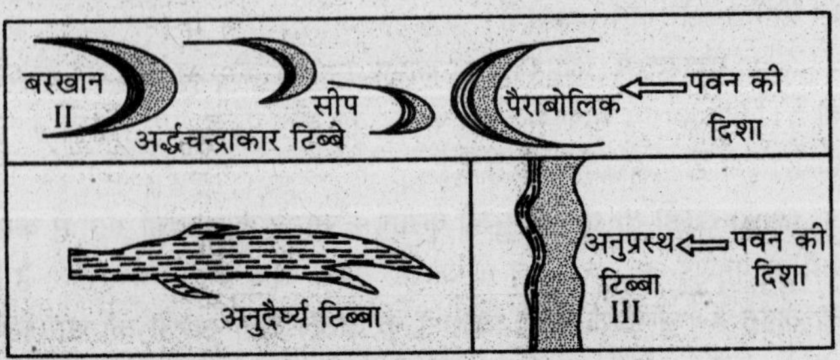

चित्र–बालू के टिब्बों के विभिन्न प्रकार

(अ) अनुप्रस्थ स्तूप–पवन की दिशा के समकोण दिशा में इनका निर्माण होता है। इसका पवनोन्मुखी ढाल मन्द तथा विमुखी ढाल तीव्र होता है।

(ब) अनुदैर्ध्य स्तूप–ये पवन प्रवाह की दिशा में ही निर्मित होते हैं। सहारा में इन्हें 'सीफ' कहते हैं।

(स) परवलयिक स्तूप–जब वायु की प्रवाहित दिशा के विपरीत बालू या रेत का जमाव होता है तो उसे परवलयिक स्तूप कहते हैं।

(द) बरखान–यह अर्द्धचन्द्राकार बालुका स्तूप है जो वायु की दिशा में आगे बढ़ता रहता है। इसका पवनोन्मुखी भाग उत्तल ढाल तथा पवन विमुखी भाग अवतल ढाल वाला होता है।

(ii) **उर्मिकाएं**–मरुस्थली भाग में सागरीय लहरों की तरह बनने वाली रेतीली आकृतियों को उर्मिकाएं कहते हैं।

(iii) **बालुका चादर**–एक विस्तृत भाग पर फैले बालू के विस्तृत आवरण को बालुका चादर कहते हैं।

(iv) **बालुका प्रवाह**–हवा के मार्ग में आने वाले अवरोध के सहारे बालू का जमाव बालुका प्रवाह कहलाता है।

(v) **बालुका कगार**–धरातल पर 100 फीट से 150 फीट की ऊंचाई वाले बालू द्वारा निर्मित शिखर बालुका कगार कहलाते हैं।

(vi) **लोयस**–मरुस्थलों से हवा द्वारा बारीक रेत को उड़ाकर मरुस्थलों के बाहरी किसी अन्यत्र स्थान पर जमा कर दिया जाता है। अतः इस महीन रेत वाले जमाव को लोयस कहते हैं।

यह भी जानिए

'मोनाडनोक' को समझें

स्थलगत प्रवाह (नदी) के अपरदन के फलस्वरूप अपवाह बेसिन के मध्य जब विभाजन समतल हो जाते हैं तो अन्त में एक मन्द ढाले वाले उच्चावच का निर्माण होता है जिसमें कहीं–कहीं अवरोधी चट्टानों के अवशेष दिखलाई देते है जिसे मोनाडनोक के नाम से जाना जाता है।

'कैनियन' को जानें–

शुष्क प्रदेशों में प्रवाहित होने वाली नदियों की घाटियों की चौड़ाई वर्षा की कमी के कारण अधिक नहीं बढ़ पाती हैं और इन क्षेत्रों में नदी केवल अपने तल को काटकर की गहरा करती रहती है। इस प्रकार से निर्मित, अत्यधिक गहरे महाखड्डों को कैनियन कहते हैं।

जलप्रपात और क्षिप्रिका (Rapids) में अन्तर–

जलप्रपात तथा क्षिप्रिका नदी की युवावस्था में अपरदन से बनने वाले प्रमुख स्थलरूप हैं। जलप्रपात का निर्माण नदी मार्ग में मिलने वाले तीव्र तथा खड़े ढाल से जल के सीधे नीचे गिरने से होता है। इसमें जलप्रपात बनने के पूर्व नदी की गति साधारण होती है। परन्तु जब कभी नदी की गति सामान्य से अधिक हो जाती है तो नदी तेजी से सीढ़ीनुमा ढाल बनाती हुई प्रवाहित होती है। प्रपात की ऊंचाई अधिक तथा ढाल खड़ा एवं अग्रभाग में क्लिक का निर्माण होता है। क्षिप्रिका की ऊंचाई प्रपात की अपेक्षा कम होती है तथा ढाल सामान्य होता है। अतः क्षिप्रिका को प्रपात का छोटा व प्रारम्भिक रूप समझा जा सकता है।

स्टैलेक्टाइट, स्टैलेग्माइट एवं स्तंभ के निर्माण की प्रक्रिया–

भूमिगत जल द्वारा घुलित चूना पत्थर के कन्दराओं की छत से धरातल पर टपकने के कारण स्टैलेक्टाइट का निर्माण होता है। ये विभिन्न मोटाइयों के कन्दाराओं में ऊपर से लटकते हुए स्तम्भ हैं। प्रायः ये आधार पर या कन्दरा की छत के पास मोटे होते हैं और अन्त में छोर पर क्रमशः पतले होते जाते हैं।

स्टैलेग्माइट कन्दराओं की छत से धरातल पर टपकने वाले चूना मिश्रित जल से बनते हैं। स्टैलेक्टाइट के ठीक नीचे पतली पाइप की आकृति में इनका निर्माण होता है। विभिन्न मोटाइयों वाले स्टैलेक्टाइट एवं स्टैलेग्माइट के मिलने से स्तम्भ या कन्दरा स्तम्भ बन जाते हैं।

कार्स्ट स्थलाकृति (Karts Topography)–

चूना–पत्थर या डोलोमाइट चट्टानों के क्षेत्र में भूमिगत जल द्वारा घुलन प्रक्रिया और उसकी निक्षेपण प्रक्रिया से बने स्थलरूपों को 'कार्स्ट स्थलाकृति' का नाम दिया जाता है।

चूना पत्थर सामान्यतः पारगम्य, कम सघन, अत्यधिक सन्धियों व दरारों वाली चट्टान है। इनमें धरातलीय जल आसानी से प्रवेश कर जाता है और धरातल के नीचे चट्टानों की सन्धियों, छिद्रों व संस्तरण तल से होकर क्षैतिज अवस्था में बहने लगता है। जल का यह क्षैतिज व ऊर्ध्वाकार प्रवाह ही चट्टानों के अपरदन का कारण होता है।

भूमिगत जल का कार्य सामान्यतः चूना–पत्थर या डोलोमाइट, जिनमें कैल्सियम कार्बोनेट की प्रधानता वाले क्षेत्रों में ही सम्पन्न होता है।

वायु के कार्य और नदी के कार्य की तुलना

क्र.सं.	वायु के कार्य	नदी का कार्य
1.	वायु का कार्य मरुस्थल प्रदेशों में महत्वपूर्ण होता है।	नदी का कार्य आर्द्र प्रदेशों में महत्वपूर्ण होता है।
2.	वायु अपने मलबे को दूर–दूर प्रदेशों तक परिवहन करती है।	नदी का कार्य अपनी घाटी तक ही सीमित होता है।
3.	वायु का कार्य वायु की गति पर निर्भर करता है।	नदी का कार्य क्षेत्र की ढलान पर निर्भर करता है।
4.	वायु का कार्य धीमी गति से होता है तथा वायु भार कम होता है।	नदी का कार्य तीव्र गति से होता है तथा नदी भार बहुत अधिक होता है।

यारडंग एवं ज्यूजन में अन्तर

क्र.सं.	यारडांग	ज्यूजन
1.	इसमें कठोर तथा नर्म चट्टानें लम्ब रूप में मिलती है।	इसमें कठोर तथा नर्म चट्टानें एक–दूसरे के समानांतर होती हैं।
2.	इसका आकार पसलियों (Ribs) जैसा होता है।	इसका आकार एक ढक्कन दवात जैसा होता है।
3.	इसमें लम्बे कटाव मिलते हैं।	इसमें गहरे कटाव मिलते हैं।
4.	इनकी ऊंचाई 15 मीटर होती है।	इनकी ऊंचाई 10 मीटर होती है।

लम्बे बालू के स्तूप एवं आड़े बालू के स्तूप में अंतर

क्र.सं.	लम्बे बालू स्तूप	आड़े बालू स्तूप
1.	ये रेत की लंबी दीवारें होती हैं।	ये अर्द्ध–चंद्राकार टीले होते हैं।
2.	ये प्रचलित पवनों की दिशा के समानान्तर बनते हैं।	ये प्रचलित पवनों की दिशा के समकोण पर बनते हैं।
3.	ये 100 मीटर तक ऊंचे होते हैं।	ये 50 मीटर तक ऊंचे होते हैं।
4.	ये तलवार के आकार जैसे–होते है तथा इन्हें सीफा भी कहा जाता है।	ये लहरों के आकार जैसे होते हैं।

अपरदन तथा अपक्षय में अंतर

क्र.सं.	अपरदन (Erosion)	अपक्षय (Weathering)
1.	भू–तल पर खुरचने, कांट–छांट तथा मलवे को परिवहन करने के कार्य को अपरदन कहते हैं।	चट्टानों को अपघटन तथा विघटन के द्वारा अपने मूल स्थान पर तोड़–फोड़ करने की क्रिया को अपक्षय कहते हैं।
2.	अपरदन एक बड़े क्षेत्र में होता है।	अपक्षय छोटे क्षेत्रों की क्रिया है।
3.	अपरदन गतिशील कारकों द्वारा जैसे जल, हिमनदी, वायु आदि से होता है।	अपक्षय सूर्यतप, पाला तथा रासायनिक क्रियाओं द्वारा होता है।
4.	अपक्षय अपरदन में सहायक होता है।	अपक्षय चट्टानों को

'V' आकार की घाटी तथा 'U' आकार की घाटी में अंतर

क्र.सं.	'V' आकार घाटी	'U' आकार घाटी
1.	नदी अपरदन से 'V' आकार घाटी बनती है।	हिमनदी के अपरदन से 'U' आकार की घाटी बनती है।
2.	यह घाटी अधिक गहरी होती है। जब यह T आकार में बन जाती है तो इसे कैनियन कहते हैं।	यह घाटी अधिक गहरी नहीं होती है। इससे ऊंचाई पर बनी घाटी को लटकती घाटी कहते हैं।
3.	इसके किनारे पूर्ण रूप से लंब नहीं होते है।	इसकी दीवारें पूर्ण रूप से लंब होती हैं।
4.	नदी अपने गहरे कटाव से इस घाटी की रचना करती है।	हिमनदी की अपनी कोई घाटी नहीं होती। यह नदी घाटी का रूप बदल कर उसे 'U' आकार की घाटी बना देती है।

निम्नीकरण तथा अधिवृद्धि में अंतर–

क्र.सं.	निम्नीकरण	अधिवृद्धि
1.	बाह्य कारकों द्वारा स्थानीय धरातल के अपरदन को निम्नीकरण कहते हैं।	धरातल के निचले स्थानों को मलवे के निक्षेप से भरने की क्रिया को अधिवृद्धि कहते हैं।
2.	यह अपरदन का ही दूसरा रूप है।	यह निक्षेप का ही दूसरा रूप है।
3.	इससे ऊंचे प्रदेश निचले प्रदेश हो जाते हैं।	इससे निचले प्रदेश का तल ऊंचा हो जाता है।

स्मरणीय बिन्दु

- भू–आकृतिक कारक (साधन) जैसे नदी, भूमिगत जल, पवन हिमनद एवं लहरें अपरदन का कार्य करती हैं।
- धरातल पर अपरदन की प्रक्रिया से भू–आकृतियां परिवर्तित होती रहती हैं।
- अपरदन के पश्चात् की प्रक्रिया जिसे निक्षेपण के नाम से जाना जाता है, से भी धरातल पर भू–आकृतियों का निर्माण होता है।
- बहुत–सी भू–आकृतियां मिलकर भू–दृश्य का निर्माण करती हैं। प्रत्येक भू–आकृति की अपनी आकृति, आकार एवं पदार्थ होते हैं जो कि कुछ भू–प्रक्रियाओं एवं उनके कारकों द्वारा निर्मित होते हैं।
- जलवायु में परिवर्तन तथा वायुराशियों के लम्बवत् एवं क्षैतिज संचलन के कारण भू–आकृति निर्माण की प्रक्रियाएं बदल जाती हैं जिससे भू–आकृतियों में परिवर्तन होने लगता है।
- प्रत्येक भू–आकृति के विकास का अपना एक इतिहास होता है और समय के साथ–साथ भू–आकृति में परिवर्तन होता रहता है।
- एक स्थल रूप जीवन की अवस्थाओं–युवावस्था, प्रौढ़ावस्था एवं वृद्धावस्था की तरह ही अपने विकास की अवस्थाओं से गुजरता है।
- प्रवाहित जल, भूमिगत जल, हिमनद, पवनें व तरंगें (लहरें) प्रबल अपरदनकारी व निक्षेपणकारी कारक हैं। भूतल को आकार देने में उक्त के साथ अपक्षय व वृहद् क्षरण भी सहायक होता है।
- धरातल पर दो प्रकार के स्थल रूपों का निर्माण होता है–अपरदित स्थलरूप एवं निक्षेपित स्थलरूप। स्थलरूपों के विकास एवं निर्माण में कारकों की महत्वपूर्ण भूमिका होती है।
- नदियों के निक्षेपित स्थलरूपों में जलोढ़ पंख, डेल्टा, बाढ़–मैदान, प्राकृतिक तटबन्ध तथा विसर्पी रोधिका, नदी विसर्प तथा छाड़न झीलों आदि का निर्माण होता है।
- भूमिगत जल चूना पत्थर व डोलोमाइट वाली चट्टानों में घोलीकरण व अवक्षेपण द्वारा अनेक रूपों का निर्माण करता है। चूना प्रदेश में घुलन क्रिया व उसके निक्षेपण से बने स्थलरूपों को 'कार्स्ट टोपोग्राफी' के नाम से जाना जाता है।
- भूमिगत जल के अपरदित स्थलरूपों में कुण्ड, घोलरन्ध्र, लैपीज और चूना पत्थर चबूतरे आदि महत्वपूर्ण हैं।
- भूमिगत निक्षेपित स्थलरूपों में स्टैलेक्टाइट, स्टैलेग्माइट और स्तम्भ महत्वपूर्ण होते हैं। अधिकतर निक्षेपित स्थल रूप कन्दराओं के भीतर ही निर्मित होते हैं।
- पृथ्वी पर परत के रूप में हिम प्रवाह या पर्वतीय ढालों से घाटियों में रैखिक प्रवाह के रूप में बहने हिम संहति को हिमनद कहते हैं। हिमनद कई प्रकार के होते हैं–महाद्वीपीय हिमनद व गिरि पाद हिमनद, पर्वतीय व घाटी हिमनद आदि।
- हिमनद का प्रवाह अत्यन्त मन्द होता है। हिमनद द्वारा अपरदित स्थलरूपों में सर्क, हॉर्न या गिरिशृंग, हिमनद घाटी व गर्त महत्वपूर्ण हैं।
- हिमनद द्वारा निक्षेपित स्थलरूपों में हिमोढ़, एस्कर, हिमानी धौत मैदान, ड्रमलिन आदि महत्वपूर्ण हैं।
- महासागरीय किनारों पर परिवर्तन तरंगों व धाराओं के द्वारा होता है। तरंगों की अपेक्षा सुनामी लहरें कम समय में अधिक परिवर्तन लाती हैं।

- महासागरीय तरंगों व धाराओं के अपरदित स्थलरूपों में भृगु, वेदिकाएं, कन्दराएं एवं स्टैक महत्वपूर्ण होते हैं। निक्षेपित स्थलरूपों में पुलिन एवं टिब्बे, रोधिका, रोध, स्पिट एवं लैगून आदि महत्वपूर्ण हैं।
- पवन के अपरदनात्मक स्थलरूपों में पेडीमेण्ट एवं पदस्थली, प्लाया, अपवाहन गर्त, छत्रक, टेबल व पीठिका शैल महत्वपूर्ण हैं तथा निक्षेपित स्थलरूपों में बालू टिब्बे (बरखान, परवलयिक सीफ) सबसे अधिक महत्वपूर्ण भू–आकृति हैं, जो पवन की दिशा के अनुसार परिवर्तित होती रहती हैं।

एन.सी.ई.आर.टी. पाठ्यपुस्तक भूगोल के प्रश्न (हल सहित)

बहुविकल्पीय प्रश्न

(i) स्थलरूप विकास की किस अवस्था में अधोमुख कटाव प्रमुख होता है–

(क) तरुणावस्था (ख) प्रथम प्रौढ़ावस्था

(ग) अंतिम प्रौढ़ावस्था (घ) वृद्धावस्था

(ii) एक गहरी घाटी जिसकी विशेषता सीढ़ीनुमा खड़े ढाल होते हैं; किस नाम से जानी जाती है ?

(क) U आकार की घाटी (ख) अंधी घाटी

(ग) गार्ज (घ) कैनियम

(iii) निम्न में से किन प्रदेशों में रासायनिक अपक्षय प्रक्रिया यांत्रिक अपक्षय प्रक्रिया की अपेक्षा अधिक शक्तिशाली होती है?

(क) आर्द्र प्रदेश (ख) शुष्क प्रदेश

(ग) चूना पत्थर प्रदेश (घ) हिमनद प्रदेश

(iv) निम्न में से कौन–सा वक्तव्य 'लेपीज' शब्द को परिभाषित करता है ?

(क) छोटे से मध्यम आकार के उथले गर्त

(ख) ऐसे स्थल रूप जिनके ऊपरी मुख वृत्ताकार तथा नीचे से कीप के आकार के होते हैं

(ग) ऐसे स्थलरूप जो धरातल से जल के टपकने से बनते हैं

(घ) अनियमित धरातल जिनके तीखे कटक या खांच हों

(v) गहरे, लम्बे व विस्तृत गर्त या बेसिन जिनके शीर्ष दीवार खड़े ढाल वाले तथा किनारे खड़े व अवतल होते हैं, उन्हें क्या कहते हैं?

(क) सर्क (ख) पार्श्विक हिमोढ़

(ग) घाटी हिमनद (घ) एस्कर

उत्तर–(i) (क), (ii) (ग), (iii) (क), (iv) (घ), (v) (क)।

निम्नलिखित प्रश्नों के उत्तर लगभग 30 शब्दों में दीजिए।

(i) चट्टानों में अधः कर्तित विसर्प और मैदानी भागों में जलोढ़ के सामान्य विसर्प क्या बताते हैं ?

उत्तर–तीव्र ढाल वाले चट्टानी भागों में नदियां पार्श्व अपरदन के बजाय अधोतल अपरदन अथवा गहराई में अपरदन करती हैं इसलिए जो विसर्प बनते हैं, वे गहरे होते हैं। इसलिए चट्टानी भागों में अधः कर्तित विसर्प के गहरा होने के कारण गार्ज या केनियन के रूप में उन्हें देखा जा सकता है जबकि मैदानों भागों में ये सामान्य विसर्प होते हैं। दोनों क्षेत्रों में उच्चावच की भिन्नता के कारण नदियों द्वारा अपरदन की प्रकृति में अन्तर है।

(ii) घाटी रन्ध्र अथवा युवाला का विकास कैसे होता है ?

उत्तर–धरातलीय प्रवाहित जल घोल रन्ध्रों व विलयन रन्ध्रों से गुजरता हुआ अन्तभौमि नदी के रूप में अदृश्य हो जाता है। जब घोल रन्ध्र या डोलाइन इन कन्दराओं की छत से गिरने से या पदार्थों के स्खलन द्वारा आपस में मिल जाते है, तो लम्बी, संकरी एवं विस्तृत खाइयां बनती हैं जिन्हें घाटी रन्ध्र या युवाला के नाम से जाना जाता है।

(iii) चूनायुक्त चट्टानी प्रदेशों में धरातलीय जल प्रवाह की अपेक्षा भौम जल प्रवाह अधिक पाया जाता है, क्यों ?

उत्तर–चूनायुक्त चट्टानें अधिक पारगम्य तथा मुलायम, अत्यधिक जोड़ों व संधियों वाली होती हैं। चूना–पत्थर की चट्टानों के भू–पृष्ठ से होकर प्रवाहित होने वाला धरातलीय जल छिद्रों से होकर नीचे चला जाता है और भूमिगत जल के रूप में प्रवाहित होने लगता है। चूनायुक्त चट्टानें अधिक घुलनशील होती हैं और जलप्रवाह को ऊपर नहीं रोक पाती। चूनायुक्त चट्टानों मे घोल प्रक्रिया के कारण धरातलीय जल प्रवाह की अपेक्षा भौमजल प्रवाह अधिक पाया जाता है।

(iv) हिमनद घाटियों में कई रैखिक निक्षेपण स्थलरूप मिलते हैं। इनकी अवस्थिति व नाम बताइए।

उत्तर–हिमनद घाटियों में निक्षेपण द्वारा निम्नलिखित रैखिक स्थलरूपों का विकास होता है–

1. **हिमोढ़**–हिमोढ़ हिमटिलि या गोलाश्मी मृत्तिका के जमाव की लम्बी कटकें हैं।
2. **एस्कर**–हिमनद के पिघलने से प्राप्त जलधाराओं द्वारा मलवा के निक्षेपण से निर्मित एस्कर लम्बे तथा संकरे कटक होते हैं।
3. **हिमानी धौत मैदान**–हिमानी जलोढ़ निक्षेपणों से हिमानी धौत मैदान बनते हैं।
4. **ड्रमलिन**–ड्रमलिन हिमनद मृत्तिका के अण्डाकार समतल कटकनुमा रूप हैं जिसमें रेत व बजरी के ढेर होते हैं।

(v) मरुस्थलीय क्षेत्रों में पवन कैसे अपना कार्य करती हैं ? क्या मरुस्थलों में यही एक कारक अपरदित स्थल रूपों का निर्माण करता है ?

उत्तर–मरुस्थल क्षेत्रों में पवन अपरदनात्मक कार्य अपवाहन एवं घर्षण क्रिया द्वारा करती है। अपवाहन में पवन धरातल से चट्टानों के छोटे–छोटे कण व धूल को उठाती है। मरुस्थलों में कई रोचक अपरदनात्मक एवं निक्षेपणात्मक स्थल रूपों का निर्माण होता है।

मरुस्थलों में पवनों के अतिरिक्त वृहत् क्षरण एवं प्रवाहित जल की चादर से अल्पमात्रा में स्थल रूपों का निर्माण होता है।

निम्नलिखित प्रश्नों के उत्तर लगभग 150 शब्दों में दीजिए।

(i) आर्द्र व शुष्क जलवायु प्रदेशों में प्रवाहित जल ही सबसे महत्वपूर्ण भू–आकृतिक कारक है, विस्तार से वर्णन कीजिए।

उत्तर–आर्द्र प्रदेशों में प्रवाहित जल सबसे महत्वपूर्ण भू–आकृतिक कारक है। यह धरातल को नीचा करने का प्रयास करता है। प्रवाहित जल दो रूपों में कार्य करता है–

(1) धरातल पर परत के रूप में फैला हुआ प्रवाह।

(2) रैखिक प्रवाह जो घाटियों में नदियों तथा सरिताओं के रूप में प्रवाहित होता है।

नदी–अपरदन से जलप्रपात तथा क्षिप्रिका, 'वी' आकार की घाटी, गार्ज एवं कैनियन का निर्माण होता है।

प्रवाहित जल का ढाल जितना मन्द होगा, उतना ही अधिक निक्षेपण होगा। प्रवाहित जल अन्ततः प्रवाह में कमी से अनेक शाखाओं में बंटकर समतल मैदान और डेल्टाओं का निर्माण करता है। आर्द्र जलवायु प्रदेशों

में प्रवाहित जल ही सर्वाधिक महत्वपूर्ण भू–आकृतिक कारक है जो अपरदन, परिवहन तथा निक्षेपण द्वारा अनेक भू–आकृतिक स्वरूपों का निर्माण करता है।

शुष्क जलवायु प्रदेशों में भी पवन के बाद दूसरा महत्वपूर्ण स्थलाकृतिक कारक प्रवाहित जल है। स्थलाकृतियों का निर्माण प्रवाहित जल द्वारा होता है। वनस्पतिविहीन तथा अधिक तापान्तर के कारण यहां की चट्टानें वर्षा से अधिक प्रभावित होती हैं। यहां भी वृहद् अपरदन मुख्यतः परत बाढ़ या वृष्टि धोवन से ही सम्पन्न होता है। इस प्रकार प्रवाहित जल आर्द्र एवं शुष्क दोनों प्रदेशों में प्रमुख भू–आकृतिक कारक है।

(ii) चूना चट्टानें आर्द्र व शुष्क जलवायु में भिन्न व्यवहार करती हैं, क्यों ? चूना प्रदेशों में प्रमुख व मुख्य भू–आकृतिक प्रक्रिया कौन–सी है और इसके क्या परिणाम हैं ?

उत्तर–चूना चट्टानों वाले आर्द्र जलवायु प्रदेशों में जल सरलता से नीचे प्रवेश कर जाता है क्योंकि ये चट्टानें जल के लिए पारगम्य व छिद्रयुक्त होती हैं। जल के संपर्क में आने से ये चट्टानें रासायनिक प्रक्रिया द्वारा आसानी से घुल जाती हैं और अपरदन प्रारम्भ हो जाता है। चूना पत्थर में कैल्सियम कार्बोनेट प्रमुख तत्व होता है जो जल के सम्पर्क में आकर शीघ्रता से घुल जाता है।

शुष्क जलवायु प्रदेशों में ये चट्टानें अत्यन्त कठोर होती हैं। इन पर पवन द्वारा अपरदन कार्य का प्रभाव बहुत कम पड़ता है। ये कठोर चट्टानें मानी जाती हैं। स्पष्ट है कि आर्द्र व शुष्क जलवायु में चूना चट्टानें बिल्कुल भिन्न व्यवहार करती हैं।

चूना प्रदेशों में भूमिगत जल अपरदन के कारक के रूप में अधिक सक्रिय होता है और इसके द्वारा अनेक भू–आकृतियों का निर्माण होता है। इसे 'कार्स्ट टोपोग्राफी' कहते हैं। भूमिगत जल इन चट्टानों से मिलकर रासायनिक क्रिया करता है और ये चट्टानें घुलकर वियोजित होने लगती हैं। इनके द्वारा स्टेलेग्टाइट, स्टेलेग्माइट तथा स्तम्भों का निर्माण होता है। अपरदन क्रिया द्वारा इस प्रदेश में घोलरन्ध्र, डोलाइन, युवाला, कन्दरा आदि स्थलरूपों का निर्माण होता है।

(iii) हिमनद ऊंचे पर्वतीय क्षेत्रों को निम्न पहाड़ियों व मैदानों में कैसे परिवर्तित करते हैं ? या किस प्रक्रिया से यह कार्य सम्पन्न होता है ? बताइए।

उत्तर–हिमनद का विकास उच्च पर्वतीय भागों में शून्य डिग्री सेण्टीग्रेड से कम ताप वाले भागों में ही होता है। हिमनद हिम के भार एवं गुरुत्वाकर्षण बल के कारण ढाल के अनुरूप अत्यन्त मन्द गति से प्रवाहित होते हैं। ढाल के अनुरूप गतिमान हिमनद घर्षण द्वारा निचली चट्टानों में, किनारों पर अपघर्षण द्वारा बड़े–बड़े शिलाखण्डों को तोड़ते हुए प्रवाहित होते हैं। जिन चट्टानों में अपक्षय क्रिया अधिक प्रभावी रूप से सक्रिय नहीं हो सकी है, हिमनद उन्हें भी तोड़कर अपरदित कर देता है।

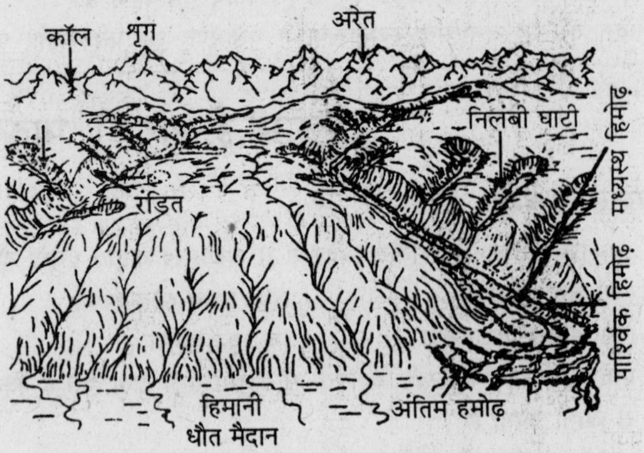

चित्र–हिमनद द्वारा अपरदन एवं निक्षेपण के विभिन्न रूप

हिमनद चट्टानों के साथ घर्षण एवं अपघर्षण प्रक्रिया से अपरदन द्वारा अनेक स्थलरूपों का निर्माण करता है। इनमें सर्क, गिरिशृंग, यू आकार की घाटी, लटकती घाटी टार्नझील आदि प्रमुख हैं।

हिमनद जब उच्च पर्वतीय भागों से निम्न क्षेत्रों में उतरती है तो तापमान में वृद्धि के कारण पिघलने लगती है। इस अवस्था को हिमनद के साथ प्रवाहित होने वाला मलवा विभिन्न स्थानों व क्षेत्रों में जमा होने लगता है। इस प्रकार के मलवे के जमाव को हिमोढ़ कहते हैं। इसके जमाव से स्थलरूपों का निर्माण होता है; जैसे–हिमोढ़, एस्कर, ड्रमलिन केम, हिमानी धौत मैदान आदि।

इस प्रकार हिमनद अपने अपरदन कार्यों द्वारा उच्च पर्वतीय भागों को छोटी पहाड़ियों और अन्ततः मैदानों के रूप में परिवर्तित कर देता है।

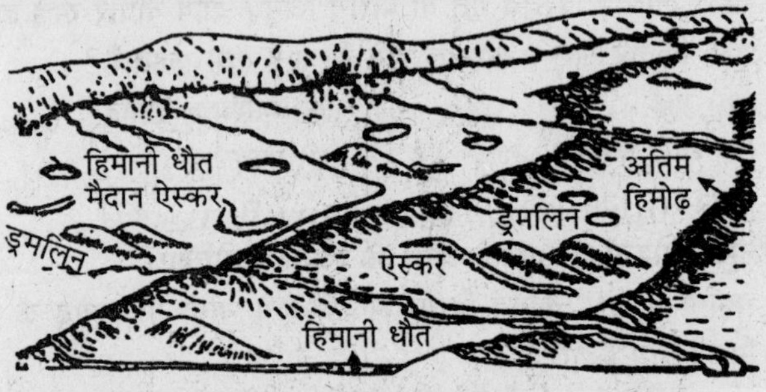

चित्र–हिमनद द्वारा निक्षेपित विभिन्न भू-आकृतियां

अभ्यासार्थ प्रश्न

बहुविकल्पीय प्रश्न

1. V आकार की घाटी निर्मित होती है–

(अ) नदियों द्वारा युवावस्था में

(ब) नदियों द्वारा वृद्धावस्था में

(स) हिमनद द्वारा उच्च पर्वतीय भागों में

(द) पवनों द्वारा

2. गोखुर (Oxbow lake) झीलें निर्मित होती हैं–

(अ) नदी द्वारा

(ब) हिमनदी द्वारा

(स) भूमिगत जल द्वारा

(द) हिमानी द्वारा

3. 'टार्न झील' (सर्क झील) बनती है–

(अ) नदियों के अपरदन से (ब) पवनों के अपरदन से

(स) हिमनद के अपरदन द्वारा (द) भूमिगत जल द्वारा निक्षेपण से

4. 'हिमोढ़' निक्षेप किसके द्वारा जमा किया जाता है ?

(अ) प्रवाही जल (ब) भूमिगत जल

(स) हिमनद (द) पवन

5. भृगु और स्टैक किस अपरदन कारक द्वारा बनते हैं ?

(अ) प्रवाही जल (ब) हिमनद

(स) तरंग एवं धाराएं (द) भूमिगत जल

[**उत्तर**–1. (अ), 2. (अ), 3. (स), 4. (स), 5. (स)।]

अति लघु उत्तरीय प्रश्न

1. भू–आकृतिक कारकों का उल्लेख कीजिए।

उत्तर–(i) प्रवाहित जल, (ii) भौमजल, (iii) हिमनद, (iv) तरंग, (v) पवनें।

2. भू–आकृति क्या है ?

उत्तर–भू–आकृतिक कारकों द्वारा अपरदन व निक्षेपण के फलस्वरूप निर्मित छोटे से मध्यम आकार के भूखण्ड भू–आकृति कहलाते हैं।

3. स्थल रूपों का अनुक्रमिक विकास कैसे होता है ?

उत्तर–धरातल पर समस्त भू–आकृतिक कारक लम्बी अवधि तक कार्य करते हुए क्रमबद्ध परिवर्तन लाते हैं जिसके फलस्वरूप स्थल रूपों का अनुक्रमिक विकास होता है।

4. प्रवाहित जल के प्रमुख तत्वों का नामोल्लेख कीजिए।

उत्तर–प्रवाहित जल के दो प्रमुख तत्व हैं जिनमें (क) धरातल पर परत के रूप में फैला हुआ स्थलगत प्रवाह। (ख) घाटियों में नदियों के रूप में रैखिक प्रवाह।

5. नदी के अपरदन द्वारा निर्मित किन्हीं दो स्थलाकृतियों के नाम बताइए।

उत्तर–(क) 'V' आकार की घाटी, (ख) गार्ज।

6. 'V' आकार की घाटी का निर्माण किस भू–आकृतिक कारक द्वारा होता है?

उत्तर–प्रवाहित जल द्वारा।

7. गार्ज से क्या आशय है ?

उत्तर–नदी द्वारा निर्मित संकीर्ण घाटी को गार्ज कहते हैं।

8. अवनमित कुण्ड क्या है ?

उत्तर–जल–प्रपातों के तल में बने विशाल व गहरे कुण्ड को अवनमित कुण्ड कहते हैं।

9. जल गर्तिका को स्पष्ट कीजिए।

उत्तर–पहाड़ी क्षेत्रों में नदी तल में अपरदित छोटे–चट्टानी टुकड़े छोटे गर्तों में फंसकर वृत्ताकार रूप में घूमते हैं जिनकी जल–गर्तिका के नाम से जाना जाता है।

10. विसर्प क्या है ?

उत्तर–विस्तृत बाढ़ व डेल्टा मैदानों में नदियां शायद ही सीधे मार्गों में प्रवाहित होती है, जिससे बाढ़ व डेल्टाई मैदानों पर लूप जैसे चैनल प्रारूप विकसित हो जाते हैं, जिन्हें विसर्प कहते है।

11. डेल्टा को स्पष्ट कीजिए।

उत्तर–नदी के अन्तिम भाग का वह त्रिभुजाकार समतल मैदान जहां नदी का जल अनेक धाराओं में विभाजित होकर समुद्र में पहुंचता है। डेल्टा कहलाता है।

12. घोल रन्ध्र किन्हें कहते हैं ?

उत्तर–ये कीप के आकार के लगभग तीस मीटर या उससे अधिक गहरे गर्त होते हैं।

13. घाटी रन्ध्र (Valley sinks) या युवाला किसे कहते हैं ?

उत्तर–जब घोल रन्ध्र व डोलाइन कंदराओं की छत से गिरने से या पदार्थ के स्खलन द्वारा आपस में मिल जाते हैं, तो लम्बी, तंग तथा विस्तृत खाइयां बनती हैं जिन्हें घाटी रन्ध्र (Valley sinks) या युवाला कहते हैं।

14. चूना पत्थर प्रदेश की स्थलाकृतियों के कौन–से पांच रूप हैं?

उत्तर–विलय रन्ध्र, लैपीस, टेरा–रोसा, पोलजे, चूर्ण कूट तथा कन्दराएं।

15. कन्दराएं क्या हैं ?

उत्तर–भूमिगत जल घुलन क्रिया से उत्पन्न खोखले प्रदेश को कन्दराएं कहते हैं।

16. लैपीज क्या है ?

उत्तर–चूना प्रदेश में प्रवाही जल जब भू–पृष्ठ को अधिक नुकीला एवं कटीला बना देता है, तो उसे लैपीज कहते हैं।

17. भौम जल द्वारा बने स्थल रूपों को क्या नाम दिया गया है ?

उत्तर–कार्स्ट स्थलाकृति।

18. हिमनद द्वारा अपरदित किन्हीं दो स्थल रूपों के नाम लिखिए।

उत्तर–(i) सर्क, (ii) गिरिश्रृंग।

19. हिमानी का अपरदन कार्य किन बातों पर निर्भर करता है ?

उत्तर–हिमानी की मोटाई, उस पर पड़े शिलाखण्ड, हिमानी का वेग तथा पार्श्ववर्ती चट्टानें।

20. हिमानी के अपरदन द्वारा निर्मित कौन–कौन से भू–आकार हैं ?

उत्तर–मेषटीला, U आकार की घाटियां, लटकती घाटियां, हिम गह्वर या सर्क, दर्श या कोल, मोरेन, शृंग तथा फियोर्ड।

21. हिमोढ़ के प्रकारों का नामोल्लेख कीजिए।

उत्तर–पार्श्व हिमोढ़, मध्यवर्ती हिमोढ़ तथा अन्तस्थ हिमोढ़।

22. पार्श्विक हिमोढ़ का निर्माण कैसे होता है ?

उत्तर–पार्श्विक हिमोढ़ (Lateral moraines) हिमनद घाटी की दीवार के समानान्तरण निर्मित होते हैं। पार्श्विक हिमोढ़ अंतस्थ हिमोढ़ से मिलकर अर्द्धचंद्राकार कटक का निर्माण करते हैं।

23. एस्कर क्या है ?

उत्तर–जो हिमनद नीचे बर्फ की घाटी में जमा हो जाते है यह बर्फ पिघलने के बाद एक वक्राकार कटक के रूप में मिलते हैं, जिन्हें एस्कर कहते हैं।

24. फियोर्ड तट कैसे बनते हैं ?

उत्तर–तटरेखा का अत्यधिक अवनमन होने से किनारे के स्थल भाग जलमग्न हो जाते हैं। जिनसे वहां फियोर्ड तट बन जाते हैं।

25. सुनामी लहरें क्या हैं ?

उत्तर–समुद्र में भूगर्भिक हलचल होने से उत्पन्न विशालकाय लहरें सुनामी लहरें कहलाती हैं।

26. भृगु को स्पष्ट कीजिए।

उत्तर–जब कोई सागरीय तट एकदम सीधा खड़ा होता है तो उसे भृगु कहते हैं।

27. गुलिक क्या है ?

उत्तर–सागरीय तट के किनारे मलबे के निक्षेप से बने स्थलरूप को गुलिन कहते है।

28. लैगून किसे कहते हैं ?

उत्तर–खाड़ी तथा खाड़ी रोधिका के मध्य जल से भरे हुए भाग को लैगून कहते हैं।

29. पवन द्वारा निर्मित किन्हीं दो स्थलाकृतियों का नामोल्लेख कीजिए।

उत्तर–(i) पेडीमेंट, (ii) प्लाया।

30. पेडीप्लेन किसे कहते हैं ?

उत्तर–जब मरुस्थलीय प्रदेशों में एक उच्च धरातल, आकृतिविहीन मैदान में परिवर्तित हो जाता है तो उसे पेडीप्लेन या पदस्थली कहते हैं।

31. बरखान क्या है ?

उत्तर–मरुस्थलीय प्रदेशों में अर्द्धचन्द्राकार रूप में बनने वाले बालू के टिब्बों को बरखान कहते हैं।

32. पवन अपघर्षण क्या है ?

उत्तर–पवन के साथ उड़ते हुए बालुका कण जब शैलों से टकराते हैं, तो उसे पवन अपघर्षण कहते हैं।

33. अपवाहन गर्त को स्पष्ट कीजिए।

उत्तर—पवनों के एक ही दिशा में स्थायी प्रवाह से चट्टानों के अपक्षयजनित पदार्थों का अपवाहन होता है। इस क्रिया में उथले गर्त बनते हैं, जिन्हें अपवाहन गर्त कहते हैं।

लघु उत्तरीय प्रश्न

1. नदी अपरदन द्वारा घाटियों के निर्माण की प्रक्रिया का संक्षिप्त विवरण प्रस्तुत कीजिए।

2. मोनाडनोक को स्पष्ट कीजिए।

3. 'V' आकार की घाटी किस प्रकार निर्मित होती है ?

4. 'जल प्रपात' को समझाइए।

5. अवनमित कुंड का निर्माण किस प्रकार होता है ?

6. जलोढ़ पंख का निर्माण किस प्रकार होता है ?

7. नदी विसर्प से आप क्या समझते हैं ?

8. 'लेपीज' को समझाइए।

9. घोल रंध्र को स्पष्ट करते हुए इसके निर्माण की प्रक्रिया का उल्लेख कीजिए।

10. कंदरा की निर्माण प्रक्रिया को स्पष्ट कीजिए।

11. 'स्टैलेक्टाइट' क्या है ? संक्षिप्त विवरण दीजिए।

12. 'स्टैलेग्माइट को स्पष्ट कीजिए।

13. 'सर्क' के बारे में आप क्या जानते हैं ? संक्षेप में लिखिए।

14. हार्न अथवा गिरिशृंग से सम्बन्धित संक्षिप्त विवरण प्रस्तुत कीजिए।

15. अवक्षेप मैदान के निर्माण की प्रक्रिया को संक्षेप में समझाइए।

16. स्पिट के बारे में आप क्या जानते हैं ? संक्षिप्त विवरण प्रस्तुत कीजिए।

17. बालुका स्तूप का निर्माण कैसे होता है ? समझाइए।

18. भू–आकृतियों के निर्माण में सहायक दशाओं का उल्लेख कीजिए।

19. पर्वतीय भागों में घाटी विकास की अवस्थाओं को संक्षेप में समझाइए।

20. जल प्रपात और क्षिप्रिका (Rapids) में अन्तर स्पष्ट कीजिए।

21. नदी विसर्प (Meanders) से क्या आशय है ? इनके निर्माण के कारणों का उल्लेख कीजिए।

22. कार्स्ट स्थलाकृति को स्पष्ट कीजिए।

23. स्टैलेक्टाइट, स्टैलेग्माइट तथा स्तंभ का निर्माण किस प्रकार होता है ? स्पष्ट कीजिए।

24. हिमानी की गतिशीलता को नियंत्रित करने वाले कारकों को संक्षेप में समझाइए।

25. वायु का अपरदन कार्य किन–किन रूपों में सम्पन्न होता है ? संक्षिप्त विवरण प्रस्तुत कीजिए।

26. वायु के कार्य एवं नदी के कार्य की तुलना कीजिए।

27. यारडंग एवं ज्यूजन में अंतर स्पष्ट कीजिए।

28. लम्बे बालू स्तूप एवं आड़े बालू स्तूप का तुलनात्मक विवरण प्रस्तुत कीजिए।

29. अपरदन तथा अपक्षय में अंतर स्पष्ट कीजिए।

30. 'V' आकार की घाटी तथा 'U'आकार की घाटी में तुलना कीजिए।

31. निम्नीकरण एवं अधिवृद्धि में अंतर स्पष्ट कीजिए।

विस्तृत उत्तरीय प्रश्न

1. प्रवाहित जल अथवा नदी के विभिन्न कार्यों का विस्तार से वर्णन कीजिए।

2. नदी की विभिन्न अवस्थाओं एवं उनके प्रकार्यों का वर्णन कीजिए।

3. नदी की युवावस्था में निर्मित विभिन्न स्थलाकृतियों को विस्तारपूर्वक समझाइए।

4. नदी के निक्षेपणात्मक कार्य तथा इस कार्य द्वारा निर्मित स्थलाकृतियों का वर्णन कीजिए।

5. भूमिगत जल/भौमजल के अपरदनात्मक कार्य से बनी विशिष्ट स्थलाकृतियों का विवरण प्रस्तुत कीजिए।

6. हिमानी के अपरदन कार्यों द्वारा निर्मित विभिन्न स्थलाकृतियों का उल्लेख कीजिए।

7. हिमनद/हिमानी के निक्षेपण से बनी स्थलाकृतियों का विवरण प्रस्तुत कीजिए।

8. लहरों के अपरदन कार्य द्वारा निर्मित स्थलाकृतियों का सचित्र वर्णन कीजिए।

9. लहरों के निक्षेपण कार्य द्वारा निर्मित स्थलाकृतियों का चित्रात्मक विवरण प्रस्तुत कीजिए।

8 वायुमण्डल का संघटन तथा संरचना

परिचय

वायुमण्डल विभिन्न प्रकार की गैसों का मिश्रण है और यह पृथ्वी को सभी ओर से ढके हुए है। इसमें मनुष्यों और जन्तुओं के जीवन के लिए आवश्यक गैसें; जैसे–ऑक्सीजन तथा पौधों के जीवन के लिए कार्बन डाईऑक्साइड पाई जाती है। वायु पृथ्वी के द्रव्यमान का अभिन्न भाग है। इसके कुल द्रव्यमान का 99 प्रतिशत पृथ्वी की सतह से 32 किमी की ऊंचाई तक स्थित है। वायु रंगहीन तथा गंधहीन होती है तथा जब यह पवन की तरह बहती है, तभी हम इसे महसूस कर सकते हैं।

वायुमंडल का संघटन

वायुमंडल गैसों, जलवाष्प तथा धूल कणों से निर्मित है। वायुमंडल के निचले हिस्से में विभिन्न प्रकार की गैसें पायी जाती हैं। 120 किमी की ऊंचाई पर ऑक्सीजन की मात्रा नगण्य हो जाती है जबकि कार्बन–डाईऑक्साइड व जलवाष्प पृथ्वी सतह से 90 किमी की ऊंचाई तक ही पाए जाते हैं।

वायुमण्डल के संघटन में निम्नलिखित अवयवों का विशिष्ट योगदान होता है–

(क) गैस–वायुमण्डल के निर्माण में सर्वप्रमुख भूमिका गैसों की होती है। वायुमण्डल में गैसें निम्नलिखित रूप में में विद्यमान होती हैं–

घटक	सूत्र	द्रव्यमान प्रतिशत
नाइट्रोजन	N_2	78.8
ऑक्सीजन	O_2	20.95
आर्गन	Ar	0.93
कार्बन डाईऑक्साइड	CO_2	0.036
नीऑन	Ne	0.002
हीलियम	He	0.0005
क्रेप्टो	Kr	0.001
जेनन	Xe	0.00009
हाइड्रोजन	H_2	0.00005

मौसम की दृष्टि से कार्बन डाईऑक्साइड अत्यन्त महत्वपूर्ण गैस है। इसका कारण इसका सौर विकिरण के लिए पारदर्शी एवं पार्थिव विकिरण के लिए अपारदर्शी होना है।

कार्बन डाईऑक्साइड सौर विकिरण के एक अंश को सोख लेती है और इसके कुछ भाग को पृथ्वी की सतह की ओर प्रतिबिंबित कर देती है। यह ग्रीन हाउस प्रभाव के लिए पूर्णतया उत्तरदायी है। दूसरी गैसों का आयतन स्थिर है, जबकि पिछले कुछ दशकों में मुख्यतः जीवाश्म ईंधन को जलाये जाने के कारण कार्बन डाईऑक्साड के आयतन में लगातार वृद्धि हो रही है। इसने हवा के ताप को भी बढ़ा दिया है।

ओजोन वायुमण्डल का दूसरा महत्वपूर्ण घटक है जो कि पृथ्वी की सतह से 10 से 50 किलोमीटर की ऊंचाई के मध्य पाया जाता है। यह एक फिल्टर की तरह कार्य करता है और सूर्य से निकलने वाली पराबैंगनी किरणों को अवशोषित कर उनको पृथ्वी की सतह पर पहुंचने से रोकता है।

(ख) जलवाष्प–जलवाष्प वायुमण्डल में विद्यमान ऐसी परिवर्तनीय गैस है जो ऊंचाई के साथ घटती है। गर्म और आर्द्र उष्ण कटिबंध में यह वायु के आयतन का 4 प्रतिशत होती है, जबकि ध्रुवों जैसे ठंडे व रेगिस्तानों जैसे शुष्क प्रदेशों में यह वायु के आयतन के 1 प्रतिशत हिस्से से भी कम होती है। विषुवत् वृत्त से ध्रुव की तरफ जलवाष्प की मात्रा कम होती जाती है। यह सूर्य से निकलने वाले ताप के कुछ भाग को अवशोषत करती है और पृथ्वी से निकलने वाले ताप को संग्रहित करती है। इस प्रकार यह एक कंबल की भाँति कार्य करती है तथा पृथ्वी को न तो अधिक गर्म तथा न ही अधिक ठंडा होने देती है। जलवाष्प वायु के स्थिर व अस्थिर होने में भी महत्वपूर्ण भूमिका निभाती है।

(ग) धूलकण–वायुमण्डल में छोटे–छोटे ठोस कणों की उपस्थिति भी होती है। ये छोटे कण विभिन्न स्रोतों; जैसे– समुद्री नमक, महीन मिट्टी, धुएं की कालिमा, पराग, राख, धूल एवं उल्काओं के टूटे हुए कण के हिस्से होते हैं।

सामान्यतया धूलकण वायुमण्डल के निचले भाग में विद्यमान होते हैं, यद्यपि संवहनीय वायु प्रवाह इन्हें काफी ऊंचा तक ले जा सकता है। धूलकणों का सबसे अधिक जमाव उपोष्ण व शीतोष्ण प्रदेशों में सूखी हवा के कारण होता है, जो विषुवत एवं ध्रुवीय प्रदेशों की तुलना में यहां अधिक मात्रा में होते हैं। धूल और नमक के कण आर्द्रताग्राही केन्द्र की तरह कार्य करते है जिसके चारों ओर जलवाष्प संघनित होकर मेघों का निर्माण करती है।

वायुमण्डल की संरचना

वायुमण्डल विभिन्न घनत्व तथा अलग–अलग तापमान वाली भिन्न–भिन्न परतों से निर्मित होता है। उल्लेखनीय तथ्य यह है कि पृथ्वी की सतह के समीप घनत्व अधिक होता है। ऊंचाई बढ़ने के साथ यह घनत्व घटता जाता है।

तापमान की अवस्थिति के अनुसार वायुमण्डल को पांच अलग–अलग संस्तरों में विभक्त किया गया है। ये संस्तर निम्नलिखित हैं–

(क) क्षोभमण्डल–वायुमण्डल की सबसे निचली परत को क्षोभमण्डल कहते है। धरातलीय जीवों का सम्बन्ध इसी मण्डल से है। वायुमण्डल की समस्त जलवायु एवं मौसम सम्बन्धी घटनाएं इसी मण्डल में घटित होती हैं। इसी भाग में प्रति 165 मीटर की ऊंचाई पर जाने पर तापमान 1° सेग्रे. कम हो जाता है, इसीलिए इसे परिवर्तन मण्डल भी कहा जाता है। क्षोभ मण्डल के ऊपर लगभग डेढ़ किमी मोटी परत प्राप्त होती है जिसे ट्रोपोपॉज (क्षोभ सीमा) कहते हैं। इस भाग में तापमान के परिवर्तन सम्बन्धी क्रियाएं नहीं हो पाती हैं। यह क्षोभमण्डल एवं समतापमण्डल को विभाजित करने वाली सीमा है।

(ख) समतापमण्डल–समतापमण्डल की अवस्थिति क्षोभ सीमा के ऊपर पाई जाती है। यहां पर तापमान में परिवर्तन तथा ऊंचाई के सम्बन्ध में विद्वानों में मतभेद हैं। समतापमण्डल के निचले भाग में ओजोन गैस वाला ओजोन मण्डल पाया जाता है। यह गैस महत्वपूर्ण है क्योंकि सूर्य से आने वाली पराबैंगनी किरणों का अवशोषण करके धरातल के तापमान को सामान्य बनाये रखने में योगदान करती है। नवीन आविष्कारों के परिणामस्वरूप वायुमण्डल में ओजोन गैस का क्षरण हो रहा है जिससे वायुमण्डल में तापमान बढ़ता जा रहा है।

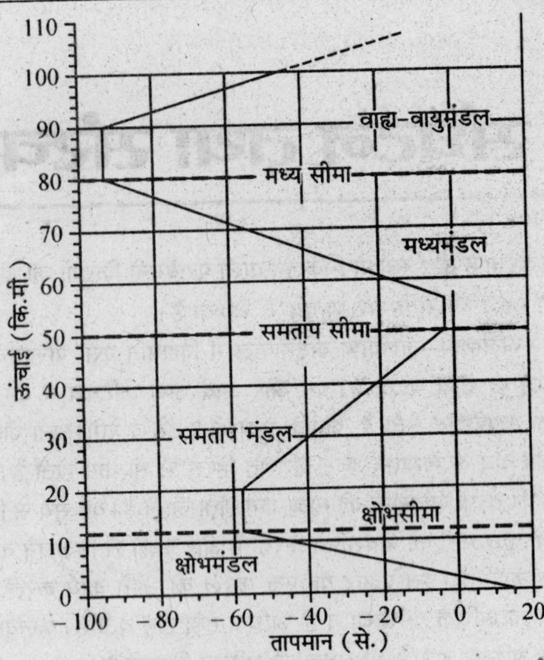

चित्र-वायुमण्डल की संरचना

(ग) मध्यमण्डल–समतापमण्डल के ऊपर मध्यमण्डल की अवस्थिति है। इस भाग में तापमान धीरे–धीरे घटने लगता है और 80 किमी की ऊंचाई पर तापमान सबसे कम –100° से हो जाता है। इस ऊपरी सीमा को 'मध्यसीमा' (मेसोपॉज) कहते हैं।

(घ) आयनमण्डल–मध्यमण्डल के ऊपर आयनमण्डल की अवस्थिति मिलती है। इसमें विद्युत आवेशित कण मिलते हैं जिन्हें आयन कहते हैं। इस मण्डल से रेडियो की लघु एवं दीर्घ तरंगें टकराकर धरातल पर वापस आ जाती हैं। यदि आयनमण्डल की अवस्थिति न होती तो ये तरंगें वायुमण्डल में शून्य में चली जातीं और हम रेडियो प्रसारण नहीं सुन पाते।

(ङ) बहिर्मण्डल–वायुमण्डल की सबसे ऊपरी परत बहिर्मण्डल कहलाती है। इस मण्डल के ऊपरी भाग की ऊंचाई अनिश्चित है क्योंकि यहां की हवा अत्यधिक विरल होती है।

ध्यातव्य–वर्षण, बादल, आर्द्रता, वायु, दाब व ताप वायुमण्डल के महत्वपूर्ण तत्व हैं। ये मानव जीवन को अत्यन्त गहराई से प्रभावित करते हैं।

यह भी जानिए

जलवाष्प पृथ्वी पर एक कंबल की भांति कार्य करती है–जलवाष्प एक परिवर्तनशील गैस है जो ऊंचाई के साथ घटती है। विषुवत् रेखा से ध्रुवों की ओर जलवाष्प की मात्रा कम होती जाती है। यह सूर्य से निकलने वाले ताप के कुछ भाग को अवशोषित करती है एवं पृथ्वी से निकलने वाले ताप को संग्रहीत करती है। यह पृथ्वी को न तो अधिक गर्म और न ही अधिक ठण्डा होने देती है।

क्षोभमण्डल की मोटाई विषुवत् रेखा पर सर्वाधिक होने के कारण–क्षोभमण्डल की ऊंचाई में विभिन्नता पाई जाती है। ध्रुवों पर यह 8 किमी. है तथा विषुवत् रेखा पर 18 किमी की ऊंचाई तक है। भूमध्यरेखा पर वर्षभर सूर्य की सीधी किरणें पड़ने के कारण अधिक सूर्यातप प्राप्त होता है, इसके परिणामस्वरूप सवहन धाराएं चलती हैं। ये धाराएं अधिक ऊंचाई तक ताप को पहुंचा देती हैं। इसके क्षोभमण्डल तट की मोटाई विषुवत् रेखा पर बनती है।

ओजोन गैस का महत्व–ओजोन गैस समतापमण्डल की निचली सीमा में पाई जाती है। यह रक्षा–आवरण का काम करती है। यह सूर्य से आने वाली पराबैंगनी किरणों (Ultraviolet-ray) का अवशोषण कर लेती है, जिससे धरातल का तापमान सामान्य बना रहता है। यदि ये किरणें सीधे धरातल तक आ जातीं तो तापमान इतना अधिक बढ़ जाता कि धरातल पर जीवों का अस्तित्व सम्भव नहीं हो सकता था। वर्तमान समय में ओजोन गैस का क्षरण हो रहा है, जिससे धरातल का तापमान निरन्तर बढ़ता जा रहा है।

क्षोभमंडल एवं समताप मंडल में अंतर

क्र.सं.	क्षोभमण्डल	समताप मण्डल
1.	यह वायुमण्डल की सबसे निचली परत है।	यह धरातल से ऊपर वायुमण्डल की दूसरी परत है।
2.	क्षोभमण्डल की ऊंचाई ध्रुवों पर 8 किमी तथा भूमध्य रेखा पर 20 किमी. होती है।	समताप मण्डल की ऊंचाई 16 किमी से लेकर 72 किमी. तक होती है।
3.	इस परत में तापमान 1°C प्रति 165 मीटर की दर से कम होता है।	इस परत में तापमान लगभग समान रहते हैं।
4.	इस परत में संवाहिक धाराएं, मेघ तथा धूल कण पाए जाते हैं।	इस परत में संवाहिक धाराओं, मेघ तथा धूल कण का अभाव होता है।
5.	इस मण्डल में ऋतु परिवर्तन सम्बन्धी घटनाएं होती रहती हैं।	यह मंडल एक शांत मंडल है।

मौसम और जलवायु में अन्तर–किसी स्थान की अल्प समय की मौसमी दशाओं के औसत को उस स्थान का मौसम कहते हैं, जबकि जलवायु किसी स्थान की लम्बे समय की औसत मौसमिक दशाओं की सूचक है। मौसम एवं जलवायु में प्रमुख दो अन्तर निम्नलिखित हैं–

(1) मौसम किसी स्थान की लघु समय की औसत मौसमिक दशाओं का सूचक है जबकि जलवायु दीर्घकालीन औसत मौसमिक दशाओं का पालन करती है।

(2) मौसम में त्वरित परिवर्तन होता है जबकि जलवायु में परिवर्तन दीर्घकाल में होता है।

स्मरणीय बिन्दु

- वायुमण्डल विभिन्न प्रकार की गैसों का सम्मिश्रण है। यह पृथ्वी को चारों ओर से ढके हुए है।
- वायु के कुल द्रव्यमान का 99 प्रतिशत पृथ्वी की सतह से 32 किमी. की ऊंचाई तक प्राप्त होता है।
- वायुमण्डल में सर्वाधिक मात्रा नाइट्रोजन गैस की है। दूसरी महत्वपूर्ण गैस ऑक्सीजन है।
- कार्बन डाईऑक्साइड मौसम विज्ञान की दृष्टि से बहुत ही महत्वपूर्ण गैस है, क्योंकि यह सौर विकिरण के लिए पारदर्शी है, लेकिन पार्थिक विकिरण के लिए अपारदर्शी है।
- ओजोन परत सूर्य से निकलने वाली पराबैंगनी किरणों का अवशोषण करके उन्हें पृथ्वी की सतह तक पहुंचने से रोकती है।
- जलवाष्प वायुमण्डल में परिवर्तनीय गैस है, जो ऊंचाई के साथ घटती जाती है। वायुमण्डल की कुल जलवाष्प का 90 प्रतिशत भाग केवल 5 किमी की ऊंचाई तक प्राप्त हो पाता है।
- वायुमण्डल की संरचना में तीसरा महत्वपूर्ण तत्व धूलिकण है। वायुमण्डल में इनकी उपस्थिति समुद्री नमक, महीन मिट्टी, धुएं की कालिमा, राख, पराग धूलि तथा उल्काओं के टूटने से होता है।

- धुएं एवं नमक के कण जलवाष्प को अपनी ओर आकर्षित करते है। अतः इन्हें 'आर्द्रताग्राही केन्द्रक' कहते हैं। जलवाष्प इन आर्द्रताग्राही केन्द्रों के चारों ओर संघनित होकर मेघों (बादलों) का निर्माण करती है।
- तापमान एवं दबाव के आधार पर वायुमण्डल की पांच परतें पाई जाती हैं—क्षोभमण्डल, समतापमण्डल, मध्यमण्डल, बाह्य मण्डल तथा बहिर्मण्डल।
- क्षोभमण्डल एवं समतापमण्डल सबसे अधिक उपयोगी हैं। मौसम सम्बन्धी परिवर्तन क्षोभमण्डल में ही होते हैं। समतापमण्डल में ओजोन परत पायी जाती है।

एन.सी.ई.आर.टी. पाठ्यपुस्तक भूगोल के प्रश्न (हल सहित)

बहुविकल्पीय प्रश्न

(i) निम्नलिखित में से कौन–सी गैस वायुमण्डल में सबसे अधिक मात्रा में मौजूद है ?

(क) ऑक्सीजन (ख) आर्गन

(ग) नाइट्रोजन (घ) कार्बन डाई–ऑक्साइड

(ii) वह वायुमण्डलीय परत जो मानव जीवन के लिए महत्वपूर्ण है—

(क) समतापमण्डल (ख) क्षोभमण्डल

(ग) मध्यमण्डल (घ) आयतनमण्डल

(iii) समुद्री नमक, पराग, राख, धुएं की कालिमा, महीन मिट्टी—किसके सम्बन्धित हैं ?

(क) गैस (ख) जलवाष्प

(ग) धूलकण (घ) उल्कापात

(iv) निम्नलिखित में से कितनी ऊंचाई पर ऑक्सीजन की मात्रा नगण्य हो जाती है ?

(क) 90 किमी (ख) 100 किमी

(ग) 120 किमी (घ) 150 किमी

(v) निम्नलिखित में से कौन–सी गैस सौर विकिरण के लिए पारदर्शी है तथा पार्थिव विकिरण के लिए अपारदर्शी है ?

(क) ऑक्सीजन (ख) नाइट्रोजन

(ग) हीलियम (घ) कार्बन डाई–ऑक्साइड

उत्तर—(i) (ग), (ii) (ख), (iii) (ग), (iv) (ग), (v) (घ)।

निम्नलिखित प्रश्नों के उत्तर लगभग 30 शब्दों में दीजिए—

(i) वायुमण्डल से आप क्या समझते हैं ?

उत्तर—वायुमण्डल पृथ्वी की गुरुत्वाकर्षण शक्ति द्वारा उसके चारों ओर स्थित है। इसके द्वारा ही पृथ्वी पर विभिन्न प्रकार के जीवों का अस्तित्व सम्भव हो सका है। वायुमण्डल में गैसों के अलावा जलवाष्प एवं धूलिकण भी पाये जाते हैं।

(ii) मौसम एवं जलवायु के तत्व कौन से हैं ?

उत्तर—मौसम निरन्तर परिवर्तनशील होता है जबकि जलवायु लगभग स्थिर होती है। सामान्यतः मौसम एवं जलवायु के तत्व समान होते हैं, केवल उनमें समय का अन्तर होता है। मौसम एवं जलवायु के अन्तर्गत तापमान एवं वर्षा, आर्द्रता, वायु की दिशा एवं गति तथा बादलों की दिशा आदि तत्वों को सम्मिलित किया जाता है।

(iii) वायुमण्डल की संरचना के बारे में लिखिए।

उत्तर—वायुमण्डल की संरचना विभिन्न तापमान एवं घनत्व वाली परतों द्वारा हुई है। पृथ्वी के निचले भाग में घनत्व सर्वाधिक होता है किन्तु जैसे–जैसे ऊंचाई पर जाते हैं, घनत्व सामान्यतः कम होता जाता है। इसका कारण यह है कि वायुमण्डल के निचले भाग में ही भारी गैसों, जलवाष्प एवं धूलिकणों की मात्रा अधिक होती है। ऊंचाई के साथ–साथ यह विरल होती जाती है। तापमान एवं दबाव के आधार पर वायुमण्डल की संरचना निम्न परतों को मिलाकर हुई है—

(क) क्षोभमण्डल, (ख) समतापमण्डल, (ग) मध्यमण्डल, (घ) बाह्यमण्डल, (ङ) बहिर्मण्डल।

(iv) वायुमण्डल के सभी संस्तरों में क्षोभमण्डल सबसे अधिक महत्वपूर्ण क्यों है?

उत्तर—क्षोभमण्डल वायुमण्डल की सबसे निचली परत है। धरातलीय जीवों का सम्बन्ध इसी परत से होता है। मौसम सम्बन्धी घटनाएं भी यहीं (परिवर्तन) होती है; जैसे— बिजली चमकना, बादल बनना, वर्षा होना, इन्द्रधनुष का बनना आदि का सम्बन्ध क्षोभमण्डल से ही होता है। भारी गैसों का अधिकांश संघटन इसी परत में प्राप्त होता है। जलवाष्प की अधिकांश मात्रा (90% से अधिक) इसी मण्डल में मिलती है। धरातलीय जीवों का सम्बन्ध भी इसी मण्डल से होता है। इस प्रकार कहा जा सकता है कि क्षोभमण्डल, वायुमण्डल की सबसे महत्वपूर्ण परत है।

निम्नलिखित प्रश्नों के उत्तर लगभग 150 शब्दों में दीजिए।

(i) वायुमण्डल के संघटन की व्याख्या कीजिए।

उत्तर—1. वायुमण्डल के विभिन्न स्तरों पर तत्वों की विभिन्नता पाई जाती है। वायुमण्डल के संघटन में विभिन्न गैसों, जलवाष्प तथा धूलिकणों की महत्वपूर्ण भूमिका है जो निम्नलिखित तालिका से स्पष्ट हैं—

गैसें	सूत्र	द्रव्यमान (प्रतिशत)
नाइट्रोजन	N_2	78.8
ऑक्सीजन	O_2	20.95
ऑर्गन	Ar	0.93
कार्बन डाईऑक्साइड	CO_2	0.036
नीऑन	Ne	0.002
हीलियम	He	0.0005
क्रिप्टॉन	Kr	0.001
जीनॉन	Xe	0.00009
हाइड्रोजन	H_2	0.00005

वायुमण्डल में सर्वाधिक मात्रा नाइट्रोजन की है। दूसरा स्थान ऑक्सीजन का है।

कार्बन डाईऑक्साइड महत्वपूर्ण गैस है। कार्बन डाईऑक्साइड सौर विकिरण के लिए पारदर्शी होती है किन्तु पार्थिव विकिरण के लिए अपारदर्शी होती है। ग्रीन हाउस प्रभाव के लिए कार्बन डाईऑक्साइड गैस सर्वाधिक उत्तरदायी है।

ओजोन गैस वायुमण्डल की अन्य महत्वपूर्ण गैस है। यह सूर्य से आने वाली पराबैंगनी किरणों का अवशोषण कर लेती है जिससे धरातल का तापमान सामान्य बना रहता है।

2. **जलवाष्प**—वायुमण्डल के संघटन में दूसरा महत्वपूर्ण तत्व जलवाष्प है। यह जलवाष्प पौधों, वनस्पतियों, जलाशयों एवं जीव–जन्तुओं के माध्यम से वायुमण्डल में पहुंचता है। जलवाष्प की उपस्थिति के कारण ही वर्षण की क्रिया सम्पन्न होती है। जलवाष्प सूर्य की किरणों के लिए पारदर्शी होता है किन्तु पार्थिक विकिरण के लिए बाधा का काम करता है। अतः बदली के दिनों में निचला वायुमण्डल अधिक गर्म रहता है।

3. **धूलिकण**—वायुमण्डल में सूर्य की किरणों का परावर्तन, विकिरण एवं अवशोषण इन्हीं कणों द्वारा सम्पन्न होता है। नमक एवं धुए के कण जलवाष्प को अपनी ओर आकर्षित कर लेते हैं। वायुमण्डल के विभिन्न दृश्य सूर्य एवं शाम की लालिमा, इन्द्रधनुष आदि क्रियायें वायुमण्डल में धूलि की उपस्थिति के कारण ही सम्पन्न होती हैं।

(ii) वायुमण्डल की संरचना का चित्र खींचे एवं व्याख्या कीजिए।

उत्तर–संकेत—विद्यार्थी 'वायुमण्डल की संरचना' शीर्षक का अवलोकन करें।

अभ्यासार्थ प्रश्न

बहुविकल्पीय प्रश्न

1. निम्नलिखित ग्रहों में किस ग्रह पर वायुमण्डल पाया जाता है ?

(अ) पृथ्वी (ब) बृहस्पति
(स) मंगल (द) शुक्र

2. मौसम विज्ञान की दृष्टि से कौन–सी सर्वाधिक महत्वपूर्ण गैस है ?

(अ) जीनॉन (ब) क्रिप्टॉन
(स) हीलियम (द) कार्बन डाईऑक्साइड

3. 'ग्रीन हाउस प्रभाव' के लिए निम्न में से कौन–सी गैस जिम्मेदार है ?

(अ) ओजोन (ब) नाइट्रोजन
(स) कार्बन डाई ऑक्साइड (द) ऑक्सीजन

4. वायुमण्डल का सर्वाधिक महत्वपूर्ण संस्तर है :

(अ) क्षोभमण्डल (ब) मध्यमण्डल
(स) समतापमण्डल (द) बहिर्मण्डल

5. रेडियो तरगों का परावर्तन किस मण्डल से होता है ?

(अ) क्षोभमण्डल (ब) ओजोनमण्डल
(स) आयनमण्डल (द) बहिर्मण्डल

[**उत्तर**—1. (अ), 2. (द), 3. (स), 4. (अ), 5. (ब)।]

अति लघु उत्तरीय प्रश्न

1. वायुमण्डल के निर्माण घटकों का नामेल्लेख कीजिए।

उत्तर—(i) वायुमण्डलीय गैसें, (ii) जलवाष्प, (iii) धूलिकण।

2. मौसम विज्ञान की दृष्टि से कार्बन डाईऑक्साइड गैस महत्वपूर्ण क्यों मानी जाती है ?

उत्तर—क्योंकि कार्बन डाईऑक्साइड गैस सौर विकिरण के लिए पारदर्शी एवं पार्थिक विकिरण के लिए अपारदर्शी होती है।

3. वायुमण्डल की दो स्थायी गैसों का उल्लेख कीजिए।

उत्तर—(i) नाइट्रोजन, (ii) ऑक्सीजन।

4. पिछले कुछ दशकों से कार्बन डाईऑक्साइड गैस के आयतन में लगातार वृद्धि का करण क्या है ?

उत्तर—पिछले कुछ दशकों से जीवाश्म ईंधन का अधिक उपयोग होने से कार्बन डाईऑक्साइड गैस के आयतन में लगातार वृद्धि हो रही है।

5. वायुमण्डल में विद्यमान कौन–सी परिवर्तनीय गैस ऐसी है, जो ऊंचाई के साथ घटती जाती है ?

उत्तर—जलवाष्प।

6. मेघों का निर्माण कैसे होता है ?

उत्तर—वायुमण्डल में उपस्थित धूल व नमक के कण आर्द्रताग्राही केन्द्र की तरह कार्य करते हैं जिसके चारों ओर जलवाष्प संघनित होकर मेघों का निर्माण करती है।

7. वायुमण्डल में सबसे नीचे पाया जाने वाला स्तर कौन–सा है ?

उत्तर—क्षोभमण्डल।

8. क्षोभ सीमा से आप क्या समझते हैं ?

उत्तर—क्षोभमण्डल और समतापमण्डल को अलग करने वाले भाग को क्षोभ सीमा कहते हैं।

9. समतापमण्डल का सबसे महत्वपूर्ण तथ्य क्या है ?

उत्तर—समतापमण्डल में ओजोन परत पायी जाती है।

10. ओजोन परत की उपयोगिता का उल्लेख कीजिए।

उत्तर—ओजोन परत सूर्य से निकलने वाली हानिकारक पराबैंगनी किरणों को अवशोषित कर उनको पृथ्वी की सतह पर पहुंचने से रोकती है।

लघु उत्तरीय प्रश्न

1. वायुमण्डल के महत्व का उल्लेख कीजिए।

2. 'पृथ्वी के लिए जलवायु एक कंबल की भांति कार्य करती हैं' क्या आप इस कथन से सहमत हैं ? संक्षेप में उत्तर दीजिए।

3. वायुमंडल में धूलकणों की भूमिका का उल्लेख कीजिए।

4. ओजोन गैस की उपयोगिता का संक्षिप्त विवरण प्रस्तुत कीजिए।

5. आयनमंडल के महत्व पर टिप्पणी लिखिए।

6. मौसम और जलवायु में अंतर स्पष्ट कीजिए।

7. क्षोभमण्डल एवं समताप मंडल में अन्तर स्पष्ट कीजिए।

विस्तृत उत्तरीय प्रश्न

1. वायुमण्डल के संघटन पर एक विस्तृत लेख लिखिए।

या

वायुमंडल के परिप्रेक्ष्य में गैस, जलवाष्प एवं धूलकणों की भूमिका पर प्रकाश डालिए।

2. वायुमण्डल की संरचना के विभिन्न संस्तरों का वर्णन कीजिए।

या

निम्नलिखित पर सारगर्भित लेख लिखिए—

(i) क्षोभमण्डल (ii) समतापमंडल
(iii) मध्यमंडल (iv) बाह्य वायुमंडल
(v) बहिर्मण्डल

9 सौर विकिरण, ऊष्मा संतुलन एवं तापमान

पृथ्वी अपनी ऊर्जा का लगभग सम्पूर्ण भाग सूर्य से प्राप्त करती है। पृथ्वी सूर्य से प्राप्त ऊर्जा को अंतरिक्ष में वापस विकिरित भी करती है। फलस्वरूप पृथ्वी न तो अधिक समय के लिए गर्म होती है ओर न ही अधिक ठंडी। पृथ्वी के अलग–अलग भागों में प्राप्त ताप की मात्रा समान नहीं होती। इसी भिन्नता के कारण वायुमंडल के दाब में भिन्नता होती है एवं इसी कारण पवनों के द्वारा ताप का स्थानांतरण एक स्थान से दूसरे स्थान पर होता है।

सौर विकिरण

पृथ्वी के पृष्ठ पर प्राप्त होने वाली ऊर्जा का अधिकाश भाग लघु तरंग दैर्ध्य के रूप में आता है। पृथ्वी को प्राप्त होने वाली ऊर्जा को व्यापक रूप में 'आगमी सौर विकिरण' तथा छोटे रूप में सूर्यातप (Insolation) कहते हैं।

पृथ्वी भू–आभ (Geoid) है। सूर्य की किरणें वायुमंडल के ऊपरी हिस्से पर तिरछी पड़ती है, जिसके कारण पृथ्वी सौर ऊर्जा के बहुत कम अंश को ही प्राप्त कर पाती है। पृथ्वी औसत रूप से वायुमंडल की ऊपरी सतह पर 1.94 कैलोरी/प्रति वर्ग सेंटीमीटर प्रतिमिनट ऊर्जा प्राप्त करती है। वायुमंडल की ऊपरी सतह पर प्राप्त होने वाली ऊर्जा में प्रतिवर्ष थोड़ा परिवर्तन होता है। यह परिवर्तन पृथ्वी और सूर्य के बीच की दूरी में अंतर के कारण होता है। सूर्य के चारों ओर परिक्रमण के दौरान पृथ्वी 4 जुलाई को सूर्य के सबसे दूर अर्थात् 15 करोड़, 20 लाख किलोमीटर दूर होता है। पृथ्वी की इस स्थिति को अपसौर (Aphelion) कहा जाता है। 3 जनवरी को पृथ्वी सूर्य से सबसे निकट अर्थात् 14 करोड़, 70 लाख किलोमीटर दूर होती है। इस स्थिति को 'उपसौर' (Perihelion) कहा जाता है। इसलिए पृथ्वी द्वारा प्राप्त वार्षिक सूर्यातप (insolation) 3 जनवरी को 4 जुलाई की अपेक्षा अधिक होता है फिर भी सूर्यातप की भिन्नता का यह प्रभाव दूसरे कारकों, जैसे स्थल और समुद्र का वितरण एवं वायुमंडल परिसंचरण के द्वारा कम हो जाता है। यही कारण है कि सूर्यातप की यह भिन्नता पृथ्वी की सतह पर होने वाले प्रतिदिन के मौसम परिवर्तन पर अधिक प्रभाव नहीं डाल पाती है।

सूर्यातपः पृथ्वी की सतह पर भिन्नता

सूर्यातप की तीव्रता की मात्रा में प्रतिदिन, हर मौसम तथा प्रति वर्ष परिवर्तन होता रहता है। सूर्यातप में होने वाली विभिन्नता के कारक हैं: (i) पृथ्वी का अपने अक्ष पर घूमना (ii) सूर्य की किरणों का नति कोण (iii) दिन की अवधि (iv) वायुमंडल की पारदर्शिता (v) स्थल विन्यास। परन्तु अंतिम दो कारकों का प्रभाव कम पड़ता है।

पृथ्वी का अक्ष सूर्य के चारों ओर परिक्रमण की समतल कक्षा से 66½° का कोण बनाता है जो, विभिन्न अक्षांशों पर प्राप्त होने वाले सूर्यातप की मात्रा को बहुत प्रभावित करता है।

सूर्यातप की मात्रा को प्रभावित करने वाला दूसरा कारक किरणों का नति कोण है। यह किसी स्थान के अक्षांश पर निर्भर करता है। अक्षांश जितना उच्च होगा (अर्थात् ध्रुवों की ओर) किरणों का नति कोण उतना ही कम होगा। ऐसी दशा में सूर्य की किरणें तिरछी पड़ेंगी। तिरछी किरणों की अपेक्षा सीधी किरणें कम स्थान पर पड़ती हैं। किरणों के अधिक क्षेत्र पर पड़ने के कारण ऊर्जा वितरण बड़े क्षेत्र पर होता है तथा प्रति इकाई क्षेत्र को कम ऊर्जा मिलती है। इसके अतिरिक्त तिरछी किरणों को वायुमंडल की अधिक गहराई से गुजरना पड़ता है। अतः अधिक अवशोषण, प्रकीर्णन और विसरण के द्वारा ऊर्जा का अधिक ह्रास होता है।

सूर्यातप के सम्बन्ध में निम्नलिखित स्थितियां भी उल्लेखनीय हैं–

(क) सौर विकिरण का वायुमंडल से होकर गुजरना–लघु तरंगदैर्ध्य वाले सौर–विकिरण के लिए वायुमंडल अधिकांशतः पारदर्शी होता है। पृथ्वी की सतह पर पहुंचने से पहले सूर्य की किरणें वायुमंडल से होकर गुजरती हैं। क्षोभमंडल में विद्यमान जलवाष्प, ओजोन तथा अन्य किरणें अवरक्त विकिरण (Infrared radiation) को अवशोषित कर लेती हैं। क्षोभमंडल में छोटे निलंबित कण दिखने वाले स्पेक्ट्रम को अंतरिक्ष व पृथ्वी की सतह की ओर विकीर्ण कर देते हैं। यही प्रक्रिया आकाश में रंग के लिए उत्तरदायी है। इस से उदय तथा अस्त होने के समय सूर्य लाल दिखता है तथा आकाश का रंग नीला दिखाई पड़ता है। ऐसा वायुमंडल में प्रकाश के प्रकीर्णन द्वारा संभव होता है।

(ख) सूर्यातप का पृथ्वी की सतह पर स्थानिक वितरण–धरातल पर प्राप्त सूर्यातप की मात्रा में उष्ण कटिबंध में 320 वाट/प्रति वर्गमीटर से लेकर ध्रुवों पर 70 वाट/प्रति वर्गमीटर तक भिन्नता पाई जाती है। सबसे अधिक सूर्यातप उपोष्ण कटिबंधीय मरुस्थलों पर प्राप्त होता है, क्योंकि यहां मेघाच्छादन बहुत कम पाया जाता है। उष्ण कटिबंध की तुलना में विषुवत् वृत्त पर कम मात्रा में सूर्यातप प्राप्त होता है। सामान्यतः एक ही अक्षांश पर स्थित महाद्वीप भाग पर अधिक तथा महासागरीय भाग में अपेक्षतया कम मात्रा में सूर्यातप प्राप्त होता है। शीत ऋतु में मध्य व उच्च अक्षांशों पर ग्रीष्म ऋतु की अपेक्षा कम मात्रा में विकिरण प्राप्त होता है।

वायुमंडल का तापन एवं शीतलन

वायुमंडल के तापन एवं शीतलन से आशय क्रमशः वायुमंडल के गर्म एवं ठण्डा होने से है। यह प्रक्रिया निम्नलिखित चरणों में सम्पन्न होती है–

(क) चालन–जब दो विभिन्न तापमान वाली वस्तुएं एक–दूसरे के सम्पर्क में आती हैं तो अधिक तापमान वाली वस्तु से कम तापमान वाली वस्तु की ओर उष्णता तब तक प्रवाहित होती रहती है जब तक कि दोनों वस्तुओं का तापमान एक समान न हो जाए। उष्णता के इस प्रवाह को चालन कहते हैं। सूर्य से आने वाला सूर्यातप लघु तरंगों के रूप में होता है और उसका अधिकांश भाग वायुमंडल से सीधा धरातल पर आता है तथा उसे गर्म कर देता है। वायुमंडल की वायु धरातल के सम्पर्क में आती है और गर्म हो जाती है। इस विधि से वायुमंडल की निचली परतें गर्म होती हैं। निचली परतों के सम्पर्क में आने वाली वायुमंडल की ऊपरी परतें भी गर्म हो जाती हैं।

(ख) संवहन– किसी पदार्थ में उसके तत्वों के साथ एक भाग से दूसरे भाग की ओर ऊष्मा के संचार को संवहन कहते हैं। जब किसी स्थान की वायु बहुत अधिक गर्म हो जाती है तो वह फैलती है तथा हल्की होकर ऊपर उठती है। इस प्रकार संवहन धाराओं का निर्माण हो जाता है। इस प्रकार पृथ्वी के सम्पर्क में आने वाली वायु गर्म होकर धाराओं के रूप में लम्बवत् ऊपर उठकर वायुमंडल में ताप का संचरण करती है।

(ग) अभिवहन–वायु के क्षैतिज संवहन से होने वाला ताप का स्थानान्तरण अभिवहन कहलाता है। मध्य अक्षांशों में दैनिक मौसम में आने वाली भिन्नता

केवल अभिवहन के कारण ही होती है। उच्च कटिबन्धीय प्रदेशों विशेषकर उत्तरी भाग में ग्रीष्म काल में चलने वाली स्थानीय पवन 'लू' इसी का परिणाम है।

(घ) पार्थिव विकिरण—कोई भी वस्तु निश्चित तापमान पर विभिन्न प्रकार की उष्मा तरंगें प्रसारित करती है जिसे विकिरण कहते हैं। पृथ्वी से होने वाले विकिरण को पार्थिक विकिरण कहते हैं। पृथ्वी स्वयं गर्म होने के पश्चात् एक विकिरण पिण्ड बन जाती है तथा वायुमंडल में दीर्घ तरंगों के रूप में ऊर्जा का विकिरण करने लगती है। यह ऊर्जा वायुमंडल को नीचे से गर्म करती है। इस प्रक्रिया को पार्थिव विकिरण कहा जाता है। इस प्रकार वायुमंडल पार्थिव विकिरण से अप्रत्यक्ष रूप से गर्म होता है। इसके पश्चात् वायुमंडल विकीर्णन द्वारा ताप को अन्तरिक्ष में संचरित कर देता है। इस प्रकार पृथ्वी की सतह एवं वायुमंडल का तापमान स्थिर रहता है।

पृथ्वी का ऊष्मा बजट

पृथ्वी सूर्यातप द्वारा ऊष्मा विभिन्न माध्यमों से प्राप्त करती है किन्तु यह उसका संचय नहीं करती है बल्कि अपने तापमान को स्थिर रखने का प्रयास करती है।

सूर्य से जो ऊर्जा धरातल को प्राप्त होती है उसका 49 प्रतिशत भाग निम्न प्रक्रियाओं द्वारा वायुमंडल में नष्ट हो जाता है—

(क) परावर्तन द्वारा 29%

(ख) प्रकीर्णन द्वारा 6%

(ग) अवशोषण द्वारा 14%

कुल मात्रा = 49% प्रतिशत

इस प्रकार सूर्यातप से प्राप्त समस्त ऊर्जा का 49 प्रतिशत भाग वायुमण्डल में नष्ट हो जाता है। शेष 51 प्रतिशत ऊर्जा धरातल को प्राप्त होती है। इसी से धरातल एवं वायुमण्डल गर्म होता है।

वायुमण्डल तथा पृथ्वी की प्रक्रियाओं द्वारा पृथ्वी तथा वायुमण्डल का ऊष्मा बजट सन्तुलित रहता है। ऊष्मा का बहुत बड़ा स्थानान्तरण धरातल पर होता है। इसीलिए पृथ्वी न तो बहुत अधिक गर्म हो पाती है और न बहुत अधिक ठण्डी बल्कि इसका तापमान सदैव अनुकूल बना रहता है जिससे मानव एवं जीव-जन्तुओं का अस्तित्व सदैव बना रहता है।

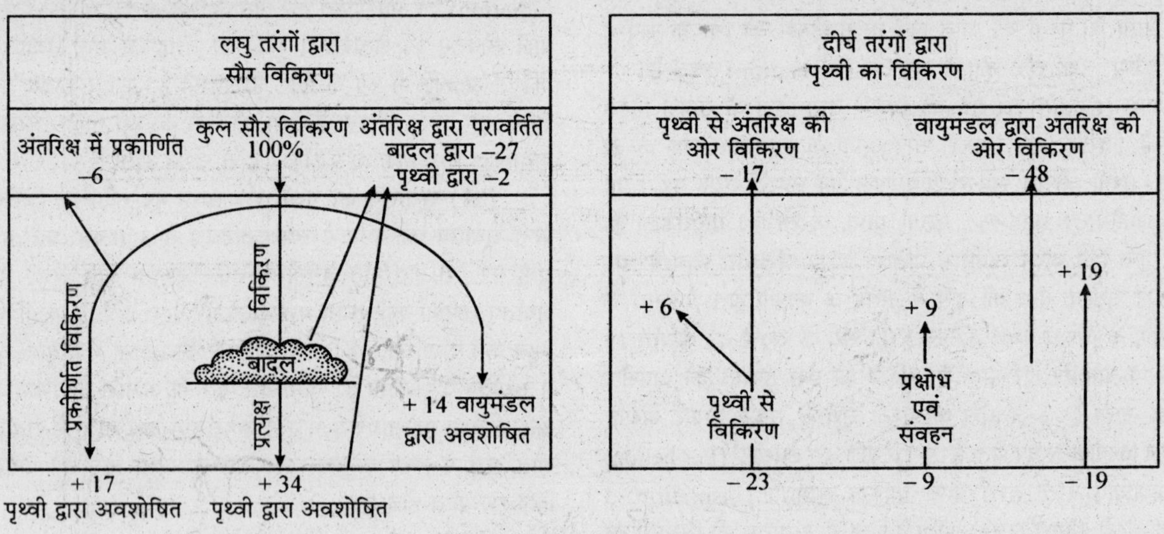

चित्र—पृथ्वी का ऊष्मा बजट।

तापमान

सूर्यातप से प्राप्त ऊर्जा का कुछ भाग वायुमण्डल में तथा अन्य विभिन्न प्रक्रियाओं द्वारा नष्ट हो जाता है। वह भाग जो धरातल पर पहुंचता है और उससे धरातल गर्म होता है, उसे तापमान कहते हैं।

किसी भी स्थान पर तापमान निम्नलिखित कारकों द्वारा प्रभावित होता है—

(क) अक्षांश रेखा—भूमध्य रेखा पर सालभर दिन-रात की लम्बाई बराबर होती है तथा सूर्य की लम्बवत् किरणों के कारण उच्च तापमान रहता है। किन्तु उच्चतम तापमान दोनों गोलार्द्धों में 20°-30° अक्षांशों के बीच मिलता है क्योंकि यहां उक्त दशाओं के साथ ही प्रतिचक्रवातीय दशाओं के कारण मौसम शुष्क रहता है जबकि भूमध्यरेखीय भागों में सालभर वर्षा होती है जिससे तापमान कुछ कम हो जाता है।

(ख) समुद्र तल से ऊंचाई—तापमान ऊंचाई के साथ घटता जाता है। तापमान के घटने की यह दर प्रति 1000 मीटर पर 6.5° सेल्सियस है।

(ग) समुद्र से दूरी—स्थल की अपेक्षा जल धीरे-धीरे गर्म एवं ठण्डा होता है, इसलिए समुद्री भागों में स्थल की अपेक्षा तापीय भिन्नता कम मिलती है। समुद्र के तटीय भागों में समुद्री हवाओं के कारण तापमान सम बना रहता है।

(घ) वायुराशियों की प्रकृति—गर्म वायुराशियों के कारण तापमान अधिक तथा ठण्डी वायुराशियों के कारण कम हो जाता है।

(ङ) जल एवं स्थल का वितरण—जलीय भाग स्थल की अपेक्षा देर से गर्म और देर से ठण्डा होता है इसलिए दोनों के तापमान में पर्याप्त अन्तर मिलता है।

(च) प्रचलित पवनें—पछुवा हवाओं के कारण उस क्षेत्र में तापमान अधिक हो जाता है जबकि ध्रुवीय हवाओं के कारण सम्बन्धित क्षेत्रों में तापमान कम हो जाता है।

(छ) महासागरीय धाराएं—गल्फस्ट्रीम एवं क्यूरोशिवा की गर्म जलधाराओं के कारण उनके क्षेत्रों का तापमान बढ़ जाता है जबकि लैब्रोडोर की धारा अपने क्षेत्र के तापमान को कम कर देती है।

(ज) पर्वतीय ढाल—वह पर्वतीय ढाल जो सूर्य के सामने होता है वहां तापमान अधिक होता है जबकि विपरीत ढालों पर तापमान कम होता है।

(झ) स्थानीय कारक—स्थानीय कारक; जैसे—तूफान, बादल, ओस आदि भी तापमान को प्रभावित करते हैं।

तापमान का वितरण

तापमान के वितरण के सम्बन्ध में महत्वपूर्ण तथ्य यह है कि जनवरी व जुलाई के तापमान के वितरण का अध्ययन करके पूरे विश्व के तापमान-वितरण के बारे में अनुमान लगाया जा सकता है। प्रस्तुत मानचित्र क्रमशः जनवरी एवं जुलाई के भूपृष्ठीय वायु तापक्रम को दर्शाते हैं—

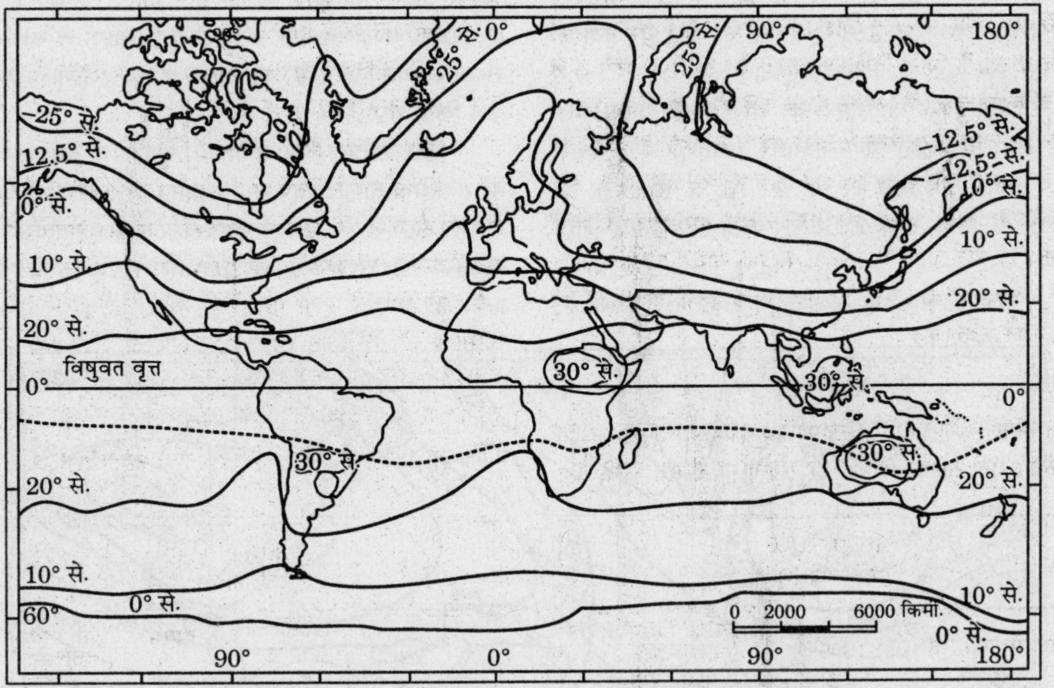

चित्र—भूपृष्ठीय वायु तापक्रम वितरण (जनवरी)।

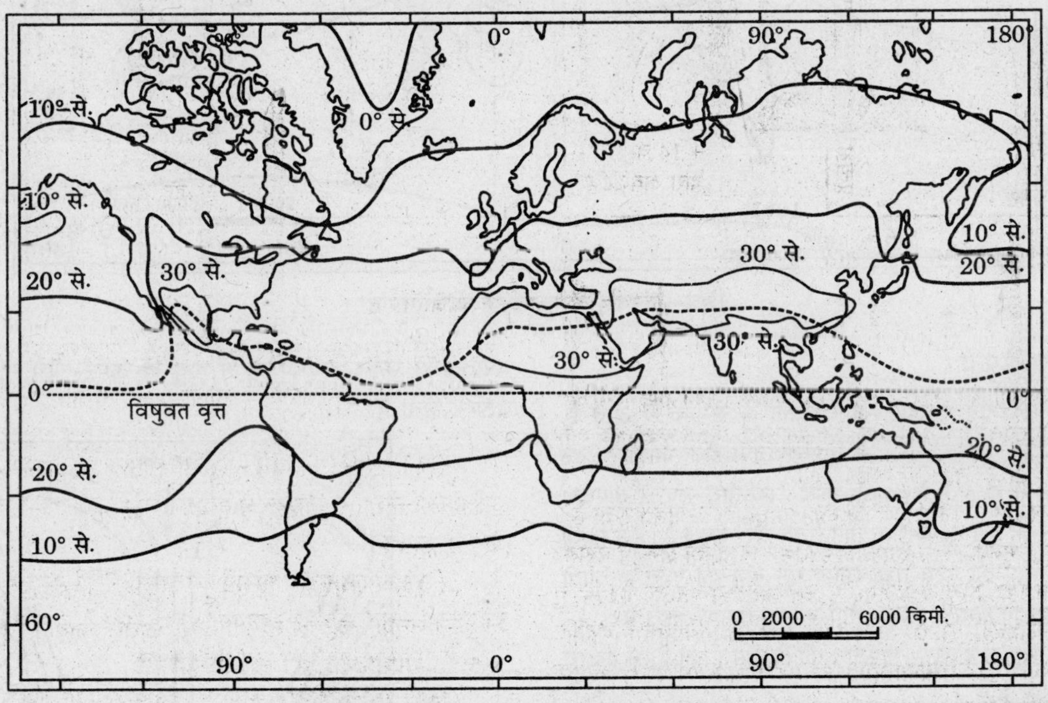

चित्र—भूपृष्ठीय वायु तापक्रम बितरण (जुलाई)।

मानचित्रों पर तापमान का वितरण सामान्यतः समताप रेखाओं की सहायता से दर्शाया जाता है। समताप रेखा, वह रेखा है जो समान तापमान वाले स्थानों को जोड़ती है।

सामान्यतः तापमान पर अक्षांश के प्रभाव को मानचित्र में स्पष्टतः देखा जा सकता है क्योंकि, समताप रेखायें प्रायः अक्षांश के समानांतर होती हैं। इस सामान्य प्रवृत्ति में विचलन, विशेष रूप से उत्तरी गोलार्द्ध में जुलाई की अपेक्षा जनवरी में अधिक स्पष्ट होता है। दक्षिणी गोलार्द्ध की अपेक्षा उत्तरी गोलार्द्ध में स्थालीय भाग अधिक है। इसलिए भूसहति और समुद्री धारा का प्रभाव वहां स्पष्ट होता है। जनवरी में समताप रेखायें महासागर के उत्तर तथा महाद्वीपों पर दक्षिण की ओर विचलित हो जाती हैं। इसे उत्तरी अटलांटिक महासागर पर देखा जा सकता है। कोष्ण महासागरीय धाराएं गल्फ स्ट्रीम और उत्तरी अटलांटिक महासागरीय ड्रिफ्ट की उपस्थिति से उत्तरी अटलांटिक महासागर अधिक गर्म होता है तथा समताप रेखाएं उत्तर की तरफ मुड़ जाती हैं। सतह के ऊपर तापमान तेजी से कम हो जाता है और समताप रेखाएं यूरोप में दक्षिण की ओर मुड़ जाती हैं।

साईबेरिया के मैदान पर यह अधिक स्पष्ट होता है। 60° पूर्वी देशांतर के साथ–साथ 80° उत्तरी एवं 50° उत्तरी दोनों ही अक्षांशों पर जनवरी का माध्य तापमान 20° सेल्सियस पाया जाता है। इसी प्रकार जनवरी का माध्य मासिक

तापक्रम विषुवत्‌रेखीय महासागरों पर 27° सेल्सियस से अधिक, उष्ण कटिबंधों में 24° से. से अधिक, मध्य अक्षांशों पर 20° से. से 0° से. और यूरेशिया के आंतरिक भाग में – 18° से. से – 48° से. तक दर्ज होता है।

दक्षिणी गोलार्द्ध में तापमान पर महासागरों का स्पष्ट प्रभाव देखा जाता है। यहां समताप रेखाएं लगभग अक्षांशों के समानांतर चलती हैं और उत्तरी गोलार्द्ध की अपेक्षा भिन्नता कम तीव्र होती है। 20° से., 10° से एवं 0° से. की समताप रेखायें क्रमशः 35° द. 45 द. तथा 60° दक्षिण के समानांतर पाई जाती हैं।

जुलाई में समताप रेखाएं सामान्यतया अक्षांशों के समानांतर चलती हैं। विषुवत्‌रेखीय महासागरों पर तापमान 27° से. अधिक होता है। एशिया के उपोष्ण कटिबंधीय स्थलीय भागों में 30° उत्तरी अक्षांश के साथ–साथ तापमान 30° से से अधिक पाया जाता है। 40° उत्तरी व 40° दक्षिणी अक्षांशों पर तापमान 10° से दर्ज किया गया है।

निम्नलिखित चित्र जनवरी व जुलाई के बीच तापांतर को प्रदर्शित करता है। सर्वाधिक तापांतर यूरेशिया महाद्वीप के उत्तरी पूर्वी क्षेत्र में पाया जाता है, जो लगभग 60° से. है। इसका मुख्य कारण 'महाद्वीपीयता' (Continentality) है। सबसे कम 3° से. का तापांतर 20° दक्षिणी एवं 15° उत्तरी अक्षांशों के मध्य पाया जाता है।

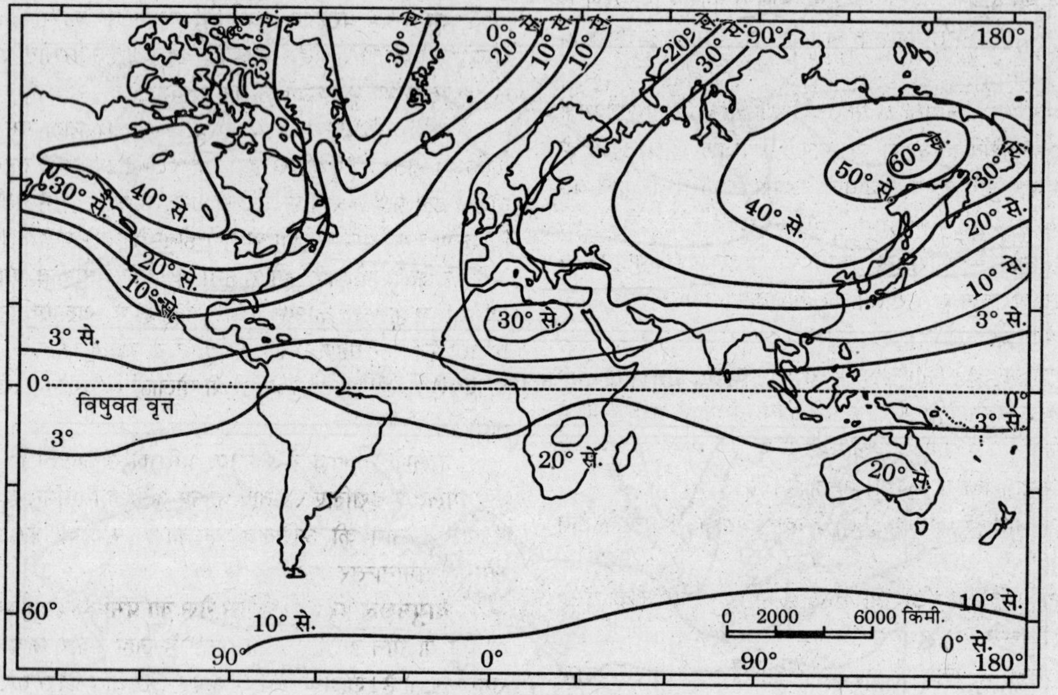

चित्र—जनवरी व जुलाई के बीच तापांतर।

तापमानः व्यूत्क्रमण/विलोमता

वायुमण्डल के निचले भाग में जहां हम धरातल के सम्पर्क में आते हैं, तापक्रम अधिक होता है किन्तु ऊंचाई के साथ निरन्तर कम होता जाता है। यह स्थिति केवल क्षोभमण्डल में ही होती है। कभी–कभी स्थानीय रूप से तापक्रम घटने के बजाय बढ़ने लगे तो इसे 'ऋणात्मक ताप पतन दर' कहते हैं। इस क्रिया में सामान्यतः नीचे ठण्डी वायु की परत तथा ऊपर गर्म वायु की परत हो जाती है। इसी स्थिति को तापीय विलोमता अथवा ताप का व्युत्क्रमण कहते हैं।

तापक्रम की विलोमता के प्रकार—तापमान की विलोमता को निम्न प्रकारों मे विभक्त किया जा सकता है—

(अ) तापीय विलोमता—(क) तलीय या धरातलीय विलोमता, (ख) उच्च वायुमण्डलीय विलोमता।

(ब) अभिवहनीय या सम्पर्कीय विलोमता—(क) चक्रवाती विलोमता, (ख) क्षैतिज प्रवाही विलोमता, (ग) घाटी विलोमता या लम्बवत् प्रवाही विलोमता।

(स) यान्त्रिक विलोमता—उच्च वायुमण्डलीय विलोमता वायुमण्डल में व्याप्त ओजोन आदि गैसों द्वारा ऊष्मा के शोषण से उत्पन्न होती है। सम्पर्कीय विलोमता में वायुमण्डल की अस्थिरता तथा प्रबल क्षैतिज पवन सचार आवश्यक होता है। यह स्थिति चक्रवातीय दशाओं में गर्म एवं ठण्डी हवाओं व जलधाराओं के क्षैतिज प्रवाह के कारण तथा घाटियों में उत्पन्न होती है। यान्त्रिक प्रतिलोमन धरातल से ऊपर वायुमण्डल में वायु के ऊपर–नीचे गतिशील होने के कारण उत्पन्न होता है।

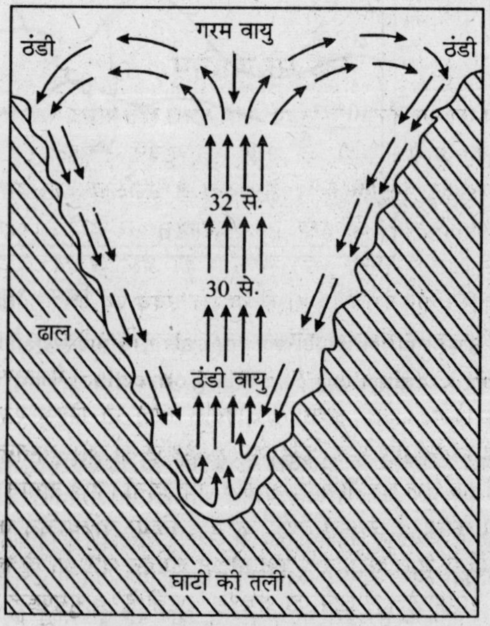

चित्र—तापमान की विलोमता।

तापीय विलोमता : उत्तरदायी कारक

तापीय विलोमता है। तापक्रम की विलोमता के लिए निम्नांकित भौगोलिक परिस्थितियां उत्तरदायी हैं–

(क) लम्बी रात्रि–रात्रि जितनी लम्बी होगी धरातल से विकिरण उतना ही अधिक होगा। इस तरह की विलोमता धरातल के निचले भागों में अधिक होती है।

(ख) स्वच्छ वायुमण्डल– स्वच्छ वायुमण्डल द्वारा पार्थिव विकिरण से निकलने वाली ऊर्जा बिना किसी बाधा के ऊपर चली जाती है। इस प्रकार लगातार विकिरण से धरातल ठण्डा हो जाता है।

(ग) शीतल एवं शुष्क वायु–शीतल एवं शुष्क वायु में पार्थिव विकिरण से उत्पन्न ताप को ग्रहण करने की क्षमता अधिक होती है। अतः धरातल ठण्डा हो जाता है।

(घ) शान्त वायु–तापीय विलोमता के लिए वायु का शान्त होना आवश्यक है। ऐसे भागों में लगातार पार्थिव विकिरण के कारण धरातल शीघ्र ठण्डा हो जाता है और नीचे ठण्डी वायु बनी रहती है जबकि ऊपरी भागों में तापमान बढ़ जाता है।

(ङ) हिमाच्छादित प्रदेश–हिमाच्छादित भागों में धरातल पर तापमान कम पाया जाता है क्योंकि वायु धरातल से सूर्यातप का अधिकांश परावर्तन हो जाता है और धरातल ताप ग्रहण नहीं कर पाता।

तापीय विलोमता का महत्व–आर्थिक दृष्टि से यह एक महत्वपूर्ण प्राकृतिक प्रक्रिया है। तापीय विलोमता बहुत कुछ मौसमी परिवर्तनों के लिए उत्तरदायी है जिसका प्रभाव मानव पर पड़ता है तापीय विलोमता के कारण कुहरा उत्पन्न हो जाता है। जाड़ों में यह स्थिति विशेष रूप से आती है।

तापीय विलोमता के लाभ–तापीय विलोमता के कुछ प्रमुख लाभ निम्नलिखित हैं–

(i) जहां कुहरा पड़ता है वहां मछलियों के खाद्य पदार्थ प्लैंकटन की मात्रा बढ़ जाती है जिससे मछलियों की संख्या बढ़ जाती है।
(ii) कहवा की फसलों के लिए तापीय विलोमता अनुकूल परिस्थितियां पैदा करती हैं।
(iii) घाटियों में तापीय विलोमता बागानों के लिए अनुकूल है।

तापीय विलोमता से हानि–तापीय विलोमता से समुद्री जहाजों के टकराने का खतरा बढ़ जाता है। यह फसलों के लिए हानिकारक होती है। पाले द्वारा व्यापक क्षेत्र में कृषि की हानि होती है।

यह भी जानिए

आकाश का रंग नीला एवं उदय तथा अस्त होते समय सूर्य का रंग लाल दिखायी देने का कारण–पृथ्वी की सतह पर पहुंचने से पहले सूर्य की किरणें वायुमण्डल से होकर गुजरती हैं। क्षोभमण्डल में उपस्थिल जलवाष्प, ओजोन एवं अन्य किरणें अतिरिक्त विकिरण का अवशोषण कर लेती हैं। क्षोभमण्डल में उपस्थित छोटे–छोटे निलम्बित कण स्पेक्ट्रम को अंतरिक्ष एवं पृथ्वी की सतह की तरफ विकिरित कर देते हैं। इसी के कारण उदय एवं अस्त होते समय सूर्य लाल रंग का दिखता है तथा आकाश का रंग नीला दिखाई देता है।

परिचालन (Conduction) एवं संवहन (Convection) में अंतर–परिचालन की क्रिया तब होती है जब असमान तापमान वाले दो पिण्ड एक–दूसरे के सम्पर्क में आते हैं। गर्म पिण्ड, ठण्डे पिण्ड की ओर ऊर्जा का स्थानान्तरण करता है। यह प्रक्रिया तब तक चलती रहती है जब तक दोनों पिण्ड समान रूप से गर्म नहीं हो जाते। ऊष्मा के स्थानान्तरण की यह क्रिया **परिचालन** कहलाती है। पृथ्वी के सम्पर्क में आने वाली वायु गर्म होकर संवहन धाराओं के रूप में ऊपर उठती है और वायुमण्डल में ताप का संचरण करती है। वायुमण्डल के लम्बवत् तापन की क्रिया **संवहन** कहलाती है।

सीधी किरणें तिरछी किरणों की अपेक्षा अधिक सूर्यातप प्रदान करती हैं–सूर्य की सीधी किरणें तिरछी किरणों की अपेक्षा ज्यादा सूर्यातप प्रदान करती हैं। यह दो प्रकार से सम्भव होता है–

(i) सीधी किरणों को वायुमण्डल की कम मोटी परत को पार करना होता है, अतः उनकी कम ऊर्जा वायुमण्डल में नष्ट होती है जबकि तिरछी किरणें वायुमण्डल के अधिक चौड़े भाग को पार करती हैं इसलिए उनकी अधिक ऊर्जा वायुमण्डल में नष्ट होती है।
(ii) सीधी किरणें धरातल के कम भाग को गर्म करती हैं जबकि तिरछी किरणों की उतनी ही मात्रा धरातल के अधिक भाग को गर्म करती है।

सूर्यातप एवं पार्थिव विकिरण में अंतर–

सूर्यातप–धरातल तथा वायुमण्डल की ऊष्मा का प्रधान स्रोत सूर्य है। सौर ऊर्जा को ही सूर्यातप कहते हैं। यह 1.86,000 मील प्रति सेकेण्ड की रफ्तार से भ्रमण करती हुई धरातल पर पहुंचती है।

पार्थिव विकिरण–सूर्यातप द्वारा जब धरातल गर्म हो जाता है तो उससे विकिरण होता है। पृथ्वी से होने वाला विकिरण दीर्घ तरंगों के रूप में होता है। वायुमण्डल प्रत्यक्ष रूप से सूर्य से प्राप्त ऊष्मा से गर्म नहीं होता बल्कि पृथ्वी से विकिरण द्वारा प्राप्त ऊष्मा से गर्म होता है। इसे पार्थिव विकिरण कहते हैं।

दक्षिणी गोलार्द्ध की तुलना में उत्तरी गोलार्द्ध की समताप रेखाओं का अनियमित होने का कारण–उत्तरी गोलार्द्ध में स्थल एवं जल दोनों की अवस्थिति मिलती है। ताप ग्रहण करने की दृष्टि से स्थल एवं जल की प्रकृति एक–दूसरे के विपरीत होती है। इसलिए उत्तरी गोलार्द्ध में समताप रेखाएं अधिक अनियमित होती हैं।

दक्षिणी गोलार्द्ध में जलीय भाग की अधिकता है। महाद्वीपीय भाग बहुत कम मिलते हैं इसलिए समताप रेखाएं अधिक नियमित होती हैं। दक्षिणी गोलार्द्ध में जलीय भाग की अधिकता के कारण समताप रेखाएं अक्षांश रेखाओं के लगभग समानान्तर चलती हैं।

वायुमंडल पर ग्रीन हाउस गैस का प्रभाव–वायुमंडल की तुलना एक शीशे के घर या ग्रीन हाउस से की जाती है जहां ध्रुवीय क्षेत्र में फूल तथा सब्जियों उगाई जाती हैं। शीशे के घर के अंदर सौर ताप प्रवेश कर सकता है परन्तु बाहर नहीं जा सकता इसलिए शीशे का घर अंदर से गर्म होता है, वायुमंडल भी एक छाते की भांति कार्य करके पृथ्वी को गर्म रखता है। दिन के समय यह सूर्य को पूरी शक्ति से बचा कर तापमान बढ़ने नहीं देता तथा रात को भू–तल से विकिरण को बाहर नहीं जाने देता। पृथ्वी पर औसत तापमान 15°C रहता है। यह वायुमंडल में कार्बन डाइऑक्साइड गैस के कारण है जो कि विकिरण को सोख कर एक छत का कार्य करती है। कार्बन डाइऑक्साइड गैस के बढ़ने से पृथ्वी का औसत तापमान बढ़ रहा है।

ग्लोबल वार्मिंग से आशय, कारण व प्रभाव–ग्लोबल वार्मिंग का अर्थ है पृथ्वी के औसत तापमान में वृद्धि होना। जीवाश्म ईंधनों के अत्यधिक जलने (कोयला, गैस, तेल) के कारण, अधिक कृषि, अधिक औद्योगीकरण के कारण, तीव्रगामी परिवहन साधनों के प्रयोग तथा वनों की अत्यधिक कटाई से वायुमंडल के संघटन में एक असंतुलन उत्पन्न हो गया है। इन क्रियाओं से कार्बन डाइऑक्साइड गैस की मात्रा बढ़ रही है। एक अनुमान है कि सन् 2040 तक विश्व तापमान में 2°C की वृद्धि हो जायेगी। विभिन्न क्रियाओं के कारण वायुमंडल में ओजोन गैस की कमी हो रही है। इससे पराबैंगनी किरण पृथ्वी पर पहुंच कर तापमान में वृद्धि कर रही है। इसके प्रभाव से ध्रुवीय प्रदेशों की हिम पिघलने से समुद्र तल ऊंचा हो रहा है। कई तटीय प्रदेशों के जलमग्न होने का भय है।

प्लैंक का नियम–प्लैंक का नियम बताता है कि एक वस्तु जितनी गर्म होगी वह उतनी ही अधिक ऊर्जा का विकिरण करेगी और उसकी तरंग दैर्ध्य उतनी लघु होगी।

विशिष्ट ऊष्मा–एक ग्राम पदार्थ का तापमान एक अंश सेल्सियस बढ़ने के लिए जितनी ऊर्जा की आवश्यकता है, वह विशिष्ट ऊष्मा कहलाती है।

स्मरणीय बिन्दु

- पृथ्वी की 'गोलाभ' आकृति के कारण सूर्य की किरणें समस्त स्थानों पर समान कोण पर नहीं पड़ती। अतः धरातल के समस्त स्थानों पर सूर्यातप की मात्रा समान नहीं होती।
- सूर्य एवं पृथ्वी के बीच की अधिकतम दूरी 4 जुलाई को 15 करोड़ 20 लाख किलो होती है। इस स्थिति को 'अपसौर' (Aphelion) के नाम से जाना जाता है, जबकि न्यूनतम दूरी 3 जनवरी को 14 करोड़ 70 लाख किमी होती है जिसे 'उपसौर' (Perihelion) के नाम से जाना जाता है।
- सूर्यताप की मात्रा में दैनिक, मासिक एवं वार्षिक परिवर्तन होता रहता है। यह परिवर्तन पृथ्वी का अपने अक्ष पर घूमना, सूर्य की किरणों को तिरछेपन, दिन की अवधि, वायुमण्डल की पारदर्शिता तथा स्थल विन्यास के कारण होता है।
- वायुमण्डल में प्रकाश के प्रकीर्णन के कारण ही उदय और अस्त होते समय सूर्य लाल दिखता है तथा आकाश का रंग नीला दिखाई देता है।
- धरातल पर सबसे अधिक सूर्यातप उपोष्ण कटिबंधीय मरुस्थलों में प्राप्त होता है।
- पृथ्वी का ऊष्मा सन्तुलन बना रहता है क्योंकि पृथ्वी सूर्यातप द्वारा प्राप्त ऊर्जा को विभिन्न माध्यमों से अंतरिक्ष में वापस लौटा देती है।
- पृथ्वी की सतह पर प्राप्त विकिरण की मात्रा में भिन्नता पाई जाती है, अतः उष्ण कटिबन्धीय क्षेत्रों में ताप ऊर्जा का स्थानान्तरण ध्रुवों की ओर होता है।
- किसी स्थान के ठण्डा एवं गर्म होने की माप को तापमान कहते हैं। किसी स्थान का तापमान अक्षांश, समुद्र तल से ऊंचाई, समुद्र से दूरी, उष्ण एवं ठण्डी वायुराशियों, महासागरीय धाराओं तथा कुछ अन्य स्थानीय कारकों द्वारा प्रभावित होता है।
- जनवरी एवं जुलाई दो ऐसे महीने हैं जो विपरीत जलवायु दशाओं को व्यक्त करते हैं। इन दो महीनों के तापमान के वितरण के अध्ययन द्वारा वर्षभर के तापमान की औसत दशाओं का अनुमान लगाया जा सकता है।
- जनवरी में समताप रेखाएं महासागर के उत्तर एवं महाद्वीपों पर दक्षिण की तरफ विचलित हो जाती हैं। इसे उत्तरी अटलांटिक महासागर पर देखा जा सकता है। जुलाई माह में समताप रेखाएं प्रायः अक्षांशों के समानांतर चलती हैं।

एन.सी.ई.आर.टी. पाठ्यपुस्तक भूगोल के प्रश्न (हल सहित)

बहुविकल्पीय प्रश्न

(i) निम्न में से किस अक्षांश पर 21 जून को दोपहर में सूर्य की किरणें सीधी पड़ती हैं?

(क) विषुवत् वृत्त पर (ख) 23.5° उत्तर

(ग) 66.5° दक्षिण (घ) 66.5° उत्तर

(ii) निम्न में से किन शहरों में दिन ज्यादा लम्बा होता है?

(क) तिरुवनंतपुरम् (ख) हैदराबाद

(ग) चण्डीगढ़ (घ) नागपुर

(iii) निम्नलिखित में से किस प्रक्रिया द्वारा वायुमंडल मुख्यतः गर्म होता है?

(क) लघुतरगदैर्ध्य वाले सौर विकिरण से

(ख) लम्बी तरंगदैर्ध्य वाले स्थलीय विकिरण से

(ग) परावर्तित सौर विकिरण से

(घ) प्रकीर्णित सौर विकिरण से।

(iv) निम्न पदों को उसके उचित विवरण के साथ मिलायें–

1. सूर्यातप	(क) सबसे उष्ण और सबसे शीत महीनों के मध्य तापमान का अन्तर
2. एल्बिडो	(ख) समान तापमान वाले स्थानों को जोड़ने वाली रेखा
3. समताप रेखा	(ग) आने वाला सौर विकिरण
4. वार्षिक तापान्तर	(घ) किसी वस्तु के द्वारा परावर्तित दृश्य प्रकाश का प्रतिशत

(v) पृथ्वी के विषुवत् वृत्तीय क्षेत्रों की अपेक्षा उत्तरी गोलार्द्ध के उपोष्ण कटिबन्धीय क्षेत्रों का तापमान अधिक होता है, इसका मुख्य कारण है–

(क) विषुवतीय क्षेत्रों की अपेक्षा उपोष्ण कटिबन्धीय क्षेत्रों में कम बादल होते हैं।

(ख) उपोष्ण कटिबन्धीय क्षेत्रों में गर्मी के दिनों की लम्बाई विषुवतीय क्षेत्रों से ज्यादा होती है।

(ग) उपोष्ण कटिबन्धीय क्षेत्रों में 'ग्रीन हाउस प्रभाव' विषुवतीय क्षेत्रों की अपेक्षा ज्यादा होता है।

(घ) उपोष्ण कटिबन्धीय क्षेत्र विषुवतीय क्षेत्रों की अपेक्षा महासागरीय क्षेत्र के ज्यादा करीब हैं।

उत्तर–(i) (ख), (ii) (ग), (iii) (ख), (iv) (क), (ग) (v) (क)।

निम्नलिखित प्रश्नों के उत्तर लगभग 30 शब्दों में दीजिए–

(i) पृथ्वी पर तापमान का असमान वितरण किस प्रकार जलवायु और मौसम को प्रभावित करता है?

उत्तर–उष्ण कटिबन्धीय भागों में सालभर सूर्य की किरणें लम्बवत् पड़ती हैं जिससे वहां उच्च तापमान पाया जाता है, अतः ऐसे भागों में सालभर मौसम उष्ण होता है। शीतोष्ण कटिबन्धीय भागों में अपेक्षाकृत तापमान कम मिलता है, ऐसे भागों के मौसम में सामयिक परिवर्तन अधिक मिलता है। उच्च अक्षांशों में तापमान कम होने के कारण लगभग सालभर बर्फ जमा रहती है। अतः ऐसे प्रदेशों की जलवायु ध्रुवीय होती है।

स्पष्ट है कि धरातल पर तापमान की भिन्नता मौसम एवं जलवायु को प्रभावित करती है।

(ii) वे कौन से कारक हैं जो पृथ्वी पर तापमान के वितरण को प्रभावित करते हैं?

उत्तर–धरातल पर तापमान की विभिन्नता में विभिन्न कारकों की भूमिका महत्वपूर्ण होती है। प्रमुख कारक निम्नलिखित हैं–

(i) अक्षांश, (ii) समुद्र तल से ऊंचाई, (iii) समुद्र से दूरी, (iv) पवनों की दिशा (स्थायी पवनें), (v) उष्ण एवं ठण्डी वायुराशियां, (vi) स्थानीय कारक आदि।

(iii) भारत में मई में तापमान सर्वाधिक होता है, लेकिन उत्तर अयनान्त के बाद तापमान अधिकतम् नहीं होता, क्यों ?

उत्तर–भारत उत्तरी गोलार्द्ध में स्थित है। भारत में मई के महीने में सूर्य की किरणें सीधी पड़ने के कारण तापमान सर्वाधिक होता है।

उत्तरी अयनान्त के बाद सूर्य की किरणों का तिरछापन बढ़ता जाता है, जिससे औसत तापमान में कमी होती जाती है।

(iv) साइबेरिया के मैदान में वार्षिक तापान्तर सर्वाधिक होता है, क्यों ?

उत्तर–साइबेरिया महाद्वीपीय जलवायु पाई जाती है। महासागरीय भागों में गल्फस्ट्रीम जलधारा तथा उत्तरी अटलांटिक ड्रिफ्ट के कारण तापमान

बढ़ जाता है। महाद्वीप के आन्तरिक भाग में इन धाराओं का प्रभाव बहुत कम पड़ता है। अतः आन्तरिक भाग में तापमान कम बना रहता है। यहां तक कि इस भाग में विश्व का न्यूनतम तापमान अंकित किया जाता है। सागरीय भागों में जलधाराओं के प्रभाव, विस्तृत धरातलीय क्षेत्र, उच्च अक्षांशीय स्थिति एवं वायुराशियों के प्रभाव तथा महाद्वीपीय जलवायु के कारण तापान्तर सर्वाधिक पाया जाता है।

निम्नलिखित प्रश्नों के उत्तर लगभग 150 शब्दों में दीजिए—

(i) अक्षाश और पृथ्वी के अक्ष का झुकाव, किस प्रकार पृथ्वी की सतह पर प्राप्त होने वाली विकिरण की मात्रा को प्रभावित करते हैं?

उत्तर—पृथ्वी की गोलाकार आकृति तथा पृथ्वी के झुकाव 66½° के कारण सूर्य की किरणें सब जगह समान कोण पर नहीं पड़ती हैं। भूमध्य रेखा पर सूर्य की किरणें वर्षभर लम्बवत् चमकती हैं किन्तु भूमध्यरेखा से जैसे-जैसे ध्रुवों की ओर जाते हैं, सूर्य की किरणों का तिरछापन बढ़ता जाता है। सीधी किरणें तिरछी किरणों की अपेक्षा अधिक सूर्याताप प्रदान करती हैं। चित्रानुसार—

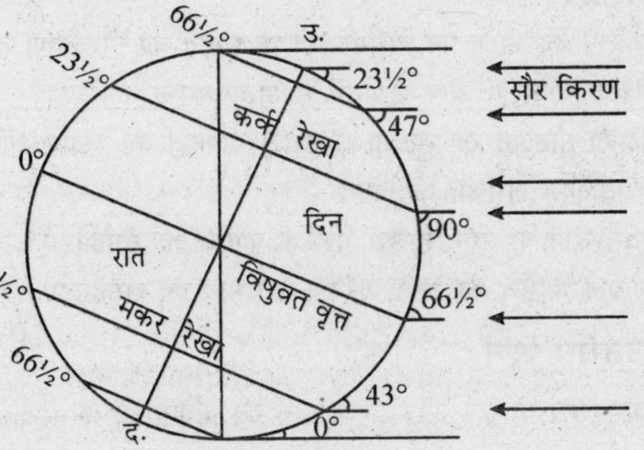

चित्र—उत्तर अयनान्त

(i) सीधी किरणे वायुमडल की कम मोटी परत पार करके धरातल पर पहुंचती हैं जबकि तिरछी किरणों को वायुमण्डल की अधिक मोटी परत को पार करना होता है।

(ii) सीधी किरणें धरातल के कम भाग को गर्म करती हैं, तबकि तिरछी किरणें धरातल के अधिक भाग को गर्म करती है।

भूमध्य रेखा से ध्रुवों की ओर सूर्य की किरणों के तिरछे होते जाने से ताप्क्रम क्रमशः कम होता जाता है। पृथ्वी का गोलाकार स्वरूप, उसका अपने अक्ष पर झुकाव तथा अक्षांश रेखाओं आदि के कारण पृथ्वी की सतह पर प्राप्त होने वाली विकिरणों की मात्रा में अन्तर मिलता है तदनुसार तापक्रम के वितरण में भिन्नता पाई जाती है।

(ii) उन प्रक्रियाओं की व्याख्या करें जिनके द्वारा पृथ्वी तथा इसका वायुमण्डल ऊष्मा संतुलन बनाए रखते हैं।

उत्तर—संकेत—विद्यार्थी 'पृथ्वी का ऊष्मा बजट' शीर्षक देखें।

(iii) जनवरी में पृथ्वी के उत्तरी एवं दक्षिणी गोलार्द्ध के बीच तापमान के विश्वव्यापी वितरण की तुलना करें।

उत्तर—जनवरी के महीने में उत्तरी गोलार्द्ध में ठण्ड का मौसम होता है। इस समय और सूर्यातप की सर्वाधिक मात्रा दक्षिण गोलार्द्ध में प्राप्त होती है।

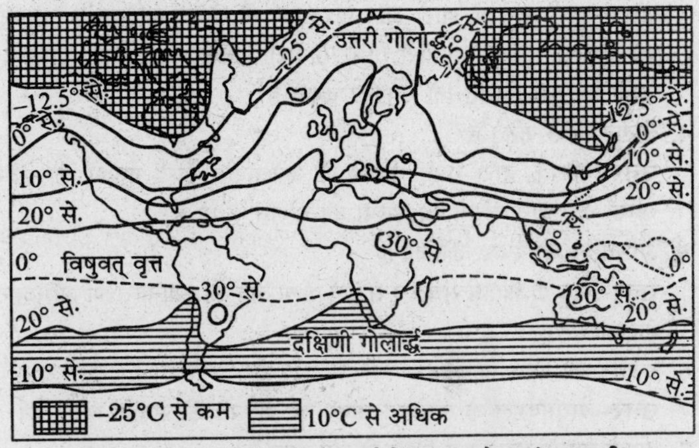

चित्र—उत्तरी एवं दक्षिणी गोलार्द्ध में समताप रेखाएं (जनवरी)

जनवरी के भूपृष्ठीय मानचित्र पर तापक्रम के वितरण को देखने से स्पष्ट होता है कि भूमध्य रेखा से ध्रुवों की ओर तापमान क्रमशः कम होता जाता है। अटलांटिक महासागर के यूरोपीय तट पर 0° सेल्सियस की समताप रेखा काफी उत्तर तक चली जाती है। इसका कारण अटलाण्टिक महासागर की गल्फस्ट्रीम धारा और उत्तरी अटलाण्टिक ड्रिफ्ट है। इस समय सर्वाधिक सूर्यातप दक्षिणी गोलार्द्ध में प्राप्त होता है। इसलिए उत्तरी गोलार्द्ध की अपेक्षा दक्षिणी गोलार्द्ध में अधिक तापमान वाली समताप रेखा का क्षेत्र विस्तृत होता है। दक्षिणी अमेरिका, अफ्रीका तथा ऑस्ट्रेलिया महाद्वीपों के मध्य भाग में 20° से 30° सेल्सियस वाली समताप रेखाएं होकर गुजरती हैं। इससे दक्षिण में जाने पर तापमान कम होने लगता है। दक्षिणी गोलार्द्ध में दक्षिणी भाग का तापमान 10° सेल्सियस के आसपास ही रहता है जबकि उत्तरी गोलार्द्ध में इन्हीं अक्षांशों में तापमान 0° सेल्सियस तक पहुंच जाता है।

अभ्यासार्थ प्रश्न

बहुविकल्पीय प्रश्न

1. सूर्य से प्राप्त की गई ऊर्जा विकिरित होती है—

(अ) लघु तरंगों के रूप में (ब) मध्य तरंगों के रूप में
(स) दीर्घ तरंगों के रूप में (द) इनमें से कोई नहीं

2. 'पार्थिव' विकिरण की क्रिया सम्पन्न होती है —

(अ) लघु तरंगों के रूप में (ब) मध्यम तरंगों के रूप में
(स) दीर्घ तरंगों के रूप में (द) ये सभी

3. आकाश का नीला रंग तथा सूर्य की लालिमा किस प्रक्रिया का परिणाम है—

(अ) प्रकीर्णन (ब) परिवर्तन
(स) अवशोषण (द) परिसंचरण

4. वायुमण्डल के लम्बवत् तापन की प्रक्रिया कहलाती है—

(अ) परिचालन (ब) संवहन
(स) अभिवहन (द) अवशोषण

5. निम्नलिखित में तापक्रम व्युत्क्रमण की स्थिति है—

(अ) ऊंचाई के साथ तापमान घटता है।
(ब) ऊंचाई के साथ तापमान बढ़ता है।
(स) ऊंचाई के साथ तापमान कभी घटता है तथा कभी बढ़ता है।
(द) इनमें से कोई नहीं।

[**उत्तर**—1. (अ), 2. (स), 3. (अ), 4. (ब), 5. (ब)।]

अति लघु उत्तरीय प्रश्न

1. पृथ्वी वायुमण्डल से औसतन कितनी ऊर्जा ग्रहण करती है?

उत्तर—पृथ्वी औसतन वायुमण्डल की ऊपरी सतह पर 1.94 कैलोरी/प्रतिवर्ग सेण्टीमीटर प्रति मिनट ऊर्जा प्राप्त करती है।

2. अपसौर को स्पष्ट कीजिए।

उत्तर—पृथ्वी सूर्य ऊर्जा के चारों ओर परिक्रमण के दौरान प्रतिवर्ष 4 जुलाई को सूर्य से सबसे दूर (15.20 करोड़ किमी) होती है। पृथ्वी की इस स्थिति को अपसौर कहते हैं।

3. उपसौर का आशय स्पष्ट कीजिए।

उत्तर—पृथ्वी सूर्य के चारों ओर परिक्रमण के दौरान प्रतिवर्ष 3 जनवरी को सूर्य से सबसे कम दूरी (14.70 करोड़ किमी) पर स्थित होती है। पृथ्वी की इस स्थिति को उपसौर कहते हैं।

4. चालन किसे कहते हैं?

उत्तर—सम्पर्क द्वारा गरम पदार्थ से अपेक्षाकृत ठण्डे पदार्थ की ओर ऊष्मा के स्थानान्तरण को ऊष्मा का चालन कहते हैं।

5. अभिवहन को स्पष्ट कीजिए।

उत्तर—वायु के क्षैतिज संचलन से होने वाला ताप का स्थानान्तरण अभिवहन कहलाता है।

6. संवहन को स्पष्ट कीजिए।

उत्तर—वायुमण्डल के लम्बवत् तापन की प्रक्रिया को संवहन कहते हैं।

7. हमारा वायुमण्डल किस क्रिया से गर्म होता है।

उत्तर—हमारा वायुमण्डल पार्थिव विकिरण से गर्म होता है।

8. 'पृथ्वी का एल्बिडो' से क्या तात्पर्य है?

उत्तर—पृथ्वी के धरातल पर पहुंचने से पहले ही सौरताप की 100 इकाइयों में से 35 इकाइयां विभिन्न माध्यमों से परावर्तित होकर लौट जाती हैं। अतः सौर विकिरण की परावर्तित मात्रा को पृथ्वी का एल्बिडो कहते हैं।

9. सामान्य ह्रास दर क्या है?

उत्तर—सामान्यतः ऊंचाई के साथ तापमान घटता जाता है, इसे सामान्य ताप पतन दर कहते हैं।

10. धरातलीय प्रतिलोम के लिए अनुकूल दशाओं का उल्लेख कीजिए।

उत्तर—लम्बी रातें, स्वच्छ आकाश, शुष्क एवं शान्त वायु, बर्फ आच्छादित धरातल तथा स्थल रूप रेखीय गर्तों वाला धरातल आदि।

11. तापमान का व्युत्क्रमण क्या है?

उत्तर—तापमान ऊंचाई के साथ घटता है, जिसे सामान्य ह्रास दर कहते हैं। परन्तु अनेक बार स्थिति बदल जाती है और सामान्य ह्रास दर उलट जाती है जिसे तापमान का व्यत्क्रमण कहते हैं।

12. विशिष्ट ऊष्मा क्या है?

उत्तर—एक ग्राम पदार्थ का तापमान एक डिग्री सेल्सियस बढ़ाने के लिए जितनी ऊर्जा की आवश्यकता होती है, यह विशिष्ट ऊष्मा कहलाती है।

13. 'पार्थिव विकिरण' को स्पष्ट कीजिए।

उत्तर—पृथ्वी सूर्यातप से गर्म होने के उपरान्त स्वयं विकिरण पिण्ड बन जाती है और वायुमण्डल में दीर्घ तरंगों के रूप में विकिरण करने लगती है जिससे वायुमण्डल गर्म हो जाता है। इस प्रक्रिया को पार्थिव विकिरण कहते हैं।

लघु उत्तरीय प्रश्न

1. पवनों द्वारा ताप का स्थानांतरण क्यों होता है।

2. धरातल पर सूर्यातप में भिन्नता लाने वाले कारणों का संक्षिप्त विवरण प्रस्तुत कीजिए।

3. भूपृष्ठीय व्युत्क्रमण से आप क्या समझते हैं?

4. पर्वतीय क्षेत्रों में व्युत्क्रमण के उद्भव को समझाइए।

5. उदय और अस्त होते सूर्य का रंग लाल एवं आकाश का रंग नीला दिखायी देने का कारण स्पष्ट कीजिए।

6. संवहन व परिचालन में अंतर स्पष्ट कीजिए।

7. तिरछी किरणों की तुलना में सीधी किरणें अधिक सूर्यातप प्रदान करती हैं। इसका कारण स्पष्ट कीजिए।

8. स्थल विन्यास का सूर्यातप की मात्रा पर क्या प्रभाव पड़ता है? संक्षेप में समझाइए।

9. सूर्यातप की मात्रा पर वायुमण्डल के प्रभाव का विश्लेषण कीजिए।

10. पार्थिव विकिरण और सूर्यातप में अंतर स्पष्ट कीजिए।

11. दक्षिणी गोलार्द्ध की तुलना में उत्तरी गोलार्द्ध की रेखाएं अनियमित क्यों हैं? संक्षिप्त समीक्षा कीजिए।

12. वायुमण्डल पर ग्रीन हाउस गैस के प्रभाव को समझाइए।

13. ग्लोबल वार्मिंग का अर्थ, कारण व प्रभाव को समझाइएं।

विस्तृत उत्तरीय प्रश्न

1. वायुमण्डल के गर्म और ठण्डा होने की प्रक्रियाओं का वर्णन कीजिए।

अथवा

वायुमंडल में ऊष्मन एवं शीतलन की क्रिया किस प्रकार सम्पन्न होती है? प्रामाणिक विवेचना कीजिए।

2. तापमान वितरण को प्रभावित करने वाले कारकों का वर्णन कीजिए।

अथवा

वे कौन से कारक हैं जो धरातल पर तापमान वितरण को प्रभावित करते हैं? इनका परीक्षण कीजिए।

3. तापमान व्युत्क्रमण को विस्तार पूर्वक समझाइए।

अथवा

तापक्रम विलोमता का अभिप्राय स्पष्ट करते हुए इसके प्रकारों का उल्लेख कीजिए।

4. तापीय विलोमता के लिए जिम्मेदार कारकों का वर्णन कीजिए। तापीय विलोमता के लाभ एवं हानियों पर प्रकाश डालिए।

5. पृथ्वी के ऊष्मा बजट को विस्तारपूर्वक समझाइए।

अथवा

ऊष्मा बजट के कारण ही धरातल का तापमान संतुलित बना रहता है— इस कथन की प्रामाणिक समीक्षा कीजिए।

10 वायुमंडलीय परिसंचरण तथा मौसम प्रणालियां

वायुमण्डलीय दाब

वायु गर्म होने पर फैलती है तथा ठंडी होने पर सिकुड़ती है। इससे वायुमण्डलीय दाब में भिन्नता उत्पन्न होती है। इसके फलस्वरूप वायु गतिमान होकर अधिक दाब वाले क्षेत्रों से कम अथवा न्यून दाब वाले क्षेत्रों में प्रवाहित होती है। क्षैतिज गतिमान वायु ही पवन है। वायुमण्डलीय दाब यह भी निर्धारित करता है कि कब वायु ऊपर उठेगी व कब नीचे बैठेगी। पवनें पृथ्वी पर तापमान व आर्द्रता का पुनर्वितरण करती हैं, जिससे पूरी पृथ्वी का तापमान स्थिर बना रहता है। ऊपर उठती हुई आर्द्र वायु का तापमान कम होता जाता है, बादल बनते हैं और वर्षा होती है। हमारा शरीर भी वायुदाब से प्रभावित होता है जैसे-जैसे हम ऊंचाई पर जाते हैं अथवा चढ़ते हैं वायु विरल होती जाती है। परिणामस्वरूप सांस लेने में कठिनाई का सामना करना पड़ता है।

माध्य समुद्रतल से वायुमण्डल की अन्तिम सीमा तक एक इकाई क्षेत्रफल के वायु स्तम्भ के भार को वायुमण्डलीय दाब कहते हैं। वायुदाब को मापने की इकाई मिलीबार है। समुद्र तल पर औसत वायुमण्डलीय दाब 1,013.2 मिलीबार होता है। गुरुत्वाकर्षण के कारण धरातल के निकट वायु सघन होती है। इसी के कारण वायुदाब अधिक होता है। वायुदाब को मापने के लिए पारद वायुदाबमापी (Mercury barometer) या निर्द्रव बैरोमीटर (Aneroid barometer) का प्रयोग किया जाता है। वायुदाब ऊंचाई के साथ घटता है। ऊंचाई पर वायुदाब विभिन्न स्थानों पर भिन्न भिन्न होता है। यह विभिन्नता ही वायु में गति का मुख्य कारण है, अर्थात् पवनें उच्च वायुदाब क्षेत्रों से कम वायुदाब क्षेत्रों की तरफ चलती हैं।

वायुदाब : ऊर्ध्वाधर भिन्नता

वायुमण्डल के निचले भाग में वायुदाब ऊंचाई के साथ तेजी से घटता है। यह ह्रास दर प्रत्येक 10 मीटर की ऊंचाई पर 1 मिलीबार होता है। वायुदाब सदैव एक ही दर से घटता है। ऊर्ध्वाधर दाब प्रवणता क्षैतिज दाब प्रवणता की तुलना में अधिक होती है किन्तु इसके विपरीत दिशा में कार्यरत गुरुत्वाकर्षण बल से यह सन्तुलित हो जाती है। फलतः ऊर्ध्वाधर पवनें अधिक शक्तिशाली नहीं होतीं।

निम्नलिखित सारणी निश्चित ऊंचाई पर वायुमण्डल में औसत वायुदाब एवं तापमान को प्रदर्शित करती है—

सारणी—निश्चित ऊंचाई पर मानक तापमान व वायुदाब

स्तर	वायुदाब (मिलीबार में)	तापमान (°से. में)
समुद्रतल	1,013.25	15.2
1 किमी.	898.76	8.7
5 किमी.	540.48	–17.3
10 किमी	265.00	–49.7

वायुदाब : क्षैतिज वितरण

पवनों की दिशा और वेग के सन्दर्भ में वायुदाब में कम अन्तर भी अत्यधिक महत्वपूर्ण होता है। वायुदाब के क्षैतिज वितरण का अध्ययन समान अन्तराल पर खींची गयी समदाब रेखाओं द्वारा किया जाता है। समदाब रेखाएं वे रेखाएं हैं जो समुद्र तल से एक समान वायुदाब वाले स्थानों को मिलती हैं। दाब पर ऊंचाई के प्रभाव को दूर करने तथा तुलनात्मक बनाने के लिए, वायुदाब मापने के बाद इसे समुद्र तल के स्तर पर घटा दिया जाता है। समुद्रतल पर वायुदाब वितरण मौसम मानचित्रों में दिखाया जाता है। निम्न दाब प्रणाली एक या अधिक समदाब रेखाओं से घिरी होती है। इसके केन्द्र में निम्न वायुदाब होता है। उच्च दाब प्रणाली में भी एक या अधिक समदाब रेखाएं होती हैं जिनके केंद्र में उच्चतम वायुदाब होता है।

निम्नांकित चित्र वायुदाब परिस्थितियों में समदाब रेखाओं की आकृति को दर्शाता है—

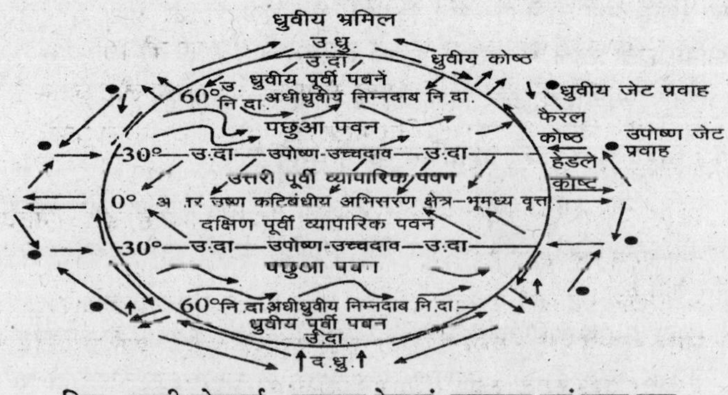

चित्र—उत्तरी गोलार्द्ध : समदाब रेखाएं, वायुदाब एवं पवन तन्त्र

समुद्रतल वायुदाब : विश्व-वितरण

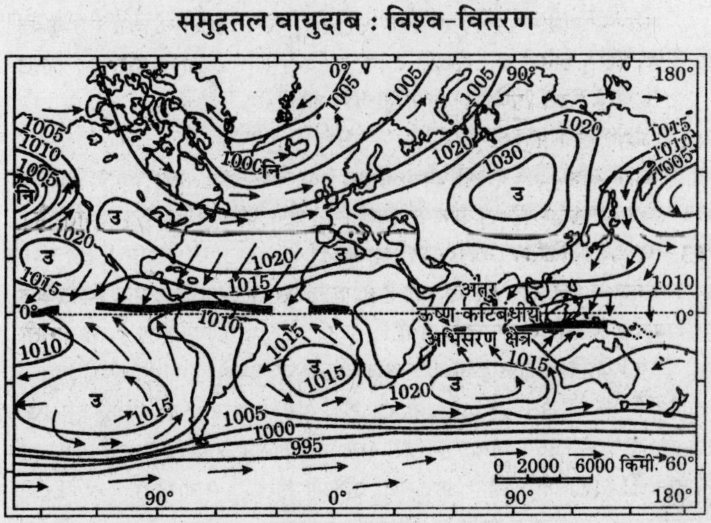

चित्र (अ)—माध्य समुद्रतल वायुदाब (समदाब रेखाएं मिलीबार में प्रदर्शित हैं) जनवरी माह

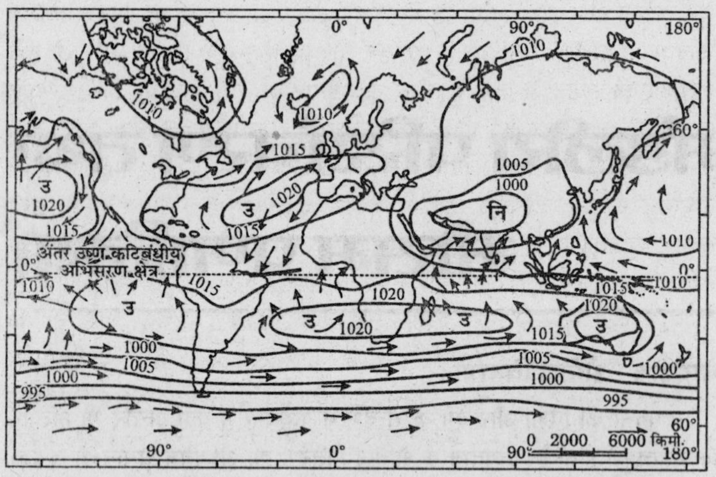

चित्र (ब)—माध्य समुद्रतल वायुदाब (समदाब रेखाएं मिलीबार में प्रदर्शित हैं) जुलाई माह

उपर्युक्त प्रदर्शित चित्र (अ) व (ब) में क्रमशः जनवरी और जुलाई महीने का समुद्रतल से वायुदाब का विश्व वितरण प्रदर्शित किया गया है।

विषुवत् वृत्त के निकट वायुदाब कम होता है। इसे विषुवतीय निम्न अवदाब क्षेत्र (Equatorial low) के नाम से जाना जाता है। 30° उत्तरी और 30° दक्षिणी अक्षांशों के साथ उच्च दाब क्षेत्र पाए जाते हैं, जिन्हें उपोष्ण उच्च वायुदाब क्षेत्र कहा जाता है। पुनः ध्रुवों की तरफ 60° उत्तरी व 60° दक्षिणी अक्षांशों पर निम्न दाब पेटियां हैं जिन्हें अधोध्रुवीय निम्नदाब पट्टियां कहते हैं। ध्रुवों के निकट वायुदाब अधिक होता है और इसे ध्रुवीय उच्च वायुदाब पट्टी कहते हैं। ये वायुदाब पट्टियां स्थाई नही होती हैं। सूर्य किरणों के विस्थापन के साथ ये पट्टियां विस्थापित होती रहती हैं। उत्तरी गोलार्ध में शीत ऋतु में ये पट्टियां दक्षिण की ओर तथा ग्रीष्म ऋतु ये उत्तर दिशा की ओर खिसक जाती हैं।

पवनें : दिशा व वेग को प्रभावित करने वाले बल

पवनें/हवाएं हमेशा उच्च वायुदाब से निम्न वायुदाब क्षेत्र की ओर चलती हैं। पवनों/हवाओं की दिशा व वेग को प्रभावित करने वाले मुख्य कारक अधोलिखित हैं–

(क) **दाब प्रवणता बल**—किन्हीं दो स्थानों के बीच वायुदाब के अन्तर को दाब प्रवणता कहते हैं। दाब प्रवणता तथा पवनों के सम्बन्ध में निम्न दो बातें महत्वपूर्ण हैं–

(i) पवनें समदाब रेखाओं को काटती हुई उच्च वायुदाब से निम्न वायुदाब की ओर चलती हैं।

(ii) पवनों की गति दाब प्रणवता पर आधारित होती है।

(ख) **घर्षण बल**—जब हवाएं धरातल के नजदीक निम्न स्तर से होकर चलती हैं तो घर्षण बल अधिक प्रभावी होता है। घर्षण बल धरातल पर अधिक और जलीय भागों पर कम प्रभावी होता है। घर्षण बल सदैव वायु के विपरीत कार्य करता है। जहां घर्षण बल निष्क्रिय होता है, वहां पवन विक्षेपण बल तथा प्रवणता बल में सन्तुलन पाया जाता है। इस कारण इन भागों में पवन की दिशा समदाब रेखाओं के समानान्तर होती है।

(ग) **कॉरिऑलिस बल**—इस बल की खोज सबसे पहले फ्रांसीसी विद्वान् 'कॉरिऑलिस' ने सन् 1844 ई. में की थी। अतः इस बल को 'कॉरिऑलिस' बल के नाम से जाना जाता है। इस बल के कारण उत्तरी गोलार्द्ध में हवाएं प्रवणता की दिशा की दाहिनी ओर तथा दक्षिणी गोलार्द्ध में बायीं ओर मुड़ जाती है। कॉरिऑलिस बल अक्षांशों के कोण के समानुपात में बढ़ता है। यह ध्रुवों पर सर्वाधिक तथा विषुवत रेखा पर नगण्य होता है।

वायुदाब और पवनें—पवनों/हवाओं का वेग तथा उनकी दिशा, उनको पैदा करने वाले बलों का परिणाम है। पृथ्वी की सतह से 2–3 किमी की ऊंचाई पर ऊपरी वायुमण्डल में पवनें धरातलीय घर्षण के प्रभाव से मुक्त होती हैं और मुख्यतः दाब प्रवणता तथा कॉरिऑलिस बल से नियन्त्रित होती हैं। जब समदाब रेखाएं सीधी हों तथा घर्षण का प्रभाव न हो, तो दाब प्रवणता बल कोरिऑलिस बल से सन्तुलित हो जाता है परिणामस्वरूप पवनें समदाब रेखाओं के समानान्तर बहती हैं। ये पवनें भूविक्षेपी (Geostrophic) पवनों के नाम से जानी जाती हैं। निम्नांकित चित्र द्वारा इन्हें और अच्छी तरह समझा जा सकता है–

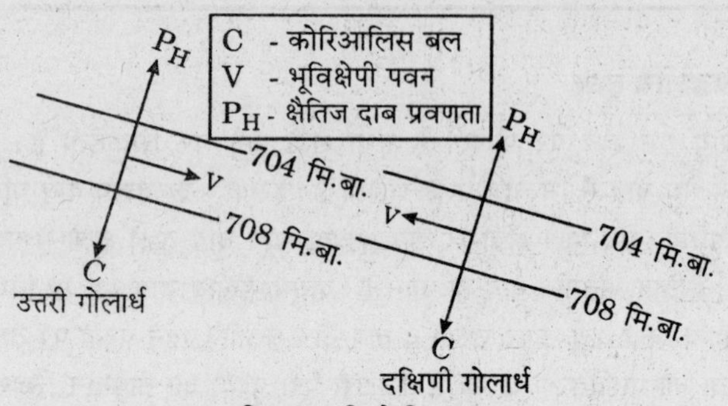

चित्र—भूविक्षेपी पवन

निम्न दाब क्षेत्र के चारों ओर पवनों का परिक्रमण चक्रवाती परिसंचरण कहलाता है। उच्च वायु दाब क्षेत्र के चारों तरफ ऐसा होना प्रतिचक्रवाती परिसंचरण कहा जाता है। इन प्रणालियों में पवनों की दिशा दोनों गोलार्द्धों में अलग–अलग होती होती है। जैसाकि निम्नलिखित सारणी से उल्लिखित है–

सारणी—चक्रवात एवं प्रति चक्रवात में पवनों की दिशा का प्रदर्शन

दाब पद्धति	केन्द्र में दाब की दशा	पवन दिशा का प्रारूप	
		उत्तरी गोलार्द्ध	दक्षिणी गोलार्द्ध
चक्रवात	निम्न	घड़ी की सुई की दिशा के विपरीत	घड़ी की सुई की दिशा के अनुरूप
प्रतिचक्रवात	उच्च	घड़ी की सुई की दिशा के अनुरूप	घड़ी की सुई की दिशा के विपरीत

पृथ्वी की सतह पर कई बार निम्न और उच्च दाब के चारों ओर पवनों का परिसंचरण ऊंचाई पर होने वाले वायु परिसंचरण से सम्बन्धित होता है। प्रायः निम्न दाब क्षेत्रों पर वायु अभिसरित होगी और ऊपर उठेगी। उच्च दाब क्षेत्रों में वायु का अवतलन होगा और धरातल पर अपसरित होगी। अभिसरण के अतिरिक्त, वायु, भ्रमिल रूप में, संवहन धाराओं में, पर्वतों के साथ–साथ तथा वाताग्र के सहारे ऊपर उठती हैं जो बादल बनने व वर्षण के लिए जरूरी है। पवनों के अभिसरण तथा अपसरण को निम्नांकित चित्र में प्रदर्शित किया गया है–

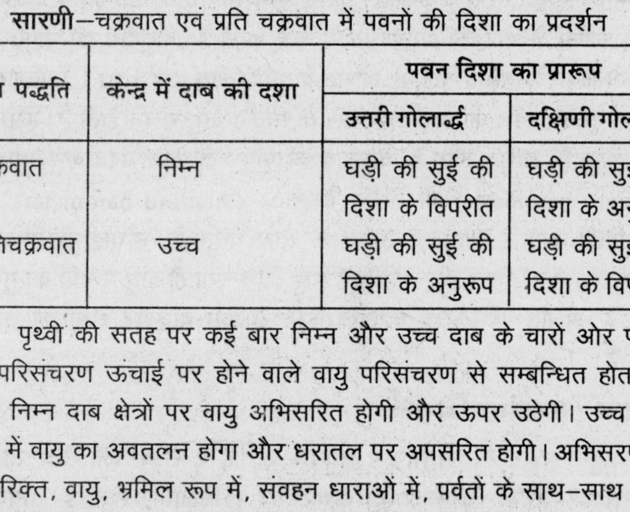

चित्र—पवनों के अभिसरण एवं अपसरण की प्रक्रिया।

वायुमण्डल का सामान्य परिसंचरण—वायमुण्डलीय पवनों के प्रवाह प्रारूप को वायुमण्डलीय सामान्य परिसंचरण कहा जाता है। वायुमण्डलीय परिसंचरण महासागरीय जल को भी गतिमान करता है, जो पृथ्वी की जलवायु को प्रभावित करता है। वायमुण्डलीय पवनों/भूमण्डलीय पवनों का प्रारूप

प्रमुखतया वायुमण्डलीय ताप में अक्षांशीय विभिन्नता, वायुदाब पट्टियों की उपस्थिति, वायुदाब पट्टियों का सौर किरणों के साथ विस्थापन, महासागरों व महाद्वीपों का वितरण एवं पृथ्वी के घूर्णन से प्रभावित है। उच्च सूर्यातप तथा निम्न वायु दाब से इसका घनिष्ठ सम्बन्ध है।

उच्च सूर्यातप तथा निम्न वायु दाब होने की स्थिति में उष्णकटिबंधीय अभिसरण क्षेत्र (ITCZ) पर वायु संवहन धाराओं के रूप में ऊपर उठती है। उष्णकटिबंधों से आने वाली पवनें इस निम्न दाब क्षेत्र में अभिसरण करती हैं। अभिसरित वायु संवहन कोष्ठों के साथ ऊपर उठती हैं। यह क्षोभमण्डल के ऊपर 14 किमी की ऊंचाई तक ऊपर चढ़ती है फिर ध्रुवों की ओर प्रवाहित होती हैं। इसके फलस्वरूप लगभग 30º उत्तर और 30º दक्षिण अक्षांश पर वायु एकत्रित हो जाती है। इस एकचित्र वायु का अवतलन होता है तथा यह उपोष्ण उच्चदाब बनाता है। अवतलन का एक कारण यह है कि जब वायु 30º उत्तरी व दक्षिणी अक्षांश पर पहुंचती है तो यह ठंडी हो जाती है। धरातल के पास वायु का अपसरण होता है और यह विषुवत् वृत्त की ओर पूर्वी पवनों के रूप में बहने लगती हैं। विषुवत् वृत्त के दोनों ओर से प्रवाहित होने वाली पूर्वी पवनें अन्तर उष्ण कटिबंधीय अभिसरण क्षेत्र (ITCZ) पर मिलती हैं। पृथ्वी की सतह से ऊपर की दिशा में होने वाले परिसंचरण और इसके विपरीत दिशा में होने वाले परिसंचरण को कोष्ठ (cell) कहा जाता है। उष्णकटिबंधीय क्षेत्र में ऐसे कोष्ठ को हेडले कोष्ठ (Hadley cell) कहा जाता है। मध्य अक्षांशीय वायु परिसंचरण में ध्रुवों से प्रवाहित होती ठंडी पवनों का अवतलन होता है और उपोष्ण कटिबंधीय क्षेत्रों से आती गर्म हवा ऊपर उठती है। धरातल पर ये पवनें पछुआ पवनों के नाम से भी जानी जाती हैं और यह कोष्ठ फैरल कोष्ठ के नाम से जाने जाते हैं। ध्रुवीय अक्षांशों पर ठंडी सघन वायु का ध्रुवों पर अवतलन होता है और मध्य अक्षांशों की ओर ध्रुवीय पवनों के रूप में प्रवाहित होती हैं। इस कोष्ठ को ध्रुवीय कोष्ठ कहा जाता है।

उपर्युक्त तीन कोष्ठ वायुमण्डल के सामान्य परिसंचरण का प्रारूप निर्धारित करते हैं। तापीय ऊर्जा का निम्न अक्षांशों से उच्च अक्षांशों में स्थानान्तरण सामान्य परिसंचरण को बनाये रखता है।

वायुमण्डल के सामान्य परिसंचरण का चित्रात्मक निरूपण निम्नलिखित हैं—

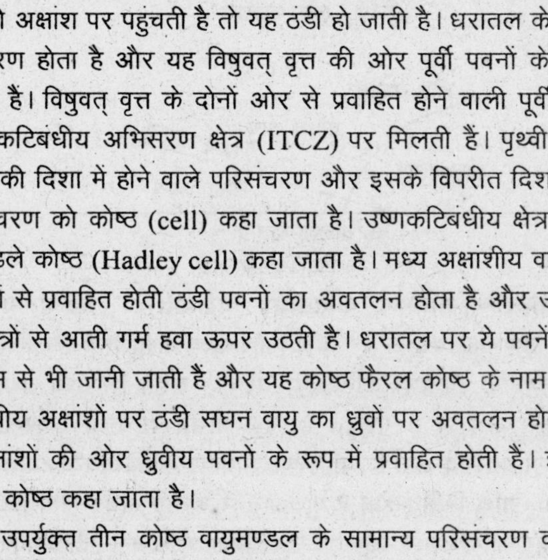

चित्र—वायुमण्डल का सामान्य परिसंचरण

वायुमण्डल का सामान्य परिसंचरण : महासागरों पर प्रभाव

वायुमण्डल का सामान्य परिसंचरण महासागरों को भी प्रभावित करता है। वायुमण्डल में बड़े पैमाने पर चलने वाली पवनें धीमी और अधिक गति की महासागरीय धाराओं को प्रवाहित करती हैं। महासागर वायु को ऊर्जा तथा जलवाष्प प्रदान करते हैं। ये अन्तर्सम्बन्ध महासागरों के विस्तृत क्षेत्रों पर अपेक्षाकृत धीमे होते हैं।

वायुमण्डल के सामान्य परिसंचरण के परिप्रेक्ष्य में प्रशान्त महासागर का गर्म अथवा ठंडा होना अत्यधिक महत्वपूर्ण है। मध्य प्रशान्त महासागर की गर्म जलधाराएं दक्षिणी अमेरिका के तट की ओर प्रवाहित होती हैं और पीरू की ठंडी धाराओं का स्थान ले लेती हैं। पीरू के तट पर इन गर्म धाराओं की उपस्थिति एल–निनो कहलाता है। एल–निनो घटना का मध्यप्रशान्त महासागर तथा ऑस्ट्रेलिया के वायुदाब परिवर्तन से घनिष्ठ सम्बन्ध है। प्रशान्त महासागर पर वायुदाब में यह परिवर्तन दक्षिणी दोलन कहलाता है। इन दोनों, दक्षिणी दोलन/बदलाव व एल निनो, की संयुक्त घटना को ईएनएसओ (ENSO) के नाम से जाना जाता है। जिन वर्षों में ईएनएसओ (ENSO) शक्तिशाली होता है, विश्व में बड़ी मौसम सम्बन्धी भिन्नताएं देखी जाती हैं। दक्षिण अमेरिका के पश्चिमी शुष्क तट पर भारी वर्षा होती है, ऑस्ट्रेलिया तथा कभी–कभी भारत अकालग्रस्त होते हैं तथा चीन में बाढ़ आती है। इन घटनाओं के सूक्ष्म विश्लेषण से संसार के अन्य भागों की मौसम सम्बन्धी भविष्यवाणी के रूप में इनका प्रयोग किया जाता है।

वायुमण्डल का सामान्य परिसंचरण : व्यापक संदर्भ

वायुमण्डल के सामान्य परिसंचरण का प्रारूपगत विश्लेषण करने के पश्चात् इसके व्यापक संदर्भ को समझना नितांत आवश्यक है। इसके व्यापक संदर्भ में निम्नलिखित वस्तुस्थितियां समाहित हैं। भौगोलिक दृष्टिकोण से इन्हें स्थानीय विसंगतियां भी कहा जाता है—

(क) **मौसमी पवनें**—पवनों के प्रवाह के प्रारूप में विभिन्न मौसमों में बदलाव आता है। यह बदलाव अत्यधिक तापन, पवन और वायुदाब पट्टियों के विस्थापन आदि के कारण होता है। ऐसे विस्थापन का सबसे अधिक स्पष्ट प्रभाव विशेषकर दक्षिण पूर्व एशिया में मानसून पवनों के बदलाव में देखा जा सकता है।

(ख) **स्थानीय पवनें**—भूतल के गर्म और ठंडे होने से भिन्नता एवं दैनिक व वार्षिक चक्रों के विकास से बहुत–सी स्थानीय व क्षेत्रीय पवनें प्रवाहित होती हैं।

(ग) **स्थल और समुद्र समीर**—ऊष्मा के अवशोषण और स्थानान्तरण में स्थल व समुद्र में भिन्नता पायी जाती है। दिन के दौरान स्थल भाग समुद्र की अपेक्षा अधिक गर्म हो जाते हैं। अत स्थल पर हवाएं ऊपर उठती हैं। परिणामस्वरूप निम्न दाब क्षेत्र बनता है, जबकि समुद्र अपेक्षाकृत ठंडे रहते हैं और उन पर उच्च वायुदाब बना रहता है। इससे समुद्र से स्थल की ओर दाब प्रवणता उत्पन्न होती है और पवनें समुद्र से स्थल की तरफ समुद्र समीर के रूप में प्रवाहित होती हैं। रात्रि में इसके एकदम विपरीत प्रक्रिया होती है। स्थल समुद्र की की अपेक्षा जल्दी ठण्डा होता है। दाब प्रवणता स्थल से समुद्र की ओर होने पर स्थल समीर प्रवाहित होती है।

उपर्युक्त प्रक्रिया को हम निम्नांकित चित्रों द्वारा समझ सकते हैं—

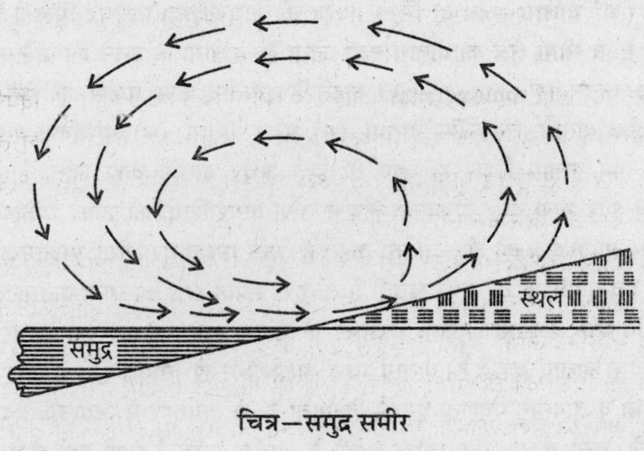

चित्र—समुद्र समीर

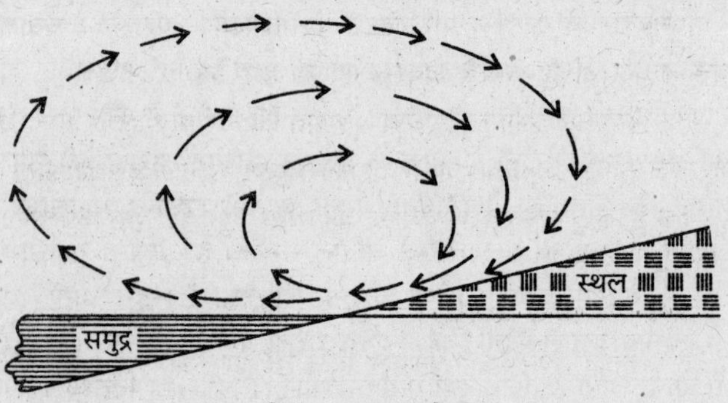

चित्र—स्थल समीर

(घ) पर्वत व घाटी पवनें—दिन के दौरान पर्वतीय प्रदेशों में ढाल गर्म हो जाते हैं तथा वायु ढाल के साथ–साथ ऊपर उठती है और इस स्थान को भरने के लिए घाटी से बहती है। इन पवनों को घाटी समीर कहते हैं। रात्रि के समय पर्वतीय ढाल ठंडे हो जाते हैं और सघन वायु घाटी में नीचे उतरती है जिसे पर्वतीय पवनें कहते हैं। उच्च पठारों एवं हिम क्षेत्रों से घाटी में बहने वाली ठंडी वायु को अवरोही (Katabatic) पवनें कहते हैं। पर्वत श्रेणियों के पवनविमुख ढालों पर एक अन्य प्रकार की उष्ण पवनें प्रवाहित होती हैं। पर्वत श्रेणियों को पार करते हुए ये आर्द्र पवनें संघनित हो जाती हैं तथा वर्षण करती हैं। जब ये पवनें पवनविमुख ढालों पर नीचे उतरती हैं, तब यह शुष्क पवनें रूद्धोष्म (Adiabatic) प्रक्रिया से गर्म हो जाती हैं। ये शुष्क हवाएं कम समय में बर्फ को पिघला सकती हैं।

(ङ) वायुराशियां—जब वायु समांगी क्षेत्र पर लम्बे समय तक रहती है तो यह उस क्षेत्र के गुणों को धारण कर लेती है। यह समांग क्षेत्र विस्तृत महासागरीय सतह अथवा विस्तृत मैदानी भाग हो सकता है। तापमान और आर्द्रता सम्बन्धी विशिष्ट गुणों वाली यह वायु, वायुराशि कहलाती है।

वायु का वह वृहत् भाग जिसमें तापमान व आर्द्रता सम्बन्धी क्षैतिज भिन्नताएं बहुत कम हैं। वह समांग धरातल जिन पर वायुराशियां बनती हैं उन्हें वायुराशियों का उद्‌गम क्षेत्र कहा जाता है।

वायुराशियों को उनके उद्‌गम क्षेत्र के आधार पर वर्गीकृत किया जाता है। इनके प्रमुख पांच उद्‌गम क्षेत्र हैं—1. उष्ण व उपोष्ण कटिबंधीय महासागर, 2. उपोष्णकटिबंधीय उष्ण मरुस्थल, 3. उच्च अक्षांशीय ठंडे महासागर, 4. उच्च अक्षांशीय अति शीत बर्फ आच्छादित महाद्वीपीय क्षेत्र, 5. स्थायी रूप से बर्फ आच्छादित महाद्वीप अंटार्कटिक तथा आर्कटिक। इसी के आधार पर निम्न प्रकार की वायुराशियां पायी जाती हैं—

(क) उष्णकटिबंधीय महासागरीय वायुराशि (mT), (ख) उष्णकटिबंधीय महाद्वीपीय (cT), (ग) ध्रुवीय महासागरीय (mP), (घ) ध्रुवीय महाद्वीपीय (cP), (ङ) महाद्वीपीय आर्कटिक (cA) उष्णकटिबंधीय वायुराशियां गर्म होती हैं तथा ध्रुवीय वायुराशियां ठंडी होती हैं।

(च) वाताग्र—जब दो भिन्न प्रकार की वायुराशियां परस्पर मिलती हैं तो उनके मध्य सीमा क्षेत्र को वाताग्र कहा जाता है। वाताग्रों के बनने की प्रक्रिया को वाताग्र–जनन (Frontogenesis) कहते हैं। वाताग्र चार प्रकार के होते हैं : (क) शीत वाताग्र, (ख) उष्ण वाताग्र, (ग) अचर वाताग्र, (घ) अधिविष्ट वाताग्र।

जब वाताग्र स्थिर हो जाए तो इन्हें अचर वाताग्र कहा जाता है। जब शीतल और भारी वायु आक्रामक रूप में उष्ण वायुराशियों को ऊपर धकेलती है तो इस संपर्क क्षेत्र को शीत वाताग्र कहते हैं। यदि गर्म वायुराशियां आक्रामक रूप में ठंडी वायुराशियों के ऊपर चढ़ती हैं तो इस संपर्क क्षेत्र को उष्ण वाताग्र कहते हैं। यदि एक वायुराशि पूर्णतः धरातल के ऊपर उठ जाए तो ऐसे वाताग्र को अधिविष्ट वाताग्र कहते हैं। वाताग्र मध्य अक्षांशों में ही निर्मित होते हैं और तीव्र वायुदाब व तापमान प्रवणता इनकी विशेषता है। ये तापमान में अचानक बदलाव लाते हैं। इसी कारण वायु ऊपर उठती है, बादल बनते हैं तथा वर्षा होती है।

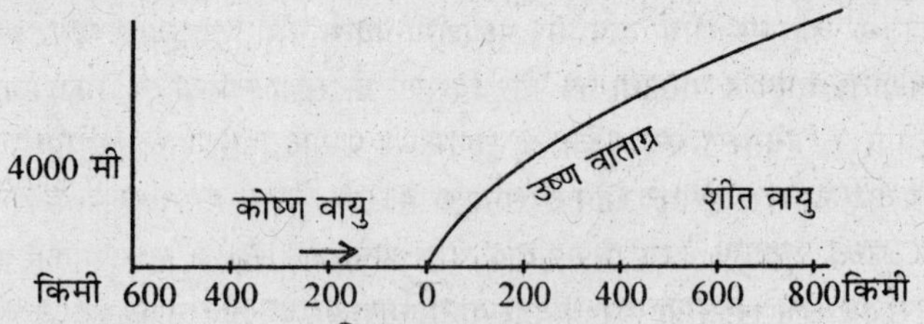

चित्र—उष्ण वाताग्र

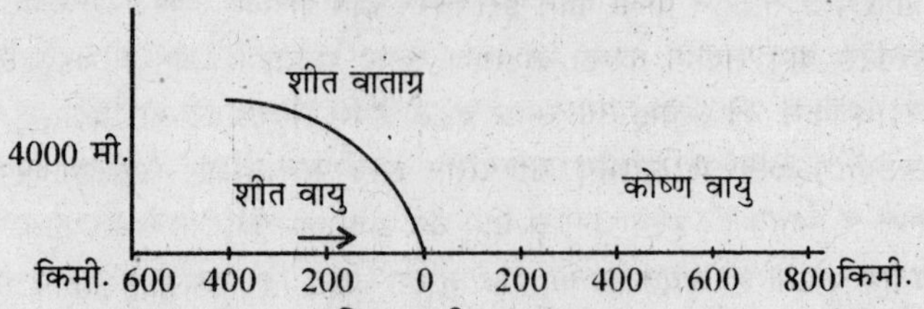

चित्र—शीत वाताग्र

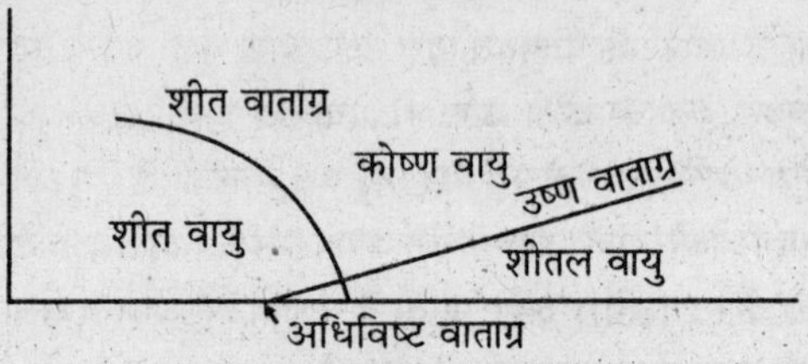

चित्र—अधिविष्ट वाताग्र

(छ) बहिरूष्ण/शीतोष्ण कटिबंधीय चक्रवात—वे चक्रवातीय वायु प्रणालियां, जो उष्ण कटिबंध से दूर, मध्य और उच्च अक्षांशों में विकसित होती हैं, उन्हें बहिरूष्ण या शीतोष्ण कटिबंधीय चक्रवात कहते हैं। मध्य तथा उच्च अक्षांशों में जिस क्षेत्र से ये गुजरते हैं, वहां मौसम सम्बन्धी अवस्थाओं में अचानक तेजी से बदलाव आते हैं। बहिरूष्ण/शीतोष्ण कटिबंधीय चक्रवात ध्रुवीय वाताग्र के साथ–साथ निर्मित होते हैं शुरुआत में वाताग्र अचर होता है। उत्तरी गोलार्द्ध में वाताग्र के दक्षिण में कोष्ण व उत्तर दिशा में शीतल हवा प्रवाहित होती है। जब वाताग्र के साथ वायुदाब कम हो जाता है तो कोष्ण वायु उत्तर दिशा की ओर तथा ठंडी वायु दक्षिण दिशा में घड़ी की सूइयों के विपरीत चक्रवातीय परिसंचरण करती है। ऐसी स्थिति में बहिरूष्ण कटिबंधीय चक्रवात विकसित होता है, जिसमें एक उष्ण वाताग्र तथा एक शीत वाताग्र होता है।

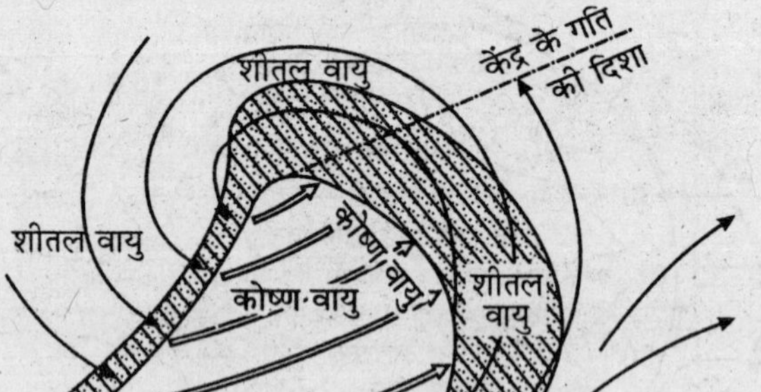

चित्र—बहिरूष्ण/शीतोष्ण कटिबंधीय चक्रवात

उपर्युक्त प्रदर्शित चित्र ऐसे ही चक्रवात को दर्शाता है। इस चक्रवात में कोष्ण वायु क्षेत्र या कोष्ण खंड ठंडे अग्रभाग और पिछले शीत खंड के बीच पाया जाता है। कोष्ण वायु आक्रामक रूप में ठंडी वायु के ऊपर चढ़ती है और उष्ण वाताग्र के पहले भाग में स्तरी मेघ दिखाई देते हैं और वर्षा होती है। पीछे से आता शीत वाताग्र उष्ण वायु को ऊपर धकेलता है, जिसके परिणामस्वरूप शीत वाताग्र के साथ कपासी मेघ बनते हैं। शीत वाताग्र उष्ण वाताग्र की अपेक्षा तीव्र गति से चलते हैं और अंततः उष्ण वाताग्रों को पूरी तरह ढक लेते हैं। यह कोष्ण वायु ऊपर उठती है और इसका भूतल से कोई संपर्क नहीं रहता। ऐसी स्थिति में अधिविष्ट वाताग्र बनता है एवं चक्रवात धीरे–धीरे क्षीण हो जाता है।

अपनी प्रकृति के आधार पर बहिरूष्ण/शीतोष्ण कटिबंधीय चक्रवात अग्रलिखित प्रकार के होते हैं—

(i) **तापीय चक्रवात**—शीतोष्ण कटिबन्धों में गर्मियों में अधिक ताप के कारण महाद्वीपों पर न्यून दाब केन्द्र बन जाते हैं जिनमें बाहर से केन्द्र की ओर हवाएं चलने लगती हैं। ये चक्रवात प्रायः स्थायी होते हैं।

(ii) **गतिक चक्रवात**—ये मुख्य शीतोष्ण कटिबन्धीय चक्रवात हैं जिनकी उत्पत्ति ठण्डी ध्रुवीय तथा आर्द्र एवं सागरीय वायुराशियों के वाताग्र के सहारे मिलने के कारण होती है। ये चक्रवात विस्तृत क्षेत्र को प्रभावित करते हैं तथा इनसे विभिन्न प्रकार के वाताग्रों का पूर्ण विकास होता है।

(iii) **उष्ण कटिबंधीय चक्रवात**—उष्ण कटिबंधीय चक्रवात आक्रामक तूफान हैं जिनका उद्‌भव उष्ण कटिबंधीय क्षेत्रों के महासागरों पर होता है। ये तटीय क्षेत्रों की ओर गतिमान होते हैं। ये चक्रवात आक्रामक पवनों के कारण भारी विनाश, अत्यधिक वर्षा व तूफान लाते हैं। ये चक्रवात विध्वंसक, प्राकृतिक आपदाओं में से एक हैं। हिन्द महासागर में ये 'चक्रवात' अटलांटिक महासागर में 'हरीकेन' पश्चिम प्रशान्त और दक्षिण चीन सागर में 'टाइफून' तथा पश्चिमी आस्ट्रेलिया में 'विली–विलीज' के नाम से जाने जाते हैं।

उष्ण कटिबंधीय चक्रवात, उष्ण कटिबंधीय महासागरों में उत्पन्न व विकसित होते हैं। इनकी उत्पत्ति व विकास के लिए अनुकूल स्थितियां इस प्रकार हैं—(क) वृहत् समुद्री सतह; जहां तापमान 27° सेल्सियस से अधिक हो; (ख) कोरिऑलिस बल का होना (ग) ऊर्ध्वाधर पवनों की गति में अन्तर कम होना; (घ) कमजोर निम्न दाब क्षेत्र या निम्न स्तर का चक्रवातीय परिसंचरण का होना (ङ) समुद्री तल तंत्र पर ऊपरी अपसरण।

चक्रवातों को और अधिक विध्वंसक बनाने वाली ऊर्जा संघनन प्रक्रिया द्वारा ऊंचे कपासी स्तरी मेघों से प्राप्त होती है जो इस तूफान के केन्द्र को घेरे होती है। समुद्रों में अनवरत आर्द्रता की आपूर्ति से ये तूफान अधिक प्रबल होते हैं। स्थल पर पहुंचकर आर्द्रता की आपूर्ति रुक जाती है और ये क्षीण होकर समाप्त हो जाते हैं। वह स्थान जहां से उष्ण कटिबंधीय चक्रवात तट को पार करके जमीन पर पहुंचते हैं चक्रवात का लैंडफाल कहलाता है। वे चक्रवात जो प्रायः 20° उत्तरी अक्षांश से गुजरते हैं, उनकी दिशा अनिश्चित होती है और वे अधिक विध्वंसक होते हैं।

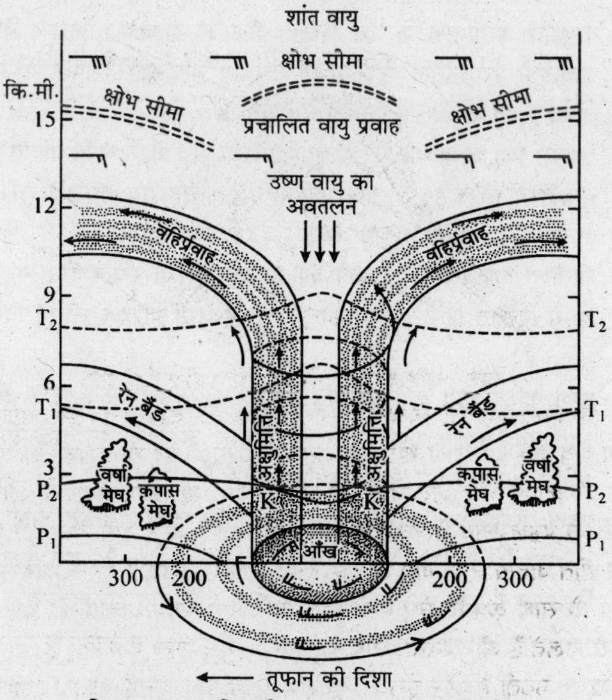

चित्र—उष्ण कटिबंधीय चक्रवात: खड़ा परिच्छेद

उपर्युक्त प्रदर्शित चित्र में एक विकसित उष्ण कटिबंधीय चक्रवात की संरचना का ऊर्ध्वाधर क्रमिक विवरण दर्शाया गया है।

एक विकसित उष्ण कटिबंधीय चक्रवात की विशेषता इसके केन्द्र के चारों तरफ प्रबल सर्पिल (Spiral) पवनों का परिसंचरण है, जिसे इसकी आंख (Eye) कहा जाता है। इस परिसंचरण प्रणाली का व्यास 150 से 250 किलोमीटर तक होता है।

उष्ण कटिबंधीय चक्रवात का केन्द्रीय (अक्षु) क्षेत्र शान्त होता है, जहां पवनों के अवतलन की क्रिया सम्पन्न होती है। अक्षु के चारों तरफ अक्षुभित्ति होती है जहां वायु का प्रबल व वृत्ताकार रूप में आरोहण होता है; यह आरोहण क्षोभसीमा की ऊंचाई तक पहुंचता है। इसी क्षेत्र में पवनों का वेग अधिकतम होता है जो 250 किमी. प्रति घंटा तक होता है। इन चक्रवातों से मूसलाधार वर्षा होती है। चक्रवात की आंख से रेनबैंड विकरित होते हैं तथा कपासी वर्षा बादलों की पंक्तियां बाहरी क्षेत्र की ओर विस्थापित हो सकती हैं। इनका व्यास बंगाल की खाड़ी, अरब सागर व हिन्द महासागर पर 600 से 1,200 किलोमीटर के बीच होता है। यह परिसंचरण प्रणाली धीमी गति से 300 से 500 किमी प्रति दिन की दर से आगे बढ़ती है। ये चक्रवात तूफान तरंग उत्पन्न करते हैं और तटीय निम्न इलाकों को जलप्लावित कर देते हैं। ये तूफान स्थल पर धीरे–धीरे क्षीण होकर खत्म हो जाते हैं।

तीव्रता के आधार पर उष्ण कटिबंधीय चक्रवातों को निम्नलिखित भागों में विभक्त किया गया है—

1. **क्षीण चक्रवात**—(i) उष्ण कटिबंधीय विक्षोभ, (ii) उष्ण कटिबंधीय अवदाब।

2. **प्रचण्ड चक्रवात**—(i) हरीकेन या टाइफून, (ii) टोरनेडो।

उष्ण कटिबन्धीय विक्षोभ अत्यन्त क्षीण चक्रवात है। एक अधिक घिरी समदाब रेखाओं वाले छोटे आकार के उष्ण कटिबन्धीय चक्रवात को अवदाव कहते हैं। हरीकेन या टाइफून भयंकर तूफान हैं जिनकी गति 120 किमी प्रति घंटा से भी अधिक होती है। टोरनेडो, हरीकेन से भी अधिक भयंकर होते हैं।

बहिरूष्ण/शीतोष्ण कटिबंधीय चक्रवात तथा उष्ण कटिबंधीय चक्रवात में अन्तर

बहिरूष्ण/शीतोष्ण कटिबंधीय चक्रवात एवं उष्ण कटिबंधीय चक्रवात में अनेक अन्तर होते हैं, जो निम्नलिखित हैं—

(1) शीतोष्ण कटिबन्धीय चक्रवातों में स्पष्ट वाताग्र प्रणालियां होती हैं, जो उष्ण कटिबन्धीय चक्रवातों में नहीं होती हैं।

(2) शीतोष्ण कटिबन्धीय चक्रवातों का क्षेत्र जल एवं स्थल दोनों हैं जबकि उष्ण कटिबन्धीय चक्रवात केवल महासागरों पर उत्पन्न होते हैं।

(3) शीतोष्ण कटिबन्धीय चक्रवात उष्ण कटिबन्धीय चक्रवातों की अपेक्षा विस्तृत क्षेत्र को प्रभावित करते हैं।

(4) उष्ण कटिबन्धीय चक्रवातों में पवनों का वेग शीतोष्ण कटिबन्धीय चक्रवातों की अपेक्षा अधिक होता है।

(5) शीतोष्ण कटिबन्धीय चक्रवातों की गति पश्चिम से पूर्व तथा उष्ण कटिबन्धीय चक्रवातों की गति पूर्व से पश्चिम होती है।

(ज) तड़ितझंझा एवं टोरनेडो—विध्वंसक स्थानीय तूफानों में तड़ित झंझा एवं टोरनेडो उल्लेखनीय हैं। यद्यपि ये कम समय तक के लिए सक्रिय रहते हैं और अपेक्षाकृत कम क्षेत्रफल में सीमित होते हैं। इसके बावजूद बहुत अक्रामक होते हैं।

तड़ितझंझा उष्ण आर्द्र दिनों में प्रबल संवहन के कारण उत्पन्न होते हैं। तड़ितझंझा एक पूर्ण विकसित कपासी वर्षी मेघ है जो गरज तथा बिजली उत्पन्न करते हैं। जब यह बादल अधिक ऊंचाई तक चले जाते हैं, जहां तापमान शून्य से कम रहता है, तो इससे ओले बनते हैं और ओलावृष्टि होती है। आर्द्रत कम होने पर ये तड़ितझंझा धूल भरी आंधियां लाते हैं। तड़ितझंझा की विशेषता उष्ण वायु का प्रबल ऊर्ध्वप्रवाह है, जिसके कारण बादलों का आकार बढ़ता है। ऐसी स्थिति में ये अधिक ऊंचाई तक पहुंचते हैं। इसके कारण वर्षण होता है। तत्पश्चात् नीचे की तरफ वात प्रवाह पृथ्वी पर ठंडी वायु व वर्षा लाते हैं।

भयानक तड़ितझंझा से कभी–कभी वायु आक्रामक रूप में हाथी की सूंड की तरह सर्पिल अवरोहण करती है। इसमें केन्द्र पर अत्यन्त कम वायुदाब होता है और यह व्यापक रूप से भयंकर विनाशकारी होते हैं। इस परिघटना को 'टोरनेडो' कहते हैं। टोरनेडो सामान्यतः मध्यअक्षांशों में उत्पन्न होते हैं। समुद्र पर टोरनेडो को जलस्तम्भ (Water spouts) कहते हैं। ये आक्रामक तूफान वायुमण्डलीय ऊर्जा वितरण में भिन्नता या अस्थिर वायु के व्यवस्थित होने की अभिव्यक्ति हैं। इन तूफानों से स्थितिज व ताप ऊर्जा, गतिज ऊर्जा में परिवर्तित हो जाती है और अशान्त वायुमण्डलीय दशाएं पुनः स्थिर स्थिति में लौट आती हैं।

यह भी जानिए

वायुमण्डलीय दाब में भिन्नता का कारण—वायु गर्म होने पर फैलती है और ठंडा होने पर सिकुड़ती है। इससे वायुमण्डलीय दाब में भिन्नता आती है। परिणामस्वरूप वायु गतिमान होकर अधिक दाब वाले क्षेत्रों से न्यून दाब वाले क्षेत्रों में प्रवाहित होती है। क्षैतिज गतिमान वायु ही पवन है।

वायुमण्डलीय दाब का प्रभाव—वायुमण्डलीय दाब यह निर्धारित करता है कि कब वायु ऊपर उठेगी व कब नीचे बैठेगी। पवनें पृथ्वी पर तापमान व आर्द्रता का पुनर्वितरण करती हैं जिससे पूरी पृथ्वी का तापमान स्थिर बना रहता है। ऊपर उठती हुई वायु का तापमान कम होता जाता है। बादल बनते हैं और वर्षा होती है जैसे हम ऊपर ऊंचाई पर चढ़ते हैं, वायु विरल होती जाती है और सांस लेने में कठिनाई होती है।

सामान्य वायु दाब—समुद्र तल पर प्रति वर्ग इंच पर वायुमण्डल का दबाव 6.68 किलोग्राम या 1.03 किलोग्राम प्रति वर्ग सेंटीमीटर होता है। वायुमण्डल का औसत या सामान्य दाब 45° अक्षांश पर समुद्र तल पर 29.92 इंच या 76 सेंटीमीटर या 1013.2 मिलीबार होता है। इसी को सामान्य वायुदाब कहते हैं।

ऊर्ध्वाधर पवनों का अधिक शक्तिशाली न होने का कारण— वायुमण्डल के निचले भाग में वायुदाब ऊंचाई के साथ तीव्र गति से घटता जाता है। वायु दाब के घटने की दर प्रति 10 मीटर की ऊंचाई पर 1 मिलीबार होती है। वायु दाब सदैव एक दर से कम नहीं होता है। ऊर्ध्वाधर दाब प्रवणता क्षैतिज दाब प्रवणता की अपेक्षा अधिक होती है। लेकिन इसके विपरीत दिशा में कार्यरत गुरुत्वाकर्षण बल से यह सन्तुलित हो जाती है। जिस कारण ऊर्ध्वाधर पवनें अधिक शक्तिशाली नहीं होती हैं।

ईएनएसओ (ENSO) को समझें—मध्य प्रशान्त महासागर की गर्म जलधाराएं दक्षिणी अमेरिकी के तट की ओर प्रवाहित होती हैं और पीरू की ठंडी धाराओं का स्थान ले लेती हैं। पीरू के तट पर इन गर्म जलधाराओं की उपस्थिति एलनीनो कहलाती है। एलनीनो घटना का मध्य प्रशान्त महासागर और आस्ट्रेलिया के वायुदाब परिवर्तन से घनिष्ठ सम्बन्ध है। प्रशान्त महासागर पर वायुदाब में यह परिवर्तन दक्षिणी दोलन कहलाता है। इन दोनों (एलनीनो एवं दक्षिण दोलन) की संयुक्त घटना को ENSO के नाम से जाना जाता है।

स्मरणीय बिन्दु

- वायुमण्डलीय दाब की भिन्नता के कारण वायु गतिमान होकर अधिक दाब वाले क्षेत्रों से न्यून दाब वाले क्षेत्रों और प्रवाहित होती है। वायुमण्डलीय दाब को मापने की इकाई मिलीबार है।
- समुद्र तल पर औसत वायुदाब 1013.2 मिलीबार होता है। वायुदाब नापने वाले यन्त्र को बैरोमीटर कहते हैं। वायुदाब का क्षैतिज वितरण समदाब रेखाओं द्वारा प्रदर्शित किया जाता है।
- वायुदाब पेटियां स्थायी नहीं होतीं बल्कि सूर्य के उत्तरायण या दक्षिणायन होने के साथ–साथ उत्तर व दक्षिण की ओर खिसकती जाती हैं।
- निम्न दाब क्षेत्र के चारों ओर पवनों का संचरण चक्रवाती परिसंचरण कहलाता है। उच्च वायुदाब क्षेत्र में इसे प्रतिचक्रवाती संचरण कहते हैं।
- भूमध्यरेखीय निम्न वायुदाब पेटी तथा ध्रुवीय पेटियां तापजन्य पेटियां हैं जबकि उपध्रुवीय निम्न वायुदाब पेटियां तथा उपोष्ण कटिबन्धीय उच्च वायुदाब पेटियां गतिजन्य वायुदाब पेटियां हैं।
- भूमण्डलीय पवनों का प्रारूप मुख्य रूप से निम्न बातों पर निर्भर करता है—(i) वायुमण्डलीय ताप में अक्षांशीय भिन्नता, (ii) वायुदाब पेटियों की उपस्थिति, (iii) वायुदाब पेटियों का सौर किरणों के साथ विस्थापन (iv) महासागरों एवं महाद्वीपों का वितरण तथा (v) पृथ्वी का घूर्णन आदि।
- वे पवनें जो मौसम के अनुसार दिशाओं में परिवर्तन कर देती हैं, उन्हें मौसमी पवनें कहा जाता है। मानूसनी हवाएं मौसमी पवनें हैं। स्थानीय पवनें स्थान विशेष में चलती हैं।
- वायुराशि वायुण्डल के उस विस्तृत क्षेत्र को कहते हैं, जिससे विभिन्न ऊंचाइयों पर क्षैतिज अवस्था में जलवायु सम्बन्धी विशेषताओं अर्थात् तापक्रम एवं आर्द्रता में समानता मिलती है।
- उद्‌गम क्षेत्र के आधार पर वायुराशियों को पांच भागों में विभाजित किया गया है जो निम्न हैं—(i) उष्ण कटिबंधीय महासागरीय वायुराशि (ii) उष्ण वाताग्र, (iii) अचर वाताग्र तथा (iv) अधिविष्ट वाताग्र।
- शीतोष्ण कटिबंधीय चक्रवातों की उत्पत्ति जल व स्थल दोनों पर होती है। ये विस्तृत क्षेत्रों को प्रभावित करते हैं तथा पश्चिम से पूर्व दिशा में चलते हैं।
- उष्ण कटिबन्धीय चक्रवातों की उत्पत्ति महासागरों पर होती है और ये आक्रामक तूफान जैसे होते हैं। विभिन्न क्षेत्रों में इन चक्रवातों को अलग–अलग नामों से पुकारा जाता है।
- प्रबल संवहन के कारण उत्पन्न स्थानीय तूफान तड़ित झंझा तथा टोरनेडो हैं। टोरनेडो मध्य अक्षांशों में उत्पन्न होता है। इन तूफानों से स्थितिज व ताप ऊर्जा, गतिज ऊर्जा में परिवर्तित हो जाती है।

एन.सी.ई.आर.टी. पाठ्यपुस्तक भूगोल के प्रश्न (हल सहित)

बहुविकल्पीय प्रश्न

(i) यदि धरातल पर वायुदाब 1000 मिलीबार है तो धरातल से 1 किमी की ऊंचाई पर वायुदाब कितना होगा ?

(क) 700 मिलीबार (ख) 900 मिलीबार

(ग) 1,100 मिलीबार (घ) 1,300 मिलीबार

(ii) अन्तर उष्ण कटिबन्धीय अभिसरण क्षेत्र प्रायः कहां होता है ?

(क) विषुवत् वृत्त के निकट (ख) कर्क रेखा के निकट

(ग) मकर रेखा के निकट (घ) आर्कटिक वृत्त के निकट।

(iii) उत्तरी गोलार्द्ध में निम्न वायुदाब के चारों तरफ पवनों की दिशा क्या होगी ?

(क) घड़ी की सुइयों के चलने की दिशा के अनुरूप

(ख) घड़ी की सुइयों के चलने की दिशा के विपरीत

(ग) समदाब रेखाओं के समकोण पर

(घ) समदाब रेखाओं के समानांतर

(iv) वायुराशियों के निर्माण का उद्‌गम–क्षेत्र निम्नलिखित में से कौन–सा है ?

(क) विषुवतीय (ख) साइबेरिया का मैदानी भाग

(ग) हिमालय पर्वत (घ) दक्कन का पठार

उत्तर–(i) (ख), (ii) (क), (iii) (ख), (iv) (ख)।

निम्नलिखित प्रश्नों के उत्तर लगभग 30 शब्दों में दीजिए–

(i) वायुदाब मापने की इकाई क्या है ? मौसम मानचित्र बनाते समय किसी स्थान के वायुदाब को समुद्र तल तक क्यों घटाया जाता है ?

उत्तर–वायुदाब मापने की इकाई मिलीबार (Mb) है। मानचित्र को तुलनात्मक बनाने के लिए वायुदाब आकलन के बाद इसे समुद्र–तल के आधार पर मानकर इसकी गणना की जाती है। इसीलिए इस समुद्र तल तक घटाया जाता है।

(ii) जब दाब प्रवणता बल उत्तर से दक्षिण दिशा की ओर हो अर्थात् उपोष्ण उच्च वायुदाब से विषुवत् दाब की ओर हो तो उत्तरी गोलार्द्ध में उष्ण कटिबन्ध में पवनें उत्तरी–पूर्वी क्यों होती हैं ?

उत्तर–कॉरिऑलिस बल के कारण पवनें उत्तरी गोलार्द्ध में अपनी दाहिनी ओर तथा दक्षिणी गोलार्द्ध में अपनी बायीं ओर विक्षेपित हो जाती हैं। जब दाब प्रवणता बल उत्तर से दक्षिण दिशा में होता है तो उत्तरी गोलार्द्ध में उष्ण कटिबन्धीय पवनों की दिशा कॉरिऑलिस बल के कारण उत्तरी–पूर्वी हो जाती है।

(iii) 'भू–विक्षेपी' पवनें क्या हैं ?

उत्तर–जब समदाब रेखाएं सीधी हों और उन पर घर्षण का प्रभाव न हो तो दाब प्रवणता बल कॉरिऑलिस बल से सन्तुलित हो जाता है, फलस्वरूप पवनें समदाब रेखाओं के समानान्तर चलती हैं। ये पवनें ही भूविक्षेपी (Geostrophic) पवनें हैं।

(iv) समुद्र व स्थल समीर का वर्णन करें।

उत्तर–समुद्र समीर–समुद्री भागों के ठंडे बने रहने के कारण उन पर उच्च वायुदाब बना रहता है। इससे पवनें समुद्र से स्थल की ओर चलने लगती हैं, इन्हें ही समुद्र समीर कहते हैं।

स्थल समीर–रात्रि में स्थल पर उच्च वायुदाब बन जाता है। इस कारण पवनें स्थल से जल की ओर चलने लगती हैं, जिन्हें स्थलीय समीर कहा जाता है।

निम्न प्रश्नों के उत्तर लगभग 150 शब्दों में दीजिए।

(i) पवनों की दिशा व वेग को प्रभावित करने वाले कारक बताएं।

उत्तर–हवाओं की दिशा व वेग को प्रभावित करने वाले प्रमुख कारक निम्नलिखित हैं–

(क) दाब प्रवणता बल–समदाब रेखाएं जितनी नजदीक होंगी, दाब प्रवणता उतनी ही अधिक होगी और पवनों की गति उतनी ही अधिक तीव्र होगी।

(ख) घर्षण बल–जब हवाएं धरातल के नजदीक निम्न स्तर से होकर चलती हैं तो घर्षण बल अधिक प्रभावी होता है। घर्षण बल धरातल पर अधिक और जलीय भागों पर कम प्रभावी होता है। घर्षण बल के कारण पवन का वेग मन्द हो जाता है और हवाएं समदाब रेखाओं के समानान्तर न चलकर कुछ विक्षेपित हो जाती हैं।

(ग) कॉरिऑलिस बल–पृथ्वी की घूर्णन गति के कारण उत्पन्न कॉरिऑलिस बल से हवाओं की दिशा में विक्षेपण हो जाता है। इस बल के कारण उत्तरी गोलार्द्ध में हवाएं प्रवणता की दिशा की दाहिनी ओर तथा दक्षिणी गोलार्द्ध में बायीं ओर मुड़ जाती हैं। कॉरिऑलिस बल अक्षांशों के कोण के समानुपात में बढ़ता है। यह ध्रुवों पर सर्वाधिक तथा विषुवत रेखा पर नगण्य होता है।

(ii) पृथ्वी पर वायुमण्डलीय सामान्य परिसंचरण का वर्णन करते हुए चित्र बनाएं। 30° उत्तरी एवं दक्षिणी अक्षांशों पर उपोष्ण कटिबन्धीय उच्च वायुदाब के सम्भव कारण बताएं।

उत्तर–वायुमण्डलीय पवनों के प्रवाह प्रारूप को वायुमण्डलीय सामान्य परिसंचरण कहते हैं। इससे पृथ्वी की जलवायु प्रभावित होती है। पृथ्वी की सतह से ऊपर की दिशा में होने वाले परिसंचरण और इसके विपरीत दिशा में होने वाले परिसंचरण को 'कोष्ट' कहते हैं। उष्ण कटिबन्धीय भागों में ऐसे कोष्ठ को 'हेडले कोष्ठ' कहा जाता है।

मध्य अक्षांशीय वायु परिसंचरण में गर्म हवाएं ऊपर उठती हैं। इन पवनों को पछुआ वनों के नाम से जाना जाता है और यह कोष्ठ 'फैरल कोष्ठ' कहलाता है। ध्रुवीय क्षेत्रों में ठंडी सघन वायु ध्रुवों पर नीचे उतरती है और उपध्रुवीय निम्न दाब क्षेत्र की ओर प्रवाहित होती है। इस कोष्ठ को ध्रुवीय कोष्ठ के नाम से जाना जाता है।

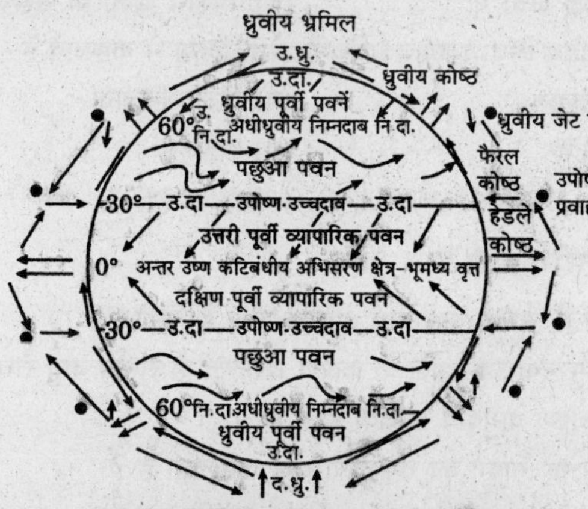

चित्र–वायुमण्डल का सामान्य परिसंचरण

30° उत्तरी एवं 30° दक्षिणी अक्षांशों पर उपोष्ण कटिबन्धीय उच्च वायुदाब के सम्भव कारण–

(क) भूमध्यरेखीय प्रदेशों में वर्षभर उच्च सूर्यातप एवं निम्न वायुदाब होने के कारण हवाएं संवहन धाराओं के रूप में ऊपर उठती हैं। विषुवत

वृत्त पर पृथ्वी की घूर्णन गति अधिक होने के कारण ये हवाएं बाहर की ओर अपसारित होती हैं। ऊपर जाकर ये ठंडी हो जाती हैं और 30° उत्तरी व दक्षिणी अक्षांशों पर नीचे उतरती हैं।

(ख) पृथ्वी की घूर्णन गति के कारण भूमध्यरेखीय निम्न वायुदाब क्षेत्र से ऊपर उठी हवाएं 30° उत्तरी व दक्षिणी अक्षांशों पर नीचे उतरती हैं, जिसे उपोष्ण कटिबन्धीय उच्च वायुदाब क्षेत्र कहते हैं।

(iii) उष्ण कटिबन्धीय चक्रवातों की उत्पत्ति केवल समुद्रों पर ही क्यों होती है ? उष्ण कटिबन्धीय चक्रवात के किस भाग में मूसलाधार वर्षा होती है और उच्च वेग की पवनें चलती हैं और क्यों ?

उत्तर—उष्ण कटिबन्धीय चक्रवात धरातल के बजाय महासागरों पर उत्पन्न होकर तीव्र गति से प्रवाहित होते हैं। इन चक्रवातों की उत्पत्ति के प्रमुख कारण निम्नलिखित हैं—

(i) समुद्री भागों में लगातार आर्द्रता की आपूर्ति होते रहने से इनकी गति अधिक प्रबल हो जाती है।

(ii) इन क्षेत्रों में कॉरिऑलिस बल अपेक्षाकृत अधिक प्रभावी होता है जो उष्ण कटिबन्धीय चक्रवातों की उत्पत्ति में सहायक होता है।

(iii) यहां पवनें लम्बवत् धाराओं के रूप में ऊपर उठती हैं।

(iv) समुद्री तल तन्त्र पर ऊपरी अपसरण का होना इत्यादि।

उष्ण कटिबन्धीय चक्रवातों के मध्य भाग में मूसलाधार वर्षा होती है और हवाएं बड़ी तीव्र गति से चलती हैं। इसका प्रमुख कारण उष्ण कटिबन्धीय चक्रवातों के केन्द्र के चारों ओर प्रबल सर्पिल पवनों का परिसंचरण है। ये पवनें क्षोभ सीमा की ऊंचाई तक पहुंचकर इसी क्षेत्र में अधिकतम वेग वाली पवनों को उत्पन्न करती हैं जिनकी गति 250 किमी प्रति घंटा तक होती है। इनसे इस भाग में मूसलाधार वर्षा होती है।

अभ्यासार्थ प्रश्न

बहुविकल्पीय प्रश्न

1. निम्न में पवनों की गतिशीलता का मुख्य कारण है—
(अ) वायुदाब का समान होना
(ब) वायुदाब में वृद्धि होना
(स) वायुदाब में परिवर्तन
(द) वायुदाब में अन्तर का होना

2. उष्ण कटिबन्धीय क्षेत्र में वायु परिसंचरण को कहा जाता है—
(अ) हेडले कोष्ठ (ब) फैरल कोष्ठ
(स) ध्रुवीय कोष्ठ (द) इनमें में से कोई नहीं

3. जब शीतल और भारी वायु आक्रामक होती है तो इस प्रकार बने वाताग्र कहलाते हैं—
(अ) शीत वाताग्र (ब) उष्ण वाताग्र
(स) अचर वाताग्र (द) अधिविष्ट वाताग्र

4. सामान्यतः उष्ण कटिबन्धीय चक्रवातों का उद्भव होता है—
(अ) महासागरों पर (ब) महाद्वीपीय समतल मैदानों में
(स) तराई क्षेत्रों में (द) पर्वतीय ढालों के सहारे

5. उष्ण कटिबन्धीय चक्रवात पश्चिमी आस्ट्रेलिया में कहलाते हैं—
(अ) चक्रवात (ब) विली–विलीज
(स) हरीकेन (द) टाइफून

[**उत्तर**—1. (द), 2. (अ), 3. (अ), 4. (अ), 5. (द)।]

अति लघु उत्तरीय प्रश्न

1. धरातल के समीप वायु दाब अधिक होता है। क्यों ?
उत्तर—गुरुत्वाकर्षण बल के कारण धरातल के समीप वायु सघन होती है जिस कारण वायुदाब अधिक होता है।

2. वायुदाब को मापने का उपकरण क्या कहलाता है ?
उत्तर—पारद वायुदाब मापी या निर्द्रव बैरोमीटर।

3. वायु में गति के प्रमुख कारण का उल्लेख कीजिए।
उत्तर—जैसे–जैसे ऊंचाई की ओर जाते हैं वायुदाब घटता जाता है। ऊंचाई पर वायुदाब भिन्न–भिन्न स्थानों पर भिन्न–भिन्न होता है और यह निश्चित ही वायु में गति का प्रमुख कारण है।

4. कोरिऑलिस बल से क्या तात्पर्य है ?
उत्तर—पृथ्वी के घूर्णन द्वारा लगने वाले बल को कोरिऑलिस बल कहा जाता है। इस बल के प्रभाव से पवनें उत्तरी गोलार्द्ध में अपनी मूल दिशा से दाहिनी ओर व दक्षिणी गोलार्द्ध में बायीं ओर विक्षेपित हो जाती हैं।

5. दाब प्रवणता का अर्थ स्पष्ट कीजिए।
उत्तर—वायुमण्डलीय दाब भिन्नतः एक बल उत्पन्न करता है, अतः दूरी के सन्दर्भ में दाब परिवर्तन की दर दाब प्रवणता कहलाती है।

6. भू–विक्षेपी पवनें क्या हैं ?
उत्तर—जब समदाब रेखाएं सीधी हों और घर्षण का प्रभाव न हो, तो दाब प्रवणता बल कॉरिऑलिस बल से सन्तुलित हो जाता है जिसके फलस्वरूप पवनें समदाब रेखा के समानान्तर बहती हैं। ये पवनें भू–विक्षेपी (Geostrophic) कहलाती हैं।

7. वायुराशि क्या है ?
उत्तर—तापमान तथा आर्द्रता सम्बन्धी विशिष्ट गुणों वाली वायु को वायुराशि कहते हैं।

8. वाताग्र का अर्थ स्पष्ट कीजिए।
उत्तर—जब दो विभिन्न प्रकार की वायुराशियां मिलती हैं तो उनके मध्य सीमा क्षेत्र को वाताग्र कहते हैं।

9. वाताग्र कहां बनते हैं ?
उत्तर—वाताग्र मध्य अक्षांशों में बनते हैं।

10. वाताग्र के प्रकारों का नामोल्लेख कीजिए।
उत्तर—वाताग्र चार प्रकार के होते हैं—(क) उष्ण वाताग्र, (ख) शीत वाताग्र, (ग) अचर वाताग्र, (घ) अधिविष्ट वाताग्र।

11. बहिरूष्ण कटिबन्धीय चक्रवात क्या है ?
उत्तर—वे चक्रवातीय वायु प्रणालियां जो कि उष्ण कटिबन्ध से दूर मध्य व उच्च अक्षांशों में विकसित होती हैं, उन्हें शीतोष्ण कटिबन्धीय चक्रवात या बहिरूष्ण कटिबन्धीय चक्रवात कहते हैं।

12. बहिरूष्ण कटिबन्धीय चक्रवात की चलने की दिशा का नामोल्लेख कीजिए।
उत्तर—बहिरूष्ण कटिबन्धीय चक्रवात पश्चिम से पूर्व की ओर चलते हैं।

13. उष्ण कटिबन्धीय चक्रवात की चलने की दिशा बताएं।
उत्तर—उष्ण कटिबन्धीय चक्रवात पूर्व से पश्चिम दिशा की ओर चलते हैं।

14. टाइफून चक्रवात का उद्भव स्थल बताइए।

उत्तर–चीन सागर।

15. तड़ित झंझा का अर्थ स्पष्ट करें।

उत्तर–तड़ित झंझा (Thunderstorms) उष्ण आर्द्र दिनों में प्रबल संवहन के कारण उत्पन्न होते हैं। ये पूर्ण विकसित कपासी वर्षा मेघ हैं, जो गरज व बिजली के साथ अल्प समय के लिए उत्पन्न होते हैं।

16. टोरनेडो कैसे उत्पन्न होते हैं ?

उत्तर–तड़ित झंझा से कभी–कभी वायु आक्रमक रूप से सर्पिल अवरोहण करती है। इसमें केन्द्र पर अत्यन्त कम वायुदाब होता है। ऐसी स्थिति में यह व्यापक विनाशकारी होता है, जिसे 'टोरनेडो' नाम से जाना जाता है।

लघु उत्तरीय प्रश्न

1. उर्ध्वाधर पवनों का अधिक शक्तिशाली न होने का कारण स्पष्ट कीजिए।

2. पवनों की दिशा व वेग को दाब प्रवणता किस प्रकार प्रभावित करती है ?

3. पवनों की दिशा व वेग पर कॉरिऑलिस बल का प्रभाव किस प्रकार पड़ता है ?

4. चक्रवात एवं प्रतिचक्रवात में पवनों की दिशा का प्रारूप कैसा होता है ?

5. भूमण्डलीय पवनों का प्रारूप निर्धारण करने वाले कारकों का संक्षिप्त विवरण प्रस्तुत कीजिए।

6. मौसमी पवनों को उदाहरण सहित स्पष्ट कीजिए।

7. ईएनएसओ (ENSO) से आप क्या समझते हैं ? संक्षिप्त विवरण प्रस्तुत कीजिए।

8. पर्वतीय व घाटी पवनों का संक्षिप्त विवरण प्रस्तुत कीजिए।

9. वायुराशियों के प्रमुख प्रकारों का संक्षिप्त विवरण प्रस्तुत कीजिए।

10. शीतोष्ण कटिबन्धीय चक्रवात का अर्थ स्पष्ट करते हुए इसके निर्माण की प्रक्रिया को संक्षेप में समझाइए।

11. उष्णकटिबन्धीय चक्रवात के विभिन्न नामों का विवरण प्रस्तुत कीजिए।

12. उष्णकटिबन्धीय चक्रवात के उद्भव और विकास की अनुकूल परिस्थितियों का उल्लेख कीजिए।

13. उष्णकटिबन्धीय चक्रवातों की दिशा और गति का उल्लेख कीजिए।

विस्तृत उत्तरीय प्रश्न

1. समदाब रेखाओं से आप क्या समझते हैं ? भिन्न–भिन्न वायुदाब परिस्थितियों में समदाब रेखाओं के आकार का सचित्र वर्णन कीजिए।

2. शीतोष्ण/बहिरूष्ण कटिबन्धीय चक्रवात को समझाते हुए इसकी मौसमी दशाओं का विवरण प्रस्तुत कीजिए।

3. उष्णकटिबन्धीय चक्रवात को स्पष्ट करते हुए इसके उद्भव के कारणों का वर्णन कीजिए।

4. उष्ण कटिबन्धीय चक्रवात के दौरान मौसम की प्रकृति का वर्णन कीजिए।

5. शीतोष्ण कटिबन्धीय एवं उष्ण कटिबन्धीय चक्रवातों में अन्तर स्पष्ट करते हुए तड़ित झंझा तथा टोरनेडो को समझाइए।

11 वायुमण्डल में जल

परिचय

वायुमंडल में जल तीन अवस्थाओं गैस, द्रव, और ठोस के रूप में विद्यमान होता है। त्रायुमंडल में आर्द्रता, जलाशयों से वाष्पीकरण एवं पौधों में वाष्पोत्सर्जन से प्राप्त होती है। इस प्रकार वायुमंडल, महासागरों तथा महाद्वीपों के बीच जल का लगातार आदान–प्रदान वाष्पीकरण, वाष्पोत्सर्जन, संघनन एवं वर्षा की प्रक्रिया द्वारा होता रहता है।

जलवाष्प : निरपेक्ष आर्द्रता, सापेक्ष आर्द्रता, संतृप्तता व ओसांक

मौसम की परिघटना में जलवाष्प का महत्वपूर्ण योगदान होता है। वायु में उपस्थित जलवाष्प को आर्द्रता कहते हैं। मात्रात्मक दृष्टि से इसे भिन्न–भिन्न प्रकार से व्यक्त किया जाता है। वायुमंडल में उपस्थित जलवाष्प की वास्ताविक मात्रा को निरपेक्ष आर्द्रता कहते हैं। यह वायु के प्रति इकाई आयतन में जलवाष्प का वजन है वायु इसे ग्राम प्रति घन मीटर के रूप में व्यक्त किया जाता है। वायु द्वारा जलवाष्प को ग्रहण करने की क्षमता पूरी तरह से तापमान पर निर्भर होती है। निरपेक्ष आर्द्रता पृथ्वी की सतह पर अलग–अलग स्थानों में अलग–अलग होती है। दिए गए तापमान पर अपनी पूरी क्षमता की तुलना में वायुमंडल में उपस्थित आर्द्रता के प्रतिशत को सापेक्ष आर्द्रता कहा जाता है। हवा के तापमान के बदलने के साथ ही आर्द्रता को ग्रहण करने की क्षमता बढ़ती है और सापेक्ष आर्द्रता भी प्रभावित होती है। यह महासागरों के ऊपर सबसे अधिक एवं महाद्वीपों के ऊपर सबसे कम होती है।

एक निश्चित तापमान पर जलवाष्प से पूरी तरह पूरित हवा को संतृप्त कहा जाता है। इसका मतलब यह है कि हवा इस स्थिति में दिए गए तापमान पर और अधिक आर्द्रता को ग्रहण करने में सक्षम नहीं होती। वायु के दिए गए प्रतिदर्श **(sample)** में जिस तापमान पर संतृप्तता आती है उसे ओसांक कहते हैं।

वाष्पीकरण एवं संघनन

वायुमंडल में उपस्थित जलवाष्प की मात्रा वाष्पीकरण तथा संघनन क्रियाओं के फलस्वरूप घटती बढ़ती रहती है। वाष्पीकरण वह क्रिया है जिसके द्वारा जल द्रव से गैसीय अवस्था में बदलता है। वाष्पीकरण का मुख्य कारण ताप है। जिस तापमान पर जल वाष्पीकृत होना शुरू करता है उसे वाष्पीकरण की गुप्त ऊष्मा कहा जाता है।

वायु के अंश में जल को अवशोषित करने एवं धारण रखने की क्षमता तापमान में वृद्धि के साथ बढ़ती है। उसी प्रकार, यदि आर्द्रता कम है तो वायु में नमी को अवशोषित करने और धारण करने की क्षमता होती है। हवा की गति संतृप्त परत को असंतृप्त परत के द्वारा हटा देती है। इस प्रकार, वायु की गति जितनी तेज होगी वाष्पीकरण उतना ही तेज होगा।

जलवाष्प का जल के रूप में परिवर्तित होना संघनन कहलाता है। ऊष्मा का ह्रास ही संघनन का कारण है। जब आर्द्र हवा ठंडी होती है, तब उसमें जलवाष्प को धारण रखने की क्षमता समाप्त हो जाती है। तब अतिरिक्त जलवाष्प द्रव में संघनित हो जाता है और यह सीधे ठोस रूप में परिवर्तित होते हैं, तो इसे ऊर्ध्वपातन कहते हैं।

स्वतंत्र हवा में, छोटे–छोटे कणों के चारों ओर ठंडा होने के कारण संघनन होता है। तब इन छोटे–छोटे कणों को संघनन केंद्रक कहा जाता है। खासकर धूल, धुआं और महासागरों के नमक के कण अच्छे केंद्रक होते है क्योंकि वे पानी को अवशोषित करते हैं। संघनन उस अवस्था में भी होता है जब आर्द्र हवा कुछ ठंडी वस्तुओं के संपर्क में आती है तथा उस समय भी हो सकता है जब तापमान ओसांक के समीप हो। इस प्रकार संघनन ठंडा होने की मात्रा और हवा की सापेक्ष आर्द्रता पर निर्भर होता है। संघनन हवा के आयतन, ताप, दाब तथा आर्द्रता से प्रभावित होता है। संघनन तब होता है जब (क) वायु का आयतन नियत हो और तापमान ओसांक तक गिर जाए; (ख) वायु का आयतन तथा तापमान दोनों ही कम हो जाएं; (ग) वाष्पीकरण द्वारा वायु में और अधिक जल वाष्प प्रविष्ट हो जाए। फिर भी, हवा के तापमान में कमी संघनन के लिए सबसे अच्छी अवस्था है।

संघनन के पश्चात् वाायुमंडल की जलवाष्प अथवा आर्द्रता निम्नलिखित मे से एक रूप में बदल जाती है–ओस, कोहरा, तुषार एवं बादल। स्थिति तथा तापमान के आधार पर संघनन के प्रकारों को वर्गीकृत किया जा सकता है। संघनन तब होता है जब ओसांक जमाव बिंदु से नीचे होता है और तब भी संभव है जब ओसांक जमाव बिंदु ऊपर होता है।

ओस–जब आर्द्रता धरातल के ऊपर हवा में संघनन केन्द्रकों पर संघनित न होकर ठोस वस्तु जैसे पत्थर, घास और पौधों की पत्तियों की ठंडी सतहों पर पानी की बूंदों के रूप में जमा होती है तब इसे ओस के नाम से जाना जाता है। इसके बनने के लिए सबसे अच्छी अवस्थाएं साफ आकाश, शांत हवा, उच्च सापेक्ष आर्द्रता एवं ठंडी व लंबी रातें हैं। ओस के बनने के लिए यह आवश्यक है कि ओसाक जमाव बिंदु से ऊपर हो।

तुषार–तुषार ठंडी सतहों पर बनता है। जब संघनन क्रिया तापमान के जमाव बिंदु से नीचे (0° से.) चले जाने पर होती है, अर्थात् ओसांक जमाव बिंदु पर या उसके नीचे होता है। अतिरिक्त नमी पानी की बूंदों की बजाय छोटे–छोटे बर्फ के रवों के रूप में जमा होती है। उजले तुषार के बनने की सबसे उपयुक्त अवस्थाएं, ओस के बनने की अवस्थाओं की तरह हैं, केवल हवा का तापमान जमाव बिंदु पर या उससे नीचे होना चाहिए।

कोहरा या कुहासा–जब बहुत बड़ी मात्रा में जलवायु से भरी हुई वायु संहति एकाएक नीचे की ओर गिरती है तब छोटे–छोटे धूल के कणों के ऊपर ही संघनन की प्रक्रिया सम्पन्न होती है। कोहरा एक बादल है जिसका आधार सतह पर या सतह के बहुत नजदीक होता है। कोहरा तथा कुहासा के कारण दृश्यता कम से शून्य तक हो जाती है। नगरीय तथा औद्योगिक केन्द्रों में धुएं की अधिकता के कारण केन्द्रकों की मात्रा की भी अधिकता होती है जो कोहरे व कुहासे के बनने में सहायता करती है। ऐसी स्थिति को जिसमें कोहरा एवं धुआं सम्मिलित रूप से बनते हैं, 'धूम्र कोहरा' कहते हैं। कुहासे एवं कोहरे में केवल इतना अंतर होता है कि कुहासे में कोहरे की अपेक्षा नमी अधिक होती है। कुहासा पहाड़ों पर अधिक पाया जाता है, क्योंकि ऊपर उठती हुई गर्म हवा ढाल पर ठंडी सतह के संपर्क में आती है। कोहरे कुहासे की अपेक्षा अधिक शुष्क होते हैं। जहां गर्म हवा की धारा ठंडी हवा के संपर्क में आती है वहां ये प्रबल होते हैं। कोहरे छोटे बादल होते हैं जिसमें धूलकण, धुएं के कण तथा नमक के कण होते हैं। केन्द्रकों के चारों ओर संघनन की क्रिया होती है।

बादल—बादल पानी की छोटी बूंदों अथवा बर्फ के छोटे रवों का समूह होता है जो कि पर्याप्त ऊंचाई पर स्वतंत्र हवा में जलवाष्प के संघनन के कारण बनते हैं। चूंकि बादल का निर्माण पृथ्वी की सतह से कुछ ऊंचाई पर होता है इसलिए ये विभिन्न आकारों के होते हैं। इनकी ऊंचाई, विस्तार, घनत्व एवं पारदर्शिता अथवा अपारदर्शिता के आधार पर बादलों को निम्नलिखित चार रूपों में विभक्त किया गया है—

(क) पक्षाभ मेघ—इन मेघों का निर्माण 8,000–12,000 मीटर की ऊंचाई पर होता है। ये पतले एवं बिखरे हुए बादल होते हैं ,जो पंख के समान प्रतीत होते हैं। ये सदैव सफेद रंग के होते हैं।

(ख) कपासी मेघ—ये गैस रूई के समान दिखाई देते हैं। ये सामान्यतया 4,000 से 7,000 मीटर की ऊंचाई पर निर्मित होते हैं। इनका आधार चपटा होता है एवं ये इधर–उधर विखरे होते हैं।

(ग) स्तरी मेघ—ये मेघ परतदार होते हैं एवं आकाश के बहुत बड़े हिस्से पर विस्तारित होते हैं। ये बादल ऊष्मा के ह्रास या विभिन्न तापमानों पर वायु के परस्पर मिश्रित होने से बनते हैं।

(घ) वर्षा मेघ—वर्षा मेघ काले अथवा गहरे स्लेटी रंग के होते हैं। ये मध्य स्तरों या पृथ्वी की सतह के बहुत समीप बनते हैं। ये सूर्य की किरणों के लिए अत्यन्त अपारदर्शी होते हैं। कभी–कभी बादल इतनी कम ऊंचाई पर होते हैं कि ये सतह को छूते हुए प्रतीत होते हैं। वर्षा मेघ मोटे जलवाष्प की आकृति विहीन संहति होते हैं।

ये चार मूल रूपों के बादल सम्मिलित रूप से निम्नलिखित रूपों के बादलों को निर्मित करते है—

(i) ऊंचे बादल—पक्षाभ, पक्षाभ स्तरी, पक्षाभ कपासी,
(ii) मध्य ऊंचाई के बादल—स्तरी मध्य तथा कपासी मध्य,
(iii) कम ऊंचाई के बादल—स्तरी कपासी, स्तरी वर्षा मेघ,
(iv) कपासी वर्षा मेघ।

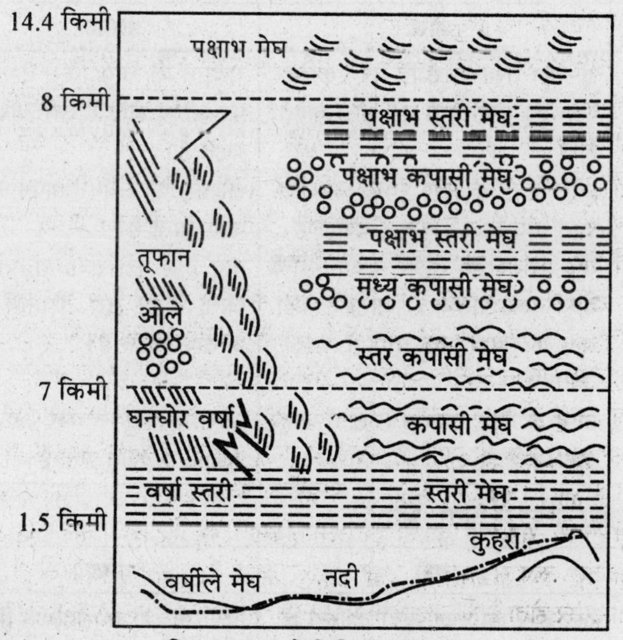

चित्र-बादल के विभिन्न प्रकार

वर्षण की प्रक्रिया

स्वतंत्र हवा में लगातार होने वाली संघनन की प्रक्रिया संघनित कणों के आकार को बड़ा करने में सहायता करती है। जब हवा का प्रतिरोध गुरुत्वाकर्षण बल के विरुद्ध उनको रोकने में असफल हो जाता है तब ये पृथ्वी की सतह पर गिरते हैं। इसलिए जलवाष्प के संघनन के बाद नमी के मुक्त होने की अवस्था को वर्षण कहते हैं। यह द्रव अथवा ठोस अवस्था में हो सकता है। वर्षण जब पानी के रूप में होते है तो उसे वर्षा कहा जाता है, जब तापमान 0^0 से. ये कम होता है तब वर्षण हिमतूलों के रूप में होता है जिसे हिमपात कहते हैं। नमी षट्कोणीय रवों के रूप में निर्मुक्त होती है। ये रवे हिमतूलों का निर्माण करते हैं। वर्षा तथा हिमपात के अतिरिक्त वर्षण के दूसरे प्रकार सहिम वृष्टि तथा करकापात हैं, यद्यपि करकापात अत्यधिक सीमित मात्रा में होता है एवं समय तथा क्षेत्र की दृष्टि से कभी–कभी ही होता है।

सहिम वृष्टि जमी हुई वर्षा की बूंदे है अथवा पिघली हुई बर्फ के पानी की जमी हुई बूंदें हैं। जमाव बिंदु के तापमान के साथ जब वायु की एक परत सतह के पास आधे जमे हुए परत पर गिरती है तब सहिम वृष्टि होती है। वर्षा की बूंदें जो गर्म हवा से निकलती हैं और नीचे की ओर ठंडी हवा से मिलती हैं। इसके फलस्वरूप वे ठोस हो जाती हैं तथा सतह पर वर्षा की बूंदों से भी छोटे आकार में बर्फ के रूप में गिरती हैं।

कभी–कभी वर्षा की बूंदें बादल से मुक्त होने के बाद बर्फ के छोटे गोलाकार ठोस टुकड़ों में बदल जाती हैं और पृथ्वी की सतह पर पहुंचती हैं, जिसे *ओलापत्थर* कहा जाता है। ये वर्षा के तल से बनती हैं जो कि ठंडी परतों से होकर गुजरती हैं। ये ओला पत्थर एक के ऊपर एक बर्फ की कई सकेंद्रीय परतों से समृद्ध होते हैं।

वर्षा के प्रकार

उद्भव के आधार पर वर्षा को निम्नलिखित प्रकारों में विभक्त किया जा सकता है—

(क) संवहनीय वर्षा—गर्म होने के कारण हवा हल्की होकर संवहन धाराओं के रूप में ऊपर की ओर उठती है, वायुमंडल की ऊपरी परत में पहुंचने के बाद यह फैलती है और तापमान के कम होने से ठंडी होती है। फलस्वरूप संघनन की क्रिया होती है व कपासी मेघ निर्मित होते हैं। गरज और बिजली कड़कने के साथ मूसलधार वर्षा होती है, लेकिन यह बहुत लम्बे समय तक नहीं होती है। इस प्रकार की वर्षा गर्मियों में या दिन के गर्म समय में प्रायः होती है। यह विषुवतीय क्षेत्र, विशेषकर उत्तरी गोलार्ध के महाद्वीपों के भीतरी भागों में प्रायः होती है।

संवहनीय वर्षा का चित्रात्मक निरूपण निम्नांकित है—

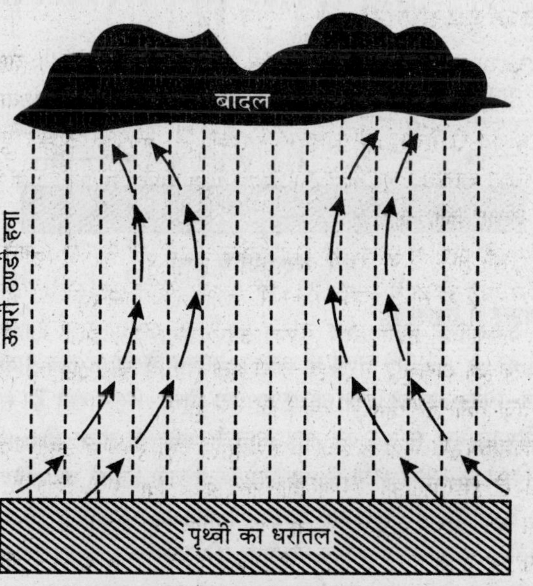

चित्र-संवहनीय वर्षा

(ख) पर्वतीय वर्षा—जब संतृप्त वायु की संहति पर्वतीय ढाल पर आती है, तब यह ऊपर उठने के लिए बाध्य हो जाती है और जैसे ही यह ऊपर की ओर उठती है, यह फैलती है, तापमान गिर जाता है और आर्द्रता संघनित हो जाती है।

इस प्रकार की वर्षा का मुख्य गुण यह है कि पवनाभिमुख ढाल पर सर्वाधिक वर्षा होती है। इस भाग में वर्षा होने के बाद ये हवा दूसरे ढाल पर पहुंचती है, व नीचे की ओर उतरती हैं और उनका तापमान बढ़ जाता है तब उनकी आर्द्रता धारण करने की क्षमता बढ़ जाती है एवं इस प्रकार, प्रतिपवन ढाल सूखे और वर्षा विहीन रहते हैं। प्रतिपवन भाग में स्थित क्षेत्र, जिनमें कम वर्षा होती है उसे वृष्टि छाया क्षेत्र कहा जाता है। यह पर्वतीय वर्षा या स्थलकृत वर्षा के नाम से जानी जाती है।

पर्वतीय वर्षा का चित्रात्मक निरूपण निम्नांकित है–

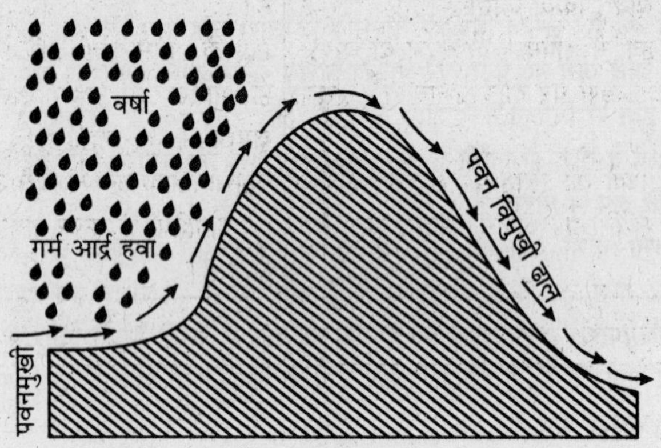

चित्र-पर्वतीय वर्षा

(ग) चक्रवातीय अथवा फ्रंटल वर्षा–जब ठंडी तथा गर्म वायुराशियां विपरीत दिशा से आकार मिलती हैं तो इन दोनों हवाओं के मिलन स्थल पर वाताग्र निर्मित हो जाता है। इस वाताग्र के ऊपर गर्म तथा नीचे ठंडी वायुराशियां आ जाती हैं तथा उनमें मन्द गति से संघनन प्रारम्भ हो जाता है। यही कारण है कि चक्रवातीय वर्षा लम्बे समय तक मन्द गति से होती है।

चक्रवातीय अथवा फ्रंटल वर्षा का चित्रात्मक निरूपण निम्नांकित है–

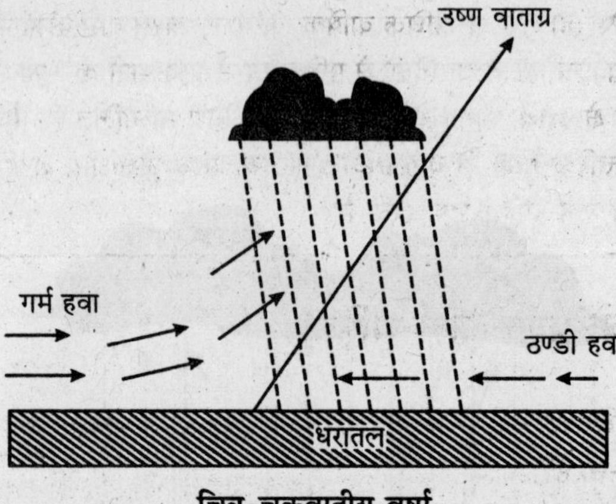

चित्र-चक्रवातीय वर्षा

वर्षा : विश्व में वितरण

एक वर्ष में पृथ्वी की सतह के अलग–अलग हिस्सों में होने वाली वर्षा की मात्रा भिन्न–भिन्न होती है। वर्षा के मौसम भी भिन्न–भिन्न होते हैं। समान्यतया जब हम विषुवत् वृत्त से ध्रुव की ओर जाते हैं, वर्षा की मात्रा धीरे–धीरे घटती जाती है। विश्व के तटीय क्षेत्रों में महाद्वीपों के भीतरी हिस्सों की अपेक्षा अधिक वर्षा होती है। विश्व के स्थलीय भागों की अपेक्षा महासागरों के ऊपर वर्षा अधिक होती है, क्योंकि वहां पानी के स्त्रोत की अधिकता के कारण वाष्पीकरण की क्रिया निरंतर होती रहती है। विषुवत् वृत्त से 35 से 40° उ. एवं द. अक्षांशों के मध्य, पूर्वी तटों पर बहुत अधिक वर्षा होती है तथा पश्चिम की तरफ यह घटती जाती है। विषुवत् वृत्त से 45° तथा 65° उ. एवं द. के बीच पछुआ पवनों के कारण सर्वप्रथम महाद्वीपों के पश्चिमी किनारों पर वर्षा होती है और यह पूर्व की ओर घटती जाती है। जहां भी पहाड़ तट के समानांतर हैं, वहां वर्षा की मात्रा पवनाभिमुख तटीय मैदान में अधिक होती है एवं यह प्रतिपवन दिशा की ओर घटती जाती है।

वार्षिक वर्षा की सम्पूर्ण मात्रा के आधार पर निम्न की मुख्य वर्षण प्रवृत्ति को अधोलिखित रूप में समझा जा सकता है–

(क) विषुवतीय पट्टी, शीतोष्ण प्रदेशों में पश्चिमी तटीय किनारों के समीप के पर्वतों के वायु की ढाल पर तथा मानसून वाले क्षेत्रों के तटीय भागों में वर्षा बहुत अधिक होती है, जो प्रतिवर्ष 200 सेमी से ऊपर होती है।

(ख) महाद्वीपों के भीतरी हिस्सों में प्रतिवर्ष 100 से 200 सेमी वर्षा होती है।

(ग) महाद्वीपों के तटीय क्षेत्रों में वर्षा की मात्रा मध्यम होती है।

(घ) उष्ण कटिबंधीय क्षेत्र के केंद्रीय भाग तथा शीतोष्ण क्षेत्रों के पूर्वी और भीतरी भागों में वर्षा की मात्रा प्रतिवर्ष 50 से 100 सेमी तक होती है।

(ङ) महाद्वीप के भीतरी भाग के वृष्टि छाया क्षेत्रों में पड़ने वाले भाग तथा ऊंचे अक्षांशों वाले क्षेत्रों में प्रतिवर्ष 50 सेमी से भी कम वर्षा होती है।

(च) कुछ क्षेत्रों जैसे विषुवतीय पट्टी तथा ठंडे समशीतोष्ण प्रदेशों में वर्षा वर्ष भर होती रहती है।

यह भी जानिए

वायुमंडल, महासागरों एवं महाद्वीपों के मध्य जल का निरंतर आदान–प्रदान होना–वायुमंडल में आर्द्रता, जलाशयों से वाष्पीकरण एवं पौधों में वाष्पीकरण से प्राप्त होती है। इस प्रकार वायुमंडल, महासागरों एवं महाद्वीपों के मध्य जल का लगातार आदान–प्रदान वाष्पीकरण, वाष्पोत्सर्जन, संघनन व वर्षा की प्रक्रिया के द्वारा होता रहता है।

ओस व ओसांक में भेद/अतंर

क्र.सं.	ओस	ओसांक
1.	भू–तल तथा बनस्पति पर एकत्रित जल की छोटी बूंदों को ओस कहते हैं।	संघनन की क्रिया जिस तापमान पर आरंभ होती है उसे ओसांक कहते हैं।
2.	ओस बनने के लिए स्वच्छ आकाश शांत वायुमंडल अनुकूल दशाएं हैं।	ओसांक को संघनन तापमान भी कहा जाता है।
3.	ठंडे धरातल के संपर्क में आने वाली वायु जल्दी संतृप्त हो जाती है तथा कुछ जलवाष्प जल बूंदों में बदल जाता है।	वायु जब पूरी तरह संतृप्त हो जाती है तो उस तापमान को ओसांक कहते हैं।
4.	ओस के लिए तापमान 0°C से ऊपर होना चाहिए।	ओसांक हेतु सापेक्ष आर्द्रता 100% प्रतिशत होती है।

वर्षा तथा वृष्टि में अंतर/भेद

क्र.सं.	वर्षा	वृष्टि
1.	जलवाष्प का जल–बूंदों के रूप में पृथ्वी पर गिरना वर्षा कहलाता है।	किसी क्षेत्र में वायुमंडल से गिरने वाली जलराशि को वृष्टि कहा जाता है।
2.	मुख्य रूप से तीन प्रकार की है–संवाहिक, पर्वतीय तथा चक्रवातीय।	मुख्यतः तरल तथा ठोस रूप में पाई जाती है।
3.	संतृप्त वायु के ठंडा होने से होती है।	ओसांक से कम तापमान पर संघनन से होती है।

4.	जल–कणों का आकार बड़ा जब हो जाता है तो वे वर्षा के रूप में गिरते हैं।	जल वर्षा, हिम वर्षा आदि वृष्टि के मुख्य रूप है।

कोहरा एवं धुंध में अंतर/भेद

क्र.सं.	कोहरा	धुंध
1.	एक प्रकार का बादल है जो धरातल के निकट वायु में धूल–कणों पर लटके हुए जल बिंदुओं से बनता है।	हल्के कोहरे को धुंध कहते हैं।
2.	संघनता अधिक होती है तथा 200 मीटर से अधिक दूरी की वस्तु नहीं दिखाई देती।	संघनता कम होती है तथा 2 किमी तक की दूरी पर भी वस्तुएं दिखाई पड़ती है।
3.	शुष्कता अधिक होती है।	नमी अधिक होती है।
4.	शीत ऋतु में लंबी रातों के कारण भूमि पर बनता है।	शीत ऋतु में शीतोष्ण कटिबंध में साधारण बात है।

निरपेक्ष आर्द्रता एवं सापेक्ष आर्द्रता में तुलना/अंतर/भेद

क्र.सं.	निरपेक्ष आर्द्रता	सापेक्ष आर्द्रता
1.	वायुमंडल में उपस्थित जलवाष्प की वास्ताविक मात्रा है	तापमान पर पूर्ण क्षमता की तुलना में वायुमंडल में आर्द्रता के प्रतिशत को सापेक्ष आर्द्रता कहा जाता है।
2.	इसे ग्राम प्रतिघन मीटर के रूप में व्यक्त किया जाता है।	इसे प्रतिशत में व्यक्त किया जाता है।
3.	हवा में तापमान के बढ़ने या घटने का इस पर कोई प्रभाव नहीं पड़ता है।	हवा के तापमान बदलने के साथ ही आर्द्रता को ग्रहण करने की क्षमता भी बढ़ जाती है।
4.	पृथ्वी की सतह पर अलग–अलग स्थानों पर अलग–अलग होती है।	महासागरों के ऊपर सबसे अधिक एवं महाद्वीपों के ऊपर सबसे कम होती है।

स्मरणीय बिन्दु

- वायुमंडल में आर्द्रता, जलाशयों से वाष्पीकरण एवं पौधों में वाष्पोत्सर्जन से प्राप्त होती है। मौसम की परिघटना में आर्द्रता का महत्वपूर्ण योगदान होता है।
- वाष्पीकरण वह क्रिया है जिसके द्वारा जल द्रव से गैसीय अवस्था में परिवर्तित होता है। वाष्पीकरण का मुख्य कारण ताप है। वायुमंडल में जलवाष्प की मात्रा वाष्पीकरण एवं संघनन के कारण क्रमशः घटती–बढ़ती रहती है।
- जब आर्द्रता धरातल के ऊपर हवा में संघनन केन्द्रकों पर संघनित न होकर ठोस वस्तु जैसे पत्थर, घास और पौधों की पत्तियों पर पानी की बूंदों के रूप में जमा हो जाती है तब इसे ओस के नाम से जाना जाता है।
- कोहरा बादल का लघु रूप होता है जो वायुमंडल की निचली परतों में बनता है। संघनित जलवाष्प के विशाल समूह को बादल कहा जाता है। ऊंचाई, विस्तार, घनत्व तथा पारदर्शिता या अपारदर्शिता के आधार पर बादलों को चार रूपों में वर्गीकृत किया जा सकता है–(i) पक्षाभ मेघ, (ii) कपासी मेघ, (iii) स्तरी मेघ, (iv) वर्षा मेघ।
- जलवाष्प के संघनन के बाद नमी के मुक्त होने की अवस्था को वर्षण कहा जाता है। उत्पति के आधार पर वर्षा को तीन प्रकारों में विभक्त किया जाता है–(i) संवहनीय वर्षा, (ii) पर्वतीय वर्षा, (iii) चक्रवातीय वर्षा।
- विश्व में 200 सेमी से अधिक वार्षिक वर्षा प्राप्त करने वाले क्षेत्रों में भूमध्यरेखीय क्षेत्र, शीतोष्ण प्रदेशों में पश्चिमी तटीय किनारों के समीप स्थित पर्वतीय क्षेत्र तथा मानसूनी वर्षा वाले तटीय क्षेत्र सम्मिलित हैं। महाद्वीपों के आन्तरिक भागों के वृष्टिछाया क्षेत्र तथा उच्च अक्षांशीय क्षेत्रों में 50 सेमी से कम वार्षिक वर्षा होती है।

एन.सी.ई.आर.टी. पाठ्यपुस्तक भूगोल के प्रश्न (हल सहित)

बहुविकल्पीय प्रश्न

(i) मानव के लिए वायुमंडल का सबसे महत्वपूर्ण घटक निम्नलिखित में से कौन–सा है?

(क) जलवाष्प (ख) धूलकण

(ग) नाइट्रोजन (घ) ऑक्सीजन

(ii) निम्नलिखित में से वह प्रक्रिया कौन–सी है जिसके द्वारा जल, द्रव रो गैरा में बदल जाता है?

(क) संघनन (ख) वाष्पीकरण

(ग) वाष्पोत्सर्जन (घ) अवक्षेपण

(iii) निम्नलिखित में से कौन–सा वायु कि उस दशा को दर्शाता है जिसमें नमी उसकी पूरी क्षमता के अनुरूप होती है?

(क) सापेक्ष आर्द्रता (ख) निरपेक्ष आर्द्रता

(ग) विशिष्ट आर्द्रता (घ) संतृप्त हवा

(iv) निम्नलिखित प्रकार के बादलों में से आकाश में सबसे ऊंचा बादल कौन–सा है?

(क) पक्षाभ (ख) वर्षा मेघ

(ग) स्तरी (घ) कपासी

उत्तर–(i) (क), (ii) (ख), (iii) (घ), (iv) (क)।

निम्नलिखित प्रश्नों के उत्तर लगभग 30 शब्दों में दीजिए

(i) वर्षण के तीन प्रकारों के नाम लिखिए।

उत्तर–वर्षण के तीन प्रमुख प्रकार हैं।

(क) वर्षा–वर्षण जब जल के रूप में होता है तो उसे वर्षा कहा जाता है।

(ख) हिमपात–जब तापमान 0° से. से कम होता है तब वर्षण हिमपात कहा जाता है।

(ग). सहिम वृष्टि–ऐसा वर्षण जिसमें जल की बूंदों के साथ हिमकण भी मिले होते हैं, सहिम वृष्टि कहलाती है।

(ii) सापेक्ष आर्द्रता की व्याख्या कीजिए।

उत्तर–तापमान पर पूरी क्षमता की तुलना में वायुमण्डल में मौजूद आर्द्रता के प्रतिशत को सापेक्ष आर्द्रता कहा जाता है। तापमान बदलने के साथ वायु की आर्द्रता ग्रहण करने की क्षमता बढ़ जाती है जिससे सापेक्ष आर्द्रता प्रभावित होती है। सापेक्ष आर्द्रता महासागरों के ऊपर सबसे अधिक तथा महाद्वीपों के ऊपर सबसे कम होती है।

(iii) ऊंचाई के साथ जलवाष्प की मात्रा तेजी से क्यों घटती है?

उत्तर–वायुमंडल में ऊंचाई बढ़ने पर जलवाष्प की मात्रा तेजी से इसलिए घटती जाती है क्योंकि धरातल से ऊंचाई बढ़ने पर तापमान क्रमशः कम हो जाता है। तापमान के कम होते जाने पर वायुमंडल में जलवाष्प की मात्रा में भी तेजी से कमी आती है।

(iv) बादल कैसे बनते हैं? बादल का वर्गीकरण कीजिए।

उत्तर–बादल पानी की छोटी बूंदों या बर्फ के छोटे रवों के तरल–समूह होते हैं जो हवा में जलवाष्प के संघनन के कारण बनते हैं। बादलों को चार रूपों में वर्गीकृत किया जाता है–

(i) पक्षाभ मेघ, (ii) कपासी मेघ, (iii) स्तरी मेघ, (iv) वर्षा मेघ।

निम्नलिखित प्रश्नों के उत्तर लगभग 150 शब्दों में दीजिए–

(i) विश्व में वर्षण वितरण के प्रमुख लक्षणों की व्याख्या कीजिए।

उत्तर–विश्व में वर्षण वितरण के प्रमुख लक्षण निम्नलिखित हैं–

(i) विश्व के विभिन्न भागों में प्राप्त होने वाली वर्षा की मात्रा में अन्तर मिलता है।

(ii) भूमध्यरेखा से ध्रुवों की ओर जाने पर वर्षा की मात्रा में क्रमश कमी आती जाती है।

(iii) तटीय भागों में महाद्वीपों के आन्तरिक भागों की तुलना में अधिक वर्षा होती है।

(iv) स्थलीय भागों की तुलना में महासागरीय भाग अधिक वर्षा प्राप्त करते हैं।

(v) सागरीय तटों के समानान्तर विस्तृत पर्वतीय भागों के पवनाभिमुखी ढालों पर अधिक वर्षा होती है।

(ii) संघनन के कौन–कौन से प्रकार हैं? ओस एवं तुषार के बनने की प्रक्रिया की व्याख्या कीजिए।

उत्तर–संघनन के चार प्रकार हैं–

(i) ओस, (ii) कोहरा, (iii) तुषार तथा (iv) बादल।

ओस बनने की प्रक्रिया–धरातल की समीपवर्ती वायु में उपस्थित जलवाष्प के प्रत्यक्ष संघनन के द्वारा शीतलीकृत क्षैतिज तलो पर इकट्ठी जल की बूंदों को ओस कहा जाता है। ओस पड़ने के लिये शान्त व टहरी हुई हवा, स्वच्छ आकाश, वायुमंडलीय उच्च आर्द्रता तथा ठडी व लम्बी रातों का होना आवश्यक है।

तुषार बनने की प्रक्रिया–जब किसी क्षेत्र की वायु का तापमान हिमांक बिन्दु या उससे भी कम हो जाता है तो ऐसी स्थिति में वायुमंडल की जलवाष्प ओस का रूप न लेकर ठोस हिमकणों का रूप ले लेती है जिसे तुषार कहा जाता है। तुषार निर्माण में वायुमंडलीय जलवाष्प द्रव मे बिना बदले सीधे हिम के रूप में परिवर्तित हो जाती है।

अभ्यासार्थ प्रश्न

बहुविकल्पीय प्रश्न

1. वायु में विद्यमान जलवाष्प कहलाती है–

(अ) आर्द्रता (ब) तापमान
(स) निरपेक्ष आर्द्रता (द) वर्षण

2. वायुमंडल में विद्यमान जलवाष्प की वास्तविक मात्रा को कहा जाता है–

(अ) साक्षेप आर्द्रता (ब) ऊर्ध्वपातन
(स) निरक्षेप आर्द्रता (द) इनमें से कोई नहीं

3. वायु की जलवाष्प ग्रहण करने की क्षमता में अभिवृद्धि होती है–

(अ) तापमान स्थिर रहने पर (ब) तापमान कम होने पर
(स) तापमान घटने–बढ़ने पर (द) तापमान बढ़ने पर

4. संवहनी प्रकार की वर्षा मुख्यतः होती है?

(अ) ध्रुवीय क्षेत्रों में (ब) शीतोष्ण क्षेत्रों में
(स) विषुवतीय क्षेत्रों में (द) उपोष्ण क्षेत्रों में

5. शान्त वायु, लम्बी रातें, स्वच्छ आकाश और वायुमंडल में पर्याप्त आर्द्रता होने का परिणाम होता है–

(अ) कोहरा (ब) धुंध
(स) ओस (द) पाला

[**उत्तर**–1. (अ), 2. (स), 3. (द), 4. (स), 5. (स)।]

अति लघु उत्तरीय प्रश्न

1. 'आर्द्रता' क्या है?

उत्तर–वायु में मौजूद जलवाष्प को आर्द्रता कहते हैं।

2. निरपेक्ष आर्द्रता क्या है?

उत्तर–वायुमंडल में मौजूद जलवाष्प को वास्तविक मात्रा की निरपेक्ष आर्द्रता कहते हैं।

3. सापेक्ष आर्द्रता को स्पष्ट कीजिए।

उत्तर–दिये गये तापमान पर अपनी पूरी क्षमता की तुलना में वायुमंडल मे मौजूद आर्द्रता के प्रतिशत को सापेक्ष आर्द्रता कहा जाता है।

4. ओसांक क्या है?

उत्तर–हवा के लिए प्रतिदर्श में जिस तापमान पर संतृप्तता आती है उसे ओसांक कहते हैं।

5. संघनन क्या है?

उत्तर–जलवाष्प का जल के रूप में बदलना संघनन कहलाता है।

6. 'धूम कोहरा' क्या है?

उत्तर–जहां कोहरा और धुआं सम्मिलित रूप से बनते हैं उसे 'धूम कोहरा' कहते हैं।

7. कोहरा व कुहासा में एक भेद स्पष्ट कीजिए।

उत्तर–कुहासे में कोहरा की अपेक्षा नमी अधिक होती है।

8. बादलों के प्रकारों का नामोल्लेख कीजिए।

उत्तर–(i) पक्षाभ बादल, (ii) कपासी बादल, (iii) स्तरी बादल, (iv) वर्षा बादल।

9. वर्षण क्या है?

उत्तर–वायुमंडल में जल की बूंदों और हिमकणों के धरातल पर गिरने को वर्षण कहते हैं।

10. वर्षण के विभिन्न प्रकारों का नामोल्लेख कीजिए।

उत्तर–(i) वर्षा, (ii) हिमपात, (iii) सहिम वृष्टि, (iv) करकापात।

11. सहिम वृष्टि क्या है?

उत्तर–धरातल पर प्राप्त होने वाला ऐसा वर्षण जिसमें जल की बूंदों के साथ हिमकण भी मिल जाते हैं सहिम वृष्टि कहलाता है।

12. 'ओला पड़ना' क्या है?

उत्तर–कभी–कभी वर्षा की बूंदें बादल से मुक्त होने के बाद बर्फ के छोटे गोलाकार ठोस टुकड़ों में परिवर्तित हो जाती है तथा पृथ्वी की सतह तक पहुचती है जिसे ओला पत्थर अथवा ओला पड़ना कहते हैं।

13. उत्पत्ति के आधार पर वर्षा के प्रकारों का नामोल्लेख कीजिए।

उत्तर–(i) सवहनीय वर्षा, (ii) पर्वतीय वर्षा, (iii) चक्रवातीय वर्षा।

14. वृष्टि छाया क्षेत्र से क्या आशय है?

उत्तर–प्रतिपवन भाग में स्थित वह पर्वतीय क्षेत्र जिसमें औसत वर्षा सापेक्षत कम होती है, वृष्टि छाया क्षेत्र कहलाता है।

लघु उत्तरीय प्रश्न

1. वायुमंडल, महासागरों तथा महाद्वीपों के बीच जल का निरन्तर आदान–प्रदान किस तरह होता है।

2. निरपेक्ष आर्द्रता विषयक संक्षिप्त विवरण प्रस्तुत कीजिए।

3. संतृप्त वायु के बारे में आप क्या जानते हैं?

4. उर्ध्वपातन को स्पष्ट कीजिए।

5. सघनन केन्द्रक के सम्बन्ध में संक्षिप्त विवरण दीजिए।

6. सघनन की क्रिया में घटित होने वाली अवस्थाओं का संक्षिप्त विवरण दीजिए।

7. ओस का स्पष्ट करते हुए इसके निर्माण की उपयुक्त दशाएं लिखिए।

8. धूम कोहरा विषयक विवरण प्रस्तुत कीजिए।

9. 'बादल' को स्पष्ट करते हुए इसके प्रकारों का उल्लेख कीजिए।

10. वर्षण को स्पष्ट करते हुए इसके विभिन्न स्वरूपों का उल्लेख कीजिए।

11. विश्व की मुख्य वर्षण प्रवृत्तियों का संक्षिप्त विवरण प्रस्तुत कीजिए।

12. संहवनी वर्षा का उल्लेख कीजिए।

13. पर्वतीय वर्षा का सारगर्भित विवरण प्रस्तुत कीजिए।

14. चक्रवातीय अथवा फ्रंटल वर्षा को समझाइए।

15. निम्नलिखित में अंतर/भेद/तुलना कीजिए–

(क) ओस एवं ओसांक

(ख) वर्षा और वृष्टि

(ग) कोहरा तथा धुंध

(घ) निरपेक्ष आर्द्रता एवं सापेक्ष आर्द्रता।

विस्तृत उत्तरीय प्रश्न

1. बादलों का वर्गीकरण प्रस्तुत करते हुए प्रत्येक को विस्तारपूर्वक समझाइए।

2. वाष्पीकरण एवं संघनन की प्रक्रिया का विस्तृत वर्णन कीजिए।

अथवा

वाष्पीकरण एवं संघनन की प्रक्रिया के दौरान घटित होने वाली विभिन्न घटनाओं का परीक्षण कीजिए।

3. उत्पति के आधार पर वर्षा के विभिन्न प्रकारों का विवरण प्रस्तुत कीजिए।

अथवा

उद्भव के आधार पर वर्षा कितने प्रकार की होती है? प्रत्येक का विवरण प्रस्तुत कीजिए।

12 विश्व की जलवायु एवं जलवायु परिवर्तन

परिचय

विश्व की जलवायु का अध्ययन जलवायु से सम्बन्धित आकड़ों तथा जानकारियों को एकत्रित करके किया जाता है। चूंकि जलवायु की विषयवस्तु अत्यन्त वृहद् है ऐसी स्थिति में जलवायु जनित आकड़ों को आसानी से समझने और उनका विश्लेषण करने के लिए इन्हें छोटी इकाइयों में विभक्त कर सूक्ष्म निरीक्षण किया जा सकता है।

जलवायु का वर्गीकरण निम्नलिखित रूपों में किया गया है—

(क) आनुभविक—यह वर्गीकरण प्रेक्षित किए गए तापमान एवं वर्णन से सम्बन्धित आकड़ों पर आधारित होता है।

(ख) जननिक—यह वर्गीकरण जलवायु को उसके कारणों के आधार पर संगठित करने का प्रयास है।

(ग) अनुप्रयुक्त—यह वर्गीकरण किसी विशिष्ट उद्देश्य के लिए किया जाता है।

उपर्युक्त परिप्रेक्ष्य में उल्लेखनीय तथ्य यह है कि भूगोलवेत्ता वी. कोपेन द्वारा विकसित की गई जलवायु के वर्गीकरण की आनुभविक प्रणाली/पद्धति का सर्वाधिक उपयोग किया जाता है। कोपेन ने वनस्पति के वितरण तथा जलवायु के बीच एक घनिष्ठ संबंध की पहचान की। उन्होंने तापमान और वर्षण के कुछ निश्चित मानों का चयन करते हुए उनका वनस्पति के वितरण से संबंध स्थापित किया और इन मानों का उपयोग जलवायु के वर्गीकरण के लिए किया।

वर्षा एवं तापमान के मध्यमान वार्षिक व मध्यमान मासिक आकड़ों पर आधारित **यह** एक आनुभविक पद्धति है। उन्होंने जलवायु के समूहों एवं प्रकारों की पहचान करने के लिए बड़े तथा छोटे अक्षरों का प्रयोग आरंभ किया। सन् 1918 में विकसित तथा समय के साथ संशोधित हुई कोपेन की यह पद्धति आज भी लोकप्रिय तथा प्रचलित है।

कोपेन महोदय ने पांच प्रमुख जलवायु सूमहों का निर्धारण किया। इनमें से चार तापमान पर और एक वर्षण पर आधारित है। इनकी विशेषताएं निम्नांकित सारणी में उल्लेखित हैं।

सारणी—जलवायु समूह : भूगोलवेत्ता कोपेन महोदय के अनुसार

समूह	लक्षण
(A) उष्णकटिबंधीय	समस्त महीनों का औसत तापमान 18° सेल्सियस से अधिक।
(B) शुष्क जलवायु	वर्षण की अपेक्षा विभव वाष्पीकरण की अधिकता।
(C) कोष्ण शीतोष्ण	सर्वाधिक ठंडे महीने का औसत तापमान 3° सेल्सियस से अधिक लेकिन 18° सेल्सियस से कम मध्य अक्षांशीय जलवायु।
(D) शीतल हिम—वन जलवायु	वर्ष के सर्वाधिक ठंडे महीने का औसत तापमान शून्य अंश तापमान से 3° नीचे।
(E) शीत	समस्त महीनों का औसत तापमान 10° सेल्सियस से कम।
(H) उच्चभूमि	ऊंचाई के कारण शीत।

उर्पुयक्त सारणी में अक्षर (A) (B) (C) और (D) आर्द्र जलवायु को निरूपित करते हैं जबकि (B) अक्षर शुष्क जलवायु को निरूपित करता है।

जलवायु समूहों को तापक्रम और वर्षा की मौसमी विशेषताओं के आधार पर अनेक उप—प्रकारों में विभक्त किया गया है, जिनको अंग्रेजी के छोटे अक्षरों द्वारा प्रदर्शित किया गया है। निम्नंकित सारणी का अवलोकन करने पर यह तथ्य पूर्णतया स्पष्ट हो जाता है—

सारणी—जलवायु प्रकार: भूगोलवेत्ता कोपेन महोदय के अनुसार

समूह	प्रकार	कूट अक्षर	लक्षण
A उष्णकटिबंधीय आर्द्र जलवायु	उष्णकटिबंधीय आर्द्र	Af	कोई शुष्क ऋतु नहीं
	उष्णकटिबन्धीय मानसून	Am	मानसून, लघु शुष्क ऋतु
	उष्णकटिबन्धीय आर्द्र एवं शुष्क	Aw	जाड़े की शुष्क ऋतु
B शुष्क जलवायु	उपोष्ण कटिबन्धीय स्टैपी	BSh	निम्न अक्षांशीय अर्ध शुष्क एवं शुष्क
	उपोष्ण कटिबन्धीय मरुस्थल	BWh	निम्न अक्षांशीय शुष्क
	मध्य अक्षांशीय स्टैपी	BSk	मध्य अक्षांशीय अर्ध शुष्क अथवा शुष्क
	मध्य अक्षांशीय मरुस्थल	BWk	मध्य अक्षांशीय शुष्क
C कोष्ण शीतोष्ण (मध्य अक्षांशीय जलवायु)	आर्द्र उपोष्ण कटिबन्धीय	Cfa	मध्य अक्षांशीय अर्धशुष्क अथवा शुष्क
	भूमध्य सागरीय	Csa	शुष्क गर्म ग्रीष्म
	समुद्री पश्चिम तटीय	Cfb	कोई शुष्क ऋतु नहीं, कोष्ण तथा शीतल ग्रीष्म
D शीतल हिम—वन जलवायु	आर्द्र महाद्वीपीय	Df	कोई शुष्क ऋतु नहीं, भीषण जाड़ा
	उप—उत्तर ध्रुवीय	Dw	जाड़ा शुष्क तथा अत्यन्त भीषण
E शीत जलवायु	टुंड्रा	ET	सही अर्थों में कोई ग्रीष्म नहीं
	ध्रुवीय हिमटोपी	EF	सदैव हिमाच्छादित हिम
F उच्च भूमि	उच्च भूमि	H	हिमाच्छादित उच्च भूमियां

उपर्युक्त सारणी में शुष्कता वाले मौसमों को छोटे अक्षरों f,m,w और s द्वारा प्रदर्शित किया गया है। इसमें f शुष्क मौसम के न होने को m मानसून जलवायु को w शुष्क शीत ऋतु को और s शुष्क ग्रीष्म ऋतु को प्रदर्शित करता है। छोटे अक्षर a,b,c तथा d तापमान की उग्रता वाले भाग को इंगित करते हैं। B समूह की जलवायु को उपविभाजित करते हुए स्टेपी या अर्ध–शुष्क के लिए S व मरुस्थल के लिए W जैसे बड़े अक्षरों का प्रयोग किया जाता है।

आइए! अब विभिन्न जलवायु समूहों को विस्तारपूर्वक समझते हैं–

I. उष्णकटिबंधीय जलवायु : समूह A

यह जलवायु कर्क रेखा और मकर रेखा के मध्य मिलती है। इस क्षेत्र की जलवायु उष्ण एवं आर्द्र होती है। वार्षिक तापांतर अत्यधिक कम रहता है एवं वर्षा अधिक होती है।

उपर्युक्त जलवायु समूह को निम्नलिखित प्रकारों में विभक्त किया गया है–

(क) उष्ण कटिबन्धीय आर्द्र जलवायु (Af)–भूमध्यरेखा के आस–पास के क्षेत्रों में मिलने वाली इस जलवायु के प्रमुख क्षेत्र दक्षिणी अमेरिका का अमेजन बेसिन, पश्चिमी भूमध्यरेखीय अफ्रीकन क्षेत्र और दक्षिणी–पूर्वी एशिया के द्वीप हैं। इस जलवायु प्रदेश में दैनिक तापमान वर्षभर लगभग 30° सेल्सियस व न्यूनतम तापमान लगभग 20° से रहता है। इस जलवायु में उष्ण कटिबन्धीय सदैव हरे रहने वाले वन मिलते हैं।

(ख) उष्ण कटिबन्धीय मानसून जलवायु (Am)–यह जलवायु प्रमुख रूप से भारतीय उपमहाद्वीप, दक्षिणी अमेरिका के उत्तरी–पूर्वी भाग और उत्तरी आस्ट्रेलिया में मिलती है। वर्ष की अधिकतर वर्षा ग्रीष्मकाल में होता है जबकि शीत ऋतु शुष्क होती है।

(ग) उष्ण कटिबन्धीय आर्द्र एवं शुष्क जलवायु (Aw)–यह जलवायु Af जलवायु प्रदेश के उत्तरी और दक्षिणी भाग में मिलती है। दक्षिणी–अमेरिका में स्थित ब्राजील के वनों के उत्तर व दक्षिण में स्थित बोलीविया व पैरागुए के समीपवर्ती भाग, सूडान तथा मध्य अफ्रीका के दक्षिणी भाग इस जलवायु प्रदेश के मुख्य क्षेत्र हैं। Af तथा Am जलवायु प्रदेशों की तुलना में इस जलवायु में वार्षिक वर्षा काफी कम तथा परिवर्तनशील होती है। इस जलवायु में पतझड़ वाले वन वृक्षों से ढके घास के क्षेत्र मिलते हैं।

II. शुष्क जलवायु : समूह B

कोपेन महोदय ने शुष्क जलवायु समूह के लिए B संकेताक्षर का प्रयोग किया। शुष्क जलवायु भूपटल के एक बड़े भाग पर मिलती है। यह विषुवत् रेखा से 15^0 से 60^0 उत्तरी व दक्षिणी अक्षांशों के बीच विस्तृत है। 15^0 से 30^0 अक्षाशों में यह जलवायु उपोष्ण कटिबन्धीय उच्च वायुदाब क्षेत्र में पायी जाती है। यह जलवायु भूमध्य रेखा की तरफ अधिक विस्तृत मिलती है और तटवर्ती क्षेत्रों में इसका प्रभाव मिलता है। मध्य अक्षांशीय क्षेत्रों में 35^0 से 60^0 उत्तरी व दक्षिणी अक्षांशों के मध्य यह जलवायु पर्वतों से घिरे आन्तरिक महाद्वीपीय क्षेत्रों में मिलती है।

शुष्क जलवायु को कोपेन ने दो जलवायु प्रकारों में विभक्त किया–

(1) Bs स्टेपी या अर्द्ध–शुष्क जलवायु (2) Bw मरुस्थलीय जलवायु

उपर्युक्त दोनों जलवायु प्रकारों को चार उप–जलवायु प्रदेशों में विभक्त किया गया–(i) BSh निम्न अक्षांशीय अर्द्ध शुष्क एवं शुष्क या उपोष्ण कटिबन्धीय स्टेपी। (ii) BWh निम्न अक्षांशीय शुष्क अथवा उपोष्ण कटिबन्धीय मरुस्थल जलवायु। (iii) BSk मध्य अक्षांशीय अर्द्ध–शुष्क अथवा शुष्क। (iv) BSk मध्य अक्षांशीय शुष्क।

उपोष्ण कटिबन्धीय स्टेपी (BSh) तथा उपोष्ण कटिबन्धीय मरुस्थलीय (BWh) जलवायु

इन जलवायु प्रकारों में वर्षण और तापमान के लक्षण एक समान होते हैं। दोनों की जलवायु प्रदेशों में वर्षा की परिवर्तनशीलता मिलती है लेकिन BWh की अपेक्षा BSh में वर्षा की यह परिर्वितनशील जीवन को प्रभावित करती है। कम वर्षा होने पर स्टेपी क्षेत्रों में अकाल पड़ जाते हैं। तटवर्ती मरुस्थलीय क्षेत्रों में कोहरा पड़ना सामान्य बात है। ग्रीष्मकाल में अधिकतम तापमान बहुत ऊंचा होता है। इस जलवायु में वार्षिक तापान्तर के साथ दैनिक तापान्तर भी अधिक पाये जाते हैं।

III. कोष्ण शीतोष्ण (मध्य अक्षांशीय) जलवायु : समूह C

यह जलवायु 30° से 50° अक्षाशों के बीच प्रमुखतया महाद्वीपों के पूर्वी एवं पश्चिमी सीमांतों में पायी जाती है। इस जलवायु में ग्रीष्म ऋतु कोष्ण तथा शीत ऋतु मृदुलता लिए हुए होती है। यह जलवायु निम्नलिखित चार प्रकारों में वर्गीकृत है।

(क) आर्द्र उपोष्ण कटिबन्धीय जलवायु (CWa)–यह जलवायु प्रमुख रूप से भारत के उत्तरी मैदान व दक्षिणी चीन के आन्तरिक मैदानों में पायी जाती है। यह जलवायु Aw जलवायु के समकक्ष होती है लेकिन CWa जलवायु में अपवाद रूप में शीतकाल में तापमान गर्म होता है।

(ख) भूमध्य सागरीय जलवायु (Cs)–यह जलवायु भूमध्य सागर के पास के भागों व उपोष्ण कटिबन्ध में 30° से 40° अक्षांशों के मध्य महाद्वीपों के पश्चिमी तटों के साथ–साथ मिलती है। मध्य कैलीफोर्निया, मध्य चिली, आस्ट्रेलिया के दक्षिणी–पूर्वी तट और दक्षिणी–पश्चिमी तट इसी प्रकार के क्षेत्र हैं। इस जलवायु में गर्मियां उष्ण और शुष्क रहती हैं जबकि शीतकाल मृदुल एवं वर्षा युक्त होती है। ग्रीष्म ऋतु में औसत मासिक तापमान 25° सेण्टीग्रेड के आसपास तथा शीत ऋतु में तापमान 10° सेंटग्रेड से नीचे रहता है।

(ग) आर्द्र उपोष्ण कटिबन्धीय जलवायु (Cfa)–यह जलवायु पूर्वी संयुक्त राज्य अमेरिका, दक्षिणी तथा पूर्वी चीन, दक्षिणी जापान, उत्तरी–पूर्वी अर्जेन्टाइना, तटीय दक्षिणी अफ्रीका और आस्ट्रेलिया के पूर्वी तट पर मिलती है। ग्रीष्मकालीन अवधि में तड़ितझंझा तथा शीतकाल में वाताग्री वर्षा इस जलवायु की सामान्य विशेषताएं हैं। ग्रीष्म ऋतु में औसत मासिक तापमान लगभग 27° से रहता है जबकि शीत ऋतु में यह 5° से 12° से. बीच रहता है।

(घ) समुद्री पश्चिमी तटीय जलवायु (Cfb)–उत्तरी–पश्चिमी यूरोप, उत्तरी अमेरिका का पश्चिमी तट, उत्तरी कैलिफोर्निया, दक्षिणी चिली, दक्षिण–पूर्वी आस्ट्रेलिया और न्यूजीलैण्ड इस जलवायु के प्रमुख क्षेत्र हैं। इस जलवायु में सागरीय प्रभाव के कारण तापमान मृदुल रहते हैं। गीष्मकालीन महीनों में औसत तापमान 15° से 20° सेण्टीग्रेड के मध्य और शीतकालीन महीनों में औसत तापमान 4° से 10° सेण्टीग्रेड के बीच रहता है। वर्षपर्यन्त वर्षा होती है लेकिन शीतकाल में वर्षा की मात्रा अधिक रहती है।

IV. शीत हिम–वन जलवायु : समूह D

यह जलवायु उत्तरी गोलार्द्ध में 40° से 70° अक्षांशों के मध्य यूरोप, एशिया एवं उत्तर अमेरिका के वृहद् महाद्वीपीय क्षेत्रों में पायी जाती है।

उपर्युक्त समूह को निम्नलिखित दो प्रकारों में विभक्त किया गया है–

(क) आर्द्र जाड़ों से युक्त ठंडी जलवायु (Df)–यह जलवायु समुद्री पश्चिमी तटीय जलवायु तथा मध्य अक्षांशीय स्टैपी जलवायु से ध्रुवों की तरफ पाई जाती है। जाड़े ठंडे व बर्फीले होते हैं। तुषार–मुक्त ऋतु छोटी होती है। वार्षिक तापांतर अधिक होता है। मौसमी परिवर्तन अचानक और अल्पकालिक होते हैं। ध्रुवों की ओर सर्दियां उग्र होती हैं।

(ख) शुष्क जाड़ों से युक्त ठंडी जलवायु (Dw)—यह जलवायु मुख्यतया उत्तरी–पूर्वी एशिया में पाई जाती है। जाड़ों में प्रतिचक्रवात का स्पष्ट विकास और ग्रीष्म ऋतु में उसका कमजोर पड़ना इस क्षेत्र में पवनों के प्रत्यार्वन की मानसून जैसी दशाएं पैदा करते हैं। ध्रुवों की ओर गर्मियों में तापमान कम होते हैं तथा जाड़ों में तापमान बहुत कम हो जाता है। कुछ स्थान तो ऐसे भी हैं, जहा वर्षा के सात महीने तक तापमान हिमांक बिन्दु से कम रहता है।

V. ध्रुवीय जलवायु : समूह E

यह जलवायु 70° अक्षांश से दूर ध्रुवों की ओर पायी जाती है। यह जलवायु भी निम्नलिखित दो प्रकार की होती है–

(क) टुण्ड्रा जलवायु (ET)—इस जलवायु का नाम काई, लाइकान एवं पुष्पी पादप जैसे छोटे वनस्पति प्रकारों के आधार पर रखा गया है। यह स्थाई तुषार का प्रदेश है जिसमें अधोभूमि स्थायी रूप से जमी रहती है। लघुवर्धन काल व जलाक्रांति छोटे वनस्पति का ही पोषण कर पाते हैं। ग्रीष्म ऋतु में टुण्ड्रा प्रदेशों में दिन के प्रकाश का समय लम्बा होता है।

(ख) हिमटोप जलवायु (EF)—यह जलवायु ग्रीनलैंड तथा अंटार्कटिका के आंतरिक हिस्सों में पाई जाती है। गर्मियों में तापमान हिमांक से नीचे रहता है। इस क्षेत्र में वर्षा अल्प मात्रा में होती है। तुषार एवं हिम एकत्रित होती जाती है जिनका बढ़ता हुआ दबाब हिम परतों को विकृत कर देता है। हिम परतों के ये टुकड़े आर्कटिक एवं अंटार्कटिक जल में खिसक कर प्लावी हिम शैलों के रूप में तैरने लगते हैं।

VI. उच्च भूमि जलवायु : समूह F

यह जलवायु भूमि की आकृति/भौम्याकृति द्वारा नियंत्रित होती है। ऊंचे पर्वतों में थोड़ी–थोड़ी दूरी पर तापमान में बड़े परिवर्तन होते रहते हैं। उच्च भूमियों में वर्षण के प्रकारों व उनकी गहनता में भी स्थानिक अंतर पाए जाते हैं। पर्वतीय वातावरण में ऊंचाई के साथ जलवायु प्रदेशों के स्तरित ऊर्ध्वाधर कटिबंध मिलते हैं।

जलवायु परिवर्तन

जब किसी स्थान की औसत मौसमी दशाओं में परिवर्तन आ जाता है तो उसे जलवायु परिवर्तन कहते हैं। जलवायु परिवर्तन में लाखों वर्षों से चले आ रहे भूगर्भिक समय मापकों में होने वाली जलवायु की भिन्नताओं का अध्ययन सम्मिलित किया जाता है।

धरातल पर सभी कालों में जलवायु परिवर्तन होते रहते हैं। भूगर्भिक अभिलेखों से प्राप्त जानकारी के अनुसार हिमयुगों एवं अन्तर हिमयुगों में क्रमशः जलवायु परिवर्तन की प्रक्रिया दिखलायी देती है। हिमानी द्वारा निर्मित झीलों से अवसादों का निक्षेपण उष्ण एवं शीत युगों के अस्तित्व को प्रमाणित करता है। पेड़–पौधों के तनों में जो वलय पाये जाते हैं, वे आर्द्र एवं शुष्क युगों की उपस्थिति को प्रदर्शित करते है। ऐतिहासिक अभिलेखों के द्वारा भी जलवायु की अनिश्चितता उजागर की गई है। जलवायु परिवर्तन एक प्राकृतिक एवं सतत प्रक्रिया है।

जलवायु परिवर्तन के कारण—जलवायु परिवर्तन के लिए अनेकानेक कारण जिम्मेदार हैं। इन कारणों में एक खगोलीय एवं पार्थिव–ये दोनों कारण सम्मिलित हैं। इनमें से चार सर्वप्रमुख कारण उल्लेखनीय हैं–

(क) सौर कलंकों की घटती–बढ़ती संख्या—सौर कलंक सूर्य पर काले ध ब्बे होते हैं जो चक्रीय ढंग से घटते–बढ़ते रहते हैं। सौर कलंकों की संख्या बढ़ने पर मौसम ठंडा व आर्द्र हो जाता है तथा तूफानों की संख्या बढ़ जाती है। सौर कलंकों की संख्या घटने पर मौसम उष्ण एवं शुष्क हो जाता है।

(ख) मिलैंकोविच दोलन—यह एक खगोलीय सिद्धान्त है जिसके द्वारा सूर्य के चारों ओर पृथ्वी के अक्षीय झुकाव में हुए परिवर्तनों के बारे में अनुमान लगाया जाता है। इन परिवर्तनों का सीधा प्रभाव धरातल से प्राप्त होने वाले सूर्यातप पर पड़ता है जिस के कारण जलवायु में परिवर्तन अनुभव किये जाते है।

(ग) ज्वालामुखी क्रिया—ज्वालामुखी उद्‌गार वायुमंडल में वृहद् स्तर पर ऐरोसोल छोड़ता है। इससे धरातल पर कम सौर्यिक विकिरण पहुंच पाता है जो पृथ्वी के तापमान में कमी का कारण बनता है।

(घ) ग्रीन हाउस गैसों का बढ़ता सान्द्रण—मानव द्वारा वायुमंडल में प्रचुर मात्रा में ग्रीन हाउस गैसों को उत्सर्जित किया जा रहा है जिसके कारण वायुमंडल में इन गैसों का सान्द्रण क्रमशः बढ़ता जा रहा है। बढ़ते सान्द्रण से भूमण्डलीय तापमान में धीमी गति से वृद्धि दर्ज की जा रही है।

भूमण्डलीय ऊष्मन

वायुमंडल सूर्य से आने वाली तरंगों को नीचे धरातल तक आने देता है किन्तु पार्थिव विकिरण से उत्पन्न तरंगों को ऊपर जाने से रोकता है, जिससे धरातल पर तापमान निरन्तर बढ़ता जाता है। पार्थिव विकिरण की दीर्घ तरंगें वायुमंडल की कार्बन डाईऑक्साइड, जलवाष्प, मीथेन, नाइट्रस ऑक्साइड, क्लोरो– फ्लोरो कार्बन नामक ग्रीन हाउस गैसों द्वारा अवशोषित हो जाती हैं और वह पुनः धरातल पर वापस आ जाती हैं, जिससें धरातल निरन्तर गर्म बना रहता है। इसी को हरित–गृह प्रभाव या भूमण्डलीय ऊष्मन कहते हैं।

भूमण्डलीय ऊष्मन के लिए उत्तरदायी/प्रभावी कारक—भूमण्डलीय ऊष्मन के लिए उत्तरदायी/प्रभावी कारकों में वायुमण्डल में बढ़ता हुआ 'ग्रीन हाउस गैसो' का सांद्रण मुख्य है। वर्तमान में मानव द्वारा जिन ग्रीन हाउस गैसों को वायुमंडल में छोड़ा जा रहा है उनमें कार्बन डाईऑक्साइड, क्लोरो फ्लोरो कार्बन्स, मीथेन, नाइट्रस ऑक्साइड तथा ओजोन उल्लेखनीय हैं। कुछ अन्य गैसें, जैसे नाइट्रिक ऑक्साइड तथा कार्बन मानोक्साइड उक्त ग्रीन हाउस गैसों की प्रतिक्रिया करती हैं तथा वायुमंडल में इनके सान्द्रण को बढ़ाती हैं।

वायुमंडल में उपस्थित ग्रीन हाउस गैसों में सर्वाधिक सान्द्रण कार्बन डाईऑक्साइड गैस का है। जीवाश्म ईंधन के जलाने से यह गैस वायुमंडल में उत्सर्जित होती है। वन तथा महासागर बड़ी मात्रा में कार्बन डाईऑक्साइड गैस के अवशोषक हैं, लेकिन अवशोषण की दर से उत्सर्जन की दर अधिक होने के कारण वायुमंडल में कार्बन डाईआक्साइड की मात्रा निरन्तर बढ़ रही है।

ओजोन परत सूर्य की हानिकारक पराबैंगनी किरणों को सोख लेती है और वहां उपस्थित ऑक्सीजन को ओजोन में बदल देती है। समतापमंडल में मौजूद ग्रीन हाउस गैसें ओजोन परत को नष्ट करती हैं जिससे ओजोन परत में कई स्थानों पर छेद हो गये हैं।

भूमण्डलीय ऊष्मन के दुष्परिणाम/दुष्प्रभाव—भूमण्डलीय ऊष्मन के प्रभाव जीवन पोषक तन्त्रों को कुप्रभावित कर सकते हैं। हिमटोपियों व हिमनदियों के पिघलने से सागरीय जलस्तर में बढ़ोत्तरी होगी जिससे तटीय क्षेत्रों का एक बड़ा भाग तथा द्वीपीय भाग सागरीय जल में डूब सकते हैं। तापमान वृद्धि से पेड़–पौधों एवं जीव–जन्तु का अस्तिव खतरे में पड़ जाएगा। तापमान की वृद्धि से ऋतुचक्र परिवर्तन होगा जिसका सर्वाधिक प्रभाव कृषि पर पड़ेगा।

भूमण्डलीय ऊष्मन पर रोक लगाना अत्यन्त आवश्यक—वायुमण्डल सूर्य से आने वाली किरणों को नीचे धरातल तक आने देता है किन्तु पार्थिव विकिरण से उत्पन्न दीर्घ तरंगों को ऊपर जाने से रोकता है जिससे धरातल पर तापमान निरन्तर बढ़ता जाता है। पार्थिव विकिरण की दीर्घ तरंगें वायुमंडल की कार्बन डाई ऑक्साइड, जलवाष्प, मीथेन, नाइट्रस ऑक्साइड, क्लोरो–फ्लोरो कार्बन नामक ग्रीन हाउस गैसों द्वारा अवशोषित हो जाती हैं और वह पुनः धरातल पर वापस आ जाती हैं, जिससें धरातल निरन्तर गर्म बना रहता है। यही हरित–गृह प्रभाव या भूमण्डलीय ऊष्मन नाम से जाना जाता है। भूमण्डलीय ऊष्मन प्रारम्भ होने के बाद इसे परिवर्तित करना, एक जटिल कार्य होगा। पेड़–पौधों एवं

जीव–जन्तुओं का अस्तिव खतरे में पड़ जाएगा इसके अतिरिक्त विभिन्न प्रकार की सामाजिक समस्याएं उत्पन्न हो जायेंगी। हिमनदियों व हिमटोपियों के पिघलने के कारण ऊपर उठा समुद्री जल का स्तर और समुद्र का ऊष्मीय विस्तार तटीय क्षेत्र के विस्तृत भागों और द्वीपों को जल–मग्न कर सकता है। आज आवश्यकता इस बात की है कि ग्रीन हाउस गैसों के उत्सर्जन को नियन्त्रित करने एवं भूमण्डलीय ऊष्मन की प्रवृत्ति को रोका जाये। भूमण्डलीय ऊष्मन को रोकना आज के सभी देशों के लिए अत्यन्त आवश्यक है।

यह भी जानिए

जलवायु विज्ञान (Climatology)–पृथ्वी के चारों ओर वायु का एक विस्तृत आवरण फैला हुआ है। इन वायुमंडलीय अवस्थाओं (तापमान, वायुदाब, पवनें, आर्द्रता) का अध्ययन करने वाले शास्त्र को जलवायु विज्ञान कहते हैं। इनमें केवल वायुमंडलीय क्रियाओं का ही नहीं अपितु जलवायु के विभिन्न तत्वों एवं नियंत्रणों का अध्ययन भी किया जाता है।

मिलैंकोविच दोलन– मिलैंकोविच दोलन एक खगोलीय सिद्धान्त है जिसके द्वारा सूर्य के चारों ओर पृथ्वी के अक्षीय झुकाव में हुए परिवर्तनों के बारे में अनुमान लगाया जाता है। इन परिवर्तनों का सीधा प्रभाव धरातल पर प्राप्त होने वाले सूर्यातप पर पड़ता है जिसके कारण जलवायु में परिवर्तन अनुभव किये जाते है।

ग्रीन हाउस गैसों द्वारा जलवायु में परिवर्तन पैदा करना–मानव द्वारा वायुमंडल में बड़ी मात्रा में ग्रीन हाउस गैसों को उत्सर्जित किया जा रहा है जिसके कारण वायुमंडल में इन गैसों का सान्द्रण बढ़ता जा रहा है। गैसों के बढ़ते सान्द्रण से भूमण्डलीय तापमान में धीमी गति से वृद्धि दर्ज की जा रही है।

ग्रीन हाउस प्रभाव–धरातल पर वायुमण्डल की भूमिका 'हरित गृह प्रभाव' जैसी होती है। वायुमण्डल सूर्य से आने वाली लघु तरगों को नीचे धरातल तक आने देता है किन्तु पार्थिव विकिरण से उत्पन्न तरंगों को ऊपर जाने से रोकता है, जिससे धरातल पर तापमान निरन्तर बढ़ता जाता है। इससे ग्रीन हाउस प्रभाव की स्थिति उत्पन्न होती है।

स्मरणीय बिन्दु

- **ब्लादिमिहीर कोपेन** ने विश्व जलवायु वर्गीकरण के लिए वर्षा एवं तापमान के वार्षिक मध्यमान एवं मासिक मध्यमान आंकड़ों के मानों का उपयोग किया, कोपेन ने विश्व मे पाच जलवायु समूह निर्धारित किये जिनमें चार तापमान पर तथा एक वर्षण पर आधारित है।
- कोपेन द्वारा प्रस्तुत वर्गीकरण में बड़े अक्षर A,C,D तथा E आर्द्र जलवायु को तथा B अक्षर शुष्क जलवायु को निरूपित करता है।
- कोपेन के वर्गीकरण में शुष्कता वाले मौसमों को छोटे अक्षरों *f*, *m*, *w* व s द्वारा इंगित किया गया है।
- कोपेन ने B समूह की जलवायु को उपविभाजित करते हुए स्टेपी या अर्ध–शुष्क के लिए S तथा मरुस्थल के लिए W जैसे बड़े अक्षरों का प्रयोग किया है।
- समूह–A उष्ण कटिबन्धीय जलवायु कर्क एवं मकर रेखाओं के मध्य पायी जाती है। यहा वर्षा अधिक तथा वार्षिक तापान्तर अधिक होता है।
- A उष्ण कटिबन्धीय जलवायु को तीन प्रकारों में विभाजित किया गया है–(i) उष्ण कटिबन्धीय आर्द्र जलवायु (A*f*), (ii) उष्ण कटिबन्धीय मानसून जलवायु (A*m*), (iii) उष्ण कटिबन्धीय आर्द्र एवं शुष्क जलवायु (A*w*)।
- समूह 'B' शुष्क जलवायु पृथ्वी के एक बड़े भाग पर पायी जाती है। जो कि विषुवत् वृत्त से 15° से 60° उत्तरी व दक्षिणी अक्षांशों के मध्य विस्तृत है। अत्यन्त न्यून वर्षा इस जलवायु की विशेषता है।
- समूह 'C' कोष्ण शीतोष्ण जलवायु 30° से 50° अक्षाशों के मध्य महाद्वीपों के पूर्वी एवं पश्चिमी सीमांतों पर पायी जाती है। इसे चार भागों में बांटा जा सकता है।
- समूह 'D' शीत हिम वन जलवायु: उत्तरी गोलार्द्ध में 40^0 से 70° अक्षाशों के मध्य यूरोप, एशिया एवं उत्तरी अमेरिका के विस्तृत महाद्वीपीय क्षेत्र में पायी जाती है।
- समूह 'E' ध्रुवीय जलवायु 70^0 अक्षांश से ध्रुवों की ओर पायी जाती है। यह जलवायु दो प्रकार की होती है।
- समूह 'F' उच्च भूमि जलवायु भौम्याकृति द्वारा नियन्त्रित होती है। पर्वतीय वातावरण में ऊंचाई के साथ जलवायु प्रदेशों में ऊर्ध्वाधर कटिबंध पाये जाते हैं।
- पृथ्वी पर औसत मौसमीय दशाओं में परिवर्तन को जलवायु परिवर्तन कहते हैं। जलवायु में प्राचीनकाल से निरन्तर परिवर्तन हो रहे हैं।
- 1990 का दशक शताब्दी का सबसे अधिक तापमान और विश्व गें सर्वाधिक बाढ़ों वाला दशक रहा। सन् 1998 संभवत: पूरी सहस्त्राब्दि का सबसे गर्म वर्ष था।
- मिलैंकोविच दोलन, ज्वालामुखी उद्भेदन तथा मानव द्वारा वृहत् स्तर पर ग्रीन हाउस गैस का उद्भेदन आदि जलवायु परिवृर्तन के प्रमुख कारण हैं।
- वायुमंडल में ताप उत्पन्न करने वाली प्रक्रियाओं को ग्रीन हाउस प्रभाव कहा जाता है। कार्बन डाईऑक्साइड, क्लोरो–फ्लोरो कार्बन्स, मीथेन, नाइट्रस ऑक्साइड तथा ओजोन आदि गैसों का वायुमंडल में वृहद् स्तर पर उत्सर्जन भूमण्डलीय ऊष्मन का प्रमुख कारण है।

एन.सी.ई.आर.टी. पाठ्यपुस्तक भूगोल के प्रश्न (हल सहित)

बहुविकल्पीय प्रश्न

(i) कोपेन के A प्रकार की जलवायु के लिए निम्न में से कौन–सी दशा अर्हक है?

(क) सभी महीनों में उच्च वर्षा

(ख) सबसे ठंडे महीने का औसत मासिक तापमान हिमांक बिन्दु से अधिक

(ग) सभी महीनों का औसत मासिक तापमान 18° सेल्सियस से अधिक

(घ) सभी महीनों का औसत मासिक तापमान 10° सेल्सियस के नीचे।

(ii) जलवायु के वर्गीकरण से सम्बन्धित कोपेन की पद्धति को व्यक्त किया जा सकता है–

(क) अनुप्रयुक्त (ख) व्यवस्थित

(ग) जननिक (घ) आनुभविक

(iii) भारतीय प्रायद्वीप के अधिकतर भागों को कोपेन की पद्धति के अनुसार वर्गीकृत किया जायेगा–

(क) "Af" (ख) "BSh"

(ग) "Cfb" (घ) "Am"

(iv) निम्नलिखित में से कौन–सा साल विश्व का सबसे गर्म साल माना गया है–

(क) 1990 (ख) 1998

(ग) 1885 (घ) 1950

(v) नीचे दिये गये चार जलवायु के समूहों में से कौन आर्द्र दशाओं को प्रदर्शित करता है।

(क) A-B-C-E (ख) A-C-D-E

(ग) B-C-D-E (घ) A-C-D-F

उत्तर–(i) (ग), (ii) (घ), (iii) (घ), (iv) (ख), (v) (ख)।

निम्नलिखित प्रश्नों के उत्तर लगभग 30 शब्दों में दीजिए–

(i) जलवायु के वर्गीकरण के लिए कोपेन द्वारा किन दो जलवायविक चरों का प्रयोग किया गया है?

उत्तर–कोपेन ने तापमान तथा वर्षण नामक दो जलवायविक चरों का प्रयोग जलवायु के वर्गीकरण में किया।

(ii) वर्गीकरण की जननिक प्रणाली आनुभविक प्रणाली से किस प्रकार भिन्न है?

उत्तर–जननिक प्रणाली जलवायु को उसके कारणों के आधार पर संगठित करती है जबकि आनुभविक प्रणाली तापमान तथा वर्षण से सम्बन्धित आंकड़ों पर आधारित होती है।

(iii) किस प्रकार की जलवायुओं से तापान्तर बहुत कम होता है।

उत्तर–उष्ण कटिबन्धीय आर्द्र जलवायु (Af) में तापान्तर बहुत कम होता है।

(iv) सौर कलकों में वृद्धि होने पर किस प्रकार की जलवायविक दशाएं प्रचलित होंगी?

उत्तर–मौसम वैज्ञानिक मानते हैं कि सौर कलंकों की संख्या बढ़ने पर मौसम ठंडा तथा आर्द्र हो जाता है तथा तूफानों की संख्या बढ़ जाती है।

निम्नलिखित प्रश्नों के उत्तर लगभग 150 शब्दों में दीजिए–

(i) A तथा B प्रकार की जलवायुओं की जलवायविक दशाओं की तुलना करें।

उत्तर– A तथा B प्रकार की जलवायु की तुलना

क्र.सं.	A जलवायु	B जलवायु
1.	A प्रकार की उष्ण कटिबंधीय जलवायु कर्क एवं मकर रेखाओं के मध्य पायी जाती हैं।	B प्रकार की शुष्क जलवायु विषुवत वृत्त से 15° उत्तरी व दक्षिणी अक्षांशों के मध्य पायी जाती है।
2.	इस प्रकार के क्षेत्रों में सम्पूर्ण वर्ष सूर्य के ऊर्ध्वस्थ तथा अन्तर उष्ण कटिबंधीय अभिसरण क्षेत्र की उपस्थिति के कारण जलवायु उष्ण व आर्द्र रहती है।	इस प्रकार की जलवायु में तापमान का अवतलन एवं प्रतिलोमन होने के कारण वर्षा नहीं होती है जिस कारण शुष्क जलवायु पायी जाती है।
3.	वर्षण की तुलना में विभव वाष्पी–करण की अधिकता रहती है।	वार्षिक वर्षा की तुलना में वार्षिक वाष्पीकरण कम होता है।
4.	वार्षिक तापान्तर अधिक रहता है।	वार्षिक तापान्तर बहुत कम रहता है।

(ii) C तथा A प्रकार की जलवायु में आप किस प्रकार की वनस्पति पायेंगे।

उत्तर– C प्रकार की जलवायु में प्राकृतिक वनस्पति

(क) भूमध्य सागरीय जलवायु (Cs)–खट्टे रसदार फल प्रमुख हैं। कुछ वृक्ष झाड़ीनुमा मिलते हैं।

(ख) चीन तुल्य जलवायु (Cw)–चौड़ी पत्ती वाले सदा हरित सघन वन प्रमुखता से मिलते हैं।

(ग) पश्चिमी यूरोपियन तुल्य जलवायु–शीतोष्ण पतझड़ वन इस प्रदेश की प्रमुख प्राकृतिक वनस्पति हैं।

A प्रकार की जलवायु में प्राकृतिक वनस्पति

(क) उष्ण कटिबन्धीय प्रचुर वर्षा वन (Af)–वर्षपर्यन्त अधिक तापमान तथा तेज वर्षा होने के कारण **सदाबहार वनस्पति** प्रचुर मात्रा में पैदा होती है।

(ख) सवाना जलवायु (Aw)–भूमध्यरेखा की ओर सघन वन तथा ध्रुवों की ओर जाते हुए वृक्षों की संख्या कम होती जाती है तथा घास की विस्तार बढ़ता जाता है। इन घास के मैदानों को सूडान में सवाना, ब्राजील में कैम्पोस, दक्षिण अफ्रीका में पार्कलैण्ड कहा जाता है।

(ग) मानसूनी जलवायु (Am)–इस प्रकार की जलवायु में वनस्पति में अत्यधिक भिन्नताएं मिलती हैं। यहां सदाबहार, पतझड़ तथा शुष्क वन मिलते हैं।

(iii) ग्रीन हाउस गैसों से आप क्या समझते हैं? ग्रीन हाउस गैसों की एक सूची तैयार करें।

उत्तर–ग्रीन हाउस गैसों से आशय–बढ़ते वायु प्रदूषण से वायुमण्डल में ऊष्मा अवरोधी गैसों (कार्बन डाई–ऑक्साइड, क्लोरो–फ्लोरो कार्बन, नाइट्रिक ऑक्साइड, मीथेन आदि) की मात्रा में तेजी से वृद्धि होती जा रही है, जिससे हमारी पृथ्वी ग्रीन हाउस के रूप में कार्य करने लगी है। उपर्युक्त गैसों में जिनमें कार्बन डाई–ऑक्साइड प्रमुख है, पृथ्वी पर आने वाले सूर्य विकिरण के लिए पारदर्शी होती हैं, लेकिन भू–सतह पर परिवर्तित होने वाले सूर्य विकिरण की दीर्घ तरंगों की कुछ मात्रा को अपने अन्दर सोख लेती है, जिससे वायुमंडल की निचली परत से समान ताप का परावर्तन अन्तरिक्ष में नहीं हो पाता। वे गैसें जो विकिरण की दीर्घ तरंगों का अवशोषण करती है, ग्रीन हाउस गैसें कहलाती हैं। इस प्रकार धरातलीय वायुमण्डल के तापमान में निरन्तर वृद्धि हो रही है।

ग्रीन हाउस गैसों की सूची

प्रमुख ग्रीन हाउस गैसें

(i) कार्बन डाईऑक्साइड (CO_2)

(ii) क्लोरो–फ्लोरो कार्बन्स (CFCs)

(iii) मीथेन (CH_4)

(iv) नाइट्रस ऑक्साइड (N_2O)

(v) ओजोन (O_3)

ग्रीन हाउस गैसों के सान्द्रण में वृद्धि करने वाली गैसें

(i) नाइट्रिस ऑक्साइड (NO)

(ii) कार्बन मानोक्साइड (CO)

अभ्यासार्थ प्रश्न

बहुविकल्पीय प्रश्न

1. निम्नलिखित में से कौन–सा 'A' उष्ण कटिबन्धीय आर्द्र जलवायु से सम्बन्धित है–

(अ) आर्द्र उपोष्ण कटिबन्धीय जलवायु

(ब) आर्द्र महाद्वीपीय जलवायु

(स) टुण्ड्रा जलवायु

(द) उष्ण कटिबन्धीय मानसून जलवायु

2. कोपेन ने अपने जलवायु वर्गीकरण में मानसूनी जलवायु को किस संकेत के द्वारा प्रदर्शित किया–

(अ) Aw (ब) Am

(स) Af (द) Cw

3. वायुमण्डल में विद्यमान ग्रीन हाउस गैसों में सबसे अधिक सान्द्रण किस गैस का है?

(अ) क्लोरो–फ्लोरो कार्बन (ब) मीथेन

(स) नाइट्रस ऑक्साइड (द) कार्बन डाईऑक्साइड

4. हरित–गृह प्रभाव हेतु जिम्मेदार नहीं है–

(अ) कार्बन डाईऑक्साइड (ब) मीथेन

(स) नाइट्रस ऑक्साइड (द) ऑक्सीजन

5. ओजोन का सर्वाधिक क्षरण हुआ है–

(अ) अंटार्कटिका के ऊपर

(ब) साइबेरिया के ऊपर

(स) ग्रीन लैण्ड के ऊपर

(द) ब्रिटिश द्वीप समूह के ऊपर

[**उत्तर**–(1) (द), (2) (ब), (3) (द), (4) (द), (5) (अ)।]

अति लघु उत्तरीय प्रश्न

1. जलवायु का वर्गीकरण किन–किन उपगमनों के माध्यम से किया जाता है?

उत्तर–(क) आनुभविक, (ख) जननिक, (ग) अनुप्रयुक्त।

2. वी. कोपेन ने जलवायु के वर्गीकरण में कौन–सी पद्धति को प्रयुक्त किया?

उत्तर–आनुभविक पद्धति को

3. वी. कोपेन ने अपने जलवायु वर्गीकरण में किन दो तत्वों को आधार बनाया?

उत्तर–तापमान और वर्षा।

4. कोपेन ने सम्पूर्ण विश्व को कितने जलवायु समूहों में विभक्त किया?

उत्तर–कोपेन ने सम्पूर्ण विश्व में जलवायु समूहों को पांच समूहों में विभक्त किया।

5. कोपेन ने आर्द्र जलवायु को कौन–कौन से संकेताक्षरों द्वारा प्रदर्शित किया?

उत्तर–A, C, D, एवं E.

6. उष्ण कटिबन्धीय आर्द्र जलवायु कहां मिलती है?

उत्तर–कर्क और मकर रेखाओं के मध्य।

7. उष्ण कटिबन्धीय जलवायु समूह के प्रकारों का नामोल्लेख कीजिए।

उत्तर–(i) Af उष्ण कटिबन्धीय आर्द्र जलवायु

(ii) Am उष्ण कटिबन्धीय मानसून जलवायु

(iii) Aw उष्ण कटिबन्धीय आर्द्र एवं शुष्क जलवायु

8. उष्ण कटिबन्धीय जलवायु उष्ण और आर्द्र क्यों बनी रहती है?

उत्तर–कर्क एवं मकर रेखाओं के मध्य सम्पूर्ण वर्ष सूर्य की ऊर्ध्वस्थ स्थिति एवं अन्तर उष्ण कटिबन्धीय अभिकरण क्षेत्र की उपस्थिति के कारण उष्ण कटिबन्धीय जलवायु उष्ण व आर्द्र रहती है।

9. उष्ण कटिबन्धीय आर्द्र जंलवायु के मुख्य क्षेत्रों का उल्लेख कीजिए।

उत्तर–उष्ण कटिबन्धीय आर्द्र जलवायु दक्षिण अमेरिका का अमेजन बेसिन, पश्चिमी विषुवतीय अफ्रीका एवं दक्षिण–पूर्वी एशिया के द्वीपों पर पायी जाती है

10. उष्ण कटिबन्धीय आर्द्र जलवायु की किसी एक विशेषता का उल्लेख कीजिए।

उत्तर–वर्ष के प्रत्येक माह में दोपहर के पश्चात् गरज एवं बौछार के साथ प्रचुर मात्रा में वर्षा होती है।

11. उष्ण कटिबन्धीय मानसून जलवायु की अवस्थिति स्पष्ट कीजिए।

उत्तर–उष्ण कटिबन्धीय मानसून जलवायु भारतीय उपमहाद्वीप, दक्षिण अमेरिका के उत्तर पूर्वी भाग एवं उत्तरी आस्ट्रेलिया में पायी जाती है।

12. उष्ण कटिबन्धीय मानसूनी जलवायु के लक्षण लिखिए।

उत्तर–उष्ण कटिबन्धीय मानसूनी जलवायु में अधिकांशत: गर्मियों में भारी वर्षा होती है इसमें शीत ऋतु शुष्क होती है।

13. उपोष्ण कटिबन्धीय आर्द्र और शुष्क जलवायु के क्षेत्रों का उल्लेख कीजिए।

उत्तर–उपोष्ण कटिबन्धीय आर्द्र और शुष्क जलवायु (Aw जलवायु) दक्षिण अमेरिका में स्थित ब्राजील के वनों के उत्तर और दक्षिण में बेल्जियम व पैरागुए के निकटवर्ती भागों तथा सूडान व मध्य अफ्रीका के दक्षिण में पायी जाती है।

14. शुष्क जलवायु की एक विशिष्टता का उल्लेख कीजिए।

उत्तर–शुष्क जलवायु में न्यून वर्षा होती है।

15. शुष्क जलवायु 'B' समूह के प्रकारों का नामोल्लेख कीजिए।

उत्तर–(i) उपोष्ण कटिबन्धीय स्टेपी (Bsh), (ii) उपोष्ण कटिबन्धीय मरुस्थल (Bwh), (iii) मध्य अक्षांशीय स्टेपी (Bsk), (iv) मध्य अक्षांशीय मरुस्थल (Bwk)।

16. उपोष्ण कटिबन्धीय स्टेपी जलवायु का एक लक्षण स्पष्ट कीजिए।

उत्तर–निम्न अक्षांशीय अर्धशुष्क एवं शुष्क।

17. विश्व का सर्वाधिक तापमान कब व कहां दर्ज किया गया था?

उत्तर–लीबिया के अल–अजीजिया में 13 सितम्बर, 1922 को उच्चतम तापमान 58° सेल्सियस दर्ज किया गया था।

18. कोष्ण शीतोष्ण जलवायु की मुख्य विशेषता का उल्लेख कीजिए।

उत्तर–ग्रीष्मऋतु का कोष्ण एवं शीतऋतु का मृदुल होना।

19. शीत हिमवन जलवायु के प्रकारों का नामोल्लेख कीजिए।

उत्तर–(i) आर्द्र जाड़ों से युक्त ठंडी जलवायु (Df),

(ii) शुष्क जाड़ों से युक्त ठंडी जलवायु (Dw)।

20. ध्रुवीय जलवायु के प्रकारों के नाम लिखिए।

उत्तर–ध्रुवीय जलवायु दो प्रकार की होती है–(i) टुण्ड्रा (ET), (ii) हिमटोपी (EF)।

21. हिमटोप जलवायु कहां मिलती है?

उत्तर–ग्रीनलैण्ड व अंटार्कटिका के आन्तरिक भागों में।

22. प्लेट्यू स्टेशन कहां स्थित है?

उत्तर–प्लेट्यू स्टेशन अंटार्कटिका में 79° दक्षिणी अक्षांश पर स्थित है।

23. पृथ्वी के किस हिस्से को 'धूल का कटोरा' कहा जाता है?

उत्तर–संयुक्त राज्य अमेरिका के वृहत् मैदान के दक्षिण–पश्चिमी भाग को 'धूल का कटोरा' कहा जाता है।

24. वायुमण्डल में किस ग्रीन हाउस का सान्द्रण सबसे अधिक है?

उत्तर–कार्बन डाईऑक्साइड का।

25. किन्हीं दो ग्रीन हाउस गैसों का नामोल्लेख कीजिए।

उत्तर–(i) कार्बन डाइऑक्साइड (CO_2)

(ii) क्लोरो–फ्लोरो कार्बन्स (CFCs)

26. ओजोन छिद्र से आशय स्पष्ट कीजिए।

उत्तर– समताप मण्डल में ओजोन के सान्द्रण का ह्रास ओजोन छिद्र कहलाता है।

27. क्योटो प्रोटोकाल कब अस्तित्व में आया?

उत्तर–सन् 1977 में।

लघु उत्तरीय प्रश्न

1. उष्ण कटिबन्धीय आर्द्र जलवायु (Af) के सम्बन्ध में संक्षिप्त विवरण प्रस्तुत कीजिए।
2. उष्ण कटिबन्धीय आर्द्र और शुष्क जलवायु की प्रमुख विशेषताओं का उल्लेख कीजिए।
3. शुष्क जलवायु के क्षेत्रों एवं प्रकारों का उल्लेख कीजिए।
4. कोष्ण शीतोष्ण (मध्य अक्षांशीय) जलवायु के विस्तार एवं प्रकार को स्पष्ट कीजिए।
5. आर्द्र उपोष्ण कटिबंधीय (Cwa) जलवायु का संक्षिप्त विवरण प्रस्तुत कीजिए।
6. आर्द्र जाड़ों से युक्त ठण्डी जलवायु (Df) से सम्बद्ध विवरण लिखिए।
7. शुष्क जाड़ों से युक्त ठण्डी जलवायु (Dw) के बारे में संक्षेप में लिखिए।
8. टुण्ड्रा जलवायु (ET) के सम्बन्धित विवरण प्रस्तुत कीजिए।
9. हिमटोप जलवायु (EF) के बारे में आप क्या जानते हैं?
10. उच्च भूमि जलवायु (F) का उल्लेख कीजिए।
11. 'जलवायु परिवर्तन' से आप क्या समझते हैं? अपना उत्तर संक्षेप में दीजिए।
12. जलवायु परिवर्तन के प्रमुख कारणों का संक्षिप्त विवरण प्रस्तुत कीजिए।
13. सौर कलंकों की घटती–बढ़ती संख्या जलवायु परिवर्तन के लिए कैसे उत्तरदायी है?
14. 'मिलैंकोविच दोलन' से आप क्या समझते हैं?
15. जलवायु परिवर्तन हेतु ग्रीन हाउस गैसें किस प्रकार जिम्मेदार हैं?
16. ग्रीन हाउस प्रभाव/ भूमण्डलीय ऊष्मन को समझाइए।
17. भूमण्डलीय ऊष्मन के दुष्प्रभावों का विवरण प्रस्तुत कीजिए।
18. जलवायु परिवर्तन की प्रक्रिया को स्पष्ट करने वाले प्रमाणों का उल्लेख कीजिए।

विस्तृत उत्तरीय प्रश्न

1. भूगोलवेत्ता वी.कोपेन के अनुसार जलवायु का वर्गीकरण प्रस्तुत करते हुए उष्ण कटिबन्धीय जलवायु का विवरण प्रस्तुत कीजिए।
2. कोपेन महोदय द्वारा प्रस्तुत शुष्क जलवायु का विस्तृत विवरण दीजिए।
3. मध्य अक्षांशीय/ कोष्ण शीतोष्ण जलवायु का विस्तृत विवरण दीजिए।
4. जलवायु परिवर्तन का आशय स्पष्ट करते हुए इसके कारणों की विस्तृत समीक्षा दीजिए।
5. भूमण्डलीय ऊष्मन के लिए उत्तरदायी कारकों पर प्रकाश डालते हुए इसके दुष्प्रभावों का उल्लेख कीजिए।
6. भूमण्डलीय ऊष्मन पर रोक लगाना/नियन्त्रण करना वर्तमान में क्यों आवश्यक है? विस्तृत समीक्षा कीजिए।

13 महासागरीय जल

पृथ्वी पर रहने वाले समस्त जीवों के लिए जल आवश्यक घटक है। इसके बिना जीवन संभव नहीं है। पृथ्वी के धरातल पर जल की प्रचुर आपूर्ति के कारण ही पृथ्वी को नीला ग्रह (Blue Planet) भी कहते हैं।

जल : जलीय चक्र का परिणाम

वस्तुतः जल एक चक्रीय संसाधन है। यह एक चक्र के रूप में महासागर से धरातल पर और धरातल से महासागर तक पहुंचता रहता है। इस चक्र में विभिन्न संक्रियाएं सन्निहित होती हैं। जिन्हें निम्नांकित चित्र में दर्शाया गया है—

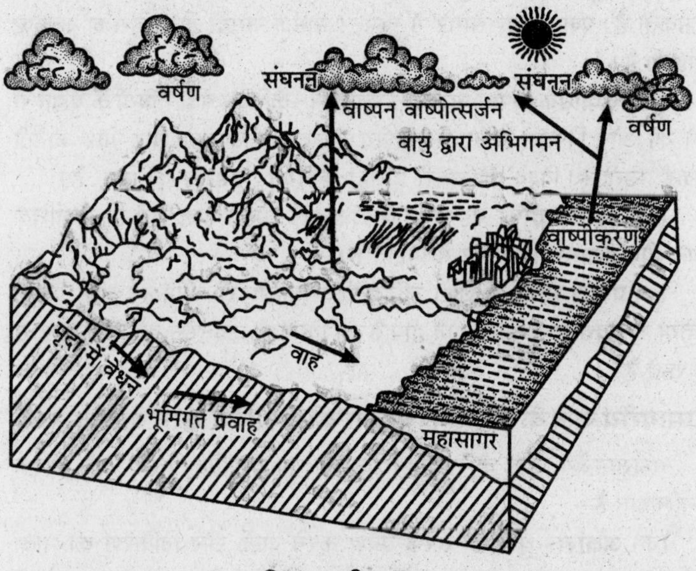

चित्र—जलीय चक्र

उपर्युक्त चित्र से यह तथ्य पूर्णतया स्पष्ट होता है कि जलीय चक्र पृथ्वी पर, पृथ्वी के नीचे और पृथ्वी के ऊपर वायुमंडल में जल के संचलन का परिणाम है। जलीय चक्र करोड़ों वर्षों से अस्तित्व में है और पृथ्वी पर सभी प्रकार का जीवन इसी पर आश्रित है। वायु के बाद, जल पृथ्वी पर जीवन के अस्तित्व के लिए सबसे आवश्यक तत्त्व है। पृथ्वी पर जल का वितरण भिन्न–भिन्न है। बहुत से क्षेत्रों में, जल की प्रचुरता है, जबकि बहुत से क्षेत्रों में यह सीमित मात्रा में विद्यमान है। जलीय चक्र पृथ्वी के जलमंडल में विभिन्न रूपों अर्थात् गैस, तरल और ठोस में जल का परिसंचरण है। इसका संबंध महासागरों, वायुमंडल, भूपृष्ठ, अधःस्तल और जीवों के बीच जल के लगातार आदान–प्रदान से भी है।

पृथ्वी पर विद्यमान जल का लगभग 71 प्रतिशत हिस्सा महासागरों में पाया जाता है। शेष जल ताजे जल के रूप में हिमानियों, हिमटोपी, भूमिगत जल, झीलों, मृदा में आर्द्रता, वायुमंडल, सरिताओं और जीवों में संग्रहीत है। धरातल पर गिरने वाले जल का लगभग 59 प्रतिशत भाग महासागरों एवं अन्य स्थानों से वाष्पीकरण के द्वारा वायुमंडल में चला जाता है। शेष भाग धरातल पर बहता है; कुछ भूमि में रिस जाता है और कुछ भाग हिमनदी का रूप धारण कर लेता है।

उपर्युक्त तथ्य को भलीभांति समझने के लिए निम्नांकित सारणी प्रस्तुत है—

सारणी : पृथ्वी पर जल का वितरण

जलाशय	आयतन (दस लाख घन किमी)	कुल प्रतिशत
महासागर	1.370	97.25
हिमानियां एवं हिमटोपी	29	2.05
भूमिगत जल	9.5	0.68
झीलें	0.125	0.01
मृदा में नमी	0.065	0.005
वायुमंडल	0.013	0.001
नदी नाले	0.0017	0.0001
जैवमंडल	0.0006	0.00004

जल चक्र में उसकी प्रक्रियाओं से सम्बन्धित विभिन्न अवयव/घटक सम्मिलित होते हैं जो निम्नांकित सारणी द्वारा निरूपित हैं—

सारणी—जल चक्र से सम्बन्धित विभिन्न अवयव और उनकी प्रक्रियाएं

घटक/अवयव	संबद्ध प्रक्रियाएं
महासागरों में संग्रहित जल	वाष्पीकरण, वाष्पोत्सर्जन, ऊर्ध्वपातन
वायुमण्डल में जल	संघनन, वर्षण
हिम एवं बर्फ में पानी का संग्रहण	हिम पिघलने पर नदी–नालों के रूप में बहना
धरातलीय जल बहाव	जलधारा के रूप में, ताजा जल संग्रहण व जल रिसाव
भौम जल संग्रहण	भौम जल का विसर्जन, झरनें

जल की उपलब्धता के परिप्रेक्ष्य में उल्लेखनीय तथ्य यह है कि पृथ्वी पर नवीकरण योग्य जल की मात्रा सीमित है जबकि मांग में तीव्रता से वृद्धि हो रही है। इसके कारण विश्व के विभिन्न हिस्सों में जल का संकट उत्पन्न हो रहा है। नदी जल प्रदूषण के कारण स्थिति और भी भयावह हो गई है।

महासागर : अधःस्तल का उच्चावच और विभाजन

महासागर पृथ्वी के बाह्य परत में बृहत् गर्तों में अवस्थित हैं। अपनी जलीय अवस्थिति के कारण महासागर एक दूसरे से इतने स्वाभाविक ढंग से सम्बद्ध हो जाते हैं कि उनका सीमांकन करना बहुत कठिन हो जाता है। इसके बावजूद भूगोलवेत्ताओं ने पृथ्वी जलीय/महासागरीय हिस्से को पांच भागों में विभक्त किया है, जो इस प्रकार हैं– प्रशांत महासागर, अटलांटिक महासागर, हिंद महासागर, दक्षिणी महासागर एवं आर्कटिक महासागर। यहां यह भी स्पष्ट करना आवश्यक है कि अनेक समुद्र, खाड़ियां, गल्फ और अन्य निवेशिकाएं उपर्युक्त पांच बड़े महासागर के हिस्से हैं।

महासागरीय अधःस्तल का प्रमुख हिस्सा समुद्र तल के नीचे 3 से 6 कि.मी. के मध्य पाया जाता है। महासागरों के जल के नीचे की भूमि (महासागरीय अधःस्तल) धरातल/भूमि पर पाए जाने वाले लक्षणों की तुलना में जटिल एवं विभिन्न प्रकार के लक्षणों को दर्शाती है। इनका सूक्ष्म विश्लेषण करने पर यह

ज्ञात होता है कि महासागरों की तली में, विश्व की सबसे बड़ी पर्वत शृंखलाएं, सबसे गहरे गर्त एवं सर्वाधिक बड़े मैदान होने के कारण ये ऊबड़–खाबड़ प्रवृत्ति के होते हैं। महाद्वीपों पर विद्यमान लक्षणों की भांति ये लक्षण भी विवर्तनिक, ज्वालामुखीय और विक्षेपण की क्रियाओं के समन्वय का परिणाम हैं।

महासागरों के नीचे की भूमि/महासागरीय अधस्तल को **चार मुख्य हिस्सों** में विभक्त किया है, जो निम्नलिखित हैं—

(क) **महाद्वीपीय शेल्फ**—महाद्वीपीय का वह बृहत् सीमान्त जो अपेक्षाकृत उथले समुद्रों और खाड़ियों से घिरा हुआ होता है, महाद्वीपीय शेल्फ कहलाता है। महाद्वीपीय शेल्फ की विशेषताएं निम्नलिखित होती हैं—

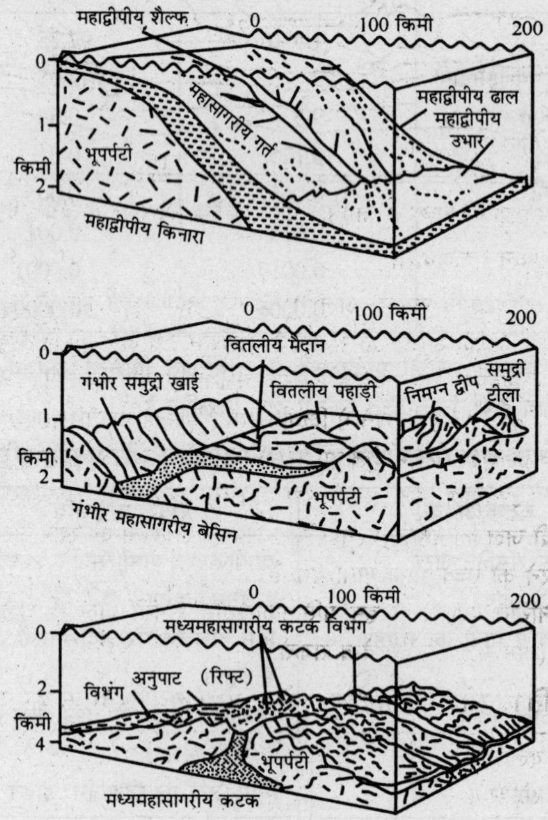

चित्र : महासागरीय अधःस्तल के उच्चावच

(i) यह महासागर का सर्वाधिक उथला भाग होता है। जिसकी औसत प्रवणता 1° या उससे भी कम होती है।

(ii) यह शेल्फ अत्यन्त तीव्र ढाल पर समाप्त होता है जिसे महाद्वीपीय अवकाश कहते हैं।

(iii) महाद्वीपीय शेल्फों की औसत चौड़ाई 80 किमी होती है लेकिन कुछ भागों (जैसे चिली तट और सुमात्रा के पश्चिमी तट) में ये शेल्फ अत्यन्त संकीर्ण होते हैं।

(iv) महाद्वीपीय शेल्फों पर नदियों, हिमनदों और पवन द्वारा लाये गये अवसादों के जमाव पाए जाते हैं।

(v) शेल्फों की गहराई 30 मीटर से 600 मीटर तक होती है।

(ख) **महाद्वीपीय ढाल**—महाद्वीपीय शेल्फ की तली जहां तीव्र ढाल में बदल जाती है, वहां से महाद्वीपीय ढाल शुरू होता है। महाद्वीपीय ढाल की विशेषताएं निम्नलिखित होती हैं।

(i) इस क्षेत्र में सागरीय तली की प्रवणता 2° से 5° के बीच होती है।

(ii) इस क्षेत्र की गहराई 200 मीटर से 3000 मीटर के बीच होती है।

(iii) इस क्षेत्र में कैनियन व खाइयां मिलती हैं।

(ग) **गभीर सागरीय समुद्री मैदान**—यह विश्व के सबसे चिकने व सबसे सपाट भाग होते हैं जिनकी गहराई 3000 मीटर से 6000 मीटर के बीच होती है। इन मैदानी भागों पर महीन कणों वाले अवसाद निक्षेपित होते हैं।

(घ) **महासागरीय गर्त**—महासागरों के सबसे गहरे भाग महासागरीय गर्त कहलाते हैं। समीपवर्ती सागरीय तली की तुलना में महासागरीय गर्त 3 किमी से लेकर 5 किमी तक गहरे होते है। गर्तों का सम्बन्ध सामान्यतया सक्रिय ज्वालामुखी तथा प्रबल भूकम्प वाले क्षेत्रों से होता है।

उपर्युक्त के साथ–साथ महासागरीय अधस्तल से सम्बन्धित कुछ **लघु किंतु महत्वपूर्ण आकृतियां** महासागरों के विभिन्न हिस्सों में विद्यमान होती है, जिनका विवरण निम्नलिखित है—

(i) **मध्य महासागरीय कटक**—मध्य महासागरीय कटक पर्वत की ऐसी दो शृंखलाओं से बने होते हैं जो एक विशाल अवनयन द्वारा अलग की गई होती है। आइलैण्ड इसका महत्वपूर्ण उदाहरण है।

(ii) **समुद्री टीला**—समुद्री टीलों की ऊंचाई 3000 से 4500 मीटर के बीच हो सकती है। प्रशान्त महासागर में एम्परेर नामक समुद्री टीला इसका उत्कृष्ट उदाहरण है।

(iii) **सर्वाधिक सपाट जलमग्न कैनियन**—कैनियन बड़ी नदियों के मुहाने से आगे की ओर विस्तृत होकर महाद्वीपीय शेल्फ व ढालों को आर–पार काटती दिखाई पड़ती है। विश्व की सबसे प्रसिद्ध कैनियन, 'हडसन कैनियन' है।

(iv) **निमग्न द्वीप**—यह चपटे शिखर वाले समुद्री टीले होते हैं। सर्वाधिक नमग्न द्वीप प्रशान्त महासागर में मिलते हैं।

(v) **प्रवाल द्वीप**—ये उष्ण कटिबन्धीय महासागरों में मिलने वाले प्रवाल भित्तियों से युक्त छाटे आकार के द्वीप हैं जो कि गहरे अवनमन को चारों ओर से घेरे रहते हैं।

महासागरीय जल के तापमान वितरण को प्रभावित करने वाले कारक

महासागरीय जल के तापमान वितरण को प्रभावित करने वाले कारक निम्नलिखित हैं—

(क) **अक्षांश**—ध्रुवों की तरफ प्रवेश करने वाली सौर विकिरण की मात्रा घटने के कारण महासागरों के सतही जल का तापमान विषुवत् वृत्त से ध्रुवों की ओर कम होता जाता है।

(ख) **स्थल एवं जल का असमान वितरण**—उत्तरी गोलार्ध के महासागर दक्षिणी गोलार्ध के महासागरों की अपेक्षा स्थल के बहुत बड़े भाग से जुड़े हाने के कारण अधिक मात्रा में ऊष्मा प्राप्त करते हैं।

(ग) **सनातन पवनें**—स्थल में महासागरों की ओर बहने वाली पवनें महासागरों के सतही गर्म जल को तट से दूर धकेल देती हैं, जिसके परिणामस्वरूप नीचे का ठंडा जल ऊपर की ओर आ जाता है। फलस्वरूप तापमान में देशांतरीय अंतर आता है। इसके विपरीत, अभितटीय पवनें गर्म जल को तट पर जमा कर देती हैं। इससे तापमान बढ़ जाता है।

(घ) **महासागरीय धाराएं**—गर्म महासागरीय धाराएं ठंडे क्षेत्रों में तापमान को बढ़ा देती हैं, जबकि ठंडी धाराएं गर्म महासारीय क्षेत्रों में तापमान को घटा देती हैं। गल्फ स्ट्रीम (गर्म धारा) उत्तर अमरीका के पूर्वी तट और यूरोप के पश्चिमी तट के तापमान को बढ़ा देती है, जबकि लेब्रेडोर धारा (ठण्डी धारा) उत्तर अमरीका के उत्तर–पूर्वी तट के पास के तापमान को कम कर देती है।

उपर्युक्त विवरण के परिप्रेक्ष्य में यह भी स्पष्ट करना आवश्यक है कि समस्त उल्लिखित कारक महासागरीय धाराओं के तापमान को स्थानिक रूप में ही प्रभावित करते हैं। निम्न अक्षांशों में स्थित परिवेष्ठित समुद्रों का तापमान खुले समुद्रों की तुलना में अधिक होता है जबकि उच्च अक्षांशों में स्थित परिवेष्ठित समुद्रों का तापमान खुले समुद्रों की तुलना में कम होता है।

महासागरीय जल का तापमान : उर्ध्वाधर वितरण

निम्नांकित प्रदर्शित चित्र में सागर तल से 4500 मीटर गहराई तक के महासागरीय जल के तापमान को दिखाया गया है। प्रस्तुत चित्र से स्पष्ट होता है कि बढ़ती गहराई के साथ तापमान में क्रमशः गिरावट आती चली जाती है लेकिन महासागर के सतही तल और गहरी परतों के जल के बीच एक ऐसा सीमा क्षेत्र है जहां सागरीय जल के तापमान में तीव्र गिरावट आती है, यह सीमा क्षेत्र सागर के तल से लगभग 100 से 400 मीटर नीचे से शुरू होता है तथा कई सौ मीटर नीचे तक चला जाता है, इसे ताप प्रवणता या थर्मोक्लाईन कहा जाता है। गहराई के साथ तापमान के घटने की दर सभी जगह समान नहीं होती। 200 मीटर की गहराई तक तापमान बहुत तीव्रता से कम होता है लेकिन इसके बाद तापमान घटने की दर कम होती जाती है।

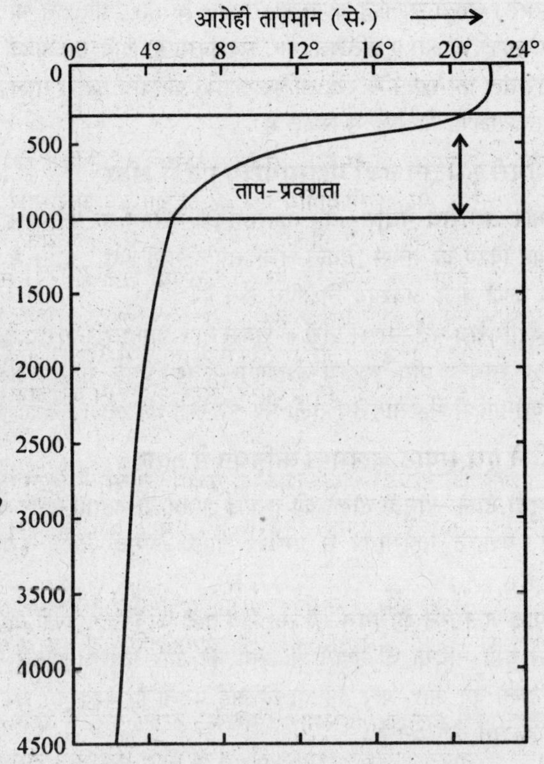

चित्र : सागरीय जल की ऊर्ध्वाधर परतें

सागर तल से नीचे जाने पर सामान्यतः निम्नलिखित तीन परतें मिलती हैं–

(i) **ऊपरी गर्म पर्त**–लगभग 500 मीटर मोटाई तथा 20° से 25° सेग्रे. तापमान रखने वाली परत।

(ii) **ताप प्रवणता परत**–इस परत की मोटाई 500 से 1000 मीटर होती है।

(iii) **ठण्डी निचली परत**–सबसे नीचे मिलने वाली परत जिसमें गहराई के साथ तापमान में बहुत कम परिवर्तन होता है।

महासागरीय जल का तापमान : क्षैतिज वितरण

महासागरीय सतह के जल का औसत तापमान 27° से होता है। यह भूमध्यरेखा से ध्रुवों की ओर क्रमशः कम होता जाता है। उत्तरी गोलार्द्ध के महासागरों का तापमान दक्षिणी गोलार्द्ध की तुलना में अधिक होता है। सागरीय जल के उच्चतम तापमान विषुवत् वृत्त पर न मिलकर इससे कुछ उत्तर में दर्ज किया जाता है। महसागरीय जल के तापमान में मिलने वाली यह भिन्नता उत्तरी गोलार्द्ध तथा दक्षिणी गोलार्द्ध में स्थल व जल के असमान वितरण के कारण होती है।

निम्नांकित मानचित्र के माध्यम से उपरोक्त तथ्य को भलीभांति समझा जा सकता है।

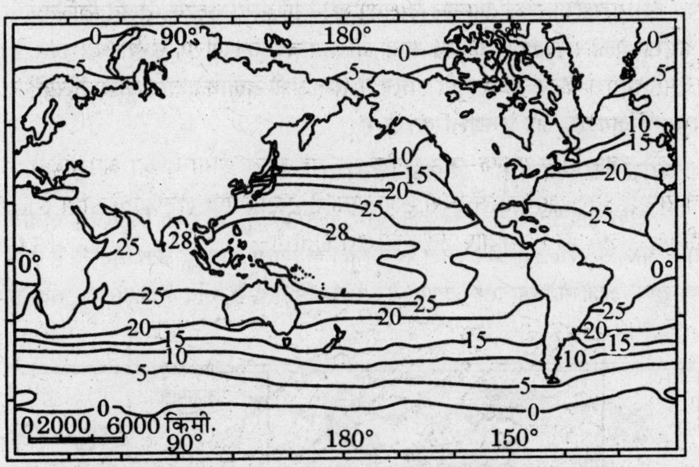

चित्र–महासागरों की सतह के तापमान का स्थानिक वितरण (सेन्टीग्रेड में)

महासागरीय जल : लवणता

प्रकृति में विद्यमान समस्त जल में खनिज लवण घुले होते हैं। यद्यपि इनकी मात्रा कम अथवा अधिक हो सकती है। महासागरीय जल की लवणता के विशेष संदर्भ में लवणता वह शब्द है जिसका उपयोग समुद्री जल में घुले हुए नमक की मात्रा को निर्धारित करने में किया जाता है इसकी गणना 1,000 ग्राम (एक किलोग्राम) समुद्री जल में घुले हुए नमक (ग्राम में) की मात्रा के द्वारा किया जाता ($\%_0$) है। इसे प्रायः प्रति 1,000 भाग या PPT के रूप में व्यक्त करते हैं। लवणता समुद्री जल का महत्त्वपूर्ण गुण है। 24% की लवणता को खारे जल को सीमांकित करने की उच्च सीमा माना गया है।

निम्नलिखित सारणी में हम प्रति किलोग्राम समुद्री जल में घुले हुए नमक/लवण (ग्राम में) की मात्रा देख सकते हैं–

सारणी—प्रति किलोग्राम समुद्री जल में घुले हुए लवण/नमक का ग्राम

क्लोरीन	18.97
सोडियम	10.47
सल्फेट	2.65
मैग्निशियम	1.28
कैल्सियम	0.41
पोटैशियम	0.38
बाईकार्बोनेट	0.14
ब्रोमीन	0.06
बोरेट	0.02
स्ट्रांटियम	0.01

उच्चतम लवण वाले क्षेत्रों में मृत सागर ($238°/_{00}$) टर्की की वॉन झील ($330°/_{00}$) तथा ग्रेट साल्ट झील ($220°/_{00}$) सम्मिलित है।

महासागरीय लवणता को प्रभावित करने वाले कारक

महासागरीय लवणता को प्रभावित करने वाले कारकों में निम्नलिखित कारक सर्व प्रमुख है–

(1) महासागरीय सतह पर होने वाला वाष्पीकरण एवं वर्षण

(2) तटीय क्षेत्रों में सतह के जल की लवणता नदियों द्वारा लाए गए ताजे जल के द्वारा और ध्रुवीय क्षेत्रों में बर्फ के जमने और पिघलने की क्रिया से सर्वाधिक प्रभावित होती है।

(3) पवन/वायु भी जल को एक क्षेत्र से दूसरे क्षेत्र में स्थानान्तरित करके लवणता को प्रभावित करती है।

(4) महासागरीय धाराएं भी लवणता में भिन्नता उत्पन्न करने में योगदान देती हैं। जल की लवणता, तापमान और घनत्व आपस में सम्बन्धित होते हैं। ऐसी स्थिति में तापमान अथवा घनत्व में किसी भी प्रकार का बदलाव सम्बन्धित क्षेत्र की लवणता को प्रभावित करता है।

महासागरीय लवणता : क्षैतिज वितरण

खुले महासागरों की लवणता $33^{\circ}/_{00}$ से $37^{\circ}/_{00}$ के मध्य मिलती है जबकि चारों ओर से स्थल से घिरे लाल सागर की लवणता $41^{\circ}/_{00}$ तक मिलती है। गर्म एवं शुष्क क्षेत्रों में जहां वाष्पीकरण दर उच्च मिलती है, लवणता $70^{\circ}/_{00}$ तक हो जाती है।

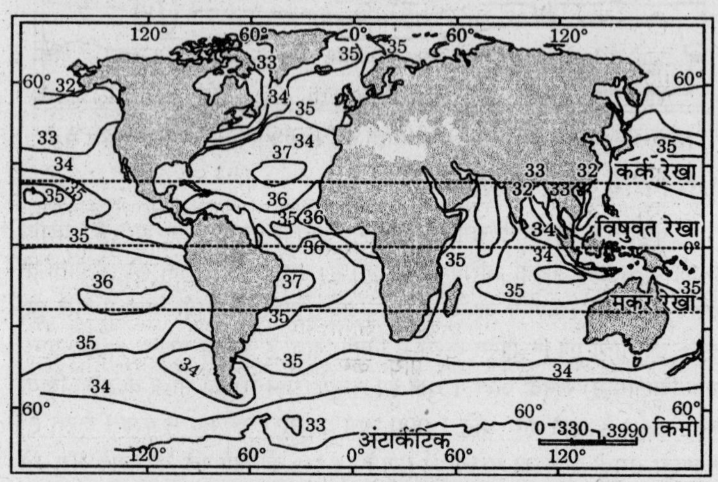

चित्र–महासागरों में लवणता का क्षैतिज वितरण

प्रशान्त महासागर में मिलने वाली लवणता की भिन्नता प्रमुख रूप से इसके आकार तथा वृहत् विस्तार के कारण हैं। उत्तरी गोलार्द्ध के पश्चिमी भागों में आर्कटिक क्षेत्र का पिघला जल पर्याप्त मात्रा में पहुंचता है, इस कारण यहां के सागरीय भागों की लवणता $35^{\circ}/_{00}$ से घटकर $31^{\circ}/_{00}$ हो जाती है। इसी प्रकार दक्षिणी गोलार्द्ध में 15° से 20° अक्षांशों के बाद सागरीय जल की लवणता $33^{\circ}/_{00}$ तक घट जाती है।

अटलांटिक महासागर की औसत लवणता लगभग $36^{\circ}/_{00}$ मिलती है। अधिकतम लवणता 20° से उत्तर 30° उत्तर तथा 20° पश्चिम से 60° पश्चिम के मध्य रहती है।

बाल्टिक सागर में नदियों का पानी मिलते रहने के कारण कम लवणता पाई जाती है। भूमध्य सागर की उच्च लवणता उच्च वाष्पीकरण के कारण तथा काले सागर की कम लवणता नदियों द्वारा इस सागर में डाले जाने वाले पर्याप्त स्वच्छ जल के कारण होती है।

हिन्द महासागर की औसत लवणता $35^{\circ}/_{00}$ है। अरब सागर में स्वच्छ जल की कम प्राप्ति तथा उच्च वाष्पीकरण होने के कारण लवणता अधिक रहती है।

महासागरीय लवणता: ऊर्ध्वाधर वितरण

गहराई के साथ–साथ लवणता में बदलाव आता है, किन्तु इसमें परिवर्तन समुद्र की स्थिति पर निर्भर करता है। सतह की लवणता जल के बर्फ अथवा वाष्प के रूप में परिवर्तित हो जाने के कारण बढ़ जाती है या ताजे जल के मिल जाने से घटती है, जैसा कि नदियों के द्वारा होता है। गहराई में लवणता लगभग नियत होती है, क्योंकि वहां किसी प्रकार से पानी का 'ह्रास' या नमक की मात्रा में 'वृद्धि' नहीं होती। महासागरों के सतही क्षेत्रों तथा गहरे क्षेत्रों के मध्य लवणता में अन्तर स्पष्ट होता है। कम लवणता वाला जल उच्च लवणता व घनत्व वाले जल के ऊपर स्थित होता है। लवणता सामान्यतया गहराई के साथ बढ़ती है तथा एक स्पष्ट क्षेत्र, जिसे हैलोक्लाईन कहा जाता है, में यह तेजी से बढ़ती है। लवणता समुद्री जल के घनत्व को प्रभावित करती है और महासागरीय जल के स्तरीकरण को भी प्रभावित करती है। यदि अन्य कारक स्थिर रहें तो समुद्री जल की बढ़ती लवणता उसके घनत्व को बढ़ाती है। उच्च लवणता वाला समुद्री जल, सामान्यतया कम लवणता वाले जल के नीचे बैठ जाता है। इससे लवणता का स्तरीकरण हो जाता है।

यह भी जानिए

पृथ्वी को नीला ग्रह करने का कारण

पृथ्वी को जल ग्रह अथवा नीला ग्रह भी कहा जाता है, क्योंकि इसके धरातल पर जल का बाहुल्य है। पृथ्वी के धरातल का 71 प्रतिशत भाग जल से आच्छादित है। उत्तरी गोलार्द्ध के कुल क्षेत्रफल के 60.7 प्रतिशत भाग पर तथा दक्षिणी गोलार्द्ध के 80.9 प्रतिशत भाग पर जल है। यदि हम पृथ्वी के केवल जलीय धरातल को ध्यान में रखें तो इसका 43 प्रतिशत उत्तरी गोलार्द्ध में तथा 57 प्रतिशत दक्षिणी गोलार्द्ध में स्थित है।

गभीर सागरीय मैदान तथा महासागरीय गर्त में अंतर

गभीर सागरीय मैदान–यह महासागरीय बेसिनों के मंद ढाल वाले क्षेत्र होते हैं। यह विश्व के सबसे चिकने तथा सपाट भाग होते हैं। इन मैदानी भागों पर महीन कणों वाले अवसाद निक्षेपित होते हैं।

महासागरीय गर्त–महासागरों के सबसे गहरे भाग महासागरीय गर्त कहलाते हैं। गर्तों का सम्बन्ध प्रायः सक्रिय ज्वालामुखी तथा प्रबल भूकम्प वाले क्षेत्रों से होता है। वर्तमान में महासागरीय तली पर 57 गर्तों की खोज की जा चुकी है।

समुद्री टीले एवं सपाट जलमग्न कैनियन में अंतर

समुद्री टीले–समुद्री टीलों की ऊंचाई 3000 से 4500 मीटर के मध्य हो सकती है। प्रशान्त महासागर में एम्पेरर नामक समुद्री टीला इसका उत्तम उदाहरण है।

सपाट जलमग्न कैनियन–ये सागरीय तली पर मिलने वाली गहरी घाटियां हैं कैनियन बड़ी नदियों के मुहाने से आगे की ओर विस्तृत होकर महाद्वीपीय शेल्फ व ढालों को आर–पार काटती दिखाई पड़ती हैं विश्व की सबसे प्रसिद्ध कैनियन, हडसन कैनियन है।

निमग्नद्वीप तथा प्रवाल द्वीप में अंतर

निमग्न द्वीप–यह चपटे शिखर वाले समुद्री टीले होते हैं। सर्वाधिक निमग्न द्वीप प्रशान्त महासागर में मिलते हैं।

प्रवाल द्वीप–ये उष्ण कटिबन्धीय महासागरों में मिलने वाले प्रवाल भित्तियां से युक्त छोटे आकार के द्वीप हैं जो कि गहरे अवनमन को चारों ओर से घेरे हुए होते हैं।

क्र. सं.	महाद्वीपीय मग्न तट (Continental Shelf)	महाद्वीपीय ढाल (Continental Slope)
1.	महाद्वीपों के चारों ओर जल–मग्न चबूतरों को महाद्वीपीय मग्न तट कहते हैं।	महाद्वीपीय मग्न तट से महासागरों की ओर के ढाल को महाद्वीपीय ढाल कहते हैं।
2.	इसकी औसत गहराई 200 मीटर होती है।	इसकी औसत गहराई 200 मीटर से 3000 मीटर तक होती है।
3.	समस्त महासागरों के 7.5 प्रतिशत भाग पर इसका विस्तार है।	समस्त महासागरों के 8.5 प्रतिशत भाग पर इसका विस्तार है।
4.	इसका औसत ढाल 1° से कम है।	इसका औस्त ढाल 2° से 5° है।

स्मरणीय बिन्दु

- धरातल पर जल की विशाल मात्रा उपलब्ध होने के कारण इसे 'नीला ग्रह' भी कहते हैं। जल एक चक्र के रूप में महासागर से धरातल पर तथा धरातल से महासागर तक पहुंचता है।
- महासागरीय अध:स्तल को निम्नलिखित चार भागों में विभक्त किया गया है–
  (क) **महाद्वीपीय शेल्फ**–प्रत्येक महाद्वीप का विस्तृत सीमान्त जो उथले सागरों और खाड़ियों से घिरा होता है।
  (ख) **महाद्वीपीय ढाल**–महासागरीय बेसिनों और महाद्वीपीय शेल्फ को जोड़ने वाला महासागरीय अध:स्थल।
  (ग) **गभीर सागरीय मैदान**–3000 से 6000 मीटर के मध्य गहराई वाले महासागरीय बेसिन।
  (घ) **महासागरीय गर्त**–महासागरों के सबसे गहरे संकीर्ण बेसिन।
- मध्य महासागरीय कटक, समुद्री टीला, सबसे सपाट जलमग्न, कैनियन, निमग्न द्वीप और प्रवाल द्वीप महासागरीय अध:स्तल की अन्य लघु आकृतियां हैं।
- स्थल की तुलना में महासागरीयजल के गर्म और ठण्डा होने की प्रक्रिया धीमी होती है। महासागरीय जल के तापमान को प्रभावित करने वाले कारकों में अक्षांशीय स्थिति, स्थाल और जल का असमान वितरण, सनातनी पवनें तथा महासागरीय धाराएं सर्वप्रमुख हैं।
- महासागरीय जल का तापमान गहराई बढ़ने पर क्रमश: कम होता जाता है। सतही जल और गहरी परतों के बीच में स्थित एक सीमा क्षेत्र जहां तापमान में तेजी से गिरावट आती है, ताप प्रवणता या थर्मोक्लाईन कहा जाता है।
- महासागरीय जल के कुल आयतन का लगभग 90 प्रतिशत भाग ताप प्रवणता क्षेत्र के नीचे मिलता है।
- महासागरीय सतह के जल का औसत तापमान 27° सेन्टीग्रड तथा यह भूमध्य रेखा से ध्रुवों की ओर क्रमिक ढंग से कम होता जाता है।
- प्रति 1000 ग्राम सागरीय जल में घुले हुए नमक (ग्राम में) की मात्रा को महासागरीय जल की लवणता कहा जाता है, इसे प्राय: प्रति 1000 भाग ($^{o}/_{oo}$) या PPT के रूप में व्यक्त किया जाता है।
- खुले सागरों के जल की लवणता सामान्यत: 33$^{o}/_{oo}$ से 37$^{o}/_{oo}$ के बीच रहती है। गर्म और शुष्क क्षेत्रों में लवणता 70$^{o}/_{oo}$ तक मिलती है जबकि उत्तरी गोलार्द्ध के पश्चिमी भागों में सागरीय जल की लवणता 31$^{o}/_{oo}$ के आसपास रहती है।
- प्रशांत महासागर की लवणता में भिन्नता बहुत अधिक क्षेत्रीय विस्तार के कारण पाया जाती है। अटलांटिक महासागर में औसत लवणता 36$^{o}/_{oo}$ और हिन्द महासागर में औसत लवणता 35$^{o}/_{oo}$ के लगभग है।
- महासागरीय जल की लवणता सामान्यत: गहराई के साथ बढ़ती है। उच्च लवणता वाला जल प्रायः कम लवणता वाले जल के नीचे बैठ जाता है।

एन.सी.ई.आर.टी. पाठ्यपुस्तक भूगोल के प्रश्न (हल सहित)

बहुविकल्पीय प्रश्न

(i) उस तत्व की पहचान करें जो जलीय चक्र का भाग नहीं है–
(क) वाष्पीकरण (ख) वर्षण
(ग) जलयोजन (घ) संघनन

(ii) महाद्वीपीय ढाल की औसत गहराई निम्नलिखित के बीच होती है–
(क) 2-20 मीटर (ख) 20-200 मीटर
(ग) 200-2,000 मीटर (घ) 2,000-2,0000 मीटर

(iii) निम्नलिखित में से कौन–सी लघु उच्चावच आकृति महासागरों में नहीं पाई जाती है?
(क) समुद्री टीला (ख) महासागरीय गभीर
(ग) प्रवाल द्वीप (घ) निमग्न द्वीप

(iv) लवणता के प्रति समुद्री जल में घुले हुए नमक (ग्राम) की मात्रा से व्यक्त किया जाता है–
(क) 10 ग्राम (ख) 100 ग्राम
(ग) 1,000 ग्राम (घ) 10,000 ग्राम

(v) निम्न में से कौन–सा सबसे छोटा महासागर है?
(क) हिन्द महासागर (ख) अटलांटिक महासागर
(ग) आर्कटिक महासागर (घ) प्रशान्त महासागर

उत्तर–(i) ग, (ii) ग, (iii) ख, (iv) ग, (v) ग।

निम्नलिखित प्रश्नों के उत्तर लगभग 30 शब्दों में दीजिए–

(i) हम पृथ्वी को नीला ग्रह क्यों कहते हैं?
उत्तर–पृथ्वी पर जल की प्रचुर आपूर्ति मिलती है तथा ऊपर से देखने पर पृथ्वी एक नीले रंग के आकाशीय पिण्ड के रूप में दिखायी देती है। इसीलिए इसे नीला ग्रह कहते हैं।

(ii) महासागरीय सीमान्त क्या होता है?
उत्तर–महासागरीय सीमान्त महासागर का सबसे उथला भाग होता है। इसकी औसत प्रवणता 1 डिग्री या उससे कम होती है।

(iii) विभिन्न महासागरों के सबसे गहरे गर्तों की सूची बनाइए।
उत्तर– **गहरे गर्तों की सूची**

क्र. सं.	गर्तों के नाम	स्थिति	अधिकतम गहराई (फैदम में)
1.	चैलिन्जर	उत्तरी प्रशान्त महासागर	5,269
2.	आल्डरिच या टोंगा	मध्यवर्ती दक्षिणी प्रशान्त महासागर	5,022
3.	फिलीपाइन	उत्तरी–पश्चिमी प्रशान्त महासागर	4,767
4.	पोर्टोरिको	पश्चिमी द्वीप समूह के सागरीय भाग	4,662
5.	टस्कारोरा	जापान का सीमावर्ती सागरीय भाग	4,655
6.	तिजार्ड	दक्षिणी अटलांटिक महासागर	4,030
7.	सुण्डा	पूर्वी हिन्द महासागर	3,828
8.	मुरे	मध्यवर्ती उत्तरी प्रशान्त महासागर	3,540

(iv) ताप प्रवणता क्या है?
उत्तर–महासागर के सतही जल एवं गहरी परतों के मध्य स्थित सीमा। ये ऐसा सीमा–क्षेत्र होता है जहां तापमानों में तीव्र गिरावट आती है। इसे ताप प्रवणता या थर्मोक्लाईन के नाम से जाना जाता है।

(v) समुद्र में नीचे जाने पर आप ताप की किन परतों का सामना करेंगे? गहराई के साथ तापमान में भिन्नता क्यों आती है?

उत्तर–समुद्र में नीचे जाने पर सामान्यतः निम्नलिखित तीन परतें मिलती हैं–

(क) **ऊपरी गर्म परत**–लगभग 20° से 25° से तापमान रखने वाली परत।

(ख) **ताप प्रवणता परत**–इसमें गहराई बढ़ने पर तापमान में तीव्र गिरावट आती है।

(ग) **ठण्डी निचली परत**–सबसे नीचे मिलने वाली परत जिसमें गहराई के साथ तापमान में बहुत कम परिवर्तन होता है।

महासागरों की ऊपरी परत सूर्य की ऊष्मा को प्रत्यक्ष रूप से प्राप्त करती है। यह ऊष्मा महासागरों के निचले भागों में संवहन द्वारा स्थानांतरित होती रहती है। इसी कारण गहराई के साथ तापमान में भिन्नता आने लगती है।

(vi) समुद्री जल की लवणता क्या है?

उत्तर–लवणता वह शब्द है जिसका उपयोग समुद्री जल में घुले हुए नमक की मात्रा को निर्धारित करने में किया जाता है। लवणता की गणना 1000 ग्राम सागरीय जल में घुले हुए नमक (ग्राम में) की मात्रा के द्वारा किया जाता है।

निम्नलिखित प्रश्नों के उत्तरी लगभग 150 शब्दों में दीजिए–

(i) जलीय चक्र के विभिन्न तत्व किस प्रकार अन्तर सम्बधित है?

उत्तर–जलीय चक्र पृथ्वी के जलमण्डल में विभिन्न रूपों अर्थात् गैस, द्रव तथा ठोस से होकर गुजरता है। जलीय चक्र का सम्बन्ध महासागरों वायुमण्डल, भूपटल, अधःस्तल तथा जीवधारियों के मध्य जल के आदान–प्रदान से भी होता है।

नीचे दी गई तालिका में पृथ्वी के धरातल पर जल के वितरण को प्रदर्शित किया गया है–

जलाशय	आयतन (दस लाख घन किमी.)	कुल का प्रतिशत
महासागर	1,370	97.25
हिमानियां एवं हिम टोपी	29	2.05
भूमिगत जल	9.5	0.68
झीलें	0.125	0.01
मृद्रा में नमी	0.065	0.005
वायुमण्डल	0.013	0.001
नदी–नाले	0.0017	0.0001
जैवमण्डल	0.0006	0.00004

उक्त तालिका से स्पष्ट है कि पृथ्वी पर मिलने वाले जल का लगभग 97 प्रतिशत भाग महासागरों में निहित है जबकि शेष लगभग 3 प्रतिशत ताजे जल के रूप में हिमानियां, हिमटोपी भूमिगत जल, झीलों आदि में मिलता है।

जलीय चक्र के विभिन्न तत्वों तथा उससे अन्तर्सम्बन्धित प्रक्रियाओं को हम निम्नलिखित तरह से स्पष्ट कर सकते हैं–

तत्व	प्रक्रियाएं
महासागरों में संग्रहीत जल	वाष्पीकरण, वाष्पोत्सर्जन, उर्ध्वपातन
वायुमण्डल में जल	संघनन, वर्षण
हिम एवं बर्फ में पानी का संग्रहण	हिम पिघलने पर नदी–नालों के रूप में बहना
धरातलीय जल बहाव	जलधारा के रूप में, ताजा जल संग्रहण व जल रिसाव
भौम जल संग्रहण	भौम जल का विसर्जन, झरनें।

(ii) महासागरों के तापमान वितरण को प्रभावित करने वाले कारकों का परीक्षण कीजिए।

उत्तर–महासागरीय जल के तापमान वितरण को प्रभावित करने वाले कारकों में निम्नलिखित चार कारक उल्लेखनीय हैं–

(क) **अक्षांशीय स्थिति**–महासागरों के सतही जल का तापमान विषुवत् वृत्त से ध्रुवों की ओर घटता चला जाता है।

(ख) **स्थल व जल का असमान वितरण**–उत्तरी गोलार्द्ध के महासागर स्थल के बड़े भाग से जुड़े होने के कारण दक्षिणी गोलार्द्ध की तुलना में अधिक ऊष्मा प्राप्त करते हैं।

(ग) **सनातन पवनें**–जब पवनें स्थल से महासागरों की ओर चलती है तो ये पवने महासागरों के सतही गर्म जल को तट से दूर ले जाती हैं। दूसरी ओर सागरों से स्थल की ओर प्रवाहित पवनें गर्म जल को तट पर जमा कर देती हैं जिससे तटीय भागों का तापमान बढ़ जाता है।

(घ) **महासागरीय धाराएं**–गर्म महासागरीय धाराएं जब ठण्डे क्षेत्रों में प्रवाहित होती हैं तो वहां के तापमान को बढ़ा देती है जबकि ठण्डी महासागरीय धाराएं जब गर्म क्षेत्रों में प्रवाहित होती है तो वहां का तापमान कम हो जाता है।

अभ्यासार्थ प्रश्न

बहुविकल्पीय प्रश्न

1. निम्न में से कौन–सा ग्रह नीला ग्रह कहलाता है?

(अ) बुध (ब) शुक्र

(स) पृथ्वी (द) मंगल

2. महासागरों में संग्रहीत जल में प्रक्रियाएं होती हैं–

(अ) वाष्पीकरण की (ब) वाष्पोत्सर्जन की

(स) ऊर्ध्वपातन की (द) ये सभी

3. एम्पेरर है–

(अ) महासागरीय गर्त (ब) समुद्री टीला

(स) निमग्न द्वीप (द) प्रवाल द्वीप

4. थर्मोक्लाइन क्षेत्र में तापमान में–

(अ) तीव्र गिरावट आती है (ब) तीव्र वृद्धि होती है

(स) धीमी गिरावट आती है (द) धीमी वृद्धि होती है

5. उच्चतम लवणता पायी जाती है–

(अ) केस्पियन सागर में (ब) मृतक सागर में

(स) वॉन झील में (द) ग्रेट साल्ट झील में

[**उत्तर**–1. (स), 2. (द), 3. (ब), 4. (अ), 5. (स)।]

अति लघु उत्तरीय प्रश्न

1. हमारे सौरमण्डल का सर्वाधिक विशिष्ट/दुर्लभ पदार्थ क्या है?

उत्तर–सौरमण्डल का सर्वाधिक विशिष्ट/दुर्लभ पदार्थ जल है।

2. जलीय चक्र किन–किन रूपों का परिसंचरण है?
उत्तर–जलीय चक्र पृथ्वी के जलमण्डल में विभिन्न रूपों यथा गैस, तरल व ठोस में जल का परिसंचरण है।
3. महासागरीय अध:स्तल को कितने भागों में विभक्त किया जा सकता है?
उत्तर–(i) महाद्वीपीय शेल्फ, (ii) महाद्वीपीय ढाल, (iii) गहरे समुद्री मैदान, (iv) महासागरीय गभीर।
4. विश्व के सबसे बड़े महाद्वीपीय शेल्फ का नामोल्लेख कीजिए।
उत्तर–साइबेरियन शेल्फ।
5. महाद्वीपीय ढाल को स्पष्ट करें।
उत्तर–महासागरीय बेसिनों एवं महाद्वीपीय शेल्फ को जोड़ने वाली सीमा महाद्वीपीय ढाल कहलाती है।
6. गभीर सागरीय मैदान को स्पष्ट करें।
उत्तर–महासागरीय बेसिनों के मंद ढालों वाले क्षेत्र गभीर सागरीय मैदान कहलाते हैं।
7. सागरीय मैदान की गहराई कितनी होती है?
उत्तर–3000 से 6000 मीटर के बीच।
8. सर्वाधिक महासागरीय गर्त किस महासागर में हैं?
उत्तर–प्रशान्त महासागर में।
9. समुद्री टीला का एक उदाहरण प्रस्तुत कीजिए।
उत्तर–एम्पेरर समुद्री टीला।
10. जलमग्न कैनियन का एक उदाहरण प्रस्तुत कीजिए।
उत्तर–हडसन कैनियन।
11. महासागरीय जल के तापमान के वितरण को प्रभावित करने वाले किन्हीं दो कारकों के नामोल्लेख कीजिए।
उत्तर–(i) अक्षांश, (ii) स्थल एवं जल का असमान वितरण।
12. महासागरों की सतह के जल का औसत तापमान क्या है ?
उत्तर–लगभग 27° सेल्सियस।
13. अटलांटिक महासागर की औसत लवणता बताइए।
उत्तर–अटलांटिक महासागर की औसत लवणता लगभग 36% है।
14. लवणता को स्पष्ट करें।
उत्तर–समुद्री जल में घुले नमक की मात्रा लवणता कहलाती है।
15. संसार में उच्चतम लवणता वाले किन्हीं तीन क्षेत्रों का नामोल्लेख करें।
उत्तर–(i) मृत सागर, (ii) वॉन झील, (iii) ग्रेट साल्ट झील।

लघु उत्तरीय प्रश्न

1. जल चक्र के कारकों तथा उनकी प्रक्रियाओं का उल्लेख कीजिए।
2. महासागरीय तली के ऊबड़–खाबड़ होने का कारण स्पष्ट करें।
3. महाद्वीपीय ढाल की विशेषताओं का उल्लेख कीजिए।
4. गभीर सागरीय मैदान से आप क्या समझते हैं?
5. मध्य सागरीय कटक का विवरण प्रस्तुत कीजिए।
6. समुद्री टीलों से आप क्या समझते हैं?
7. सपाट जलमग्न कैनियन का विवरण प्रस्तुत कीजिए।
8. निमग्न द्वीप को स्पष्ट करें।
9. प्रवाल द्वीप से आप क्या समझते हैं?
10. महासागरीय जल के तापमान को महासागरीय धाराएं किस प्रकार प्रभावित करती हैं? संक्षेप में लिखिए।
11. अक्षाशीय स्थिति/दशाएं परिवेष्ठित समुद्रों के तापमान को कैसे प्रभावित करती हैं?
12. महाद्वीपीय शेल्फ को स्पष्ट करते हुए इसकी विशेषताओं का उल्लेख कीजिए।
13. गभीर सागरीय मैदान एवं महासागरीय गर्त में भेद कीजिए।
14. समुद्री टीले और सपाट जलमग्न कैनियन में अन्तर प्रस्तुत कीजिए।
15. निमग्न द्वीप एवं प्रवाल द्वीप में तुलना/अन्तर/भेद कीजिए।
16. महाद्वीपीय मग्न तट एवं महाद्वीपीय ढाल में अन्तर कीजिए।
17. महासागरीय लवणता को प्रभावित करने वाले कारकों का विवरण प्रस्तुत कीजिए।
18. महासागरीय जल में लवणता के ऊर्ध्वाधर वितरण को स्पष्ट कीजिए।

विस्तृत उत्तरीय प्रश्न

1. महासागरीय अधस्तल को मुख्य हिस्सों में विभक्त करते हुए उनकी विस्तृत समीक्षा कीजिए।

अथवा

महासागरीय अधस्तल को मुख्यतया कितने भागों में विभक्त किया गया है? प्रत्येक का विवरण प्रस्तुत कीजिए।
2. महासागरीय उच्चावच की लघु आकृतियों का विस्तृत विवरण प्रस्तुत कीजिए।
3. महासागरीय जल के तापमान का क्षैतिज व ऊर्ध्वाधर वितरण प्रस्तुत कीजिए।
4. महासागरीय जल की लवणता को स्पष्ट करते हुए इसके क्षैतिज वितरण को स्पष्ट कीजिए।

अथवा

महासागर की 'जल लवणता' क्या है? विभिन्न महासागरों में इसके क्षैतिज वितरण को समझाइए।

14 महासागरीय जल संचलन

महासागरीय जल : संचलन से सम्बन्धित महत्वपूर्ण पहलू

महासागर का जल स्थिर न होकर गतिमान होता है। इसकी भौतिक विशेषताएं; यथा—तापमान, खारापन एवं घनत्व और बाह्य बल; जैसे—सूर्य, चन्द्रमा एवं वायु अपने विशेष प्रभाव से महासागर के जल को संचलित करते हैं अथवा गति प्रदान करते हैं।

महासागर के जल में क्षैतिज एवं ऊर्ध्वाधर दोनों प्रकार की गतियां विद्यमान होती हैं। महासागरीय धाराएं तथा लहरें क्षैतिज गति से सम्बद्ध हैं जबकि ज्वारभाटा उर्ध्वाधर गति से सम्बन्धित है।

महासागरीय धाराएं एक निश्चित दिशा में बहुत बड़ी मात्रा में जल का निरन्तर बहाव है जबकि तरंगें जल की क्षैतिज गति हैं। धाराओं में जल एक जगह से दूसरी जगह पहुंचता है। तरंगों में जल गति तो नहीं करता किन्तु तरंग के आगे बढ़ने का क्रम अनवरत बना रहता है।

ऊर्ध्वाधर गति महासागरों एवं समुद्रों में जल ऊपर उठने एवं नीचे गिरने से जुड़ी हुई है। सूर्य और चन्द्रमा के आकर्षण के कारण महासागर का जल एक दिन में दो बार ऊपर उठता एवं गिरता है।

अधःस्तल से शीतल जल का उत्प्रवाह और अवप्रवाह महासागरीय जल के ऊर्ध्वाधर गति के प्रकार हैं।

तरंगें

वायु के निरन्तर प्रवाह और अन्य शक्तियों के कारण कभी सागरीय जल आगे बढ़ता है तो कभी पीछे लौटता है। वह नदी के जल की तरह अपना स्थान नहीं छोड़ता बल्कि सागरीय जल के आगे बढ़ने तथा पीछे लौटने में सागरीय जल के कण अपने ही स्थान पर वृत्ताकार रूप में संचलन करते हैं। सागरीय जल के क्रमिक रूप से गिरने या उठने को तरंग कहा जाता है।

तरंगों की गति—वायु प्रवाह के कारण तरंगें महासागर में गति करती हैं। जैसे ही एक तरंग महासागरीय तट पर पहुंचती है, तरंग की गति कम हो जाती है। सागरीय तट पर तरंग उस समय टूटती है जब जल की गहराई तरंग के तरंगदैर्ध्य के आधे से कम रह जाती है।

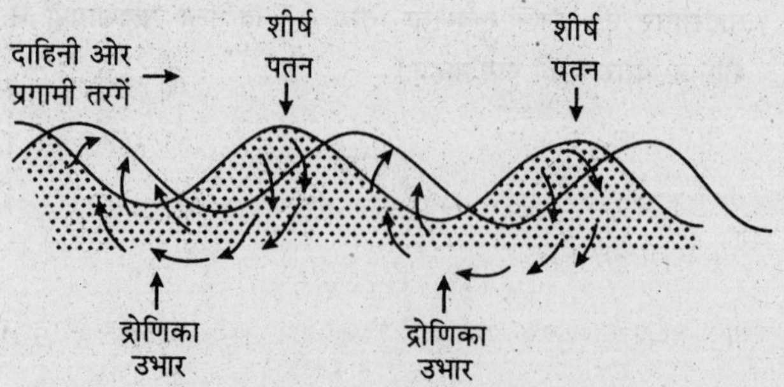

चित्र : तरंगों की गति एवं जलीय–अणु

तरंगें जैसे–जैसे आगे बढ़ती जाती हैं, तो वे बड़ी होती जाती हैं और वायु से ऊर्जा का अवशोषण करती जाती हैं। जब दो नॉट या उससे कम गति वाली वायु शान्त जल पर प्रवाहित होती है, तब छोटी–छोटी **उर्मिकाओं** (Ripples) का निर्माण होता है। वायु की गति बढ़ने पर उर्मिकाओं का आकार उस समय तक बढ़ता जाता है, जब तक इनके टूटने से सफेद बुलबुले नहीं बन जाते। तरंगें तट के समीप पहुंचने, टूटने एवं सफेद बुलबुलों में सर्फ की भांति घुलने से पूर्व हजारों किमी. की लम्बी यात्रा तय कर चुकी होती हैं।

तरंग का आकार व आकृति—युवा तरंगें अपेक्षाकृत अधिक ढाल वाली होती हैं और सामान्यतः स्थानीय वायु के कारण निर्मित होती हैं। कम व नियमित गति करने वाली तरंगों की उत्पत्ति दूरस्थ स्थानों पर होती हैं। तरंग में जल कण अपना स्थान स्थायी रूप से नहीं छोड़ते बल्कि वे अपनी सामान्य स्थिति से ऊपर व नीचे वृत्ताकार रूप में कम्पन करते रहते हैं। तरंगों के नीचे जल की गति वृत्ताकार होती है। आती हुई तरंग पर वस्तुओं का वहन आगे तथा ऊपर की ओर होता है जबकि लौटती तरंग पर नीचे तथा पीछे की ओर।

वायु प्रवाह व दबाव के प्रभाव से सागरीय जल के कण लगातार कम्पन करते रहते हैं जिसके कारण सागरीय भागों में लगातार विक्षोभ उत्पन्न होते रहते हैं। इन विक्षोभों को प्रगामी तरंगें या प्रगामी वायु तरंगें कहा जाता है। सागरीय जल में तरंग का जब जन्म होता है तो तरंग का कुछ भाग उठा दिखाई देता है तथा कुछ नीचे दबा रहता है। तरंग का ऊपर उठा भाग शिखर (Crest) तथा नीचे दबा भाग द्रोणी (Trough) कहलाता है।

तरंगें : महत्वपूर्ण तथ्य—

(i) **तरंग शिखर एवं गर्त** (Wave crest and trough)—एक तरंग के उच्चतम और निम्नतम बिन्दुओं को क्रमशः शिखर तथा गर्त कहा जाता है।

(ii) **तरंग की ऊंचाई** (Wave height)—यह एक तरंग के गर्त के अधःस्थल से शिखर के ऊपरी भाग तक की ऊर्ध्वाधर दूरी है।

(iii) **तरंग आयाम** (Amplitude)—यह तरंग की ऊंचाई का आधा होता है।

(iv) **तरंग काल** (Wave period)—तरंग काल एक निश्चित बिन्दु से गुजरने वाले दो लगातार तरंग शिखरों अथवा गर्तों के मध्य का समय अन्तराल है।

(v) **तरंगदैर्ध्य** (Wavelength)—यह दो लगातार शिखरों अथवा गर्तों के मध्य की क्षैतिज दूरी है।

(vi) **तरंग गति** (Wave speed)—जल के माध्यम से तरंग के गति करने की दर को तरंग गति कहते हैं। इसे नॉट में मापा जाता है।

(vii) **तरंग आवृत्ति** (Wave frequency)—यह एक सेकेंड के समय अन्तराल में दिए गए बिन्दु से गुजरने वाली तरंगों की संख्या है।

ज्वार-भाटा

चन्द्रमा तथा सूर्य के आकर्षण के कारण दिन में एक बार अथवा दो बार सागरीय तल के नियतकालिक रूप में उठने और गिरने को ज्वार–भाटा कहते हैं।

वायु तथा वायुमण्डलीय दाब में परिवर्तन के कारण जल की गति को महोर्मि (Surge) कहते हैं। महोर्मि ज्वार–भाटा की भांति नियमित नहीं होते। इस प्रकार सागरीय तल का उठना और गिरना ज्वार–भाटा के साथ–साथ महोर्मि के कारण घटित घटना है।

ज्वार–भाटा की प्रक्रिया को निम्नलिखित तीन बिन्दुओं के अन्तर्गत समझा जा सकता है—

(1) गुरुत्वाकर्षण बल और अपकेन्द्रीय बल के अन्तर के कारण उत्पन्न ज्वार–भाटा

(2) आवृत्ति पर आधारित ज्वार–भाटा

(3) सूर्य, चन्द्रमा और पृथ्वी की स्थिति पर आधारित ज्वार–भाटा

उपर्युक्त का क्रमशः विवरण निम्नलिखित है–

(1) गुरुत्वाकर्षण बल और अपकेन्द्रीय बल के अन्तर के कारण उत्पन्न ज्वार–भाटा–

गुरुत्वाकर्षण बल–इस बल के कारण ब्रह्माण्ड में विभिन्न पिण्डों में सन्तुलन बना हुआ है और वे अपनी जगह स्थित हैं। ज्वार–भाटा की उत्पत्ति के सम्बन्ध में गुरुत्वाकर्षण बल की निम्न भूमिका है–

(क) सूर्य एवं चन्द्रमा की गुरुत्वाकर्षण शक्ति का प्रभाव पृथ्वी पर पड़ता है।

(ख) यह बल स्थल की अपेक्षा जल पर अधिक प्रभावशाली रूप में कार्य करता है।

(ग) चन्द्रमा के ठीक सामने वाले भाग पर सर्वाधिक बल काम करता है और यह भाग चन्द्रमा की ओर खिंचने लगता है।

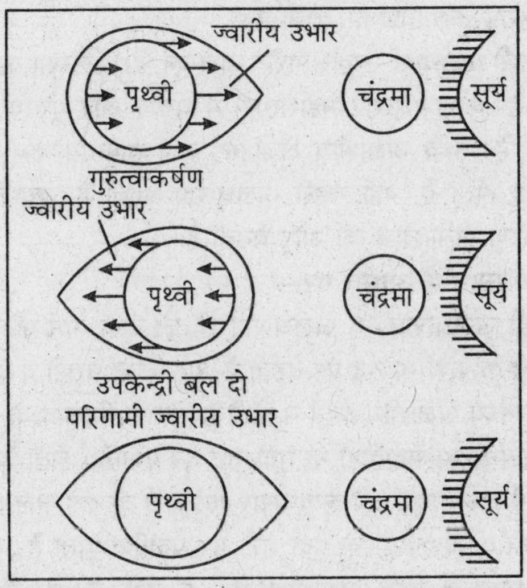

चित्र : गुरुत्वाकर्षण बल तथा ज्वार–भाटा के बीच सम्बन्ध

अपकेन्द्रीय बल–ज्वार की उत्पत्ति के सम्बन्ध में पृथ्वी के अपकेन्द्रीय बल की निम्नांकित भूमिका होती है–

(i) पृथ्वी के प्रत्येक भाग में अपकेन्द्रीय बल पाया जाता है।

(ii) पृथ्वी के केन्द्र पर अपकेन्द्रीय बल तथा चन्द्रमा का आकर्षण समान होता है।

(iii) पृथ्वी के विपरीत भाग में अपकेन्द्रीय बल अधिक होता है। इसलिए दीर्घ ज्वार की उत्पत्ति होती है।

(2) आवृत्ति पर आधारित ज्वार–भाटा–आवृत्ति पर आधारित ज्वार–भाटा निम्नलिखित तीन प्रकार के होते हैं–

(क) **अर्द्ध–दैनिक ज्वार**–प्रत्येक स्थान पर दिन में दो बार आने वाले ज्वार को अर्द्धदैनिक ज्वार–भाटा कहा जाता है। ये ज्वार लगभग समान ऊंचाई के होते हैं।

(ख) **दैनिक ज्वार**–यह ज्वार प्रतिदिन 52 मिनट की देरी से चन्द्रमा के खिसकाव के कारण आता है।

(ग) **मिश्रित ज्वार**–ऐसे ज्वार–भाटा जिनकी ऊंचाई में भिन्नता मिलती है। ये ज्वार प्रमुख रूप से उत्तरी अमेरिका के प्रशान्त तट तथा प्रशान्त महासागरीय द्वीप समूहों पर अनुभव किये जाते हैं।

(3) सूर्य, चन्द्रमा और पृथ्वी की स्थिति पर आधारित ज्वार–भाटा–सूर्य, चन्द्रमा एवं पृथ्वी की सापेक्षिक स्थिति के आधार पर ज्वार–भाटा निम्नलिखित प्रकार के होते हैं–

(क) **दीर्घ या वृहत् ज्वार**–दीर्घ ज्वार अमावस्या और पूर्णिमा के दिन आते हैं। अमावस्या के दिन पृथ्वी, चन्द्रमा और सूर्य एक क्रम में होते हैं अर्थात् चन्द्रमा व सूर्य की स्थिति पृथ्वी के एक ओर होती है। इस स्थिति को 'युति' कहते हैं। इस स्थिति में सूर्य तथा चन्द्रमा की आकर्षण शक्ति सम्मिलित रूप से पृथ्वी पर पड़ती है इसलिए उच्च ज्वार का अनुभव किया जाता है।

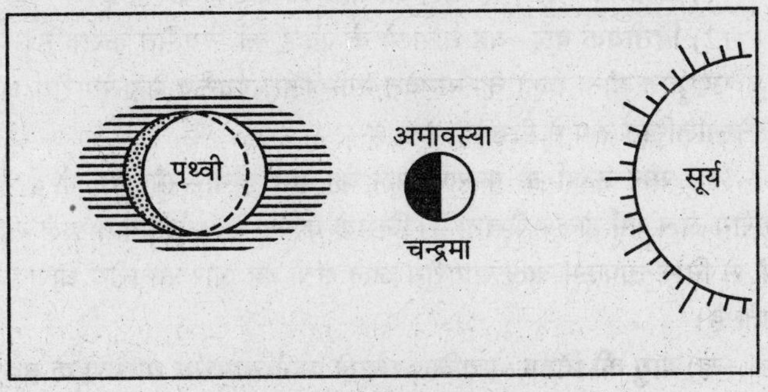

चित्र : अमावस्या का वृहत् ज्वार

पूर्णिमा के दिन पृथ्वी की स्थिति सूर्य और चन्द्रमा के बीच हो जाती है। इस स्थिति को 'वियुति' कहते हैं। चन्द्रमा की आकर्षण शक्ति तथा पृथ्वी की अपकेन्द्रीय शक्ति के कारण उच्च ज्वार आता है। दूसरी ओर सूर्य की आकर्षण शक्ति व पृथ्वी के अपकेन्द्रीय बल के फलस्वरूप वृहत् ज्वार पैदा होता है।

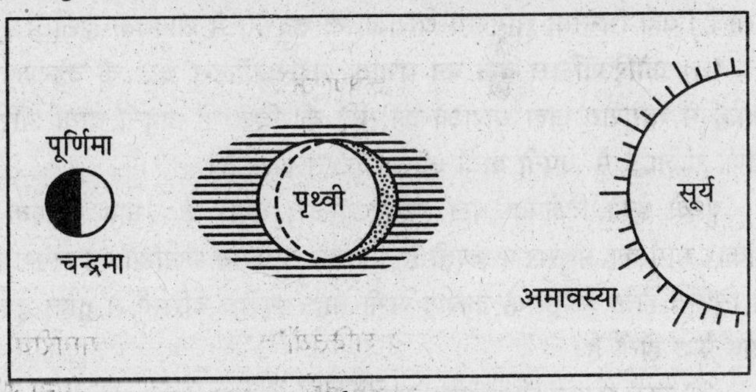

चित्र : पूर्णिमा का वृहत् ज्वार

(ख) **लघु या निम्न ज्वार**–प्रत्येक महीने के शुक्ल पक्ष व कृष्ण पक्ष की सप्तमी और अष्टमी को सूर्य, पृथ्वी तथा चन्द्रमा तीनों समकोणिक स्थिति में होते हैं। जिस कारण सामान्य ज्वार से भी नीचा ज्वार आता है। इसे लघु ज्वार कहते हैं। इस समय भाटा की निम्नता भी सामान्य भाटा से कम होती है।

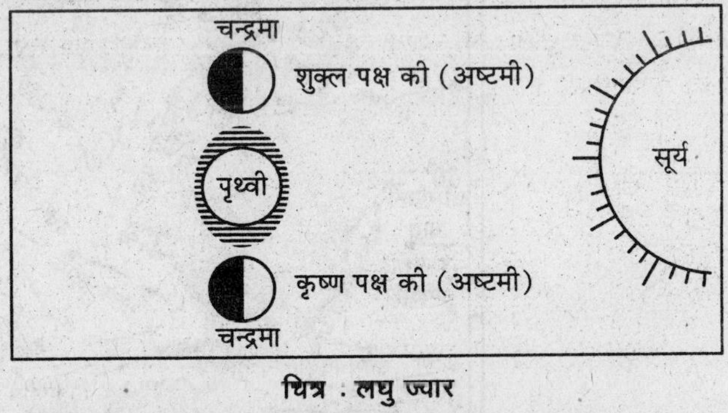

चित्र : लघु ज्वार

ज्वार–भाटा का महत्व–मानव के लिए ज्वार–भाटा का महत्व निम्नलिखित है–

(i) यह नौसंचालकों तथा मछुआरों के कार्यों में मदद करता है।

(ii) ज्वार–भाटा के कारण नदियों के मुहानों तथा बन्दरगाहों के समीप जमे तलछट और कूड़ा–करकट साफ होते रहते हैं।

(iii) वर्तमान समय में तकनीकी विकास के साथ ज्वारीय लहरों से जल विद्युत उत्पादन किया जाने लगा है। भारत में 3 मेगावाट शक्ति का एक विद्युत संयन्त्र पश्चिमी बंगाल राज्य में सुन्दरवन में लगाया जा रहा है।

महासागरीय धाराएं

महासागरों के जल में महासागरीय धाराएं नदी के प्रवाह की भांति होती हैं। ये निश्चित मार्ग एवं दिशा में जल के निश्चित प्रवाह को प्रदर्शित करती हैं। ये धाराएं दो प्रकार के बलों द्वारा प्रभावित होती हैं—

(1) **प्राथमिक बल**—यह जल की गति को प्रारम्भ करता है।

(2) **द्वितीयक बल**—यह धाराओं के प्रवाह को नियमित करता है।

उपर्युक्त दोनों बलों का समवेत/सम्मिलित स्वरूप महासागरीय धाराओं पर निम्नलिखित रूप में दिखायी देता है—

(क) **सौर ऊर्जा के कारण जल का गर्म होना**—सौर ऊर्जा के कारण सागरीय जल गर्म होकर फैलता है। जिसके कारण उच्च तापमान वाले सागरीय क्षेत्रों से निम्न तापक्रम वाले सागरीय जल क्षेत्रों की ओर सागरीय धाराएं चलने लगती हैं।

(ख) **वायु की दिशा**—प्रचलित स्थायी पवनें सागरीय धाराओं के उद्भव में अपनी महत्वपूर्ण भूमिका का निर्वहन करती हैं। जब ये हवाएं सागरीय जल के ऊपर से होकर गुजरती हैं तो उनके घर्षण बल के कारण सागरीय जल भी उनके साथ प्रवाहित होने लगता है।

(ग) **गुरुत्वाकर्षण बल**—गुरुत्वाकर्षण बल के कारण सागरीय जल नीचे की ओर बैठता है, जिससे यह एकत्रित जल दाब प्रवणता में भिन्नता उत्पन्न करता है। यही भिन्नता सागरीय धाराओं के उद्भव में सहायक होती है।

(घ) **कॉरिऑलिस बल का प्रभाव**—कॉरिऑलिस बल के कारण उत्तरी गोलार्द्ध में सागरीय जल धाराओं की गति की दिशा में अपनी दायीं ओर और दक्षिणी गोलार्द्ध में अपनी बायीं ओर प्रवाहित होता है।

पृथ्वी इसी विक्षेपक बल (कॉरिऑलिस बल) के प्रभाव से एक वृहत् वृत्ताकार मार्ग का अनुसरण करती हैं, जिससे सागरीय धाराओं का लगभग बन्द क्रम निर्मित होता है। इनके कारण सभी महासागरीय बेसिनों में वृहत् वृत्ताकार धाराएं पैदा होती हैं।

(ङ) **जल घनत्व में अन्तर**—सागरों की सतह पर हल्का जल तथा गहराई में भारी जल मिलता है, जिससे जल में लम्बवत् गति अथवा धाराओं की उत्पत्ति होती है।

(च) **लवणता**—अधिक लवणता वाले जल का घनत्व अधिक और कम लवणता वाले जल का घनत्व कम होता है। महासागरीय जल के घनत्व में विभिन्नता के कारण भी धाराएं चलती हैं।

महासागरीय धाराओं की पहचान उनके प्रवाह से होती है। सामान्यतः महासागरीय धाराएं सतह के पास सर्वाधिक शक्तिशाली होती हैं। यहां इनकी गति 5 नॉट से भी अधिक होती है। गहराई में जाने पर धाराओं की गति धीमी हो जाती है। यह धीमी गति 0.5 नॉट से भी कम होती है। किसी धारा की गति को उसके वाह (Drift) के रूप में जाना जाता है। वाह को नॉट में मापा जाता है। धारा की शक्ति का सम्बन्ध उसकी गति से होता है।

महासागरीय धाराओं के प्रकार—महासागरीय धाराओं को उनकी गहराई एवं तापमान के आधार पर निम्नलिखित प्रकारों में विभक्त किया गया है—

(क) **गहराई के आधार पर**—

(i) **ऊपरी या सतही जलधारा**—महासागरीय जल का लगभग 10% हिस्सा ऊपरी या सतही जलधारा के अन्तर्गत आता है। ये धाराएं महासागरों में 400 मीटर की गहराई तक विद्यमान होती हैं।

(ii) **गहरी जलधारा**—महासागरीय जल का 90% हिस्सा गहरी जलधारा के रूप में होता है। ये जलधाराएं महासागरों में घनत्व और गुरुत्व की भिन्नता के कारण बहती हैं। उच्च अक्षांशीय क्षेत्रों में, जहां तापमान कम होने के कारण घनत्व अधिक होता है, वहां गहरी जलधाराएं बहती हैं, क्योंकि यहां अधिक घनत्व के कारण पानी नीचे की ओर बैठता है।

(ख) **तापमान के आधार पर**—

(i) **ठंडी जलधाराएं**—ये जलधाराएं शीतल जल, गर्म जल क्षेत्रों में लाती हैं। ये महाद्वीपों के पश्चिमी तट पर बहती हैं। यह क्रिया उत्तरी व दक्षिणी गोलार्द्धों में निम्न तथा मध्य अक्षांशीय क्षेत्रों में होती हैं। उत्तरी गोलार्द्ध के उच्च अक्षांशीय क्षेत्रों में ये जलधाराएं महाद्वीपों के पूर्वी तट पर प्रवाहित होती हैं।

(ii) **गर्म जलधाराएं**—ये जलधाराएं गर्म जल को ठंडे जल क्षेत्रों में पहुंचाती हैं। ये सामान्यतया महाद्वीपों के पूर्वी तटों पर प्रवाहित होती हैं। यह क्रिया दोनों गोलार्द्धों के निम्न व मध्य अक्षांशीय क्षेत्रों में होती हैं। उत्तरी गोलार्द्ध में ये जलधाराएं उच्च अक्षांशीय क्षेत्रों में महाद्वीपों के पश्चिमी तट पर प्रवाहित होती हैं।

कुछ प्रमुख महासागरीय धाराएं

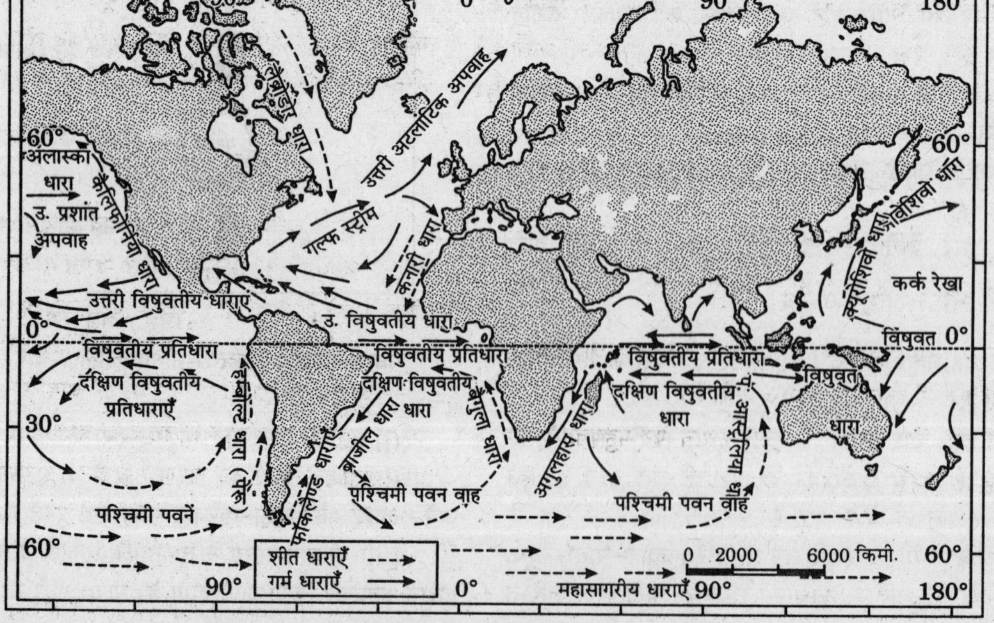

चित्र : प्रमुख महासागरीय धाराएं

उपर्युक्त प्रदर्शित चित्र में प्रमुख महासागरीय धाराओं को प्रदर्शित किया गया है। आइए! इनकी प्रक्रिया को समझते हैं—

प्रमुख महासागरीय धाराएं प्रचलित पवनों तथा कॉरिऑलिस प्रभाव से बहुत अधिक प्रभावित होती हैं। महासागरीय जलधाराओं का प्रवाह वायुमण्डलीय प्रवाह से मिलता–जुलता है। मध्य अक्षांशीय क्षेत्रों, महासागरों पर वायु प्रतिचक्रवात के रूप में बहती है। दक्षिणी गोलार्द्ध में, यह प्रवाह उत्तरी गोलार्द्ध की अपेक्षा अधिक स्पष्ट होता है। महासागरीय धाराएं भी लगभग इसी के अनुरूप प्रवाहित होती हैं। उच्च अक्षांशीय क्षेत्रों में, वायु प्रवाह मुख्यतः चक्रवात के रूप में होता है। महासागरीय धाराएं भी इसी का अनुकरण करती हैं। मानसून प्रधान क्षेत्रों में, मानसून पवनों का प्रवाह जलधाराओं के प्रवाह को प्रभावित करता है। निम्न अक्षांशों से बहने वाली गर्म जलधाराएं कॉरियॉलिस प्रभाव के कारण, उत्तरी गोलार्द्ध में अपने बाईं तरफ तथा दक्षिणी गोलार्द्ध में अपने दायीं तरफ मुड़ जाती हैं।

महासागरीय जलधाराएं भी वायुमण्डलीय प्रवाह की तरह गर्म अक्षांशों से ऊष्मा को स्थानान्तरित करती हैं। आर्कटिक और अंटार्कटिक क्षेत्रों की ठंडी जलधाराएं उष्ण कटिबन्धीय व विषुवतीय क्षेत्रों की ओर प्रवाहित होती हैं, जबकि यहां की गर्म जलधाराएं ध्रुवों की ओर जाती हैं।

महासागरीय धाराओं का प्रभाव—महासागरीय धाराओं के प्रभाव बहुआयामी हैं, जिनको हम निम्नलिखित प्रकार से समझ सकते हैं—

(क) **जलवायु पर प्रभाव**—ठंडी और गर्म जलधाराओं के प्रभाव सम्बन्धित क्षेत्रों की जलवायु पर पड़ता है। ठंडी जलधाराओं के कारण किसी स्थान की जलवायु ठंडी हो जाती है जबकि गर्म जलधारा के कारण सम्बन्धित तटों की जलवायु गर्म हो जाती है।

(ख) **वर्षा पर प्रभाव**—गर्म जल धाराओं से सम्बन्धित क्षेत्रों की जलवायु आर्द्र और ठंडी जलधारा के कारण शुष्क हो जाती है। फलस्वरूप वर्षा की सम्भावना बढ़ जाती है।

(ग) **कोहरा**—ठंडी और गर्म जल धाराओं के संयुक्त स्थानों पर घना कोहरा पड़ता है, जिससे व्यापारिक गतिविधियां प्रभावित होती हैं।

(घ) **मत्स्य व्यवसाय पर प्रभाव**—गर्म जल धाराओं के साथ प्लैंकटन की मात्रा अधिक होती है। ठंडी जल धाराओं के साथ मछलियां बहकर आती हैं। अतः ठंडी गर्म जल धाराओं के संगम स्थल पर अत्यधिक मछलियां मिलती हैं।

(ङ) **व्यापार पर प्रभाव**—ठंडी जल धाराओं का विपरीत प्रभाव व्यापार पर पड़ता है, जबकि गर्म जल धाराओं के कारण बन्दरगाह वर्षपर्यंत खुले रहते हैं।

यह भी जानिए

महासागरीय धाराओं और तरंगों में अन्तर

(क) महासागरीय धाराएं एक निश्चित दिशा में विशाल मात्रा में जल का लगातार प्रवाह हैं जबकि तरंगें जल की क्षैतिज गति हैं।

(ख) धाराओं में जल एक स्थान से दूसरे स्थान पर पहुंचता है जबकि तरंगों में जल गति नहीं करता है।

दैनिक और अर्ध-दैनिक ज्वार में अन्तर

(क) दैनिक ज्वार में प्रतिदिन एक उच्च एवं एक निम्न ज्वार आते हैं जबकि अर्ध दैनिक ज्वार में प्रतिदिन दो उच्च ज्वार व दो निम्न ज्वार आते हैं।

(ख) दैनिक ज्वार में उच्च व निम्न ज्वारों की ऊंचाई समान होती है जबकि अर्ध दैनिक ज्वार में दो लगातार उच्च व निम्न ज्वार की ऊंचाई लगभग समान होती है।

उपभू तथा अपभू की स्थिति में ज्वार-भाटा पर प्रभाव

महीने में एक बार जब चन्द्रमा पृथ्वी के सबसे निकट होता है, उस स्थिति को उपभू कहा जाता है। इस स्थिति में उच्च ज्वार तथा निम्न ज्वार उत्पन्न होते हैं।

अपभू की स्थिति में चन्द्रमा पृथ्वी से अधिकतम दूरी पर स्थित होता है ऐसी स्थिति में चन्द्रमा का गुरुत्वाकर्षण बल सीमित होता है, जिससे ज्वार–भाटा के क्रम उनकी ऊंचाई से कम होते हैं।

उपसौर तथा अपसौर की स्थिति में ज्वार-भाटा पर प्रभाव

3 जनवरी को पृथ्वी सूर्य के सबसे निकट होती है, यह स्थिति उपसौर कहलाती है। इस समय उच्च व निम्न ज्वारों के क्रम भी असामान्य रूप से अधिक होते हैं।

4 जुलाई को पृथ्वी सूर्य से अधिकतम दूरी पर होती है, यह स्थिति अपसौर कहलाती है। इस समय ज्वार के क्रम औसत की अपेक्षा बहुत कम होते हैं।

कनाडा की फंडी की खाड़ी का ज्वार-भाटा

विश्व का सबसे ऊंचा ज्वार भाटा कनाडा के नवास्कोशिया में स्थित फंडी की खाड़ी में आता है। ज्वारीय उभार की ऊंचाई 15 से 16 मीटर के मध्य होती है क्योंकि वहां पर दो उच्च ज्वार एवं दो निम्न ज्वार प्रतिदिन आते हैं (लगभग 24 घंटे का समय) अतः एक ज्वार 6 घंटे के भीतर अवश्य आता है। अनुमानतः ज्वारीय उभार एक घंटे में लगभग 2.4 मीटर ऊपर उठता है।

ज्वार का प्रतिदिन 50 मिनट के विलम्ब से आना

चन्द्रमा पृथ्वी का 29 दिन में पूरा चक्कर लगाता है। चन्द्रमा द्वारा पृथ्वी के चक्कर का 29वां भाग हर रोज आगे बढ़ जाता है। इसलिए किसी स्थान को चन्द्रमा के सामने दोबारा आने में 24 घंटे से कुछ अधिक ही समय लगता है।

$$\text{समय} = \frac{24 \text{ घंटे} \times 60 \text{ मिनट}}{29} = 50 \text{ मिनट}$$

वस्तुतः प्रत्येक 24 घंटों के बाद चन्द्रमा अपनी पहली स्थिति से लगभग 13° $(360/29 = 12.5^\circ)$ आगे चला जाता है, इसलिए किसी स्थान को चन्द्रमा के ठीक सामने आने में $12.5 \times 4 = 50$ मिनट अधिक लग जाते हैं।

ज्वार दिन में दो बार आता है इसलिए प्रतिदिन ज्वार 25 मिनट विलम्ब से अनुभव किया जाता है। पूरे 12 घंटे के बाद पानी का चढ़ाव देखने में नहीं आता, बल्कि ज्वार 12 घंटे 25 मिनट बाद आता है। 6 घंटे 13 मिनट तक जल चढ़ाव पर रहता है और उसके पश्चात् 6 घंटे 13 मिनट तक जल उतरता रहता है।

स्मरणीय बिन्दु

- महासागरीय धाराएं एक निश्चित दिशा में बहुत बड़ी मात्रा में जल का लगातार बहाव हैं जबकि तरंगें जल की क्षैतिज गति हैं। तरंगों में जल कण छोटे वृत्ताकार रूप में गति करते हैं।
- वायु से ऊर्जा प्राप्त कर तरंगें महासागर में गति करती हैं। एक तरंग का आकार एवं आकृति उसकी उत्पत्ति को दर्शाता है। तरंग के उच्चतम बिन्दु की जानकारी वायु की तीव्रता के द्वारा ज्ञात की जाती है।
- आती हुई तरंग पर वस्तुओं का वहन आगे तथा ऊपर की ओर होता है जबकि लौटती हुई तरंग पर नीचे तथा पीछे की ओर होता है।
- महासागरीय जल के ऊपर उठने को ज्वार तथा नीचे गिरने को भाटा कहते हैं। ज्वार–भाटाओं को उनकी बारम्बारता के आधार पर अर्द्ध–दैनिक ज्वार, दैनिक ज्वार तथा मिश्रित ज्वार में विभक्त किया जाता है
- महासागरों के जल–स्तर में नियमित रूप से ऊपर उठने तथा नीचे गिरने की क्रिया में इन शक्तियों का योगदान रहता है–(क) पृथ्वी पर चन्द्रमा व सूर्य के गुरुत्वाकर्षण का प्रभाव, (ख) घूर्णन करती पृथ्वी का अपकेन्द्रीय बल।
- सूर्य, चन्द्रमा एवं पृथ्वी की स्थिति के आधार पर ज्वार भाटाओं को वृहत् ज्वार तथा निम्न ज्वार नामक दो वर्गों में विभक्त किया जाता है।
- ज्वार–भाटा तलछटों को हटाने तथा ज्वारनदमुख के प्रदूषित जल को बाहर निकालने में भी सहायता प्रदान करता है। ज्वारों का इस्तेमाल विद्युत शक्ति उत्पन्न करने में भी किया जाता है।
- महासागरों में जल एक स्थान से दूसरे स्थान की ओर प्रवाहित होता रहता है, इन्हें महासागरीय धाराएं कहा जाता है। ये निश्चित मार्ग व दिशा में जल के नियमित प्रवाह को प्रदर्शित करती हैं।
- महासागरीय धाराएं प्राथमिक बल तथा द्वितीयक बलों के द्वारा नियन्त्रित होती हैं। इनकी गति के प्रवाह को नॉट में मापा जाता है। महासागरीय धाराओं को उनकी गहराई के आधार पर ऊपरी जलधारा तथा गहरी जलधारा नामक दो वर्गों में रखा जाता है। तापमान के आधार पर इन्हें ठंडी जलधारा तथा गर्म जलधाराओं में विभक्त किया जाता है।
- दक्षिणी गोलार्द्ध में महासागरीय जलधाराओं का प्रवाह उत्तरी गोलार्द्ध की तुलना में अधिक स्पष्ट मिलता है। महासागरीय धाराएं प्रत्यक्ष व अप्रत्यक्ष रूप से मानवीय क्रियाओं को प्रभावित करती हैं।
- निम्न अक्षांशों में प्रवाहित गर्म जलधाराएं कॉरिऑलिस बल के प्रभाव के कारण उत्तरी गोलार्द्ध में अपनी बायीं ओर तथा दक्षिणी गोलार्द्ध में अपनी दायीं ओर मुड़ जाती हैं।
- गर्म व ठंडी जलधाराओं के मिलन क्षेत्रों में प्लैंकटन बहुलता में मिलते हैं जो मछलियों का मुख्य भोजन है।

एन.सी.ई.आर.टी. पाठ्यपुस्तक भूगोल के प्रश्न (हल सहित)

बहुविकल्पीय प्रश्न

(i) महासागरीय जल की ऊपर एवं नीचे की गति किससे सम्बन्धित है?

(क) ज्वार (ख) तरंग

(ग) धाराएं (घ) इनमें से कोई नहीं

(ii) वृहत् ज्वार आने का क्या कारण है?

(क) सूर्य और चन्द्रमा का पृथ्वी पर एक ही दिशा में गुरुत्वाकर्षण बल

(ख) सूर्य और चन्द्रमा द्वारा एक–दूसरे की विपरीत दिशा से पृथ्वी पर गुरुत्वाकर्षण बल

(ग) तटरेखा का दंतुरित होना

(घ) उपर्युक्त में से कोई नहीं

(iii) पृथ्वी तथा चन्द्रमा की न्यूनतम दूरी कब होती है?

(क) अपसौर (ख) उपसौर

(ग) उपभू (घ) अपभू

(iv) पृथ्वी उपसौर की स्थिति कब होती है?

(क) अक्टूबर (ख) जुलाई

(ग) सितम्बर (घ) जनवरी।

उत्तर–(i) (ख) (ii) (ख) (iii) (ग) (iv) (घ)।

निम्नलिखित प्रश्नों के उत्तर लगभग 30 शब्दों में दीजिए–

(i) तरंगें क्या हैं?

उत्तर–वायु दबाव से जल के क्रमिक रूप में हिलने–डुलने और आगे बढ़ने व पीछे लौटने की क्रिया को तरंग या लहर (Wave) कहा जाता है।

(ii) महासागरीय तरंगें ऊर्जा कहां से प्राप्त करती हैं?

उत्तर–महासागरीय तरंगें वायु से ऊर्जा प्राप्त करती हैं। वायु के कारण तरंगें महासागर में गति करती हैं।

(iii) ज्वार–भाटा क्या है?

उत्तर–चन्द्रमा एवं सूर्य के आकर्षण के कारण दिन में एक बार या दो बार समुद्र तल के नियतकालिक उठने या गिरने को ज्वार–भाटा कहा जाता है।

(iv) ज्वार–भाटा उत्पन्न होने के क्या कारण हैं?

उत्तर–चन्द्रमा तथा सूर्य के गुरुत्वाकर्षण के कारण ज्वार–भाटा की उत्पत्ति होती है। ज्वार–भाटा के उत्पन्न होने का एक अन्य कारण पृथ्वी का अपकेन्द्रीय बल है, जो गुरुत्वाकर्षण को सन्तुलित करता है।

(v) ज्वार–भाटा नौ संचालन से कैसे सम्बन्धित है?

उत्तर–ज्वार के द्वारा आगे बढ़ते जल के साथ जहाज आसानी से बिना अधिक शक्ति खर्च किये खाड़ियों एवं नदियों को मुहानों में अन्दर तक प्रवेश कर जाते हैं, जबकि भाटा के समय ये जहाज बिना अधिक शक्ति खर्च किये वापसी की यात्रा कर लेते हैं।

निम्नलिखित प्रश्नों के उत्तर लगभग 150 शब्दों में दीजिए–

(i) जल धाराएं तापमान को कैसे प्रभावित करती हैं? उत्तर–पश्चिम यूरोप के तटीय क्षेत्रों के तापमान को ये किस प्रकार प्रभावित करते हैं?

उत्तर–तापमान व लवणता की भिन्नता के कारण सागरीय जल में होने वाला संचलन (प्रवाह) सागरीय जल का ताप–लवणीय प्रवाह कहा जाता है। ठंडे जल वाली महासागरीय धाराएं तब उत्पन्न होती हैं, जब ध्रुवों के पास वाले जल भण्डार नीचे बैठते हैं एवं धीरे–धीरे विषुवत् वृत्त की ओर गति करते हैं। गर्म जल धाराएं विषुवत् वृत्त से सतह के साथ होते हुए ध्रुवों की ओर जाती हैं और ठंडे जल का स्थान लेती हैं।

(1) **ठंडी जलधाराएं**–इस प्रकार की प्रवाहित जल धाराएं महाद्वीपों के पश्चिमी तटों पर मिलती हैं। यह प्रक्रिया दोनों गोलार्द्धों में निम्न व मध्य अक्षांशीय क्षेत्रों के मध्य सम्पन्न होती हैं। उत्तरी गोलार्द्ध के उच्च

अक्षांशीय क्षेत्रों में इस प्रकार की प्रवाहित सागरीय धाराएं महाद्वीपों के पूर्वी तटों की ओर मिलती हैं।

(2) **गर्म जल धाराएं**—ये जल धाराएं गर्म जल को ठंडे जलीय क्षेत्रों में पहुंचाती हैं तथा सामान्यतः महाद्वीपों के पूर्वी तटों पर बहती हैं। ऐसा दोनों गोलार्द्धों के निम्न व मध्य अक्षांशीय क्षेत्रों में होता है।

उत्तरी–पश्चिमी यूरोप के तटीय क्षेत्रों के तापमान पर सागरीय जल धाराओं का प्रभाव—उत्तरी–पश्चिमी यूरोप के तटीय क्षेत्रों में दक्षिण–पश्चिम की ओर से आने वाली उत्तरी अटलांटिक नामक गर्म जलधारा प्रवाहित होती है, जिसके कारण तटीय भागों में ग्रीष्मकाल अपेक्षाकृत कम गर्म और शीत ऋतु अपेक्षाकृत मृदुल होती है। वार्षिक तापान्तर भी कम मिलते हैं।

(ii) जल धाराएं कैसे उत्पन्न होती हैं?

उत्तर—महासागरीय धाराओं की उत्पत्ति को प्रभावित करने में निम्नलिखित कारकों का महत्वपूर्ण योगदान रहता है—

(1) **सौर ऊर्जा से जल का गर्म होना**—सौर ऊर्जा से सागरीय जल गर्म होकर फैलता है, जिसके कारण उच्च तापमान वाले सागरीय क्षेत्रों से निम्न तापक्रम वाले सागरीय जल क्षेत्रों की ओर सागरीय धाराएं चलने लगती हैं।

(2) **वायु की दिशा**—हवाएं सागरीय धाराओं की उत्पत्ति में अपनी महत्वपूर्ण भूमिका निभाती हैं। जब ये हवाएं सागरीय जल के ऊपर से होकर गुजरती हैं तो उनके घर्षण बल के कारण सागरीय जल भी उनके साथ प्रवाहित होने लगता है।

(3) **गुरुत्वाकर्षण बल**—गुरुत्वाकर्षण बल के कारण सागरीय जल नीचे की ओर बैठता है, जिससे यह एकत्रित जल दाब प्रवणता में भिन्नता लाता है। यही भिन्नता सागरीय धाराओं की उत्पत्ति में सहायक होती है।

(4) **कॉरिऑलिस बल का प्रभाव**—कॉरिऑलिस बल के कारण उत्तरी गोलार्द्ध में सागरीय जल धाराओं की गति की दिशा में अपनी दायीं ओर तथा दक्षिणी गोलार्द्ध में अपनी बायीं ओर प्रवाहित होता है। सागरीय भागों में सागरीय धाराएं पृथ्वी के इसी विक्षेपक बल के प्रभाव से एक वृहत् वृत्ताकार मार्ग का अनुसरण करती हैं, जिससे सागरीय धाराओं का लगभग बन्द क्रम निर्मित होता है। इनके कारण सभी महासागरीय बेसिनों में वृहत् वृत्ताकार धाराएं उत्पन्न होती हैं।

(5) **जल घनत्व में अन्तर**—सागरों की सतह पर हल्का जल और गहराई में भारी जल मिलता है, जिससे जल में लम्बवत् गति या धाराओं की उत्पत्ति होती है।

(6) **लवणता**—अधिक लवणता वाले जल का घनत्व अधिक एवं कम लवणता वाले जल का घनत्व कम होता है। महासागरीय जल के घनत्व के कारण धाराएं चलती हैं।

अभ्यासार्थ प्रश्न

बहुविकल्पीय प्रश्न

1. यदि सागरीय जल कणों में गोलाकार गति न हो तो जो गति सबसे अधिक प्रभावित होगी, वह निम्नलिखित में है—

(अ) धाराएं (ब) ज्वार–भाटा

(स) प्रवाह (द) लहरें

2. वायु और वायुमण्डलीय दाब के कारण सागरीय जल की गति को कहते हैं—

(अ) लहर (ब) महोर्मि

(स) उपभू (द) अपभू

3. वृहत् ज्वार उत्पन्न होते हैं—

(अ) अमावस्या व अष्टमी को

(ब) पूर्णिमा व अष्टमी को

(स) केवल अमावस्या को

(द) अमावस्या व पूर्णिमा को

4. समुद्रों में ज्वार के उद्भव का प्रमुख कारण है—

(अ) चन्द्रमा की आकर्षण शक्ति

(ब) पृथ्वी का अपकेन्द्रीय बल

(स) सूर्य की आकर्षण शक्ति

(द) उपर्युक्त सभी

5. जो कारक सागरीय धाराओं की उत्पत्ति और दिशा इन दोनों को प्रभावित करता है, वह है—

(अ) तापमान की भिन्नता (ब) लवणता की भिन्नता

(स) मौसमी परिवर्तन (द) पवनें

[**उत्तर**—1. (द), 2. (ब), 3. (द), 4. (द), 5. (द)।]

अति लघु उत्तरीय प्रश्न

1. ज्वार–भाटा महासागरीय जल की किस गति से जुड़ा हुआ है?

उत्तर—ऊर्ध्वाधर गति से।

2. महासागरीय धाराएं का आशय स्पष्ट कीजिए।

उत्तर—महासागरों में जल के एक निश्चित मार्ग एवं दिशा में नियमित प्रवाह को महासागरीय धाराएं कहते हैं।

3. धाराओं और तरंगों में एक अन्तर स्पष्ट कीजिए।

उत्तर—धाराओं में जल एक स्थान से दूसरे स्थान पर पहुंचता है जबकि तरंगों में जल गति नहीं करता है।

4. तरंग शिखर और गर्त क्या है?

उत्तर—एक तरंग के उच्चतम व निम्नतम बिन्दुओं को क्रमशः शिखर एवं गर्त कहा जाता है।

5. तरंग काल को स्पष्ट करें।

उत्तर—तरंग काल एक निश्चित बिन्दु से गुजरने वाले दो लगातार शिखरों या गर्तों के मध्य का समयान्तराल है।

6. तरंग गति क्या है? इसके मापन की इकाई को क्या कहते हैं?

उत्तर—जल के माध्यम से तरंग के गति करने की दर को तरंग गति कहते हैं। इसे नॉट में मापा जाता है।

7. तरंग आयाम एवं तरंगदैर्ध्य में अन्तर बताइए।

उत्तर—तरंग की ऊंचाई का आधा तरंग आयाम कहलाता है जबकि लगातार दो शिखरों या गर्तों के मध्य की क्षैतिज दूरी तरंगदैर्ध्य कहलाती है।

8. महोर्मि क्या है?

उत्तर—जलवायु सम्बन्धी प्रभावों (वायु एवं वायुमण्डलीय दाब में परिवर्तन) के कारण जल की गति को महोर्मि कहा जाता है।

9. विश्व का सर्वाधिक ऊंचा ज्वार–भाटा कहां आता है?

उत्तर–विश्व का सबसे ऊंचा ज्वार–भाटा कनाडा के नवास्कोशिया में स्थित फंडी की खाड़ी में आता है।

10. आवृत्ति के आधार पर ज्वार–भाटा के प्रकारों का नामोल्लेख करें।

उत्तर–(क) दैनिक ज्वार, (ख) अर्द्ध दैनिक ज्वार, (ग) मिश्रित ज्वार।

11. सूर्य, चन्द्रमा और पृथ्वी की स्थिति पर आधारित ज्वार–भाटा के प्रकार बताइए।

उत्तर–(क) वृहत् ज्वार, (ख) निम्न ज्वार।

12. उपभू किसे कहते हैं?

उत्तर–महीने में एक बार जब चन्द्रमा पृथ्वी के सबसे निकट होता है तो उस स्थिति को उपभू कहते हैं।

13. अपभू किसे कहते हैं?

उत्तर–महीने में एक बार जब चन्द्रमा पृथ्वी से सबसे दूर होता है तो उस स्थिति को अपभू कहते हैं।

14. ज्वार का प्रयोग विद्युत शक्ति के रूप में प्रयोग करने वाले देशों का नामोल्लेख करें।

उत्तर–कनाडा, फ्रांस, रूस एवं चीन।

15. भारत में ज्वारीय ऊर्जा पर आधारित संयंत्र कहां स्थापित किया जा रहा है?

उत्तर–पश्चिम बंगाल में सुन्दर वन के दुर्गादुवानी में।

16. उन बलों का उल्लेख कीजिए जिनसे महासागरीय धाराएं प्रभावित होती हैं?

उत्तर–महासागरीय धाराएं दो प्रकार के बलों द्वारा प्रभावित होती हैं–

(i) **प्राथमिक बल**–यह जल की गति को प्रारम्भ करता है।

(ii) **द्वितीयक बल**–यह धाराओं के प्रवाह को नियन्त्रित करता है।

17. वे कौन–से बल हैं जो प्राथमिक बल धाराओं को प्रभावित करते हैं?

उत्तर–धाराओं को प्रभावित करने वाले प्राथमिक बल निम्नलिखित हैं–

(क) सौर ऊर्जा से सागरीय जल का गर्म होना

(ख) वायु

(ग) गुरुत्वाकर्षण

(घ) कॉरिऑलिस बल।

18. तापमान के आधार पर धाराओं का प्रकार बताइए।

उत्तर–(क) गर्म जलधारा, (ख) ठंडी जलधारा।

19. हिन्द महासागर की किन्हीं दो धाराओं का नामोल्लेख कीजिए।

उत्तर–(क) मानसून प्रवाह, (ख) अगुलहास धारा।

20. अंध महासागर की किन्हीं दो जलधाराओं का नामोल्लेख कीजिए।

उत्तर–(क) फ्लोरिडा की गर्म जलधारा, (ख) कनारी की ठंडी जलधारा।

21. प्रशान्त महासागर की किन्हीं दो जलधाराओं का नामोल्लेख कीजिए।

उत्तर–(क) अलास्का की गर्म जलधारा, (ख) पेरू की ठंडी जलधारा।

लघु उत्तरीय प्रश्न

1. महासागरीय जल में होने वाली गतियों का संक्षिप्त विवरण प्रस्तुत कीजिए।
2. महासागरीय धाराओं एवं तरंगों में भेद कीजिए।
3. दैनिक एवं अर्द्ध–दैनिक ज्वार में अन्तर स्पष्ट कीजिए।
4. उपभू तथा अपभू की स्थिति में ज्वार–भाटा पर क्या प्रभाव पड़ता है?
5. उपसौर एवं अपसौर की स्थिति में ज्वार–भाटा पर प्रभाव का विवरण प्रस्तुत कीजिए।
6. सभी महासागरीय बेसिनों में वृहत् वृत्ताकार धाराएं क्यों उत्पन्न होती हैं?
7. महासागरीय धाराओं को कॉरिऑलिस बल किस प्रकार प्रभावित करता है?
8. महासागरीय धाराओं की विशेषताओं का उल्लेख कीजिए।
9. ज्वार–भाटा की उत्पत्ति में गुरुत्वाकर्षण बल किस प्रकार सहायक है? संक्षेप में लिखें।
10. ज्वार–भाटा के उद्भव में अपकेन्द्रीय बल की भूमिका स्पष्ट कीजिए।
11. आवृत्ति के आधार पर ज्वार–भाटा का वर्गीकरण प्रस्तुत कीजिए।
12. फंडी खाड़ी में ज्वार–भाटा की स्थिति का विवरण प्रस्तुत कीजिए।
13. ज्वार–भाटा का महत्व बताइए।
14. तापमान के आधार पर महासागरीय धाराएं कितने प्रकार की होती हैं? प्रत्येक का विवरण प्रस्तुत कीजिए।
15. महासागरीय धाराओं के विभिन्न प्रभावों का संक्षिप्त विवरण प्रस्तुत कीजिए।

विस्तृत उत्तरीय प्रश्न

1. तरंगों का आशय स्पष्ट करते हुए इनकी कार्य–प्रणाली का विस्तृत विवेचन कीजिए।
2. ज्वार–भाटा की उत्पत्ति के विभिन्न कारणों का विस्तृत विवरण प्रस्तुत कीजिए।
3. सूर्य, चन्द्रमा एवं पृथ्वी की स्थिति के आधार पर ज्वार भाटा के प्रकारों का विवरण दीजिए।
4. प्रमुख महासागरीय धाराओं का उल्लेख करते हुए इनकी प्रक्रिया को समझाइए।
5. प्रशान्त महासागर, हिन्द महासागर एवं अटलांटिक महासागर में बहने वाली महासागरीय धाराओं की सूची प्रस्तुत करते हुए यह भी बताइए कि प्रचलित पवन इन धाराओं की गति को किस प्रकार प्रभावित करती हैं?
6. निम्नलिखित में से किन्हीं चार पर संक्षिप्त टिप्पणी लिखिए–

   (क) ज्वार का प्रतिदिन 50 मिनट के विलम्ब से आना।

   (ख) तरंगों की विशेषताएं

   (ग) लघु अथवा निम्न ज्वार

   (घ) धाराओं के प्रकार

   (ङ) महासागरीय धाराएं एवं कॉरिऑलिस बल।

15 पृथ्वी पर जीवन

पृथ्वी पर जीवन सामान्यतया हर स्थान पर पाया जाता है। जीवधारी विषुवत वृत्त से ध्रुवों तक, समुद्री तल से वायु में कई किमी तक, सूखी घाटियों में, बर्फीले पानी में, जलमग्न भागों में, यहां तक कि हजारों मीटर गहरे धरातल के भूमिगत जल तक में पाए जाते हैं। जीवधारियों की इतनी वृहत् उपस्थिति प्रकृति के विराट स्वरूप को प्रदर्शित करती है।

'पृथ्वी पर जीवन' के परिप्रेक्ष्य में तथ्यों का विश्लेषण करने पर यह बात प्रमाणित होती है कि पृथ्वी पर रहने वाले समस्त जीवधारी मिलकर **जैवमण्डल** का निर्माण करते हैं।

जैवमण्डल

जैवमण्डल के जीवधारी पर्यावरण के दूसरे मण्डलों; यथा स्थलमण्डल, जल मण्डल एवं वायुमण्डल के साथ परस्पर क्रिया करते हैं। जैवमण्डल में पृथ्वी पर पाए जाने वाले सभी जीवित घटक सम्मिलित हैं। जैवमण्डल सभी पौधों, जन्तुओं, प्राणियों (जिसमें पृथ्वी पर रहने वाले सूक्ष्म जीव भी हैं) और उनके चारों ओर के पर्यावरण के पारस्परिक अंतर्संबंध से निर्मित है। अधिकांश जीव स्थलमण्डल पर ही मिलते हैं लेकिन कुछ जलमण्डल तथा वायुमण्डल में भी रहते हैं। बहुत से ऐसे जीव भी हैं, जो एक मण्डल से दूसरे मण्डल में स्वतन्त्र रूप से विचरण करते हैं।

जैवमण्डल और इसके घटक पर्यावरण के बहुत महत्वपूर्ण तत्व हैं। ये तत्व अन्य प्राकृतिक घटकों जैसे—भूमि, जल और मिट्टी के साथ पारस्परिक क्रिया करते हैं। ये वायुमण्डल के तत्वों; जैसे—तापमान, वर्षा, आर्द्रता और सूर्य के प्रकाश से भी प्रभावित होते हैं। जैविक घटकों का भूमि, वायु व जल के साथ पारस्परिक आदान–प्रदान जीवों के जीवित रहने, बढ़ने व विकसित होने में मददगार होता है।

पारिस्थितिकी—पारिस्थितिकी के लिए ऑग्ल भाषा/अंग्रेजी का इकोलॉजी (Ecology) शब्द प्रयुक्त होता है। यह शब्द ग्रीक भाषा के दो शब्दों (Oikos) 'ओइकोस' तथा (logy) 'लोजी' से निर्मित ओइकोस का शाब्दिक अर्थ 'घर' और 'लोजी' का अर्थ विज्ञान या अध्ययन है। शाब्दिक अर्थ के अनुसार इकोलॉजी–पृथ्वी पर पौधों, मनुष्यों, जन्तुओं और सूक्ष्म जीवाणुओं के घर–के रूप में अध्ययन है, एक–दूसरे पर आश्रित होने के कारण ही ये एक साथ रहते हैं जर्मन प्राणीशास्त्री अर्नस्ट हैक्कल (Ernst Haeckel) जिन्होंने सर्वप्रथम सन् 1869 में ओइकोलॉजी (Oekologie) शब्द का प्रयोग किया, पारिस्थितिकी के ज्ञाता के रूप में जाने जाते हैं। जीवधारियों (जैविक) तथा अजैविक (भौतिक पर्यावरण) घटकों के पारस्परिक सम्पर्क के अध्ययन को ही पारिस्थितिकी विज्ञान कहते हैं। इस प्रकार जीवधारियों का आपस में व उनका भौतिक पर्यावरण से अंतर्संबन्धों का वैज्ञानिक अध्ययन ही पारिस्थितिकी है।

पारितन्त्र : पारिस्थितिकी का वृहत् स्वरूप

हमारा पर्यावरण जैविक व अजैविक तत्वों के मेल से निर्मित है। पर्यावरण में संतुलन बना रहे, इसके लिए आवश्यक है कि विभिन्न प्राणियों/जीवधारियों का निर्धारित अनुपात बना रहे ताकि जैविक एवं अजैविक तत्वों में स्वस्थ अन्तर्क्रिया होती रहे।

पारिस्थितिकी मुख्यतया जीवधारियों के जन्म, विकास, वितरण, प्रवृत्ति और उनके प्रतिकूल अवस्थाओं में भी जीवित रहने से सम्बन्धित है। पारिस्थितिकी केवल जीवधारियों तथा उनके आपस में सम्बन्ध का ही अध्ययन नहीं है। किसी विशेष क्षेत्र में किसी विशेष समूह के जीवधारियों का भूमि, जल या वायु (अजैविक तत्वों) से ऐसा अंतर्संबन्ध जिसमें ऊर्जा प्रवाह और पोषण शृंखलाएं स्पष्ट रूप से समायोजित हों, उसे पारितन्त्र (Ecological system) कहा जाता है। पारिस्थितिकी के परिप्रेक्ष्य में आवास (habitat) पर्यावरण के भौतिक और रासायनिक कारकों का योग है। विभिन्न प्रकार के पर्यावरण व विभिन्न परिस्थितियों में भिन्न प्रकार के पारितन्त्र मिलते हैं, जहां अलग–अलग प्रकार के पौधे व जीव–जन्तु विकास क्रम द्वारा उस पर्यावरण हेतु अभ्यस्त हो जाते हैं। इस अवस्था को पारिस्थितिक अनुकूलन् (Ecological adaptation) कहते हैं।

पारितन्त्र : विभिन्न रूप

पारितन्त्र के विभिन्न रूप निम्नलिखित हैं—

(क) स्थलीय पारितन्त्र—स्थलीय पारितन्त्र को बायोम में बांटा जा सकता है। बायोम पौधों व प्राणियों का एक समुदाय है जो कि एक बड़े भौगोलिक क्षेत्र में पाया जाता है। विशेष परिस्थितियों में पादप व जन्तुओं के अन्तर्सम्बन्धों के कुल योग को बायोम कहा जाता है। इसके अन्तर्गत तापमान, वर्षा, आर्द्रता व मिट्टी भी सम्मिलित हैं।

(ख) जलीय पारितन्त्र—जलीय पारितन्त्र को दो भागों में बांटा जा सकता है।

(i) समुद्रीय पारितन्त्र, (ii) ताजे जल का पारितन्त्र।

(i) समुद्रीय पारितन्त्र—इसके अन्तर्गत महासागरीय, ज्वारनदमुख व प्रवाल भित्ति आदि पारितन्त्र सम्मिलित हैं।

(ii) ताजे जल का पारितन्त्र—इसके अन्तर्गत झीलें, तालाब, सरिताएं, कच्छ व दलदल आदि पारितन्त्र सम्मिलित हैं।

पारितन्त्र : कार्यप्रणाली एवं संरचना

पारिस्थितिकी/पारितन्त्र की संरचना में सम्बद्ध पौधों एवं जन्तुओं की प्रजातियों का वर्णन सम्मिलित हैं। वस्तुतः पेड़–पौधे, जन्तु व अन्य जीव और भौतिक पर्यावरण समवेत होकर पारिस्थितिकी/ पारितन्त्र का निर्माण करते हैं। जीवमण्डल वृहद् और जटिल पारिस्थितिकी तन्त्र/पारितन्त्र है।

किसी भी पारिस्थितिकी तन्त्र/पारितन्त्र में निम्नलिखित दो घटकों का होना नितान्त आवश्यक होता है—

(क) जैविक घटक तथा (ख) अजैविक घटक।

जैविक घटकों में उत्पादक, उपभोक्ता (प्राथमिक, द्वितीयक व तृतीयक) तथा अपघटक सम्मिलित होते हैं जबकि अजैविक घटकों में तापमान, वर्षा, सूर्य प्रकाश, आर्द्रता, मृदा की स्थिति व अकार्बनिक तत्व (कार्बन डाईऑक्साइड, जल, नाइट्रोजन, कैल्सियम, फॉस्फोरस, पोटैशियम आदि) सम्मिलित होते हैं।

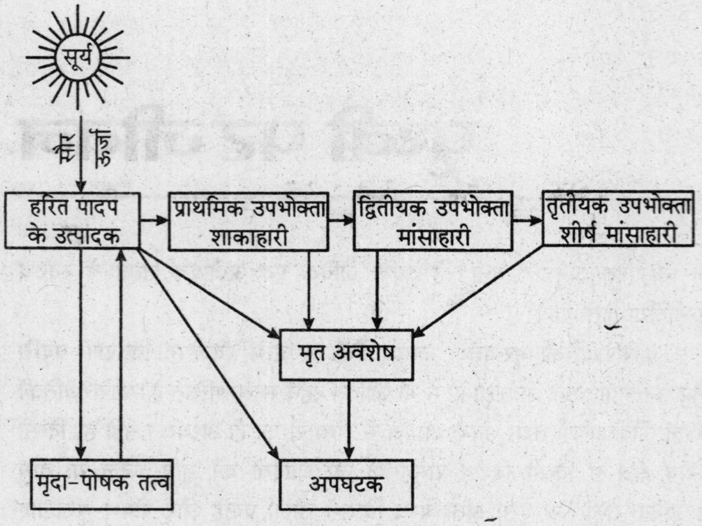

चित्र–पारितन्त्र की कार्य-प्रणाली तथा संरचना

उत्पादकों में सभी हरे पौधे सम्मिलित होते हैं जो अपना भोजन सूर्य के प्रकाश में प्रकाश–संश्लेषण प्रक्रिया द्वारा बनाते हैं। प्रथम श्रेणी के उपभोक्ताओं में खरगोश, हिरण, हाथी और गाय जैसे शाकाहारी जन्तु सम्मिलित होते हैं। शाकाहारी जन्तुओं को सीधे भक्षण करने वाले मांसाहारी जन्तुओं को द्वितीयक श्रेणी के उपभोक्ता कहा जाता है। इनमें सांप, बाघ, चीता और शेर जैसे जन्तु सम्मिलित होते हैं।

तीसरा वर्ग **विघटक या अपघटक** और **सूक्ष्म उपभोक्ताओं** का होता है। अपघटक अपने भोजन के लिए मृत जीवों पर निर्भर रहते हैं, जैसे–कौआ और गिद्ध। सूक्ष्म उपभोक्ता, जैसे–बैक्टीरिया तथा अन्य सूक्ष्म जीवाणु मृतकों को अपघटित कर उन्हें सरल पदार्थों में बदलते रहते हैं।

उपर्युक्त विवरण से स्पष्ट है कि प्राथमिक उपभोक्ता, उत्पादक पर अपने भोजन के लिए निर्भर करते हैं जबकि प्राथमिक उपभोक्ता द्वितीयक उपभोक्ताओं का भोजन बनते हैं। द्वितीयक उपभोक्ता का तृतीयक उपभोक्ताओं द्वारा भक्षण किया जाता है। अपघटक प्रत्येक स्तर पर मृतकों पर अपने भोजन के लिए आश्रित रहते हैं। ये अपघटक मृतक शरीरों को कार्बनिक और अकार्बनिक पदार्थों में बदलकर उन्हें मिट्टी में मिला देते हैं, जिससे मिट्टी में पोषक तत्वों की मात्रा बढ़ती रहती है।

खाद्य शृंखला–पारिस्थितिकी तन्त्र में रहने वाला प्रत्येक जीवधारी एक खाद्य शृंखला द्वारा परस्पर जुड़ा रहता है। उदाहरण के लिए, पौधे पर जीवित रहने वाला एक कीड़ा मेंढक का भोजन है, मेंढक सांप का भोजन है तथा सांप एक बाज का भोजन है। यह खाद्यक्रम खाद्य–शृंखला कहलाती है। खाद्य शृंखला की एक प्रक्रिया में एक स्तर से दूसरे स्तर पर ऊर्जा के रूपान्तरण को ऊर्जा प्रवाह कहा जाता है।

खाद्य शृंखलाओं का अलग अनुक्रम न होकर ये एक–दूसरे से जुड़ी मिलती हैं। उदाहरण के लिए, एक चूहा जो अन्न पर निर्भर है वह अनेक द्वितीयक उपभोक्ताओं का भोजन है। प्रत्येक मांसाहारी जीव एक से अधिक जन्तु प्रजातियों के शिकार पर आश्रित रहता है। इसके परिणामस्वरूप खाद्य शृंखलाएं एक ही क्षेत्र में एक दूसरे से जुड़ी मिलती हैं, जिसे खाद्य जाल कहा जाता है।

खाद्य शृंखलाओं के निम्नलिखित दो प्रकार मिलते हैं–

(क) चराई खाद्य शृंखला–यह पौधों (उत्पादक) से प्रारम्भ होकर मांसाहारी जीवो (तृतीयक उपभोक्ता) तक जाती है। इसमें शाकाहारी मध्यम स्तर पर होता है। हर स्तर पर ऊर्जा का ह्रास होता है।

(ख) अपरदक खाद्य शृंखला–यह खाद्य शृंखला चराई खाद्य शृंखला से प्राप्त मृत पदार्थों पर निर्भर है। इसमें कार्बनिक पदार्थों का अपघटन सम्मिलित है।

बायोम : विभिन्न प्रकार

'बायोम' पौधों एवं प्राणियों का एक समुदाय है, जो एक बड़े भौगोलिक क्षेत्र में पाया जाता है। पृथ्वी पर विभिन्न प्रकार के बायोम की सीमा का निर्धारण जलवायु व अपक्षय से सम्बद्ध तत्व करते हैं। इस प्रकार विशेष परिस्थितियों में पादप व जन्तुओं के अंतर्सबन्धों के कुल योग को 'बायोम' कहते हैं।

अपनी विभिन्न प्रकृति के आधार पर बायोम निम्नलिखित प्रकार के होते हैं–

(क) वन बायोम, (ख) मरुस्थलीय बायोम, (ग) घास भूमि बायोम, (घ) जलीय बायोम, (ङ) उच्च भूमि/पर्वतीय बायोम।

उपर्युक्त का क्रमशः विवरण निम्नलिखित है–

(क) वन बायोम–वन बायोम का अध्ययन निम्नलिखित बिन्दुओं के अन्तर्गत प्रस्तुत है–

वन बायोम के प्रकार–वन बायोम के तीन प्रकार हैं–

(i) उष्ण कटिबन्धीय वन बायोम, (ii) शीतोष्ण कटिबन्धीय वन बायोम, (iii) बोरियल वन बायोम।

(i) **उष्ण कटिबन्धीय वन बायोम**–इस बायोम के भी दो प्रकार हैं–

भूमध्य रेखीय वन बायोम–इस बायोम का विस्तार भूमध्य रेखा से 10° उत्तर और दक्षिणी अक्षांशों के बीच है। इस बायोम में तापमान 20° से 25° सेंटीग्रेड के बीच रहता है। मृदा में अम्लीय और पोषक तत्वों की कमी होती है। यहां लम्बे तथा घने वृक्ष समूहों के रूप में पाये जाते हैं। कीट–पतंगे, चमगादड़, पक्षी और स्तनधारी जीव–जन्तु मिलते हैं।

पर्णपाती वन बायोम–इस बायोम का विस्तार 10° से 25° उत्तर व दक्षिणी अक्षांशों के बीच है। यहां तापमान 25° से 30° सेन्टीग्रेड के मध्य मिलता है। मृदा में पर्याप्त पोषक तत्व मिलते हैं। यहां प्राणियों की अधिक प्रजातियां एक साथ विद्यमान होती हैं जिनमें कीट, पतंगे, चमगादड, पक्षी व स्तनधारी जन्तु आदि मुख्य हैं।

(ii) **शीतोष्ण कटिबन्धीय वन बायोम**–इस बायोम का विस्तार पूर्वी उत्तरी अमेरिका, उत्तरी–पूर्वी एशिया, पश्चिमी व मध्य यूरोप में है। यहां तापमान 20° से 30° सेन्टीग्रेड तक रहता है तथा वर्षा 750 से 1500 मिमी के बीच रहती है। यहां उपजाऊ मृदा मिलती है। यहां मध्यम घने चौड़े पत्ते वाले वृक्ष मिलते हैं। पौधों की प्रजातियों में कम विविधता मिलती है। जीव–जन्तुओं की प्रजातियों में गिलहरी, खरगोश, काले भालू, पहाड़ी शेर आदि प्रमुख हैं।

(iii) **बोरियल वन बायोम**–इस बायोम का विस्तार यूरेशिया, उत्तर अमेरिका का उच्च अक्षांशीय भाग, साइबेरिया का कुछ भाग, अलास्का, कनाडा व स्कैंडेनेवियन आदि देशों में है। यहां छोटी आर्द्र ऋतु व मध्यम रूप से गर्म ग्रीष्म ऋतु और वर्षरहित लम्बी शीत ऋतु रहती है। मृदा अम्लीय व पोषक तत्वों की कमी वाली होती है। यहां सदाबहार कोणधारी वन, जैसे–पाइन, स्प्रूस, फर आदि एवं जीव–जन्तुओं में कठफोड़वा, चील, हिरन, भालू, खरगोश, भेड़िये व चमगादड़ आदि मिलते हैं।

(ख) मरुस्थलीय वन बायोम–इस बायोम के चार प्रकार हैं–

(i) **गर्म व उष्ण मरुस्थल**–इस बायोम का विस्तार सहारा, कालाहारी, थार मरुस्थल तक है। मृदा पोषक तत्वों से भरपूर व कम जैव पदार्थों वाली होती है। न्यून वनस्पति व पक्षी, स्तनधारी, कीट–पतंगे व रेंगने वाले जीव–जन्तु यहां पाए जाते हैं।

(ii) **अर्द्ध शुष्क मरुस्थल बायोम**—इस बायोम का विस्तार गर्म मरुस्थलों के गौण क्षेत्र रूब एल खाली मरुस्थलों तक है। मृदा में जैव पदार्थों की कमी मिलती है तथा न्यून वनस्पति व जीव–जन्तु मिलते हैं।

(iii) **तटीय मरुस्थल बायोम**—इस बायोम के अन्तर्गत दक्षिण अमेरिका स्थित अटाकामा मरुस्थल आता है। यहां पोषक तत्वों से भरपूर लेकिन जैव पदार्थों से रहित मृदा मिलती है। न्यून वनस्पति व जीव–जन्तु पाए जाते हैं।

(iv) शीत मरुस्थल बायोम—इस बायोम का विस्तार टुन्ड्रा जलवायु प्रदेश में है। यहां मृदा की पतली परत मिलती है तथा खरगोश, चूहे, हिरन व गिलहरी आदि जीव–जन्तु पाए जाते हैं।

(ग) घासभूमि बायोम—इस बायोम को दो भागों में बांटा जा सकता है–

(i) **उष्ण कटिबन्धीय घास बायोम**—इस बायोम का विस्तार अफ्रीका, ऑस्ट्रेलिया, दक्षिण अमेरिका महाद्वीप और भारत में है। यहां सरंधित व ह्यूमस की पतली परत वाली मृदा मिलती है। यहां पेड़ व लम्बी झाड़ियों की अनुपस्थिति मिलती है तथा जिराफ, चीता, जेब्रा, भैंस, हाथी, चूहे व सांप आदि जीव–जन्तु मिलते हैं।

(ii) **शीतोष्ण कटिबन्धीय स्टेपी घास बायोम**—इस बायोम का विस्तार यूरेशिया के कुछ हिस्सों और उत्तर अमेरिका तक मिलता है। संरधित मृदा के साथ ही ह्यूमस की पतली परत मिलती है। यहां इमारती लकड़ी के वृक्ष विलो आदि पाए जाते हैं। जीव–जन्तुओं में गजेल जेब्रा, गैंडे, जंगली घोड़े, शेर, सांप, एवं विभिन्न प्रकार के पक्षी पाए जाते हैं।

(घ) जलीय बायोम—इस बायोम को दो भागों में विभक्त किया जा सकता है–

(i) **ताजा जल बायोम**—यह बायोम झीलों, नदियों और अन्य आर्द्र भूमि में मिलता है। यहां तापमान 1° से 2° सेंटीग्रेड के मध्य रहता है। दलदली मृदा का विस्तार तथा शैवाल व अन्य जलीय जीव मिलते हैं।

(ii) **समुद्री जल बायोम**—यह बायोम महासागरों, प्रवाल भित्ति, लैगून और ज्वारनदमुख आदि क्षेत्रों में मिलता है। समुद्री दलदली मृदा, शैवाल, अन्य जलीय व समुद्री पादप के साथ–साथ समुद्री जीव–जन्तु व प्राणी पाए जाते हैं।

(ङ) उच्च भूमि पर्वतीय बायोम—इस बायोम का विस्तार ऊंची पर्वतीय श्रेणियों के ढाल, जैसे–हिमालय, राकी, एण्डीज आदि पर्वतीय क्षेत्रों तक है। तापमान व वर्षा में भिन्नता पायी जाती है। रेगोलिथ मृदा का विस्तार तथा पर्णपाती से टुण्ड्रा प्रकार की वनस्पति मिलती है।

जैव भू-रासायनिक चक्र : ऊर्जा प्रवाह एवं जीवन का आधार

ऊर्जा का एकमात्र स्त्रोत सूर्य है। सूर्य से प्राप्त ऊर्जा ही विभिन्न प्रक्रियाओं के अन्तर्गत भिन्न–भिन्न प्राणियों तक पहुंचती है। ये विभिन्न प्रक्रियाएं जैव भू–रासायनिक चक्र के तहत सम्पन्न होती हैं। इस प्रकार जैव भू–रासायनिक चक्र ऊर्जा प्रवाह एवं जीवन का आधार है।

सौर ऊर्जा जैवमण्डल में प्रकाश संश्लेषण–क्रिया द्वारा जीवन प्रक्रिया शुरू करती है, जो हरे पौधों के लिए भोजन और ऊर्जा का मुख्य आधार है। प्रकाश संश्लेषण के दौरान कार्बन डाई–ऑक्साइड, ऑक्सीजन व कार्बनिक यौगिक में बदल जाती है। धरती पर पहुंचने वाले सूर्यातप का केवल 0.1% हिस्सा प्रकाश संश्लेषण प्रक्रिया में काम आता है। इसका आधे से अधिक भाग पौधे की श्वसन–विसर्जन क्रिया में तथा शेष भाग अस्थाई रूप से पौधे के अन्य भागों में संचित हो जाता है। पृथ्वी पर जीवन भिन्न–भिन्न प्रकार के जीवित जीवों के रूप में पाया जाता है। ये जीवधारी विविध प्रकार के पारिस्थितिकीय अंतर्संबन्धों पर जीवित रहते हैं। जीवधारी बहुलता व विविधता में ही जीवित रह सकते हैं। जीवित रहने की प्रक्रिया में उपयुक्त प्रवाह, जैसे–ऊर्जा, जल और पोषक तत्वों की उपस्थिति शामिल है। इनकी उपलब्धता विश्व के भिन्न–भिन्न हिस्सों में अलग–अलग है। यह भिन्नता क्षेत्रीय होने के साथ–साथ वर्ष के 12 महीनों में भी भिन्न है। विभिन्न अध्ययनों से पता चलता है कि पिछले 100 करोड़ वर्षों में वायुमण्डल और जलमण्डल की संरचना में रासायनिक घटकों का सन्तुलन लगभग एक जैसा अर्थात् परिवर्तन रहित रहा है। रासायनिक तत्वों का यह सन्तुलन पौधे तथा प्राणी ऊतकों से होने वाले चक्रीय प्रवाह के द्वारा बना रहता है। यह चक्र जीवों द्वारा रासायनिक तत्वों के अवशोषण से शुरू होता है और उनके वायु, जल व मिट्टी में विघटन से पुनः आरम्भ होता है। ये चक्र मुख्यतः सौर ताप से संचालित होते हैं।

जैवमण्डल में जीवधारी और पर्यावरण के मध्य ये रासायनिक तत्वों के चक्रीय प्रवाह जैव भू–रासायनिक चक्र (Biogeochemical cycles) कहे जाते हैं। 'बायो' (Bio) का अर्थ है जीव तथा 'ज्यो' (Geo) का तात्पर्य पृथ्वी पर उपस्थित चट्टानें, मिट्टी, वायु तथा जल से है। जैव भू–रासायनिक चक्र दो प्रकार के हैं–एक गैसीय (Gaseous cycle) और दूसरा तलछटी चक्र (Sedimentary cycle), गैसीय चक्र में पदार्थ का मुख्य भण्डार/स्त्रोत वायुमण्डल और महासागर हैं। तलछटी चक्र के प्रमुख भण्डार पृथ्वी की भूपर्पटी पर पाई जाने वाली मिट्टी, तलछट और अन्य चट्टानें हैं।

प्रकृति में कार्बन चक्र

जीवधारियों के कुल शुष्क भार में कार्बन का लगभग 50 प्रतिशत हिस्सा रहता है। कार्बन चक्र का प्रारम्भ हरे पौधों द्वारा प्रकाश संश्लेषण के लिए आवश्यक कार्बन डाई–ऑक्साइड के अवशोषण से होता है। इस प्रक्रिया से कार्बोहाइड्रेट्स और ग्लूकोज का निर्माण होता है जो कार्बनिक यौगिकों, जैसे–स्टार्च, सैल्यूलोस तथा सुक्रोज के रूप में पौधों में संचित हो जाता है। इस प्रकार हरे पौधों द्वारा संग्रहित कार्बन के भण्डार को जैविक कार्बन भण्डार कहते हैं।

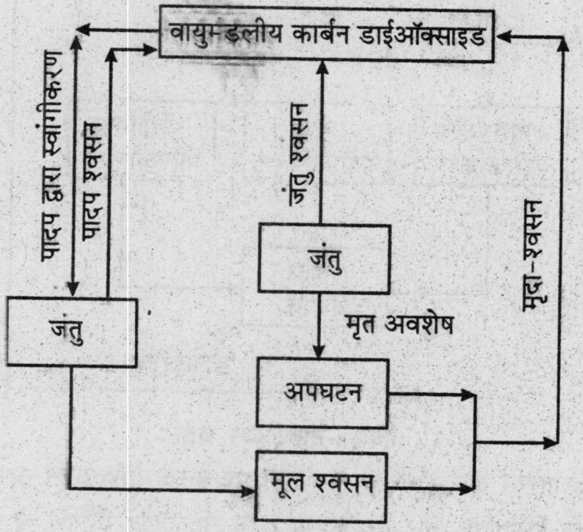

चित्र-कार्बन चक्र

संचित कार्बोहाइड्रेट्स का कुछ हिस्सा सीधे पौधों द्वारा अपनी जैविक क्रियाओं में प्रयुक्त कर लिया जाता है। हरे पौधों द्वारा अप्रयुक्त कार्बोहाइड्रेट पौधों के ऊतकों में संचित हो जाती है। ये पौधे या तो शाकाहारी जीवों का भोजन बनते हैं या इनके मृत हो जाने पर सूक्ष्म जीवों द्वारा विघटित कर दिये जाते हैं। शाकाहारी जन्तुओं द्वारा उपभोग किये गये कार्बोहाइड्रेट्स को जन्तुओं द्वारा कार्बन डाई–ऑक्साइड में परिवर्तित कर श्वसन क्रिया द्वारा वायुमण्डल में छोड़ दिया जाता है जबकि जन्तुओं में संचित शेष कार्बोहाइड्रेट्स को जन्तुओं के मरने पर विघटकों द्वारा प्रयुक्त कर लिया जाता है। सूक्ष्म जीवाणुओं द्वारा ऑक्सीजन प्रक्रिया से कार्बोहाइड्रेट्स को कार्बन डाई–ऑक्साइड में बदलकर उसे पुनः वायुमण्डल में छोड़ दिया जाता है। इस प्रकार कार्बन चक्र चलता रहता है।

प्रकृति में ऑक्सीजन चक्र

वायुमण्डल में विद्यमान ऑक्सीजन पृथ्वी के सभी जीवधारियों के लिए एक अनिवार्य और सबसे अधिक महत्वपूर्ण घटक है। स्थल के हरे पौधे और सागरीय जल के पादप प्लवकों द्वारा प्रकाश संश्लेषण के समय वृहद् स्तर पर ऑक्सीजन का वायुमण्डल में निष्कासन किया जाता है।

कार्बोहाइड्रेट्स के ऑक्सीकरण में ऑक्सीजन का प्रयोग होता है जिससे ऊर्जा, जल और कार्बन डाई–ऑक्साइड विमुक्त होते हैं। नाइट्रोजन के साथ मिलकर यह नाइट्रेट बनाती है तथा बहुत से अन्य तत्वों तथा खनिजों के साथ मिलकर उनके ऑक्साइड निर्मित करती है। इस प्रकार प्रकृति में ऑक्सीजन चक्र चलता रहता है।

प्रकृति में नाइट्रोजन चक्र

वायु में स्वतन्त्र रूप से विद्यमान नाइट्रोजन को अधिकांश जीव सीधे ग्रहण करने में असमर्थ होते हैं। केवल कुछ मृदा बैक्टीरिया और ब्लू ग्रीन एलगी (Blue green algae) ही इसे सीधे गैसीय रूप में ग्रहण करने में सक्षम होते हैं। स्वतन्त्र नाइट्रोजन को मृदा बैक्टीरिया और नील हरित शैवाल वायुमण्डल से प्राप्त कर अमोनिया व नाइट्रेट में परिवर्तित करते रहते हैं।

महासागरों में निवास करने वाले कुछ सागरीय जीव मिट्टी में उपस्थित नाइट्रेट्स को नाइट्रोजन गैस में बदलकर उसे वायुमण्डल में विमुक्त कर देते हैं। वायुमण्डलीय नाइट्रोजन के इस तरह यौगिक रूप में उपलब्ध होने पर हरे पौधों में इसका स्वांगीकरण होता है। शाकाहारी जन्तुओं द्वारा इन पौधों के खाने पर इस नाइट्रोजन का कुछ भाग उनके शरीर में चला जाता है।

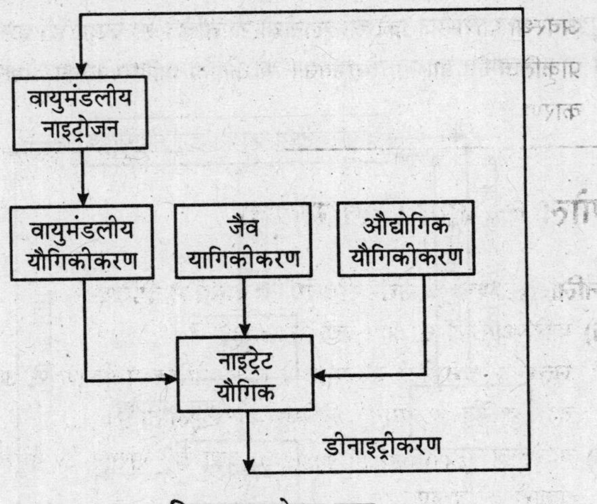

चित्र–नाइट्रोजन चक्र

जीवधारियों और पौधों के मृत होने पर इनके नाइट्रोजन अपशिष्ट मिट्टी में उपस्थित वियोजक और बैक्टीरिया द्वारा नाइट्राइट यौगिक में बदल दिया जाता है। मिट्टी में उपर्युक्त विधियों से प्राप्त नाइट्रेट्स का पौधों की जड़ों द्वारा अवशोषण कर लिया जाता है, जिससे हरे पौधों द्वारा पुनः नाइट्रोजन स्थिरीकरण हो जाता है। इस प्रकार प्रकृति में नाइट्रोजन चक्र निरंतर चलता रहता है।

प्रकृति में चलने वाले अन्य खनिज चक्र

जैवमण्डल में पेड़–पौधों तथा जीव–जन्तुओं के जीवन के लिए आवश्यक मुख्य भू–रासायनिक तत्वों जैसे–कार्बन, ऑक्सीजन, नाइट्रोजन और हाइड्रोजन के अतिरिक्त अन्य खनिज पदार्थ भी पर्याप्त मात्रा में पाये जाते हैं। ऐसे खनिज पदार्थों में फॉस्फोरस, कैल्सियम, सल्फर व पोटैशियम आदि प्रमुख हैं। प्रायः ये खनिज पदार्थ घुलनशील लवणों के रूप में मिट्टी, झील, नदियों एवं समुद्री जल में मिलते हैं। जल में घुलनशील खनिज पदार्थ जल चक्र में शामिल हो जाते हैं तो ये अपक्षय की प्रक्रिया द्वारा पृथ्वी की पर्पटी पर तत्पश्चात् समुद्र तक पहुच जाते हैं।

सभी जीव–जन्तु अपने पर्यावरण में घुलनशील अवस्था में उपस्थित खनिज पदार्थों से ही अपनी खनिजों की आवश्यकताओं की पूर्ति करते हैं। कुछ अन्य जीव–जन्तु, पेड़–पौधों तथा प्राणियों के भक्षण से इन खनिजों को प्राप्त करते हैं। जीव–जन्तुओं की मृत्यु के पश्चात् ये खनिज अपघटित तथा प्रवाहित होकर मिट्टी व जल में मिल जाते हैं। इस प्रकार यह चक्र चलता रहता है।

पारिस्थितिक सन्तुलन

पारिस्थितिकी तन्त्र या आवास में जीवों के समुदाय में परस्पर गतिक साम्यता की अवस्था को पारिस्थितिक सन्तुलन कहा जाता है। यदि किसी पारिस्थितिकी तन्त्र में मानवीय अथवा प्राकृतिक शक्तियों द्वारा अचानक असन्तुलन पैदा कर दिया जाये तो पारिस्थितिकी तन्त्र की स्वसाम्यावस्थित व्यवस्था (Homeostatic Mechanism) उसकी क्षतिपूर्ति कर उसे शीघ्र ही सन्तुलन की स्थिति में ला देती है।

पारिस्थितिक असन्तुलन को दूर करने के महत्वपूर्ण उपाय–पारिस्थितिक असन्तुलन को दूर करने के महत्वपूर्ण उपाय निम्नलिखित हैं–

(i) पारिस्थितिक तन्त्र में जीवधारियों की विविधता अपेक्षाकृत स्थायी रहे और प्राकृतिक अनुक्रमण (Natural Succession) के द्वारा इसमें परिवर्तन भी होते रहें। यह सन्तुलन निश्चित प्रजातियों में प्रतिस्पर्धा एवं परस्पर सहयोग से होता है।

(ii) कुछ प्रजातियां अपने भोजन और जीवित रहने के लिए दूसरी प्रजातियों पर निर्भर रहती हैं, जिससे प्रजातियों की संख्या निश्चित रहती है व सन्तुलन बना रहता है।

(iii) पौधों के पारिस्थितिकी सन्तुलन में परिवर्तन के कई कारण हैं, जैसे–स्थानान्तरित कृषि करने से घास, बांस और चीड़ आदि के वृक्ष प्रारम्भिक प्रजातियों के स्थान पर उग आते हैं तथा प्रारम्भिक वनों की संरचना को बदल देते हैं।

(iv) पादप समुदाय में मानवीय हस्तक्षेप को प्रतिबन्धित कर देना चाहिए।

(v) जनसंख्या के बढ़ते दबाव को कम करने के लिये प्रभावी उपाय किये जाने चाहिए।

(vi) जीवों में विविधता वहां के पर्यावरणीय कारकों का संकेतक है। इन कारकों का समुचित ज्ञान व समझ पारितन्त्र के सन्तुलन में सहायक होता है।

यह भी जानिए

पारिस्थितिकी अनुकूलन–विभिन्न प्रकार के पर्यावरण व विभिन्न परिस्थितियों में भिन्न प्रकार के पारितन्त्र मिलते हैं, जहां अलग–अलग प्रकार के पौधे तथा जीव–जन्तु विकासक्रम द्वारा उस पर्यावरण के साथ सामंजस्य स्थापित कर लेते हैं जिसे पारिस्थितिकी अनुकूलन कहा जाता है।

पारिस्थितिकी एवं पारिस्थितिकी विज्ञान में अन्तर–पारिस्थितिकी– जीवधारियों का आपस में व उनका भौतिक पर्यावरण से अन्तरसम्बन्धों का वैज्ञानिक अध्ययन पारिस्थितिकी कहलाता है।

पारिस्थितिकी विज्ञान–जैविक व अजैविक घटकों के पारस्परिक सम्पर्क के अध्ययन को पारिस्थितिकी विज्ञान कहा जाता है।

पारितन्त्र एवं पारिस्थितिक अनुकूलन में अन्तर

पारितन्त्र–किसी विशेष क्षेत्र में किसी विशेष समूह के जीवधारियों का अजैविक तत्वों से ऐसा अंतर्सबन्ध जिसमें ऊर्जा प्रवाह व पोषण शृंखलाएं स्पष्ट रूप से समयोजित हों, उसे पारितन्त्र कहा जाता है।

पारिस्थितिक अनुकूलन–विभिन्न प्रकार के पर्यावरण में विभिन्न प्रकार के पारितन्त्र पाये जाते हैं जहां अलग–अलग प्रकार के पौधे व जीव–जन्तु उस पर्यावरण के प्रति अभ्यस्त हो जाते हैं। इसे पारिस्थितिकी अनुकूलन कहा जाता है।

पोषण स्तर–पारिस्थितिक तन्त्र में ऊर्जा का उपभोग और संचरण एक पदानुक्रम में सम्पन्न होता है। पदानुक्रम में आहार के रूप में ऊर्जा का शाकाहारियों से मांसाहारियों में स्थानान्तरण होता है। यह पद्धति पोषण स्तर कहलाती है। एक खाद्य शृंखला में चार पोषण स्तर होते हैं–

(क) प्रथम पोषण स्तर–इसे खाद्य शृंखला का आधार स्तर भी कहते हैं। इनसे निर्मित ऊर्जा द्वितीय पोषण स्तर के जन्तुओं के काम आती है

(ख) द्वितीय पोषण स्तर–इस पोषण स्तर में प्रथम पोषण स्तर पर निर्भर शाकाहारी जन्तु शामिल होते हैं; यथा–गाय, भैंस, ऊंट, खरगोश और अन्य शाकाहारी जीव।

(ग) तृतीय पोषण स्तर–इसके अन्तर्गत मांसभक्षी जन्तु आते हैं जो पोषण स्तर द्वितीय के शाकाहारी जन्तुओं को भोजन के रूप में प्रयुक्त करते हैं।

(घ) चतुर्थ पोषण स्तर–जो जन्तु उक्त तीनों पोषण स्तरों को आहार बनाते हैं। इस स्तर में सम्मिलित किये जाते हैं। उदाहरण के रूप में–मानव।

स्मरणीय बिन्दु

- जैवमण्डल और उसके घटक पर्यावरण के बहुत महत्वपूर्ण तत्व हैं ये तत्व अन्य प्राकृतिक कारकों, जैसे–भूमि, जल व मिट्टी के साथ पारस्परिक क्रिया करते हैं।
- पारिस्थितिकी जीवधारियों के जन्म, विकास, वितरण, प्रवृत्ति से सम्बन्धित है।
- पारिस्थितिकी (Ecology) शब्द दो शब्दों (Oikos) ओइकोस और (Logy) लॉजी से मिलकर बना है। ई. हैक्किल ने सर्वप्रथम इस शब्द का प्रयोग किया।
- विशेष क्षेत्र में विशेष समूह के जीवधारियों का अजैविक तत्वों से ऐसा अन्तर्सम्बन्ध जिसमें ऊर्जा प्रवाह और पोषण शृंखलाएं स्पष्ट रूप से समायोजित हों, उसे पारितन्त्र कहा जाता है।
- विशेष दशाओं में पादप और जन्तुओं के अन्तरसम्बन्धों के कुल योग को बायोम कहा जाता है। पृथ्वी पर विभिन्न बायोम की सीमा का निर्धारण जलवायु एव अपक्षय सम्बन्धी तत्व करते हैं। जलीय पारितन्त्र को सागरीय व ताजे जल के पारितन्त्र में विभक्त किया जाता है।
- सभी पारितन्त्रों में जैविक व अजैविक कारक होते हैं। जैविक कारकों में उत्पादक, उपभोक्ता (प्राथमिक, द्वितीयक व तृतीयक) तथा अपघटक सम्मिलित हैं। अजैविक कारकों में तापमान, वर्षा, सूर्य का प्रकाश, आर्द्रता, मृदा की स्थिति और अकार्बनिक तत्व आदि सम्मिलित हैं।
- सूर्य ऊर्जा का मूल स्त्रोत है जिस पर सम्पूर्ण जैव जगत् का जीवन निर्भर है। सौर ऊर्जा ही जैवमण्डल में प्रकाश संश्लेषण क्रिया द्वारा जीवन प्रारम्भ करती है।
- जीवधारी व पर्यावरण के मध्य रासायनिक तत्वों का चक्रीय प्रवाह जैव भू–रासायनिक चक्र कहलाता है। इसमें जल चक्र, कार्बन चक्र, ऑक्सीजन चक्र, नाइट्रोजन चक्र आदि शामिल होते हैं।
- किसी पारितन्त्र में जीवों के समुदाय में परस्पर गतिक साम्यता की अवस्था पारिस्थितिकी सन्तुलन कहलाती है। नई प्रजातियों का आगमन, प्राकृतिक विपदाएं एवं मानवजनित कारक पारिस्थितिकी असन्तुलन के कारण हैं।

एन.सी.ई.आर.टी. पाठ्यपुस्तक भूगोल के प्रश्न (हल सहित)

बहुविकल्पीय प्रश्न

(i) निम्नलिखित में से कौन जैवमण्डल में सम्मिलित है ?

(क) केवल पौधे

(ख) केवल प्राणी

(ग) सभी जैव व अजैव जीव

(घ) सभी जीवित जीव

(ii) उष्ण कटिबन्धीय घास के मैदान निम्न में से किस नाम से जाने जाते हैं?

(क) प्रेयरी (ख) स्टैपी

(ग) सवाना (घ) इनमें से कोई नहीं

(iii) चट्टानों में पाए जाने वाले लौहांश के साथ ऑक्सीजन मिलकर निम्नलिखित में से क्या बनाती है ?

(क) आयरन कार्बोनेट (ख) आयरन ऑक्साइड

(ग) आयरन नाइट्राइट (घ) आयरन सल्फेट

(iv) प्रकाश–संश्लेषण प्रक्रिया के दौरान, प्रकाश की उपस्थिति में कार्बन डाई–ऑक्साइड जल के साथ मिलकर क्या बनाती है ?

(क) प्रोटीन (ख) कार्बोहाइड्रेट्स

(ग) एमिनो एसिड (घ) विटामिन

उत्तर–(i) (घ), (ii) (ग), (iii) (ख), (iv) (ख)।

निम्नलिखित प्रश्नों के उत्तर लगभग 30 शब्दों में दीजिए–

(i) पारिस्थितिकी से आप क्या समझते हैं ?

उत्तर–जीवधारियों का परस्पर तथा भौतिक पर्यावरण से अन्तर्सम्बन्धों का वैज्ञानिक अध्ययन पारिस्थितिकी कहलाता है।

(ii) पारितन्त्र (Ecological system) क्या है? संसार के प्रमुख पारितन्त्र प्रकारों को बताए।

उत्तर–विशेष क्षेत्र में विशेष समूह के जीवधारियों का भूमि, जल अथवा वायु से ऐसा अन्तर्सम्बन्ध जिसमें ऊर्जा प्रवाह व पोषण शृंखलाएं स्पष्ट रूप से समायोजित हों, पारितन्त्र कहा जाता है।

पारितन्त्र मुख्यतः दो प्रकार का होता है–(i) स्थलीय, (ii) जलीय।

(iii) खाद्य शृंखला क्या है ? चराई खाद्य शृंखला का एक उदाहरण देते हुए इसके अनेक स्तर बताएं।

उत्तर–जीवधारियों में ऊर्जा के आदान–प्रदान की जो शृंखला बनती है, उसे खाद्य शृंखला कहा जाता है। इस चक्र में खाद्य–ऊर्जा भोज्य से भोजक को स्थानान्तरित होती है।

चराई खाद्य शृंखला का उदाहरण–पादप प्लवक–प्राणी प्लवक–छोटी मछली–बड़ी मछली–मानव।

(iv) खाद्य जाल (Food Web) से आप क्या समझते हैं? उदाहरण सहित बताएं।

उत्तर—पारिस्थितिकी तन्त्र की विभिन्न आहार शृंखलाएं परस्पर सम्बन्धित होती हैं। सम्बद्ध शृंखलाओं का सम्मिलित रूप खाद्य जाल कहलाता है। एक चूहा जो अन्न पर निर्भर है, वह अनेक द्वितीयक उपभोक्ताओं का भोजन है। इसी प्रकार तृतीयक मांसाहारी अनेक द्वितीयक जीवों से अपने भोजन की पूर्ति करते हैं।

(v) बायोम (Biome) क्या है ?

उत्तर—पौधों तथा प्राणियों का समुदाय, जो एक बड़े भौगोलिक क्षेत्र पर मिलता है, बायोम कहलाता है। बायोम निम्नलिखित प्रकार के होते हैं—(i) वन बायोम, (ii) मरुस्थलीय बायोम, (iii) घास भूमि बायोम, (iv) जलीय बायोम, (v) पर्वतीय बायोम।

निम्नलिखित प्रश्नों के उत्तर लगभग 150 शब्दों में दीजिए—

(i) संसार के विभिन्न वन बायोम (Forest Biomes) की महत्वपूर्ण विशेषताओं का वर्णन करें।

उत्तर—विश्व में निम्नलिखित चार प्रकार के वन बायोम मिलते हैं—

1. **भूमध्यरेखीय वन बायोम की महत्वपूर्ण विशेषताएं**—भूमध्यरेखीय वन बायोम की प्रमुख विशेषताएं इस प्रकार हैं—
   इस वन बायोम में लगभग 20° से 25° से. के मध्य तापमान मिलते हैं। इस वन बायोम में मिलने वाली मिट्टी अम्लीय होती हैं तथा उसमें पोषक तत्वों की कमी होती है। इस बायोम में असंख्य प्रजातियों के वृक्षों के झुंड मिलते हैं। यह वृक्ष लम्बे तथा सघन होते हैं।
2. **पर्णपाती वन बायोम की महत्वपूर्ण विशेषताएं**—पर्णपाती वन बायोम में तापमान 25° से 30° से. के मध्य रहते हैं तथा एक ऋतु में वर्षा का वार्षिक औसत 100 सेमी रहता है। इस वन बायोम की मिट्टी में पोषक तत्व पर्याप्त मात्रा में मिलते हैं। इस बायोम में मध्यम ऊंचाई के कम घने वृक्ष मिलते हैं, जिनमें एक साथ अनेक प्रजातियां मिलती हैं।
3. **शीतोष्ण कटिबन्धीय वन बायोम की महत्वपूर्ण विशेषताएं**—शीतोष्ण कटिबन्धीय वन बायोम में तापमान 20° से 30° से. के मध्य मिलते हैं। वार्षिक वर्षा 75 से 150 सेमी. के मध्य वर्षपर्यन्त समान रूप से वितरित पाई जाती है। इस बायोम की मिट्टी उपजाऊ तथा अपघटक जीवों से सम्पन्न होती है। इस बायोम में मध्यम, सघन व चौड़े पत्तों वाले वृक्ष मिलते हैं। इसमें पौधों की प्रजातियों में कम विविधता मिलती है। ओक, बीच, मेप्पल यहां मिलने वाले प्रमुख वृक्ष हैं।
4. **बोरियल वन बायोम की महत्वपूर्ण विशेषताएं**—बोरियल वन बायोम में छोटी आर्द्र ऋतु व मध्यम रूप से गर्म ग्रीष्म ऋतु तथा वर्षारहित लम्बी शीत ऋतु मिलती है। इस बायोम की मृदा अम्लीय तथा पोषक तत्वों की कमी रखने वाली होती है। मिट्टी की अपेक्षाकृत पतली परत मिलती है। इस बायोम में सदाबहार कोणधारी वन, जैसे—पाइन, फर तथा स्प्रूस प्रमुख रूप से पाये जाते हैं।

(ii) जैव भू–रासायनिक चक्र (Biogeochemical Cycle) क्या है? वायुमण्डल में नाइट्रोजन का यौगिकीकरण (Fixation) कैसे होता है ? वर्णन करें।

उत्तर—जैव भू–रासायनिक चक्र—जैवमण्डल में जीवधारियों और पर्यावरण के बीच रासायनिक तत्वों के चक्रीय प्रवाह को जैव भू–रासायनिक चक्र कहते हैं।

नाइट्रोजन का यौगिकीकरण—वायु में स्वतन्त्र रूप से पायी जाने वाली नाइट्रोजन को अधिकांश जीव सीधे ग्रहण करने में असमर्थ होते हैं। सामान्यतः नाइट्रोजन यौगिकीकरण (Fixation) द्वारा ही प्रयोग में लायी जाती है। स्वतन्त्र नाइट्रोजन को मृदा बैक्टीरिया और नील हरित शैवाल वायुमण्डल से प्राप्त कर अमोनिया व नाइट्रेट में बदलते रहते हैं। वायुमण्डल में तड़ित विसर्जन (Lightening) और अन्तरिक्ष विकिरण (Cosmic Radiation) के दौरान उपस्थित कुछ नाइट्रोजन का नाइट्रोजन ऑक्साइड के रूप में यौगिकीकरण हो जाता है।

महासागरों में मिलने वाले कुछ सागरीय जीव मिट्टी में उपस्थित नाइट्रेट्स को नाइट्रोजन गैस में बदलकर उसे वायुमण्डल में विमुक्त कर देते हैं। वायुमण्डलीय नाइट्रोजन के इस तरह यौगिक रूप में उपलब्ध होने पर हरे पौधों में इसका स्वांगीकरण होता है। शाकाहारी जन्तुओं द्वारा इन पौधों के खाने पर इस नाइट्रोजन का कुछ भाग उनके शरीर में चला जाता है।

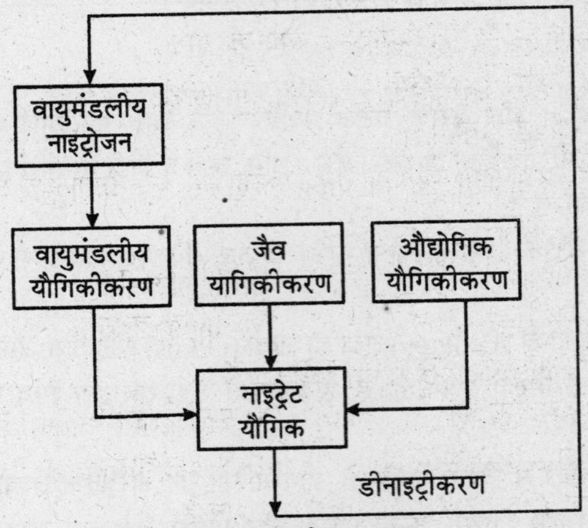

चित्र—नाइट्रोजन चक्र

जीवधारियों और पौधों के मृत होने पर इनके नाइट्रोजन अपशिष्ट मिट्टी में उपस्थित वियोजक तथा जीवाणुओं द्वारा नाइट्राइट यौगिक में परिवर्तित कर दिया जाता है। मिट्टी द्वारा प्राप्त नाइट्रेट्स का पौधों की जड़ों द्वारा अवशोषण कर लिया जाता है, जिससे हरे पौधों द्वारा पुनः नाइट्रोजन स्थिरीकरण हो जाता है।

(iii) पारिस्थितिक सन्तुलन (Ecological Balance) क्या है ? इसके असन्तुलन को रोकने के महत्वपूर्ण उपायों की चर्चा करें।

उत्तर—

पारिस्थितिक सन्तुलन

पारिस्थितिकी तन्त्र में जीवों के समुदाय में परस्पर गतिक साम्यता की अवस्था को पारिस्थितिक सन्तुलन कहा जाता है। यदि किसी पारिस्थितिकी तन्त्र में अचानक असन्तुलन पैदा कर दिया जाये तो पारिस्थितिकी तन्त्र की स्वसाम्यावस्थित व्यवस्था (Homeostatic Mechanism) उसकी क्षतिपूर्ति कर उसे शीघ्र ही सन्तुलन की स्थिति में ला देती है।

पारिस्थितिकी असन्तुलन को दूर करने के महत्वपूर्ण उपाय—पारिस्थितिकी असन्तुलन को दूर करने के महत्वपूर्ण उपाय निम्नलिखित हैं—

(i) पारिस्थितिकी तन्त्र में जीवधारियों की विधिवता अपेक्षाकृत स्थायी रहे तथा प्राकृतिक अनुक्रमण (Natural Succession) के द्वारा इसमें परिवर्तन भी होते रहें।

(ii) कुछ प्रजातियां जीवित रहने के लिए दूसरी प्रजातियों पर निर्भर रहती हैं, जिससे प्रजातियों की संख्या निश्चित रहती है तथा सन्तुलन बना रहता है।

(iii) पादप समुदाय की गतिविधियों में मानवीय हस्तक्षेप को प्रतिबन्धित कर देना चाहिए।

(iv) प्राकृतिक संसाधनों पर जनसंख्या दबाव को कम करने के लिए प्रभावी उपाय किए जाने चाहिए।

(v) जीवों में विविधता वहां के पर्यावरणीय कारकों का संकेतक है। इस कारकों का समुचित ज्ञान पारितन्त्र के सन्तुलन में सहायक है।

अभ्यासार्थ प्रश्न

बहुविकल्पीय प्रश्न

1. जैवमण्डल में समाहित है—
(अ) जैविक संघटक (ब) अजैविक संघटक
(स) ऊर्जा घटक (द) सभी
2. पारिस्थितिकी के परिप्रेक्ष्य में आवास (Habitat) है—
(अ) पर्यावरण के भौतिक कारकों का योग
(ब) पर्यावरण के रासायनिक कारकों का योग
(स) पर्यावरण के भौतिक व रासायनिक कारकों का योग
(द) उपर्युक्त सभी
3. पौधों और प्राणियों का एक समुदाय जो एक बड़े भौगोलिक क्षेत्र में पाया जाता है, कहा जाता है—
(अ) बायोम (ब) पारिस्थितिकी
(स) पारितन्त्र (द) भौतिक कारक
4. निम्नलिखित में बोरियल वन उदाहरण है—
(अ) वन बायोम का (ब) मरुस्थलीय बायोम का
(स) घास भूमि बायोम का (द) जलीय बायोम का
5. वायुमण्डल में नाइट्रोजन प्राप्ति में योगदान है—
(अ) नाइट्रोजन स्थिरीकरण जीवाणुओं का
(ब) ज्वालामुखी उद्‌गारों का
(स) तड़ित विसर्जन का
(द) उपर्युक्त सभी का

[**उत्तर**—1. (द), 2. (स), 3. (अ), 4. (अ), 5. (द)।]

अति लघु उत्तरीय प्रश्न

1. संसार के प्रमुख पारितन्त्रों का नामोल्लेख कीजिए।
उत्तर—(i) वन क्षेत्र, (ii) घास क्षेत्र, (iii) मरुस्थल, (iv) टुण्ड्रा प्रदेश।
2. जलीय पारितन्त्र को कितने हिस्सों में विभक्त किया जा सकता है ?
उत्तर—(i) समुद्री पारितन्त्र, (ii) ताजे जल का पारितन्त्र।
3. समुद्री पारितन्त्र में कौन–कौन से पारितन्त्र समाहित हैं ?
उत्तर—(i) महासागरीय, (ii) ज्वार नद मुख (iii) प्रवाह भित्ति पारितन्त्र।
4. प्रथम श्रेणी के उपभोक्ता का नामोल्लेख कीजिए।
उत्तर—हिरण, बकरी, चूहे और पौधों पर निर्भर सभी जीव।
5. द्वितीय श्रेणी के उपभोक्ता का नामोल्लेख कीजिए।
उत्तर—सांप, बाघ, शेर, मांसाहारी जन्तु आदि।
6. ऊर्जा प्रवाह को स्पष्ट करें।
उत्तर—खाद्य–शृंखला की प्रक्रिया में एक स्तर से दूसरे स्तर पर ऊर्जा के रूपान्तरण को ऊर्जा प्रवाह कहा जाता है।
7. खाद्य–शृंखला के प्रकारों का उल्लेख कीजिए।
उत्तर—(i) चराई खाद्य शृंखला, (ii) अपरदन खाद्य शृंखला।
8. चराई खाद्य शृंखला को स्पष्ट कीजिए।
उत्तर—चराई खाद्य शृंखला पौधों से शुरू होकर मांसाहारी तक जाती है जिसमें शाकाहारी मध्यम स्तर पर हैं। प्रत्येक स्तर पर ऊर्जा का ह्रास होता है जिसमें श्वसन, उत्सर्जन एवं विघटन आदि प्रक्रियाएं सम्मिलित हैं।
9. उष्ण कटिबन्धीय वन बायोम के प्रकारों का उल्लेख कीजिए।
उत्तर—(i) भूमध्य रेखीय वन बायोम, (ii) पर्णपाती वन बायोम।
10. प्रकृति में ऊर्जा का मूल स्त्रोत क्या है ?
उत्तर—ऊर्जा का मूल स्त्रोत सूर्य है।
11. जल–चक्र क्या है ?
उत्तर—सभी जीवधारी वायुमण्डल और स्थलमण्डल में जल का एक चक्र बनाये रखते हैं जो तरल, गैस और ठोस अवस्था में होता है, इसे ही जल चक्र कहते हैं।
12. प्रकृति में पर्यावरण असन्तुलन का क्या दुष्प्रभाव बताइए।
उत्तर—प्रकृति में पर्यावरण असन्तुलन से प्राकृतिक आपदाएं आती हैं।

लघु उत्तरीय प्रश्न

1. जैव मंडल के विभिन्न घटकों की भूमिका का विवरण प्रस्तुत कीजिए।
2. पारिस्थितिक अनुकूलन को समझाइए।
3. इकालॉजी (Ecology) शब्द का विश्लेषण कीजिए।
4. पारिस्थितिकी और पारिस्थितिकी विज्ञान में अंतर स्पष्ट कीजिए।
5. डि–नाइट्रीकरण की प्रक्रिया से आप क्या समझते हैं? स्पष्ट कीजिए।
6. पारितंत्र और पारिस्थितिक अनुकूलन में भेद कीजिए।
7. पारितंत्रों के प्रमुख प्रकारों का संक्षिप्त विवरण प्रस्तुत कीजिए।
8. पारिस्थितिक तंत्र में खाद्य शृंखला की स्थिति को स्पष्ट कीजिए।
9. वन बायोम के प्रकारों का उल्लेख करते हुए किसी एक प्रकार क विवरण प्रस्तुत कीजिए।
10. पर्णपाती वन बायोम की प्रमुख विशेषताओं का उल्लेख कीजिए।
11. शीतोष्ण कटिबंधीय बायोम की मुख्य विशेषताओं को लिखिए।
12. बोरियल वन बायोम का विवरण प्रस्तुत कीजिए।
13. पारिस्थितिक असंतुलन के प्रभावों का उल्लेख कीजिए।
14. पारिस्थितिक असंतुलन को दूर करने के उपायों का विवरण दीजिए।

विस्तृत उत्तरीय प्रश्न

1. पारिस्थितिकी तन्त्र की स्कलपना को स्पष्ट करते हुए इसके घटकों और कार्य–प्रणाली का विवरण प्रस्तुत कीजिए।

अथवा

पारिस्थितिकी तंत्र की कार्य प्रणाली और संरचना को विस्तारपूर्वक समझाइए।

2. कार्बन चक्र एवं ऑक्सीजन चक्र का विस्तृत विवरण प्रस्तुत कीजिए।

अथवा

प्रकृति में ऑक्सीजन एव कार्बन चक्र किस प्रकार अपनी भूमिका का निर्वाह करते हैं? परीक्षण कीजिए।

3. प्रकृति में खनिज चक्र की प्रक्रिया का विस्तृत विवरण प्रस्तुत कीजिए।

अथवा

पारितंत्र/पारिस्थितिकी तंत्र में खनिज चक्र की उपयोगिता का परीक्षण कीजिए।

16 जैव विविधता एवं संरक्षण

किसी निश्चित भौगोलिक क्षेत्र में पाए जाने वाले जीवों की संख्या और उनकी विविधता जैव विविधता कही जाती है। वर्तमान में जो जैव विविधता विद्यमान है वह 2.5 – 3.5 अरब वर्षों के विकास का परिणाम है। मानव के जीवन के शुरू होने से पहले, धरातल पर जैव विविधता किसी भी अन्य युग से अधिक थी।

मानव के अस्तित्व में आने के पश्चात् जैव विविधता में तीव्र गति से कमी आने लगी। इसका कारण मानव द्वारा किसी एक या अन्य प्रजाति का आवश्यकता से अधिक उपभोग था। अभी तक के अनुमान के अनुसार विश्व में कुल प्रजातियों की संख्या 20 लाख से 10 करोड़ तक है। नई प्रजतियों की खोज अनवरत जारी है। उल्लेखनीय तथ्य यह है कि उष्ण कटिबन्धीय वनों में जैव विविधता की अधिकता है।

जैव विविधता : सतत् विकास का तंत्र

'जैव विविधता' दो शब्दों के मेल से निर्मित है, (BIO) 'बायो' का अर्थ है–जीव और डाइवर्सिटी (Diversity) का अर्थ है–विविधता। सामान्यतया किसी निश्चित भौगोलिक क्षेत्र में पाये जाने वाले जीवों की संख्या तथा उनकी विविधता को जैव–विविधता कहा जाता है। इसका सम्बन्ध पौधों के प्रकार, प्राणियों व सूक्ष्म जीवाणुओं से है। यह पृथ्वी पर पाए जाने वाले जीवधारियों की परिवर्तनशीलता, एक ही प्रजाति और विभिन्न प्रजातियों में परिवर्तनशीलता तथा विभिन्न पारितंत्रों में विविधता से सम्बन्धित है। जैव–विविधता सजीव संपदा है। यह विकास के लाखों वर्षों के इतिहास का परिणाम है।

प्रजातियों के दृष्टिकोण से तथा अकेले जीवधारी के सन्दर्भ में जैव–विविधता सतत् विकास का तंत्र है। पृथ्वी पर किसी प्रजाति की औसत आयु 10-40 लाख वर्ष होने का अनुमान है। ऐसा भी माना जाता है कि लगभग 99 प्रतिशत प्रजातियां, जो कभी पृथ्वी पर रहती थीं, आज लुप्त हो चुकी हैं। पृथ्वी पर जैव–विविधता एक जैसी नहीं है। जैव–विविधता उष्ण कटिबंधीय प्रदेशों में अधिक होती है। जैसे–जैसे हम ध्रुवीय प्रदेशों की ओर बढ़ते हैं, प्रजातियों की विविधता तो कम होती जाती है। किन्तु जीवधारियों की संख्या अधिक होती जाती है।

जैव विविधता के विभिन्न स्तर

जैव विविधता का परिप्रेक्ष्य अत्यन्त वृहद् है। ऐसी स्थिति में इसे निम्नलिखित स्तरों के रूप में समझा जा सकता है–

(क) आनुवंशिक जैव विविधता–जीवन निर्माण के लिए जीन मूलभूत इकाई है। किसी प्रजाति में जीन की विविधता ही आनुवंशिक जैव विविधता कही जाती है। इस प्रकार की प्रजातियों की विविधता एक क्षेत्र में भी मिल सकती है और एक क्षेत्र से दूसरे क्षेत्र में भी मिल सकती है।

(ख) प्रजातीय विविधता–प्रजातीय विविधता के अन्तर्गत पृथ्वी पर निवास करने वाले जीवधारियों की लाखों प्रजातियां शामिल होती हैं। इसमें सूक्ष्मजीवधारी से लेकर विशालकाय जीवधारी सम्मिलित हैं। एक अनुमान के अनुसार विश्व में लगभग 10 करोड़ जैव प्रजातियां हैं।

(ग) पारितंत्रीय विविधता–वृहद् स्तर पर किसी प्रदेश में अनेक पारिस्थितिकी तन्त्र पाये जाते हैं। पारिस्थितिकी तन्त्र में जैव–विविधता जितनी अधिक होगी, पारिस्थितिकी तन्त्र की स्थिरता उतनी ही अधिक होगी। पारिस्थितिकी तन्त्र में किसी भी जीवधारी के भोजन के लिए अनेक जीव विद्यमान होते हैं।

जैव विविधता का महत्व–मानव संस्कृति के विकास में जैव विविधता का अत्यधिक योगदान रहा है। इसी प्रकार मानव समुदाय ने भी आनुवंशिक प्रजातीय और पारिस्थितिक स्तरों पर प्राकृतिक विविधता को बनाए रखने में अत्यधिक योगदान दिया है।

जैव विविधता के महत्व के परिप्रेक्ष्य में उसकी निम्नलिखित भूमिकाओं को समझना अत्यन्त आवश्यक है–

(क) जैव विविधता की पारिस्थितिकीय भूमिका–पारितंत्र में कोई भी प्रजाति बिना किसी कारण न तो विकसित हो सकती और न ही बनी रह सकती है। जीव और प्रजातियां ऊर्जा ग्रहण करके उसका संग्रहण करती हैं, कार्बनिक पदार्थ उत्पन्न और विघटित करती हैं तथा पारितंत्र में जल व पोषक तत्वों के चक्र को बनाए रखने में सहायक होती हैं। पारितंत्र में जितनी अधिक विविधता होगी प्रजातियों के प्रतिकूल स्थितियों में भी रहने की सम्भावना एवं उनकी उत्पादकता भी उतनी ही अधिक होगी। अधिक आनुवंशिक विविधता वाली प्रजातियों की तरह अधिक जैव विविधता वाले पारितंत्र में पर्यावरण के परिवर्तन को सहन करने की अधिक सक्षमता होती है। जिस पारितंत्र में जितने प्रकार की प्रणालियां होंगी, वह पारितंत्र उतना ही अधिक स्थायी होगा। इसे ही जैव विविधता की पारिस्थतिकीय भूमिका कहते हैं।

(ख) जैव विविधता की आर्थिक भूमिका–जैव–विविधता का एक महत्वपूर्ण भाग 'फसलों की विविधता' है, जिसे कृषि जैव–विविधता भी कहते हैं। जैव–विविधता को संसाधनों के उन भण्डारों के रूप में समझा जा सकता है, जिनकी उपयोगिता भोज्य पदार्थ, औषधियां तथा सौन्दर्य प्रसाधन आदि बनाने में है। जैव संसाधनों की ये परिकल्पना जैव–विविधता के विनाश के लिए भी उत्तरदायी है। साथ ही यह संसाधनों के विभाजन व बंटवारे को लेकर उत्पन्न नये विवादों का कारण भी है। खाद्य फसलें, पशु, वन संसाधन, मत्स्य तथा दवा संसाधन आदि कुछ ऐसे प्रमुख आर्थिक महत्व के उत्पाद हैं, जो मानव को जैव–विविधता के परिणामस्वरूप उपलब्ध होते हैं।

(ग) जैव विविधता की वैज्ञानिक भूमिका–जैव–विविधता इसलिए भी महत्वपूर्ण है, क्योंकि हर एक प्रजाति हमें यह संकेत दे सकती है कि जीवन की शुरुआत कैसे हुई और यह भविष्य में कैसे विकसित होगा। जीवन कैसे चलता है तथा पारितंत्र, जिसमें हम भी एक प्रजाति हैं, उसे बनाए रखने में प्रत्येक प्रजाति की क्या भूमिका है, इन्हें हम जैव–विविधता से समझ सकते हैं। हम सभी को यह तथ्य समझना चाहिए कि हम स्वयं जिएं और दूसरी प्रजातियों को भी जीने दें। हमारी नैतिक जिम्मेदारी है कि हमारे साथ समस्त प्रजातियों को स्वेच्छा से विलुप्त करना नैतिक रूप से गलत है। जैव–विविधता का स्तर अन्य जीवित प्रजातियों के साथ हमारे सम्बन्ध का एक अच्छा पैमाना है। वास्तव में जैव–विविधता की अवधारणा कई मानव संस्कृतियों का अभिन्न हिस्सा है।

जैव–विविधता का ह्रास–सूक्ष्मता से विश्लेषण करने पर जैव विविधता में ह्रास हेतु निम्नलिखित कारण स्पष्ट होते हैं–

(क) प्राकृतिक आवासों का विनाश–पिछले कुछ दशकों से विश्व में हो रही तीव्र जनसंख्या वृद्धि के कारण प्राकृतिक संसाधनों का उपभोग तीव्रता से

हुआ है जिससे जैव प्रजातियों और उनके आवास स्थानों में तेजी से कमी आई है। उष्ण कटिबन्धीय वर्षा वनों में विश्व की लगभग 50 प्रतिशत जैव प्रजातियां पायी जाती है। इन वनों का तेजी से हो रहा विनाश पूरे जैवमण्डल के लिए हानिकारक साबित हुआ है।

(ख) प्राकृतिक आपदाएं—भूकम्प बाढ़, ज्वालामुखी उद्‌गार, दावानल, सूखा जैसी प्राकृतिक आपदाओं के प्रकोप से भी जैव विविधता का ह्रास हुआ है।

(ग) विदेशज प्रजातियों का प्रवेश—जब किसी निवास क्षेत्र में विदेशज प्रजातियों का प्रवेश हो जाता है तो ऐसी स्थिति में उस निवास क्षेत्र में निवास कर रही मौलिक प्रजातियों का अस्तित्व खतरे में पड़ जाता है।

(घ) पारिस्थितिकी तन्त्रों में कीटनाशक और अन्य प्रदूषक पदार्थों का उपयोग उस तन्त्र की कमजोर प्रजातियों को नष्ट कर देता है।

(ङ) जंगली जीव–जन्तुओं का मांस, खालों व सीगों के लिए किया जाने वाला अवैध शिकार भी जैव–विविधता का ह्रास करता है।

जनसंख्या वृद्धि : जैव विविधता में ह्रास का सर्वनिष्ठ कारण

जैव विविधता में ह्रास के उपर्युक्त कारणों के साथ–साथ जनसंख्या वृद्धि इसके ह्रास का सर्वनिष्ठ कारण है। विश्व के अधिकांश देशों में पिछले कुछ दशकों से जनसंख्या वृद्धि के कारण प्राकृतिक संसाधनों का बहुत शोषण किया जा रहा है। जिसके कारण विश्व के विभिन्न भागों में प्रजातियों और उनके आवास स्थलों में तीव्र गति से कमी आती जा रही है। विशाल जनसंख्या के जीवनयापन के लिए प्राकृतिक संसाधनों का शोषण एवं वनोन्मूलन तीव्र गति से किया जा रहा है। उष्ण कटिबन्धीय वर्षा वाले वनों में पृथ्वी की लगभग 50 प्रतिशत प्रजातियां पायी जाती हैं जहां जीव जन्तुओं के प्राकृतिक आवासों का विनाश सम्पूर्ण जैवमण्डल के लिए हानिकारक साबित हुआ है। आज अनेक प्रजातियां लुप्त हो चुकी हैं और अनेक संकटग्रस्त स्थिति में है। अतः जनसंख्या वृद्धि जैव विविधता के ह्रास के लिए उत्तरदायी सर्वनिष्ठ कारण है।

जैव विविधता का संरक्षणात्मक वर्गीकरण—प्राकृतिक संसाधनों व पर्यावरण संरक्षण की अन्तर्राष्ट्रीय संस्था (IUCN) ने संकटापन्न पौधों और जीवों की प्रजातियों को उनके संरक्षण के उद्देश्य से अधोलिखित तीन वर्गों में विभक्त किया है–

(क) संकटापन्न प्रजातियां—इसमें वे सभी प्रजातियां शामिल हैं, जिनके लुप्त हो जाने का खतरा है। **इंटरनेशनल यूनियन फॉर द कंजरवेशन ऑफ नेचर एण्ड नेचुरल रिसोर्सेज (IUCN)** विश्व की सभी संकटापन्न प्रजातियों के बारे में (Red list) रेड लिस्ट के नाम से सूचना प्रकाशित करता है।

(ख) सुभेद्य प्रजातियां—इसमें वे प्रजातियां सम्मिलित हैं, जिन्हें यदि संरक्षित नहीं किया गया या उनके विलुप्त होने में सहयोगी कारक यदि जारी रहे तो निकट भविष्य में उनके विलुप्त होने का खतरा विद्यमान है। इनकी संख्या अत्यधिक कम होने के कारण इनका जीवित रहना अनिश्चित है।

(ग) दुर्लभ प्रजातियां—सम्पूर्ण विश्व में इन प्रजातियों की संख्या बहुत ही कम है। ये प्रजातियां कुछ ही स्थानों तक सीमित हैं अथवा बड़े क्षेत्र में अत्यन्त विरल में बिखरी हुई हैं।

जैव विविधता का संरक्षण—मानव के अस्तित्व को बनाए रखने के लिए जैव विविधता अत्यन्त आवश्यक है। जीवन का हर रूप एक दूसरे पर इतना निर्भर है कि किसी एक प्रजाति पर संकट आने से दूसरों में असंतुलन की स्थिति उत्पन्न हो जाती है। यदि पौधों तथा प्राणियों की प्रजातियां संकटापन्न होती हैं। तो इससे पर्यावरण में गिरावट उत्पन्न होती है और अन्ततोगत्वा मनुष्य का अपना अस्तित्व भी खतरे में पड़ सकता है।

यह अत्यन्त आवश्यक है कि मानव को पर्यावरण–मैत्री सम्बन्धी पद्धतियों के प्रति जागरूक किया जाए व विकास की ऐसी व्यावहारिक गतिविधियां अपनाई जाएं, जो दूसरे जीवों के साथ समन्वित हों और सतत् पोषणीय (Sustainable) हों। इस तथ्य के प्रति भी जागरूकता बढ़ रही है कि संरक्षण तभी सम्भव व दीर्घकालिक होगा, जब स्थानीय समुदायों और प्रत्येक व्यक्ति की इसमें भागीदारी होगी। इसके लिए स्थानीय स्तर पर संस्थागत संरचनाओं का विकास आवश्यक है।

वैश्विक स्तर पर जैव विविधता संरक्षण हेतु सन् 1992 में ब्राजील के रियो–डी–जेनेरो नगर में हुए जैव–विविधता के सम्मेलन में विश्व के 155 देशों ने सहमति–पत्र पर हस्ताक्षर किए। इस सम्मेलन में तैयार की गई विश्व संरक्षण कार्य योजना में जैव विविधता संरक्षण के लिए निम्नलिखित सुझाव दिए गए–

(i) संकटापन्न प्रजातियों के संरक्षण को प्राथमिकता प्रदान करना।

(ii) प्रजातियों को विलुप्त होने से बचाने हेतु उचित योजनाएं बनाना व प्रबन्ध करना।

(iii) खाद्यान्नों की किस्में, चारा फसलों की किस्में, इमारती लकडी के वृक्ष, पशुधन, जन्तु उनकी वन्य प्रजातियों को संरक्षण प्रदान करना।

(iv) वन्य जीवों के निवास क्षेत्रों की सुरक्षा को सुनिश्चित करना।

(v) वन्य जीवों और पौधों के अन्तर्राष्ट्रीय व्यापार को निर्धारित नियमों के अन्तर्गत करना।

जैव विविधता संरक्षण हेतु भारत सरकार द्वारा किए गए प्रयास—भारत सरकार ने प्राकृतिक सीमाओं के भीतर विभिन्न प्रकार की प्रजातियों को बचाने, संरक्षित करने तथा विस्तार करने के लिए, वन्य जीव सुरक्षा अधिनियम 1972 (Wild life protection act, 1972), पारित किया है। जिसके अंतर्गत नेशनल पार्क (National parks), पशुविहार (Sanctuaries) स्थापित किये गए तथा जीवमंडल आरक्षित क्षेत्र (Biosphere reserves) घोषित किए गए हैं।

महा विविधता केंद्र—उष्ण कटिबंधीय क्षेत्रों में स्थित देशों में विश्व की सर्वाधिक प्रजातीय विविधता पायी जाती है। इसीलिए इन्हें महा विविधता केन्द्र (Mega Diversity Centers) कहते हैं। इन देशों में बारह देश सम्मिलित हैं। इनके नाम हैं– मैक्सिको, कोलम्बिया, इक्वेडोर, पेरू, ब्राजील, डेमोक्रेटिक रिपब्लिक ऑफ कांगो, मेडागास्कर, चीन, भारत, मलेशिया, इंडोनेशिया तथा ऑस्ट्रेलिया।

जैव विविधता हॉट–स्पॉट—ऐसे क्षेत्र जो प्रजातीय विविधता की दृष्टि से अत्यधिक संकट में हैं, उनमें संसाधनों को उपलब्ध कराने हेतु इंटरनेशनल यूनियन फॉर द कंजरवेशन ऑफ नेचर एंड नेचुरल रिसोर्सेज (IUCN) ने हॉट–स्पॉट घोषित किया है। ये हॉट–स्पॉट उनकी पादप संपदा के आधार पर परिभाषित किए गए हैं। वस्तुतः पादप संपदा महत्वपूर्ण है क्योंकि यह किसी पारितंत्र की प्राथमिक उत्पादकता को निर्धारित करती है।

अधिकतर हॉट–स्पॉट में रहने वाले प्रजाति समूह भोजन, जलाने के लिए लकड़ी, कृषि भूमि तथा इमारती लकड़ी आदि के लिए वहां पाई जाने वाले समृद्ध पारितंत्रों पर ही आश्रित हैं। उदाहरण के लिए मेडागास्कर में पाए जाने वाले कुल पौधों व जीवों में से 85 प्रतिशत पौधे और जीव विश्व में अन्यत्र कहीं भी नहीं पाए जाते हैं। अन्य हॉट–स्पॉट, जो समृद्ध देशों में पाए जाते हैं, वहां कुछ अन्य प्रकार की समस्याएं हैं। हवाई द्वीप जहां विशेष प्रकार की पादप व जन्तु प्रजातियां निलती हैं। वह विदेशज प्रजातियों के आगमन और भूमि विकास के कारण असुरक्षित हैं।

कुछ विशिष्ट पारिस्थितिक हॉट–स्पॉट निम्नांकित मानचित्र द्वारा प्रदर्शित है।

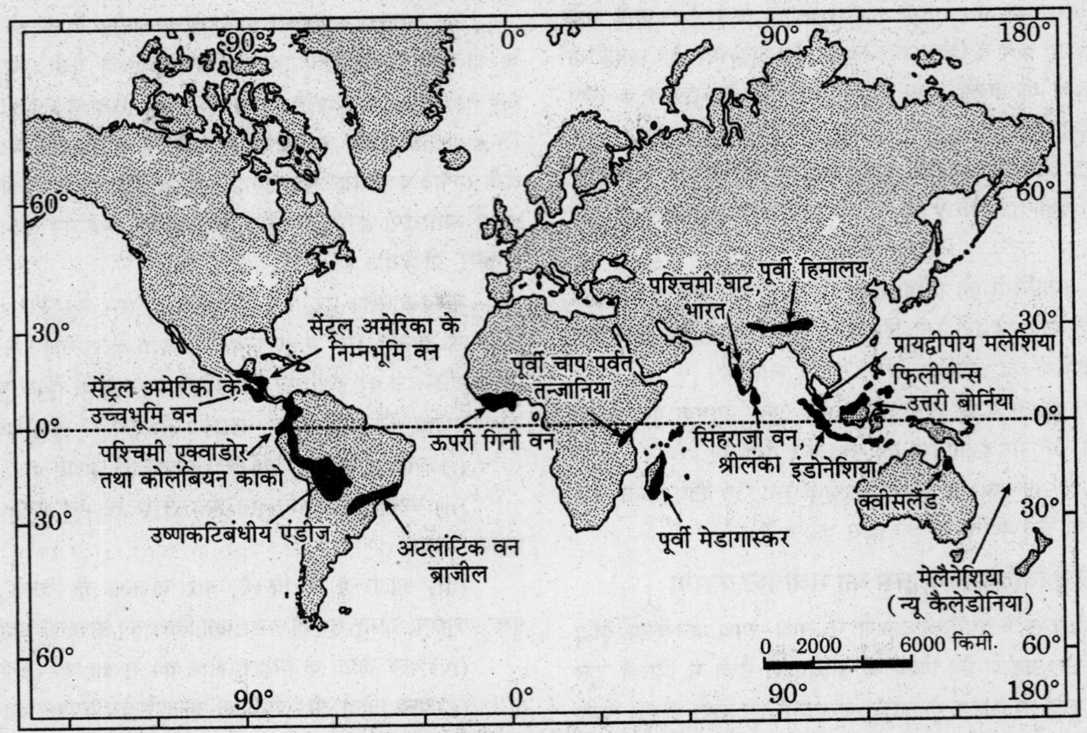

चित्र-कुछ विशिष्ट पारिस्थितिक हॉट-स्पॉट

यह भी जानिए

जैव विविधता के कारण—जैव विविधता का आधार अपक्षयण है। सौर ऊर्जा और जल अपक्षयण विविधता तथा जैव विविधता के मुख्य कारण है। वे क्षेत्र जहा पर सौर ऊर्जा एवं जल की उपलब्धता अधिक है, वहा पर जैव विविधता वृहत् स्तर पर विद्यमान है।

जैव विविधता को बनाए रखने की दिशा में महत्वपूर्ण कदम—जैव विविधता किसी भी पारिस्थितिकी तन्त्र की स्थिरता को बनाए रखने में महत्वपूर्ण भूमिका का निर्वहन करती है। पारिस्थितिकी तंत्र की स्थिरता पर ही मानव का अस्तित्व निर्भर है। ऐसी दशा में जैव विविधता को बनाए रखना आवश्यक है। जैव विविधता को बनाए रखने की दिशा मे निम्नलिखित कदम/उपाय अत्यन्त महत्वपूर्ण हैं।

(i) मानव को पर्यावरण मैत्री सम्बन्धी पद्धतियों के प्रति जागरूक किया जाए और विकास के लिए ऐसी व्यावहारिक पद्धतियां अपनायी जाएं जो जैव प्रजाति को संरक्षण प्रदान करने के साथ-साथ सतत् पोषणीय भी हों।

(ii) संकटापन्न प्रजातियों के संरक्षण के लिए उचित योजनाएं व प्रबन्धन आवश्यक है। इसके लिए राष्ट्रीय उद्यान, पशु विहार, जीव आरक्षित क्षेत्र और अभयारण्यों की स्थापना की जाए।

(iii) प्रत्येक देश के वन्य जीवों के प्राकृतिक आवासों को चिन्हित कर उनकी पर्याप्त सुरक्षा सुनिश्चित की जाए।

(iv) वन्य जीवों के अवैध शिकार, व्यापार और तस्करी पर प्रभावी नियन्त्रण किया जाए।

स्मरणीय बिन्दु

- प्रजातियों के दृष्टिकोण से जैव विविधता सतत् विकास का तंत्र है। जैव विविधता में असमानता देखने को मिलती है। यह उष्ण कटिबंधीय प्रदेशों में अधिक होती है तथा ध्रुवीय प्रदेशों की ओर कम होती जाती है।
- जैव विविधता को तीन स्तरों में विभक्त किया जा सकता है—
  (क) **आनुवंशिक जैव-विविधता**—किसी प्रजाति में जीन की विविधता आनुवंशिक जैव-विविधता है
  (ख) **प्रजातीय विविधता**—निर्धारित क्षेत्र में प्रजातियों की संख्या से सम्बन्धित होती है। जिन क्षेत्रों में अधिक प्रजातीय विविधता मिलती है, उन्हें विविधता के हॉट-स्पॉट कहा जाता है।
  (ग) **पारितन्त्रीय विविधता**—पारितन्त्रीय प्रक्रियाओं और आवास स्थलों की भिन्नता पारितन्त्रीय विविधता कहलाती है।
- जिस पारितन्त्र में जितनी अधिक प्रजातियां होंगी, वह पारितन्त्र उतना ही अधिक स्थायी होगा। खाद्य फसलें, पशु, वन, मत्स्य तथा दवा संसाधन आदि कुछ ऐसे प्रमुख आर्थिक महत्व के उत्पाद हैं, जो मानव को जैव विविधता के परिणामस्वरूप उपलब्ध होते हैं।
- बढ़ती जनसंख्या द्वारा वृहद् स्तर पर किया जा रहा संसाधनों का विदोहन और वनोन्मूलन से अनेक जैव प्रजातियों के प्राकृतिक आवासों का विनाश हुआ है जिससे अनेक प्रजातियों की संख्या में तेजी से कमी आई।
- विदेशज प्रजातियों के आगमन तथा अवैध रूप से किये जा रहे शिकार से अनेक जैव प्रजातियां लुप्त होने के कगार पर हैं।
- संकटापन्न पादप व जन्तु प्रजातियों को उनके संरक्षण के उददे्श्य से तीन वर्गों में बाटा गया है
  (अ) संकटापन्न प्रजातियां, (ब) सुभेद्य प्रजातियां
  (स) दुर्लभ प्रजातियां।
- आई. यू. सी. एन. विश्व की समस्त संकटापन्न प्रजातियों के बारे में रेड लिस्ट के नाम से सूचना प्रकाशित करता है।

- जीवन का प्रत्येक रूप एक–दूसरे पर इतना निर्भर है कि किसी एक प्रजाति पर संकट आने से दूसरों में असन्तुलन की स्थिति उत्पन्न हो जाती है। अन्ततः मनुष्य का अपना अस्तित्व ही खतरे में पड़ सकता है।
- जैव प्रजातियों के दीर्घकालिक संरक्षण के लिए यह आवश्यक है कि इसमें स्थानीय मानव–समुदाय का प्रत्येक व्यक्ति अपने उत्तरदायित्व का निर्वहन करे।
- भारत सरकार ने विभिन्न जैव प्रजातियों के संरक्षण के लिए वन्य जीव सुरक्षा अधिनियम 1972 पारित किया है। इसके अन्तर्गत नेशनल पार्क, जीवमंडल, आरक्षित क्षेत्र तथा पशु विहार स्थापित किये गये हैं।
- ऐसे क्षेत्र जो अधिक संकट में हैं, उनमें संसाधनों को उपलब्ध कराने के लिए प्राकृतिक संसाधनों और पर्यावरण संरक्षण की अन्तर्राष्ट्रीय संस्था ने उन्हें जैव–विविधता के **हॉट–स्पॉट** घोषित किया है।

एन.सी.ई.आर.टी. पाठ्यपुस्तक भूगोल के प्रश्न (हल सहित)

बहुविकल्पीय प्रश्न

(i) जैव–विविधता का संरक्षण निम्न में किसके लिए महत्वपूर्ण है ?

(क) जन्तु (ख) पौधे

(ग) पौधे और प्राणी (घ) सभी जीवधारी

(ii) निम्नलिखित में से असुरक्षित प्रजातियां कौन–सी हैं ?

(क) जो दूसरों को असुरक्षा दें

(ख) बाघ व शेर

(ग) जिनकी संख्या अत्यधिक हो

(घ) जिन प्रजातियों के लुप्त होने का खतरा है।

(iii) नेशनल पार्क (National Park) और पशु–विहार (Sanctuaries) निम्न में से किस उद्देश्य के लिए बनाये गये हैं?

(क) मनोरंजन

(ख) पालतू जीवों के लिए

(ग) शिकार के लिए

(घ) संरक्षण के लिए

(iv) जैव विविधता समृद्ध क्षेत्र हैं?

(क) उष्ण कटिबन्धीय क्षेत्र

(ख) शीतोष्ण कटिबन्धीय क्षेत्र

(ग) ध्रुवीय क्षेत्र

(घ) महासागरीय क्षेत्र

(v) निम्न में से किस देश में पृथ्वी सम्मेलन (Earth Summit) हुआ था?

(क) यू.के. (U.K) (ख) ब्राजील

(ग) मैक्सिको (घ) महासागरीय क्षेत्र

उत्तर–(i) घ, (ii) ख, (iii) घ, (iv) क, (v) ख।

निम्नलिखित प्रश्नों के उत्तर लगभग 30 शब्दों दीजिए–

(i) जैव–विविधता क्या है?

उत्तर–किसी निश्चित भौगोलिक क्षेत्र में पाये जाने वाले जीवों की संख्या तथा उनकी विविधता को जैव विविधता कहा जाता है। यह पृथ्वी पर मिलने वाले जीवधारियों की परिवर्तनशीलता, विभिन्न प्रजातियों में परिवर्तनशीलता तथा विभिन्न पारितन्त्रों में विविधता से सम्बन्धित है।

(ii) जैव विविधता के विभिन्न स्तर क्या हैं?

उत्तर–जैव–विविधता के निम्नलिखित तीन स्तर होते हैं

(क) आनुवंशिक जैव–विविधता–यह किसी प्रजाति के जीन की विविधता से सम्बन्ध रखती है।

(ख) प्रजातीय जैव–विविधता–यह किसी क्षेत्र में प्रजातियों की संख्या से सम्बन्धित होती है।

(ग) पारितन्त्रीय जैव विविधता–यह पारितन्त्रों के प्रकारों में मिलने वाली प्रजातियों की विभिन्नताओं से सम्बन्धित होती है।

(iii) हॉट–स्पॉट (Hot Spots) से आप क्या समझते हैं?

उत्तर–ऐसे क्षेत्र, जो अधिक संकट में है, उनके संसाधनों को उपलब्ध कराने के लिए अन्तर्राष्ट्रीय संरक्षण संघ (IUCN) ने जैव विविधता के हॉट–स्पॉट क्षेत्र के रूप में निर्धारित किया है।

(iv) मानव जाति के लिए जन्तुओं के महत्व का वर्णन संक्षेप में कीजिए।

उत्तर–समस्त मानव जाति के लिए जन्तुओं की विविधता को संसाधनों के उन भण्डारों के रूप में समझा जा सकता है, जिनकी उपयोगिता भोज्य पदार्थ, औषधियां तथा सौन्दर्य प्रसाधन आदि निर्मित करने में है।

(v) विदेशज प्रजातियों (Exotic Species) से आप क्या समझते हैं?

उत्तर–वे प्रजातियां, जो स्थानीय आवास की मूल जैव प्रजाति नहीं है, लेकिन उस तन्त्र में स्थापित की गई हैं, उन्हें विदेशज प्रजाति कहा जाता है। इन प्रजातियों के पारितन्त्र में आगमन से उस तन्त्र में निवास कर रही मौलिक प्रजातियों का अस्तित्व खतरे में पड़ जाता है।

निम्नलिखित प्रश्नों के उत्तर लगभग 150 शब्दों में दीजिए–

(i) प्रकृति को बनाये रखने में जैव–विविधता की भूमिका का वर्णन करें।

उत्तर–प्रत्येक जीव प्रकृति से अपनी आवश्यकताएं पूरा करने के साथ–साथ दूसरे जीवों के पोषण तथा उनके पनपने में भी सहायक होता है। जैव प्रजातियां दूसरे जीवों का भक्षण कर उनसे ऊर्जा ही ग्रहण नहीं करती वरन् ऊर्जा का संग्रहण भी करती है, कार्बनिक पदार्थों को उत्पन्न व विघटित करती है तथा पारिस्थितिक तन्त्र में जल व विभिन्न पोषक तत्वों के चक्र को बनाए रखने में सहायक होती हैं। जैव प्रजातियां वायुमण्डलीय गैसों को स्थिर करती हैं तथा जलवायु को नियन्त्रित करती हैं।

पारिस्थितिकी तन्त्र की जैव–विविधता जितनी अधिक होगी, प्रजातियों की प्रतिकूल परिस्थितियों में रहने की सम्भावना उतनी ही अधिक होगी और उनकी उत्पादकता भी उतनी ही अधिक होगी। पारिस्थितिकी तन्त्र में एक या दो जीवों के किसी प्रकार विलुप्त होने पर उनके स्थान पर आपूर्ति या प्रतिस्थापन के लिए अन्य जीव उपलब्ध हो जाते हैं। दूसरे शब्दों में, जिस पारिस्थितिकी तन्त्र में जितनी अधिक प्रकार की प्रजातियां होंगी वह पारिस्थितिकी तन्त्र उतना ही अधिक स्थायी होगा।

(ii) जैव–विविधता के ह्रास के लिए उत्तरदायी प्रमुख कारकों का वर्णन करें। इसे रोकने के उपाय बताएं।

उत्तर–वर्तमान में जिस गति से पृथ्वी से जैव विविधता का ह्रास हो रहा है, उसके लिए निम्नलिखित कारक उत्तरदायी हैं।

(क) प्राकृतिक आवासों का विनाश–पिछले कुछ दशकों से विश्व में हो रही तीव्र जनसंख्या वृद्धि के कारण प्राकृतिक संसाधनों का उपभोग तीव्रता से हुआ है जिससे जैव प्रजातियों तथा उनके आवास स्थानों में तेजी से कमी आई है। वनों का तेजी से हो रहा विदोहन पूरे जैवमण्डल के लिए हानिकारक सिद्ध हुआ है।

(ख) प्राकृतिक आपदाएं—भूकम्प, बाढ़ ज्वालामुखी उद्‌गार, दावानल, सूखा जैसी प्राकृतिक आपदाओं के प्रकोप से भी जैव विविधता का ह्रास होता है।

(ग) विदेशज प्रजातियों का प्रवेश—जब किसी निवास क्षेत्र में विदेशज प्रजातियों का प्रवेश हो जाता है तो ऐसी स्थिति में उस निवास–क्षेत्र में निवास कर रही मौलिक प्रजातियों का अस्तित्व खतरे में पड़ जाता है।

(घ) पारिस्थितिकी तन्त्रों में प्रदूषक पदार्थों का उपयोग उस तन्त्र की कमजोर प्रजातियों को नष्ट कर देता है।

(ङ) जंगली जीव–जन्तुओं का मांस, खालों, दांतों तथा सीगों के लिए किया जाने वाला अवैध शिकार जैव–विविधता को क्षति पहुंचाता है।

जैव विविधता के ह्रास को रोकने के प्रमुख उपाय

जैव विविधता के ह्रास को रोकने के प्रमुख उपाय निम्नलिखित हैं—

(अ) मानव को पर्यावरण मैत्री सम्बन्धी पद्धतियों के प्रति जागरूक किया जाए तथा विकास के लिए ऐसी व्यावहारिक पद्धतियां अपनायी जायें जो जैव प्रजाति को संरक्षण प्रदान करने के साथ–साथ सतत् पोषणीय भी हों।

(ब) संकटापन्न प्रजातियों के संरक्षण के लिए राष्ट्रीय उद्यान, पशु विहार जीव आरक्षित क्षेत्र तथा अभयारण्यों की स्थापना की जाए।

(स) वन्यजीवों के प्राकृतिक आवासों को चिन्हित कर उनकी पर्याप्त सुरक्षा सुनिश्चित की जाए।

(द) वन्य जीवों के अवैध शिकार, व्यापार व तस्करी पर प्रभावी नियन्त्रण किया जाये।

अभ्यासार्थ प्रश्न

बहुविकल्पीय प्रश्न

1. निम्नलिखित में कौन वनस्पति विविधता का आधार है—

(अ) अपक्षय प्रावार (ब) संसाधन

(स) हॉट स्पॉट (द) पारितंत्र

2. जैव विविधता सम्बन्धित है—

(अ) वन्य जीवों के विविध रूपों से

(ब) वनों में मिलने वाले पेड़–पौधों के विविध रूपों से

(स) प्रकृति में मिलने वाले सभी प्रकार के प्राणियों तथा पेड़–पौधों की प्रजातियों से

(द) पृथ्वी पर मिलने वाले सभी प्रकार के पेड़–पौधों से

3. दुनिया में अनेक जंगली जीव–जन्तु विभिन्न कारणों से समाप्त हो रहे हैं, इनमें सबसे अधिक महत्वपूर्ण कारक कौन–सा है?

(अ) शिकार आधिक्य (ब) निवास क्षेत्रों का विनाश

(स) जलवायु परिवर्तन (द) प्रदूषित जल।

4. भारत में निम्नलिखित में कौन–सा तप्त स्थल है?

(अ) पूर्वी घाट (ब) पश्चिमी घाट

(स) पश्चिमी हिमालय (द) अरावली श्रेणी

5. निम्नलिखित में पारिस्थितिकी हॉट स्पॉट है/हैं

(अ) अटलांटिक वन ब्राजील (ब) इंडोनेशिया

(स) पश्चिमी घाट (भारत) (द) ये सभी

[**उत्तर**—1. (अ), 2. (स), 3. (ब), 4. (ब), 5. (द)।]

अति लघु उत्तरीय प्रश्न

1. जैव विविधता का मुख्य कारण बताइए।

उत्तर—सौर ऊर्जा और जल ही अपक्षय में विविधता तथा इसके फलस्वरूप उत्पन्न जैव विविधता का मुख्य कारण है।

2. जैव विविधता के प्रकारों का उल्लेख कीजिए।

उत्तर—(क) आनुवंशिक जैव विविधता, (ख) प्रजातीय जैव विविधता, (ग) पारितन्त्रीय जैव विविधता।

3. आनुवंशिक जैव विविधता को स्पष्ट कीजिए।

उत्तर—किसी प्रजाति में जीव की विविधता को आनुवंशिक जैव विविधता कहते हैं।

4. आनुवंशिक रूप से मानव किस प्रजाति से सम्बन्धित हैं?

उत्तर—होमोसेपियन्स प्रजाति से।

5. प्रजातीय जीव विविधता क्या है?

उत्तर—किसी निर्धारित क्षेत्र में मिलने वाली प्रजातियों की विविधता, प्रजातीय जीव विविधता कहलाती है।

6. विविधता के हॉट स्पॉट का अर्थ बताइए।

उत्तर—जिन क्षेत्रों में प्रजातीय विविधता अधिक होती है, उन्हें विविधता के हॉट स्पॉट कहते हैं।

7. पारितंत्रीय जैव विविधता क्या है?

उत्तर—प्रत्येक प्रकार के पारितंत्र में होने वाली पारितंत्रीय प्रक्रियाएं और आवास स्थानों की भिन्नता पारितंत्रीय विविधता कही जाती है।

8. पारितंत्रीय विविधता का सीमांकन करना कठिन क्यों होता है?

उत्तर—समुदायों अर्थात् प्रजातियों के समूह और पारितंत्र की सीमाएं निश्चित नहीं होने के कारण पारितंत्रीय विविधता का सीमांकन करना कठिन होता है।

9. कृषि जैव विविधता को स्पष्ट कीजिए।

उत्तर—जैव विविधता का एक महत्वपूर्ण भाग फसलों की विशिष्टता है जिसे कृषि जैव विविधता कहते हैं।

10. विदेशज प्रजातियों से आप क्या समझते हैं?

उत्तर—ऐसी प्रजातियां जो स्थानीय आवास की मूल जैव प्रजाति नहीं है लेकिन उस तंत्र में स्थापित की गयी हैं विदेशज प्रजातियां कही जाती है।

11. प्राकृतिक संसाधनों और पर्यावरण संरक्षण की अन्तर्राष्ट्रीय संस्था (IUCN) ने संकटापन्न पौधों तथा जीवों की प्रजातियों को उनके संरक्षण के उद्देश्य से कितने वर्गों में विभक्त किया है?

उत्तर—(i) संकटापन्न प्रजातियां (ii) सुभेद्य प्रजातियां (iii) दुर्लभ प्रजातियां।

12. विश्व की समस्त संकटापन्न प्रजातियों के सम्बन्ध में सूचना किस प्रकार एकत्रित होती है?

उत्तर—प्राकृतिक संसाधनों और पर्यावरण संरक्षण की अन्तर्राष्ट्रीय संस्था (IUCN) द्वारा प्रकाशित रेड लिस्ट के माध्यम से।

13. हम्बेशिया डेकरेंस बेड क्या है?

उत्तर—हम्बेशिया डेकरेंस बेड भारत के दक्षिणी–पश्चिमी घाट पर स्थित एक दुर्लभ प्रजाति है।

14. विश्व संरक्षण कार्य योजना में जैव बिविधता संरक्षण हेतु सुझाये गये किन्हीं दो तरीकों का नामोल्लेख कीजिए।

उत्तर—(i) संकटापन्न प्रजातियों के संरक्षण के लिए प्रयास करना, (ii) प्रजातियों के पलने–बढ़ने और विकसित होने के स्थान सुरक्षित तथा संरक्षित हों।

15. हमारे देश में वन्य जीव सुरक्षा अधिनियम कब पारित हुआ?

उत्तर–हमारे देश में वन्य जीव सुरक्षा अधिनियम, 1972 में पारित हुआ।

16. वन्यजीव सुरक्षा अधिनियम, 1972 के अन्तर्गत कौन से प्रावधान–किए गए?

उत्तर–इसके अन्तर्गत नेशनल पार्क (National Parks), पशु विहार (Sanctuaries) तथा जीवमंडल आरक्षित क्षेत्र (Biosphere reserves) घोषित किये गये।

17. सर्वाधिक जैव–विविधता किन क्षेत्रों में मिलती है?

उत्तर–उष्ण कटिबन्धीय वनों के क्षेत्रों में सर्वाधिक जैव विविधता मिलती है।

18. विश्व के किन्ही पांच महाविविधता केन्द्रों का नामोल्लेख कीजिए।

उत्तर–मैक्सिको, इण्डोनेशिया, भारत, आस्ट्रेलिया एवं ब्राजील।

19. हॉट–स्पॉट (Hot-Spots) किस आधार पर सुनिश्चित किए गए हैं?

उत्तर–हॉट–स्पॉट वनस्पतियों के आधार पर सुनिश्चित किए गए हैं।

लघु उत्तरीय प्रश्न

1. 'जैव विविधता' का सन्दर्भ स्पष्ट कीजिए।

2. आनुवंशिक जैव विविधता को समझाइए।

3. प्रजातीय जैव विविधता से सम्बन्धित संक्षिप्त विवरण प्रस्तुत कीजिए।

4. पारितंत्रीय/पारिस्थितिकीय जैव विविधता को समझाइए।

5. जैव विविधता की आर्थिक एवं वैज्ञानिक भूमिका को स्पष्ट कीजिए।

6. जैव विविधता की आर्थिक भूमिका को स्पष्ट कीजिए।

7. संकटापन्न एवं सुभेद्य प्रजातियों के बारे में आप क्या जानते हैं?

8. जैव विविधता के ह्रास हेतु उत्तरदायी कारकों का उल्लेख कीजिए।

9. जैव विविधता के ह्रास हेतु जनसंख्या वृद्धि किस तरह उत्तरदायी है? तर्क सहित उत्तर दीजिए।

10. उन उपायों का उल्लेख कीजिए जिनके माध्यम से जैव विविधता के ह्रास को रोका जा सकता है।

11. जैव विविधता संरक्षण हेतु 'रियो–डि– जेनेरो' घोषणा के महत्त्वपूर्ण बिन्दुओं का उल्लेख कीजिए।

विस्तृत उत्तरीय प्रश्न

1. विश्व के जैव विविधता हॉट–स्पॉट का विस्तृत विवरण प्रस्तुत कीजिए।

अथवा

जैव विविधता हॉट–स्पॉट से आप क्या समझते हैं। इनका वैश्विक वितरण स्पष्ट कीजिए

2. जैव विविधता का आशय स्पष्ट करते हुए इसके विभिन्न स्तरों का विस्तृत विवरण प्रस्तुत कजिए।

अथवा

जैव विविधता क्या है? जैव विविधता के विभिन्न स्तरों को समझाइए।

3. जैव विविधता के संरक्षण की आवश्यकता एवं महत्व का उल्लेख कीजिए।

अथवा

जैव विविधता के संरक्षण की आवश्यकता क्यों है, जैव विविधता के महत्व पर प्रकाश डालिए।

17 भारत : स्थिति एवं विस्तार

भारत : परिचय

ऐतिहासिक प्रमाणों से यह बात स्पष्ट होती है कि भरत के नाम पर हमारे देश का नाम भारत पड़ा। आर्यों की भूमि होने के कारण यह 'आर्यावर्त' भी कहा गया। एक अन्य तथ्य यह भी है कि ईरानियों द्वारा सिन्धु नदी के तटीय निवासियों को हिन्दू तथा सम्बद्ध भू–भाग को हिन्दुस्तान कहा गया। रोमवासियों द्वारा सिन्धु नदी को इण्डस तथा यूनानियों द्वारा इसे इण्डोस कहा गया। इसी कारण हमारे देश का का नाम 'इण्डिया' पड़ा ऐसा माना जाता है। भारत में सभ्यता एवं संस्कृति का प्रादुर्भाव अतीतकाल में ही हो गया था। भारत ने ही संस्कृति एवं ज्ञान का प्रकाश सम्पूर्ण विश्व के अलग–अलग भागों में पहुंचाया। हमारा देश प्राचीनकाल में एक महान, सुसम्पन्न तथा सुसंस्कृत देश रहा। विभिन्नता में एकता भारतीय संस्कृति की अत्यन्त महत्वपूर्ण विशेषता रही है।

मध्ययुग में विदेशियों के आक्रमण, लूट–पाट और आधिपत्य की नीति के कारण भारत की प्रतिष्ठा एवं प्रगति में बाधाएं उत्पन्न हुईं। अथक प्रयासों एवं बलिदानों के फलस्वरूप भारत स्वतन्त्र हुआ। उल्लेखनीय तथ्य यह है कि भारत का अतीत स्वर्णिम था तथा वर्तमान संक्रमण में है, इसके बावजूद हम देशप्रेम, धार्मिक सहिष्णुता, सूझबूझ, ईमानदारी, कठोर परिश्रम तथा एकता के सूत्र के आधार पर गौरवशाली एवं सुसंस्कृत समाज के निर्माण में अपना योगदान कर सकते हैं। इन सबके परिप्रेक्ष्य में भारत की भौगोलिक स्थिति उसके चतुर्दिक विकास में महत्वपूर्ण भूमिका का निर्वहन कर सकती है।

भारत : स्थिति और आकार

भारत एशिया महाद्वीप में भूमध्य रेखा के उत्तर में 8°4' से 37°6' उत्तरी अक्षांश तथा 68°7' से 97°25' पूर्वी देशान्तर के बीच स्थित है। कर्क रेखा ($23\frac{1}{2}°$ उत्तरी अक्षांश रेखा) भारत को दो हिस्सों में विभक्त करती है। भारत की उत्तरी सीमा हिमालय पर्वतीय तन्त्र से शुरू होकर दक्षिण में कन्या कुमारी तक विस्तृत है। भारत का आकार मुख्यतः पतंगाकार प्रतीत होता है।

हमारे देश की सीमाएं स्थल एवं सामुद्रिक इन दोनों स्वरूपों को प्रकट करती हैं। भारत की उत्तरी सीमा स्थलीय जबकि दक्षिणी सीमा सामुद्रिक सीमा को प्रदर्शित करती है। भारत उत्तर से दक्षिण में 3214 किमी तथा पूर्व से पश्चिम में 2933 किमी. विस्तारित है। भारत की स्थलीय सीमा अनुमानतः 15200 किमी तथा तटीय सीमा लगभग 6100 किमी है। भारत का देशान्तरीय विस्तार पूर्व में अरुणाचल प्रदेश से शुरू होकर पश्चिम में द्वारका तक विस्तारित है। $82\frac{1}{2}°$ पूर्वी देशान्तर रेखा को भारत की स्थानीय मानक रेखा माना गया है। भारत का कुल क्षेत्रफल 32, 87, 263 वर्ग किमी (32.88 लाख) है। भारत क्षेत्रफल की दृष्टि से विश्व का सातवां बड़ा देश है।

भारत : समुद्री तट

भारत के तटीय हिस्से को पूर्वी तट एवं पश्चिमी तट के नाम से जाना जाता है। पूर्वी तट का विस्तार गंगा नदी के मुहाने से लेकर कुमारी अन्तरीप तक मिलता है, जिसके उत्तरी भाग को उत्तरी सरकार तट (गंगा नदी डेल्टा से कृष्णा नदी डेल्टा तक) तथा दक्षिणी भाग कोरोमण्डल तट (कृष्णा नदी डेल्टा से कुमारी अन्तरीप तक) के नाम से जाना जाता है। पूर्वी तट पर कोलकाता, विशाखापट्टनम, पाराद्वीप, चेन्नई, तूतीकोरन एवं नागापट्टम जैसे प्रमुख बन्दरगाह अवस्थित हैं। पश्चिमी तटीय भाग खम्भात की खाड़ी से कुमारी अन्तरीय तक विस्तारित है, जिसमें सौराष्ट्र तट (कच्छ से सूरत तक), कोंकण तट (सूरत से गोवा तक) तथा मालाबार तट (गोवा से कुमारी अन्तरीय तक) पाए जाते हैं। पश्चिमी तट पर मुम्बई, मंगलुरू, कोजीकोड, तिरूवनन्तपुरम जैसे प्रमुख बन्दरगाह अवस्थित हैं।

भारत : पड़ोसी राष्ट्र तथा सीमाएं

हमारे देश की दक्षिणी सीमा पूर्णतया प्राकृतिक है, जो बंगाल की खाड़ी, हिन्द महासागर एवं अरब सागर द्वारा निर्मित है। भारत की उत्तर सीमा भारत–पाकिस्तान (रेड क्लिफ रेखा), भारत–चीन (मैक मोहन रेखा), भारत–अफगानिस्तान (डूरण्ड रेखा) द्वारा अभिकल्पित है। उत्तर दिशा में ही नेपाल व भूटान जैसे हिमालयी राष्ट्र अवस्थित हैं। पूर्वी सीमा म्यांमार (वर्मा) से मिलती है। पूर्व में ही भारत के चार राज्यों (मिजोरम, त्रिपुरा, मेघालय, असम और पश्चिम बंगाल) की सीमाएं बांग्लादेश से मिलती हैं। उत्तरी–पश्चिमी व पश्चिमी सीमा पर पाकिस्तान में स्थित है।

भारत : उपमहाद्वीपीय अवस्थिति

भारतीय उपमहाद्वीप एशिया का सबसे बड़ा प्रायद्वीप है। अपनी प्राकृतिक जनसांख्यिकीय और आर्थिक विविधताओं के विशिष्ट लक्षण के कारण इसे उपमहाद्वीप कहा जाता है। भिन्नताओं के होते हुए भी भारतीय उपमहाद्वीप प्राकृतिक एवं सांस्कृतिक दृष्टि से एकता के सूत्र में बंधी एक विशिष्ट भौगोलिक इकाई है। अपनी विशिष्ट भौगोलिक अवस्थिति के कारण यह व्यापारिक, वाणिज्यिक एवं संचार के दृष्टिकोण से विश्व में अपना विशिष्ट स्थान रखता है। अपनी हिन्द महासागरीय स्थिति, वायुमार्गीय स्थिति, दो कटिबन्धों की स्थिति तथा हिमालय पर्वत की स्थिति के कारण यह हिन्द महासागर का एक विशिष्ट राष्ट्र है। पड़ोसी देशों से सम्पर्क स्थापित करने के सन्दर्भ में हिन्द महासागर के जलीय मार्गों के अतिरिक्त हिमालय के दर्रों एवं घाटियों की भूमिका महत्वपूर्ण रही है। वायुमार्गों का तो महत्वपूर्ण स्थान है ही।

पूर्वी गोलार्द्ध में भारत की केन्द्रीय अवस्थिति अत्यन्त महत्वपूर्ण है। अपनी केन्द्रीय स्थिति के कारण यह अन्तर्राष्ट्रीय समुद्री मार्गों एवं वायुमार्गों का संगम बन गया है। इसी कारण वाणिज्यिक, व्यापारिक व संचार सुविधाओं का अच्छा विकास हुआ है। भौगोलिक स्थिति के कारण ही भारत का इतिहास गौरवपूर्ण है। अन्तर्राष्ट्रीय समुद्री मार्गों (स्वेजमार्ग, आशा अन्तरीप मार्ग, अटलांटिक व प्रशान्त महासागरीय मार्ग) का विकसित स्थल होने के कारण आयात–निर्यात में वृद्धि, वायुमार्गों के कारण संचार व सम्पर्क में वृद्धि, कृषि फसलों की विविधता, वर्षपर्यन्त कार्यशील बन्दरगाह, अविकसित पड़ोसी देशों (नेपाल, भूटान, बांग्लादेश, श्रीलंका, अफगानिस्तान, पाकिस्तान व अफ्रीका) का बाजार आदि विकास परक स्थितियां भारत के लिए उपलब्ध हैं। भारत के दक्षिण में स्थित हिन्द महासागर इसे उपमहाद्वीपीय स्थिति प्रदान करता है।

भारत : अक्षांशीय एवं देशान्तरीय विस्तार

भारत के अक्षांशीय एवं देशांतरीय विस्तार का सूक्ष्म विश्लेषण करने पर यह बात स्पष्ट होती है कि यह विस्तार लगभग 30° है। उत्तर से दक्षिण की ओर भारत की वास्तविक दूरी 3,214 किमी तथा पूर्व से पश्चिम की ओर इसकी वास्तविक दूरी केवल 2,933 किमी है। इस अन्तर का कारण यह है कि ध्रुवों की ओर जाते समय दो देशांतर रेखाओं के बीच की दूरी घटती जाती है जबकि दो अक्षांश रेखाओं के बीच की दूरी हर स्थान पर एक समान रहती है।

अक्षांश रेखाओं के मानों का विश्लेषण करने पर यह स्पष्ट होता है कि भारत का दक्षिणी भाग उष्ण कटिबन्ध में तथा उत्तरी भाग उपोष्ण कटिबन्ध या कोष शीतोष्ण कटिबन्ध में स्थित है। यही अक्षांशीय स्थिति देश में भू–आकृति, जलवायु, मिट्टी के प्रकारों एवं प्राकृतिक वनस्पति में पायी जाने वाली भारी भिन्नता के लिए जिम्मेदार है।

देशान्तर रेखाओं के मानों के विश्लेषण से यह बात स्पष्ट होती है कि इनमें लगभग 30° का अन्तर है जो भारत के सबसे पूर्वी एवं सबसे पश्चिमी भागों के समय में लगभग दो घण्टों का अन्तराल पैदा करता है।

मानक याम्योत्तर

याम्योत्तर वह वृहत् वृत्त है जो उत्तरी और दक्षिणी ध्रुवों को स्पर्श करता हुआ गुजरता है। इस पर शून्य डिग्री से पूर्व से पश्चिम की ओर 180° तक संख्या लिखी जाती है। इस परिप्रेक्ष्य में मानक याम्योत्तर किसी देश के मानक समय को निर्धारित करने वाला देशान्तर है।

मानक समय

किसी देश के मध्य से होकर गुजरने वाली देशान्तर रेखा के आधार पर निर्धारित किया गया समय सम्पूर्ण देश का मानक समय कहलाता है।

भारत के सन्दर्भ में मानक समय का विश्लेषण करने पर यह बात स्पष्ट होती है कि हमारे देश का देशान्तरीय विस्तार लगभग 30° है। किसी एक देशान्तर रेखा के सभी स्थानों पर सूर्य की स्थिति के अनुसार जो समय होता है, उसे स्थानीय समय कहा जाता है। ग्लोब पर स्थित विभिन्न स्थान अपने देशान्तरों के अनुसार स्वयं का स्थानीय समय रखते हैं। व्यावहारिक दृष्टिकोण से सभी देशान्तरों के अनुसार एक ही देश में अलग–अलग स्थानीय समयों की गणना उचित नहीं होती। इस बात को हम निम्नलिखित उदाहरण द्वारा समझ सकते हैं–

जैसा कि हम जानते हैं कि हमारे देश (भारत) का देशान्तरीय विस्तार लगभग 30° है। प्रत्येक डिग्री देशान्तर पर समय अलग–अलग होगा। ऐसी दशा में देश के सुदूर पूर्वी तथा सुदूर पश्चिमी भागों के समय में 2 घण्टे (1° देशान्तर = 4 मिनट, इस प्रकार 30° देशान्तर = 120 मिनट) का अन्तर आएगा। इससे दैनिक कार्यों तथा आवागमन/यातायात जनित समस्याएं उत्पन्न हो जायेंगी।

उपर्युक्त बात केवल भारत के विषय में ही लागू नहीं होती अपितु प्रत्येक देश के बारे में लागू होती है। इस समस्या को दूर करने के लिए विश्व के सभी देशों ने अपने यहां लगभग बीचों–बीच गुजरने वाली देशान्तर रेखा के स्थानीय समय को सम्पूर्ण देश का मानक समय मान लिया है। विश्व के देशों में आपसी विचार–विमर्श के अनुरूप मानक देशान्तर रेखा (यामोत्तर) का 7°30' देशान्तर के गुणांक पर चयन किया गया है। भारतीय मानक समय ग्रीनविच माध्य समय से 5 घण्टे 30 मिनट आगे है। भारत की 82° 30' पूर्वी देशान्तर रेखा को भारत की मानक याम्योत्तर रेखा कहा जाता है।

भारत : भौतिक विशिष्टता

भारत को प्रकृति ने भौतिक विशिष्टता प्रदान की है। भारत के उत्तर में ऊंचे पर्वत, गंगा, ब्रह्मपुत्र, महानदी, कृष्णा, गोदावरी तथा कावेरी जैसी बड़ी नदियां विद्यमान हैं। उत्तर–पूर्वी और दक्षिणी दिशा में वनाच्छादित पहाड़ियां अवस्थित हैं। मरुस्थल में रेत का विस्तृत फैलाव है। उत्तर में हिमालय पर्वत, उत्तर–पश्चिम में हिन्दुकुश एवं सुलेमान श्रेणियां, उत्तर–पूर्व में पूर्वांचल पहाड़ियां तथा दक्षिण दिशा में विस्तृत हिन्द महासागर भारत के सन्दर्भ में एक वृहत भौगोलिक इकाई का निर्माण करता है। इसी कारण 'भारतीय उपमहाद्वीप' का दर्जा प्राप्त होता है। इस महाद्वीप में पाकिस्तान, नेपाल, भूटान, बांग्लादेश और भारत समाहित हैं।

हिमालय अपनी अन्य श्रेणियों के साथ सुदृढ़ भौतिक अवरोधक की भूमिका का निर्वहन करता है। खैवर, बोलन, शिपकीला, नाथुला तथा बोमडीला जैसे कुछ पहाड़ी दर्रों को छोड़कर इसको पार करना कठिन है। वस्तुतः हिमालय पर्वत ने भारतीय उपमहाद्वीप को एक अद्वितीय क्षेत्रीय पहचान बनाने में बहुत मदद की है।

भारत का प्रायद्वीपीय हिस्सा हिन्द महासागर की ओर उभरा हुआ है। द्वीप समूहों सहित भारत की सम्पूर्ण तट रेखा 7,517 किमी विस्तृत है। ऐसी स्थिति में एक देश के रूप में भारत भौतिक दृष्टि से विविधतापूर्ण भू–भाग है परिणामस्वरूप यहां विभिन्न प्रकार के संसाधन पाए जाते हैं।

एशिया महाद्वीप में भारत दक्षिण–मध्य भाग में अवस्थित है। बंगाल की खाड़ी और अरब सागर के रूप में विस्तारित इसकी दोनों भुजाएं हिन्द महासागर के साथ सीमा बनाती हैं। भारत की यह प्रायद्वीपीय सामुद्रिक स्थिति उसकी समुद्री व वायुमार्गों द्वारा पड़ोसी देशों से सम्बन्ध स्थापित करने में मदद करती है।

अध्याय : मानचित्र की नजर में

ध्यातव्य–विद्यार्थियो! मानचित्र के अध्ययन के बिना भूगोल को सही ढंग से समझना अत्यन्त दुष्कर है। पाठ के परिप्रेक्ष्य में यहां सम्यक मानचित्र दिए जा रहे हैं। प्रसंगानुरूप इनका अवलोकन करें–

भारत : राजनैतिक

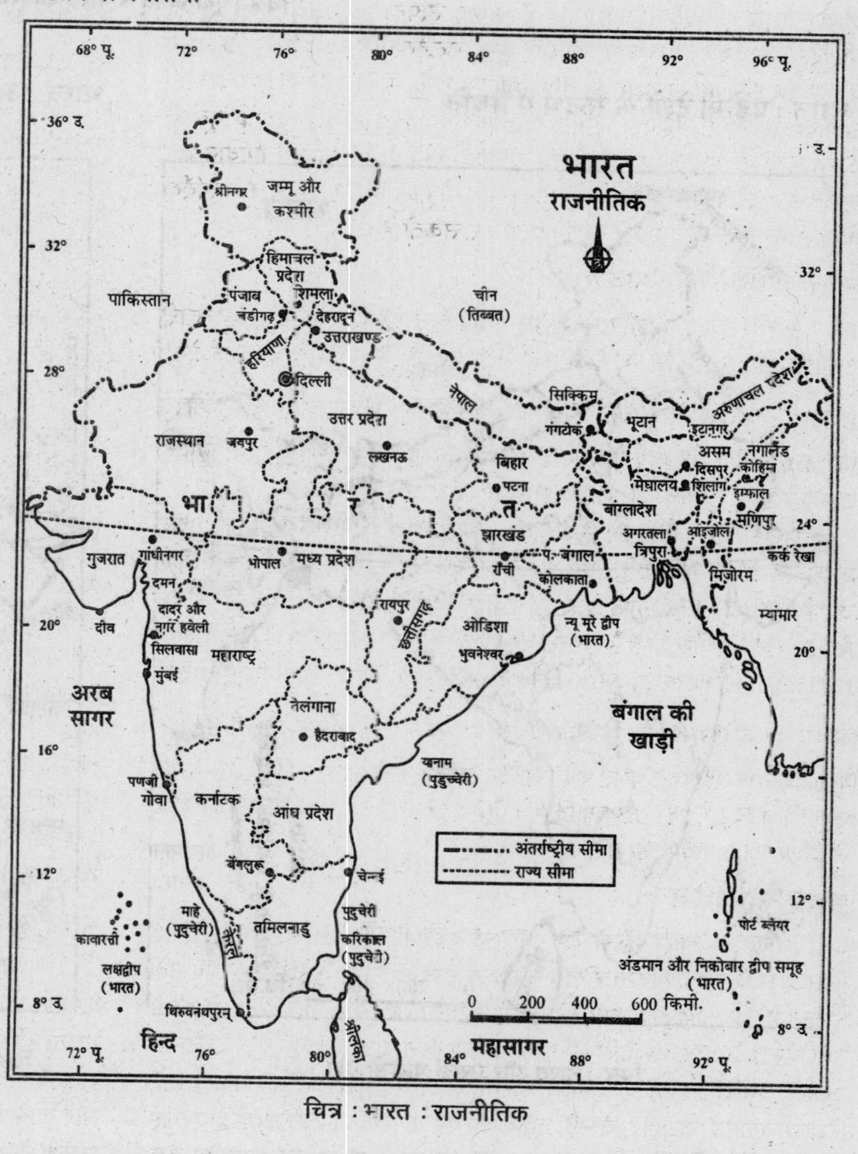

चित्र : भारत : राजनीतिक

भारत : पूर्वी जगत् में स्थिति

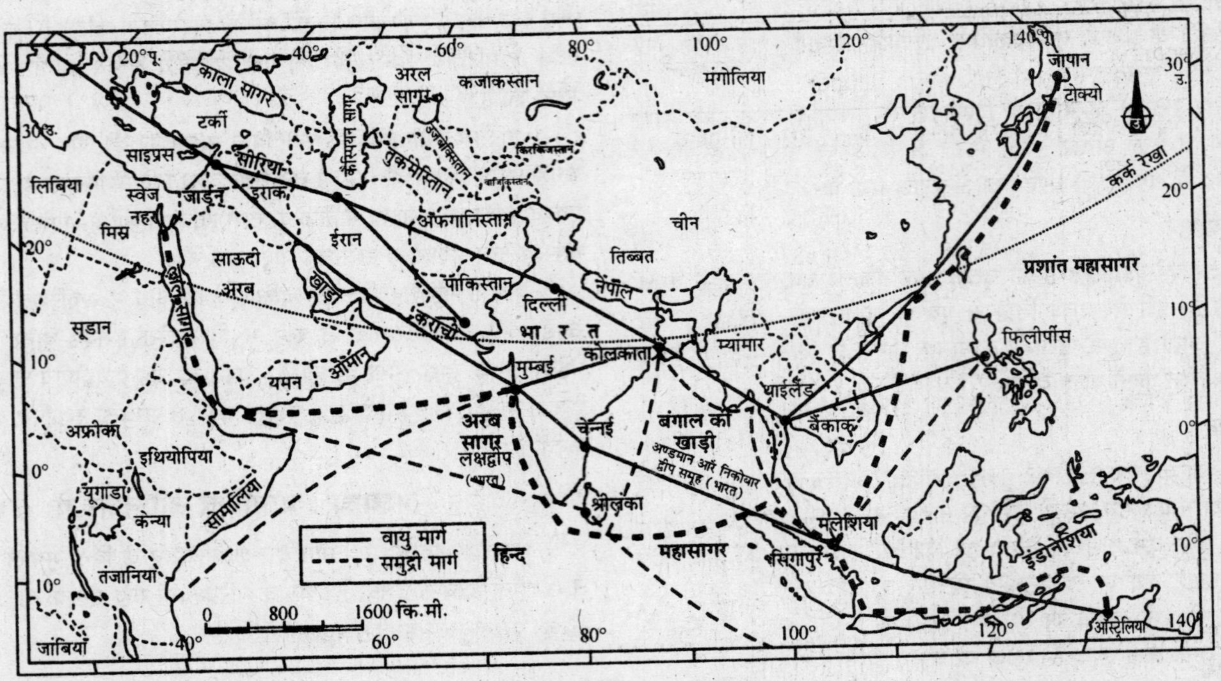

चित्र : पूर्वी जगत् में भारत की स्थिति

भारत : पड़ोसी देशों के सन्दर्भ में स्थिति

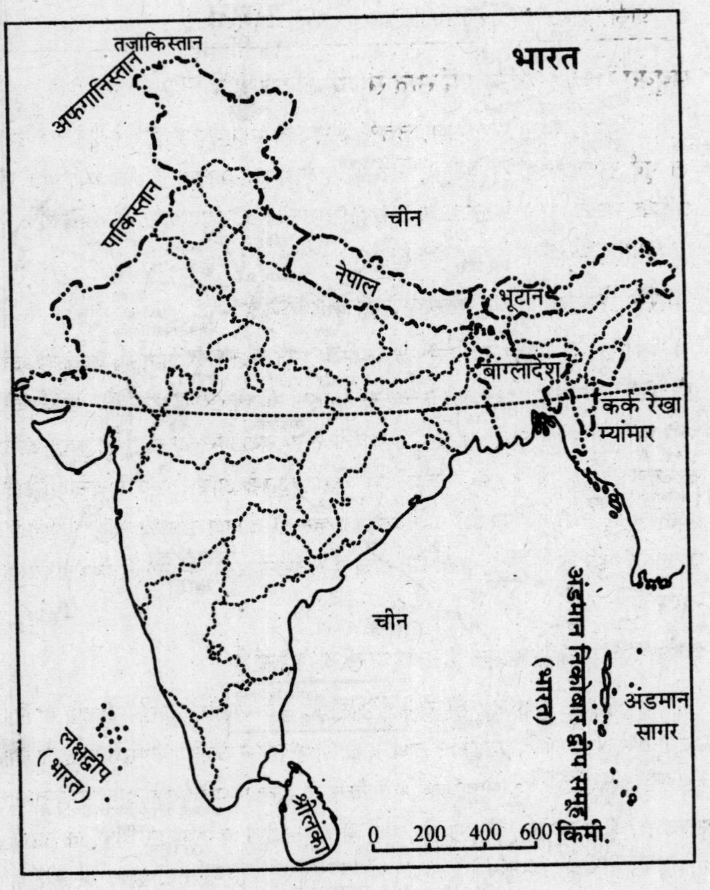

चित्र : भारत और उसके पड़ोसी देश

भारत : अक्षांशीय व देशान्तरीय विस्तार तथा तट

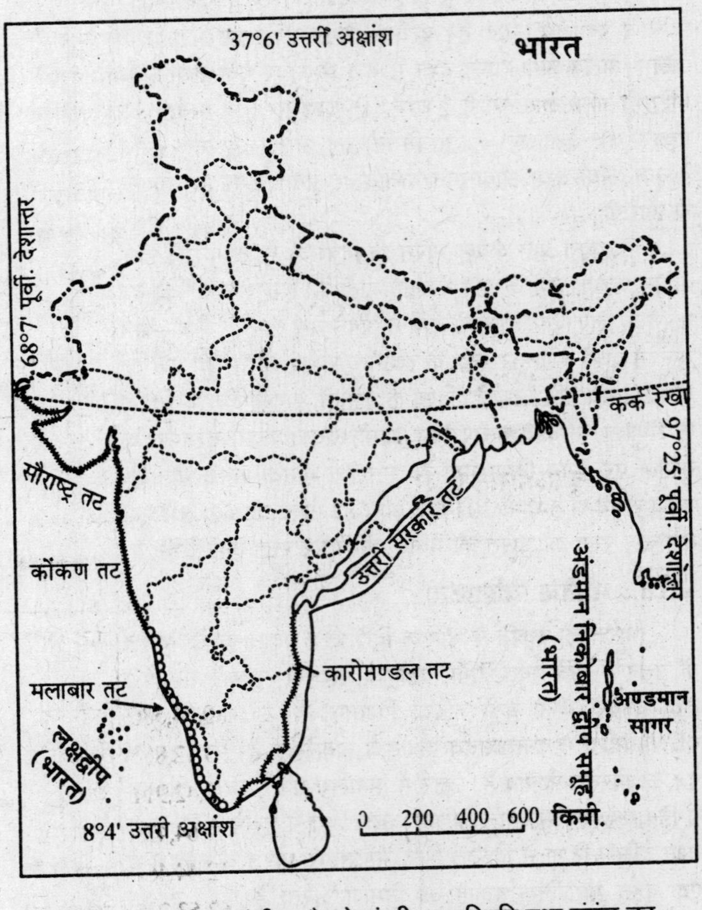

चित्र : भारत की अक्षांशीय और देशांतरीय अवस्थिति तथा संबद्ध तट

सारणी

भारत : सन्निहित राज्य, क्षेत्रफल, जनसंख्या तथा राजधानी

क्रम संख्या	राज्य/प्रदेश	क्षेत्रफल (वर्ग किमी में)	जनसंख्या/ आबादी	राजधानी
1.	संयुक्त आन्ध्र प्रदेश	2,75,045	8,46,65,533	हैदराबाद
2.	अरुणाचल प्रदेश	83,743	13,82,611	ईटानगर
3.	असम	78,438	3,11,69,272	दिसपुर
4.	बिहार	94,163	10,38,04,637	पटना
5.	गोवा	3,702	14,57,723	पणजी
6.	गुजरात	1,96,024	6,03,83,628	गांधीनगर
7.	हरियाणा	44,212	2,53,53,081	चंडीगढ़
8.	हिमाचल प्रदेश	55,673	68,56,509	शिमला
9.	जम्मू–कश्मीर	2,22,236	1,25,48,926	श्रीनगर/जम्मू
10.	कर्नाटक	1,91,791	6,11,30,704	बेंगलुरू
11.	केरल	38,863	3,33,87,677	तिरुवनन्तपुरम
12.	मध्य प्रदेश	3,08,000	7,25,97,765	भोपाल
13.	महाराष्ट्र	3,03,713	11,23,72,972	मुम्बई
14.	मणिपुर	22,327	27,21,756	इम्फाल
15.	मेघालय	22,429	29,64,007	शिलांग
16.	मिजोरम	20,987	10,91,014	आइजोल
17.	नगालैंड	16,579	19,80,602	कोहिमा
18.	ओडिशा	1,55,707	4,19,47,358	भुवनेश्वर
19.	पंजाब	50,362	2,77,04,236	चण्डीगढ़
20.	राजस्थान	34,22,59	6,86,21,012	जयपुर
21.	सिक्किम	7,299	6,07,688	गंगटोक
22.	तमिलनाडु	1,30,069	7,21,38,958	चेन्नई
23.	त्रिपुरा	10,477	36,71,032	अगरतला
24.	उत्तर प्रदेश	2,38,566	19,95,81,477	लखनऊ
25.	पश्चिमी बंगाल	87,353	9,13,47,736	कोलकाता
26.	छत्तीसगढ़	1,35,133	2,55,40,196	रायपुर
27.	उत्तराखंड	55,845	1,01,16,752	देहरादून
28.	झारखंड	79,714	3,29,66,238	रांची
29.	तेलंगाना* (2014)	1,14 840	3,52,86,757	हैदराबाद

*सन् 2014 में तेलंगाना हमारे देश का उन्तीसवां राज्य बना।

भारत : केन्द्र प्रशासित प्रदेश

क्रम संख्या	नाम	क्षेत्रफल (वर्ग किमी में)	जनसंख्या/ आबादी	राजधानी
1.	अंडमान तथा निकोबार द्वीप समूह	8249	3,79,944	पोर्ट ब्लेयर
2.	चंडीगढ़	114	10,54,686	चंडीगढ़
3.	दादरा तथा नगर हवेली	491	3,42,853	सिलवासा
4.	दमण और दीव	112	2,42,911	दमण
5.	लक्षद्वीव	32	64,429	कावारती
6.	पुडुचेरी	480	12,44,464	पुडुचेरी
7.	दिल्ली	1,483	1,67,53,235	नई दिल्ली
	सम्पूर्ण भारत	32,87,263	1,21,05,69,573	नई दिल्ली

यह भी जानिए

अरुणाचल प्रदेश में सूर्योदय, सौराष्ट्र में रात

यह बात बिल्कुल सही है कि जब अरुणाचल प्रदेश में सूर्योदय हो चुका होता है तो सौराष्ट्र में रात होती है। इसका कारण यह है कि हमारा देश (भारत) पूर्व से पश्चिम दिशा की ओर लगभग तीन हजार किलोमीटर की दूरी में विस्तृत है। सबसे पश्चिमी सीमा बिन्दु सौराष्ट्र में अवस्थित है, जबकि सबसे पूर्वी सीमा बिन्दु अरुणाचल प्रदेश में स्थित है। ऐसी स्थिति में भारत का पूर्व पश्चिम विस्तार 30° देशान्तर है।

सूर्य को 1° देशान्तर पार करने में 4 मिनट का समय लगता है। ऐसी दशा में 30° देशान्तर पार करने के लिए $30 \times 4 = 120$ मिनट अथवा दो घण्टे का समय लगेगा। चूंकि अरुणाचल प्रदेश पूर्व दिशा में स्थित है अतः सूर्य के सामने यह पहले आता है परिणामस्वरूप यहां सूर्योदय पहले होता है।

सर्वाधिक पश्चिम में स्थित होने के कारण सौराष्ट्र में सूर्योदय दो घण्टे बिलम्ब से होता है। यही कारण है कि जब अरुणाचल प्रदेश में सूर्य उदय हो चुका होता है तो सौराष्ट्र में रात होती है। इसीलिए अरुणाचल प्रदेश को सूर्योदय का प्रदेश भी कहते हैं।

खाड़ी और जलसन्धि में अन्तर

खाड़ी	जलसन्धि
तीन ओर से, स्थल से घिरा हुआ जल का भाग खाड़ी कहलाता है; जैसे–मन्नार की खाड़ी, कैलीफोर्निया की खाड़ी, कच्छ की खाड़ी आदि।	दो बड़ी जलराशियों को जोड़ने वाले जलीय संकरे भाग को जलसन्धि कहते हैं; जैसे–मलक्का जल सन्धि, पाक जल सन्धि आदि।

संयुक्त राज्य अमेरिका में सात समय कटिबन्ध हैं

संयुक्त राज्य अमेरिका, उत्तरी अमेरिकी महाद्वीप में स्थित है। इस देश का पूर्व से पश्चिम में विस्तार अत्यधिक है। यही कारण है कि यहां एक से अधिक मानक देशान्तर रेखाएं हैं। परिणामस्वरूप संयुक्त राज्य अमेरिका में सात समय कटिबन्ध पाए जाते हैं।

'भारत' नामकरण की ऐतिहासिक पृष्ठभूमि है

भारत के विभिन्न नामों का स्वरूप एक सतत ऐतिहासिक प्रक्रिया का प्रतिफल है 'भारत' नाम आर्यों की भरत नाम की शाखा की देन है। आर्यों की भूमि होने के परिणामस्वरूप यह 'आर्यावर्त' कहा गया। सिन्धु नदी की अवस्थिति के कारण ईरानियों ने इसे 'हिन्दुस्तान' कहा। दूसरी ओर रोम व यूनान वासियों द्वारा सिन्धु नदी को इण्डस व इण्डोस कहने के कारण इसका नाम 'इण्डिया' कहलाया। इन सभो नामों वाला यह क्षेत्र ही वर्तमान समय में भारत नाम से जाना जाता है।

भारत की सीमाएं स्थलीय तथा जलीय, दोनों हैं

हमारे देश (भारत) की सीमाएं स्थलीय एवं जलीय दोनों स्वरूपों में हैं। उत्तरी भारत में स्थलीय सीमाएं तथा दक्षिणी भारत में जलीय सीमाएं मिलती हैं। स्थलीय सीमाओं के रूप में पश्चिम में पाकिस्तान, उत्तर–पश्चिम में अफगानिस्तान, उत्तर में चीन, नेपाल एवं भूटान पूर्व में बांग्लादेश व म्यांमार देशों के साथ भारत की सीमाएं संलग्न हैं। दक्षिण भारत की सीमाएं जलीय सीमा के रूप में पूर्व की तरफ बंगाल की खाड़ी, पश्चिम की ओर अरब सागर तथा दक्षिण में हिन्द महासागर द्वारा निर्धारित/सीमांकित हैं।

स्मरणीय बिन्दु

- भारत का समस्त भौगोलिक क्षेत्रफल 32.80 लाख वर्ग किमी है।
- क्षेत्रफल के अनुसार राजस्थान भारत का सबसे बड़ा राज्य है।
- भारत में 29 राज्य एवं 7 केन्द्रशासित प्रदेश हैं। तेलंगाना नवीनतम् निर्मित राज्य है।
- क्षेत्रफल के अनुसार भारत का विश्व में सातवां स्थान है।
- भारतीय संघ का दक्षिणतम् बिन्दु इन्दिरा प्वाइन्ट है।
- भारत की कुल स्थल सीमा 15200 किमी है।
- भारत की तटरेखा 7516.6 किमी है।
- कर्क रेखा $\left(23\frac{1}{2}^\circ \text{ उत्तर}\right)$ जो कि अक्षांश रेखा है, भारत के केन्द्र से गुजरती है।
- कर्क रेखा द्वारा निर्मित भारत के दो भौगोलिक प्रदेश हैं–उष्ण कटिबन्ध एवं शीतोष्ण कटिबन्ध।
- स्वेज नहर मार्ग भारत को यूरोप से जोड़ता है।
- गोवा भारत का सबसे छोटा राज्य है।
- भारत के तटीय राज्य हैं–गुजरात, महाराष्ट्र, कर्नाटक, गोवा, केरल, तमिलनाडु, आन्ध्रप्रदेश, ओडिशा एवं पश्चिम बंगाल।
- भारत–चीन सीमा पर स्थित राज्य हैं–जम्मू–कश्मीर, उत्तराखण्ड, हिमाचल प्रदेश, सिक्किम, अरुणाचल प्रदेश।
- भारत–पाकिस्तान सीमा पर स्थित राज्य हैं–गुजरात, राजस्थान, पंजाब, जम्मू तथा कश्मीर।
- भारत के पश्चिमी तट पर तटीय राज्य हैं–गुजरात, महाराष्ट्र, गोवा, कर्नाटक, केरल।
- भारत के पूर्वी तट पर तटीय राज्य हैं–तमिलनाडु, आन्ध्रप्रदेश, ओडिशा, पश्चिम बंगाल।
- लक्षद्वीप 'मूंगे के द्वीपों' का समूह कहलाता है।
- भारत का पूर्व–पश्चिम विस्तार 2933 किलोमीटर है।
- भारत का उत्तर–दक्षिण विस्तार 3214 किलोमीटर है।
- सबसे लम्बी तट रेखा भारत के गुजरात राज्य की है।
- पुदुचेरी का क्षेत्रफल पूर्वी तट तथा पश्चिमी तट दोनों पर मिलता है।
- भारत का पश्चिम बंगाल राज्य सबसे घना बसा है।
- भारत का अरुणाचल प्रदेश राज्य सबसे कम घना बसा है।
- 1 मानक मील में 1.584 किलोमीटर होता है।
- 1 समुद्री मील 1.824 किलोमीटर के बराबर होता है।
- भारत का दक्षिणी हिस्सा उष्ण कटिबन्ध में है।
- भारत का मानक याम्योत्तर 82° 30' पूर्व है।
- भारतीय मानक समय ग्रीनविच माध्य समय से 5 घण्टे 30 मिनट आगे है।
- भारत विश्व के स्थलीय धरातल के 2.4% भाग पर विस्तारित है।
- भारत के पड़ोसी दो द्वीपीय देश हैं–श्रीलंका एवं मालदीव।
- पामीर के पठार को संसार की छत कहा जाता है।
- कर्क रेखा भारत के राजस्थान, गुजरात, मध्य प्रदेश, झारखण्ड, पश्चिम बंगाल, त्रिपुरा और मिजोरम राज्यों से होकर गुजरती है।
- भारत की प्रामाणिक मानक समय रेखा आन्ध्रप्रदेश, ओडिशा, छत्तीसगढ़, मध्यप्रदेश और उत्तर प्रदेश राज्यों से होकर गुजरती है।
- भारत के पूर्वी तट पर हेयर द्वीप, पमबन द्वीप तथा हरिकोटा द्वीप अवस्थित हैं जबकि पश्चिमी तट पर लक्षद्वीप व ट्राम्बे द्वीप स्थित हैं।
- अराकान योमा पहाड़ियां म्यांमार में स्थित हैं।

एन.सी.ई.आर.टी. पाठ्यपुस्तक भूगोल के प्रश्न (हल सहित)

1. नीचे दिए गए चार विकल्पों में से उपयुक्त उत्तर का चयन कीजिए :

(i) निम्नलिखित में से कौन–सा अक्षांशीय विस्तार भारत की सम्पूर्ण भूमि के विस्तार के सन्दर्भ में प्रासंगिक है?

(क) 8°41′ उ. से 35°7′ (ख) 8°4′ उ. से 35°6′ उ.

(ख) 8°4′ उ. से 37°6′ उ. (घ) 6°45′ उ. से 37°6′ उ.

(ii) निम्नलिखित में से किस देश की भारत के साथ सबसे लम्बी स्थलीय सीमा है?

(क) बांग्लादेश (ख) पाकिस्तान

(ग) चीन (घ) म्यांमार

(iii) निम्नलिखित में से कौन–सा देश क्षेत्रफल में भारत से बड़ा है।

(क) चीन (ख) फ्रांस

(ग) मिस्र (घ) ईरान

(iv) निम्नलिखित याम्योत्तर में से कौन–सा भारत का मानक याम्योत्तर है?

(क) 60°30′ पूर्व (ख) 75°30′ पूर्व

(ग) 82°30′ पूर्व (घ) 90°30′ पूर्व

(v) अगर आप एक सीधी रेखा में राजस्थान से नगालैंड की यात्रा करें तो निम्नलिखित नदियों में से किस एक को आप पार नहीं करेंगे?

(क) यमुना (ख) सिंधु

(ग) ब्रह्मपुत्र (घ) गंगा

उत्तर—(i) (ग), (ii) (क), (iii) (क), (iv) (ग), (v) (ख)

2. निम्नलिखित प्रश्नों का लगभग 30 शब्दों में उत्तर दें :

(i) क्या भारत को एक से अधिक मानक समय की आवश्यकता है? यदि हां, तो आप ऐसा क्यों सोचते हैं?

(ii) भारत की लम्बी तटरेखा के क्या प्रभाव हैं?

(iii) भारत का देशान्तरीय फैलाव इसके लिए किस प्रकार लाभप्रद है?

(iv) जबकि पूर्व में, उदाहरणत: नगालैंड में, सूर्य पहले उदय होता है और पहले ही अस्त होता है, फिर कोहिमा और नयी दिल्ली में घड़ियां एक ही समय क्यों दिखाती हैं?

उत्तर—

(i) भारत का देशान्तरीय विस्तार लगभग 30° है। ऐसी स्थिति में पूर्व से पश्चिम की ओर जाने पर 2 घंटे का अन्तर आ जाता है। 2 घंटे का पूर्व–पश्चिम में अन्तर दो मानक रेखाओं के होने का ठोस आधार है लेकिन विश्व के देशों में मानक याम्योत्तर को 7°30' देशान्तर के गुणांक पर चुना जाता है। यही कारण है कि 82° 30' पूर्व याम्योत्तर को भारत का एकमात्र मानक याम्योत्तर चुना गया है। यदि 75° देशान्तर पश्चिमी भाग में हो तथा 90° देशान्तर पूर्वी भाग में हो तो समय का यह अन्तर कम हो सकता है।

(ii) भारत की तटीय रेखा की कुल लम्बाई लगभग 7,517 किलोमीटर है। भारत का सीमान्तर्गत क्षेत्र सागर में 12 समुद्री मील (लगभग 21.9 किमी) तक फैला हुआ है। इससे भारत के अधिकार क्षेत्र में पर्याप्त

समुद्री भाग आ जाता है। लम्बी तट रेखा भारत को सस्ते व सुगम जल यातायात की सुविधा प्रदान करती है, पर्याप्त सागरीय संसाधन उपलब्ध कराती है और प्रायद्वीपीय भारत की जलवायु को सम बनाने में महत्वपूर्ण भूमिका निभाती है।

(iii) भारत का देशान्तरीय विस्तार लगभग 30° है जो भारत में एक मानक समय रेखा (82° 30' पूर्व) के चयन के लिए सुगमता प्रदान करता है। यदि भारत का देशान्तरीय फैलाव बहुत अधिक होता तो हमें कई मानक समय कटिबन्धों की आवश्यकता होती, जिससे दैनिक कार्यों एवं आवागमन में अवरोध उत्पन्न होता।

(iv) इसका प्रमुख कारण यह है कि भारत में घड़ियों के समय का निर्धारण केन्द्रीय याम्योत्तर (देशान्तर) अथवा 82° 30' पूर्व मानक देशान्तर द्वारा किया जाता है। अतः भारत के समस्त भागों में चाहे वह कोहिमा हो या नई दिल्ली घड़ियां एक ही समय दर्शाती हैं।

3. परिशिष्ट-I पर आधारित क्रियाकलाप (इस अभ्यास को समझाने व विद्यार्थियों से करवाने में अध्यापक सहायता कर सकते हैं)

(i) एक ग्राफ पेपर पर मध्यप्रदेश, कर्नाटक, मेघालय, गोवा, केरल तथा हरियाणा के जिलों की संख्या को आलेखित कीजिए। क्या जिलों की संख्या का राज्यों के क्षेत्रफल से कोई सम्बन्ध है?

(ii) उत्तर प्रदेश, पश्चिम बंगाल, गुजरात, अरुणाचल प्रदेश, तमिलनाडु, त्रिपुरा, राजस्थान तथा जम्मू और कश्मीर में से कौन–सा राज्य सर्वाधिक जनसंख्या घनत्व वाला और कौन–सा एक न्यूनतम जनसंख्या घनत्व वाला राज्य है?

(iii) राज्य के क्षेत्रफल व जिलों की संख्या के बीच सम्बन्ध को ढूंढिए।

(iv) तटीय सीमाओं से संलग्न राज्यों की पहचान कीजिए।

(v) पश्चिम से पूर्व की ओर स्थलीय सीमा वाले राज्यों का क्रम तैयार कीजिए।

उत्तर—(i)

राज्य	जिलों की संख्या	क्षेत्रफल (वर्ग किमी)
मध्य प्रदेश	50	3,08,245
कर्नाटक	29	1,91,791
मेघालय	7	22,429
गोवा	2	3,702
केरल	14	28,863
हरियाणा	21	44,212

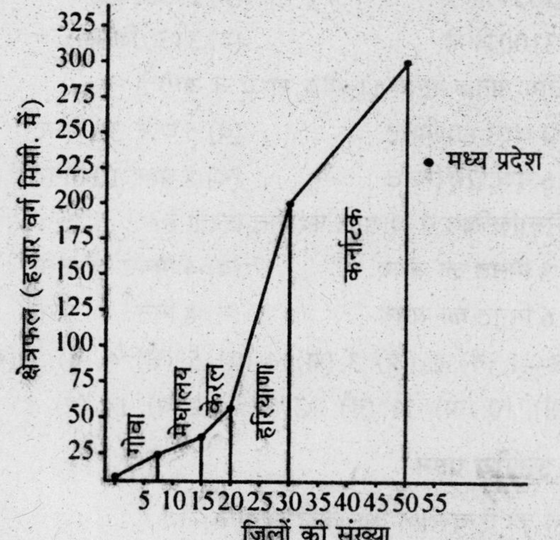

उपर्युक्त आरेख से स्पष्ट है कि राज्यों के क्षेत्रफल तथा जिलों की संख्या में धनात्मक सम्बन्ध है।

(ii) सन् 2011 की जनगणना के अनुसार प्रश्नानुरूप सर्वाधिक जनसंख्या घनत्व वाला राज्य पश्चिम बंगाल है जबकि न्यूनतम जनसंख्या घनत्व वाला राज्य अरुणाचल प्रदेश है। इनका जनसंख्या घनत्व क्रमशः 1029 व 17 व्यक्ति प्रतिवर्ग किमी है।

(iii) यदि राज्य का क्षेत्रफल अधिक होता है तो सामान्यतया जिलों की संख्या भी अधिक पाई जाती है।

(iv) **तटीय सीमाओं से संलग्न राज्य**–

(क) **अरब सागर की ओर**–गुजरात, महाराष्ट्र, गोवा, कर्नाटक और केरल।

(ख) **बंगाल की खाड़ी की ओर**–तमिलनाडु, आन्ध्रप्रदेश, ओडिशा और पश्चिम बंगाल

(v) **पश्चिम से पूर्व की ओर स्थलीय सीमा वाले राज्य**–जम्मू और कश्मीर, हिमाचल प्रदेश, उत्तराखण्ड, उत्तर प्रदेश, बिहार, प. बंगाल, सिक्किम, असम तथा अरुणाचल प्रदेश।

4. परिशिष्ट-II पर आधारित क्रियाकलाप (इस अभ्यास को समझाने व विद्यार्थियों से करवाने में अध्यापक सहायता कर सकते हैं)

(i) उन केन्द्र शासित क्षेत्रों की सूची बनाइए जिनकी स्थिति तटवर्ती है।

(ii) राष्ट्रीय राजधानी क्षेत्र दिल्ली तथा अंडमान व निकोबार द्वीप समूह के क्षेत्रफल और जनसंख्या में अन्तर की व्याख्या आप किस प्रकार करेंगे?

(iii) एक ग्राफ पेपर पर दंड आरेख द्वारा केन्द्र शासित क्षेत्रों के क्षेत्रफल व जनसंख्या को आलेखित कीजिए।

उत्तर—(i)

केन्द्र प्रशासित प्रदेश	**राजधानी**
(क) पुडुचेरी	पुडुचेरी
(ख) दादरा और नगर हवेली	सिलवासा
(ग) दमण एवं दीव	दमण

(ii) केन्द्र–शासित राज्यों में राष्ट्रीय राजधानी क्षेत्र दिल्ली राज्य का क्षेत्रफल की दृष्टि से दूसरा स्थान है, जबकि अंडमान तथा निकोबार द्वीप समूह का पहला स्थान है। दिल्ली का क्षेत्रफल 1,483 वर्ग किमी है तथा अंडमान व निकोबार का क्षेत्रफल 8.249 वर्ग किमी है। सबसे अधिक जनसंख्या 1,67,53,235 (2011), दिल्ली राज्य की है, जबकि अंडमान व निकोबार द्वीप समूह की जनसंख्या 3,79,944 (2011) है। केन्द्रशासित राज्यों में सर्वाधिक जनसंख्या घनत्व दिल्ली का है जो कि 11,297 (2011) व्यक्ति प्रति किमी है, जबकि अंडमान व निकोबार द्वीप समूह का सबसे कम जनसंख्या घनत्व है जो कि 46 (2011) व्यक्ति प्रति किमी है। उपयुक्त आधारभूत संरचना तथा विकासोन्मुख मानवीय गतिविधियों हेतु विभिन्न सकारात्मक पहलुओं के कारण यह अन्तर दृष्टिगोचर होता है।

(iii) **केन्द्र शासित क्षेत्रों के क्षेत्रफल व जनसंख्या का आलेखन**

क्रम संख्या	केन्द्र–शासित क्षेत्र	क्षेत्रफल (वर्ग किमी)	जनसंख्या (2011 की जनगणना के अनुसार)
1.	अंडमान और निकोबार द्वीप समूह	8,249	3,79,944
2.	चंडीगढ़	114	10,54,686
3.	दादरा और नगर हवेली	491	3,42,853
4.	दमण और दीव	112	2,42,911
5.	राष्ट्रीय राजधानी दिल्ली	1,483	1,67,53,235
6.	लक्षद्वीप	32	64,429
7.	पुडुचेरी	479	12,44,464

(क) केन्द्र शासित क्षेत्रों का क्षेत्रफल (वर्ग किमी. में)–

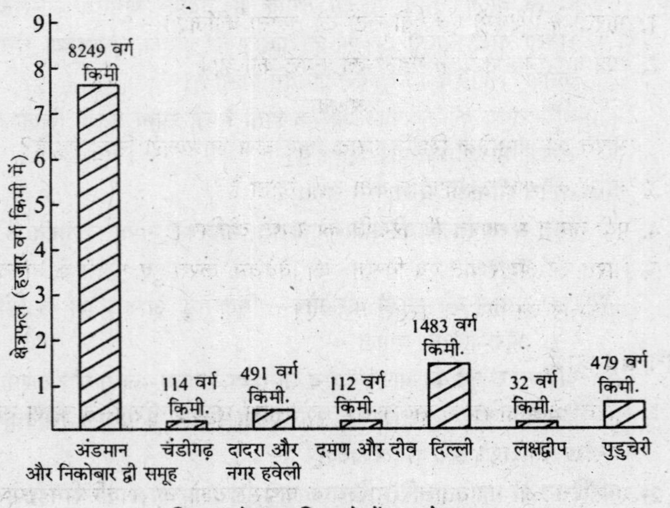

चित्र : केन्द्रशासित क्षेत्रों का क्षेत्रफल

(ख) केन्द्रशासित क्षेत्रों की जनसंख्या–

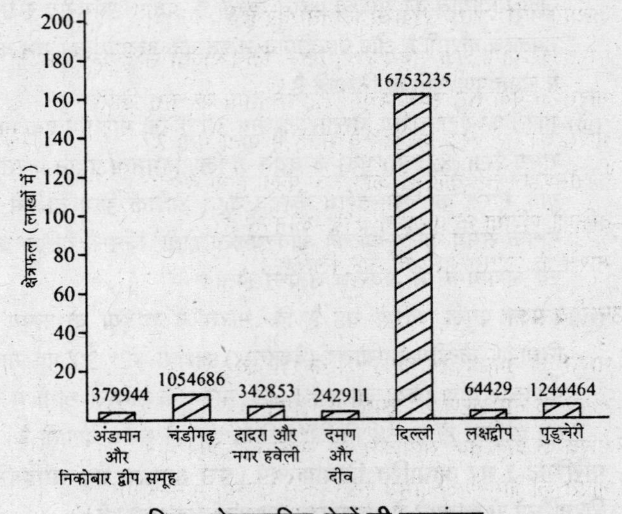

चित्र : केन्द्रशासित क्षेत्रों की जनसंख्या

अभ्यासार्थ प्रश्न

बहुविकल्पीय प्रश्न

1. रोमवासियों द्वारा सिन्धु नदी को कहा गया–

(अ) इण्डोस (ब) इण्डस

(स) भारत (द) इण्डिया

2. भारत के दक्षिणी भाग में अवस्थित है–

(अ) हिन्द महासागर (ब) आर्कटिक महासागर

(स) प्रशान्त महासागर (द) अटलांटिक महासागर

3. उत्तर में स्थित हिमालय तथा दक्षिणी छोर पर स्थित कन्याकुमारी के बीच अक्षांशों का अन्तर है–

(अ) लगभग 11 अक्षांश (ब) लगभग 20 अक्षांश

(स) लगभग 30 अक्षांश (द) लगभग 40 अक्षांश

4. भारत के बीचों–बीच जो रेखा गुजरती है, उसे कहते हैं–

(अ) मकर रेखा (ब) कर्क रेखा

(स) भूमध्य रेखा (द) इनमें से कोई नहीं

5. भारत के कितने राज्यों से कर्क रेखा गुजरती है?

(अ) 4 राज्यों से (ब) 7 राज्यों से

(स) 8 राज्यों से (द) 10 राज्यों से

6. भारत की मानक समय रेखा (82° 30') कितने राज्यों से गुजरती है?

(अ) 3 राज्यों से (ब) 5 राज्यों से

(स) 8 राज्यों से (द) 12 राज्यों से

7. भारत की स्थलीय सीमा की लम्बाई है–

(अ) 12000 किमी (ब) 13500 किमी

(स) 15200 किमी (द) 15400 किमी

8. हमारे देश के पूर्वी तट के दक्षिणी भाग को कहा जाता है–

(अ) सौराष्ट्र तट (ब) कोरोमंडल तट

(स) उत्तरी सरकार तट (द) सौराष्ट्र तट

9. निम्नलिखित में किस देश के साथ भारत की सबसे लम्बी स्थलीय सीमा सम्बद्ध है?

(अ) भूटान (ब) पाकिस्तान

(स) बांग्लादेश (द) म्यांमार

10. निम्नलिखित में कौन–सा प्रायद्वीप दक्षिणी एशिया का सबसे बड़ा प्रायद्वीप है?

(अ) भारतीय प्रायद्वीप (ब) हिन्द चीन प्रायद्वीप

(स) अरब प्रायद्वीप (द) इनमें से कोई नहीं

11. एक समुद्री मील में लगभग कितने मील होते हैं?

(अ) 1.4 किमी (ब) 1.5 किमी

(स) 1.7 किमी (द) 1.8 किमी

12. भारत के अक्षांशीय और देशान्तरीय विस्तार का अन्तर लगभग कितना है?

(अ) 30° (ब) 35°

(स) 37° (द) 42°

13. हमारे देश की पूर्व से पश्चिम की ओर चौड़ाई है–

(अ) 1555 किमी (ब) 2933 किमी

(स) 3100 किमी (द) 3150 किमी

14. भारतीय मानक समय ग्रीनविच माध्य से आगे है–

(अ) 4 घण्टे 60 मिनट (ब) 5 घण्टे 30 मिनट

(स) 6 घण्टे 20 मिनट (द) 8 घण्टे 10 मिनट

15. 1° निम्नलिखित में किसको प्रदर्शित करता है?

(अ) 3 मिनट का समय (ब) 4 मिनट का समय

(स) 6 मिनट का समय (द) 8 मिनट का समय

उत्तर—1. (ब), 2. (अ), 3. (स), 4. (ब), 5. (स), 6. (ब), 7. (स), 8. (ब), 9. (स), 10. (अ), 11. (द), 12. (अ), 13. (ब), 14. (ब), 15. (ब)

अति लघु उत्तरीय प्रश्न

1. भारत को हिन्दुस्तान क्यों कहा जाता है?

2. भारत किस गोलार्द्ध में स्थित है?

3. भारत का अक्षांशीय व देशान्तरीय विस्तार बताइए।

4. संसार की छत किसे कहा जाता है?
5. कन्याकुमारी भूमध्य रेखा से कितनी दूर है?
6. भारत की प्रामाणिक समय रेखा किन–किन राज्यों से होकर गुजरती है?
7. भारत के पूर्वी तट एवं पश्चिमी तट के द्वीपों के नाम लिखिए।
8. भारत की तट रेखा को कितने भागों में बांटा गया है?
9. कोरोमण्डल तट कहां से कहां तक फैला हुआ है?
10. दक्षिणी एशिया के प्रायद्वीप कौन–कौन से हैं?
11. भारत के पड़ोसी देशों के नाम लिखिए।

लघु उत्तरीय प्रश्न

1. भारत को उपमहाद्वीप कहने का कारण क्या है?
2. भारत के नामकरण को स्पष्ट कीजिए।
3. भारत के प्राकृतिक सीमांकन को स्पष्ट कीजिए।
4. भारत की प्रामाणिक समय रेखा किसे व क्यों माना गया है?
5. संयुक्त राज्य अमेरिका में सात समय कटिबन्ध क्यों पाये जाते हैं?
6. भारतीय उपमहाद्वीप को एक अद्वितीय पहचान किस प्रकार प्राप्त हुई है?
7. भारत एक वृहत् भौगोलिक इकाई है–संक्षेप में समझाइए।

विस्तृत उत्तरीय प्रश्न

1. भारत के पश्चिमी एवं पूवी तटों की तुलना कीजिए।
2. भार के सनुद्र तटों के महत्व को स्पष्ट कीजिए।

   अथवा

   भारत की सामुद्रिक स्थिति इसके लिए कैसे लाभकारी सिद्ध हुई है?
3. भारत को एक उपमहाद्वीप क्यों कहा जाता है?
4. पूर्वी जगत में भारत की स्थिति को स्पष्ट कीजिए।
5. भारत की अवस्थिति एवं विस्तार की विवेचना करते हुए भारत के मानक याम्योत्तर का विवरण प्रस्तुत कीजिए।

मानचित्र कार्य

1. भारत के मानचित्र में सबसे बड़े एवं सबसे छोटे केन्द्रशासित प्रदेश का उल्लेख कीजिए।
2. मानचित्र की सहायता से भारत के पड़ोसी देशों की अवस्थिति स्पष्ट कीजिए।
3. भारत के मानचित्र की सहायता से इसकी तटीय अवस्थिति/दशा को स्पष्ट कीजिए।

18 संरचना तथा भू-आकृति विज्ञान

भू-आकृति विज्ञान

इसके अन्तर्गत भू–आकृतियों और उनको आकार देने वाली प्रक्रियाओं का वैज्ञानिक अध्ययन किया जाता है। भू–आकृति वैज्ञानिक यह समझने की कोशिश करते हैं कि भू–दृश्य जैसे दिखते हैं वैसा दिखने के पीछे कारण क्या है? वे भू–आकृतियों के इतिहास और उसकी गतिकी को जानने समझने का प्रयास करते हैं। साथ ही साथ भूमि अवलोकन, भौतिक परीक्षण और संख्यात्मक मॉडलिंग के संयोजन से भविष्य के बदलावों का पूर्वानुमान करते हैं।

भारत : भू-वैज्ञानिक संरचना

मिट्टी की उर्वरता, गठन और स्वरूप का अलग होना, अलग–अलग स्थानों पर चट्टानों की प्रकृति भिन्न–भिन्न होना आदि धरातलीय विभिन्नताएं धरातल के विकास के विभिन्न चरणों एवं प्रक्रियाओं की द्योतक हैं। एक अनुमान के अनुसार पृथ्वी की आयु लगभग 46 करोड़ वर्ष है। इतने लम्बे समय में **अंतर्जात** और **बहिर्जात** बलों के कारण पृथ्वी में अनेकानेक बदलाव हुए हैं। इन बलों की धरातलीय एवं अधस्तलीय आकृतियों के निर्धारण में अत्यन्त महत्वपूर्ण भूमिका रही है।

अंतर्जात व बहिर्जात बल

पृथ्वी की सतह पर दो प्रकार के बल कार्य करते हैं। पहला, अंतर्जात बल और दूसरा, बहिर्जात बल। अन्तर्जात बल पृथ्वी के आंतरिक भागों से पैदा होता है। यह बल भू–तल पर विषमताओं का सृजन करता है। बहिर्जात बल पृथ्वी की सतह पर उत्पन्न होता है यह बल भूतल पर समतल की स्थापना करता है।

जैसा कि ऊपर उल्लेख किया जा चुका है पृथ्वी की आयु लगभग 46 करोड़ वर्ष है। इस समय में करोड़ों वर्ष पहले **इंडियन प्लेट** भूमध्य रेखा के दक्षिण में विद्यमान थी। इसका आकार बहुत बड़ा था तथा **ऑस्ट्रेलियन प्लेट** इसी का हिस्सा थी। करोड़ों वर्षों की विभिन्न गतिविधियों तथा बलों के परिणामस्वरूप के परिणामस्वरूप यह प्लेट अनेकानेक खण्डों में विभक्त हो गई। ऑस्ट्रेलियन प्लेट दक्षिण–पूर्व और इंडियन प्लेट उत्तर दिशा में खिसकने लगी। इंडियन प्लेट का खिसकना अब भी जारी है। इसका भारतीय उपमहाद्वीप के भौतिक पर्यावरण पर अत्यन्त महत्वपूर्ण प्रभाव पड़ता है।

इंडियन प्लेट

यह वह भौगोलिक प्लेट है जिस पर भारतीय उपमहाद्वीप का अधिकांश भाग तथा आस–पास का बड़ा समुद्री क्षेत्र अवस्थित है। यह गोंडवाना लैण्ड नाम के प्राचीन महाद्वीप का हिस्सा था जो अलग होकर उत्तर दिशा की ओर अग्रसर हुआ एवं अपने वर्तमान स्थान पर जा पहुंचा।

ऑस्ट्रेलियन प्लेट

यह वह भौगोलिक प्लेट है जो 5.5 करोड़ वर्ष पहले इंडियन प्लेट से संयुक्त हुई। संयुक्त प्लेट को इण्डो–ऑस्ट्रेलियन प्लेट कहा जाता है। उपर्युक्त विवरणों के परिप्रेक्ष्य में यह बात स्पष्ट होती है कि भारतीय उपमहाद्वीप की भू–वैज्ञानिक संरचना एवं इसके क्रियाशील भू–आकृतिक प्रक्रम मुख्यतः अंतर्जनित तथा बहिर्जनिक बलों तथा प्लेट के क्षैतिज संचलन की प्रक्रिया के फलस्वरूप अस्तित्व में आए। भू–वैज्ञानिक संरचना और शैल जनित विभिन्नताओं के आधार पर भारत को भू–वैज्ञानिक खण्डों में विभक्त कर समझा जा सकता है।

भारत : भू-वैज्ञानिक खण्ड

भारत के भू–वैज्ञानिक खण्डों में प्रायद्वीपीय खण्ड, हिमालय तथा समप्रकृति की प्रायद्वीपीय पर्वत मालाएं और सिंधु, गंगा एवं ब्रह्मपुत्र के मैदान समाहित हैं। इनको भलीभांति समझने हेतु इनका क्रमशः विवरण निम्नलिखित हैं–

(अ) **प्रायद्वीपीय खण्ड**–इस खंड की उत्तरी सीमा खण्डित अर्थात कटी–फटी है। यह सीमा कच्छ से शुरू होकर अरावली पहाड़ियों के पश्चिम से गुजरती हुई दिल्ली तक और फिर यमुना व गंगा नदी के समानांतर राजमहल की पहाड़ियों व गंगा डेल्टा तक जाती है। इसके अतिरिक्त उत्तर–पूर्व में कर्बी ऐंगलॉग (Karbi Anglong) व मेघालय का पठार तथा पश्चिम में राजस्थान भी इसी खंड के विस्तार हैं। पश्चिम बंगाल में मालदा भ्रंश उत्तरी–पूर्वी भाग में स्थित मेघालय व कर्बी ऐंगलॉग पठार को छोटा नागपुर पठार से अलग करता है। राजस्थान में यह प्रायद्वीपीय खंड मरुस्थल व मरुस्थल सदृश्य स्थलाकृतियों से ढका हुआ है।

प्रायद्वीप का निर्माण प्रमुखतया प्राचीन नाइस और ग्रेनाइट से हुआ है। कैम्ब्रियन कल्प से ही यह भूखण्ड एक कठोर खंड के रूप में विद्यमान है। अपवाद स्वरूप पश्चिमी तट समुद्र में डूबा होने और कुछ हिस्से विवर्तनिक क्रियाओं से परिवर्तित होने के उपरान्त भी इस भूखंड के वास्तविक आधार तल पर प्रभाव नहीं पड़ता है। इंडो–ऑस्ट्रेलियन प्लेट का हिस्सा होने के कारण यह उर्ध्वाधर हलचलों व खंड भ्रंश से प्रभावित है। इसका उदाहरण नर्मदा, तापी एवं महानदी की रिफ्ट घाटियां और सतपुड़ा ब्लाक पर्वत हैं प्रायद्वीप की विशिष्टता यह है कि इसमें प्रमुखतया अवशिष्ट पहाड़ियां ही सम्मिलित हैं। जिनमें अरावली, नल्लामाला, जावादी, वेलीकोंडा, पालकोंडा श्रेणी तथा महेंद्रगिरी पहाड़ियां आदि प्रमुख हैं। यह भी उल्लेखनीय है कि यहां की नदी घाटियां उथली हैं तथा उनकी प्रदणता क्रम हैं। पूर्व दिशा की ओर बहने वाली अधिकाधिक नदियां बंगाल की खाड़ी में गिरने से पूर्व डेल्टा का निर्माण करती हैं। इसका उदाहरण महानदी, गोदावरी और कृष्णा नदियों द्वारा निर्मित डेल्टा है।

(ब) **हिमालय तथा समप्रकृति की प्रायद्वीपीय पर्वत मालाएं**–जहां प्रायद्वीपीय खण्ड कठोर एवं स्थिर हैं वहीं हिमालय तथा समप्रकृति की प्रायद्वीपीय पर्वतमालाओं की भू–वैज्ञानिक संरचना लचीली तथा दुर्बल है। ये पर्वत वर्तमान समय में भी बहिर्जनिक तथा अंतर्जनित बलों की अंतर्क्रियाओं से प्रभावित हैं। इसके परिणामस्वरूप इनमें वलन, भ्रंश और क्षेप बनते हैं। इन पर्वतों की उत्पत्ति विवर्तनिक हलचलों से जुड़ी हैं। तेज बहाव वाली नदियों से अपरदित ये पर्वत अभी भी युवा अवस्था में हैं। गॉर्ज, V-आकार घाटियां क्षिप्रिकाएं व जल–प्रपात इत्यादि इसका प्रमाण हैं।

(स) **सिंधु, गंगा एवं ब्रह्मपुत्र के मैदान**–यह भू–वैज्ञानिक खण्ड भू–अभिनति गर्त के रूप में अवस्थित हैं। इसका निर्माण मुख्यतया हिमालय पर्वतमाला निर्माण प्रक्रिया के तीसरे चरण में लगभग 6.4 करोड़ वर्ष पहले हुआ था। तब से इसे हिमालय और प्रायद्वीप से निकलने वाली नदियां अपने साथ लाए हुए अवसादों से पाट रही हैं। इन मैदानों में जलोढ़ की औसत गहराई 1000 से 2000 मीटर है।

उपर्युक्त विवरण से स्पष्ट होता है कि भू–वैज्ञानिक संरचना की दृष्टि से भारत के विभिन्न क्षेत्रों में महत्वपूर्ण अंतर विद्यमान हैं। ऐसी स्थिति में अन्य पक्षों; जैसे—भू–आकृति एवं धरातल पर दूरगामी प्रभाव का पड़ना स्वाभाविक है। परिणामस्वरूप भारतीय उपमहाद्वीप में भू–वैज्ञानिक और भू–आकृतिक

प्रक्रमों का विद्यमान भू–आकृति तथा उच्चावच पर महत्वपूर्ण प्रभाव दृष्टिगोचर होता है।

भारत : भू-आकृतिक खण्ड

किसी स्थान विशेष की भू–आकृति, उसकी संरचना, प्रक्रिया एवं विकास की अवस्था का योग है। यदि हम भारत की धरातलीय स्थिति का विश्लेषण करें तो उल्लेखनीय तथ्य यह है कि इसकी विभिन्नताएं अत्यन्त विविधतापूर्ण हैं। इसके उत्तर में एक बड़े क्षेत्र में ऊबड़–खाबड़ स्थलाकृति है। इसमें हिमालय पर्वत शृंखलाएं है, जिसमें अनेकों चोटियां, सुंदर घाटियां व महाखड्ड हैं। दक्षिण भारत एक स्थिर परंतु कटा–फटा पठार है जहां अपरदित चट्टान खंड और कगारों की भरमार है। इन दोनों के बीच उत्तर भारत का विशाल मैदान अवस्थित है। ऐसी स्थिति में हम भारत को अधोलिखित भू–आकृतिक खण्डों में विभक्त कर सकते है–

I. उत्तर एवं उत्तर-पूर्वी पर्वतमालाएं

इसके अन्तर्गत हिमालय पर्वत और उत्तर–पूर्वी पहाड़ियां सम्मिलित हैं। हिमालय में अनेक समानांतर पर्वत शृंखलाएं विद्यमान हैं जिनमें वृहत हिमालय, पार हिमालय शृंखलाएं, मध्य हिमालय तथा शिवालिक श्रेणियां सम्मिलित हैं। भारत के उत्तरी–पश्चिमी भाग में हिमालय की ये श्रेणियां उत्तर–पश्चिम दिशा से दक्षिण–पूर्व दिशा की ओर फैली हैं। दार्जिलिंग और सिक्किम क्षेत्रों में ये श्रेणियां पूर्व–पश्चिम दिशा में फैली हैं जबकि अरुणाचल प्रदेश में ये दक्षिण–पश्चिम से उत्तर–पश्चिम की ओर घूम जाती हैं। मिजोरम, नगालैंड और मणिपुर में ये पहाड़ियां उत्तर–दक्षिण दिशा में फैली हैं। बृहत हिमालय शृंखला, जिसे केंद्रीय अक्षीय श्रेणी भी कहा जाता है, की पूर्व–पश्चिम लम्बाई लगभग 2,500 किलोमीटर तथा उत्तर से दक्षिण इसकी चौड़ाई 160 से 400 किलोमीटर है। हिमालय की अवस्थिति इस तरह की है कि वह भारतीय उपमहाद्वीप और मध्य एवं पूर्वी एशिया के देशों के मध्य एक मजबूत एवं अविचल दीवार के रूप में खड़ा है। उल्लेखनीय तथ्य यह भी है कि हिमालय प्राकृतिक रोधक ही नहीं है बल्कि यह जलवायु, अपवाह तथा सांस्कृतिक विभाजक भी है। हिमालय पर्वतमाला इतनी विशाल है कि इसमें ढ़ेर सारी क्षेत्रीय विभिन्नताएं विद्यमान हैं। इन विभिन्नताओं के आधार पर हिमालय को अधोलिखित उपखण्डों में विभक्त किया जा सकता है–

(i) **कश्मीर या उत्तरी–पश्चिमी हिमालय**–काराकोरम, लद्दाख, आस्कर तथा पीरपंजाल सहित कश्मीर हिमालय में अनेक पर्वत श्रेणियां हैं। कश्मीर हिमालय का उत्तरी–पूर्वी भाग, जो बृहत हिमालय और कराकोरम श्रेणियों के बीच स्थित है, एक ठंडा मरुस्थल है। बृहत हिमालय और पीरपंजाल के बीच विश्व प्रसिद्ध कश्मीर घाटी और डल झील हैं। दक्षिण एशिया की महत्वपूर्ण हिमानी नदियां बलटोरो और सियाचिन इसी प्रदेश में हैं। कश्मीर हिमालय करेवा के लिए भी प्रसिद्ध हैं। इसमें **जाफरान** की खेती की जाती है।

करेवा–कश्मीर घाटी में झील के निक्षेप को करेवा कहते हैं। इसमें हिमानी के मोटे निक्षेप तथा हिमोढ़ विद्यमान होते हैं। इसमें उर्वरा शक्ति होती है।

जाफरान–यह सुगन्ध देने वाला पौधा है। इसके पुष्प के वर्तिकाग्र को केसर, कुंकुम कहा जाता है।

वृहत हिमालय में जोजीला, पीरपंजाल में बाहिनाल, जास्कर श्रेणी में फोटुला तथा लद्दाख श्रेणी में खर्दुगला जैसे अत्यन्त महत्वपूर्ण दर्रे अवस्थित हैं। अलवणीय जल की महत्वपूर्ण झीलें, यथा–डल एवं वुलर और लवणीय झीलें, यथा पांगाग सो (Pangong tso) व सोमुरीरी (Tsomuriri) भी इसी क्षेत्र में अवस्थित हैं। सिंधु तथा इसकी सहायक नदियां, झेलम व चेनाब, इस क्षेत्र को अपवाहित करती हैं। कश्मीर और उत्तरी–पश्चिमी हिमालय अद्भुत सौंदर्य और खूबसूरत दृश्य स्थलों के लिए जाना जाता है। हिमालय की यही रोमांचक दृश्यावली पर्यटकों के लिए आकर्षण का केन्द्र है। क्या आप जानते हैं कि कुछ प्रसिद्ध तीर्थस्थान, जैसे–वैष्णो देवी, अमरनाथ गुफा और चरार–ए–शरीफ भी यहीं स्थित है। यहां बहुत–से तीर्थ यात्री हर वर्ष आते हैं।

जम्मू व कश्मीर की राजधानी श्रीनगर झेलम नदी के किनारे अवस्थित है डल झील, जो कि एक रोचक प्राकृतिक स्थल है, श्रीनगर में स्थित है।

डल झील–श्रीनगर स्थित यह झील 18 किलोमीटर क्षेत्र में फैली हुई है। यह तीन दिशाओं से पहाड़ियों से घिरी हुई है। कश्मीर घाटी से अनेक झीलें आकर इसमें मिलती हैं। इसके चार प्रमुख जलाशय हैं–गगरीबल, लोकुट डल, बोड डल एवं नागिन। पर्यटक जम्मू–कश्मीर आएं और डल झील न देखें ऐसा हो ही नहीं सकता।

(ii) **हिमाचल और उत्तराखण्ड हिमालय**–यह हिमालय का वह हिस्सा है जो पूर्व में घाघरा की सहायक नदी काली के मध्य अवस्थित है। यह भारत की दो मुख्य नदी तंत्रों, सिंधु और गंगा द्वारा अपवाहित है। इस प्रदेश के अन्दर बहने वाली नदियां रावी, ब्यास और सतलुज (सिंधु की सहायक नदियां) और यमुना तथा घाघरा (गंगा की सहायक नदियां) हैं। हिमाचल हिमालय का सुदूर उत्तरी भाग लद्दाख के ठंडे मरुस्थल का विस्तार है और लाहौल एवं स्पिति जिले के स्पिति उपमंडल में है। हिमालय की तीनों मुख्य पर्वत शृंखलाएं, बृहत हिमालय, लघु हिनालय (जिन्हें हिमाचल में धौलाधर और उत्तराखण्ड में नागतीभा कहा जाता है) और उत्तर–दक्षिण दिशा में फैली शिवालिक श्रेणी, इस हिमालय खंड में स्थित हैं। लघु हिमालय में 1000 से 2000 मीटर ऊंचाई वाले पर्वत ब्रिटिश प्रशासन के लिए मुख्य आकर्षण का केन्द्र रहे हैं। कुछ महत्वपूर्ण पर्वत नगर, जैसे–धर्मशाला, मसूरी, कासौली, अल्मोड़ा, लैंसडाउन और रानीखेत इस क्षेत्र में स्थित हैं।

इस क्षेत्र की दो महत्वपूर्ण स्थलाकृतियां **शिवालिक** और **दून** हैं। यहां स्थित कुछ महत्वपूर्ण दून, चंडीगढ़–कालका का दून, नालागढ़ दून, देहरादून, हरीके दून तथा कोटा दून शामिल हैं। इसमें देहरादून सबसे बड़ी घाटी है, जिसकी लम्बाई 35 से 45 किलोमीटर और चौड़ाई 22 से 25 किलोमीटर है। बृहत हिमालय की घाटियों में भोटिया प्रजाति के लोग रहते हैं। ये खानाबदोश लोग हैं जो ग्रीष्म ऋतु में ऊंचाई में स्थित घास के मैदान (बुगयाल) में चले जाते हैं और शरद ऋतु में घाटियों में लौट आते हैं। प्रसिद्ध **'फूलों की घाटी'** भी इसी पर्वतीय क्षेत्र में विद्यमान है। गंगोत्री, यमुनोत्री, केदारनाथ, बद्रीनाथ और हेमकुंड साहिब भी इसी क्षेत्र में अवस्थित हैं। इस क्षेत्र में पांच प्रसिद्ध प्रयाग (नदी संगम) हैं।

शिवालिक–यह पर्वत श्रेणी हिमालय पर्वत का सबसे दक्षिणी एवं भौगोलिक रूप से युवा हिस्सा है। इसकी औसत ऊंचाई 900-1200 मीटर है। इसकी कई उपश्रेणियां भी हैं। 'शिवालिक' शब्द की उत्पत्ति देहरादून के निकट शिवावाला में पाए जाने वाले भू–गर्भिक रचनाओं से हुई है।

दून–हिमालय पर्वत में मिलने वाली अनुदैर्घ्य और संकीर्ण घाटियों को दून कहा जाता है।

फूलों की घाटी–'फूलों की घाटी' राष्ट्रीय उद्यान उत्तराखण्ड राज्य के गढ़वाल क्षेत्र में अवस्थित है। यह यूनेस्को द्वारा सन् 1982 में घोषित विश्व धरोहर 'नंदा देवी अभयारण्य' का एक हिस्सा है।

(iii) **दार्जिलिंग एवं सिक्किम हिमालय**–दार्जिलिंग एवं सिक्किम हिमालय की पश्चिम दिशा में नेपाल हिमालय एवं पूर्व में भूटान हिमालय हैं। यह एक छोटा किन्तु हिमालय का बहुत महत्वपूर्ण भाग है। यहां तेज बहाव वाली तिस्ता नदी बहती है और कंचनजंघा जैसे ऊंची चोटियां तथा गहरी घाटियां पाई जाती हैं। इन पर्वतों के ऊंचे शिखरों पर लेपचा जनजाति और दक्षिणी भाग, विशेषकर दार्जिलिंग हिमालय, में मिश्रित जनसंख्या, जिसमें नेपाली, बंगाली तथा मध्य भारत की जन–जातियां, शामिल हैं, पाई जाती हैं। यहां की प्राकृतिक दशाओं,

जैसे–मध्यम ढाल, गहरी व जीवाश्मयुक्त मिट्टी, सम्पूर्ण वर्ष वर्षा का होना और मंद शीत ऋतु का लाभ उठाकर अंग्रेजों ने यहां चाय के बागान लगाए। शेष हिमालय से यह क्षेत्र अलग है क्योंकि यहां दुआर स्थलाकृतियां पाई जाती हैं जिनका उपयोग चाय बागान लगाने के लिए किया गया है। सिक्किम और दार्जिलिंग हिमालय अपने रमणीय सौंदर्य, वनस्पति– जात और प्राणीजात तथा आर्किड के लिए प्रसिद्ध हैं।

कंचन जंघा–यह विश्व की तीसरी सबसे ऊंची पर्वत चोटी है। इसकी ऊंचाई 8,586 मीटर है। यह सिक्किम के उत्तर–पश्चिमी भाग में नेपाल की सीमा पर स्थित है।

(iv) **अरुणाचल हिमालय**–इसका विस्तार भूटान हिमालय से लेकर पूर्व दिशा में डिफू दर्रे तक है। इस पर्वत श्रेणी की सामान्य दिशा दक्षिण–पूर्व से उत्तर–पूर्व दिशा की ओर है। इस क्षेत्र की मुख्य चोटियों में कांगतु और नमचा बरवा सम्मिलित है। ये पर्वत श्रेणियां उत्तर से दक्षिण दिशा में तेज बहती हुई तथा गहरे गॉर्ज बनाने वाली नदियों द्वारा विच्छेदित होती हैं। नामचा बरुआ को पार करने के बाद ब्रह्मपुत्र नदी एक गहरी गॉर्ज बनाती है। कामेंग, सुबनसरी, दिहांग, दिबांग और लोहित यहां की प्रमुख नदियां हैं। ये सभी बारहमासी नदियां है तथा बहुत से जल–प्रपात बनाती हैं। इसलिए, यहां जल विद्युत उत्पादन की क्षमता अत्यधिक है। अरुणाचल हिमालय की विशिष्टता यह है कि यहां बहुत–सी जनजातियां निवास करती हैं। इस क्षेत्र में पश्चिम से पूर्व में बसी कुछ जनजातियां हैं–मोनपा, अबोर, मिशमी, निशी और नागा। इनमें से अधिकतर जनजातियां झूम खेती करती हैं, जिसे स्थानांतरी कृषि या स्लैश और बर्न कृषि भी कहा जाता है। यह क्षेत्र जैव **विविधता** में धनी है जिसका संरक्षण देशज समुदायों ने किया। ऊबड़–खाबड़ स्थलाकृति के कारण यहां पर विभिन्न घाटियों के मध्य परिवहन जुड़ाव लगभग नाम मात्र का ही है। इसलिए, अरुणाचल–असम सीमा पर स्थित दुआर क्षेत्र से होकर ही यहां कारोबार किया जा सकता है।

गार्ज–इसे 'महाखड्ड' नाम से भी जाना जाता है। इसके पार्श्व तीव्र और खड़ी दीवार की भांति होते हैं। हिमालय में सिंधु, सतलुज एवं ब्रह्मपुत्र नदियों के महाखड्ड (गार्ज) उल्लेखनीय हैं। वस्तुतः ये 'V' (वी) आकार की घाटी के ही विशिष्ट रूप हैं।

झूम खेती–यह आदिम प्रकार की कृषि प्रणाली है। इसमें वृक्षों एवं वनस्पतियों को काटकर उन्हें जला दिया जाता है फिर साफ की गई भूमि पर परम्परागत उपकरणों–लकड़ी के हलों आदि से जुताई करके बीज को बो दिया जाता है। इस प्रणाली में फसल पूर्णतया प्रकृति पर आश्रित होती है एवं उत्पादन बहुत कम हो जाता है। यह खेती प्रमुखतया उष्ण कटिबंधीय वन प्रदेशों में की जाती हैं।

जैव विविधता–इसका आशय पृथ्वी पर समस्त जैव जातियों के 'समग्र' से है। भूगोलवेत्ता इस बात पर एकमत हैं कि 'जीवन' के लिए यह अत्यावश्यक है।

(v) **पूर्वी पहाड़ियां तथा पर्वत**–हिमालय पर्वत के इस हिस्से में पहाड़ियों की दिशा उत्तर से दक्षिण है। ये पहाड़ियां अलग–अलग स्थानीय नामों से जानी जाती हैं। उत्तर में ये पटकाई बूम, नागा पहाड़ियां, मणिपुर पहाड़ियां तथा दक्षिण में मिजो **अथवा** लुसाई पहाड़ियों के नाम से जानी जाती हैं। यह एक नीची पहाड़ियों का क्षेत्र है जहां अनेक जनजातियां 'झूम' या स्थानांतरी खेती करती हैं। यहां अधिकतर पहाड़ियां, छोटे–बड़े नदी–नालों द्वारा अलग होती हैं। बराक नदी मणिपुर और मिजोरम की एक मुख्य नदी है। मणिपुर घाटी के मध्य एक झील स्थित है जिसे 'लोकताक' झील कहा जाता है और यह चारों ओर से पहाड़ियों से घिरी है। मिजोरम जिसे 'मोलेसिस बेसिन' भी कहा जाता है मृदुल और असंगठित चट्टानों से बना है।

नगालैंड में बहने वाली अधिकतर नदियां बह्मपुत्र नदी की सहायक नदियां हैं। मिजोरम तथा मणिपुर की दो नदियां बराक नदी की सहायक नदियां हैं, जो मेघना नदी की एक सहायक नदी है। मणिपुर के पूर्वी भाग में बहने वाली नदियां चिंदविन नदी की सहायक नदिया हैं।

II. उत्तरी भारत का मैदान

भारत का यह मैदान सिंधु, गंगा तथा ब्रह्मपुत्र नदियों द्वारा बहाकर लाए गए जलोढ़ निक्षेप से निर्मित है। इस मैदान की पूर्व से पश्चिम लम्बाई लगभग 3200 किलोमीटर है। इसकी औसत चौड़ाई 150 से 300 किलोमीटर है। जलोढ़ निक्षेप की अधिकतम गहराई 1000 से 2000 मीटर है। उत्तर से दक्षिण दिशा में इन मैदानों को तीन भागों में बांट सकते हैं; भाभर, तराई और जलोढ़ मैदान। पुनः जलोढ़ मैदान को आगे दो भागों में विभक्त किया जाता है–खादर और बांगर।

भाभर 8 से 10 किलोमीटर चौड़ाई की पतली पट्टी है, जो शिवालिक गिरिपाद के समानांतर विस्तृत है। उसके फलस्वरूप हिमालय पर्वत श्रेणियों से बाहर निकलती नदियां यहां पर भारी जल–भार, जैसे–बड़े शैल और **गोलाश्म** जमा कर देती हैं और कभी–कभी स्वयं इसी में लुप्त हो जाती हैं। भाभर के दक्षिण में तराई क्षेत्र है जिसकी चौड़ाई 10 से 20 किलोमीटर है। भाभर क्षेत्र में लुप्त नदियां इस प्रदेश में धरातल पर निकल कर प्रकट होती हैं। चूंकि इनकी निश्चित वाहिकाएं नहीं होती, इसलिए ये क्षेत्र अनूप बन जाता है, जिसे तराई कहते हैं। यह क्षेत्र प्राकृतिक वनस्पति से ढका रहता है तथा विभिन्न प्रकार के वन्य प्राणियों का आवास है।

तराई से दक्षिण में मैदान है जो पुराने और नए जलोढ़ से निर्मित होने के कारण बांगर और खादर कहलाता है। इस मैदान में नदी की प्रौढ़ावस्था में बनने वाली अपरदनी और निक्षेपण स्थलाकृतियां, यथा बालू–रोधिका, विसर्प, गोखुर झीलें तथा गुंफित नदियां विद्यमान हैं। ब्रह्मपुत्र घाटी का मैदान नदीय द्वीप तथा बालू–रोधिकाओं की उपस्थिति के लिए जाना जाता है। यहां अधिकतर क्षेत्र में समय–समय पर बाढ़ आती रहती है और नदियां अपना रास्ता बदल कर गुंफित वाहिकाएं बनाती रहती हैं।

उत्तर भारत के मैदान में बहने वाली विशाल नदियां अपने मुहाने पर विश्व के बड़े–बड़े डेल्टाओं का निर्माण करती हैं, जैसे– सुंदन वन डेल्टा। सामान्य तौर पर यह एक सपाट मैदान है जिसकी समुद्र तल से औसत ऊंचाई 50 से 100 मीटर है। हरियाणा तथा दिल्ली राज्य सिंधु और गंगा नदी तंत्रों के बीच जल–विभाजक है। ब्रह्मपुत्र नदी अपनी घाटी में उत्तर–पूर्व से दक्षिण–पश्चिम दिशा में बहती है। लेकिन बांग्लादेश में प्रवेश करने से पहले धुबरी के पास यह नदी दक्षिण की ओर 90° मुड़ जाती हैं। ये मैदान उपजाऊ जलोढ़ मिट्टी से बने हैं। जहां कई प्रकार की फसलें, जैसे–गेहूं, चावल, गन्ना तथा जूट उगाई जाती हैं। अतः यहां जनसख्या का घनत्व अधिक है।

III. प्रायद्वीपीय पठार

विभिन्न नदियों के मैदान से लगभग 150 मीटर ऊंचाई से ऊपर उठता हुआ प्रायद्वीपीय पठार कटा–फटा त्रिकोणीय भूखण्ड है। इसकी ऊंचाई 600 से लेकर 900 मीटर तक है। उत्तर पश्चिम में दिल्ली, कटक पूर्व में राजमहल पहाड़ियां, पश्चिम में गिर पहाड़ियां और दक्षिण में इलायची पहाड़ियां, प्रायद्वीप पठार की सीमाएं निर्धारित करती हैं। उत्तर–पूर्व में शिलांग और कार्बी–ऐंगलोंग पठार भी इसी भूखंड का विस्तृत भाग है। प्रायद्वीपीय भारत अनेक पठारों से मिलकर बना है, यथा हजारीबाग पठार, पालायु पठार, रांची पठार, मालवा पठार, कोयम्बटूर पठार तथा कर्नाटक पठार। यह भारत के प्राचीनतम एवं स्थिर भूभागों में से एक है। सामान्य तौर पर प्रायद्वीप की ऊंचाई पश्चिम से पूर्व को कम होती चली जाती है, जिसका प्रमाण यहां की नदियों के बहाव की दिशा से भी प्राप्त होता है।

इस क्षेत्र की मुख्य प्राकृतिक स्थलाकृतियों में टॉर, ब्लॉक पर्वत, भ्रंश घाटियां, पर्वत स्कंध, नग्न चट्टान संरचना, टेकरी पहाड़ी शृंखलाएं और क्वार्ट्जाइट भित्तियां शामिल हैं जो प्राकृतिक जल संग्रह के स्थल हैं। इस पठार के पश्चिमी और उत्तरी–पश्चिमी भाग में मुख्य रूप से काली मिट्टी पाई जाती है।

प्रायद्वीपीय पठार के अनेक हिस्से भू–उत्थान व निमज्जन, भ्रंश और विभंग निर्माण प्रक्रिया के अनेक पुनरावर्ती दौर से गुजरे हैं। भीमा भ्रंश उल्लेखनीय है जहां बारम्बार भूकंपीय हलचलें होती रहती हैं। अपनी पुनरावर्ती भूकंपीय क्रियाओं की क्षेत्रीय विभिन्नता के कारण ही प्रायद्वीपीय पठार पर धरातलीय विविधताएं पाई जाती हैं। इस पठार के उत्तरी–पश्चिमी भाग में नदी खड्ड तथा महाखड्ड इसके धरातल को जटिल बनाते हैं। चंबल, भिंड तथा मोरेना खड्ड इसके उदाहरण हैं। उच्चावच लक्षणों के आधार पर प्रायद्वीपीय पठार को निम्नलिखित भागों में विभक्त किया जा सकता है–

(i) **दक्कन का पठार**–इस पठार के पश्चिम में पश्चिमी घाट, पूर्व में पूर्वी घाट तथा उत्तर दिशा में सतपुड़ा, मैकाल एवं महादेव पहाड़ियां हैं। पश्चिमी घाट को स्थानीयता के आधार पर अनेक नाम दिए गए हैं, जैसे– महाराष्ट्र में सहयाद्रि, कर्नाटक और तमिलनाडु में नीलगिरि तथा केरल में अनामलाई और इलायची (कार्डामम) पहाड़ियां। पूर्वी घाट की तुलना में पश्चिमी घाट ऊंचे तथा अविरत हैं। इनकी औसत ऊंचाई लगभग 1500 मीटर है, जो कि उत्तर से दक्षिण की तरफ बढ़ती चली जाती है। प्रायद्वीपीय पठार की सबसे ऊंची चोटी अनाईमुडी (2695 मीटर) है, जो पश्चिमी घाट की अनामलाई पहाड़ियों में अवस्थित है। दूसरी सबसे ऊंची चोटी डोडाबेटा है और यह नीलगिरी पहाड़ियों में है। अधिकतर प्रायद्वीपीय नदियों का उद्‌भव पश्चिमी घाट से है। पूर्वी घाट अविरत नहीं है और महानदी, गोदावरी, कृष्णा तथा कावेरी नदियों द्वारा अपरदित हैं। यहां की कुछ मुख्य श्रेणियां जावादी पहाड़ियां, पालकोण्डा श्रेणी, नल्लामाला पहाड़ियां और महेंद्रगिरि पहाड़ियां हैं। पूर्वी तथा पश्चिमी घाट नीलगिरि पहाड़ियों में आपस में मिलते हैं।

(ii) **मध्य का उच्च भू भाग**–पश्चिम में स्थित अरावली पर्वत इसकी सीमा का निर्माण करता है। इसके दक्षिण में सतपुड़ा पर्वत उच्छिष्ट पठार की श्रेणियों से बना है जिनकी समुद्रतल से ऊंचाई 600 से 900 मीटर है। ये दक्कन पठार की उत्तरी सीमा निर्मित करते हैं। ये अवशिष्ट पर्वतों के अच्छे उदाहरण हैं, जो कि काफी हद तक अपरदित हैं और इनकी शृंखला टूटी हुई है। प्रायद्वीपीय पठार के इस भाग का विस्तार जैसलमेर तक विस्तृत है जहां यह अनुदैर्ध्य रेत के टिब्बों और चापाकार रेतीले टिब्बों, जिन्हें बरखान कहते हैं, से ढके हैं। अपने भूगर्भीय इतिहास में यह क्षेत्र कायांतरित प्रक्रियाओं से गुजर चुका है तथा कायांतरित चट्टानों, जैसे–संगमरमर, स्लेट एवं नाइस की उपस्थिति इसका प्रमाण है।

समुद्र तल से मध्य के उच्च भूभाग की ऊंचाई 700 से 1000 मीटर के बीच है एवं उत्तर तथा उत्तर–पूर्व दिशा में इसकी ऊंचाई कम होती गई है। यमुना की अधिकतर सहायक नदियां विंध्याचल और कैमूर श्रेणियों से निकलती हैं। बनास, चंबल की एकमात्र मुख्य सहायक नदी है, जो पश्चिम में अरावली से निकलती है। मध्य उच्च–भूभाग का पूर्वी विस्तार राजमहल की पहाड़ियों तक है, जिसके दक्षिण में स्थित छोटा नागपुर पठार खनिज पदार्थों का वृहद् भंडार है।

(iii) **उत्तर–पूर्व पठार**–यह प्रायद्वीपीय पठार का ही एक विस्तारित हिस्सा हैं। ऐसा माना जाता है कि हिमालय उत्पत्ति के समय इंडियन प्लेट के उत्तर–पूर्व दिशा में खिसकने के कारण, राजमहल पहाड़ियों और मेघालय के पठार के मध्य भ्रंश घाटी का निर्माण होने से यह अलग हो गया था। बाद में यह नदी द्वारा जमा किए जलोढ़ द्वारा पाट दिया गया। आज मेघालय और कार्बी ऐंगलोंग पठार इसी कारण से मुख्य प्रायद्वीपीय पठार से अलग–थलग हैं। इसमें आवास करने वाली जनजातियों के नाम के आधार पर मेघालय के पठार को तीन भागों में विभक्त किया गया है–(a) गारो पहाड़ियां, (b) खासी पहाड़ियां, (c) जयंतिया पहाड़ियां। असम की कार्बी ऐंगलोंग पहाड़ियां भी इसी का विस्तार हैं। छोटा नागपुर के पठार की तरह मेघालय के पठार भी कोयला, लोहा, सिलीमेनाइट, चूने के पत्थर और यूरेनियम जैसे खनिज पदार्थों का भंडार हैं। इस क्षेत्र में अधिकतर वर्षा दक्षिण–पश्चिमी मानसून से होती है। फलस्वरूप, मेघालय का पठार एक अति अपरदित भूतल है। चेरापूंजी नग्न चट्टानों से ढका स्थल है और यहां वनस्पति लगभग नहीं के बराबर है।

IV. भारतीय मरुस्थल

भारतीय मरुस्थल अरावली पहाड़ियों के उत्तर–पूर्व दिशा में अवस्थित है। इसकी आकृति वृहद है। यह एक ऊबड़–खाबड़ भूतल है जिस पर बहुत से अनुदैर्ध्य रेतीले टीले और **बरखान** पाए जाते हैं। यहां पर वार्षिक वर्षा 150 मिलीमीटर से कम होती है। फलस्वरूप यह एक शुष्क और वनस्पति– रहित क्षेत्र है। इन्हीं स्थलाकृतिक गुणों के कारण इसे 'मरुस्थली' के नाम से जाना जाता है। यह माना जाता है कि मेसोजोइक काल में यह क्षेत्र समुद्र का भाग था। इसकी पुष्टि आकल में स्थित **काष्ठ जीवाश्म पार्क** में उपलब्ध प्रमाणों तथा जैसलमेर के निकट ब्रह्मसर के आस–पास के समुद्री निक्षेपों से होती है। काष्ठ जीवाश्म की आयु लगभग 18 करोड़ वर्ष आंकी गई है। यद्यपि इस क्षेत्र की भूगर्भिक चट्टान संरचना प्रायद्वीपीय पठार का विस्तार है, फिर भी अत्यंत शुष्क दशाओं के कारण इसकी धरातलीय आकृतियां भौतिक अपक्षय तथा पवन क्रिया द्वारा निर्मित हैं। यहां की प्रमुख स्थलाकृतियां स्थानांतरी रेतीले टीले, छत्रक चट्टानें और मरुउद्यान (दक्षिण भाग में) हैं। ढाल के आधार पर मरुस्थल को दो भागों में बांटा जा सकता है सिंध की ओर ढाल वाला उत्तरी भाग तथा कच्छ के रन की ओर ढाल वाला दक्षिणी भाग। यहां की अधिकांश नदियां अल्पकालिक हैं। मरुस्थल के दक्षिणी भाग में बहने वाली लूनी नदी उल्लेखनीय है। अल्प वृष्टि और बहुत अधिक वाष्पीकरण की वजह से इस प्रदेश में हमेशा जल का संकट रहता है। कुछ नदियां तो थोड़ी दूरी तय करने के बाद ही मरुस्थल में विलुप्त हो जाती हैं। यह अंतः स्थलीय अपवाह का उदाहरण है जहां नदियां झील या प्लाला में मिल जाती हैं। इन **प्लाया झीलों** का जल खारा होता है। जिससे नमक बनाया जाता है।

बरखान–बलुई बंजर भूमि पर निर्मित अर्द्धचन्द्राकार बलुई मिट्टी के टीलों को बरखान कहा जाता है।

काष्ठ जीवाश्म पार्क–180 वर्ष प्राचीन यह पार्क राजस्थान के जैसलमेर शहर से 17 किमी की दूरी पर स्थित है। यह पार्क 21 हेक्टेअर के क्षेत्र में फैला हुआ है।

प्लाया झील–ये पवन की अपरदन क्रिया के फलस्वरूप निर्मित झीलें हैं। इनकी प्रकृति अस्थायी होती है।

V. तटीय मैदान

भारत की तट रेखा बहुत लम्बी है। स्थिति तथा सक्रिय भू–आकृतिक प्रक्रियाओं के आधार पर तटीय मैदानों को दो भागों में विभक्त किया जा सकता है–(i) पश्चिमी तटीय मैदान, (ii) पूर्वी तटीय मैदान।

पश्चिमी तटीय मैदान जलमग्न तटीय मैदानों के उदाहरण हैं। ऐसा माना जाता है कि पौराणिक शहर द्वारका, जो किसी समय पश्चिमी तट पर मुख्य भूमि पर अवस्थित था, अब पानी में डूबा हुआ है। जलमग्न होने के कारण पश्चिमी तटीय मैदान एक संकीर्ण पट्टी सदृश है और पत्तनों तथा बंदरगाह विकास के लिए प्राकृतिक परिस्थितियां प्रदान करता है यहां पर स्थित प्राकृतिक बंदरगाहों में कांडला, मजगांव, जे एल एन नावहा शेवा, मर्मागाओ, मैंगलौर, कोचीन शामिल हैं। उत्तर में गुजरात तट से, दक्षिण में केरल तट तक फैले पश्चिमी तटीय मैदान को निम्नलिखित भागों में विभाजित किया जा सकता है–गुजरात का कच्छ एवं काठियावाड़ तट, महाराष्ट्र का कोंकण तट तथा गोवा तट, कर्नाटक

एवं केरल के क्रमशः मालाबार तट। पश्चिमी तटीय मैदान मध्य में संकीर्ण हैं लेकिन उत्तर और दक्षिण में चौड़े हो जाते हैं।

इस तटीय मैदान में बहने वाली नदियां डेल्टा नहीं बनाती हैं। मालाबार तट की विशेष स्थलाकृति 'कयाल' जिसे मछली पकड़ने और अंतःस्थलीय नौकायन के लिए प्रयोग किया जाता है तथा पर्यटकों के लिए विशेष आकर्षण का केन्द्र हैं। केरल में हर वर्ष प्रसिद्ध 'नेहरू ट्राफी वलामकाली' (नौका दौड़) का आयोजन 'पुन्नामदा कयाल' में किया जाता है।

पश्चिमी तटीय मैदान की तुलना में पूर्वी तटीय मैदान चौड़ा है तथा उभरे हुए तट का उदाहरण है। पूर्व की ओर बहने वाली और बंगाल की खाड़ी में गिरने वाली नदियां यहां लम्बे-चौड़े डेल्टा बनाती हैं। इसमें महानदी, गोदावरी, कृष्णा तथा कावेरी का डेल्टा शामिल है। उभरा तट होने के कारण यहां पत्तन और पोताश्रय कम हैं। यहां पर महाद्वीपीय शेल्फ की चौड़ाई 500 किलोमीटर है जिसके कारण यहां पत्तनों एवं पोताश्रयों का विकास मुश्किल है।

VI. द्वीप समूह

भारत में प्रमुखतः दो द्वीप समूह हैं– एक बंगाल की खाड़ी में और दूसरा अरब सागर में। बंगाल की खाड़ी के द्वीप समूह में लगभग 572 द्वीप हैं। ये द्वीप 6° उत्तर से 14° उत्तर और 92° पूर्व से 94° पूर्व के बीच स्थित हैं। रीची द्वीप समूह तथा लबरीन्थ द्वीप, यहां के दो प्रमुख द्वीप समूह हैं। बंगाल की खाड़ी के द्वीपों को दो श्रेणियों में विभक्त किया जा सकता है– उत्तर में अंडमान और दक्षिण में निकोबार। ये द्वीप, समुद्र में जलमग्न पर्वतों का भाग हैं। कुछ छोटे द्वीपों की उत्पत्ति ज्वालामुखी से भी जुड़ी है। बैरन आइलैंड नामक भारत का एकमात्र जीवंत ज्वालामुखी भी निकोबार द्वीपसमूह में अवस्थित है। यह द्वीप असंगठित कंकड़, पत्थरों तथा गोलाश्मों से बना हुआ है।

पश्चिमी तट के साथ कुछ प्रवाल निक्षेप और खूबसूरत **पुलिन** हैं। यहां स्थित द्वीपों पर संवहनी होती है और भूमध्यरेखीय प्रकार की वनस्पति उगती है।

अरब सागर के द्वीपों में लक्षद्वीप तथा मिनिकॉय शामिल हैं। ये द्वीप 80° उत्तर से लेकर 12° उत्तर और 71° पूर्व से 74° पूर्व के बीच बिखरे हुए हैं। ये केरल तट से 280 किलोमीटर से 480 किलोमीटर दूर स्थित हैं। पूरा द्वीप समूह प्रवाल निक्षेप से बना है। यहां 36 द्वीप हैं और इनमें से 11 पर मानव आवास है। मिनिकॉय सबसे बड़ा द्वीप है जिसका क्षेत्रफल 453 वर्ग किलोमीटर है। पूरा द्वीप समूह 11 डिग्री चैनल द्वारा दो भागों में विभक्त है, उत्तर में अमीनी द्वीप तथा दक्षिण में कनानोरे द्वीप। इस द्वीप समूह पर तूफान निर्मित पुलिन हैं जिस पर अबद्ध गुटिकाएं, शिंगिल, गोलाश्मिकाएं तथा गोलाश्म पूर्वी समुद्र तट पर पाए जाते हैं।

पुलिन–सागरीय तट का उथला भाग पुलिन कहलाता है। इसका आकार अर्द्धचंद्राकार होता है। इसका निर्माण सागरीय तटों पर अवसाद जमा होते रहने के कारण होता है।

अध्याय : मानचित्र की नजर में

भारत का भौतिक स्वरूप

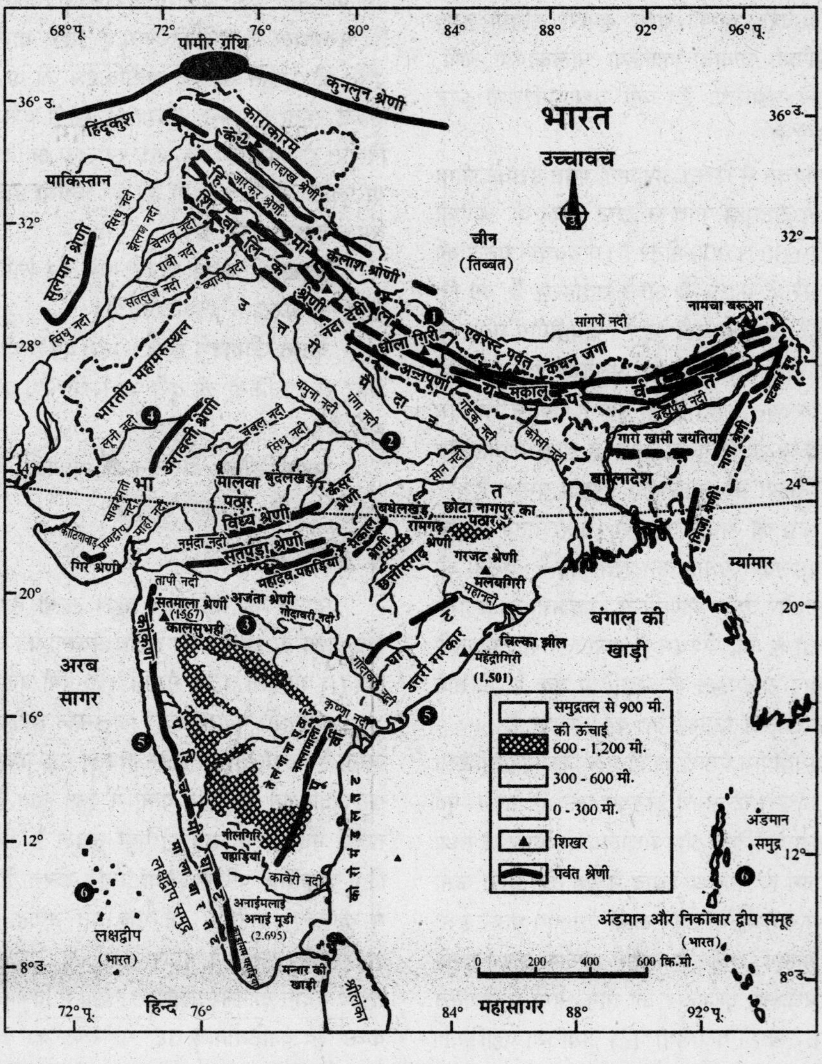

पश्चिमी हिमालय की अवस्थिति

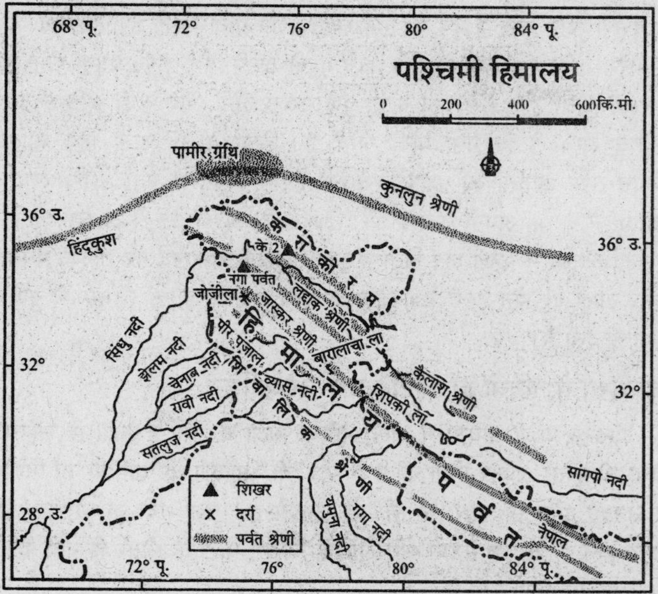

पूर्वी हिमालय की अवस्थिति

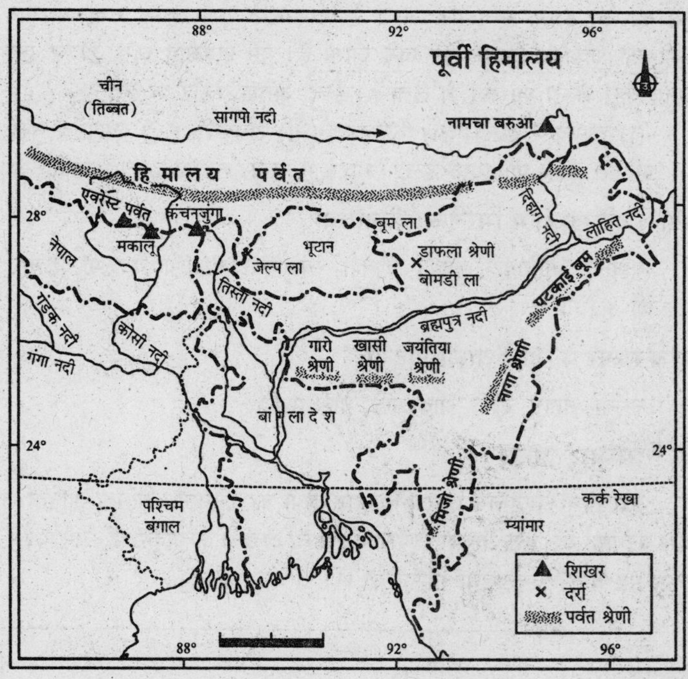

भारत के प्रमुख भू- आकृतिक विभाग

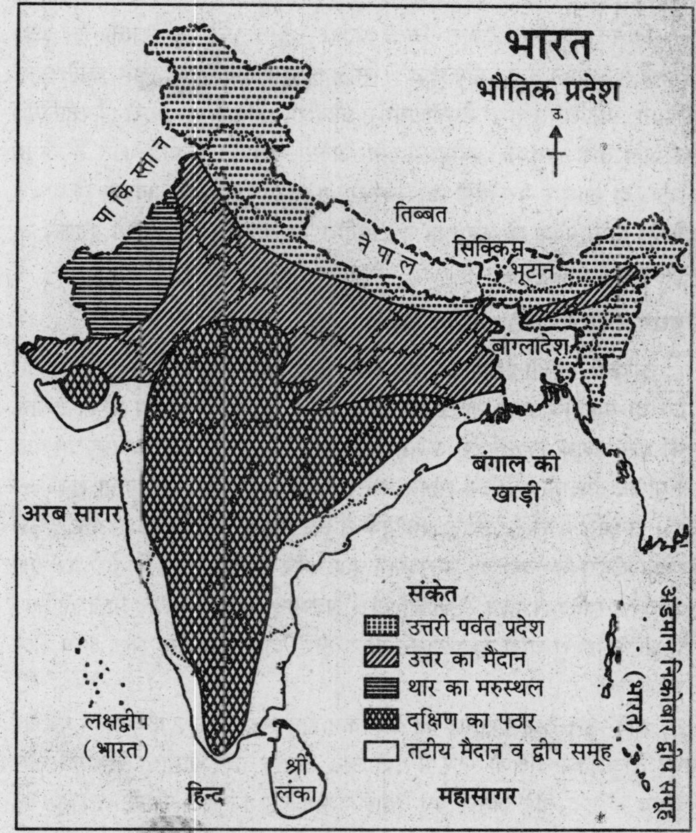

दक्षिण पठार के प्रमुख उपविभाग

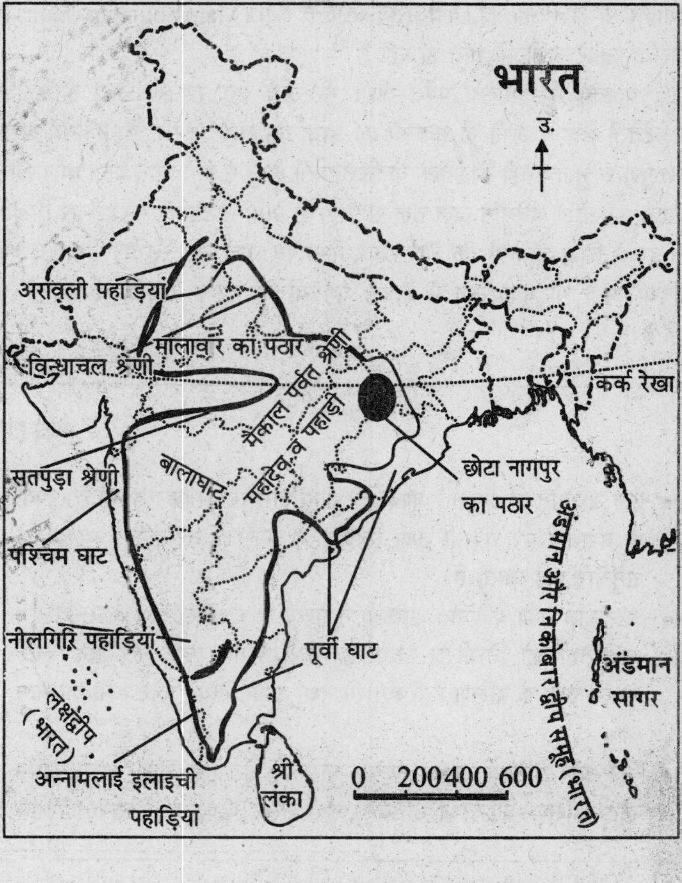

यह भी जानिए

मिट्टी की उर्वरता, गठन और स्वरूप अलग होने का कारण

विभिन्न क्षेत्रों में भिन्न–भिन्न प्रकार की चट्टानें पाई जाती हैं। इन्हीं चट्टानों में खनिज तत्व (ऑक्सीजन, सिलिकान, ऐलुमिनियम, लौह, कैल्सियम, सोडियम, प्रोटैशियम तथा मैग्नीशियम), जीवांश, जैविक जीवधारी (बैक्टीरिया) और जल तथा वायु के अवयव अलग–अलग अनुपात में पाये जाते हैं। इन्हीं अवयवों के आधार पर मिट्टी का स्वरूप, गठन व मिट्टी की उर्वरता निर्धारित होती है। अतः पृथ्वी के धरातल पर मिट्टियों में भिन्नता धरातलीय स्वरूप के अनुसार पाई जाती है।

इंडियन प्लेट का उत्तर में खिसकना

इंडियन प्लेट में प्रायद्वीप भारत तथा ऑस्ट्रेलिया महाद्वीप के भाग सम्मिलित हैं जो दो महाद्वीप प्लेटों की सीमा है। लगभग 22.5 करोड़ वर्ष पहले टैथीस सागर इसे एशिया महाद्वीप से अलग करता था और लगभग 20 करोड़ वर्ष पूर्व, जब पैंजिया अलग हुआ तब भारत ने उत्तर दिशा की ओर खिसकना शुरू कर दिया। लगभग 4 से 5 करोड़ वर्ष पूर्व भारत एशिया से टकराया और इसके परिणामस्वरूप हिमालय का उन्मज्जन हुआ और इसके उत्तरी किनारों पर भ्रंश पड़ गये। इन विशल भ्रंशों से काला भारी अवसाद बहने लगा जो आज भी सांपू तथा उत्तरी सिन्धु घाटी तथा मानसरोवर, लेह, द्रास, करगिल और अन्य क्षेत्रों में पाया जाता है।

धीरे–धीरे टैथीस सागर का जल कम होने लगा तथा 2 करोड़ वर्ष पूर्व यह सागर सिकुड़कर दक्षिणी भाग में एक छोटे से क्षेत्र तक सीमान्त रह गया और अवसाद के इस मोटे जमाव पर दबाव पड़ता रहा जिसके परिणामस्वरूप यह संकुचित होता रहा जिससे इसमें अभिक्रान्त (incipient) पर्वत का निर्माण हुआ। यह अवसाद मोड़ों में लगभग 20-25 लाख वर्ष पूर्व शिवालिक पर्वत श्रेणियों के रूप में ऊंचा उठा। एक गहरी दरार द्वारा शिवालिक श्रेणियां लघु हिमालय से अलग हो गईं। वहीं मुख्य सीमान्त भ्रंश (Main boundary fault) है जिसके सहारे अभी भी गति हो रही है।

वास्तव में हिमालय पर्वत अभी भी ऊंचे उठ रहे हैं। साथ ही इसके निकटवर्ती क्षेत्रों में अभी भी भूकम्पों का आना यह स्पष्ट करता है कि इनमें अभी तक पूर्ण सन्तुलन नहीं है। झीलों के निकटवर्ती क्षेत्रों में पाये जाने वाले बालू और कंकड़, झीलों के वर्तमान जल तल से 700 से 900 मीटर की ऊंचाई पर मिलते हैं। इससे सिद्ध होता है कि धीरे–धीरे हिमालय ऊंचे उठ रहे हैं। हिमालय की नदियां अभी भी युवावस्था में हैं जो घाटियों को गहरा करती हुई आगे बढ़ रही हैं।

दक्षिण एशिया के देशों के भू-पर्यावरण पर हिमालय का प्रभाव

हिमालय पर्वत पर जहां एक ओर आर्कटिक तुल्य शीत जलवायु मिलती है वहीं दूसरी ओर कुछ ही दूर पर गर्म घाटियां भी पायी जाती हैं। हिमालय पर्वत साइबेरिया और रूस की ओर से आने वाली ठण्डी और शुष्क पवनों से भारत की रक्षा करता है। इससे यहां न तो पूर्ण मरुस्थलीय और न ही अधिक ठण्डी जलवायु सम्बन्धी विषमता पायी जाती है। हिमालय की खड़ी हिम चोटियां तापमान तथा आर्द्रता को प्रभावित करती हैं। मानसूनों के मार्ग में हिमालय के सीधा पड़ने से यह अपनी ऊंचाई और स्थिति के कारण उनकी आर्द्रता को हिम या जल के रूप में ग्रहण कर लेता है इसके कारण हिमालय पर नदियां पनपती हैं और ढालों पर होने वाली वर्षा जल के साथ असंख्य झरनों के रूप में नदियों को जन्म देती हैं।

प्रौढ़ावस्था में नदियों द्वारा निर्मित भू-आकृतियां

प्रौढ़ावस्था में नदियों में जल अधिक मात्रा में होता है साथ ही सहायक नदियां भी इसमें आकर मिल जाती हैं और 'वी' आकार की घाटियों का निर्माण कर उनको और भी गहरा बनाती हुई चलती हैं। मुख्य नदी के व्यापक और विस्तृत होने से बाढ़ के मैदान पाये जाते हैं जिसमें घाटी के भीतर ही नदी विसर्प बनाती हुई प्रवाहित होती है।

वृद्धावस्था में नदियों द्वारा भू-आकृतियों का निर्माण

वृद्धावस्था में नदियां डेल्टा का निर्माण करती हैं। मुहाने पर पहुंचते–पहुंचते नदी का वेग इतना मन्द पड़ जाता है कि उसके साथ लाया गया अवसाद थोड़ी–सी रुकावट मिलने पर जम जाता है। यह अवसाद जमा होकर एक त्रिभुजाकार डेल्टा का रूप ले लेता है। डेल्टा अनेक प्रकार के होते हैं–

(i) चापाकार डेल्टा, (ii) पंजाकार, (iii) अग्रवर्धी, (iv) ज्वारनद मुख, (v) खण्डित, (vi) पॉलियुक्त डेल्टा। भारत में सुन्दरवन का डेल्टा पंजाकार है।

बंगाल की खाड़ी में गिरने वाली नदियां

महानदी, गोदावरी, कृष्णा, कावेरी, स्वर्णरेखा, ब्राह्मणी, वैतरणी, पेन्नार, ताम्रपर्णी आदि।

अरब सागर में गिरने वाली नदियां

नर्मदा, ताप्ती, लूनी, साबरमती, माही आदि।

26 दिसम्बर, 2004

इस दिन अण्डमान और निकोबार द्वीपों पर 'सुनामी' नामक आपदा ने कहर बरपाया था। इस आपदा से प्रभावित अन्य क्षेत्रों में कन्याकुमारी, रामेश्वरम, केरल एवं चेन्नई प्रमुखतया सम्मिलित थे।

स्मरणीय बिन्दु

- एक अनुमान के अनुसार पृथ्वी की आयु लगभग 46 करोड़ वर्ष है। पृथ्वी के धरातल पर चट्टानों तथा मिट्टियों में भिन्नता धरातलीय स्वरूप के अनुसार पाई जाती है।
- अन्तर्जात तथा बहिर्जात शक्तियों ने पृथ्वी के धरातलीय व अधःस्थलीय आकृतियों को निर्धारित किया है। करोड़ों वर्ष पहले 'इंडियन प्लेट' भूमध्य रेखा के दक्षिण में स्थित थी तथा ऑस्ट्रेलियन प्लेट इसी का भाग थी।
- धीरे–धीरे इण्डियन प्लेट अनेक भागों में टूट गई और 'ऑस्ट्रेलियन प्लेट' दक्षिण–पूर्व तथा इंडियन प्लेट उत्तर दिशा में खिसकने लगी। इंडियन प्लेट का खिसकना अब भी अनवरत जारी है तथा ये भारतीय उपमहाद्वीप के भौतिक पर्यावरण को प्रभावित करती है।
- भूगर्भिक संरचना व शैल समूह की भिन्नता के आधार पर भारत में निम्नलिखित तीन भू–वैज्ञानिक खण्ड मिलते हैं–(i) प्रायद्वीपीय खण्ड, (ii) हिमालय तथा अन्य अतिरिक्त प्रायद्वीपीय पर्वतमालाएं, (iii) सिन्धु–गंगा–ब्रह्मपुत्र का मैदान।
- प्रायद्वीपीय खण्ड की उत्तरी सीमा कटी–फटी है जो कि कच्छ से प्रारम्भ होकर अरावली पहाड़ियों के पश्चिम से गुजरती हुई दिल्ली तक तथा फिर यमुना व गंगा नदी के समानान्तर राजमहल की पहाड़ियों व गंगा के

डेल्टा तक विस्तृत है। प्रायद्वीपीय खण्ड मुख्यतया प्राचीन नाइस व ग्रेनाइट चट्टानों से बना हुआ है।

- कैम्ब्रियन कल्प से प्रायद्वीपीय भूखण्ड एक कठोर खण्ड के रूप में खड़ा हुआ है। यह भूखण्ड इण्डो–ऑस्ट्रेलियन प्लेट का एक हिस्सा है। इस प्रायद्वीपीय खण्ड की बड़ी घाटियां उथली एवं उनकी प्रवणता कम होती है। इस खण्ड की प्रमुख नदियां, महानदी, गोदावरी, कृष्णा, कावेरी आदि हैं।
- हिमालय तथा अन्य अतिरिक्त प्रायद्वीपीय पर्वतमालाओं की भूगर्भिक संरचना नवीन, कमजोर तथा लचीली मिलती हैं। बहिर्जनित और अन्तर्जनित बलों की अन्तर्क्रियाओं से प्रभावित इस क्षेत्र में **वलन, भ्रंश** तथा **क्षेप** क्षेत्र मिलते हैं। यहां की पर्वतमालाओं में तीव्र प्रवाही नदियां, गॉर्ज, वी–आकार की घाटियां तथा जलप्रपात मुख्यतः पाये जाते हैं।
- सिन्धु–गंगा–ब्रह्मपुत्र मैदान मूलतः एक भू–अभिनति गर्त हैं। इसका निर्माण मुख्य रूप से हिमालय पर्वत निर्माण प्रक्रिया के तीसरे चरण में yxHkx 6.4 करोड़ वर्ष पहले हुआ था।
- हिमालय और प्रायद्वीप से निकलने वाली नदियां अपने साथ लाए हुए अवसादों को बिछा रही हैं। इस जलोढ़ मैदान की औसत गहराई 1000 से 2000 मीटर है।

भू-आकृति : भौगोलिक विविधता से परिपूर्ण

- भारत धरातलीय दृष्टि से विभिन्नताओं वाला देश है। यहां पर पर्वत, पहाड़ियां, पठार एवं मैदान समस्त प्रकार के भूदृश्य पाये जाते हैं।
- भारत के सम्पूर्ण क्षेत्रफल का लगभग 11 प्रतिशत भूभाग पर्वतीय, 18 प्रतिशत भूभाग पहाड़ी, 28 प्रतिशत भूभाग पठारी एवं शेष 43 प्रतिशत भूभाग मैदानी है।
- भारत को निम्नलिखित छः भू–आकृतिक खण्डों में विभक्त किया जाता है–1. उत्तर तथा उत्तर–पूर्वी पर्वतमाला; 2. उत्तरी भारत का मैदान, 3. प्रायद्वीपीय पठार; 4. भारतीय मरुस्थल; 5. तटीय मैदान; 6. द्वीप समूह।

उत्तर तथा उत्तरी-पूर्वी पर्वतमाला

- इसमें वृहत हिमालय, पार हिमालय शृंखलाएं, मध्य हिमालय और शिवालिक श्रेणियां हैं। ये श्रेणियां उत्तर–पश्चिम दिशा से दक्षिण–पूर्व दिशा की ओर लगभग 2500 किमी लम्बाई एवं 160 से 400 किमी चौड़ाई में फैली हुई हैं।
- हिमालय पर्वत श्रेणियां भारतीय उपमहाद्वीप एवं मध्य व पूर्वी एशिया के देशों के मध्य एक मजबूत लम्बी दीवार के रूप में खड़ी है। हिमालय को निम्नलिखित उपखण्डों में विभाजित किया जा सकता है–

  (i) कश्मीर या उत्तरी–पश्चिमी हिमालय; (ii) हिमाचल और उत्तराखण्ड हिमालय; (iii) दार्जिलिंग तथा सिक्किम हिमालय; (iv) अरुणाचल हिमालय; (v) पूर्वी पहाड़ियां और पर्वत।

उत्तरी भारत का मैदान

- सिंधु, गंगा और ब्रह्मपुत्र नदियों द्वारा बहाकर लाये गये जलोढ़ निक्षेपों से उत्तरी भारत के मैदान का निर्माण हुआ है। यह जलोढ़ मैदान पूर्व से पश्चिम दिशा में लगभग 3200 किमी की लम्बाई तथा 150 से 300 किमी की औसत चौड़ाई में विस्तृत है।
- उत्तर से दक्षिण दिशा में इस मैदान पर तीन धरातलीय स्वरूप देखने को मिलते हैं–(i) भाभर, (ii) तराई, (iii) जलोढ़ मैदान।
- जलोढ़ मैदानों में पुराने जलोढ़ से निर्मित मैदान बांगर तथा नये जलोढ़ से निर्मित मैदान खादर कहलाते हैं। भाभर 8 से 10 किमी चौड़ाई की एक पतली पट्टी है जो कि शिवालिक गिरिपाद के समानान्तर विस्तृत है। यहां सरन्ध्रता इतनी अधिक है कि यहां पर समस्त नदियां लुप्त हो जाती हैं।
- भाभर के दक्षिण में तराई क्षेत्र स्थित है जिसकी चौड़ाई 10 से 20 किमी है। भाभर प्रदेश में लुप्त नदियां इस प्रदेश में धरातल पर निकल कर प्रकट होती हैं।

प्रायद्वीपीय पठार

- भारत के प्रायद्वीपीय भाग पर 600 से 900 मीटर ऊंचाई वाला कटा–फटा पठारी भूखण्ड स्थित है। उच्चावच लक्षणों के आधार पर प्रायद्वीपीय पठार को तीन भागों में विभक्त किया जा सकता है–

  (i) **दक्कन का पठार**–पश्चिमी घाट, पूर्वी घाट, सतपुड़ा, मैकाल तथा महादेव इसमें सम्मिलित प्रमुख पहाड़ियां हैं। इनकी औसत ऊंचाई लगभग 1500 मीटर है। प्रायद्वीपीय पठार की सबसे ऊंची चोटी अनाईमुडी (2695 मीटर) है।

  (ii) **मध्य उच्च पठार**–अरावली, सतपुड़ा, विंध्याचल, कैमूर, राजमहल की पहाड़ियां तथा छोटा नागपुर पठार इस भू–भाग मे सम्मिलित हैं।

  (iii) **उत्तर–पूर्व पठार**–मेघालय पठार तथा कार्बी ऐंगलोंग पहाड़ियां इसमें सम्मिलित हैं।

भारतीय मरुस्थल

- अरावली पहाड़ियों से उत्तर–पूर्व में रेतीले टीलों का एक शुष्क व वनस्पति रहित क्षेत्र फैला है। यहां वार्षिक वर्षा 150 मिलीमीटर से भी कम होती है। इसे विशाल भारतीय मरुस्थल के नाम से जाना जाता है। यह मरुस्थलीय भाग दो भागों में बांटा जाता है–(i) सिन्धु की ओर ढाल वाला उत्तरी भाग, (ii) कच्छ के रन की ओर ढाल वाला दक्षिणी भाग।

तटीय मैदान

- भू–आकृतिक प्रक्रियाओं के आधार पर प्रायद्वीपीय भारत के पश्चिमी व पूर्वी पार्श्वों पर विस्तृत तटीय मैदानों को दो भागों में बांटा जाता है–

  (i) **पश्चिमी तटीय मैदान**–यह जलमग्न तटीय मैदान, पत्तनों एवं बंदरगाहों के विकास के लिए प्राकृतिक परिस्थितियां प्रदान करता है।

  (ii) **पूर्वी तटीय मैदान**–पश्चिमी तटीय मैदान की तुलना में यह मैदान चौड़ा और उभरे हुए तट का उदाहरण है।

द्वीप समूह

- भारत के प्रमुखतः दो प्रमुख द्वीप समूह हैं–

  (i) **बंगाल की खाड़ी में स्थित द्वीप समूह**–इसमें लगभग 572 द्वीप समूह हैं।

  (ii) **अरब सागर के द्वीप समूह**–इसमें लगभग 36 द्वीप हैं। प्रमुख द्वीपों में लक्षद्वीप एवं मिनिकॉय द्वीप शामिल हैं।
- द्वीप समूह की प्रमुख पर्वत चोटियां हैं–सैडल चोटी, माउण्ट डियोवॉली, माउण्ड कोयोब और माउण्ट भुईल्ला आदि।
- भारत का एकमात्र जीवंत ज्वालामुखी बैरन आइलैण्ड निकोबार द्वीप समूह में ही स्थित है।

एन.सी.ई.आर.टी. पाठ्यपुस्तक भूगोल के प्रश्न (हल सहित)

1. नीचे दिए गए प्रश्नों के सही उत्तर का चयन करें :

(i) करेवा भू–आकृति कहां पाई जाती है?
(क) उत्तरी–पूर्वी हिमालय
(ख) पूर्वी हिमालय
(ग) हिमाचल–उत्तराखण्ड हिमालय
(घ) कश्मीर हिमालय

(ii) निम्नलिखित में से किस राज्य में 'लोकताक' झील स्थित है–
(क) केरल (ख) मणिपुर
(ग) उत्तराखण्ड (घ) राजस्थान

(iii) अंडमान और निकोबार को कौन–सा जल क्षेत्र अलग करता है?
(क) 11° चैनल (ख) 10° चैनल
(ग) मन्नर की खाड़ी (घ) अंडमान सागर

(iv) डोडाबेटा चोटी निम्नलिखित में से कौन–सी पहाड़ी शृंखला में स्थित है?
(क) नीलगिरि (ख) कार्डामम
(ग) अनामलाई (घ) नल्लामाला

उत्तर–(i) (घ), (ii) (ख), (iii) (ख), (iv) (क)।

2. निम्नलिखित प्रश्नों के उत्तर 30 शब्दों में दीजिए :

(i) यदि एक व्यक्ति को लक्षद्वीप जाना हो तो वह कौन–से तटीय मैदान से होकर जाएगा और क्यों?

(ii) भारत में ठंडा मरुस्थल कहां स्थित है? इस क्षेत्र की मुख्य श्रेणियों के नाम बताएं।

(iii) पश्चिमी तटीय मैदान पर कोई डेल्टा क्यों नहीं है?

अथवा

पश्चिमी तटीय मैदानों पर डेल्टा क्यों नहीं बनते हैं?

उत्तर–

(i) यदि किसी व्यक्ति को लक्षद्वीप जाना हो तो वह पश्चिमी तटीय मैदान से होकर जाएगा क्योंकि यह द्वीप पश्चिमी तटीय मैदान के मालाबार(केरल) तट से लगभग 280 किलोमीटर की दूरी पर अरब सागर में स्थित है। वस्तुतः यही मार्ग सबसे निकटतम दूरी वाला मार्ग होगा।

(ii) भारत के उत्तरी–पश्चिमी भाग पर विस्तृत **कश्मीर हिमालय** का उत्तरी–पूर्वी भाग भारत का एक ठण्डा मरुस्थल है। यह ठण्डा मरुस्थल वृहत हिमालय तथा कराकोरम पर्वत श्रेणियों के मध्य विस्तृत मिलता है। कराकोरम तथा लद्दाख इसकी प्रमुख श्रेणियां हैं।

(iii) पश्चिमी तटीय मैदान एक मग्न तटीय मैदान है तथा इस प्रदेश में विवर्तनिक कारणों से भ्रंश घाटियां बनती रहती हैं। नर्मदा तथा ताप्ती आदि नदियां इन भ्रंश घाटियों से होकर ही समुद्र में गिरती हैं इसी कारण ये नदियां कोई डेल्टा नहीं बनाती हैं।

3. निम्नलिखित प्रश्नों के उत्तर लगभग 125 शब्दों में दीजिए :

(i) अरब सागर और बंगाल की खाड़ी में स्थित द्वीप समूहों का तुलनात्मक विवरण प्रस्तुत करें।

(ii) नदी घाटी मैदान में पाए जाने वाली महत्वपूर्ण स्थलाकृतियां कौन–सी हैं? इनका विवरण दें।

(iii) यदि आप बद्रीनाथ में सुन्दर वन डेल्टा तक गंगा नदी के साथ–साथ चलते हैं तो **आपके रास्ते** में कौन–सी मुख्य स्थलाकृतियां आयेंगी?

उत्तर–(i) अरब सागर तथा बंगाल की खाड़ी के द्वीप समूहों की तुलना

अरब सागर के द्वीप	बंगाल की खाड़ी के द्वीप
1. अरब सागर के द्वीप 8° उत्तर से 12° उत्तरी अक्षांश और 71° पूर्व से 74° पूर्वी देशान्तर के बीच बिखरे हुए हैं।	बंगाल की खाड़ी के द्वीप 6° उत्तर से 14° उत्तरी अक्षाश तथा 92° पूर्व से 94° पूर्वी देशान्तर के मध्य बिखरे हुए हैं।
2. ये द्वीप केरल तट से 280 से 480 किमी दूर स्थित हैं।	ये द्वीप मुख्य भूमि से 220 किमी की दूरी पर स्थित हैं।
3. इन द्वीपों की संख्या लगभग 36 है।	इन द्वीपों की संख्या लगभग 572 है।
4. इस द्वीप समूह के अधिकतर द्वीपों का निर्माण प्रवाल निक्षेप द्वारा हुआ है।	इस द्वीप समूह के अधिकांश द्वीप समुद्र में जलमग्न पर्वतों के भाग हैं। कुछ द्वीप ज्वालामुखी से भी निर्मित हैं।
5. इस द्वीप समूह पर तूफान निर्मित पुलिन, अबद्ध गुटिकाएं, शिंगिल, गोलाश्मिकाएं एवं गोलाश्म पाये जाते हैं।	इस द्वीप समूह पर असंगठित कंकड़, पत्थर एवं गोलाश्म पाये जाते हैं।
6. अरब सागर में कोई ज्वालामुखी नहीं पाया जाता है।	बंगाल की खाड़ी में बैरन आइलैण्ड नामक भारत का एकमात्र ज्वालामुखी निकोबार द्वीप पर पाया जाता है।
7. इस द्वीप समूह का सबसे बड़ा द्वीप मिनिकॉय है जिसका क्षेत्रफल 453 वर्ग किमी है।	इस द्वीप समूह का सबसे बड़े द्वीप ग्रेट निकोबार है।
8. इस द्वीप समूह पर कोई पर्वत चोटी नहीं पायी जाती है।	इस द्वीप समूह पर कई पर्वत चोटियां पायी जाती हैं जिनमें सैडल चोटी प्रमुख है।
9. इस द्वीप समूह के प्रमुख द्वीपों में लक्षद्वीप मिनिकॉय कनानोरे, अमीनी द्वीप, अलियोवेट आदि हैं।	इस द्वीप समूह के प्रमुख द्वीपों के भी रीची, अण्डमान, निकोबार, गंगा सागर, लवरीन्थ, श्री हरिकोटा आदि हैं।
10. आकार में अरब सागर के द्वीप छोटे हैं।	आकार में बंगाल की खाड़ी के द्वीप बड़े हैं।
11. इस द्वीप समूह के कई द्वीपों पर मानव निवास पाया जाता है।	इस द्वीप समूह के भी कई द्वीपों पर मानव निवास पाया जाता है।

(ii) उत्तर भारत का मैदान नदी घाटी मैदान भी कहलाता है। इस मैदानी भाग में उत्तर से दक्षिण दिशा में निम्नलिखित स्थलाकृतियां मिलती हैं–

(क) **भाभर क्षेत्र**–उत्तर भारत के विशाल मैदान की उत्तरी सीमा पर गिरिपाद मैदान मिलते हैं जो महीन मलबे तथा मोटे गोलाश्मों के मिश्रण से निर्मित है। इन्हें पंजाब में 'भाभर' तथा असम में 'दुआर' कहा जाता है। भाभर क्षेत्र 8 से 10 किमी चौड़ाई की पतली पट्टी में शिवालिक गिरिपाद के समानांतर विस्तृत मिलते हैं।

(ख) **तराई क्षेत्र**–भाभर के दक्षिण में 10 से 20 किमी चौड़ाई का तराई क्षेत्र विस्तृत मिलता है। भाभर क्षेत्र की भूमिगत नदिया इस क्षेत्र के धरातल पर निकलकर बहने लगती हैं। इन नदियों के सुनिश्चित प्रवाह क्षेत्र न होने के कारण यह क्षेत्र अनूप या दलदली बन जाता है।

(ग) **जलोढ़ मैदान**–तराई के दक्षिण में विस्तृत मैदानी भाग जलोढ़ मैदान हैं। इसमें पुरान जलोढ़ों से निर्मित तथा अपेक्षाकृत ऊंची भूमि वाला भाग **'बांगर'** कहलाता है, जबकि नवीन जलोढ़ों से निर्मित बाढ़ के मैदान की निम्न भूमि का भाग **'खादर'** कहलाता है। इस मैदान में बालू–रोधिका, विसर्प, गोखुर झीलें, गुंफित नदियां आदि नदी की प्रौढ़ावस्था में बनने वाली प्रमुख अपरदनी एवं निक्षेपात्मक स्थलाकृतियां पायी जाती हैं।

(घ) **डेल्टाई क्षेत्र**–उत्तर भारत के मैदान में बहने वाली नदियां अपने मुहाने पर विश्व के बड़े–बड़े डेल्टाओं का निर्माण करती हैं। उदाहरण के लिए–सुंदरवन डेल्टा। गंगा और ब्रह्मपुत्र नदियों ने अपने मुहाने के निकट विशाल डेल्टा का निर्माण किया है जो भारत व बांग्लादेश में विस्तृत है। ये मैदान–उपजाऊ जलोढ़ मिट्टी के बने हुए होते हैं। यहां कई प्रकार की फसलें, जैसे–गेहूं, चावल, गन्ना व जूट आदि उगायी जाती हैं। यहां जनसंख्या का घनत्व भी अधिक मिलता है।

(iii) बद्रीनाथ भारत के उत्तरी भाग उत्तराखण्ड हिमालय में स्थित एक पर्वतीय चोटी होने के साथ–साथ हिन्दुओं का प्रमुख धार्मिक स्थल भी है।

यदि हम बद्रीनाथ से सुन्दर वन डेल्टा तक गंगा नदी के साथ–साथ चलते हैं तो हमें सबसे पहले वृहत् हिमालय तथा लघु हिमालय की वलित पर्वत श्रेणियों के साथ–साथ अलकनंदा नदी पर बसे नंदप्रयाग, कर्णप्रयाग तथा रुद्रप्रयाग नामक नदी संगमों से होकर गुजरना होना। अलकनंदा तथा भागीरथी नामक गंगा की दो सहायक नदियों के मिलन स्थल देवप्रयाग से शिवालिक पर्वत श्रेणियों को पार करते हुए हरिद्वार के समीप हम मैदानी भाग में प्रवेश करेंगे। यहां से हम भाभर तथा तराई क्षेत्र से गुजरते हुए ऊपरी गंगा मैदान में प्रवेश करेंगे। पूर्व की ओर मध्यवर्ती गंगा के मैदानी भाग तथा निचले गंगा मैदानी भागों से होते हुए गंगा के डेल्टाई भाग में प्रवेश करेंगे। गंगा के डेल्टाई भाग में नदी विसर्प तथा गोखुर झीलों को पार करते हुए सुन्दर वन के डेल्टाई भाग पर पहुंचेंगे।

परियोजना/क्रियाकलाप

1. एटलस की सहायता से पश्चिम से पूर्व की ओर स्थित हिमालय की चोटियों की एक सूची बनाएं।

उत्तर—**पश्चिम से पूर्व की ओर स्थित हिमालय की मुख्य चोटियां**

पर्वत	ऊंचाई
नंगा पर्वत (पंजाब हिमालय)	8,126 मीटर
के 2 (कराकोरम)	8,611 मीटर
एवरेस्ट पर्वत (नेपाल)	8,848 मीटर
मकालू (नेपाल हिमालय)	8,481 मीटर
कंचनजंगा (नेपाल हिमालय)	8,598 मीटर
नामचा बरूआ (असम हिमालय)	7,756 मीटर

2. आप अपने राज्य में पाई जाने वाली स्थलाकृतियों की पहचान करें और इन पर चलाए जा रहे मुख्य आर्थिक कार्यों का विश्लेषण करें।

19 अपवाह तंत्र

भू-आकृति विज्ञान

इसके अन्तर्गत भू-आकृतियों और उनको आकार देने वाली प्रक्रियाओं का वैज्ञानिक अध्ययन किया जाता है। भू-आकृति वैज्ञानिक यह समझने की कोशिश करते हैं कि भू-दृश्य जैसे दिखते हैं वैसा दिखने के पीछे कारण क्या है? वे भू-आकृतियों के इतिहास और उसकी गतिकी को जानने समझने का प्रयास करते हैं। साथ ही साथ भूमि अवलोकन, भौतिक परीक्षण और संख्यात्मक मॉडलिंग के संयोजन से भविष्य के बदलावों का पूर्वानुमान करते हैं।

अपवाह तन्त्र

निश्चित वाहिकाओं के द्वारा होने वाले जल प्रवाह को अपवाह कहा जाता है। इस प्रकार अपवाह में संलग्न वाहिकाओं के जाल को 'अपवाह तंत्र' कहा जाता है। किसी क्षेत्र विशेष का अपवाह तन्त्र वहां के भू-वैज्ञानिक समयावधि, चट्टानों की प्रकृति तथा संरचना, स्थलाकृति, बहते जल की मात्रा, ढाल और बहाव की अवधि का परिणाम है।

वाहिकाओं के ढाल को नदी या अपवाह तन्त्र का अवयव माना जाता है। एक नदी एवं उसकी सहायक नदियों द्वारा अपवाहित क्षेत्र को **अपवाह द्रोणी** कहते हैं तथा एक नदी जहां से अपना जल बहाकर लाती है, उसे जल-ग्रहण क्षेत्र कहते हैं—एक अपवाह द्रोणी को दूसरे से अलग करने वाली सीमा को 'जल विभाजक' या 'जल-संभर' कहते हैं। बड़ी नदियों के जलग्रहण क्षेत्र को नदी द्रोणी जबकि छोटी नदियों व नालों द्वारा अपवाहित क्षेत्र को 'जल-संभर' ही कहा जाता है। नदी द्रोणी का आकार बड़ा होता है, जबकि जल-संभर का आकार छोटा होता है।

नदी द्रोणी एवं जल-संभर एकता के परिचायक हैं। इनके एक भाग में परिवर्तन का प्रभाव अन्य भागों तथा सम्पूर्ण क्षेत्र में देखा जा सकता है। इसीलिए इन्हें सूक्ष्म, मध्यम व बृहत नियोजन इकाइयों व क्षेत्रों के रूप में समझा जा सकता है।

भारतीय अपवाह तंत्र का विभिन्न आधारों पर वर्गीकरण

भारतीय अपवाह तंत्र को विभिन्न आधारों पर वर्गीकृत किया गया है। समुद्र में जल विसर्जन के आधार पर इसे दो समूहों में विभक्त किया गया है (i) अरब सागर का अपवाह तंत्र, (ii) बंगाल की खाड़ी का अपवाह तंत्र। ये अपवाह तंत्र दिल्ली, कटक, अरावली एवं सहयाद्रि द्वारा विलग किए गए हैं। कुल अपवाह क्षेत्र का लगभग 77 प्रतिशत भाग, जिसमें गंगा, ब्रह्मपुत्र, महानदी, कृष्णा आदि नदियां सम्मिलित हैं, बंगाल की खाड़ी में जल विसर्जित करती हैं, जबकि 23 प्रतिशत क्षेत्र, जिसमें सिंधु, नर्मदा, तापी, माही, व पेरियार नदियां हैं, अपना जल अरब सागर में गिराती हैं।

जल-संभर क्षेत्र की आकृति के आधार पर भारतीय अपवाह द्रोणियों को तीन भागों में विभक्त किया गया है :

(i) प्रमुख नदी द्रोणी, जिनका अपवाह क्षेत्र 20,000 वर्ग किलोमीटर से अधिक है। इसमें 14 नदी द्रोणियां सम्मिलित हैं, जैसे-गंगा, ब्रह्मपुत्र, कृष्णा, तापी नर्मदा, माही, पेन्नार, साबरमती, बराक आदि।

(ii) मध्यम नदी द्रोणी जिनका अपवाह क्षेत्र 2,000 से 20,000 वर्ग किलोमीटर है। इसमें 44 नदी द्रोणियां हैं, जैसे-कालिंदी, पेरियर, मेघना आदि।

(iii) लघु नदी द्रोणी, जिनका अपवाह क्षेत्र 2,000 वर्ग किलोमीटर से कम है। इसमें न्यून वर्षा के क्षेत्रों में बहने वाली बहुत-सी नदियां सम्मिलित हैं।

अनेक नदियों का उद्गम स्रोत हिमालय पर्वत है तथा वे अपना जल बंगाल की खाड़ी या अरब सागर में विसर्जित करती हैं। प्रायद्वीपीय पठार की बड़ी नदियों का उद्गम स्थल पश्चिमी घाट है और ये नदियां बंगाल की खाड़ी में जल विसर्जन करती हैं।

नर्मदा तथा तापी दो बड़ी नदियां इसका अपवाद हैं। ये और अनेक छोटी नदियां अपना जल अरब सागर में विसर्जित करती हैं।

उद्गम के प्रकार, प्रकृति व विशेषताओं के आधार पर भी भारतीय अपवाह तंत्र को हिमालयी अपवाह तंत्र तथा प्रायद्वीपीय अपवाह तंत्र में विभाजित किया जाता है। यद्यपि इस विभाजन योजना में चंबल, बेतवा, सोन आदि नदियों के वर्गीकरण में समस्या पैदा होती है, क्योंकि उत्पत्ति व आयु में ये हिमालय से निकलने वाली नदियों से पुरानी हैं। फिर भी यह अपवाह तंत्र वर्गीकरण का सर्वाधिक मान्य आधार है।

ध्यातव्य—भारतीय अपवाह तंत्र में अनेक छोटी बड़ी नदियां सम्मिलित हैं। ये नदियां भू-आकृतिक इकाइयों की उद्विकास प्रक्रिया और वर्षा की प्रकृति तथा लक्षणों के फलस्वरूप उत्पन्न हुई हैं।

मुख्य अपवाह प्रतिरूप

भौगोलिक दृष्टिकोण से मुख्य अपवाह प्रतिरूप निम्नलिखित हैं—

(क) **वृक्षाकार प्रतिरूप**—जो अपवाह प्रतिरूप पेड़ की शाखाओं के अनुरूप हो, उसे वृक्षाकार प्रतिरूप कहा जाता है; जैसे-उत्तरी मैदान की नदियां।

(ख) **अरीय प्रतिरूप**—जब नदियां किसी पर्वत से निकलकर सभी दिशाओं में बहती हैं, तो इसे अरीय प्रतिरूप कहा जाता है। अमरकंटक पर्वत श्रृंखला से निकलने वाली नदियां इस अपवाह प्रतिरूप का अच्छा उदाहरण हैं।

(ग) **जालीनुमा प्रतिरूप**—जब मुख्य नदियां एक-दूसरे के समांतर बहती हों तथा सहायक नदियां उनसे समकोण पर मिलती हों, तो ऐसे प्रतिरूप को जालीनुमा अपवाह प्रतिरूप कहते हैं।

(घ) **अभिकेन्द्री प्रतिरूप**—जब सभी दिशाओं से नदियां बहकर किसी झील या गर्त में विसर्जित होती हैं, तो ऐसे अपवाह प्रतिरूप को अभिकेंद्री प्रतिरूप कहते हैं।

हिमालयी अपवाह तंत्र

हिमालयी अपवाह तंत्र भू-गर्भिक इतिहास के एक लंबे समय में विकसित हुआ है। इसमें मुख्यतः गंगा, सिंधु और ब्रह्मपुत्र नदी द्रोणियां सम्मिलित हैं। यहां की नदियां बारहमासी हैं, क्योंकि ये बर्फ पिघलने व वर्षण दोनों पर आश्रित हैं। ये नदियां गहरे महाखड्डों से गुजरती हैं, जो हिमालय के उत्थान के साथ-साथ अपरदन क्रिया द्वारा बनी हैं। महाखड्डों के अतिरिक्त ये नदियां अपने पर्वतीय मार्ग में V-आकार की घाटियां, क्षिप्रिकाएं और जलप्रपात भी बनाती हैं। जिनका निर्माण धीरे-धीरे होता रहता है जो एक स्वाभाविक प्रक्रिया है।

क्षिप्रिकाएं—ये नदी मार्ग का वह भाग है जहां किसी अवरोध के कारण ढाल सामान्य की अपेक्षा अधिक तीव्र होता है। ऐसी दशा में जल प्रवाह बहुत तेज होता है।

जल प्रपात—पहाड़ों की चट्टानों से गिरने वाली नदी या नालों को जल प्रपात कहा जाता है। जल प्रपात कई प्रकार के होते हैं; जैसे-खण्डक, सोपानी,

महाजल प्रपात, ढालू, पंखा, हिमाद्रि, खरदुम, गोता, खरल, विभक्त, पांतिक, बहु–चरणी एवं कैटाडूपा आदि।

जब उपर्युक्त नदियां मैदान में प्रवेश करती हैं तो समतल घाटियां, गोखुर झीलें बाढ़कृत मैदान, गुंफित वाहिकाएं तथा नदी के मुहाने पर डेल्टा का निर्माण करती हैं। हिमालय क्षेत्र में इन नदियों का रास्ता टेढ़ा–मेड़ा है, किन्तु मैदानी क्षेत्र में इनमें सर्पाकार मार्ग में बहने की प्रवृत्ति पाई जाती है और ये अपना रास्ता बदलती रहती हैं। कोसी नदी, जिसे **बिहार का शोक** कहते हैं, अपना मार्ग बदलने के लिए कुख्यात रही है। यह नदी पर्वतों के ऊपरी क्षेत्रों से भारी मात्रा में अवसाद लाकर मैदानी भाग में जमा करती है। इससे नदी मार्ग अवरुद्ध हो जाता है परिणामस्वरूप नदी अपना मार्ग परिवर्तित कर लेती है।

हिमालयी अपवाह तंत्र के विकास की प्रक्रिया–भू–वैज्ञानिकों का ऐसा मानना है कि मायोसीन कल्प (लगभग 2.4 करोड़ से 50 लाख वर्ष पूर्व) में **शिवालिक या इण्डो–ब्रह्म** नामक विशाल नदी हिमालय के सम्पूर्ण अनुदैर्ध्य विस्तार के साथ असम से पंजाब तक प्रवाहित होती थी और पंजाब के सन्निकट सिन्ध की खाड़ी में अपना जल विसर्जित करती थी। प्राचीन प्लीस्टोसीन काल में सम्पन्न हुई कुछ भूगर्भिक हलचलों के फलस्वरूप इण्डो–ब्रह्म नदी निम्नलिखित तीन प्रमुख अपवाह तंत्रों में विभक्त हो गयी–

(i) पश्चिम में सिन्धु तथा इसकी पांच सहायक नदियां

(ii) मध्य में हिमालय से निकलने वाली गंगा तथा उसकी सहायक नदियां

(iii) पूर्व में ब्रह्मपुत्र व उसकी सहायक नदियां

विशाल नदी का इस प्रकार विभाजन संभवतया प्लीस्टोसीन काल में हिमालय के पश्चिमी भाग व पोटवार पठार के उत्थान के कारण हुआ। यह क्षेत्र सिंधु और गंगा अपवाह तंत्रों के मध्य का विभाजक बन गया। इसी प्रकार मध्य प्लीस्टोसीन काल में राजमहल पहाड़ियों से मेघालय पठार के मध्य मालदा गैप का अधोक्षेपण हुआ जिसमें गंगा और ब्रह्मपुत्र नदी तंत्रों का विकास हुआ तथा वे बंगाल की खाड़ी की ओर प्रवाहित हुईं।

हिमालयी अपवाह तंत्र से सम्बद्ध नदियां–यद्यपि हिमालयी अपवाह तंत्र में बहुत से नदी तंत्र हैं, लेकिन महत्वपूर्ण नदी तंत्र निम्नलिखित हैं–

I. सिन्धु नदी तंत्र

भारत में सिन्धु नदी की लम्बाई 1114 किलोमीटर है तथा इसके अपवाह क्षेत्र का क्षेत्रफल 3.21 लाख वर्ग किमी है। सिन्धु नदी का उद्गम तिब्बत क्षेत्र में विस्तृत कैलाश पर्वत श्रेणी में बोखर चू नामक स्थान के निकट स्थित हिमनद (ऊंचाई 4164 मीटर) से है। यह जम्मू–कश्मीर में लद्दाख और जास्कर श्रेणियों के मध्य से उत्तरी–पश्चिमी दिशा में प्रवाहित होती है। लद्दाख श्रेणी को काटते हुए जम्मू–कश्मीर में गिलगित के निकट यह नदी एक महाखड्ड का निर्माण करते हुए बाद में पाकिस्तान में प्रविष्ट हो जाती है। भारत में सिन्धु नदी जम्मू–कश्मीर के केवल लेह जिले में प्रवाहित मिलती है।

सतलुज, व्यास, रावी, चेनाब तथा झेलम, सिन्धु नदी क्रम की पांच प्रमुख नदियां हैं जिन्हें **पंचनद** कहा जाता है।

(क) **झेलम** कश्मीर घाटी के दक्षिण–पूर्व में पीरपंजाल गिरिपद में स्थित वेरीनाग नामक जल प्रपात से निकलती है। पाकिस्तान में प्रवेश से पहले यह नदी श्रीनगर तथा वूलर झील से प्रवाहित होते हुए एक तंग व गहरे महाखड्ड का निर्माण करती है।

(ख) **चेनाब नदी**–चन्द्रा और भागा नामक दो सहायक नदियों के मिलने से बनती है। ये दोनों सहायक नदियां हिमालय प्रदेश में केलांग के समीप मिल जाती हैं। इसी कारण इस नदी को चन्द्रभागा भी कहते हैं।

(ग) **रावी**–हिमाचल प्रदेश के रोहतांग दर्रे के पश्चिम से निकलती है और राज्य की चम्बा घाटी के अलावा धौलाधर तथा पीरपंजाल श्रेणियों के मध्य प्रवाहित होती हुई पाकिस्तान में प्रवेश करती है।

(घ) **व्यास नदी** रोहतांग दर्रे के निकट व्यासकुण्ड (ऊंचाई 4000 मीटर) नामक स्थान से उद्गमित होती है। कुल्लू घाटी से होती हुई यह नदी धौलाधर श्रेणी को पार करती हुई पंजाब के मैदानी भागों में प्रवेश करती है, जहां हरिके के निकट सतलुज नदी में मिल जाती है।

(ङ) **सतलुज नदी** तिब्बत में 4555 मीटर की ऊंचाई पर स्थित राक्षस ताल से निकलती है। हिमालय पर्वती श्रेणी में शिपकीला दर्रे से बहती हुई बाद में पंजाब के मैदानी भागों में प्रवेश कर जाती है।

II. गंगा नदी तंत्र

गंगा नदी (भागीरथी) उत्तराखण्ड राज्य के उत्तरकाशी जिले में स्थित गंगोत्री हिमनद (ऊंचाई 3900 मीटर) से निकलती है। मध्य और लघु हिमालय श्रेणियों को काटती हुई देवप्रयाग में इस नदी में भागीरथी एवं अलकनंदा नदियों का संगम हो जाता है। इसके बाद से ही यह नदी गंगा कहलाती है। यह उत्तर प्रदेश, बिहार तथा पश्चिमी बंगाल के मैदानी भागों से बहती हुई बंगाल की खाड़ी में गिरती है। पश्चिमी बंगाल में यह भागीरथी तथा हुगली नामक दो शाखाओं में बंट जाती है। गंगा नदी की कुल लम्बाई 2525 किमी तथा भारत में गंगा द्रोणी का कुल क्षेत्रफल 8.6 लाख वर्ग किलोमीटर है।

यमुना, चम्बल, घाघरा, कोसी, रामगंगा, दामोदर, महानन्दा तथा सरयू गंगा नदी की प्रमुख सहायक नदियां हैं।

(क) **यमुना नदी** गंगा नदी की सबसे लम्बी सहायक नदी है, जिसका उद्गम हिमालय की बन्दरपूंछ श्रेणी (6316 मीटर) के पश्चिमी ढालों से है। इलाहाबाद में यह नदी गंगा नदी से मिल जाती है।

(ख) **चम्बल नदी** मध्य प्रदेश के मालवा पठार के महू नामक स्थान से निकलती है और उत्तर की ओर प्रवाहित होती हुई धौलपुर से आगे यमुना नदी से मिल जाती है। यमुना नदी में मिलने से पहले चम्बल नदी की उत्खात भूमि वाली भू–आकृतियां प्रसिद्ध हैं जिन्हें चंबल खड्ड कहा जाता है।

(ग) **गंडक नदी** नेपाल हिमालय से निकलकर बिहार में बहती हुई पटना के निकट सोनपुर में गंगा नदी से मिल जाती है।

(घ) **घाघरा नदी** मापचाचुंगो हिमनद (नेपाल हिमालय) से उद्गमित होकर छपरा के निकट गंगा नदी से मिल जाती है। शारदा इस नदी की प्रमुख सहायक नदी है। यह नदी नेपाल हिमालय में मिलान हिमनद से निकलती है।

(ङ) **कोसी नदी** तिब्बत में माउण्ट एवरेस्ट के उत्तर से निकलती है और नेपाल हिमालय को पार करने के बाद बिहार में प्रवेश करती है। प्रायः मार्ग बदलने की प्रवृत्ति के कारण इसे **'बिहार का शोक'** कहा जाता है तथा इसमें अक्सर पानी की गति घटती–बढती है जिसके कारण बाढ़ की सम्भावना बनी रहती है।

(च) **दामोदर नदी** छोटा नागपुर पठार के पूर्वी भाग में स्थित एक भ्रंश घाटी से प्रवाहित होती है तथा हुगली नदी में मिल जाती है। इसे बंगाल का शोक कहा जाता है।

(छ) **सोन नदी** गंगा के दक्षिणी तट की प्रमुख सहायक नदी है जो अमरकंटक पठार से उद्गमित होती है और पटना के निकट गंगा नदी में मिल जाती है।

III. ब्रह्मपुत्र नदी तंत्र

ब्रह्मपुत्र नदी का उद्गम हिमालय के उत्तर में स्थित कैलाश पर्वत में मानसरोवर झील के समीप चेमायुंगडुंग हिमनद से है। यह तिब्बत में लगभग 1200 किमी की लम्बाई में पश्चिम से पूर्व दिशा में प्रवाहित होती है यहां इसे **सांग्पो** कहा जाता है। मध्य हिमालय में नामचा बरवा (7756 मीटर) के समीप यह एक महाखड्ड निर्मित करती हुई तीव्र वाहिनी नदी के रूप में आ जाती है यह नदी अरुणाचल प्रदेश में सादिया कस्बे के पश्चिम से होकर प्रवेश करती है, जहां से दक्षिण–पश्चिम दिशा में प्रवाहित होने लगती है। यहीं इसके बायें किनारे से

इसकी दो प्रमुख सहायक नदियां दिवांग एवं लोहित आकर मिलती हैं। इसके बाद ही यह नदी ब्रह्मपुत्र के नाम से जानी जाती है।

असम घाटी में यह 750 किमी की लम्बाई में प्रवाहित होती है जिसमें अनेक नदियां आकर मिलती हैं। यहां इसके बायें तट पर बूढ़ी दिहिंग, धनसरी तथा कालांग सहायक नदियां तथा दाहिने तट पर सुबनसिरी, कामेंग, मनास तथा संकोश सहायक नदियां आकर मिलती हैं। धुबरी के समीप ब्रह्मपुत्र नदी बांग्लादेश में प्रवेश कर दक्षिण की ओर प्रवाहित होकर पद्मा नदी में मिल जाती है।

प्रायद्वीपीय अपवाह तंत्र

प्रायद्वीपीय अपवाह तंत्र, हिमालयी अपवाह तंत्र से प्राचीन है। यह तथ्य नदियों की प्रौढ़ावस्था तथा नदी घाटियों के चौड़ा व उथला होने से प्रमाणित होता है। पश्चिमी तट के पास स्थित पश्चिमी घाट बंगाल की खाड़ी में गिरने वाली प्रायद्वीपीय नदियों एवं अरब सागर में गिरने वाली छोटी नदियों के मध्य जल–विभाजक का कार्य करता है। नर्मदा और तापी को छोड़कर अधिकांश प्रायद्वीपीय नदियां पश्चिम से पूर्व की ओर बहती हैं। प्रायद्वीप के उत्तरी भाग में निकलने वाली चंबल, सिंध, बेतवा, केन व सोन नदियां गंगा नदी तंत्र का भाग हैं। प्रायद्वीप के अन्य प्रमुख नदी–तंत्र महानदी, गोदावरी, कृष्णा और कावेरी हैं। प्रायद्वीपीय नदियों की विशेषता यह है कि ये एक सुनिश्चित मार्ग पर चलती हैं, विसर्प नहीं बनातीं तथा ये बारहमासी नहीं हैं, यद्यपि भ्रंश घाटियों में बहने वाली नर्मदा तथा तापी इसका अपवाद हैं।

प्रायद्वीपीय अपवाह तंत्र का विकास--प्रायद्वीपीय अपवाह तन्त्र का विकास निम्नलिखित तीन भूगर्भिक घटनाओं से जुड़ा हुआ है--

(क) प्रारम्भिक टर्शियरी काल के दौरान प्रायद्वीप के पश्चिमी भाग का अवतलन हुआ जिससे यह समुद्र तल से नीचे चला गया। इससे मूल जल विभाजक के दोनों ओर नदियों का जल प्रवाह प्रभावित हुआ।

(ख) हिमालय श्रेणियों में होने वाले उत्थान के फलस्वरूप प्राद्वीपीय भारत के उत्तरी भाग का अवतलन हुआ तथा नर्मदा तथा तापी जैसी भ्रंश घाटियों का निर्माण हुआ।

(ग) प्रारम्भिक टार्शियरी काल में ही प्रायद्वीपीय भारत–उत्तर–पश्चिम दिशा से दक्षिण–पूर्व की ओर झुक गया जिसके कारण प्रायद्वीपीय भारत के अधिकांश भाग का अपवाह बंगाल की खाड़ी की ओर उन्मुख हो गया।

प्रायद्वीपीय भारत की नदियों की मुख्य विशेषताएं--प्रायद्वीपीय भारत की नदियों की मुख्य विशेषताएं निम्नलिखित हैं--

(क) प्रायद्वीपीय भारत की नदियां सततवहिनी नहीं हैं। अधिकांश नदियां वर्षा पर निर्भर हैं।

(ख) ये नदियां चौड़ी, लगभग संतुलित और उथली घाटियों से होकर प्रवाहित होती हैं।

(ग) प्रायद्वीपीय भारत की अधिकांश नदियां प्रौढ़ावस्था को प्राप्त कर चुकी हैं।

(घ) यहां की नदियों की ढाल प्रवणता अत्यन्त मंद है।

(ङ) अधिकांश नदियां पश्चिम से पूर्व दिशा की ओर बंगाल की खाड़ी में गिरती हैं। इसका अपवाद केवल नर्मदा व ताप्ती नदियां है जो अरब सागर में गिरती हैं।

(च) प्रायद्वीपीय भारत की नदियां ऊबड़–खाबड़ धरातल में प्रवाहित होने के कारण अनेक जलप्रपातों व क्षिप्रिकाओं का निर्माण करती हैं।

(छ) बंगाल की खाड़ी में गिरने वाली नदियां अपने मुहाने पर विशाल डेल्टा का निर्माण करती हैं।

(ज) अरब सागर में गिरने वाली नदियां ज्वारनद मुख का निर्माण करती हैं।

(झ) ये नदियां एक सुनिश्चित मार्ग पर चलती हैं तथा विसर्प नहीं बनाती हैं।

प्रायद्वीपीय नदी तंत्र में समाहित नदियां

प्रायद्वीपीय नदी तन्त्र में समाहित प्रमुख नदियों में महानदी, गोदावरी, कृष्णा और कावेरी नदियां पूर्व तथा दक्षिण–पूर्व की ओर बहती हुई बंगाल की खाड़ी में गिर जाती हैं, जबकि नर्मदा एवं तापी नदियां पूर्व से पश्चिम दिशा की ओर प्रवाहित होती हुई अरब सागर में गिरती हैं।

(क) **महानदी**–छत्तीसगढ़ राज्य के रायपुर जिले में स्थित सिहावा के निकट से निकलने वाली महानदी की कुल लम्बाई 851 किलोमीटर है तथा इसका जलग्रहण क्षेत्र लगभग 1.42 लाख वर्ग किलोमीटर है। इस नदी के जलग्रहण क्षेत्र का 53 प्रतिशत भाग मध्य प्रदेश व छत्तीसगढ़ राज्यों में तथा शेष 47 प्रतिशत ओडिशा राज्य में विस्तारित है।

(ख) **गोदावरी**–प्रायद्वीपीय भारत में गोदावरी का नदी तन्त्र सबसे बड़ा है। गोदावरी नदी (दक्षिण गंगा) महाराष्ट्र, में नासिक जिले से निकलती है और अपनी मुख्य सहायक नदियां पेनगंगा, इन्द्रावती प्राणहिता और मजरा के साथ महाराष्ट्र मध्य प्रदेश, छत्तीसगढ़ तथा आन्ध्र प्रदेश राज्यों से होती हुई बंगाल की खाड़ी में गिर जाती है। गोदावरी नदी की कुल लम्बाई 1465 किलोमीटर तथा जलग्रहण क्षेत्र 3.13 लाख वर्ग किलोमीटर है। कुल जलग्रहण क्षेत्र का 49 प्रतिशत भाग महाराष्ट्र राज्य में, 20 प्रतिशत भाग मध्य प्रदेश तथा छत्तीसगढ़ राज्यों में तथा शेष 31 प्रतिशत आन्ध्र प्रदेश राज्य में है।

राजमुन्द्री के बाद गोदावरी नदी कई जलधाराओं में विभक्त होकर एक बृहत् **डेल्टाई भाग** का निर्माण करती है।

(ग) **कृष्णा**–गोदावरी नदी के बाद पूर्व दिशा में बहने वाली यह प्रायद्वीपीय भारत की दूसरी बड़ी नदी है। यह नदी पश्चिमी घाट में महाबलेश्वर के पास से निकलती है। तथा 1401 किमी लम्बाई में महाराष्ट्र, कर्नाटक तथा आन्ध्र प्रदेश में प्रवाहित होती हुई बंगाल की खाड़ी मे गिर जाती है। नदी के कुल जलग्रहण क्षेत्र का 27 प्रतिशत भाग महाराष्ट्र में, 44 प्रतिशत भाग कर्नाटक में तथा 29 प्रतिशत भाग आन्ध्र प्रदेश में पड़ता है। कोयना, तुंगभद्रा तथा भीमा इस नदी की प्रमुख सहायक नदियां हैं।

(घ) **कावेरी**–यह नदी कर्नाटक राज्य के कोगाडु जिले में ब्रह्मगिरी पहाड़ियों (1341 मीटर) से उद्गमित होती है। कावेरी नदी की कुल लम्बाई 800 किलोमीटर तथा जलग्रहण क्षेत्र 81,155 वर्ग किलोमीटर है। इस नदी के कुल जलग्रहण क्षेत्र का 3 प्रतिशत भाग केरल राज्य में, 41 प्रतिशत भाग कर्नाटक राज्य में तथा 56 प्रतिशत भाग तमिलनाडु राज्य में विस्तृत है।

(ङ) **नर्मदा**–अमरकंटक पठार के पश्चिमी किनारे से लगभग 1057 मीटर ऊंचाई से इस नदी का उद्गम होता है। उत्तर में विंध्याचल तथा दक्षिण में सतपुड़ा श्रेणियों के मध्य दरार घाटी से बहती हुई संगमरमर की चट्टानों में महाखड्ड और जबलपुर के समीप धुआंधर जल प्रपात निर्मित करती है। लगभग 1312 किलोमीटर की लम्बाई में दरार घाटी में प्रवाहित होने के बाद यह नदी भड़ौंच के दक्षिण में अरब सागर में गिर जाती है जहां यह लगभग 27 किमी लम्बा ज्वारनदमुख का निर्माण करती है।

(च) **तापी (ताप्ती)**–पूर्व से पश्चिम दरार घाटी में बहने वाली यह दूसरी नदी है जो मध्य प्रदेश के बैतूल जिले में मुलताई नामक स्थान से निकलती है। तापी नदी की कुल लम्बाई 724 किलोमीटर तथा जलग्रहण क्षेत्र 65,145 वर्ग किलोमीटर है। इसके कुल जलग्रहण क्षेत्र का 79 प्रतिशत भाग महाराष्ट्र में, 15 प्रतिशत भाग मध्य प्रदेश में तथा शेष 6 प्रतिशत भाग गुजरात राज्य में विस्तारित है।

(छ) **लूनी**–अरावली श्रेणी के पश्चिम में लूनी राजस्थान राज्य का सबसे बड़ा नदी तन्त्र है। यह नदी तन्त्र मौसमीय है। पुष्कर के समीप सरस्वती तथा सागरमती नामक दो जलधाराएं निकलती हैं जो बाद में मिलकर अरावली

पहाड़ियों से लूनी नदी के रूप में प्रवाहित होती हैं। यहां से यह नदी पश्चिम तथा दक्षिण–पश्चिम दिशा में प्रवाहित होती हुई कच्छ के रन में विलीन हो जाती है।

हिमालय से निकलने वाली नदियों की तुलना में प्रायद्वीपीय नदियों की वाहिकाओं का सुनिर्धारित न होने का कारण–हिमालय से निकलने वाली नदियां सततवाहिनी हैं और वर्तमान में अपनी युवावस्था में हैं। इन नदियों द्वारा लम्बवत् कटाव अधिक होता है। फलस्वरूप ये नदियां गहरी घाटियों एवं महाखड्ड (गार्ज) का निर्माण करती हैं। इसके विपरीत प्रायद्वीपीय भारत की नदियां अपनी प्रौढ़ावस्था को प्राप्त कर चुकी है। ये नदियां वर्षा के जल पर निर्भर रहने के कारण सततवाहिनी नहीं हैं। इस क्षेत्र की चट्टान कठोर और प्राचीन है। इस क्षेत्र के कठोर चट्टानी समूहों का मौसमी प्रहारों के कारण पर्वतों में परिवर्तन हो गया तथा मुलायम क्षेत्रों का परिवर्तन घाटी एवं मैदानों में हो गया जोकि पूर्णतः स्थायी स्थलखण्ड बन चुके हैं। यही कारण है कि दक्षिण प्रायद्वीपीय नदियों की वाहिकाएं सुनिर्धारित एवं दृढ़ हैं। इन वाहिकाओं की अपरदन शक्ति बहुत कम है और यहां की भौगोलिक स्थिति इन्हें सुनिर्धारित तथा दृढ़ बना देती है।

हिमालय तथा प्रायद्वीपीय नदियों का तुलनात्मक अध्ययन

तुलनात्मक बिन्दु	हिमालय क्षेत्र की नदियां	प्रायद्वीपीय क्षेत्र की नदियां
उद्गम स्थल	हिमालयी नदियों का उद्गम हिमनदियों से ढके हिमालय पर्वत से होता है।	प्रायद्वीपीय नदियों का उद्गम प्रायद्वीपीय पठार और मध्य उच्च भूमि से होता है।
प्रवाह प्रवृत्ति	ये नदियां हिमनद तथा वर्षा से जल प्राप्त करती हैं इसलिए वर्ष पर्यन्त प्रवाहित होती हैं।	प्रायद्वीपीय नदियां मानसूनी वर्षा पर आश्रित होती हैं। इसलिए ये नदियां मौसमी प्रवृत्ति की होती हैं।
अपवाह के प्रकार	हिमालयी नदियां पूर्ववर्ती तथा अनुवर्ती अपवाह वाली होती हैं। मैदानी भागों में ये नदियां वृक्षाकार प्रारूप बनाती हैं।	प्रायद्वीपीय नदियां अध्यारोपित और पुनर्युवनित अपवाह वाली होती हैं। ये अरीय तथा आयताकार प्रारूप बनाती हैं।
नदी की प्रकृति	हिमालयी नदियां लम्बा मार्ग तय करती हैं तथा ऊबड़–खाबड़ पर्वतीय भागों से गुजरती हैं। शीर्ष अपरदन और नदी अपहरण, मार्ग परिवर्तन प्रमुख घटनाएं घटित होती हैं। नदियों के द्वारा मैदानी भागों में मार्ग परिवर्तित किया जाता है। अन्त में विसर्प तथा डेल्टा का निर्माण करती हुई सागर में मिल जाती हैं।	प्रायद्वीपीय नदियां स्थायी घाटियों के साथ छोटे तथा निश्चित मार्ग से प्रवाहित होती हैं।
जलग्रहण क्षेत्र	इस अपवाह तन्त्र की नदियों की द्रोणी अत्यधिक बड़ी होती है।	इस अपवाह तन्त्र की द्रोणी अपेक्षाकृत छोटी होती है।
नदी की आयु	हिमालयी नदी युवावस्था में होने के कारण क्रियाशील होकर घाटियों को गहरा करने में संलग्न रहती हैं।	प्रायद्वीपीय नदियां प्रौढ़ावस्था में पहुंच चुकी हैं जो कि अपने आधार तल को प्राप्त कर चुकी हैं।
नौपरिवहन	हिमालय की अधिकांश नदियां मैदानों में नौपरिवहन योग्य होती हैं।	प्रायद्वीपीय नदियां सामान्यतया नौपरिवहन योग्य नहीं हैं।

प्रायद्वीपीय भारत में नदियों का प्रवाह

(i) पूर्व की ओर बहने वाली छोटी नदियां–स्वर्ण रेखा, वैतरणी, ब्राह्मणी, वामसाधरा, पेन्नार, पालार और वेगाई प्रायद्वीपीय भारत की पूर्व की ओर बहने वाली महत्वपूर्ण छोटी नदियां हैं। इनमें पेन्नार नदी का जलग्रहण क्षेत्र सर्वाधिक 55,213 वर्ग किलोमीटर है तथा यह कर्नाटक से निकलकर आन्ध्र प्रदेश में बहती है।

(ii) पश्चिम की ओर प्रवाहित छोटी नदियां–

नदी का नाम	राज्य	जलग्रहण क्षेत्र (वर्ग किमी)
साबरमती	गुजरात	21,674
माही	गुजरात	34,842
ढाढ	गुजरात	2,770
कालिन्दी (काली)	कर्नाटक	5,179
शरावती	कर्नाटक	2,209
भरतपूझा (पोन्नानी)	केरल	5,397
पेरियार	केरल	5,243

नदी : बहाव की प्रवृत्ति

नदी में बहने वाले जल की मात्रा पूरे वर्ष एक समान नहीं रहती। इसमें ऋतुओं के अनुसार परिवर्तन होता रहता है। एक नदी के चैनल में वर्षपर्यंत जल प्रवाह के प्रारूप को नदी बहाव प्रवृत्ति कहा जाता है। उत्तर भारत की हिमालय से निकलने वाली नदियां बारहमासी हैं, क्योंकि ये अपना जल बर्फ पिघलने और वर्षा होने से प्राप्त करती हैं। दक्षिण भारत की नदियां हिमनदों से नहीं निकलती जिससे इनकी बहाव प्रवृत्ति में उतार–चढ़ाव पाया जाता है। इनका बहाव मानसून ऋतु में अत्यधिक बढ़ जाता है। इस प्रकार दक्षिण भारत की नदियों के बहाव की प्रवृत्ति वर्षा द्वारा नियंत्रित होती है, जो प्रायद्वीपीय पठार के एक स्थान से दूसरे स्थान पर अलग होती है।

जल विसर्जन नदी में समयानुसार जल प्रवाह के आयतन का माप है। इसे क्यूसेक्स (क्यूबिक फुट प्रति सैकेंड) या क्यूमैक्स (क्यूबिक मीटर प्रति सैकेंड) में मापा जाता है।

गंगा नदी में न्यूनतम जल प्रवाह जनवरी से जून के समय के दौरान होता है। अधिकतम प्रवाह अगस्त या सितंबर से प्राप्त होता है। सितंबर के बाद प्रवाह में लगातार कमी होती चली जाती है। इस प्रकार इस नदी की वर्षा ऋतु में जल प्रवाह की प्रवृत्ति मानसूनी होती है। गंगा द्रोणी के पूर्वी व पश्चिमी भागों की जल बहाव प्रवृत्ति में चौंकाने वाले अंतर नजर आते हैं। बर्फ पिघलने के कारण गंगा नदी का प्रवाह मानसून आने से पहले भी काफी बड़ा होता है। फरक्का में गंगा नदी का औसत अधिकतम जल प्रवाह लगभग 55,000 क्यूसेक्स है, जबकि न्यूनतम औसत केवल 1,300 क्यूसेक्स है।

प्रायद्वीप की दो नदियों की प्रवाह प्रवृत्ति हिमालय के नदियों की तुलना में अंतर प्रस्तुत करती हैं। नर्मदा नदी में जल विसर्जन का स्तर जनवरी से जुलाई माह तक बहुत कम रहता है, लेकिन अगस्त में इस नदी का जल–प्रवाह अधिकतम हो जाता है, अक्टूबर महीने में बहाव में गिरावट आती है। गरूड़ेश्वर में दर्ज इस नदी के बहाव के आंकड़े बताते हैं कि इसका अधिकतम बहाव 2,300 क्यूसेक्स तथा न्यूनतम बहाव 15 क्यूसेक्स है। यह अंतर आश्चर्यजनक है क्योंकि दोनों स्थितियां एकदम विरुद्ध हैं। गोदावरी में न्यूनतम प्रवाह मई में और अधिकतम जुलाई–अगस्त में होता है। अगस्त माह के बाद इनके प्रवाह में भारी कमी आती है, लेकिन फिर भी अक्टूबर और नवंबर में प्रवाह का आयतन जनवरी से मई तक किसी भी माह की तुलना में अधिक ही रहता है। पोलावरम् में गोदावरी नदी का औसत अधिकतम विसर्जन 3,200 क्यूसेक्स तथा न्यूनतम

औसत केवल 50 क्यूसेक्स होता है। ये आंकड़े नदी की प्रवाह प्रवृत्ति से हमें अवगत कराते हैं।

भारत की नदियां प्रतिवर्ष विशाल जलराशि का वहन करती है, लेकिन समय व स्थान की दृष्टि से इसका वितरण समान नहीं है। बारहमासी नदियां वर्ष भर जल का वहन करती हैं, लेकिन अनित्यवाही नदियों में शुष्क ऋतु में बहुत कम जल होता है। वर्षा ऋतु में, अधिकांश जल बाढ़ में व्यर्थ हो जाता है और समुद्र में बह जाता है। इसी प्रकार, जब देश के एक भाग में बाढ़ होती है तो दूसरा सूखाग्रस्त होता है।

अध्याय : मानचित्र की नजर में

भारत : मुख्य नदियां

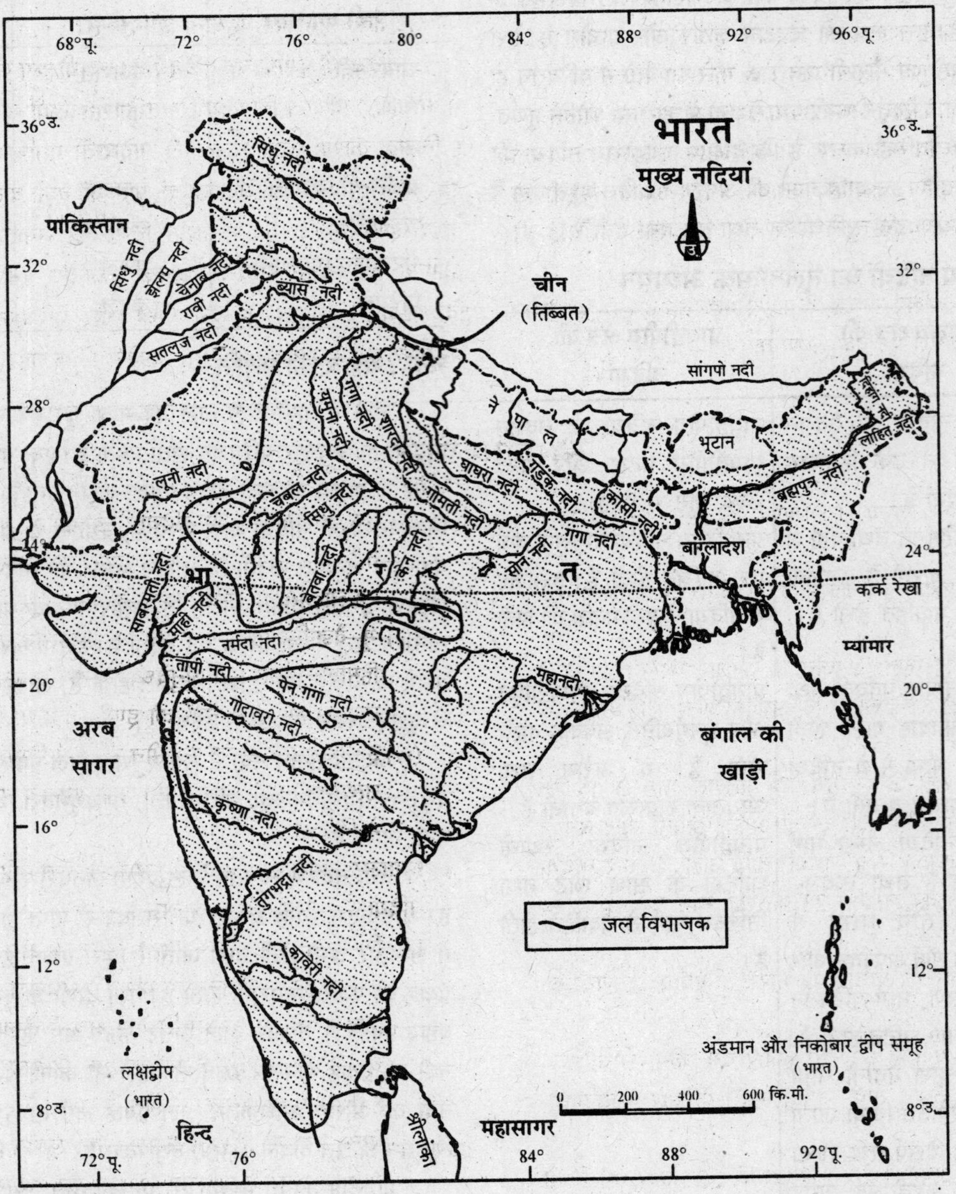

यह भी जानिए

देश में एक साथ आने वाली बाढ़ और सूखे की समस्या को कम करने के उपाय

बाढ़–देश के अलग–अलग राज्यों में बार–बार आने वाली बाढ़ के कारण धन–जन की भारी हानि होती है। असम, पश्चिमी बंगाल तथा बिहार राज्य सबसे अधिक बाढ़ प्रभावित क्षेत्रों में से हैं। इसके अलावा उत्तर भारत की अधिकांश नदियां, पंजाब और उत्तर प्रदेश में बाढ़ लाती हैं। राजस्थान, गुजरात, हरियाणा और पंजाब आकस्मिक बाढ़ से पिछले कुछ दशकों में जलमग्न होते रहे हैं। अनेक बार तमिलनाडु में बाढ़ नवम्बर से जनवरी महीनों के बीच वापस लौटती मानसून द्वारा आती है।

बाढ़ से निपटने के उपाय–

(i) बाढ़ प्रभावित क्षेत्रों में तटबन्ध बनाना।

(ii) नदियों पर बांध बनाना।

(iii) वृक्षारोपण और आमतौर पर बाढ़ लाने वाली नदियों के ऊपरी जल ग्रहण क्षेत्र में निर्माण कार्य पर प्रतिबन्ध लगाना।

(iv) नदी वाहिकाओं पर बसे लोगों को अन्यत्र बसाना और बाढ़ के मैदानों में जनसंख्या के जमाव पर नियन्त्रण रखना।

सूखा—सिंचाई आयोग ने उन क्षेत्रों को शुष्क माना है जहां वर्षा 10 सेमी. से कम होती है और इसमें भी 75 प्रतिशत वर्षा अनेक वर्षों तक प्राप्त नहीं होती है। इन क्षेत्रों के कृषि क्षेत्र के 30 प्रतिशत से भी कम भाग पर सिंचाई की सुविधाएं पाई जाती हैं। सिंचाई आयोग के अनुसार, "यदि 75 सेमी वर्षा प्राप्त करने वाले जिलों को सूखाग्रस्त क्षेत्र माना जाये तो ऐसे 77 जिले हैं जिनके अन्तर्गत बोयी गयी भूमि का 34 प्रतिशत भाग आता है। इन जिलों को छोड़कर जहां सिंचाई की सुविधाओं का विकास किया गया है, 50 जिले ऐसे हैं, जिनमें सूखा की आशंका हमेशा बनी रहती है। इसके अतिरिक्त महाराष्ट्र, गुजरात, मध्य प्रदेश, कर्नाटक, राजस्थान तथा उत्तर प्रदेश के कुछ जिलों में जहां 75 से 85 सेमी तक वर्षा होती है। वे पूर्णतः सूखाग्रस्त क्षेत्र माने जा सकते हैं।

सूखा का सामना करने के लिए निम्न उपाय प्रयोग में लाये जा सकते हैं—

(i) वर्षा के जल का व्यवस्थित रूप से अधिकतम उपयोग किया जा सकता है—छोटे-छोटे बांध, हौज, तालाब, एनीकट, कुएं अथवा मिट्टी के अवरोधक बांध बनाकर इनसे पक्की तली वाली नहरें निकालकर सिंचाई की जाती है।

(ii) मिट्टी के संरक्षण के लिए ऊंचाई के सहारे मेड़बन्दी करना, सीढ़ीदार खेत बनाना तथा खेतों के किनारों पर वृक्षारोपण करना।

(iii) सिंचाई की नहरों को पक्का बनाना जिससे भूमि में कम जल रिस पाये।

(iv) जिन क्षेत्रों में नमकीन मिट्टी पाई जाती है जिनमें ड्रिप सिंचाई (drip irrigation) की प्रणाली अपनाकर पुनरुद्धार की गई मिट्टी में फसलें उत्पन्न की जा सकती हैं।

(v) सूखे की स्थिति में तात्कालिक सहायता में सुरक्षित पेयजल वितरण, दवाइयां, पशुओं के लिए चारे और जल की उपलब्धता तथा लोगों और पशुओं को सुरक्षित स्थान पर पहुंचाना शामिल है।

नदियों के पर्याप्त जलाधिक्य का स्थायी रूप से स्थानान्तरण—उत्तर भारत में अत्यधिक विशाल हिमालय स्थित हैं। हिमालयी नदियां वर्ष पर्यन्त बहती रहती हैं जिसके कारण उत्तर भारत की नदियों में पर्याप्त जलाधिक्य पाया जाता है। एक द्रोणी की जल-आधिक्यता को जल की कमी वाली द्रोणियों में स्थानान्तरित करके इस समस्या का समाधान किया जा सकता है। भारत में नदियों की द्रोणियों को जोड़ने सम्बन्धी अनेक योजनाएं बनायी गयी हैं। जैसे-पेरियार दिक्परिवर्तन योजना, इन्दिरा गांधी नहर परियोजना, कर्नूल-कुडप्पा नहर, व्यास-सतलज लिंक नहर, गंगा-कावेरी लिंक नहर आदि।

स्मरणीय बिन्दु

- यमुना नदी द्वारा अपवाहित राज्य उत्तराखण्ड, दिल्ली, उत्तर प्रदेश व मध्य प्रदेश हैं।
- गरसोरपा (जोग) प्रपात महाराष्ट्र व कर्नाटक की सीमा पर शरावती नदी पर स्थित है।
- भारतीय अपवाह तन्त्र को जल विसर्जन के आधार पर दो समूहों में विभक्त किया गया है—(i) अरब सागर का अपवाह तन्त्र, (ii) बंगाल की खाड़ी का अपवाह तन्त्र।
- भारत के कुल अपवाह क्षेत्र के लगभग 77 प्रतिशत भाग में प्रवाहित नदियां (गंगा, ब्रह्मपुत्र, महानदी तथा कृष्णा आदि) अपना जल बंगाल की खाड़ी में गिराती हैं, जबकि सिंधु, नर्मदा, तापी माही, पेरियार नदियां देश के कुल अपवाह क्षेत्र का लगभग 23 प्रतिशत भाग का जल अरब सागर में गिराती हैं।
- जल-संभर क्षेत्र के आकार के आधार पर भारतीय अपवाह द्रोणियों को तीन भागों में बांटा गया है—
  - (i) ***प्रमुख नदी द्रोणी***—अपवाह क्षेत्र 20 हजार वर्ग किमी से अधिक; जैसे-गंगा, ब्रह्मपुत्र, कृष्णा, तापी, नर्मदा, माही, पेरियार, साबरमती, बराक आदि।
  - (ii) ***मध्यम नदी द्रोणी***—अपवाह क्षेत्र 2 हजार से 20 हजार वर्ग किमी के मध्य; जैसे-पेरियार, कालिंदी व मेघना नदी द्रोणियां।
  - (iii) ***लघु नदी द्रोणी***—अपवाह क्षेत्र 2 हजार वर्ग किमी से कम। इसमें न्यून वर्षा के क्षेत्रों में बहने वाली बहुत-सी नदियां शामिल हैं।
- उद्‌गम के अपवाह तंत्र को दो भागों में बांटा जा सकता है—(i) हिमालयी अपवाह तन्त्र, (ii) प्रायद्वीपीय अपवाह तन्त्र।
- **हिमालयी अपवाह तन्त्र**—इस अपवाह तन्त्र की नदियां प्रवाह की दृष्टि से बारहमासी हैं।
  - (i) हिमालय पर्वतीय क्षेत्र में इस अपवाह तंत्र की नदियां अपने मार्ग में महाखड्डों (Gorges), V आकार की घाटियां, क्षिप्रिकाएं व जल प्रपात निर्मित करती हैं।
  - (ii) इस अपवाह तंत्र की नदियां गोखुर झीलें, बाढ़ निर्मित मैदान, गुंफित वाहिकाएं तथा नदी के मुहाने पर डेल्टा जैसी निक्षेपणात्मक स्थलाकृतियां निर्मित करती हैं।
  - (iii) भू-वैज्ञानिकों का मानना है कि मायोसीन कल्प में एक विशाल नदी हिमालय के सम्पूर्ण अनुदैर्ध्य विस्तार के साथ असम से पंजाब तक प्रवाहित थी। इस नदी को इण्डो-ब्रह्म या शिवालिक कहा गया है।
  - (iv) इण्डो-ब्रह्म नदी प्लीस्टोसीन काल में हिमालय के पश्चिमी भाग का उत्थान होने से सिन्धु, गंगा तथा ब्रह्मपुत्र नामक तीन अपवाह तन्त्रों में विभक्त हो गयी।
- **हिमालय अपवाह तन्त्र के प्रमुख नदी तन्त्र**—हिमालय अपवाह तन्त्र की नदियों के प्रमुख नदी तन्त्र तीन हैं—

  I. **सिन्धु नदी तन्त्र**—पश्चिमी हिमालय क्षेत्र तथा मैदानी भाग पर विस्तृत इस नदी तन्त्र का भारत में क्षेत्रफल 3,21,289 वर्ग किमी है। सिन्धु नदी का उद्‌गम तिब्बती क्षेत्र में कैलाश पर्वत श्रेणी में बोखर चू (Boher chu) के निकट एक हिमनद (31°15' अक्षांश और 84°40' पू. देशान्तर) से होता है।

  सिन्धु नदी को तिब्बती क्षेत्र में सिंगी खंबान (Singi Khamban) या शेरमुख कहते हैं। झेलम, चिनाव, राव, व्यास, तथा सतलज सिन्धु नदी की सहायक नदियां हैं।

  II. **गंगा नदी तन्त्र**—गंगा नदी का उद्‌गम भागीरथी नदी के नाम से उत्तराखण्ड राज्य के उत्तरकाशी जिले में गंगोत्री हिमनद (3900 मीटर ऊंचाई) से होता है। देवप्रयाग में भागीरथी, अलकनंदा नदी में मिलती है और इसके बाद गंगा नदी कहलाती है। यमुना, चम्बल, गंडक, घाघरा, रामगंगा, दामोदर, शारदा, महानदा तथा सोन आदि गंगा नदी की प्रमुख सहायक नदियां हैं।

  III. **ब्रह्मपुत्र नदी तन्त्र**—ब्रह्मपुत्र नदी का उद्‌गम कैलाश पर्वत श्रेणी में मानसरोवर झील के निकट चेमायुंगडुंग नामक हिमनद से है।

  (i) मध्य हिमालय में नमचा बरवा (7756 मीटर) नामक स्थान पर

गहरा महाखड्ड निर्मित करती हुई यह नदी तीव्र वाहिनी नदी के रूप में भारत के अरुणाचल प्रदेश में प्रवेश करती है।

(ii) दिवांग तथा लोहित नदी से मिलने के बाद यह नदी ब्रह्मपुत्र के नाम से जानी जाती है।

(iii) असम घाटी में 750 किमी की लम्बाई में प्रवाहित होने के बाद ब्रह्मपुत्र नदी बांग्लादेश में प्रवेश कर जाती है।

- **प्रायद्वीपीय अपवाह तन्त्र**—इस अपवाह तन्त्र में पश्चिमी घाट एक जल विभाजक का कार्य करता है। भ्रंश घाटियों में प्रवाहित नर्मदा तथा ताप्ती इसके अपवाद हैं। हिमालय के उत्थान के कारण प्रायद्वीप के उत्तरी भाग का अवतलन, दरार घाटियों का निर्माण तथा प्रायद्वीपीय भाग का उत्तर-पश्चिमी दिशा से दक्षिण-पूर्वी भाग की ओर झुक जाने को कारण प्रायद्वीपीय भारत के एक बड़े भाग का अपवाह बंगाल की खाड़ी की ओर उन्मुख हो गया।
- **प्रायद्वीपीय अपवाह तन्त्र के प्रमुख नदी तन्त्र**—प्रायद्वीपीय अपवाह तन्त्र में निम्नलिखित नदी तन्त्र सम्मिलित हैं—

(i) **महानदी तन्त्र**—महानदी छत्तीसगढ़ के रायपुर जिले के सिहावा के निकट से निकलती है। इस नदी का अपवाह तन्त्र 1.42 लाख वर्ग किमी है।

(ii) **गोदावरी नदी तन्त्र**—गोदावरी नदी का महाराष्ट्र में नासिक जिले से उद्गम होता है। इसकी मुख्य सहायक नदियां पेनगंगा, इंद्रावती प्राणहिता और मंजरा हैं। इस नदी तन्त्र का जलग्रहण क्षेत्र 3.13 लाख वर्ग किमी है।

(iii) **कृष्णा नदी तन्त्र**—कृष्णा पूर्व दिशा में बहने वाली दूसरी प्रायद्वीपीय नदी है, जो सह्याद्रि में महाबलेश्वर के निकट से निकलती है। कोयना, तुगंभद्रा और भीमा इसकी प्रमुख सहायक नदियां हैं।

(iv) **कावेरी नदी तन्त्र**—कर्नाटक राज्य में ब्रह्मगिरी पहाड़ियों से निकलने वाली कावेरी नदी की कुल लम्बाई 800 किमी है। इसकी प्रमुख सहायक नदियां काबीनी, भवानी और अमरावती हैं।

(v) **नर्मदा नदी तन्त्र**—नर्मदा नदी अमरकंटक पठार के पश्चिमी पार्श्व से लगभग 1,057 मीटर की ऊंचाई से निकलती है। लगभग 1,312 किमी दूरी तक बहने के बाद यह नदी भड़ौच के दक्षिण में अरब सागर में मिल जाती है।

(vi) **तापी (ताप्ती) नदी तन्त्र**—मध्य प्रदेश में मुल्ताई नामक स्थान से निकलने वाली यह नदी 724 किमी की लम्बाई में प्रवाहित होती है। अरावली श्रेणियों के पश्चिम में लूनी नामक एक अल्पकालिक मौसमी नदी तन्त्र भी मिलता है

- **पश्चिम तथा पूर्व की ओर बहने वाली छोटी नदियां**—

(i) पश्चिम की ओर प्रवाहित होने वाली प्रायद्वीपीय भारत की छोटी नदियों में गुजरात में शेतरूनीजी भद्रा, ढाढर, साबरमती तथा माही नदियां, महाराष्ट्र में वैतरणी, कर्नाटक में कालिंदी, बेद्ति तथा शरावती नदियां, गोवा में मांडवी तथा जुआरी नदियां तथा केरल में भरतपूझा, पेरियार तथा पांबा आदि प्रमुख हैं।

(ii) पूर्व की ओर बहने वाली प्रायद्वीपीय भारत की छोटी नदियों में स्वर्णरेखा, वैतरणी, ब्राह्मणी, बामसाधारा, पेंनर, पालार तथा बैंगाई प्रमुख हैं।

- **नदी बहाव प्रवृत्ति**—

(i) एक नदी में वर्षपर्यन्त जल प्रवाह के प्रारूप को नदी बहाव प्रवृत्ति कहा जाता है।

(ii) उत्तर भारत की नदियों के जल बहाव प्रवृत्ति की तुलना में दक्षिण भारत की नदियों की बहाव प्रवृत्ति में अधिक उतार-चढ़ाव है।

एन.सी.ई.आर.टी. पाठ्यपुस्तक भूगोल के प्रश्न (हल सहित)

1. नीचे दिए गए चार विकल्पों में से सही उत्तर को चुनिए :

(i) निम्नलिखित में से कौन-सी नदी 'बंगाल का शोक' के नाम से जानी जाती थी?

(क) गंडक (ख) कोसी
(ग) सोन (घ) दामोदर

(ii) निम्नलिखित में से किस नदी की द्रोणी भारत में सबसे बड़ी है?

(क) सिंधु (ख) ब्रह्मपुत्र
(ग) गंगा (घ) कृष्णा

(iii) निम्नलिखित में से कौन-सी नदी पंचनद में शामिल नहीं है?

(क) रावी (ख) सिंधु
(ग) चेनाब (घ) झेलम

(iv) निम्नलिखित में से कौन-सी नदी भ्रंश घाटी में बहती है?

(क) सोन (ख) यमुना
(ग) नर्मदा (घ) लूनी

(v) निम्नलिखित में से कौन-सी नदी अलकनंदा व भागीरथी का संगम स्थल है?

(क) विष्णु प्रयाग (ख) रूद्र प्रयाग
(ग) कर्ण प्रयाग (घ) देव प्रयाग

उत्तर—1. (i) (घ), (ii) (ग), (iii) (ख), (iv) (ग), (v) (घ)।

2. निम्न में अंतर स्पष्ट करें :

(i) नदी द्रोणी और जल-संभर
(ii) वृक्षाकार और जालीनुमा अपवाह प्रारूप
(iii) अपकेंद्रीय और अभिकेंद्रीय अपवाह प्रारूप
(iv) डेल्टा और ज्वारनदमुख

उत्तर—

(i) **नदी द्रोणी तथा जल-संभर में अन्तर**—बड़ी नदियों के जलग्रहण क्षेत्रों को नदी द्रोणी कहा जाता है।

छोटी नदियों व नालों द्वारा अपवाहित क्षेत्र को जल-संभर कहा जाता है।

(ii) **वृक्षाकार और जालीनुमा अपवाह प्रारूप**—वृक्षाकार अपवाह प्रारूप वृक्ष की शाखाओं के अनुरूप होता है।

जालीनुमा अपवाह प्रारूप में मुख्य नदियां एक-दूसरे के समानान्तर बहती हैं एवं सहायक नदियां उनसे समकोण पर मिलती हैं।

(ii) **अपकेन्द्रीय और अभिकेन्द्रीय अपवाह प्रारूप**—जब किसी उच्च भू-भाग से उद्गमित नदियां उच्च भू-भाग के चारों ओर प्रवाहित मिलती हैं तो उसे अपकेन्द्रीय या अरीय अपवाह प्रतिरूप कहा जाता है। अभिकेन्द्रीय अपवाह प्रतिरूप में सभी दिशाओं से बहकर आने वाली नदियां किसी झील या गर्त में अपना जल विसर्जित करती हैं।

(iv) **डेल्टा और ज्वारनदमुख में अन्तर**—सागरीय मुहाने पर नदी द्वारा मिट्टी तथा बालू के महीन अवसादों को जब त्रिभुजाकार आकृति में जमा कर दिया जाता है तो ऐसी स्थलाकृति डेल्टा कहलाती है। ज्वारनदमुख में नदियां अपने साथ लाये अवसादों को सागरीय मुहाने पर जमा नहीं कर पातीं वरन् सागर में अन्दर तक ले जाती है।

3. निम्नलिखित प्रश्नों के उत्तर लगभग 30 शब्दों में दें।

(i) भारत में नदियों को आपस में जोड़ने के सामाजिक–आर्थिक लाभ क्या हैं?

(ii) प्रायद्वीपीय नदी के तीन लक्षण लिखें।

उत्तर—

(i) भारत में नदियों को आपस में जोड़ने से देश के अलग–अलग हिस्सों में आने वाली बाढ़ों तथा भीषण सूखे के प्रभावों को काफी सीमा तक कम किया जा सकता है। इससे देश में जल का समुचित प्रबन्धन तो होगा ही साथ ही कृषि उत्पादन में वृद्धि होने से सामाजिक–आर्थिक समृद्धि की दिशा में आगे बढ़ा जा सकता है।

(ii) (क) प्रायद्वीपीय नदियों के उद्‌गम स्त्रोत कम ऊंचाई के हिमरहित पहाड़ी क्षेत्र होने के कारण इनमें वर्षाकाल में ही पर्याप्त जल रहता है, जबकि शेष अवधि में जल की मात्रा बहुत कम रह जाती है।

(ख) ये नदियां एक सुनिश्चित मार्ग पर चलती हैं तथा विसर्प नहीं बनाती हैं।

(ग) इन नदियों की घाटियां चौड़ी तथा उथली होती हैं।

4. निम्नलिखित प्रश्नों के उत्तर 125 शब्दों से अधिक में न दें।

(i) उत्तर भारतीय नदियों की महत्वपूर्ण विशेषताएं क्या हैं? ये प्रायद्वीपीय नदियों से किस प्रकार भिन्न हैं?

(ii) मान लीजिए आप हिमालय के गिरिपद के साथ–साथ हरिद्वार से सिलीगुड़ी तक यात्रा कर रहे हैं। इस मार्ग में आने वाली मुख्य नदियों के नाम बताएं। इनमें से किसी एक नदी की विशेषताओं का भी वर्णन करें।

उत्तर—

(i) उत्तर भारतीय नदियों के उद्‌गम स्त्रोत हिमानियों से होने के कारण यह सतत् वाहिनी होती हैं ये नदियां नौ परिवहन तथा सिंचाई के लिए उपयोगी हैं। पर्वतीय भागों में ये नदियां V आकृति की गहरी घाटियां तथा ऊंचे जलप्रपात निर्मित करती हैं, जबकि अपने मुहानों पर विशाल डेल्टाई भागों को निर्मित करती हैं।

प्रायद्वीपीय नदियां उत्तर भारतीय नदियों के विपरीत केवल वर्षा जल पर निर्भर रहने के कारण मौसमी होती हैं। शुष्क काल में इनकी घाटियों में बहुत कम जल रह जाता है यहां तक कि कुछ नदियां जलविहीन हो जाती हैं। उत्तर भारत की नदियों की तुलना में प्रायद्वीपीय नदियों की द्रोणियां छोटी होती हैं। इनके प्रवाह मार्ग सीधे होते हैं तथा इनमें विसर्पों की संख्या कम मिलती है। प्रायद्वीपीय भारत की नदियां छोटे जल प्रपात, डेल्टा तथा ज्वारनदमुख निर्मित कर प्रवाहित होती हैं।

(ii) हिमालय गिरिपाद के साथ–साथ हरिद्वार से सिलीगुड़ी तक की यात्रा करने पर हमें गंगा नदी के अलावा गंगा की सहायक नदियां—रामगंगा, शारदा, घाघरा, गंडक तथा कोसी को पार करना होगा। इसके अलावा दार्जिलिंग पहाड़ियों से निकलने वाली गंगा की एक सहायक नदी महानंदा सिलीगुड़ी नगर के निकट मिलेगी।

गंगा नदी की विशेषताएं—इस नदी की प्रमुख विशेषताएं निम्नलिखित हैं—

(क) गंगा नदी मध्य हिमालय तथा लघु हिमालय क्षेत्र में संकरे महाखड्ड (गार्ज) निर्मित करती है।

(ख) हरिद्वार के निकट मैदानी भागों में प्रवेश करने के बाद यह नदी क्रमशः दक्षिण, दक्षिण–पूर्व तथा पूर्व की ओर प्रवाहित होती है तथा पश्चिम बंगाल में पद्मा तथा हुगली नामक दो वितरिकाओं में बंट जाती है।

(ग) गंगा नदी तंत्र में, उत्तर में हिमालय पर्वत तथा दक्षिण में प्रायद्वीपीय पठार से अनेक सहायक नदियां आकर मिलती हैं।

परियोजना/क्रियाकलाप

परिशिष्ट-III का अध्ययन करें और निम्नलिखित प्रश्नों के उत्तर दें :

1. देश में किस नदी के जलग्रहण क्षेत्र का अनुपात सबसे ज्यादा है?

उत्तर—देश में गंगा नदी का जलग्रहण अनुपात सर्वाधिक है।

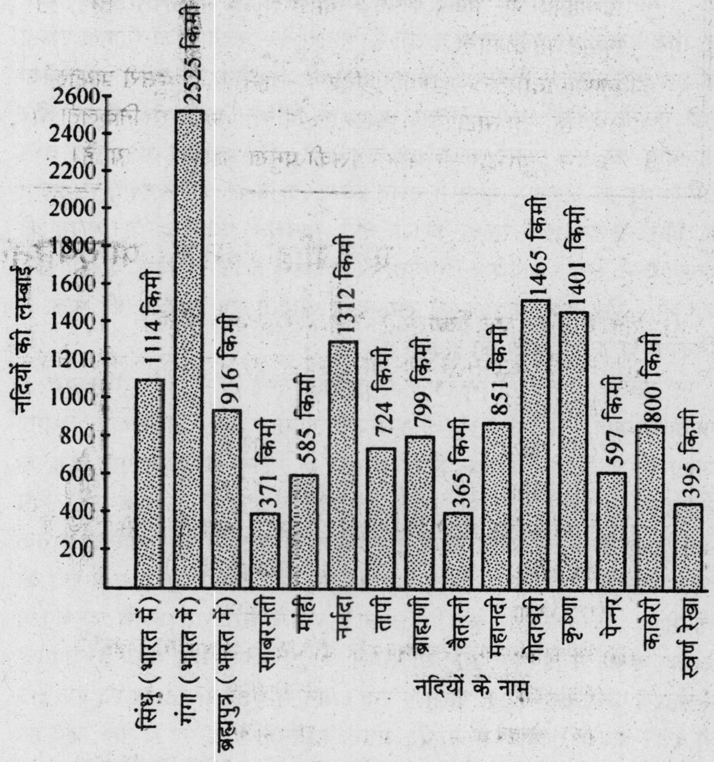

2. नदियों के मार्गों की लंबाई को प्रदर्शित करने के लिए ग्राफ पेपर पर एक तुलनात्मक दंड आरेख बनाएं।

20 जलवायु

जलवायु : वृहद परिप्रेक्ष्य

जलवायु दीर्घकालीन मौसमी दशाओं का योग होती है। हम जानते हैं कि वायुमंडल की क्षणिक अवस्था मौसम कहलाती है जबकि किसी विस्तृत क्षेत्र में लम्बी अवधि तक पाई जाने वाली औसत अथवा मौसमी अवस्था जलवायु कहलाती है। मौसम जल्दी–जल्दी बदलता है; जैसे–एक दिन में अथवा एक सप्ताह में लेकिन जलवायु में परिवर्तन पचास अथवा इससे भी अधिक वर्षों में होता है। जलवायु का भौगोलिक दृष्टिकोण इसके सामान्य अर्थ से कहीं व्यापक है। इसके तहत **मानसून**, वर्षा, ऋतुओं, उच्चावच, जल एवं स्थल के वितरण आदि वस्तु– स्थितियों को सम्मिलित किया जाता है।

मानसून

मानसून से अभिप्राय ऐसी जलवायु से है, जिसमें ऋतु के अनुसार पवनों की दिशा में उत्क्रमण (बदलाव, उल्लंघन) हो जाता है।) तापमान, वायुदाब, पवनों की दिशा एवं गति, आर्द्रता एवं वर्षण आदि मौसम के तत्व हैं। भारत की जलवायु उष्ण मानसूनी है।

मानसूनी पवनों की स्थिति अथवा व्यवस्था भारत एवं दक्षिण–पूर्व एशिया के मध्य एकता को बल प्रदान करती है। मानसूनी–जलवायु की व्यापक एकता के इस दृष्टिकोण से किसी को भी जलवायु की प्रादेशिक भिन्नताओं की उपेक्षा नहीं करनी चाहिए। यही भिन्नता भारत के विभिन्न प्रदेशों के मौसम और जलवायु को एक–दूसरे से पृथक करती है; जैसे–दक्षिण में केरल तथा तमिलनाडु की जलवायु उत्तर में उत्तर प्रदेश एवं बिहार की जलवायु से अलग है। फिर भी इन सभी राज्यों की जलवायु 'मानसून' प्रकार की है। भारत की जलवायु में अनेक प्रादेशिक भिन्नताएं विद्यमान हैं जिन्हें पवनों के प्रतिरूप, तापक्रम, और वर्षा, ऋतुओं की लय तथा आर्द्रता एवं शुष्कता की मात्रा में भिन्नता के रूप में देखा जा सकता है।

गर्मियों में पश्चिमी मरुस्थल में तापक्रम कभी–कभी 55° सेल्सियस हो जाता है। जबकि सर्दियों में लेह के आसपास तापमान – 45° सेल्सियस तक गिर जाता है। राजस्थान के चुरू जिले में जून के महीने के किसी एक दिन का तापमान 50° सेल्सियस या इससे अधिक हो जाता है, जबकि उसी दिन अरुणाचल प्रदेश के तवांग जिले में तापमान मुश्किल से 19° सेल्सियस तक पहुंच पाता है। दिसम्बर की किसी रात में जम्मू और कश्मीर के द्रास में रात का तापमान – 45° सेल्सियस तक गिर जाता है, जबकि उसी रात को थिरुवनंथपुरम् अथवा चेन्नई में तापमान 20° सेल्सियस या 22° सेल्सियस रहता है। उपर्युक्त उदाहरण पुष्टि करते हैं कि भारत में एक स्थान से दूसरे स्थान पर एवं एक क्षेत्र से दूसरे क्षेत्र के तापमान में ऋतुवत् अंतर विद्यमान है। इतना ही नहीं, यदि हम किसी एक स्थान के 24 घंटों का तापमान दर्ज करें, तो उसमें भी विभिन्नताएं पायी जाती हैं; जैसे–केरल और अंडमान द्वीप समूह में दिन और रात के तापमान में मुश्किल से 7° या 8° सेल्सियस का अंतर पाया जाता है, लेकिन थार मरुस्थल में, यदि दिन का तापमान 50° सेल्सियस होता है, तो वहां रात का तापमान 15° से 20° सेल्सियस के मध्य आ जाता है।

वर्षा की प्रादेशिक विविधता

हिमालय में वर्षा मुख्यतः हिमपात के रूप में होती है, जबकि देश के अन्य भागों में यह बूंदों के रूप में होती है। इसी प्रकार केवल वर्षा के प्रकारों में ही अंतर नहीं है, बल्कि वर्षा की मात्रा में भी अंतर है। मेघालय की खासी पहाड़ियों में स्थित चेरापूंजी और मॉसिनराम में औसत वार्षिक वर्षा 1.080 सेमी से अधिक होती है। इसके विपरीत राजस्थान के जैसलमेर में औसत वार्षिक वर्षा शायद ही 9 सेमी से अधिक होती हो।

मेघालय की गारो पहाड़ियों में अवस्थित तुरा में एक ही दिन में उतनी वर्षा होती है जितनी जैसलमेर में दस वर्षों में। उत्तरी–पश्चिमी हिमालय और पश्चिमी मरुस्थल में वार्षिक वर्षा 10 सेमी से भी कम होती है, जबकि उत्तर–पूर्व में स्थित मेघालय में वार्षिक वर्षा 400 सेमी से भी ज्यादा होती है। जुलाई या अगस्त में गंगा के डेल्टा एवं ओडिशा के तटीय भागों में हर तीसरे या पांचवें दिन प्रचंड तूफान मूसलाधार वर्षा कराते हैं। जबकि इन्हीं महीनों में मात्र एक हजार किलोमीटर दूर दक्षिण में स्थित तमिलनाडु का कोरोमंडल तट शांत व शुष्क रहता है। देश के अधिकतर हिस्सों में, वर्षा जून और सितंबर के बीच होती है, किंतु तमिलनाडु के तटीय प्रदेशों में वर्षा शरद ऋतु अथवा जाड़ों की शुरुआत में होती है।

उपर्युक्त विवरण से स्पष्ट है कि भारत की जलवायु अत्यधिक विविधता धारण किए हुए है। उल्लेखनीय तथ्य यह है कि इन समस्त विविधताओं व भिन्नताओं के बावजूद भारत की जलवायु अपनी लय एवं विशिष्टता में 'मानसून' प्रकृति की है।

भारत की जलवायु : प्रभावित करने वाले कारक

भारत की जलवायु विविधता युक्त है। इसकी अनेक भिन्नताओं को नियंत्रित करने वाले कारक भी अनेक हैं, जिन्हें निम्नलिखित विवरणों द्वारा समझा जा सकता है–

I. स्थिति एवं उच्चावच से सम्बन्ध कारक

इसके अन्तर्गत निम्नलिखित वस्तुस्थितियां सम्मिलित हैं–

(क) **अक्षांशीय स्थिति**–भारत का उत्तरी भाग शीतोष्ण कटिबंध में तथा कर्क रेखा के दक्षिण में स्थित भाग उष्ण कटिबंध में पड़ता है। उष्ण कटिबध भूमध्य रेखा के अधिक निकट होने के कारण सम्पूर्ण वर्ष ऊंचे तापमान एवं कम दैनिक व वार्षिक तापांतर का अनुभव करता है। कर्क रेखा से उत्तर में स्थित भाग में भूमध्य रेखा से दूर होने के कारण उच्च दैनिक और वार्षिक तापांतर के साथ विषम जलवायु पायी जाती है।

(ख) **हिमालय पर्वत की स्थिति**–उत्तर में विशाल एवं ऊंचा हिमालय अपने सभी विस्तारों के साथ एक प्रभावी जलवायु विभाजक की भूमिका निभाता है। यह ऊंची पर्वत शृंखला उपमहाद्वीप को उत्तरी पवनों से अभेद्य सुरक्षा प्रदान करती है। जमा देने वाली ये ठंडी पवनें उत्तरी ध्रुव रेखा के समीप पैदा होती हैं तथा मध्य एवं पूर्वी एशिया में आर–पार बहती हैं। इसी प्रकार हिमालय पर्वत मानसून पवनों को रोककर उपमहाद्वीप में वर्षा का कारण बनता है।

(ग) **जल और स्थल का वितरण**–भारत के दक्षिण में तीन ओर हिंद महासागर तथा उत्तर की ओर ऊंची व अविच्छिन्न पर्वत श्रेणी है। स्थल की अपेक्षा जल देर से गर्म होता है और देर से ठंडा होता है। जल और स्थल के इस विभेदी तापन के कारण भारतीय उपमहाद्वीप में विभिन्न ऋतुओं में विभिन्न वायुदाब प्रदेश विकसित होते हैं। वायुदाब में भिन्नता मानसून पवनों के उत्क्रमण (बदलाव, उल्लंघन) का कारण बनती है।

(घ) **समुद्र से दूरी**—लम्बी तटीय रेखा के कारण भारत के विस्तृत तटीय प्रदेशों में समकारी जलवायु पायी जाती है। भारत के भीतरी भाग समुद्र के समकारी प्रभाव से वंचित रह जाते हैं। ऐसे क्षेत्रों में विषम जलवायु पायी जाती है। यही कारण है कि मुंबई व कोंकण तट के निवासी तापमान की विषमता और ऋतु परिवर्तन का अनुभव नहीं कर पाते। दूसरी ओर समुद्र तट से दूर देश के आंतरिक भागों में स्थित दिल्ली, कानपुर व अमृतसर में मौसमी परिवर्तन पूरे जीवन को प्रभावित करते हैं।

(ङ) **समुद्र तल से ऊंची अवस्थिति**—ऊंचाई के साथ तापमान घटता है। विरल वायु के कारण पर्वतीय प्रदेश मैदानों की तुलना में अधिक ठंडे होते हैं; जैसे—आगरा व दार्जिलिंग एक ही अक्षांश पर स्थित हैं लेकिन जनवरी में आगरा का तापमान 16° सेल्सियस जबकि दार्जिलिंग में यह 4° सेल्सियस होता है।

(च) **उच्चावचीय स्थिति**—भारत का भौतिक स्वरूप या उच्चावच तापमान, वायुदाब, पवनों की गति व दिशा तथा ढाल की मात्रा और वितरण को प्रभावित करता है; जैसे—जून और जुलाई के बीच पश्चिमी घाट तथा असम के पवनाभिमुखी ढाल अधिक वर्षा प्राप्त करते हैं जबकि इसी दौरान पश्चिमी घाट के साथ लगा दक्षिणी पठार पवनविमुखी स्थिति के कारण कम वर्षा प्राप्त करता है।

II. वायुदाब तथा पवन से सम्बद्ध कारक

देश की स्थानीय जलवायु की दशाओं में पाई जाने वाली विभिन्नता को समझने के लिए निम्नलिखित वस्तु–स्थितियों को जानना अति आवश्यक है—

(i) वायुदाब तथा पवनों का धरातल पर वितरण,

(ii) भूमंडलीय मौसम को नियंत्रित करने वाले कारकों व विभिन्न वायु संहतियों तथा जेट प्रवाह के अंतर्वाह द्वारा उत्पन्न ऊपरी वायुसंचरण,

(iii) शीतकाल में पश्चिमी विक्षोभों तथा दक्षिण–पश्चिमी मानसून काल में उष्ण कटिबन्धीय अवदाबों के भारत में अंतर्वहन के कारण उत्पन्न वर्षा की अनुकूल दशाएं।

उपर्युक्त कारकों के प्रक्रम अथवा क्रियाविधि को समझने के लिए शीतऋतु में मौसम की दशाएं व ग्रीष्म ऋतु में मौसम की दशाएं, इन दोनों को समझना होगा।

III. शीत ऋतु में मौसम की दशाएं

(क) **धरातलीय वायुदाब व हवाएं**—शीत ऋतु में भारत का मौसम मध्य एवं पश्चिम एशिया में वायुदाब के वितरण से प्रभावित होता है। इस समय हिमालय के उत्तर में तिब्बत पर उच्च वायुदाब केंद्र बन जाता है। इस उच्च वायुदाब केन्द्र के दक्षिण में भारतीय उपमहाद्वीप की ओर निम्न स्तर पर धरातल के साथ–साथ पवनों का प्रवाह शुरू हो जाता है। मध्य एशिया के उच्च वायुदाब केन्द्र से बाहर की ओर चलने वाली धरातलीय पवनें भारत में शुष्क महाद्वीपीय पवनों के रूप में पहुंचती हैं। ये महाद्वीपीय पवनें उत्तर–पश्चिमी भारत में व्यापारिक पवनों के संपर्क में आती हैं। लेकिन इस संपर्क क्षेत्र की स्थिति स्थायी नहीं है। कई बार तो इसकी स्थिति खिसककर पूर्व में मध्य गंगा घाटी के ऊपरी पहुंच जाती है। फलस्वरूप मध्य गंगा घाटी तक संपूर्ण उत्तर–पश्चिमी तथा उत्तरी भारत इन शुष्क उत्तरी–पश्चिमी पवनों के प्रभाव में आ जाता है।

(ख) **जेट प्रवाह तथा ऊपरी वायु संचरण**—जिन पवनों का ऊपर उल्लेख किया गया है, वे धरातल के निकट या वायुमंडल की निचली सतहों में चलती हैं। निचले वायुमंडल के क्षोभमंडल पर धरातल से लगभग तीन किलोमीटर ऊपर बिल्कुल अलग प्रकार का वायु संचरण होता है। ऊपरी वायु संचरण के निर्माण में पृथ्वी के धरातल के निकट वायुमंडलीय दाब की भिन्नताओं की कोई भूमिका नहीं होती। 9 से 13 किमी की ऊंचाई पर समस्त मध्य एवं पश्चिमी एशिया पश्चिम से पूर्व बहने वाली पछुआ पवनों के प्रक्षाव क्षेत्र में होता है। वे पवनें तिब्बत के पठार के समानांतर हिमालय के उत्तर में एशिया महाद्वीप पर चलती हैं। इन्हें जेट प्रवाह कहा जाता है। तिब्बत उच्चभूमि इन जेट प्रवाहों के मार्ग में अवरोधक का काम करती है, जिसके फलस्वरूप जेट प्रवाह दो भागों में विभक्त हो जाता है। इसकी एक शाखा तिब्बत के पठार के उत्तर में बहती है। जेट प्रवाह की दक्षिण शाखा हिमालय के दक्षिण में पूर्व की ओर बहती है। इस दक्षिणी शाखा की औसत स्थिति फरवरी में लगभग 25° उत्तरी अक्षांश रेखा के ऊपर होती है और इसका दाब स्तर 200 से 300 मिलीबार होता है। ऐसा माना जाता है कि जेट प्रवाह की यही दक्षिणी शाखा भारत में जाड़े के मौसम पर महत्वपूर्ण प्रभाव डालती है।

(ग) **पश्चिमी चक्रवातीय विक्षोभ एवं उष्ण कटिबन्धीय चक्रवात**— पश्चिमी विक्षोभ, जो भारतीय उपमहाद्वीप में जाड़े के मौसम में पश्चिम व उत्तर–पश्चिम से प्रवेश करते हैं, भूमध्य सागर पर उत्पन्न होते हैं। भारत में इनका प्रवेश पश्चिमी जेट प्रवाह के द्वारा होता है। शीतकाल में रात्रि के तापमान में वृद्धि इन विक्षोभों के आने का पूर्व संकेत माना जाता है। उष्ण कटिबन्धीय चक्रवात बंगाल की खाड़ी और हिंद महासागर में उत्पन्न होते हैं। इन उष्ण कटिबन्धीय चक्रवातों से तेज गति की हवाएं चलती हैं व भारी बारिश होती है।

ये चक्रवात तमिलनाडु, आंध्र प्रदेश तथा ओडिशा के तटीय भागों पर टकराते हैं। मूसलाधार वर्षा और पवनों की तीव्र गति के कारण ऐसे अधिकतर चक्रवात अत्यधिक विनाशकारी होते हैं।

IV. ग्रीष्म ऋतु में मौसम की दशाएं

(क) **धरातलीय वायुदाब एवं हवाएं**—गर्मी का मौसम प्रारम्भ होने पर जब सूर्य उत्तरायण स्थिति में आता है, उपमहाद्वीप के निम्न व उच्च दोनों ही स्तरों पर वायु परिसंचरण में उत्क्रमण (बदलाव, उल्लघंन) हो जाता है। जुलाई के मध्य तक धरातल के निकट निम्न वायुदाब, पेटी जिसे **अंतः उष्ण कटिबन्धीय अभिसरण क्षेत्र (आई.टी.सी.जेड.)** कहा जाता है, उत्तर की ओर खिसक कर हिमालय के लगभग समानांतर 20° से 25° उत्तरी अक्षांश पर स्थित हो जाती है। इस समय तक पश्चिमी जेट प्रवाह भारतीय क्षेत्र से लौट चुका होता है। वास्तव में मौसम वैज्ञानिकों ने पाया है कि भूमध्यरेखीय द्रोणी (आई.टी.सी.जेड) के उत्तर की ओर खिसकने तथा पश्चिमी जेट प्रवाह के भारत के उत्तरी मैदान से लौटने के बीच एक अंतर्संबंध है। प्रायः ऐसा माना जाता है कि इन दोनों के बीच कार्य–कारण का सम्बन्ध है। आई.टी.सी.जेड. निम्न वायुदाब का क्षेत्र होने के कारण विभिन्न दिशाओं से पवनों को अपनी ओर आकर्षित करता है।

दक्षिणी गोलार्द्ध से उष्णकटिबन्धीय सामुद्रिक वायु संहति (एम.टी) विषुवत वृत को पार करके सामान्यतः दक्षिण–पश्चिमी दिशा में इसी कम दाब वाली पेटी की ओर अग्रसर होती है। यही आर्द्र–वायुधारा दक्षिण–पश्चिम मानसून कही जाती है।

(ख) **जेट प्रवाह व ऊपरी वायु संचरण**—वायुदाब व पवनों का उपर्युक्त प्रतिरूप केवल क्षोभमंडल के निम्न स्तर पर पाया जाता है। जून में प्रायद्वीप के दक्षिणी भाग पर पूर्वी जेट प्रवाह 90 किमी प्रति घंटा की गति से चलता है। यह जेट प्रवाह अगस्त से 15° उत्तर अक्षांश पर तथा सितंबर में 22° उत्तर अक्षांश पर स्थित हो जाता है। ऊपरी वायुमंडल में पूर्वी जेट–प्रवाह सामान्यतः 30° उत्तर अक्षांश से परे नहीं जाता।

(ग) **पूर्वी जेट–प्रवाह व उष्णकटिबन्धीय चक्रवात**—पूर्वी जेट–प्रवाह उष्णकटिबन्धीय चक्रवातों को भारत में लाता है। ये चक्रवात भारतीय उपमहाद्वीप में वर्षा के वितरण में महत्वपूर्ण भूमिका का निर्वहन करते हैं। इन चक्रवातों के मार्ग भारत में सर्वाधिक वर्षा वाले हिस्से हैं। इन चक्रवातों की बारंबारता, दिशा, गहनता व प्रवाह एक लंबे दौर में भारत की ग्रीष्मकालीन मानूसनी वर्षा के प्रतिरूप–निर्धारण पर पड़ता है

आई. टी. सी. जेड (अंतः उष्णकटिबन्धीय अभिसरण क्षेत्र)

विषुवत वृत पर स्थित आई.टी.सी.जेड (अंतः उष्ण कटिबन्धीय अभिसरण क्षेत्र) एक निम्न वायुदाब वाला क्षेत्र है। इस क्षेत्र में व्यापारिक पवनें मिलती हैं। अतः इस क्षेत्र में वायु ऊपर उठने लगती है। जुलाई के महीने में आई.टी.सी. जेड. 20° से 25° उ. अक्षाशों के आस–पास गंगा के मैदान में स्थित हो जाता है। इसे कभी–कभी मानसूनी गर्त भी कहते है। आई.टी.सी.जेड. के उत्तर की ओर खिसकने के कारण दक्षिणी गोलार्द्ध की व्यापारिक पवनें 40° व 60° पूर्वी देशांतरों के बीच विषुवत वृत को पार कर जाती हैं। कोरियोलिस बल के प्रभाव से विषुवत वृत को पार करने वाली इन व्यापारिक पवनों की दिशा दक्षिण–पश्चिम से उत्तर–पूर्व की ओर हो जाती है। यही दक्षिण–पश्चिम मानसून है। शीत ऋतु में आई.टी.सी.जेड दक्षिण की ओर खिसक जाता है। इसी के अनुसार पवनों की दिशा दक्षिण–पश्चिम से बदलकर उत्तर–पूर्व हो जाती है, यही उत्तर–पूर्व मानसून है।

V. भारतीय मानसून की प्रकृति

मानसून अति विशिष्ट भौगोलिक संकल्पना है लेकिन इसके बारे में बहुत कम जानकारी उपलब्ध है। सदियों से होते आ रहे प्रेक्षणों के बावजूद मानसून आज भी वैज्ञानिकों के लिए पहेली बना हुआ है। मानसून की सही–सही प्रकृति व उसके कारणों को जानने के अनेक प्रयास किए गए, लेकिन अब तक कोई भी एक सिद्धांत इसे पूरी तहर से स्पष्ट नहीं कर पाया। पिछले कुछ दिनों में इसका 'तोड़' तब सामने आया जब मानसून का अध्ययन क्षेत्रीय स्तर की बजाय भूमण्डलीय स्तर पर किया गया।

दक्षिण एशियाई क्षेत्र में वर्षा के कारणों का सुव्यवस्थित अध्ययन 'मानसून' के कारणों को समझने में मदद करता है। इस सम्बन्ध में निम्नलिखित वस्तु–स्थितियां महत्वपूर्ण हैं–

(क) **मानसून की शुरुआत**–उन्नीसवीं शताब्दी के अन्तिम चरण में, यह व्याख्या प्रस्तुत की गई थी कि गर्मी के महीनों में स्थल व समुद्र का विभेदी तापन ही मानसून पवनों के उपमहाद्वीप की ओर चलने के लिए मंच तैयार करता है। अप्रैल और मई के महीनों में, जब सूर्य कर्क रेखा पर लम्बवत् चमकता है, तो हिंद महासागर के उत्तर में स्थित विशाल भूखंड अत्यधिक गर्म हो जाता है, इसके फलस्वरूप उपमहाद्वीप के उत्तर–पश्चिमी भाग पर एक गहन न्यून दाब क्षेत्र विकसित हो जाता है, क्योंकि भूखंड के दक्षिण में हिंद महासागर अपेक्षतया धीरे–धीरे गर्म होता है।

निम्न वायुदाब केंद्र विषुवत रेखा के उस पार से दक्षिण–पूर्वी सन्मार्गी पवनों को आकर्षित कर लेता है। इन दशाओं में अंतः उष्ण कटिबन्धीय अभिसरण क्षेत्र उत्तर की ओर स्थानातरित हो जाता है। इस प्रकार दक्षिण–पश्चिमी मानसूनी पवनों को दक्षिण–पूर्वी सन्मार्गी पवनों के विस्तार के रूप में देखा जा सकता है, जो भूमध्य रेखा को पार करके भारतीय उपमहाद्वीप की ओर विक्षेपित हो जाती है। ये पवनें भूमध्यरेखा को 40° पूर्वी तथा 60° पूर्वी देशांतर रेखाओं के बीच पार करती हैं।

आई.टी.सी.जेड. की स्थिति में परिवर्तन का संबंध हिमालय के दक्षिण में उत्तरी मैदान के ऊपर से पश्चिमी–जेट प्रवाह द्वारा अपनी स्थिति के प्रत्यावर्तन से भी है, क्योंकि पश्चिमी–जेट प्रवाह के इस क्षेत्र से खिसकते ही दक्षिणी भारत में 15° उत्तर अक्षांश पर पूर्वी जेट–प्रवाह विकसित हो जाता है। इसी पूर्वी जेट प्रवाह को भारत में मानसून के प्रस्फोट के लिए उत्तरदायी माना जाता है।

मानसून का भारत में प्रवेशः दक्षिण–पश्चिमी मानसून केरल तट पर लगभग 1 जून को पहुंचता है और जल्दी ही 10 और 13 जून के बीच ये आर्द्र पवनें मुबंई व कोलकाता तक पहुंच जाती हैं। मध्य जुलाई तक सम्पूर्ण उपमहाद्वीप दक्षिण–पश्चिम मानसून के प्रभाव–क्षेत्र में आ जाता है।

(ख) **वर्षावाही तंत्र व मानसूनी वर्षा**–भारत में वर्षा लाने में दो तंत्र महत्वपूर्ण भूमिका का निर्वहन करते हैं। पहला तंत्र उष्ण कटिबन्धीय अवदाब है, जो बंगाल की खाड़ी या उससे भी आगे पूर्व में दक्षिणी चीन सागर में पैदा होता है और उत्तरी भारत के मैदानी भागों में वर्षा करता है। दूसरा तंत्र अरब सागर से उठने वाली दक्षिण–पश्चिम मानसून धारा है, जो भारत के पश्चिमी तट पर वर्षा करती है। पश्चिमी घाट के साथ–साथ होने वाली अधिकांश वर्षा पर्वतीय है, क्योंकि यह आर्द्र हवाओं से अवरुद्ध होकर घाट के सहारे बलपूर्वक ऊपर उठने से होती है। भारत के पश्चिमी तट पर होने वाली वर्षा की तीव्रता दो कारकों से संबंधित है।

(i) समुद्र तट से दूर घटित होने वाली 'मौसम' जनित दशाएं।

(ii) अफ्रीका के पूर्वी तट के साथ भूमध्यरेखीय जेट–प्रवाह की अवस्थिति।

बंगाल की खाड़ी में उत्पन्न होने वाले उष्णकटिबन्धीय अवदाबों की बारंबारता हर साल परिवर्तित होती रहती है। भारत के ऊपर उनके मार्ग का निर्धारण भी मुख्यतः अंतः उष्णकटिबन्धीय अभिसरण क्षेत्र, जिसे मानसून श्रेणी भी कहा जाता है, की स्थिति द्वारा होता है। जब भी मानसून द्रोणी का अक्ष दोलायमान होता है, विभिन्न वर्षों में इन अवदाबों के मार्ग, दिशा, वर्षा की गहनता तथा वितरण में भी पर्याप्त उतार–चढ़ाव आते हैं। वर्षा कुछ दिनों के अंतराल में आती है। भारत के पश्चिमी तट पर पश्चिम से पूर्व–उत्तर–पूर्व की ओर व उत्तरी भारतीय मैदान तथा प्रायद्वीप के उत्तरी भाग में पूर्व–दक्षिण–पूर्व से उत्तर–पश्चिम की ओर वर्षा की मात्रा में घटने की प्रवृत्ति पाई जाती है।

(ग) **मानसून में विच्छेद**–दक्षिण–पश्चिम मानसून काल में एक बार कुछ दिनों तक वर्षा होने के बाद यदि एक–दो या कई सप्ताह तक वर्षा न हो तो इसे मानसून विच्छेद कहा जाता है। ये विच्छेद विभिन्न क्षेत्रों में विभिन्न कारणों से होते हैं, जो निम्नवत है :

(i) उत्तरी भारत के विशाल मैदान में मानसून का विच्छेद उष्ण कटिबन्धीय चक्रवातों की संख्या कम हो जाने से और अंतः उष्ण कटिबन्धीय अभिसरण क्षेत्र की स्थिति में परिवर्तन आने से होता है।

(ii) पश्चिमी तट पर मानसून विच्छेद तब होता है जब आर्द्र पवनें तट के समानातर बहने लगती हैं।

(iii) राजस्थान में मानसून विच्छेद तब होता है, जब वायुमंडल के निम्न स्तरों पर तापमान की विलोमता वर्षा करने वाली आर्द्र पवनों को ऊपर उठने से रोक देती है।

(घ) **मानसून का निवर्तन**–मानसून के पीछे हटने अथवा लौट जाने को मानसून का निवर्तन कहा जाता है। सितंबर के आरंभ से उत्तर–पश्चिमी भारत से मानसून पीछे हटने लगती है तथा मध्य अक्तूबर तक यह दक्षिणी भारत को छोड़ शेष समस्त भारत से निवर्तित हो जाती है। लौटती हुई मानसून पवनें बंगाल की खाड़ी से जल–वाष्प ग्रहण करके उत्तर–पूर्वी मानूसन के रूप में तमिलनाडु में वर्षा करती हैं।

मानसून को इस तरह समझा जाता है/पूर्वानुमान लगाया जाता है

मानसून का स्वभाव एवं रचना–तंत्र संसार के विभिन्न हिस्सों में स्थल, महासागरों और ऊपरी वायुमंडल से एकत्रित मौसम सम्बन्धी आंकड़ों के आधार पर समझा जाता है। पूर्वी प्रशांत महासागर में स्थित **फ्रेंच पोलिनेशिया** के ताहिती (लगभग 18° द, तथा 149° पू.) और हिन्द महासागर में ऑस्ट्रेलिया के पूर्वी भाग में स्थित पोर्ट डार्विन (12° 30′ द व 131° पू.) के बीच पाये जाने वाले वायुदाब का अंतर मापकर मानसून की तीव्रता के संबंध में पूर्वानुमान लगाया जा सकता है। भारत का मौसम विभाग 16 मापदंडों के आधार पर मानसून के संभावित व्यवहार के बारे में पूर्वानुमान लगाता है।

एल-निनो संकल्पना

एल–निनो एक जटिल मौसम तंत्र है, जो हर पांच अथवा दस वर्ष पश्चात् प्रकट होता रहता है। इसके कारण संसार के विभिन्न भागों में सूखा, बाढ़ और मौसम की चरम अवस्थाएं आती हैं।

इस तंत्र में महासागरीय और वायुमंडलीय परिघटनाएं सम्मिलित होती हैं। पूर्वी प्रशांत महासागर में, यह पेरू के तट के निकट उष्ण समुद्री धारा के रूप में प्रकट होता है। इससे भारत सहित अनेक स्थानों का मौसम प्रभावित होता है। एल–निनो भूमध्यरेखीय उष्ण समुद्री धारा का विस्तार मात्र है, जो अस्थायी रूप से ठंडी पेरूवियन अथवा हम्बोल्ट धारा पर प्रतिस्थापित हो जाती है। यह धारा पेरू तट के जल का तापमान 10° सेल्सियस तक बढ़ा देती है। इसके निम्नलिखित परिणाम होते हैं–

(i) भूमध्यरेखीय वायुमंडलीय परिसंचरण में विकृति,

(ii) समुद्री जल के वाष्पन में अनियमितता,

(iii) प्लवक की मात्रा में कमी, जिससे समुद्र में मछलियों की संख्या का घट जाना।

एल–निनो का शाब्दिक अर्थ, बालक ईसा' है, क्योंकि यह धारा दिसंबर के महीने में क्रिसमस के आस–पास दृष्टिगत होती है। पेरू (दक्षिणी गोलार्द्ध) में दिसंबर गर्मी का महीना होता है।

भारत में मानसून की लम्बी अवधि के पूर्वानुमान के लिए एल–निनो का उपयोग होता है। सन् 1990-1991 में एल–निनो का प्रचंड रूप देखने को मिला था। इसके कारण देश के अधिकांश भागों में मानसून के आगमन में 5 से 12 दिनों की देरी हो गई थी।

VI. ऋतुएं

ऋतुएं भारत की जलवायवीय दशाओं को अच्छी तरह से प्रस्तुत करती हैं। मौसम वैज्ञानिक वर्ष को निम्नलिखित ऋतुओं में विभक्त करते हैं–

(क) शीत ऋतु

(ख) ग्रीष्म ऋतु

(ग) दक्षिण पश्चिमी मानसून की ऋतु

(घ) मानसून के निवर्तन की ऋतु

(क) **शीत ऋतु**–इसके तहत निम्नलिखित वस्तु–स्थितियां सन्निहित हैं–

(1) **तापमान**–सामान्यतया उत्तरी भारत में शीत ऋतु नवंबर के मध्य से आरंभ होती हैं। उत्तरी मैदान में जनवरी तथा फरवरी सर्वाधिक ठंडे महीने होते हैं। इस समय उत्तरी भारत के अधिकांश भागों में औसत दैनिक तापमान 21° सेल्सियस से कम रहता है। रात्रि का तापमान अत्यधिक कम हो जाता है, जो पंजाब और राजस्थान में हिमांक (0° सेल्सियस) से भी नीचे चला जाता है।

इस ऋतु में, उत्तरी भारत में अधिक ठंड पड़ने के मुख्य रूप से तीन कारण हैं :

(i) पंजाब, हरियाणा और राजस्थान जैसे राज्य समुद्र के समकारी प्रभाव से दूर स्थित होने के कारण महाद्वीपीय जलवायु का अनुभव करते हैं।

(ii) निकटवर्ती हिमालय की श्रेणियों में हिमापात के कारण शीत लहर की स्थिति उत्पन्न हो जाती है।

(iii) फरवरी के आस–पास कैस्पियन सागर और तुर्कमेनिस्तान की ठंडी पवनें उत्तरी भारत में शीत लहर ला देती हैं। ऐसे अवसरों पर देश के उत्तर–पश्चिम भागों में पाला तथा कोहरा भी पड़ता है।

प्रायद्वीपीय भारत में कोई निश्चित शीत ऋतु नहीं होती। तटीय भागों में भी समुद्र के समकारी प्रभाव और भूमध्यरेखा की निकटता के कारण ऋतु के अनुसार तापमान के वितरण प्रतिरूप में शायद ही कोई परिवर्तन आता हो; जैसे–तिरुवनंतपुरम् में जनवरी का माध्य अधिकतम तापमान 31° सेल्सियस तक रहता है, जबकि जून में यह 29.5° सेल्सियस पाया जाता है। पश्चिमी घाट की पहाड़ियों पर तापमान तुलनात्मक रूप से कम पाया जाता है।

(2) **वायुदाब एवं हवाएं**–दिसंबर के अंत तक (22 दिसंबर) सूर्य दक्षिणी गोलार्द्ध में मकर रेखा पर सीधा चमकता है। इस ऋतु में मौसम की विशेषता उत्तरी मैदान में एक क्षीण उच्च वायुदाब का विकसित होना है। दक्षिणी भारत में वायुदाब तुलनात्मक रूप में अधिक नहीं होता। 1,019 मिलीबार तथा 1,013 मिलीबार की समभार रेखाएं उत्तर–पश्चिमी भारत तथा सुदूर दक्षिण से होकर गुजरती हैं। फलस्वरूप उत्तर–पश्चिमी उच्च वायुदाब क्षेत्र से दक्षिण में हिंद महासागर पर स्थित निम्न वायुदाब क्षेत्र की ओर पवनें चलना शुरू कर देती हैं। कम दाब प्रवणता के कारण 3 से 5 किमी प्रति घंटा की दर से मंद गति की पवनें चलने लगती हैं। मोटे तौर पर क्षेत्र की भू–आकृति भी पवनों की दिशा को प्रभावित करती है। गंगा घाटी में इनकी दिशा पश्चिमी तथा उत्तर–पश्चिमी होती है। गंगा–ब्रह्मपुत्र डेल्टा में इनकी दिशा उत्तरी हो जाती है। भू–आकृति के प्रभाव से मुक्त इन पवनों की दिशा बंगाल की खाड़ी में स्पष्ट तौर पर उत्तर–पूर्वी होती है।

सर्दियों में भारत का मौसम सुहावना होता है। यद्यपि यह सुहावना मौसम कभी–कभी हल्के चक्रवातीय अवदाबों से बाधित होता रहता है। पश्चिमी विक्षोभ कहे जाने वाले ये चक्रवात पूर्वी भूमध्यसागर पर उत्पन्न होते हैं और पूर्व की ओर चलते हुए पश्चिमी एशिया, ईरान–अफगानिस्तान तथा पाकिस्तान को पार करके भारत के उत्तर–पश्चिमी भागों में पहुंचते हैं। मार्ग में उत्तर में कैस्पियन सागर एवं दक्षिण में ईरान की खाड़ी से गुजरते समय इन चक्रवातों की आर्द्रता में संवर्धन हो जाता है।

(3) **वर्षा**–शीतकालीन मानसून पवनें स्थल से समुद्र की ओर चलने के कारण वर्षा नहीं करतीं, क्योंकि इनमें नमी नाममात्र की होती है और स्थल पर घर्षण के कारण इन पवनों का तापमान बढ़ जाता है, जिससे वर्षा होने की संभावना खत्म हो जाती है। अतः शीत ऋतु में अधिकांश भारत में वर्षा नहीं होती। अपवादस्वरूप कुछ क्षेत्रों में शीत ऋतु में वर्षा होती है।

(i) उत्तर–पश्चिमी भारत में भूमध्य सागर से आने वाले कुछ क्षीण शीतोष्ण कटिबन्धीय चक्रवात पंजाब, हरियाणा, दिल्ली एवं पश्चिमी उत्तर प्रदेश में कुछ वर्षा करते हैं। कम मात्रा में होते हुए भी यह शीतकालीन वर्षा भारत में रबी की फसल के लिए उपयोगी होती है। लघु हिमालय में वर्षा हिमपात के रूप में होती है। यह वही हिम है, जो गर्मियों के महीनों में हिमालय से निकलने वाली नदियों में जल के प्रवाह को नियमित बनाए रखती है। वर्षा की मात्रा मैदानों में पश्चिम से पूर्व की ओर तथा पर्वतों में उत्तर से दक्षिण की ओर घटती जाती है। दिल्ली में सर्दियों की औसत वर्षा 53 मिलीमीटर होती है। पंजाब और बिहार के बीच में यह वर्षा 18 से 25 मिलीमीटर के मध्य रहती है।

(ii) कभी–कभी देश के मध्य भागों और दक्षिणी प्रायद्वीप के उत्तरी भागों में भी कुछ शीतकालीन वर्षा हो जाती है।

(iii) जाड़े के महीनों में भारत के उत्तरी–पूर्वी भाग में स्थित अरुणाचल प्रदेश एवं असम में भी 25 से 50 मिलीमीटर तक वर्षा होती है।

(iv) उत्तर–पूर्वी मानसून पवनें अक्तूबर से नवंबर के बीच बंगाल की खाड़ी को पार करते समय नमी ग्रहण कर लेती है एवं तमिलनाडु, दक्षिणी आंध्र प्रदेश, दक्षिण–पूर्वी कर्नाटक तथा दक्षिण–पूर्वी केरल में झंझावाती वर्षा करती है।

(ख) **ग्रीष्म ऋतु**–

(1) **तापमान**–मार्च में सूर्य के कर्क रेखा की ओर आभासी बढ़त के कारण उत्तरी भारत में तापमान बढ़ने लगता है। अप्रैल, मई व जून में उत्तरी भारत में स्पष्ट रूप से ग्रीष्म ऋतु होती है। भारत के अधिकांश भागों में तापमान 30° से 32° सेल्सियस तक पाया जाता है। मार्च में दक्कन पठार पर दिन का अधिकतम तापमान 38° सेल्सियस हो जाता है, जबकि अप्रैल में गुजरात और मध्य प्रदेश में यह तापमान 38° से 43° सेल्सियस के बीच पाया जाता है। मई में ताप की यह पेटी और अधिक उत्तर में खिसक जाती है, जिससे देश के उत्तर–पश्चिमी भागों में तापमान 48° सेल्सियस के आसपास हो जाता है।

दक्षिणी भारत में ग्रीष्म ऋतु कोमल होती है तथा उत्तरी भारत जैसी प्रखर नहीं होती। दक्षिणी भारत की प्रायद्वीपीय स्थिति समुद्र के समकारी प्रभाव के कारण यहां के तापमान को उत्तरी भारत में प्रचलित तापमानों से नीचे रखती है। फलस्वरूप दक्षिण में तापमान 26° से 32° सेल्सियस के मध्य रहता है। पश्चिमी घाट की पहाड़ियों के कुछ क्षेत्रों में ऊंचाई के कारण तापमान 25° सेल्सियस से कम रहता है। तटीय भागों में समताप रेखाएं तट के समानांतर उत्तर–दक्षिण दिशा में विस्तृत हैं, जो प्रमाणित करती हैं कि तापमान उत्तरी भारत से दक्षिणी भारत की ओर न बढ़कर तटों से भीतर की ओर बढ़ता है। गर्मी के महीनों में औसत न्यूनतम दैनिक तापमान भी काफी ऊंचा रहता है और यह सामान्यतया 26° सेल्सियस से नीचे नहीं जाता।

(2) **वायुदाब तथा पवनें**–भारत के आधे उत्तरी भाग में ग्रीष्म ऋतु में अधिक गर्मी और गिरता हुआ वायुदाब पाया जाता है। उपमहाद्वीप के गर्म हो जाने के कारण जुलाई में अंतः उष्ण कटिबन्धीय अभिसरण क्षेत्र उत्तर की ओर खिसककर लगभग 25° उत्तरी अक्षांश रेखा पर स्थिर हो जाता है। मोटे तौर पर यह निम्न दाब की लंबायमान मानसून द्रोणी उत्तर–पश्चिम में थार मरुस्थल से पूर्व तथा दक्षिण–पूर्व में पटना व छत्तीसगढ़ पठार तक विस्तृत होती है। अतः उष्ण कटिबन्धीय अभिसरण क्षेत्र की स्थिति पवनों के धरातलीय संचरण को आकर्षित करती है, जिनकी दिशा पश्चिमी तट, पश्चिम बंगाल के तट तथा बांग्लादेश के साथ दक्षिण–पश्चिमी होती है। उत्तरी बंगाल व बिहार में इन पवनों की दिशा पूर्वी और दक्षिण–पूर्वी होती है।

दक्षिण–पश्चिमी मानसून की ये धाराएं वास्तव में विस्थापित भूमध्यरेखीय पछुवा पवनें हैं। मध्य जून तक इन पवनों का अंतः प्रवेश मौसम का वर्षा ऋतु की ओर बदलाव करता है।

(3) **लू**–उत्तर–पश्चिम में अंतःउष्ण कटिबन्धीय अभिसरण क्षेत्र के केन्द्र में दोपहर के बाद 'लू' के नाम से विख्यात शुष्क तथा तप्त व तेज हवाएं चलती हैं, जो कई बार आधी रात तक चलती रहती हैं। मई में शाम के समय पंजाब, हरियाणा, पूर्वी राजस्थान एवं उत्तर प्रदेश में धूल भरी आंधियों का चलना एक आम बात है। ये अस्थायी तूफान पीड़ादायक गर्मी से कुछ राहत दिलाते हैं क्योंकि ये अपने साथ हल्की बारिश व सुखद व शीतल हवाएं लाते हैं। कई बार ये आर्द्रता भरी पवनें द्रोणी की परिधि की ओर आकर्षित होती हैं। शुष्क एवं आर्द्र वायुसंहतियों के अचानक सम्पर्क से स्थानीय स्तर पर तेज तूफान पैदा होते हैं। इन स्थानीय तूफानों के साथ तेज हवाएं मूसलाधार वर्षा और यहां तक कि ओले का भी कारण बनती हैं।

ग्रीष्म ऋतु के दौरान उत्पन्न प्रसिद्ध स्थानीय तूफान

(1) **आम्र वर्षा**–ग्रीष्म ऋतु के खत्म होते–होते मानसून पूर्व बौछारें पड़ती हैं। केरल व तटीय कर्नाटक में यह एक आम बात है। स्थानीय तौर पर इस तूफानी वर्षा को आम्र वर्षा कहा जाता है, क्योंकि यह आमों को जल्दी पकने में सहायता करती है।

(2) **फूलों वाली बौछार**–इस वर्षा से केरल व निकटवर्ती कहवा उत्पादक क्षेत्रों में कहवा के फूल खिलने लगते हैं।

(3) **काल बैसाखी**–असम व पश्चिम बंगाल में बैसाख के महीने में शाम को चलने वाली ये भयंकर व विनाशकारी वर्षायुक्त पवनें हैं। इनकी कुख्यात प्रकृति का अंदाजा इनके स्थानीय नाम काल बैसाखी से ही लगाया जा सकता है। जिसका अर्थ है–बैसाख के महीने में आने वाली तबाही। चाय, पटसन व चावल के लिए ये पवनें अच्छी हैं। असम में इन तूफानों को **'बारदोली छीड़ा'** कहा जाता है।

(4) **लू**–उत्तरी मैदान में पंजाब से बिहार तक चलने वाली ये शुष्क, गर्म व पीड़ादायक पवनें है। दिल्ली तथा पटना के बीच इनकी तीव्रता अधिक होती है।

(ग) **दक्षिण–पश्चिम मानसून की ऋतु**–मई के महीने में उत्तर–पश्चिमी मैदानों में तापमान में तीव्र वृद्धि के कारण निम्न वायुदाब की दशाएं और अधिक गहराने लगती हैं। जून के शुरू में ये दशाएं इतनी शक्तिशाली हो जाती हैं कि वे हिंद महासागर से आने वाली दक्षिणी गोलार्द्ध की व्यापारिक पवनों को आकर्षित कर लेती हैं। ये दक्षिण–पूर्वी व्यापारिक पवनें भूमध्य रेखा को पार करके बंगाल की खाड़ी तथा अरब सागर में प्रवेश कर जाती हैं, जहां ये भारत के ऊपर विद्यमान वायु परिसंचरण में मिल जाती हैं। भूमध्यरेखीय गर्म समुद्री धाराओं के ऊपर से गुजरने के कारण ये पवनें अपने साथ पर्याप्त मात्रा में आर्द्रता लाती हैं। भूमध्यरेखा को पार करके इनकी दिशा दक्षिण–पश्चिमी हो जाती है। इसी कारण इन्हें दक्षिण–पश्चिमी मानसून कहा जाता है।

दक्षिण–पश्चिमी मानसून की ऋतु में वर्षा यकायक शुरू हो जाती है। प्रथम वर्षा के कारण तापमान अत्यधिक गिरावट आ जाती है। प्रचंड गर्जन और बिजली की कड़क के साथ इन आर्द्रता भरी पवनों का अचानक चलना प्रायः मानसून का 'प्रस्फोट' कहलाता है। जून के पहले सप्ताह में केरल, कर्नाटक, गोवा और महाराष्ट्र के तटीय भागों में मानसून फट पड़ता है, जबकि देश के आंतरिक भागों में यह क्रिया जुलाई कि पहले सप्ताह तक ही हो पाती है। मध्य जून से मध्य जुलाई के बीच दिन के तापमान में 5° से 8° सेल्सियस की गिरावट आ जाती है।

जैसे ही, ये पवनें स्थल पर पहुंचती हैं उच्चावच और उत्तर–पश्चिमी भारत पर स्थित तापीय निम्न वायुदाब इनकी दक्षिण–पश्चिमी दिशा को संशोधित कर देते हैं। भूखंड पर मानसून निम्नलिखित दो शाखाओं में पहुंचती है–

(1) अरब सागर की शाखा और (2) बंगाल की खाड़ी की शाखा

(1) **अरब सागर की मानसून पवनें**–अरब सागर में उत्पन्न होने वाली मानसून पवनें भी आगे चलकर निम्नलिखित तीन शाखाओं में विभक्त हो जाती हैं–

(i) **पहली शाखा**–इस शाखा के अंतर्गत आने वाली पवनें पश्चिमी घाट की ढलानों पर 900 से 1200 मीटर की ऊंचाई तक चढ़ती हैं। फलस्वरूप ये पवनें तत्काल ठंडी होकर सह्याद्रि की पवनाभिमुखी ढाल तथा पश्चिमी तटीय मैदान पर 250 से 400 सेंटीमीटर के बीच भारी वर्षा करती हैं। पश्चिमी घाट को पार करने के बाद ये पवनें नीचे उतरती हैं और गर्म होने लगती हैं। इससे इन पवनों की आर्द्रता में कमी आ जाती है। परिणामस्वरूप पश्चिमी घाट के पूर्व में इन पवनों से नाममात्र की वर्षा होती है। कम वर्षा का यह क्षेत्र वृष्टि–छाया प्रदेश कहलाता है।

(ii) **दूसरी शाखा**–अरब सागर से उठने वाली मानसून की दूसरी शाखा मुंबई के उत्तर में नर्मदा तथा तापी नदियों की घाटियों से होकर मध्य भारत में दूर तक वर्षा करती हैं। छोटा नागपुर पठार में इस शाखा से 15 सेंटीमीटर वर्षा होती है। यहां यह गंगा के मैदान में प्रवेश कर जाती है और बंगाल की खाड़ी से आने वाली मानसून की शाखा से मिल जाती है।

(iii) **तीसरी शाखा**–मानसून की तीसरी शाखा सौराष्ट्र प्रायद्वीप कच्छ से टकराती है। वहां से यह अरावली के साथ–साथ पश्चिमी राजस्थान को लांघती है तथा बहुत ही कम वर्षा करती है। पंजाब एवं हरियाणा में भी यह बंगाल की खाड़ी से आने वाली मानसून की शाखा से मिल जाती है। ये दोनों शाखाएं एक दूसरे के सहारे प्रबलित होकर पश्चिमी हिमालय विशेष रूप से धर्मशाला में वर्षा करती हैं।

(2) **बंगाल की खाड़ी में मानसूनी पवनें**–बंगाल की खाड़ी की मानसून पवनों की शाखा म्यांमार के तट व दक्षिण–पूर्वी बांग्लादेश के एक थोड़े से हिस्से से टकराती है। म्यांमार के तट पर स्थित अराकान पहाड़ियां इस शाखा के एक बड़े हिस्से को भारतीय उपमहाद्वीप की ओर विक्षेपित कर देती हैं। इस प्रकार मानसून पश्चिम बंगाल तथा बांग्लादेश में दक्षिण–पश्चिमी दिशा की अपेक्षा दक्षिणी व दक्षिण–पूर्वी दिशा से प्रवेश करती हैं। यहां से यह शाखा हिमालय पर्वत व भारत के उत्तर–पश्चिम में स्थित तापीय निम्नदाब के प्रभावाधीन दो भागों में बंट जाती है।

इसकी एक शाखा गंगा के मैदान के साथ–साथ पश्चिम की ओर बढ़ती है और पंजाब के मैदान तक पहुंचती है। इसकी दूसरी शाखा उत्तर व उत्तर–पूर्व में ब्रह्मपुत्र घाटी में बढ़ती है। यह शाखा वहां विस्तृत क्षेत्रों में वर्षा करती है। इसकी एक उपशाखा मेघालय में स्थित गारो तथा खासी की पहाड़ियों से टकराती है। खासी पहाड़ियों के शिखर पर स्थित मॉसिनराम विश्व की सर्वाधिक औसत वार्षिक वर्षा प्राप्त करता है।

तमिलनाडु तट वर्षा ऋतु में शुष्क रह जाता है? इसके लिए दो कारक उत्तरदायी हैं।

(अ) तमिलनाडु तट बंगाल की खाड़ी की मानसून पवनों के समानातंर पड़ता है।

(ब) यह दक्षिण–पश्चिमी मानसून की अरब सागर शाखा के वृष्टि–क्षेत्र में अवस्थित है।

(3) **मानसून वर्षा की विशेषताएं**–मानसून वर्षा की महत्वपूर्ण विशेषताएं निम्नलिखित हैं–

(i) दक्षिण–पश्चिमी मानसून से प्राप्त होने वाली वर्षा मौसमी है, जो जून से सितंबर महीने के दौरान होती है।

(ii) मानसून वर्षा मुख्य रूप से उच्चावच या भू–आकृति द्वारा नियंत्रित होती है, जैसे–पश्चिमी घाट की पवनाभिमुखी ढाल 250 सेंटीमीटर से अधिक वर्षा दर्ज करती है। इसी प्रकार उत्तर–पूर्वी राज्यों में होने वाली भारी वर्षा के लिए भी वहां की पहाड़ियां व पूर्वी हिमालय जिम्मेदार है।

(iii) समुद्र से बढ़ती दूरी के साथ मानसून वर्षा में घटने की प्रवृति पायी जाती है। दक्षिण–पश्चिम मानसून अवधि में कोलकाता में लगभग 119 सेमी पटना में लगभग 105 सेमी इलाहाबाद में लगभग 76 सेमी व दिल्ली में लगभग 56 सेमी वर्षा होती है।

(iv) किसी एक समय में मानसून वर्षा कुछ दिनों के आर्द्र दौरों में आती है। इन गीले दौरों में कुछ सूखे अंतराल भी आते हैं, जिन्हें विभंग या विच्छेद कहा जाता है। वर्षा के इन विच्छेदों का संबंध उन चक्रवातीय अवदाबों से है, जो बंगाल की खाड़ी के शीर्ष पर बनते हैं व मुख्य भूमि में प्रवेश कर जाते हैं। इन अवदाबों की बारंबारता और गहनता के अतिरिक्त इनके द्वारा अपनाए गए मार्ग भी वर्षा के स्थानिक विवरण को निर्धारित करते हैं।

(v) ग्रीष्मकालीन वर्षा मूसलाधार होती है, जिससे बहुत–सा पानी बह जाता है एवं मृदा का अपरदन होता है।

(vi) भारत की कृषि–प्रधान अर्थव्यवस्था में मानसून का अत्यधिक महत्व है, क्योंकि देश में होने वाली कुल वर्षा का तीन–चौथाई भाग दक्षिण–पश्चिमी मानसून की ऋतु में ही प्राप्त होता है।

(vii) मानसून वर्षा का स्थानिक वितरण भी असमान है, जो 12 सेमी से 250 सेमी से अधिक वर्षा के रूप में पाया जाता है।

(viii) कई बार पूरे देश में या इसके एक भाग में वर्षा का आरम्भ काफी विलब से होता है।

(ix) कई बार वर्षा सामान्य समय से पहले समाप्त हो जाती है। इससे खड़ी फसलों को तो नुकसान पहुंचता ही है। साथ ही शीतकालीन फसलों को बोने में भी कठिनाई आती है।

(घ) **मानसून के निवर्तन की ऋतु–अक्टूबर तथा नवंबर के महीनों को मानसून के निवर्तन की ऋतु कहा जाता है।** सितंबर के अंत में सूर्य के दक्षिणायन होने की स्थिति में गंगा के मैदान पर स्थित निम्न वायुदाब की द्रोणी भी दक्षिण की ओर खिसकना शुरू कर देती है। इससे दक्षिण–पश्चिमी मानसून कमजोर पड़ने लगता है। मानसून सितंबर के पहले सप्ताह में पश्चिमी राजस्थान से लौटता है। इस महीने के अंत तक मानसून राजस्थान, गुजरात, पश्चिमी गंगा मैदान तथा मध्यवर्ती उच्चभूमियों से लौट चुका होता है। अक्टूबर के शुरू में मानसून बंगाल की खाड़ी के उत्तरी भागों में स्थित हो जाता है तथा नवंबर के शुरू में यह कर्नाटक व तमिलनाडु की ओर बढ़ जाता है। दिसंबर के मध्य तक निम्न वायुदाब का केंद्र प्रायद्वीप से पूरी तरह से हट चुका होता है। मानसून के निवर्तन की ऋतु में आकाश स्वच्छ हो जाता है और तापमान बढ़ने लगता है। जमीन में अभी भी नमी होती है। उच्च तापमान व आर्द्रता की दशाओं से मौसम कष्टकारी हो जाता है। आमतौर पर इसे 'कार्तिक मास की ऊष्मा' कहा जाता है। अक्टूबर महीने के उत्तरार्ध में तापमान तेजी से गिरने लगता है। तापमान में यह गिरावट उत्तरी भारत में विशेष तौर पर देखी जाती है। मानसून के निवर्तन की ऋतु में मौसन उत्तरी भारत में सूखा होता है, जबकि प्रायद्वीप के पूर्वी भागों में वर्षा होती है। यहां अक्टूबर और नवंबर वर्ष के सबसे अधिक वर्षा वाले महीने होते हैं।

इस ऋतु की व्यापक वर्षा का सम्बन्ध चक्रवातीय अवदाबों के मार्गों से है, जो अंडमान समुद्र में उत्पन्न होते है और दक्षिणी प्रायद्वीप के पूर्वी तट को पार करते हैं। ये उष्ण कटिबन्धीय चक्रवात अत्यंत विनाशकारी होते हैं। गोदावरी, कृष्णा व अन्य नदियों के घने बसे डेल्टाई प्रदेश इन तूफानों से प्रभावित होते हैं। हर साल चक्रवातों से यहां आपदा आती है। कुछ चक्रवातीय तूफान पश्चिम बंगाल, बांग्लादेश और म्यांमार के तट से भी टकराते हैं। कोरोमंडल तट पर होने वाली अधिकांश वर्षा इन्हीं अवदाबों और चक्रवातों से प्राप्त होती है। ऐसे चक्रवातीय तूफान अरब सागर में कम उठते हैं।

भारत की परम्परागत ऋतुएं

भारतीय परम्परा के अनुसार वर्ष को द्विमासिक छः ऋतुओं में बांटा जाता है। उत्तरी व मध्य भारत में लोगों द्वारा अपनाए जाने वाली इस ऋतु चक्र का आधार उनका अपना अनुभव और मौसम के घटक का प्राचीन काल से चला आया ज्ञान है, किन्तु ऋतुओं की यह व्यवस्था दक्षिण भारत की ऋतुओं से मेल नहीं खाती, जहां ऋतुओं में कुछ भिन्नता पाई जाती है।

ऋतु	भारतीय कैलेंडर के अनुसार महीने	अंग्रेजी कैलेंडर के अनुसार महीने
बसंत	चैत्र–बैसाख	मार्च–अप्रैल,
ग्रीष्म	ज्येष्ठ–आषाढ़	मई–जून
वर्षा	श्रावण–भाद्र	जुलाई–अगस्त
शरद	आश्विन–कार्तिक	सितबर–अक्टूबर
हेमंत	मार्गशीष–पौष	नवबर–दिसंबर
शिशिर	माघ–फाल्गुन	जनवरी–फरवरी

VII. वर्षा की प्रकृति

भारत में वर्षा का वार्षिक औसत लगभग 125 सेंटीमीटर है लेकिन इससें क्षेत्रीय विभिन्नताएं भी विद्यमान हैं।

(1) **वितरण–**

(अ) **अधिक वर्षा वाले क्षेत्र**–अधिक वर्षा पश्चिमी तट, पश्चिमी घाट, उत्तर–पूर्व के उप–हिमालयी क्षेत्र व, मेघालय की पहाड़ियों पर होती है। यहां वर्षा 200 सेंटीमीटर से अधिक होती है। खासी एवं जयंतिया पहाड़ियों के कुछ भागों में वर्षा 100 सेंटीमीटर से भी अधिक होती है। ब्रह्मपुत्र घाटी और निकटवर्ती पहाड़ियों पर वर्षा 200 सेंटीमीटर से भी कम होती है।

(ब) **मध्यम वर्षा के क्षेत्र**–गुजरात के दक्षिणी भाग, पूर्वी तमिलनाडु, ओडिशा सहित उत्तर–पूर्वी प्रायद्वीप, झारखंड, बिहार, पूर्वी मध्य प्रदेश, उप–हिमालय के साथ संलग्न गंगा का उत्तरी मैदान, कछार घाटी व मणिपुर में वर्षा 100 से 200 सेंटीमीटर के मध्य होती है।

(स) **न्यून वर्षा के क्षेत्र**–पश्चिमी उत्तर प्रदेश, दिल्ली, हरियाणा, पंजाब, जम्मू व कश्मीर, पूर्वी राजस्थान, गुजरात और दक्कन के पठार पर वर्षा 50 से 100 सेंटीमीटर के मध्य होती है।

(द) **अपर्याप्त वर्षा के क्षेत्र**–प्रायद्वीप के कुछ भागों विशेष रूप से आंध्र प्रदेश, कर्नाटक व महाराष्ट्र में, लद्दाख तथा पश्चिमी राजस्थान के अधिकांश हिस्सों में 50 सेंटीमीटर से भी कम वर्षा होती है।

हिमपात हिमालयी क्षेत्रों तक सीमित रहता है।

(2) **परिवर्तिता**–भारत की वर्षा का एक विशिष्ट लक्षण उसकी परिवर्तिता है। वर्षा की परिवर्तिता को निम्नलिखित सूत्र द्वारा अविकलित किया जाता है–

$$\text{विचरण गुणांक} = \frac{\text{मानक विचलन}}{\text{माध्य}} \times 100$$

विचरक गुणांक का मान वर्षा के माध्य मान से हुए विचलन को प्रदर्शित करता है।

कुछ स्थानों की वार्षिक वर्षा में 20 से 50 प्रतिशत तक विचलन हो जाता है। विचरण गुणांक के मान भारत में वर्षा की परिवर्तिता को प्रदर्शित करते हैं। 25 प्रतिशत से कम परिवर्तिता पश्चिमी तट पश्चिमी घाट, उत्तर–पूर्वी प्रायद्वीप, गंगा के पूर्वी मैदान, उत्तर–पूर्व भारत, उत्तराखण्ड, हिमाचल प्रदेश व जम्मू और कश्मीर के दक्षिण–पश्चिमी भाग में पाई जाती है। इन क्षेत्रों में वार्षिक वर्षा 100 सेंटीमीटर से अधिक होती है। 50 प्रतिशत से अधिक परिवर्तिता राजस्थान के पश्चिमी भाग, जम्मू और कश्मीर के उत्तरी भागों तथा दक्कन के पठार के आंतरिक भागों में पाई जाती है। इन क्षेत्रों में वार्षिक वर्षा 50 सेंटीमीटर से कम होती है। भारत के शेष हिस्सों में परिवर्तिता 25 से 50 प्रतिशत तक है। इन क्षेत्रों में वार्षिक वर्षा 50 से 100 सेंटीमीटर के मध्य होती है।

VIII. भारत के जलवायु प्रदेश

भारत की जलवायु मानसून प्रकार की है तथापि मौसम के तत्वों के मेल से अनेक क्षेत्रीय विभिन्नताएं भी प्रदर्शित होती हैं। यही विभिन्नताएं जलवायु के उप–प्रकारों में देखी जा सकती हैं। इसी आधार पर जलवायु प्रदेश चिन्हित किए जा सकते हैं। एक जलवायु प्रदेश में जलवायवी दशाओं की समरूपता होती है, जो जलवायु के कारकों के संयुक्त प्रभाव से उत्पन्न होती है। तापमान व वर्षा जलवायु के दो महत्वपूर्ण तत्त्व हैं, जिन्हें जलवायु वर्गीकरण की सभी पद्धतियों में निर्णायक माना जाता है। इसके बावजूद जलवायु का वर्गीकरण एक जटिल प्रक्रिया है। जलवायु के वर्गीकरण की अनेक पद्धतियां हैं। **कोपेन की पद्धति** पर आधारित भारत की जलवायु के प्रमुख प्रकारों का वर्णन इस प्रकार है।

कोपेन ने अपने जलवायु वर्गीकरण का आधार तापमान व वर्षा के मासिक मानों को रखा है। उन्होंने जलवायु के पांच प्रकार माने हैं, जिनके नाम है :

(अ) उष्ण कटिबन्धीय जलवायु, जहां सम्पूर्ण वर्ष औसत माासिक तापमान 18° सेल्सियस से अधिक रहता है;

(ब) शुष्क जलवायु, जहां तापमान की तुलना में वर्षा बहुत कम होती है और इसलिए शुष्क है। शुष्कता कम होने पर यह अर्ध–शुष्क मरुस्थल (S) कहलाता है; शुष्कता अधिक है तो यह मरुस्थल (W) होता है।

(स) गर्म जलवायु, जहां सबसे ठंडे महीने का औसत तापमान 18° सेल्सियस तथा – 3° सेल्सियस के मध्य रहता है;

(द) हिम जलवायु, जहां सबसे गर्म महीने का औसत तापमान 10° सेल्सियस से अधिक व सबसे ठंडे महीने का औसत तापमान –3° सेल्सियस से कम रहता है;

(इ) बर्फीली जलवायु, जहां सबसे गर्म महीने का तापमान 10° सेल्सियस से कम रहता है।

कोपेन ने जलवायु प्रकारों को व्यक्त करने के लिए अंग्रेजी के वर्ण संकेतों का प्रयोग किया है। वर्षा तथा तापमान के वितरण प्रतिरूप में मौसमी भिन्नता के आधार पर प्रत्येक प्रकार को उप–प्रकारों में बांटा गया है। कोपेन ने अंग्रेजी के बड़े वर्णों S को **अर्ध–मरुस्थल** के लिए और W को मरुस्थल के लिए प्रयोग किया है। इसी प्रकार उप–विभागों को व्यक्त करने के लिए अंग्रेजी के छोटे वर्णों का प्रयोग किया गया है। जैसे f (पर्याप्त वर्षा m (शुष्क मानसून होते हुए भी वर्षा वन), W (शुष्क शीत ऋतु), h (शुष्क व गर्म), C (चार महीनों से कम अवधि में औसत तापमान 10° सेल्सियस से अधिक) तथा g (गंगा का मैदान)। इस प्रकार भारत को आठ जलवायु प्रदेशों में बांटा जा सकता है।

IX. भारत के आर्थिक जीवन पर मानसून का प्रभाव

भारत कृषि प्रधान देश है। ऐसी स्थिति में मानसून का भारत के आर्थिक जीवन पर बहुत गहरा प्रभाव पड़ता है। इस प्रभाव को हम निम्नलिखित बिन्दुओं के अन्तर्गत समझ सकते हैं–

(अ) मानसून वह धुरी है जिस पर सम्पूर्ण भारत का जीवन–चक्र घूमता है, क्योंकि भारत की 64 प्रतिशत जनता भरण–पोषण के लिए खेती पर निर्भर रहती है, जो मुख्यतः दक्षिण–पश्चिमी मानसून पर आधारित है।

(ब) हिमालयी प्रदेशों के अतिरिक्त शेष भारत में वर्ष भर उपयुक्त गर्मी रहती है, जिससे सम्पूर्ण वर्ष खेती की जा सकती है।

(स) मानसून जलवायु की क्षेत्रीय विभिन्नता विभिन्न प्रकार की फसलों को उगाने में सहायक है।

(द) वर्षा की परिवर्तनीयता देश के कुछ भागों में सूखा अथवा बाढ़ का कारण बनती है।

(इ) भारत में कृषि की समृद्धि वर्षा के सही समय पर आने व उसके पर्याप्त वितरित होने पर निर्भर करती है। यदि वर्षा नहीं होती तो कृषि पर इसका प्रतिकूल प्रभाव पड़ता है, विशेष रूप से उन क्षेत्रों में जहां सिंचाई के साधन विकसित नहीं हैं।

(फ) मानसून का अचानक प्रस्फोट देश के व्यापक क्षेत्रों में मृदा अपरदन की समस्या उत्पन्न कर देता है।

(ज) उत्तर भारत में शीतोष्ण कटिबन्धीय चक्रवातों द्वारा होने वाली शीतकालीन वर्षा रबी की फसलों के लिए बहुत लाभकारी सिद्ध होती है।

(ह) भारत की जलवायु की क्षेत्रीय विभिन्नता भोजन, वस्त्र और आवासों की विविधता में उजागर होती है।

X. भूमंडलीय तापन

विभिन्न विकासोन्मुख एवं औद्योगिक प्रक्रियाओं के कारण विश्व के तापमान में अत्यधिक वृद्धि हो रही है। मानवीय क्रियाओं द्वारा उत्पन्न कार्बन डाईऑक्साइड की वृद्धि चिंता का मुख्य कारण है। जीवाश्म ईंधनों के जलने से वायुमंडल में इस गैस की मात्रा क्रमशः बढ़ रही है। कुछ अन्य गैसें जैसेः मीथेन, क्लोरो–फ्लोरो–कार्बन, ओजोन तथा नाइट्रस ऑक्साइड वायुमंडल में अल्प मात्रा में विद्यमान हैं। इन्हें तथा कार्बन डाईऑक्साइड को **हरितगृह गैसें** कहते हैं। कार्बन डाईऑक्साइड की तुलना में अन्य चार गैसें दीर्घ तरंगी विकिरण का ज्यादा अच्छी तरह से अवशोषण करती हैं, इसीलिए हरितगृह प्रभाव को बढ़ाने में उनका अधिक योगदान है। इन्हीं के प्रभाव से पृथ्वी का तापमान बढ़ रहा है।

विगत 150 वर्षों में पृथ्वी की सतह का औसत वार्षिक तापमान बढ़ा है। ऐसा अनुमान है कि सन् 2100 में भूमण्डलीय तापमान में लगभग 2° सेल्सियस की वृद्धि हो जाएगी। तापमान की इस वृद्धि से कई अन्य बदलाव भी होंगे। इनमें से एक है गर्मी के कारण हिमानियों व समुद्री बर्फ के पिघलने से समुद्र तल का ऊंचा होना। प्रचलित पूर्वानुमान के अनुसार औसत समुद्र तल 21वीं शताब्दी के अन्त तक 48 सेमी ऊंचा हो जाएगा। इसके कारण प्राकृतिक बाढ़ों की संख्या बढ़ जाएगी। जलवायु परिवर्तन से मलेरिया जैसी कीटजन्य बीमारियां बढ़ जायेंगी। साथ ही वर्तमान जलवायु सीमाएं भी बदल जायेंगी। जिसके कारण कुछ भाग कुछ अधिक जलसिक्त और अधिक शुष्क हो जायेंगे। कृषि के प्रतिरूप बदल जायेंगे। जनसख्या और पारितंत्र में भी परिवर्तन होंगे। इसका परिणाम बहुत घातक होगा।

अध्याय : मानचित्र की नजर में

ग्रीष्मकालीन मानसूनी पवनें : धरातलीय संचरण

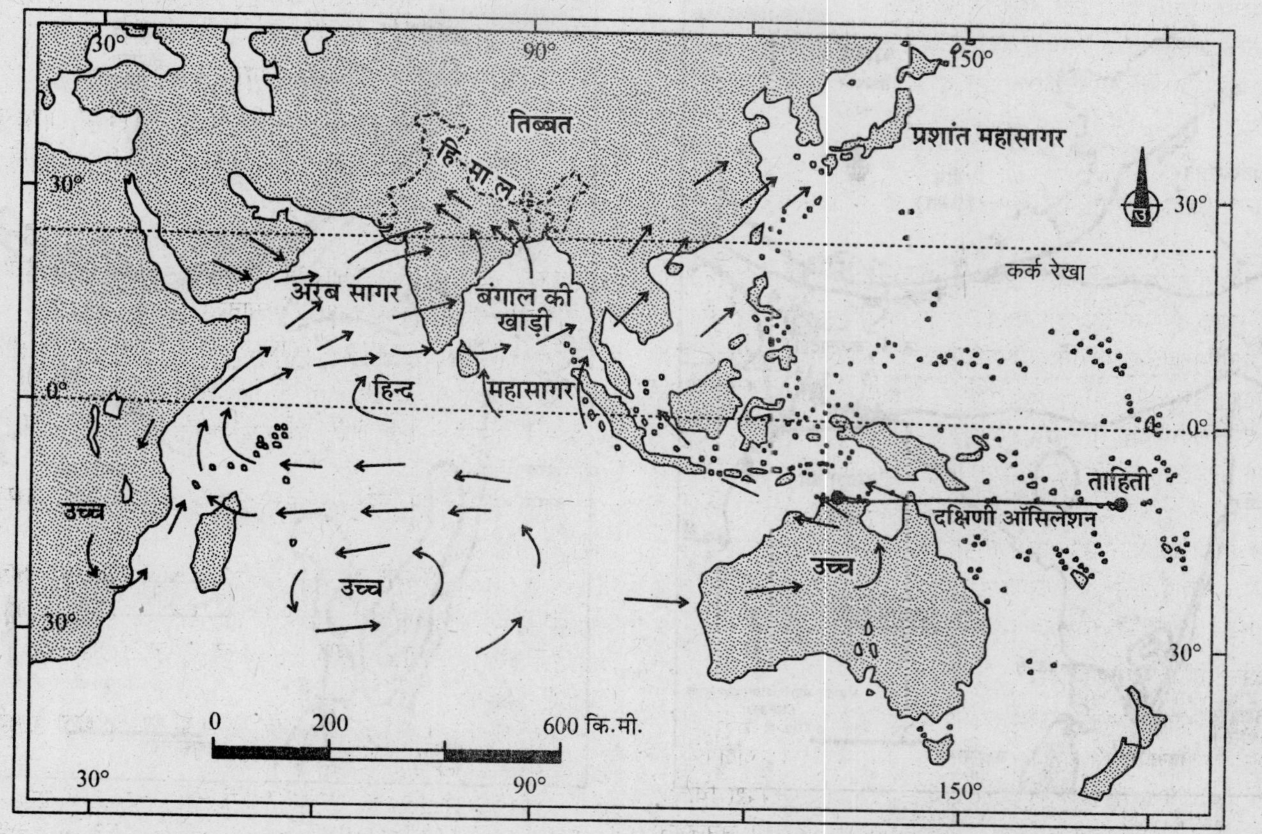

भारत में दक्षिणी-पश्चिमी मानसून के पहुंचने की सामान्य तिथियां

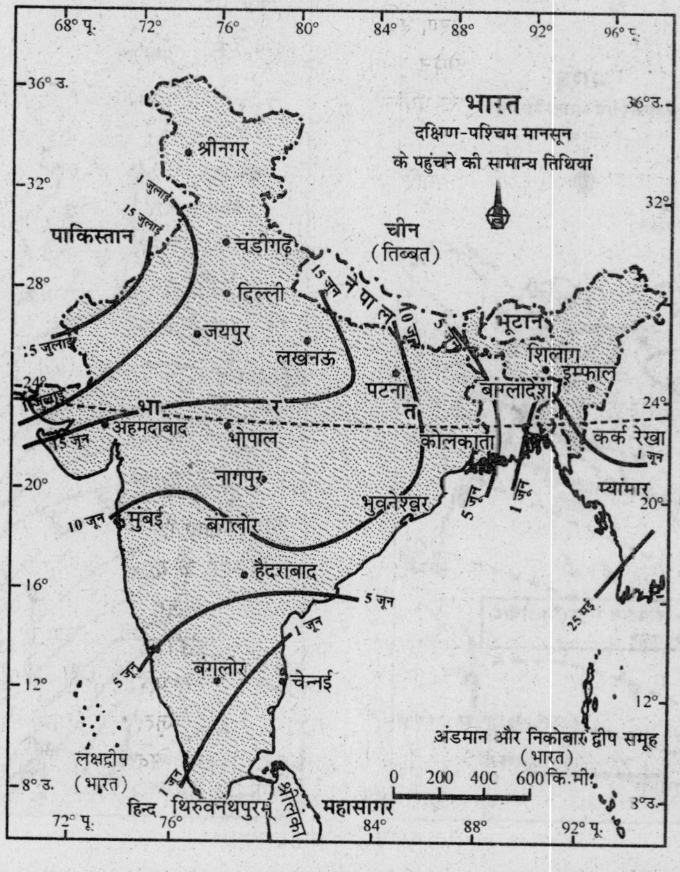

भारत में जनवरी में दिन का माध्य मासिक तापमान

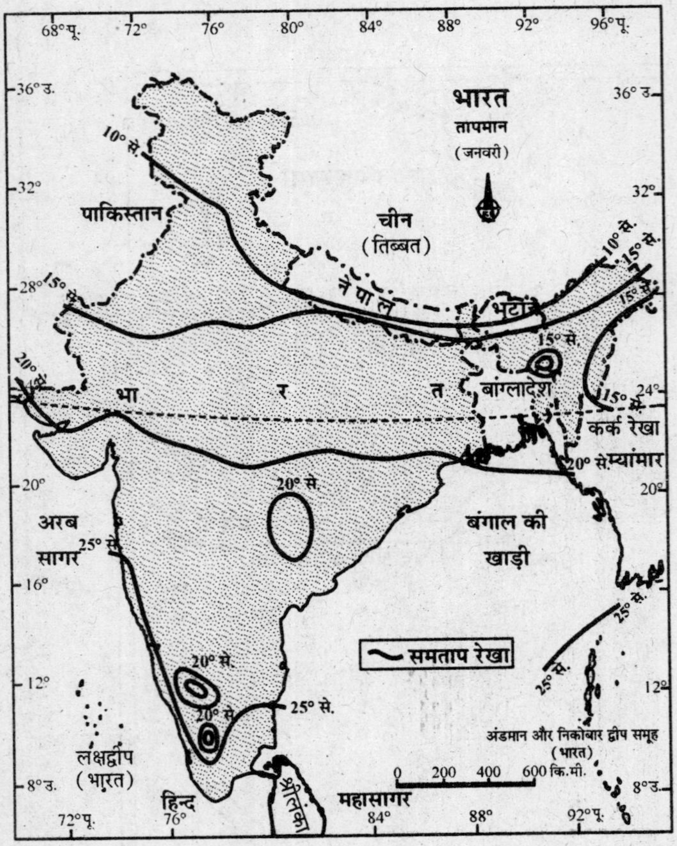

भारत में दिन में जुलाई में दिन का माध्य मासिक तापमाप

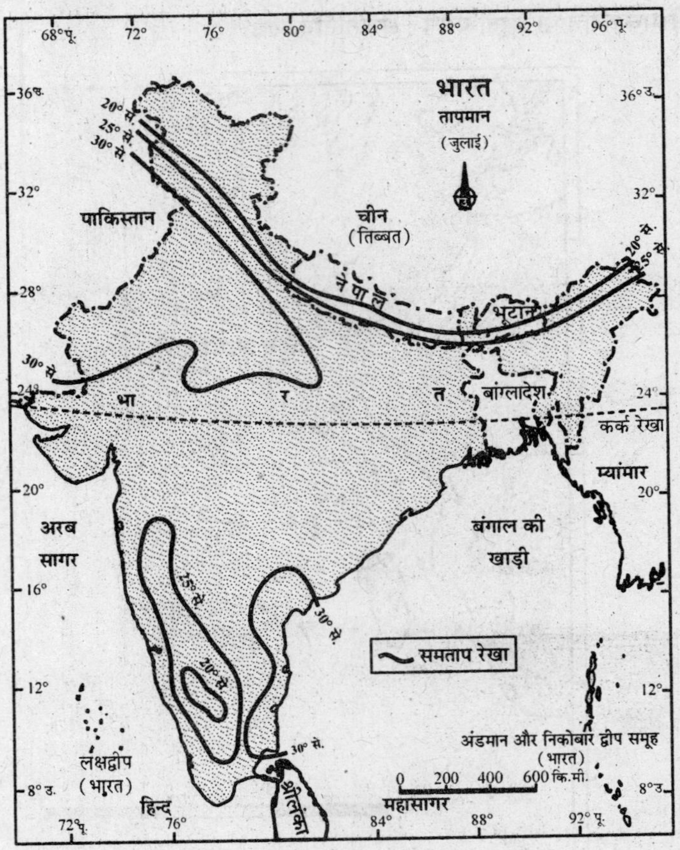

भारत में जनवरी के दौरान वायुभार एवं धरातलीय पवनें

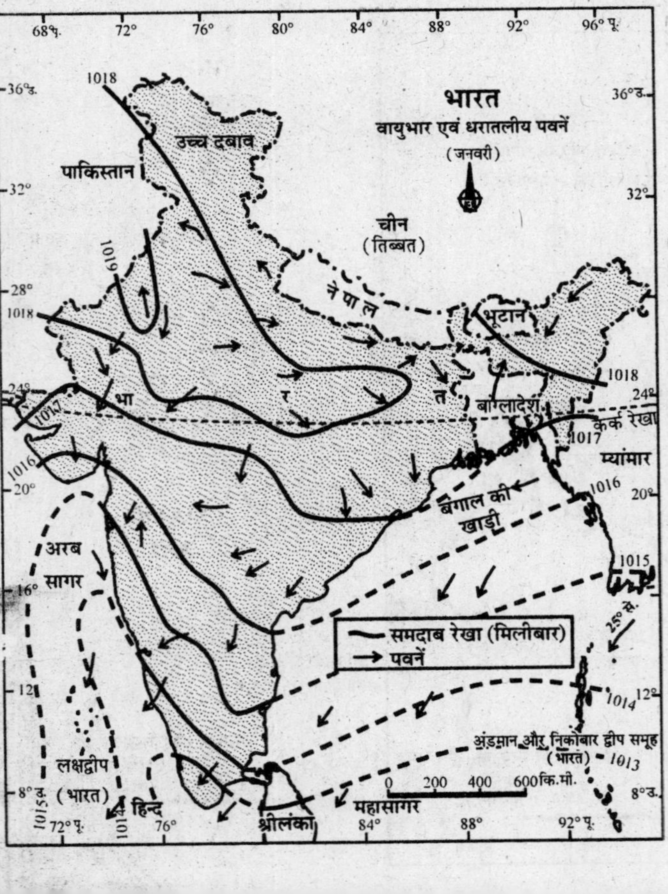

जुलाई महीने के दौरान भारत में दबाव तथा सतही पवनें

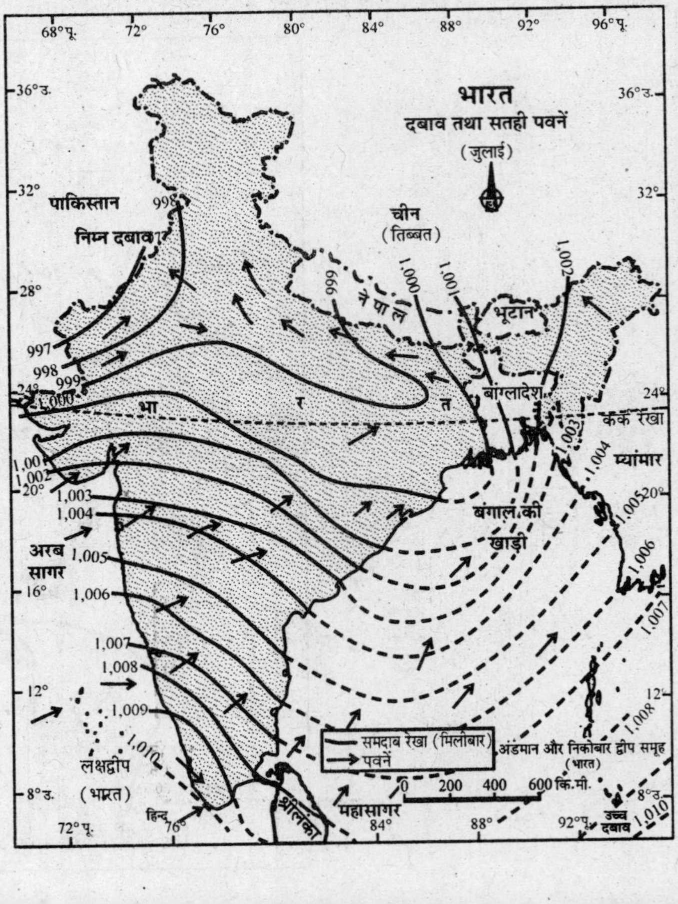

भारत में जून-सितंबर में मौसमी वर्षा का वितरण

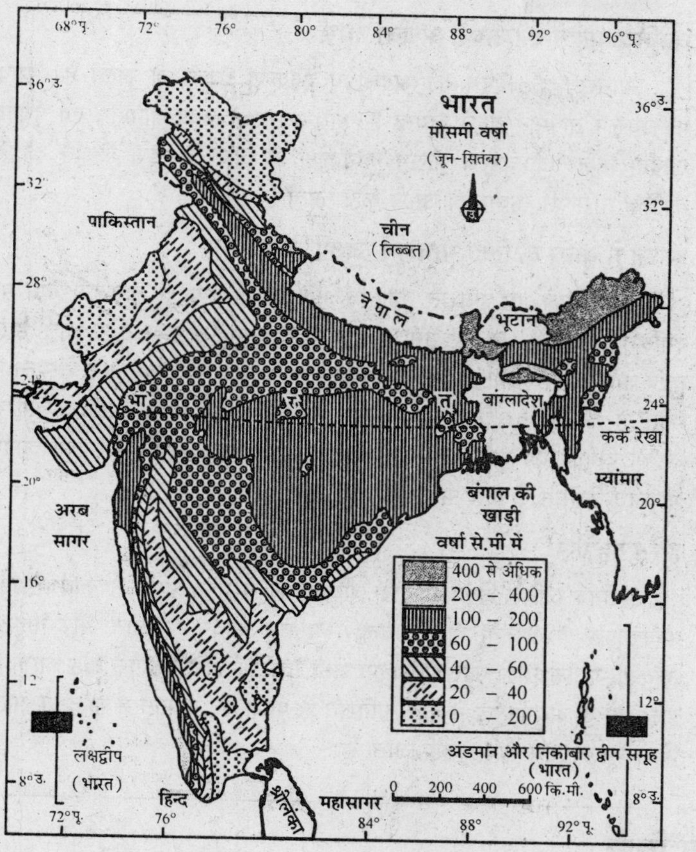

भारत : वार्षिक वर्षा में परिवर्तिता

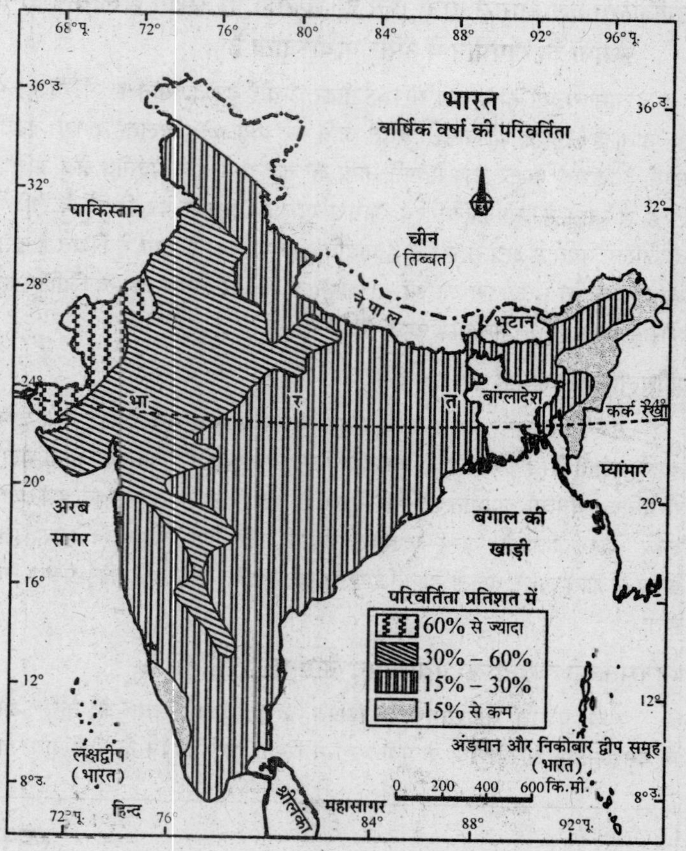

भारत में वार्षिक वर्षा का विवरण

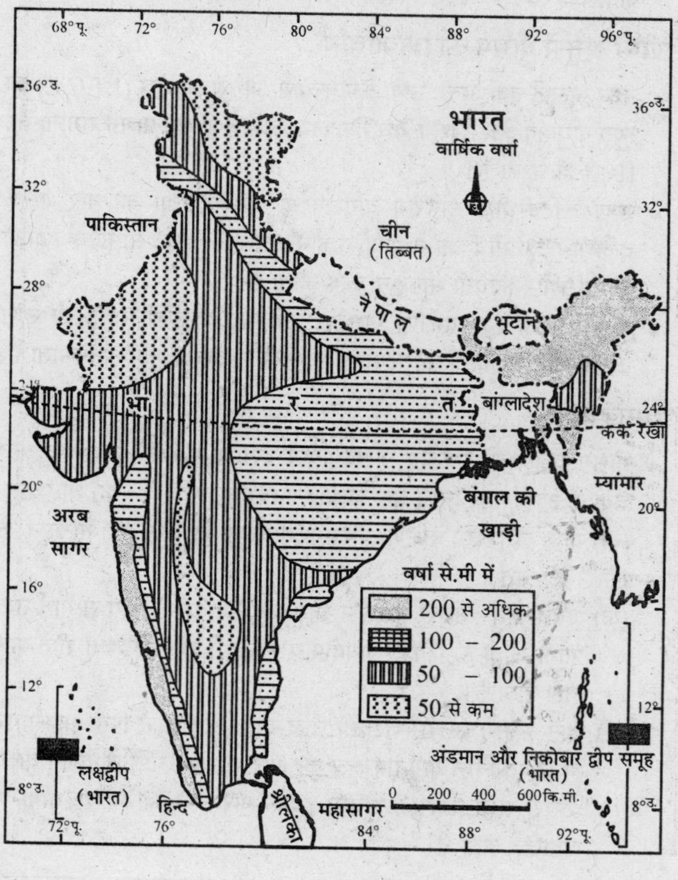

भारत में जलवायु प्रदेश (कोपेन की प्रणाली के अनुसार)

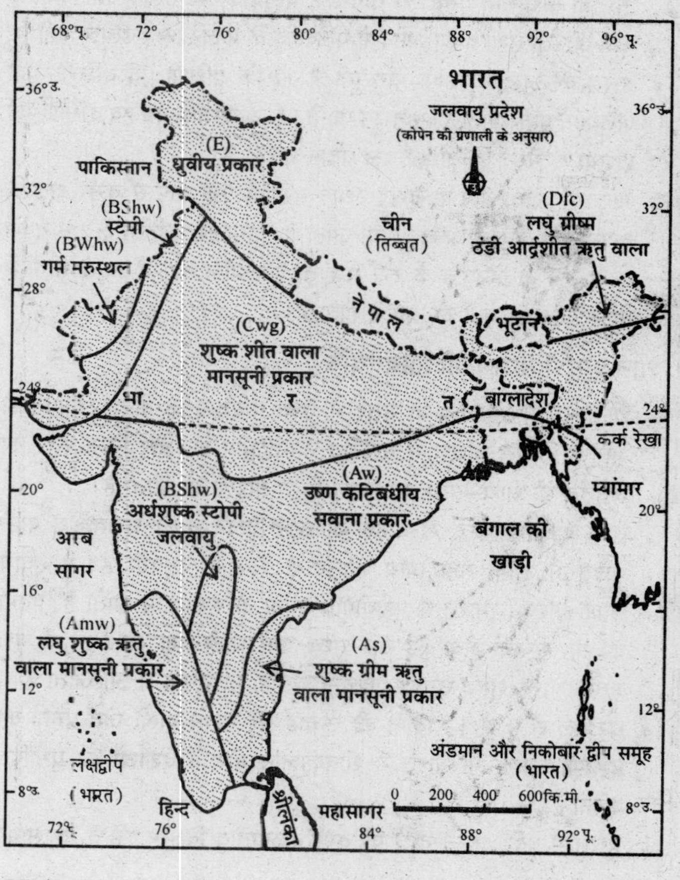

यह भी जानिए

दार्जिलिंग एवं आगरा दोनों एक ही अक्षांश पर स्थित हैं लेकिन दोनों स्थानों के तापमान में अंतर पाया जाता है

सामान्यतया समुद्र तल से 165 मीटर ऊंचाई पर तापमान 1° सेंटीग्रेड क्रम हो जाता है। ऊंचाई के क्रमशः बढ़ते जाने पर वायु की विरलता क्रमशः बढ़ती जाती है जिसके फलस्वरूप मैदानी भागों की तुलना में उच्च पर्वतीय क्षेत्र अधिक ठण्डे हो जाते हैं। दार्जिलिंग एवं आगरा एक ही अक्षांश पर स्थित हैं लेकिन दार्जिलिंग पर्वतीय क्षेत्र में स्थित है जबकि आगरा मैदानी भाग में स्थित है इसी कारण जनवरी में आगरा का औसत तापमान 16° सेन्टीग्रेड तथा दार्जिलिंग का औसत तापमान 4° सेन्टीग्रेड रहता है।

शीतलहर को समझें

उत्तरी–पश्चिमी भारत में दिसम्बर से लेकर मार्च तक ठण्डी तथा शुष्क हवायें चलती हैं। इन महीनों के कुछ दिनों में इन ठण्डी व शुष्क हवाओं के चलने से दैनिक न्यूनतम तापमान 6° सेल्सियस से नीचे चला जाता है, तब इसे 'शीत लहर' कहा जाता है। जम्मू–कश्मीर, पंजाब, हरियाणा राजस्थान और उत्तर प्रदेश में शीत लहरें चलती हैं। दक्षिणी भारत में शीत लहर का कोई प्रभाव नहीं होता।

मानसून की तीव्रता का पूर्वानुमान लगाना

पूर्वी प्रशांत महासागर में स्थित फ्रेंच पोलिनेशिया के तहत और हिन्दमहासागर ऑस्ट्रेलिया के पूर्वी भाग में स्थित पोर्ट डार्बिन के बीच पाये जाने वाले वायुदाब के अन्तर को मापकर मानसून की तीव्रता के बारे में पूर्वानुमान लगाया जाता है।

कार्तिक महीने की ऊष्मा अथवा उमस

मानसून के लौटने की अवधि में आकाश स्वच्छ हो जाता है। इसके फलस्वरूप तापमान बढ़ने लगता है। वायुमण्डल में उच्च तापमान एवं पर्याप्त आर्द्रता मिलने के कारण मौसम कष्टकारी हो जाता है। इस स्थिति को ही कार्तिक मास की ऊष्मा की उमस कहा जाता है।

भारत में कृषि के लिए मानसून 'जुआ' के समान

भारत की 80 प्रतिशत कृषिगत भूमि परोक्ष रूप से मानसूनी वर्षा पर आश्रित है। देश में जब मानसूनी वर्षा समय से व पर्याप्त मात्रा में हो जाती है तो कृषि उत्पादन में आशा के अनुरूप वृद्धि होती है तथा भारतीय कृषक सम्पन्न हो जाता है, जबकि दूसरी ओर मानसूनी वर्षा की अनिश्चितता व अपर्याप्तता के कारण कृषकों को कृषि उत्पादन में भारी हानि उठानी पड़ती है। इसी कारण भारतीय किसान के लिए मानसून एक जुआ है।

हरित गृह गैस

मानव जनित क्रियाओं द्वारा वायुमण्डल में वृहद् मात्रा में कार्बन डाई–ऑक्साइड के अलावा मीथेन, क्लोरो–फ्लोरो कार्बन, ओजोन और नाइट्रस ऑक्साइड गैसें छोड़ी जा रही हैं। इन सभी गैसों को हरितगृह गैस कहा जाता है। इन गैसों के वायुमण्डल में बढ़ते प्रतिशत से पृथ्वी के तापमान में वृद्धि हो रही है जिसे भूमण्डलीय तापन कहा जाता है।

स्मरणीय बिन्दु

- विभिन्न ऋतुओं में मौसम की दशाओं में भिन्नता पायी जाती है। यह भिन्नता मौसम के तत्वों एवं तापमान, वायुदाब, पवनों की गति व दिशा तथा आर्द्रता तथा वर्षण आदि में परिवर्तन के फलस्वरूप उत्पन्न होती है।
- भारत की जलवायु उष्ण मानसूनी है जो कि दक्षिणी एवं दक्षिणी–पूर्वी एशिया में पायी जाती है। मानसून पवनों की व्यवस्था भारत एवं दक्षिण–पूर्व एशिया के मध्य एकता को बल प्रदान करती है।
- भारत में एक स्थान से दूसरे स्थान पर एवं एक क्षेत्र से दूसरे क्षेत्र के तापमान में ऋतुवत अन्तर पाया जाता है। हिमालय पर्वतीय क्षेत्र में वर्षण मुख्य रूप के हिमपात के रूप में होता है जबकि देश के अन्य भागों में वर्षण जल की बूंदों के रूप में होता है।

शीत ऋतु में मौसम की क्रियाविधि

- शीत ऋतु में हिमालय के उत्तर में उच्च वायुदाब के केन्द्र स्थापित हो जाते हैं जिससे दक्षिण में भारतीय उपमहाद्वीप की ओर निम्न स्तर पर धरातल के साथ–साथ पवनों का प्रवाह प्रारम्भ हो जाता है।
- उच्च वायुदाब केन्द्र से बाहर की ओर चलने वाली धरातलीय पवनें भारत में शुष्क महाद्वीपीय पवनों के रूप में पहुंचती हैं। ये हवायें उत्तर–पश्चिमी भारत में महाद्वीपीय पवनों के सम्पर्क में आती हैं। पवनों का यह सम्पर्क क्षेत्र कई बार मध्य गंगा घाटी तक आ जाने से पूरा उत्तरी भारत शुष्क उत्तरी–पश्चिमी हवाओं के प्रभाव में आ जाता है।
- धरातल से 9 से 13 किमी की ऊंचाई पर चलने वाली **जेट प्रवाह की दक्षिणी शाखा** भी भारत में शीतकालीन मौसमी दशाओं को प्रभावित करती है।
- भारत में प्रवेश करने वाले पश्चिमी चक्रवातीय विक्षोभ, हिन्द महासागर तथा बंगाल की खाड़ी में उत्पन्न होने वाले **उष्ण कटिबन्धीय चक्रवात** प्रादेशिक स्तर पर शीतलकालीन मौसम को प्रभावित करते हैं।

ग्रीष्म ऋतु में मौसम की क्रियाविधि

- मध्य जुलाई तक अन्तः उष्ण कटिबन्धीय अभिसरण क्षेत्र (I.T.C.Z) का न्यून वायुदाब क्षेत्र खिसक कर हिमालय पर्वत श्रेणी के लगभग समानान्तर स्थित हो जाता है।
- उष्ण कटिबन्धीय सागरीय वायुराशियां भूमध्य रेखा को पार करके दक्षिणी–पश्चिमी दिशा में प्रवाहित होने लगती हैं। इन्हीं सामुद्रिक हवाओं को दक्षिणी–पश्चिमी मानसून कहा जाता है।
- जून में प्रायद्वीप के दक्षिणी भाग पर पूर्वी जेट प्रवाह चलता है जो उष्ण कटिबन्धीय चक्रवातों को भारत में लाने में महत्वपूर्ण भूमिका निभाता है।

प्रमुख ऋतुएं

- मौसम वैज्ञानिक भारतीय जलवायवीय दशाओं को उनके वार्षिक ऋतु चक्र के आधार पर निम्न चार ऋतुओं में विभक्त करते हैं–(क) शीत ऋतु, (ख) ग्रीष्म ऋतु, (ग) दक्षिण–पश्चिमी मानसून की ऋतु, (घ) मानसून के लौटने की ऋतु।

  (क) **शीत ऋतु**–उत्तरी भारत में शीत ऋतु नवम्बर के मध्य से मार्च तक मानी जाती है, जबकि प्रायद्वीपीय भारत में कोई निश्चित शीत ऋतु नहीं होती है।

  - इस ऋतु में उत्तरी–पश्चिमी उच्च वायुदाब क्षेत्र से हिन्द महासागर में स्थित निम्न वायुदाब क्षेत्र की ओर से धीमी गति से चलने वाली उत्तरी तथा उत्तरी–पश्चिमी हवाएं भारत के अधिकांश भागों में प्रवाहित होती हैं।

- उत्तरी भारत में भूमध्य सागरीय चक्रवातों से एवं तमिलनाडु व समीपवर्ती भागों पर उत्तरी–पूर्वी–मानसूनी हवाओं से हल्की वर्षा हो जाती है।

(ख) **ग्रीष्म ऋतु**–उत्तरी भारत में अप्रैल से मध्य जून तक की अवधि ग्रीष्म काल की होती है।

- उत्तरी–पश्चिमी भारत में ग्रीष्मकालीन तापमान 48° सेल्सियस तक हो जाता है। दक्षिणी भारत में ग्रीष्म ऋतु सागरीय प्रभाव के कारण मृदुल होती है तथा औसत तापमान 26° से 32° सेल्सियस के मध्य रहता है।
- उत्तरी भारत के अधिकांश भागों में 'लू' नामक गर्म एवं शुष्क हवाएं चला करती हैं तथा मई में शाम के समय धूल भरी आंधियां भी चलती हैं।

(ग) **दक्षिणी–पश्चिमी मानसून की ऋतु या वर्षा ऋतु**–मध्य जून से सितम्बर के मध्य की अवधि भारत में वर्षा ऋतु होती है।

- जून के पहले सप्ताह में दक्षिण–पश्चिमी मानसून पश्चिमी तटीय क्षेत्रों में प्रवेश करता है तथा जुलाई के प्रथम सप्ताह तक देश के सभी भागों में पहुंच जाता है। दक्षिणी–पश्चिमी मानसून को प्रायद्वीपीय भारत दो भागों में विभक्त कर देता है–

  (i) अरब सागर की शाखा, (ii) बंगाल की खाड़ी की शाखा।
- उक्त दोनों शाखाएं भारत के विभिन्न भागों में वर्षा प्रदान करती हैं।
- **मानसूनी वर्षा की विशेषताएं**–मानसूनी वर्षा उच्चावच द्वारा नियन्त्रित होती है तथा सागर से दूरी बढ़ने पर मानसूनी वर्षा की मात्रा कम होती जाती है। मानसूनी वर्षा का स्थानिक वितरण असमान व अनिश्चित होता है।

(घ) **मानसून के लौटने की ऋतु**–अक्टूबर से नवम्बर के महीनों की अवधि मानसून के लौटने की अवधि है। इस ऋतु में आकाश स्वच्छ रहता है, उच्च तापमान तथा आर्द्र दशाओं के कारण मौसम कष्टकारी हो जाता है। इस अवधि में उत्तरी भारत में सूखा तथा प्रायद्वीप के पूर्वी भाग में वर्षा होती है।

वर्षा का वितरण तथा वर्षा की परिवर्तिता

- भारत की औसत वार्षिक वर्षा लगभग 125 सेमी है।
- पश्चिमी तट, पश्चिमी घाट, उत्तरी पूर्वी उपहिमालय क्षेत्र तथा मेघालय पठार पर 200 सेमी से अधिक वर्षा होती है।
- जबकि ओडिशा सहित उत्तरी–पूर्वी प्रायद्वीप तथा उपहिमालय के साथ संलग्न गंगा का उत्तरी मैदान 100 से 200 सेमी वार्षिक वर्षा प्राप्त करता है।
- उत्तरी भारत के मैदानी भागों के उत्तरी–पश्चिमी भागों का अधिकांश भाग तथा दक्कन पठार पर 50 से 100 सेमी वार्षिक वर्षा होती है।
- पश्चिमी राजस्थान तथा प्रायद्वीपीय भारत के कुछ भागों में 50 सेमी से कम वार्षिक वर्षा होती है।
- सामान्यतः भारत के जिन भागों में न्यून वार्षिक वर्षा होती है वहां वार्षिक वर्षा की परिवर्तिता उतनी ही अधिक मिलती है।
- **भारत के जलवायु प्रदेश**–तापमान तथा वर्षण के मासिक मानों के आधार पर कोपेन ने भारत को निम्नलिखित पांच जलवायु प्रदेशों में विभक्त किया–

  (i) उष्ण कटिबन्धीय जलवायु, (ii) शुष्क जलवायु, (iii) गर्म जलवायु, (iv) हिम जलवायु, (v) बर्फीली जलवायु।
- बाद में कोपेन ने वर्ण संकेतों का प्रयोग कर वर्षा तथा तापमान के वितरण की मौसमीय भिन्नता के आधार पर भारत को आठ जलवायु प्रदेशों Amw, As, Aw, BShw, BWhw, Cwg, Dfc तथा E में विभक्त किया।

भूमण्डलीय तापन

- मानवीय क्रियाओं द्वारा वायुमण्डल में वृहद मात्रा में कार्बन डाई–ऑक्साइड के अलावा मीथेन, क्लोरो–फ्लोरो कार्बन, ओजोन तथा नाइट्रस ऑक्साइड गैसें छोड़ी जा रही हैं। इन सभी गैसों को हरितगृह गैस कहा जाता है।
- इन गैसों के वायुमण्डल में बढ़ते प्रतिशत से पृथ्वी के तापमान में वृद्धि हो रही है जिसे भूमण्डलीय तापन कहा जाता है। एक अनुमान के अनुसार सन् 2100 में भूमण्डलीय तापमान में लगभग 2° सेण्टीग्रेड की वृद्धि हो जाएगी।
- तापमान में वृद्धि के कारण हमारे धरातल पर कई परिवर्तन होंगे जिनमें समुद्र के जलस्तर का बढ़ना, प्राकृतिक बाढ़ों की संख्या का बढ़ना, मलेरिया, आर्द्र कीटजन्य बीमारियां बढ़ना, कृषि प्रतिरूप में परिवर्तन, जनसंख्या एवं पारितन्त्र में परिवर्तन आदि प्रमुख हैं।

एन.सी.ई.आर.टी. पाठ्यपुस्तक भूगोल के प्रश्न (हल सहित)

1. नीचे दिए गए चार विकल्पों में से सही उत्तर चुनिए :

(i) जाड़े के आरम्भ में तमिलनाडु के तटीय प्रदेशों में वर्षा किस कारण होती है?

(क) दक्षिण–पश्चिमी मानसून
(ख) उत्तर–पूर्वी मानसून
(ग) शीतोष्ण कटिबन्धीय चक्रवात
(घ) स्थानीय वायु परिसंचरण

(ii) भारत के कितने भू–भाग पर 75 सेंटीमीटर से कम औसत वार्षिक वर्षा होती है?

(क) आधा (ख) दो–तिहाई
(ग) एक–तिहाई (घ) तीन–चौथाई

(iii) दक्षिण भारत के सन्दर्भ में कौन–सा तथ्य ठीक नहीं है?

(क) यहां दैनिक तापान्तर कम होता है।
(ख) यहां वार्षिक तापान्तर कम होता है।
(ग) यहां तापमान सारा वर्ष ऊंचा रहता है।
(घ) यहां जलवायु विषम पाई जाती है।

(iv) जब सूर्य दक्षिणी गोलार्द्ध में मकर रेखा पर सीधा चमकता है, तब निम्नलिखित में से क्या होता है?

(क) उत्तरी–पश्चिमी भारत में तापमान कम होने के कारण उच्च वायुदाब विकसित हो जाता है।
(ख) उत्तरी–पश्चिमी भारत में तापमान बढ़ने के कारण निम्न वायुदाब विकसित हो जाता है।
(ग) उत्तरी–पश्चिमी भारत में तापमान और वायुदाब में कोई परिवर्तन नहीं आता।
(घ) उत्तरी–पश्चिमी भारत में झुलसा देने वाली तेज लू चलती है।

(v) कोपेन के वर्गीकरण के अनुसार भारत में 'As' प्रकार की जलवायु कहां पाई जाती है?

(क) केरल और तटीय कर्नाटक में

(ख) अण्डमान और निकोबार द्वीप समूह में
(ग) कोरोमण्डल तट पर
(घ) असम व अरुणाचल प्रदेश में

उत्तर–1. (i) (ख), (ii) (ग), (iii) (घ), (iv) (क), (v) (ग)।

2. निम्नलिखित प्रश्नों के उत्तर लगभग 30 शब्दों में दीजिए :

(i) भारतीय मौसम तन्त्र को प्रभावित करने वाले तीन महत्वपूर्ण कारक कौन–से हैं?

(ii) अंतःउष्ण कटिबन्धीय अभिसरण क्षेत्र क्या है?

(iii) मानसून प्रस्फोट से आपका क्या अभिप्राय है? भारत में सबसे अधिक वर्षा प्राप्त करने वाले स्थान का नाम लिखिए।

(iv) जलवायु प्रदेश क्या होता है? कोपेन की पद्धति के प्रमुख आधार कौन–से हैं?

(v) उत्तर–पश्चिमी भारत में रबी की फसलें बोने वाले किसानों को किस प्रकार के चक्रवातों से वर्षा प्राप्त होती है? वे चक्रवात कहां उत्पन्न होते हैं?

उत्तर–

(i) भारतीय मौसम तन्त्र को प्रभावित करने वाले तीन महत्वपूर्ण कारक निम्नलिखित हैं–

(क) वायुदाब तथा पवनों का धरातल पर वितरण।

(ख) विभिन्न वायुराशियों व जेट प्रवाह के अन्तर्वाह द्वारा उत्पन्न ऊपरी वायु संचरण।

(ग) शीतऋतु में पश्चिमी विक्षोभों तथा दक्षिण पश्चिमी मानसून काल में उष्णकटिबन्धीय चक्रवातों द्वारा उत्पन्न वर्षा की अनुकूल दशाएं।

(ii) दोनों गोलार्द्धों की ओर की व्यापारिक हवाएं भूमध्य रेखीय निम्न वायुदाब पेटी पर आकर मिलती हैं इसीलिए इन्हें निम्न वायुदाब पेटी अन्तः उष्ण कटिबन्धीय अभिसरण का क्षेत्र कहा जाता है। इस वायुद्राब पेटी में उष्ण आर्द्र वायु में अस्थिरता उत्पन्न होने के कारण वायु की संवाहनिक धाराओं से बादलों का निर्माण होता है। यह अभिसरण क्षेत्र उत्तर तथा उत्तरी–पश्चिमी भारत पर तापीय निम्न वायुदाब के विकास को प्रोत्साहित करता है।

(iii) दक्षिणी–पश्चिमी मानसून की ऋतु में आर्द्रतायुक्त मानसूनी हवाओं से जब अचानक प्रचण्ड गर्जन तथा बिजली की कड़क के साथ भारी वर्षा होती है तो उसे मानसून प्रस्फोट कहा जाता है।
भारत में सबसे अधिक वर्षा प्राप्त करने वाला स्थान मेघालय राज्य में स्थित मॉसिनराम है।

(iv) वह क्षेत्र जिसमें जलवायु दशाओं की समरूपता मिलती है, जलवायु प्रदेश कहलाता है। यह समरूपता जलवायु के कारकों के संयुक्त प्रभाव से उत्पन्न होती है।
कोपेन ने अपने जलवायु वर्गीकरण का आधार तापमान तथा वर्षण के मासिक मानों को रखा है।

(v) उत्तरी–पश्चिमी भारत में रबी की फसलें बोने वाले किसानों को शीतोष्ण कटिबन्धीय चक्रवातों से वर्षा प्राप्त होती है। यह चक्रवात पश्चिमी विक्षोभ भी कहलाते हैं तथा ये चक्रवात भूमध्य सागर से उत्पन्न होते हैं।

3. निम्नलिखित प्रश्नों के उत्तर लगभग 125 शब्दों में लिखिए।

(i) जलवायु में एक प्रकार का ऐक्य होते हुए भी, भारत की जलवायु में क्षेत्रीय विभिन्नताएं पाई जाती हैं। उपयुक्त उदाहरण देते हुए इस कथन को स्पष्ट कीजिए।

(ii) भारतीय मौसम विज्ञान विभाग के अनुसार भारत में कितने स्पष्ट मौसम पाए जाते हैं? किसी एक मौसम की दशाओं की सविस्तार व्याख्या कीजिए।

उत्तर–

(i) भारत की जलवायु को उष्ण मानसूनी जलवायु कहा जाता है। मानसूनी पवनों की व्यवस्था भारत के बीच एकता को बल प्रदान करती है। भारतीय जलवायु में मानसूनी पवनों की व्यापक एकता होने बावजूद भारत की जलवायु में अनेक क्षेत्रीय भिन्नताएं देखने को मिलती हैं जिन्हें निम्नलिखित उदाहरणों द्वारा स्पष्ट किया गया है–

(क) दक्षिणी भारत में केरल तथा तमिलनाडु राज्यों की जलवायु, उत्तरी भारत के उत्तर प्रदेश व बिहार राज्यों से स्पष्ट रूप से भिन्न होती है।

(ख) राजस्थान के चुरू जिले में जून माह का दैनिक तापमान 50° सेंटीग्रेड अथवा उससे अधिक हो जाता है, जबकि उसी दिन अरुणाचल प्रदेश के तवांग जिले में तापमान 19° सेन्टीग्रेड के आस–पास रहता है।

(ग) जम्मू–कश्मीर राज्य के द्रास क्षेत्र में दिसम्बर का रात्रिकालीन तापमान–45° सेन्टीग्रेड तक गिर जाता है, जबकि उसी रात को दक्षिणी भारत के तिरुवनन्तपुरम अथवा चेन्नई का रात्रिकालीन तापमान 20 से 22° सेन्टीग्रेड के मध्य मिलता है।

(घ) केरल में दैनिक तापान्तर 7° या 8° सेंटीग्रेड के बीच रहता है।

(ङ) मेघालय की खासी पहाड़ियों में औसत वार्षिक वर्षा 1000 सेंटीमीटर से अधिक है, वहीं जैसलमेर (राजस्थान) में यह 10 सेंटीमीटर से भी कम है।

(ii) भारतीय मौसम विज्ञान विभाग भारतवर्ष को निम्नलिखित चार मौसमों में बांटा गया है–

(क) शीत ऋतु,
(ख) ग्रीष्म ऋतु,
(ग) दक्षिणी–पश्चिमी मानसून की ऋतु,
(घ) मानसून के निवर्तन की ऋतु।

शीत ऋतु की मौसमीय दशाएं–उत्तरी भारत में शीत ऋतु नवम्बर के मध्य से आरम्भ होकर फरवरी तक रहती है। दूसरी और प्रायद्वीपीय भारत में कोई शीत ऋतु नहीं होती है।

जनवरी और फरवरी माह में उत्तरी भारत के अधिकतर भागों में औसत दैनिक तापमान 21° (से.) से कम रहता है। पंजाब व राजस्थान में रात्रिकालीन तापमान हिमांक से भी नीचा चला जाता है। दूसरी ओर प्रायद्वीपीय भारत के तटीय भागों में तापमान में कोई महत्वपूर्ण परिवर्तन नहीं होते हैं।

परियोजना/क्रियाकलाप

भारत के रेखा मानचित्र पर निम्नलिखित को दर्शाइए :

1. शीतकालीन वर्षा के क्षेत्र
2. ग्रीष्म ऋतु में पवनों की दिशा
3. 50 प्रतिशत से अधिक वर्षा की परिवर्तिता वाले क्षेत्र
4. जनवरी माह में 15° सेल्सियस से कम तापमान वाले क्षेत्र
5. भारत पर 100 सेंटीमीटर की समवर्षा रेखा।

उत्तर–संकेत–उपर्युक्त का उत्तर पीछे दिए गए विभिन्न मानचित्रों में समाहित है।

21 प्राकृतिक वनस्पति

प्राकृतिक वनस्पति

प्राकृतिक वनस्पति से आशय पौधों के उस समुदाय से है, जो बहुत लम्बी अवधि तक बिना किसी बाह्य व्यवधान अथवा हस्तक्षेप के उगते हैं। इन वनस्पतियों की विभिन्न प्रजातियां सम्बन्ध मिट्टी तथा जलवायु परिस्थितियों में अपने आपको अनुकूलित कर लेती हैं।

भारत में विभिन्न प्रकार की प्राकृतिक वनस्पतियां पायी जाती हैं। हिमालय पर्वतों पर शीतोष्ण कटिबंधीय वनस्पति उगती है; पश्चिमी घाट एवं अंडमान और निकोबार द्वीप समूह में उष्ण कटिबन्धीय वर्षा वन पाए जाते हैं; डेल्टा क्षेत्रों में उष्ण कटिबन्धीय वन व मैंग्रोव तथा राजस्थान के मरुस्थलीय तथा अर्ध–मरुस्थलीय क्षेत्रों में विभिन्न प्रकार की झाड़ियां, कैक्टस व कांटेदार वनस्पति पाई जाती है। मिट्टी व जलवायु में विभिन्नता के कारण भारत में वनस्पति में क्षेत्रीय विभिन्नताएं विद्यमान हैं।

प्राकृतिक वनस्पतियों की व्यापक संकल्पना 'वनों' से सम्बन्धित है। वनस्पतियों के प्रमुख प्रकारों एवं जलवायु जनित स्थितियों के आधार पर भारतीय वनों को निम्नलिखित प्रकारों में विभक्त किया जा सकता है–

भारत में वनों के प्रकार

भारत में वनों के प्रकार को निम्नलिखित प्रकार से समझा जा सकता है–

वन
↓

(क)	(ख)	(ग)	(घ)	(ङ)
उष्ण कटिबन्धीय सदाबहार व अर्द्ध सदाबहार वन	उष्ण कटिबन्धीय पर्णपाती वन	उष्ण कटिबन्धीय कांटेदार वन	पर्वतीय वन	वेलांचली व अनूपवन

उपर्युक्त का विस्तृत विवरण निम्नलिखित है–

(क) **उष्णकटिबन्धीय सदाबहार एवं अर्द्ध सदाबहार वन**–भारत में ये वन मुख्यतया पश्चिमी घाट के पश्चिमी ढालों, उत्तरी–पूर्वी पहाड़ियों तथा अण्डमान–निकोबार द्वीप समूह में मिलते हैं। उष्ण–आर्द्र जलवायु में मिलने वाले इन वन क्षेत्रों में वार्षिक वर्षा 200 सेमी से अधिक और औसत वार्षिक तापमान 22° सेल्सियस से अधिक रहता है। उष्ण कटिबन्धीय वन सघन सामान्यतः तीन परतों में पाये जाते हैं–

(i) धरातल के समीप झाड़ियां व बेलें होती हैं।

(ii) इनके ऊपर छोटी लम्बाई वाले वृक्ष होते हैं।

(iii) सबसे ऊपर लम्बे कद वाले वृक्ष होते हैं जिनकी ऊंचाई 60 मीटर से अधिक हो सकती है।

ये वृक्ष वर्ष–पर्यन्त हरे–भरे दिखायी देते हैं। इन वनों में मिलने वाली प्रमुख प्रजातियां रोजवुड, महोगनी, ऐनी व एबोनी हैं।

अर्द्ध–सदाबहारी वन पश्चिमी घाट के पश्चिमी ढालों, उत्तरी–पूर्वी पहाड़ियों एवं अण्डमान–निकोबार द्वीप समूह में पाये जाते हैं। साइडर, होलक तथा कैल इन वनों में मिलने वाले प्रमुख वृक्ष हैं।

(ख) **उष्णकटिबन्धीय पर्णपाती वन**–70 से 200 सेमी वार्षिक वर्षा प्राप्त करने वाले क्षेत्रों में उष्ण कटिबन्धीय पर्णपाती अथवा **मानसूनी वन** प्रमुखता से मिलते हैं। जल की उपलब्धता के आधार पर इन वनों को दो भागों में बांटा जाता है–

(i) **आर्द्र पर्णपाती वन**–100 से 200 सेमी वर्षा वाले उत्तरी पूर्वी राज्यों, हिमालय के गिरिपद, पश्चिमी घाट के पूर्वी ढाल तथा ओडिशा राज्य में ये वन प्रमुखता से पाये जाते हैं। सागवान, साल, शीशम, हुर्रा, महुआ, आंवला, सेमल, कुसुम तथा चन्दन प्रजातियों के वृक्ष यहां प्रमुखता से मिलते हैं।

(ii) **शुष्क पर्णपाती वन**–70 से 100 सेमी सेमी वार्षिक वर्षा प्राप्त करने वाले ये वन प्रायद्वीप में अधिक वर्षा वाले भागों तथा उत्तर प्रदेश व बिहार के मैदानी भागों में अवस्थित हैं। इन वनों में मिलने वाले प्रमुख वृक्षों में तेंदू, पलास, अमलतास, बेल, खैर तथ अक्सलवुड प्रमुख हैं।

(ग) **उष्ण कटिबन्धीय कांटेदार वन**–दक्षिणी पश्चिमी पंजाब, हरियाणा, राजस्थान, गुजरात, मध्य प्रदेश तथा उत्तर प्रदेश के अर्द्ध–शुष्क प्रदेशों में ये वन प्रमुख रूप से मिलते हैं। इन वनों में अनेक प्रकार की घासें व झाड़ियां मिलती हैं। बबूल, खैर, बेर, खजूर, नीम, खेजड़ी तथा पलास यहां पाये जाने वाले प्रमुख वृक्ष हैं।

(घ) **पर्वतीय वन**–पर्वतीय क्षेत्रों में ऊंचाई बढ़ने के फलस्वरूप तापमान घटने के कारण प्राकृतिक वनस्पति के स्वरूप में भी अन्तर आ जाता है। पर्वतीय वनों का अध्ययन दो भागों में विभक्त कर किया जा सकता है–

(i) उत्तरी पर्वतीय वन, (ii) दक्षिणी पर्वतीय वन।

(i) **उत्तरी पर्वतीय वन**–ये वन हिमालय पर्वत शृंखला में मिलते हैं जहां उष्ण कटिबन्धीय वनों से लेकर टुण्ड्रा वनस्पति तक मिलती है। हिमालय के गिरिपद पर पर्णपाती वन मिलते हैं। इसके बाद ऊंचाई के अनुसार हिमालय क्षेत्र में निम्नलिखित प्रकार की वनस्पति मिलती हैं–

(a) 1000 से 2000 मीटर उत्तरी–पूर्वी भारत में पर्वत शृंखला, पश्चिम बंगाल तथा उत्तराखण्ड के पर्वतीय भाग में आर्द्र शीतोष्ण कटिबन्धीय वन मिलते हैं। जिनमें चौड़ी पत्ती वाले ओक, चेस्टनट तथा चीड़ के वृक्ष मुख्य रूप से मिलते हैं। पश्चिमी हिमालय क्षेत्र में देवदार, चिनार तथा बालन के वृक्ष प्रमुख रूप से पाये जाते हैं।

(b) 2225 से 3048 मीटर की ऊंचाई पर शीतोष्ण घास के मैदानों के साथ ब्लू पाइन तथा स्प्रूस वृक्ष प्रमुख रूप से मिलते हैं।

(c) 3000 से 4000 मीटर की ऊंचाई पर एल्पाइन वन तथा चारागाह मिलते हैं। सिल्वर, फर, जुनिपर, पाइन, बर्च तथा रोडोडेन्ड्रोन यहां मिलने वाले प्रमुख वृक्ष हैं।

(d) 4000 मीटर से अधिक ऊंचाई वाले भागों पर टुण्ड्रा वनस्पति जैसे मॉस व लाइकन मिलती है।

(ii) **दक्षिणी पर्वतीय वन**–ये वन प्रमुख रूप से प्रायद्वीप के पश्चिमी घाट, विंध्याचल की नीलगिरी पर्वत शृंखलाओं में पाये जाते हैं। इन पर्वत शृंखलाओं की समुद्र तल से ऊंचाई 1500 मीटर तक होती है। इसी कारण ऊंचाई वाले भागों में शीतोष्ण कटिबन्धीय तथा निचले पर्वतीय ढालों पर उपोष्ण कटिबन्धीय वन मिलते हैं। केरल, तमिलनाडु व कर्नाटक भागों में सह्याद्रि के कम ऊंचाई

वाले ढलानों पर उपोष्ण कटिबन्धीय वनस्पति मिलती है। नीलगिरी, अन्नामलाई एवं पालनी पहाड़ियों पर शीतोष्ण कटिबन्धीय वन मिलते हैं जिन्हें 'शोलास' कहा जाता है। मगनोलिया, लैरेल, सिनकोना तथा वैटल इन वनों में मिलने वाले प्रमुख वृक्ष हैं।

(ङ) **वेलांचली व अनूप वन**—इन वनों को मैंग्रोव अथवा **डेल्टाई वन** भी कहा जाता है। ये वन प्रमुख रूप से समुद्र तट, स्थित लवणीय दलदलों, ज्वारीय निविशिकाओं, संकरी खाड़ियों, पंक मैदानों तथा ज्वारनदमुखों में उगते हैं। यहां लवणयुक्त जल से प्रभावित न होने वाले वृक्ष प्रमुख रूप से उगते हैं।

अण्डमान–निकोबार द्वीप समूह व पश्चिमी बंगाल के सुन्दर वन डेल्टा में ये वृक्ष विकसित रूप में मिलते हैं। इसके अलावा महानदी, गोदावरी एवं कृष्णा नदियों के डेल्टाई भागों में भी ये वन पाये जाते हैं।

भारत में वनाच्छादन या वन का आवरण

वन आवरण की संकल्पना के अनुसार यह प्राकृतिक वनस्पतियों का झुरमुट है एवं वास्तविक रूप से वनों से ढका हुआ क्षेत्र है। विश्लेषण की दृष्टि से उल्लेखनीय तथ्य यह है कि वन क्षेत्र व वास्तविक वन आवरण, ये दोनों अलग–अलग तथ्य हैं—वन क्षेत्र ऐसा अधिसूचित क्षेत्र है जहां वृक्ष हो भी सकते हैं और नहीं भी हो सकते हैं। वस्तुतः यह तकनीकी तथ्य है जो समय–समय पर वन विभाग/राजस्व विभाग द्वारा परिभाषित किया जाता है जबकि **वन आवरण** प्राकृतिक वनस्पतियों का वह झुरमुट है जो वास्तविक/ व्यावहारिक रूप से वनों से ढका है।

वन क्षेत्र का विवरण राज्यों के राजस्व विभाग से प्राप्त होता है जबकि वन आवरण की पहचान उपग्रह से प्राप्त चित्रों/वायुचित्रों द्वारा की जाती है। वन आवरण के सम्बन्ध में इंडिया स्टेट फॉरेस्ट रिपोर्ट–2011 के अनुसार वास्तविक वन आवरण मात्र 21·05% है। इनमें से 12·29% हिस्से पर सघन वन व 8·75% हिस्से पर विवृत वनों का विस्तार है। वन क्षेत्र का राज्य स्तरीय वितरण अत्यधिक असमान है। इस असमानता को हम निम्नलिखित बिन्दुओं के आधार पर समझ सकते हैं—

(i) भारत में 10 प्रतिशत से कम वन क्षेत्र वाले राज्य प्रमुख रूप से देश के उत्तरी तथा उत्तरी–पश्चिमी भागों में मिलते हैं। इनमें राजस्थान, गुजरात, पंजाब, हरियाणा एवं दिल्ली राज्य सम्मिलित हैं। पंजाब व हरियाणा के एक बड़े भाग से मानव ने कृषि के लिए वनों का सफाया कर दिया है, वहीं गुजरात, राजस्थान और हरियाणा का अधिकांश भाग अर्द्ध–शुष्क जलवायु वाला क्षेत्र है।

(ii) 10 से 20 प्रतिशत भाग पर वन मिलने वाले राज्यों में तमिलनाडु तथा पश्चिम बंगाल राज्य सम्मिलित हैं।

(iii) 20 से 30 प्रतिशत वन क्षेत्र रखने वाले राज्यों में प्रायद्वीपीय भारत में दादरा–नगर हवेली, तमिलनाडु तथा गोवा को छोड़कर सभी प्रायद्वीपीय भारत के राज्य सम्मिलित हैं।

(iv) 30 प्रतिशत से अधिक वन क्षेत्र रखने वाले राज्यों में सभी उत्तरी पूर्वी राज्य–असम, मणिपुर, मेघालय, मिजोरम, नगालैण्ड, त्रिपुरा तथा अरुणाचल प्रदेश सम्मिलित हैं।

वन–आवरण के परिप्रेक्ष्य में भारत में राज्य स्तरीय भिन्नता उल्लेखनीय है जम्मू–कश्मीर में जहां वन–आवरण 9.5 प्रतिशत मिलता है, वहीं अण्डमान–निकोबार द्वीप समूह में यह 84.01 प्रतिशत है। भारत के 15 राज्यों के कुल भूमि क्षेत्रफल के 33 प्रतिशत से अधिक भाग पर वन क्षेत्र मिलते हैं जो किसी प्रदेश के पारिस्थितिकी सन्तुलन को कायम रखने के लिए आवश्यक है। वास्तविक वनावरण के अधीन क्षेत्र के आधार पर भारतीय राज्यों को निम्नलिखित चार प्रदेशों में बांटा जा सकता है—

प्रदेश	वन–आवरण का प्रतिशत	सम्मिलित राज्य
(क) अधिक वन संकेन्द्रण वाले प्रदेश	40 से अधिक	अरुणाचल प्रदेश, छत्तीसगढ़, गोवा, केरल, मणिपुर, मेघालय, मिजोरम, नगालैण्ड, सिक्किम, त्रिपुरा, उत्तराखण्ड, अण्डमान–निकोबार, दादरा–नगर हवेली, लक्षद्वीप।
(ख) मध्यम वन संकेन्द्रण वाले प्रदेश	20-40	असम, हिमाचल प्रदेश, झारखण्ड, मध्य प्रदेश, ओडिशा।
(ग) कम वन संकेन्द्रण वाले प्रदेश	10-20	कर्नाटक, महाराष्ट्र, तमिलनाडु, पश्चिम बंगाल।
(घ) अति कम वन संकेन्द्रण वाले प्रदेश	10 से कम	बिहार, दिल्ली, गुजरात, हरियाणा, जम्मू–कश्मीर, पंजाब, राजस्थान, उत्तर प्रदेश, चण्डीगढ़, दमन–दीव तथा पाण्डिचेरी।

वन संरक्षण

वनों का जीवन तथा पर्यावरण के साथ जटिल सम्बन्ध है। वन प्रत्यक्ष व अप्रत्यक्ष रूप से हमें बहुत आर्थिक तथा सामाजिक लाभ पहुंचाते हैं। अतः वनों के संरक्षण की मानवीय विकास में एक महत्वपूर्ण भूमिका है। अतः भारत सरकार ने पूरे देश के लिए वन संरक्षण नीति 1952 में लागू की जिसे 1988 में संशोधित किया गया। इस नई वन नीति के अनुसार सरकार सतत् पोषणीय वन प्रबन्ध पर बल देगी जिससे एक ओर वन संसाधनों का संरक्षण व विकास किया जाएगा तथा दूसरी तरफ स्थानीय लोगों की आवश्यकताओं की पूर्ति की जाएगी।

भारत सरकार द्वारा पोषित वन नीति के उद्देश्य इस प्रकार हैं—

(i) देश में 33 प्रतिशत भाग पर वन लगाना, जो वर्तमान राष्ट्रीय स्तर से 6 प्रतिशत अधिक है।

(ii) पर्यावरण सन्तुलन बनाए रखना तथा पारिस्थितिक असंतुलित क्षेत्रों में वन लगाना।

(iii) देश की प्राकृतिक धरोहर जैव विविधता और आनुवांशिक पूल का संरक्षण।

(iv) मृदा अपरदन और मरुस्थलीकरण रोकना तथा बाढ़ व सूखा नियंत्रण।

(v) निम्नीकृत भूमि पर सामाजिक वानिकी एवं वनरोपण द्वारा वन आवरण का विस्तार।

(vi) वनों की उत्पादकता बढ़ाकर वनों पर निर्भर ग्रामीण जनजातियों को इमारती लकड़ी, ईंधन, चारा तथा भोजन उपलब्ध करवाना और लकड़ी के स्थान पर अन्य वस्तुओं को प्रयोग में लाना।

(vii) पेड़ लगाने को बढ़ावा देने के लिए, पेड़ों की कटाई रोकने के लिए जन–आंदोलन चलाना, जिसमें महिलाएं भी सम्मिलित हों, ताकि वनों पर दबाव कम हो।

उपर्युक्त उद्देश्यों की पूर्ति हेतु निम्नलिखित कदम उठाए गए हैं—

(क) **सामाजिक वानिकी**—ग्रामीण जनसंख्या के लिए जलावन लकड़ी, छोटी इमारती लकड़ी और छोटे–छोटे वन उत्पादों की आपूर्ति करना। पर्यावरणीय, सामाजिक व ग्रामीण विकास में मदद के उद्देश्य से वनों का प्रबन्ध तथा सुरक्षा एवं ऊसर भूमि पर वनारोपण ही सामाजिक वानिकी है।

राष्ट्रीय कृषि आयोग ने सामाजिक वानिकी को तीन वर्गों में बांटा है—

(i) **शहरी वानिकी**—शहर तथा उसके आस-पास निजी व सार्वजनिक भूमि जैसे हरित पट्टी, बाग-बगीचा, सड़कों के साथ-साथ खाली पड़ी भूमि तथा औद्योगिक व व्यापारिक स्थलों पर वृक्ष-उगाना व उनका प्रबन्धन करना शहरी वानिकी कहलाता है।

(ii) **ग्रामीण वानिकी**—इसमें कृषि वानिकी तथा समुदाय वानिकी सम्मिलित है। कृषि वानिकी में कृषि कार्यों के साथ-साथ चारा, ईंधन, इमारती लकड़ी तथा फलों उत्पादन भी किया जाता है।

(iii) **समुदाय वानिकी**—समुदाय वानिकी में ग्रामीण क्षेत्रों में खाली पड़ी सार्वजनिक भूमि (चरागाह, मन्दिर भूमि, नहर के किनारे, सड़क के दोनों ओर, विद्यालय की खाली भूमि आदि) पर वृक्षारोपण कार्य करना सम्मिलित है।

(ख) **फार्म वानिकी**—फार्म वानिकी में किसान अपने खेतों में व्यापारिक महत्व वाले अथवा दूसरे वृक्षों का रोपण करते हैं। इसके अलावा कई तरह की भूमि जैसे कि मेंड़ें, चरागाह, घास स्थल, घर के पास पड़ी खाली जमीन तथा पशुओं के बाड़ों में भी वृक्षों का रोपण किया जाना सम्मिलित है।

वन एवं जनजातीय समुदाय

असंख्य जनजातीय समुदायों के लिए वन एक आवास रोजी-रोटी तथा अस्तित्व है। ये उन्हें भोजन, फल, खाने लायक वनस्पति, शहद, पौष्टिक जड़ें, व शिकार के लिएं वन्य जानवर उपलब्ध कराते हैं। वन उन्हें घर बनाने का सामान और कलाकारी की वस्तुएं प्रदान करते हैं। जनजातीय समुदायों के लिए वनों की महत्ता सर्वविदित है, क्योंकि ये उनके जीवन व आर्थिक क्रियाओं के आधार हैं। साधारणतया यह माना जाता है कि भारत के 593 जिलों में से 188 जनजातीय जिले हैं। ये जनजातीय जिले भारत के कुल भौगोलिक क्षेत्र का 33.63 प्रतिशत हिस्सा है। देश का 59.61 प्रतिशत वन आवरण इन्हीं जिलों में पाया जाता है। जनजातीय जिले वन सम्पदा के धनी हैं।

वनों तथा जनजाति समुदायों में घनिष्ठ सम्बन्ध है। इनमें से एक का विकास दूसरे के बिना असम्भव है। वनों के विषय में इनके प्राचीन व्यावहारिक ज्ञान को वन विकास में प्रयोग किया जा सकता है। जनजातियों को वनों से गौण उत्पाद संग्रह करने वाले न समझ कर उन्हें वन संरक्षण में भागीदार बनाया जाना चाहिए।

वन्य प्राणी

भारत में वन्य प्राणी एक विशिष्ट प्राकृतिक धरोहर है। एक अनुमान के अनुसार विश्व के ज्ञात पौधों तथा प्राणियों की किस्मों में से 4-5 प्रतिशत किस्में भारत में पाई जाती हैं। भारत में इतने बड़े पैमाने पर जैव विविधता पाए जाने का कारण यहां पर पाए जाने वाले विभिन्न प्रकार के पारिस्थितिकी तंत्र हैं, जिन्हें युगों से संरक्षित रखा गया है। समय के साथ पारिस्थितिकी तंत्रों के आवास मानव क्रियाओं द्वारा प्रभावित हुए। इसका परिणाम यह हुआ कि जैव प्रजातियों की संख्या अत्यधिक कम हो गई। कुछ जैव प्रजातियां तो लुप्त होने के कगार पर हैं।

वन्य प्राणियों की संख्या कम होने के कारण—वन्य प्राणियों की संख्या कम होने के प्रमुख कारण निम्नलिखित हैं—

(i) औद्योगिकी तथा तकनीकी विकास के कारण वनों के दोहन की गति तेज हुई।

(ii) खेती, मानवीय बस्ती, सड़कों, खदानों, जलाशयों इत्यादि के कारण वनों को साफ किया गया।

(iii) स्थानीय लोगों ने चारे, ईंधन तथा इमारती लकड़ी के लिए वनों से पेड़ काटे एवं वनों पर दबाव बढाया।

(iv) पालतू पशुओं के लिए नए चरागाहों की खोज में मानव ने वन्य जीवों एवं उनके आवासों को नष्ट किया।

(v) रजवाड़ों व सम्भ्रांत वर्ग ने शिकार को खेल बनाया और एक ही बार में सैकड़ों वन्य जीवों को शिकार बनाया। व्यापारिक महत्व के लिए अभी भी पशुओं को मारा जा रहा है।

(vi) जंगलों में आग लगने से भी वन तथा वन्य प्राणियों की प्रजातियां नष्ट हुईं।

भारत में वन्य प्राणी संरक्षण—जन-जीवन एवं पारिस्थितिकी तंत्र के लिए वन्य प्राणियों का बचाव अत्यन्त आवश्यक है। इसी आवश्यकता की पूर्ति के लिए भारत सरकार द्वारा 1972 में वन्य प्राणी अधिनियम लाया गया, जो वन्य प्राणियों के संरक्षण व रक्षण की कानूनी रूपरेखा तैयार करता है। इस अधिनियम के दो मुख्य उद्देश्य हैं: (1) अधिनियम के तहत अनुसूची में सूचीबद्ध संकटापन्न प्रजातियों को सुरक्षा प्रदान करना, (2) नेशनल पार्क, पशु विहार जैसे संरक्षित क्षेत्रों को कानूनी सहायता प्रदान करना। इस अधिनियम को 1991 में पूरी तरह से संशोधित कर दिया गया जिसके तहत कठोर सजा का प्रावधान किया गया है। इसमें कुछ पौधों की प्रजातियों को बचाने तथा संकटापन्न प्रजातियों के संरक्षण का प्रावधान है।

भारत में 102 नेशनल पार्क और 515 वन्य प्राणी अभयवन हैं। ये 1.57 करोड़ हेक्टेअर भूमि पर फैले हैं।

वन्य प्राणी संरक्षण का दायरा अत्यंत वृहद है और इसमें मनुष्य के कल्याण की असीम संभावनाएं सन्निहित हैं। यद्यपि इस लक्ष्य को तभी प्राप्त किया जा सकता है, जब हर व्यक्ति इसका महत्व समझे और अपना योगदान दे। यूनेस्को के 'मानव और जीवमंडल योजना' (Man and Biosphere Programme) के तहत भारत सरकार ने वनस्पति जात और प्राणि जात के संरक्षण के लिए महत्वपूर्ण कदम उठाए हैं। प्रोजेक्ट टाइगर (1973) और प्रोजेक्ट एलीफेंट (1992) जैसी विशेष योजनाएं सम्बद्ध जातियों के संरक्षण और उनके आवास के बचाव के लिए चलायी जा रही हैं।

इनमें से प्रोजेक्ट टाईगर सन् 1973 से चलाई जा रही है। इसका मुख्य उद्देश्य भारत में बाघों की जनसंख्या का स्तर बनाए रखना है, जिससे वैज्ञानिक सौन्दर्यात्मक सांस्कृतिक व पारिस्थितिक मूल्य यथावत बने रहें। इससे प्राकृतिक धरोहर को भी संरक्षण मिलेगा जिसका लोगों को शिक्षा और मनोरंजन के रूप में लाभ होगा। शुरू में यह योजना नौ बाघ निचयों (आरक्षित क्षेत्रों) में प्रारम्भ की गई थी और ये 16,339 वर्ग किलोमीटर तक फैली थी। अब यह योजना 44 क्रोड बाघ निचयों में चल रही है और इनका क्षेत्रफल 36,988.28 वर्ग किलोमीटर है और 17 राज्यों में व्याप्त है। यह योजना मुख्य रूप से बाघ केंद्रित है, इसके बावजूद पारिस्थितिक तंत्र की स्थिरता पर बल दिया जाता है। बाघों की संख्या का स्तर तभी ऊंचा रह सकता है जब पारिस्थितिक तंत्र के विभिन्न पोषण स्तरों तथा इसकी भोजन कड़ी को बनाए रखा जाए।

उपर्युक्त के अतिरिक्त भारत सरकार द्वारा कुछ और परियोजनाएं, जैसे मगरमच्छ प्रजनन परियोजना, हगुंल परियोजना और हिमालय कस्तूरी मृग परियोजना भी चलाई जा रही है।

जीवमंडल निचय—यह विशेष आरक्षित क्षेत्र हैं, जिसमें भौमिक एवं तटीय पारिस्थितिक तंत्र पर विशेष बल दिया जाता है। दूसरे शब्दों में **विशेष प्रकार के भौमिक और तटीय पारिस्थितिक तंत्र को जीव मंडल निचय कहते हैं।** इसे यूनेस्को के मानव और जीवमंडल प्रोग्राम अर्थात 'MAB' के तहत मान्यता प्राप्त है। इसके अन्तर्गत निम्नलिखित तीन उद्देश्यों को समाहित किया गया है—

(i) जीव विविधता एवं पारिस्थितिक तन्त्रों का संरक्षण,

(ii) पर्यावरण तथा विकास का समन्वय अथवा मेलजोल,

(iii) अनुसंधान एवं देख-रेख के लिए अन्तर्राष्ट्रीय नेटवर्क।

उपर्युक्त बिन्दु जीवमंडल निचय के वृहद् उद्देश्य को पूर्ण करने के लिए निर्धारित किए गए हैं। इस परिप्रेक्ष्य में निम्नलिखित तालिका उल्लेखनीय है–

क्र. सं.	जीव मंडल निचय का नाम तथा कुल भौगोलिक क्षेत्र (वर्ग किमी में)	नामित तिथि	क्षेत्र
1.	**नीलगिरी (5520)**	01.08.1986	वायनाद, नगरहोल, बांदीपुर, मुदुमलाई, निलंबूर, सायलेंट वैली एवं सिरुवली पहाड़ियां (तमिलनाडु, केरल व कर्नाटक)
2.	**नंदा देवी (5860.69)**	18.01.1988	चमोली, पिथौरागढ़ तथा अल्मोड़ा जिलों के हिस्से (उत्तराखंड)
3.	**नोकरेक (820)**	01.09.1988	गारो पहाड़ियों का भाग (मेघालय)
4.	**मानस (2837)**	14.03.1989	कोकराझार, बोगाई गांव, बरपेटा, नलबाड़ी कामरूप तथा दारांग जिलों के भाग (असम)
5.	**सुंदर वन (9630)**	29.03.1989	गंगा–ब्रह्मपुत्र नदी तंत्र का डेल्टा व इसका भाग (पश्चिम बंगाल)
6.	**मन्नार की खाड़ी (10500)**	18.02.1989	तमिलनाडु के उत्तर में रामेश्वरम द्वीप से दक्षिण में कन्याकुमारी तक विस्तृत मन्नार की खाड़ी का भारतीय हिस्सा
7.	**ग्रेट निकोबार (885)**	06.01.1989	अंडमान–निकोबार के सुदूर दक्षिणी द्वीप (अंडमान निकोबार द्वीप समूह)
8.	**सिमिलीपाल (4374)**	21.06.1994	मयूरभंज जिले के हिस्से (ओडिशा)
9.	डिब्रू–साईकोवा (765)	28.07.1997	डिब्रूगढ़ तथा तिनसुकिया जिलों के भाग (असम)
10.	दिहांग–देबांग (5111.5)	02.09.1998	अरुणचल प्रदेश में सियांग व देबांग जिलों के भाग
11.	**पंचमढ़ी (4981.72)**	03.03.1999	बेतूल, होशंगाबाद तथा छिंदवाड़ा जिलों के भाग (मध्य प्रदेश)
12.	कंचनजुंगा (2619.92)	07.02.2000	उत्तर व पश्चिम सिक्किम के हिस्से
13.	अगस्त्यमलाई (3500.36)	12.11.2001	केरल में अगस्त्यथीमलाई पहाड़ियां
14.	**अचनकमर–अमरकटंक (3835.51)**	30.03.2005	मध्य प्रदेश में अनुपुर व दिन दोरी जिलों के भाग और छत्तीसगढ़ में बिलासपुर जिले का भाग
15.	कच्छ (12,454)	29.01.2008	कच्छ का भाग, एवं गुजरात के राजकोट, सुंदर नगर व पाटन जिले
16.	ठंडा रेगिस्तान (7770)	28.08.2009	पिन वैली नेशनल पार्क एवं प्रतिवेश, चंद्रताल व सारचू एवं किब्बर वन्य प्राणी अभयवन, हिमाचल प्रदेश
17.	शेष अचलम (4755.997)	20.09.2010	पूर्वी घाट में शेष अचलम की पहाड़ियां व आंध्र प्रदेश में चितूर और कड्डप्पा जिलों के भाग
18.	पन्ना (2998.98)	25.08.2011	मध्य प्रदेश में पन्ना एवं छतरपुर जिलों के हिस्से

ध्यातव्य– 1. उपर्युक्त संदर्भ भारत सरकार के पर्यावरण व वन मंत्रालय के प्रतिवेदन (वर्ष 2013-14) से गृहीत हैं।
2. मोटे अक्षरों में अंकित क्षेत्र यूनेस्को द्वारा अधिकृत हैं।

महत्वपूर्ण जीवमंडल निचयों का उल्लेख/विवरण

नीलगिरी जीवमंडल निचय

इस जीवमंडल निचय की स्थापना सन् 1986 में हुई थी। यह **भारत का पहला** जीव मंडल निचय है। इस निचय में वायनाड वन्य जीवन सुरक्षित क्षेत्र, नगरहोल, बादीपुर और मदुमलाई, निलंबूर का सारा वन से ढका ढाल, ऊपरी नीलगिरी पठार, सायलेंट वैली तथा सिदुवानी पहाड़ियां सम्मिलित हैं। इस जीव मंडल निचय का कुल क्षेत्र 5,520 वर्ग किलोमीटर है।

नीलगिरी जीव मंडल निचय में विभिन्न प्रकार के आवास तथा मानव क्रिया द्वारा कम प्रभावित प्राकृतिक वनस्पति एवं सूखी झाड़ियां; जैसे–शुष्क तथा आर्द्र पर्णपाती वन, अर्ध–सदाबहार व आर्द्र सदाबहार वन, सदाबहार शोलास, घास के मैदान और दलदल शामिल हैं। यहां पर दो संकटापन्न प्राणी प्रजातियों, नीलगिरी ताहर (Tahr) व शेर जैसी दुम वाले बंदर की सबसे अधिक संख्या पायी जाती है।

नीलगिरी निचय में हाथी, बाघ, गौर, सांभर तथा चीतल जानवरों की दक्षिण भारत में सबसे ज्यादा संख्या तथा कुछ संकटापन्न व क्षेत्रीय विशेष पौधे पाए जाते हैं। इस क्षेत्र में कुछ ऐसी जनजातियों के आवास भी पाए जाते हैं, जो पर्यावरण के साथ सामंजस्य करके रहने के लिए प्रसिद्ध हैं।

इस जीव मंडल की स्थलाकृति उबड़–खाबड़ है और समुद्र तल से ऊंचाई 250 मीटर से 2,650 मीटर तक है। पश्चिमी घाट में पाए जाने वाले 80 प्रतिशत फूलदार पौधे इसी निचय में मिलते हैं।

नंदा देवी जीवमंडल निचय

यह उत्तराखंड में स्थित है, जिसमें चमोली, अल्मोड़ा, पिथौरागढ़ तथा बागेश्वर जिलों के हिस्से सम्मिलित हैं।

यहां पर मुख्य रूप से शीतोष्ण कटिबंधीय वन पाए जाते हैं। यहां पाई जाने वाली प्रजातियों में सिल्वर वुड व लैटीफोली जैसे ओरचिड और रोडोडेंड्रॉन शामिल हैं। इस जीव मंडल निचय में कई प्रकार के वन्य जीव, जैसे–हिम तेंदुआ (Snow leopard), काला भालू, भूरा भालू, कस्तूरी मृग, हिम–मुर्गा, सुनहरा बाज और काला बाज पाए जाते हैं।

यहां परिस्थितिक तंत्रों को मुख्य खतरा संकटापन्न पौध प्रजातियों को औषधि के लिए एकत्रित करना, दावानल एवं पशुओं का व्यापारिक उद्देश्य के लिए शिकार से है।

सुंदर वन जीवमंडल निचय

यह पश्चिम बंगाल में गंगा नदी के दलदली डेल्टा पर स्थित है। यह 9,630 वर्ग किलोमीटर विशाल क्षेत्रफल पर फैला हुआ है। यहां मैंग्रोव वन, अनूप और वनाच्छादित द्वीप पाए जाते हैं। सुंदर वन लगभग 200 रॉयल बंगाल टाईगर का आवासीय क्षेत्र है।

मैंग्रोव वृक्षों की उलझी हुई विशाल जड़ समूह मछली से श्रिम्प तक को आश्रय प्रदान करती हैं। इन मैंग्रोव वनों में 170 से अधिक पक्षी प्रजातियां पाई जाती हैं।

स्वयं को लवणीय तथा ताजा जल पर्यावरण के अनुरूप ढालते हुए, बाघ पानी में तैरते हैं और चीतल, भौंकने वाले मृग (Barking deer), जंगली सूअर

और यहां तक कि लंगूरों जैसे जंतुओं का दुर्लभ शिकार भी कर लेते हैं। सुन्दर वन के मैंग्रोव वनों में हेरिशिएरा फोमीज जैसी बेशकीमती इमारती लकड़ी भी पाई जाती है।

मन्नार की खाड़ी का जीवमंडल निचय

मन्नार की खाड़ी का जीवमंडल निचय लगभग एक लाख पांच हजार हेक्टेअर क्षेत्र में विस्तृत है तथा भारत के दक्षिण–पूर्वी तट पर स्थित है। समुद्रीय जीव विविधता की दृष्टि से यह क्षेत्र **विश्व के सबसे धनी क्षेत्रों** में से एक है। इस जीवमंडल निचय में 21 द्वीप हैं। इन पर अनेक ज्वारनदमुख, पुलिन, तटीय पर्यावरण के जंगल, समुद्री घासें, प्रवाल द्वीप, लवणीय अनूप व मैंग्रोव पाए जाते हैं। यहां पर लगभग 3,600 पौधों और जीवों की संकटापन्न प्रजातियां पाई जाती हैं, जैसे–समुद्री गाय (Dugong dugon)। इसके अतिरिक्त भारतीय प्रायद्वीप क्षेत्रीय विशेष की छः मैंग्रोव प्रजातियां भी संकटापन्न हैं।

अध्याय : मानचित्र की नजर में

भारत : प्राकृतिक वनस्पति

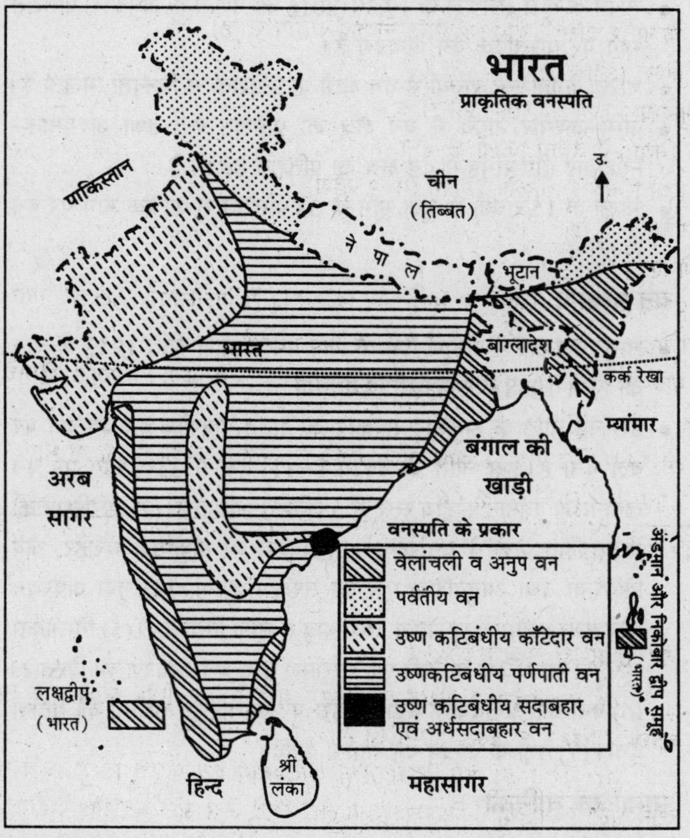

भारत : जीवमण्डल निचय

यह भी जानिए

भारत में प्राकृतिक वनस्पति वर्षा के वार्षिक वितरण पर आश्रित है

वर्षा की मात्रा में अन्तर होने के कारण देश के अलग–अलग भागों में विभिन्न प्रकार के वन मिलते हैं। पूर्वी और पश्चिमी हिमालय, पश्चिमी घाट के पूर्वी व पश्चिमी ढलानों तथा भारत के उत्तरी–पश्चिमी मैदानों एवं गंगा के मध्यवर्ती व निचले मैदानों में भी वर्षा की मात्रा के परिवर्तन के साथ ही वनस्पति का स्वरूप भी बदल जाता है।

उष्ण कटिबन्धीय सदाबहार वनों का वर्ष भर हरा-भरा दिखाई देने का कारण

उष्ण कटिबन्धीय सदाबहार वन सघन और परतों वाले होते हैं। इनमें भूमि के पास झाड़ियां व बेलें होती हैं। इनके ऊपर छोटे कद वाले पेड़ एवं सबसे ऊपर लम्बे पेड़ होते हैं। चूंकि इन पेड़ों के पत्ते झड़ने, फूल आने एवं फल लगने का समय अलग–अलग होता है। इसलिए ये वन वर्षभर हरे–भरे दिखाई देते हैं।

राष्ट्रीय उद्यान एवं अभयारण्य में अंतर

राष्ट्रीय उद्यान एवं वन्य जीव अभयारण्य दोनों वन्य जीवों की सुरक्षा के लिए स्थापित किये जाते हैं। अभयारण्य में अनुमति के बिना शिकार करना मना है लेकिन चराई तथा गौ–पशुओं का आना–जाना नियमित होता है। दूसरी ओर राष्ट्रीय उद्यानों में शिकार तथा चराई पर पूर्ण प्रतिबन्ध रहता है।

भारत में प्रोजेक्ट टाईगर योजना का शुभारम्भ और उद्देश्य

भारत में सन् 1973 में प्रोजेक्ट टाईगर योजना का शुभारंभ हुआ। इसका मुख्य उद्देश्य देश में बाघों की संख्या का स्तर बनाए रखना है ताकि पारिस्थितिक मूल्यों की सुरक्षा हो सके।

स्मरणीय बिन्दु

- भूमि की प्रकृति एवं जलवायु में भिन्नता होने से भारत में विभिन्न प्रकार की वनस्पतियां पायी जाती हैं।
- हिमालय पर्वतीय क्षेत्रों में शीतोष्ण कटिबन्धीय वनस्पति पायी जाती है।
- पश्चिमी घाट तथा अंडमान और निकोबार द्वीप समूह में उष्ण कटिबन्धीय वर्षा वन पाए जाते हैं।
- भारत के डेल्टाई क्षेत्रों में मैंग्रोव वन व राजस्थान के मरुस्थलीय क्षेत्रों में विचित्र प्रकार की झाड़ियां, कैक्टस व कांटेदार वनस्पति पाई जाती है।

वनों के प्रकार

- प्रमुख वनस्पति प्रकार एवं जलवायु परिस्थितियों के आधार पर भारतीय वनों को निम्न प्रकारों में विभाजित किया जा सकता है–

(i) **उष्ण कटिबन्धीय सदाबहार एवं अर्ध–सदाबहारी वन**–200 सेमी से अधिक वर्षा तथा 22° सेल्सियस से अधिक औसत वार्षिक तापमान रखने वाले उष्ण व आर्द्र प्रदेशों में उष्ण कटिबन्धीय सदाबहारी वन मिलते हैं।

वर्ष–पर्यन्त हरे–भरे दिखाई देने वाले ये वन पश्चिमी घाट के पश्चिमी ढालों, उत्तरी–पूर्वी क्षेत्र की पहाड़ियों तथा अण्डमान–निकोबार द्वीप समूह में मिलते हैं।

इनमें पाई जाने वाली मुख्य प्रजातियां रोजवुड, महोगनी, एबी और एबोनी हैं।

- **अर्द्ध सदाबहारी वन** उक्त क्षेत्रों में अपेक्षकृत कम वर्षा वाले भागों में मिलते हैं। ये वन सदाबहार तथा आर्द्र पर्णपाती वनों का मिश्रित रूप होता है। इनमें मुख्य वृक्ष प्रजातियां साइडर, होलक और कैल हैं।

(ii) **उष्ण कटिबन्धीय पर्णपाती वन**–जल की उपलब्धता के आधार पर यह वन आर्द्र पर्णपाती तथा शुष्क पर्णपाती दो प्रकार के होते हैं।

- **आर्द्र पर्णपाती** वन 100 से 200 सेमी वर्षा वाले उत्तर–पूर्वी राज्यों व हिमालय के गिरिपदीय क्षेत्र पश्चिमी घाट के पूर्वी ढालों तथा ओडिशा राज्य में मिलते हैं। सागवान, साल, शीशम, हर्रा, महुआ, आंवला, कुसुम और चन्दन आदि प्रजातियों के वृक्ष इन वनों में पाये जाते हैं।
- **शुष्क पर्णपाती वन** 70 से 100 सेमी वार्षिक वर्षा वाले क्षेत्रों में मिलते हैं। ये वन प्रायद्वीपीय भारत के एक बड़े भाग, उत्तर प्रदेश तथा बिहार के मैदानी भागों में पाये जाते हैं।

(iii) **उष्ण कटिबन्धीय कांटेदार वन**–50 सेमी से कम वर्षा वाले इन वनों में कई प्रकार की घासें, झाड़ियां तथा वर्ष–पर्यन्त पर्णरहित रहने वाले वृक्ष मिलते हैं।

- दक्षिणी–पश्चिमी पंजाब, हरियाणा, राजस्थान, गुजरात, मध्य–प्रदेश तथा उत्तर प्रदेश राज्यों के अर्द्ध–शुष्क क्षेत्रों में ये वन पाये जाते हैं।

(iv) **पर्वतीय वन**–हिमालय के गिरिपद क्षेत्र पर पर्णपाती वन मिलते हैं। 1000 से 2000 मीटर की ऊंचाई पर आर्द्र–शीतोष्ण कटिबन्धीय वन पाये जाते हैं।

- 2225 से 3048 मीटर की ऊंचाई पर शीतोष्ण कटिबन्धीय घासों के अलावा ब्लू पाइन तथा स्प्रूस नामक वृक्ष मिलते हैं, जबकि 3000 से 4000 मीटर की ऊंचाई पर सिलवर फर, जुनिपर, पाइन, बर्च तथा रोडोडेन्ड्रान नामक वृक्ष पाये जाते हैं। दक्षिणी पर्वतीय वन मुख्यतः प्रायद्वीप के पश्चिमी घाट, विंध्याचल तथा नीलगिरी पर्वत–शृंखलाओं पर मिलते हैं।

(v) **वेलांचली व अनूप वन**–भारत के विभिन्न भागों में मिलने वाली लगभग 39 लाख हेक्टेअर भूमि पर वेलांचली वन मिलते हैं।

- ये वन प्रमुख रूप से मैंग्रोव लवण कच्छ, ज्वारीय संकरी खाड़ी, पंक मैदानों तथा ज्वारनदमुख के तटीय क्षेत्रों पर उगते हैं।
- भारत में मैंग्रोव वन अण्डमान–निकोबार द्वीप समूह, पश्चिम बंगाल में सुन्दरवन, डेल्टा तथा महानदी, गोदावरी व कृष्णा नदियों के डेल्टाई भागों में मिलते हैं।

भारत में वन आवरण

- भारत के कुल क्षेत्रफल के 19.39 (2016 की गणना के अनुसार) प्रतिशत भाग पर वास्तविक वन आवरण है।
- भारत के विभिन्न राज्यों में वन क्षेत्रों के प्रतिशतों में भिन्नता मिलती है।
- जम्मू–कश्मीर राज्य में वन क्षेत्र का प्रतिशत 9.5 तथा अण्डमान–निकोबार द्वीप समूह में वन क्षेत्र का प्रतिशत 84.01 है।
- भारत के 15 राज्यों में कुल भूमि के 33 प्रतिशत से अधिक भाग पर वन मिलते हैं।

वन संरक्षण

- भारत सरकार ने सम्पूर्ण देश के लिए वन संरक्षण नीति 1952 में लागू की जिसे 1988 में संशोधित किया गया।
- इस नई नीति के अनुसार सरकार का सतत् पोषणीय वन प्रबन्धन पर बल देना है। इस नीति के उद्देश्य हैं–(1) देश में 33% भाग पर वन लगाना जो वर्तमान राष्ट्रीय स्तर से 6 प्रतिशत अधिक है। (2) पारिस्थितिकी असन्तुलित क्षेत्रों में वन लगाना। (3) देश की प्राकृतिक धरोहर; जैव विविधता तथा आनुवंशिक पूल का संरक्षण करना। (4) मृदा अपरदन और मरुस्थलीयकरण रोकना तथा बाढ़ व सूखा नियन्त्रण। (5) निम्नीकृत भूमि पर सामाजिक वानिकी एवं वनरोपण द्वारा वन आवरण का विस्तार। (6) वनों की उत्पादकता बढ़ाकर इस पर आधारभूत उद्योगों को बढ़ावा देना। (7) पेड़ों के कटान को रोकना आदि।

सामाजिक वानिकी

- सामाजिक वानिकी का अर्थ है–पर्यावरणीय, सामाजिक व ग्रामीण विकास में मदद के उद्देश्य से वनों का प्रबन्ध और सुरक्षा तथा ऊसर भूमि पर वन वनरोपण।
- राष्ट्रीय कृषि आयोग ने (1976-79) इसे तीन भागों में बांटा है–

(i) शहरी वानिकी, (ii) ग्रामीण वानिकी, (iii) फार्म वानिकी।

(i) **शहरी वानिकी**–नगरों और उनके आस–पास निजी व सार्वजनिक भूमि, जैसे–हरित पट्टी, पार्क, सड़कों के साथ जगह, औद्योगिक व व्यापारिक स्थलों पर वृक्ष लगाना और उनका प्रबन्धन करना।

(ii) **ग्रामीण वानिकी**–कृषि वानिकी का अर्थ है–कृषि योग्य तथा बंजर भूमि पर पेड़ और फसलें एक साथ लगाना जिससे खाद्यान्न, चारा, ईंधन, इमारती लकड़ी और फसलों का उत्पादन एक साथ किया जा सके।

(iii) **फार्म वानिकी**–फार्म वानिकी के अन्तर्गत किसान अपने खेतों में व्यापारिक महत्व वाले या दूसरे पेड़ लगाते हैं। वन विभाग इसके लिए छोटे तथा मध्यम किसानों को निःशुल्क पौधे उपलब्ध कराता है।

वन्य प्राणी

- विश्व के ज्ञात पौधों एवं प्राणियों की किस्मों में से 4 से 5 प्रतिशत किस्में भारत में पायी जाती हैं।
- भारत में वृहद् स्तर पर जैव विविधता मिलने के कारण यहां विभिन्न प्रकार के पारिस्थितिकी तन्त्र मिलते हैं जिनमें निवास करने वाले वन्य प्राणियों के संरक्षण के लिए भारत सरकार द्वारा अनेक कदम उठाये गये हैं।

भारत में वन्य संरक्षण

- भारत में वन्य प्राणियों के बचाव के लिए वन्य प्राणी अधिनियम, 1972 में पारित हुआ।
- इस अधिनियम के अन्तर्गत अनुसूची में सूचीबद्ध संकटापन्न प्रजातियों को सुरक्षा प्रदान करना तथा नेशनल पार्क, पशु विहार जैसे संरक्षित क्षेत्रों को कानूनी सहायता प्रदान करना।
- देश में 92 नेशनल पार्क और 492 वन्य प्राणी अभयारण्य हैं जो 1.57 करोड़ हेक्टेअर भूमि पर फैले हैं।
- यूनेस्को की 'मानव और जीवमण्डल योजना' (Man and Biosphere Programme) के अन्तर्गत भारत सरकार ने वनस्पति जात और प्राणी जगत के संरक्षण के लिए महत्वपूर्ण कदम उठाये हैं।
- भारत में वन्य जीवों की संख्या में वृद्धि करने एवं उनको संरक्षण प्रदान करने के उद्देश्य से बाघ परियोजना (1973) हाथी परियोजना (1992), मगरमच्छ प्रजनन परियोजना, हंगुल परियोजना एवं हिमालय कस्तूरी मृग परियोजनाएं संचालित की जा रही हैं।

जीवमण्डल निचय

- भारत में 14 जीवमण्डल निचय हैं। इनमें से 4 जीवमण्डल निचय– (i) नीलगिरी, (ii) नन्दादेवी, (iii) सुन्दरवन, (iv) मन्नार की खाड़ी यूनेस्को द्वारा मान्यता प्राप्त है।
- 1986 ई. में स्थापित नीलगिरी जीवमंडल निचय भारत का प्रथम जीवमंडल निचय है। इसमें हाथी, बाघ, गौर, सांभर व चीतल आदि प्रमुखता से पाए जाते हैं।
- नन्दा देवी जीवमंडल निचय उत्तराखंड राज्य में स्थित है। यहां शीतोष्ण कटिबन्धीय वन एवं हिम तेंदुआ, काला भालू, कस्तूरी मृग, हिम मुर्गा, काला बाज एवं सुनहरा बाज आदि पाए जाते हैं।
- सुन्दरवन जीवमंडल निचय पश्चिमी बंगाल में गंगा नदी के दलदली डेल्टा में स्थित है। यहां मैंग्रोव वन, अनूप व वनाच्छादित द्वीप के साथ–साथ रॉयल बंगाल टाइगर भी पाए जाते हैं।
- मन्नार की खाड़ी जीवमंडल निचय में समुद्री जीव विविधता अधिक पायी जाती है। यहां लगभग उष्ण पौधों एवं जीवों की प्रजातियां पायी जाती हैं।

एन.सी.ई.आर.टी. पाठ्यपुस्तक भूगोल के प्रश्न (हल सहित)

1. निम्नलिखित चार विकल्पों में से सही उत्तर चुनें :

(i) चंदन वन किस तरह के वन के उदाहरण हैं?
(क) सदाबहार वन
(ख) डेल्टाई वन
(ग) पर्णपाती वन
(घ) कांटेदार वन

(ii) प्रोजेक्ट टाईगर निम्नलिखित में से किस उद्देश्य से शुरू किया गया है?
(क) बाघ मारने के लिए
(ख) बाघ को शिकार से बचाने के लिए
(ग) बाघ को चिड़ियाघर में डालने के लिए
(घ) बाघ पर फिल्म बनाने के लिए

(iii) नंदा देवी जीव मंडल निचय निम्नलिखित में से किस प्रांत में स्थित है?
(क) बिहार (ख) उत्तराखण्ड
(ग) उत्तर प्रदेश (घ) ओडिशा

(iv) निम्नलिखित में से कितने भारत के जीव मंडल निचय यूनेस्को द्वारा मान्यता प्राप्त हैं?
(क) एक (ख) दस
(ग) दो (घ) चार

(v) वन नीति के अनुसार वर्तमान में निम्नलिखित में से कितना प्रतिशत क्षेत्र, वनों के अधीन होना चाहिए?
(क) 33 (ख) 55
(ग) 44 (घ) 22

उत्तर–(i) (क), (ii) (ख), (iii) (ग), (iv) (घ), (v) (क)

2. निम्नलिखित प्रश्नों के उत्तर लगभग 30 शब्दों में दें।

(i) प्राकृतिक वनस्पति क्या है? जलवायु की किन परिस्थितियों में उष्ण कटिबन्धीय सदाबहार वन उगते हैं?

(ii) जलवायु की कौन–सी परिस्थितियां सदाबहार वन उगने के लिए अनुकूल हैं?

(iii) सामाजिक वानिकी से आपका क्या अभिप्राय है?

(iv) जीवमंडल निचय को परिभाषित करें। वन क्षेत्र और वन आवरण में क्या अंतर है?

उत्तर–

(i) प्राकृतिक वनस्पति से अभिप्राय उस पादप समुदाय से है जो लम्बे समय तक बिना किसी बाहरी हस्तक्षेप के उगती है।
उष्ण कटिबन्धीय सदाबहारी वन ऐसी उष्ण–आर्द्र जलवायु में मिलते हैं जहां वार्षिक वर्षा 200 सेमी से अधिक तथा औसत वार्षिक तापमान 22° सेल्सियस से अधिक रहता है।

(ii) 22° सेल्सियस से अधिक औसत वार्षिक तापमान तथा 200 सेमी से अधिक वार्षिक वर्षा जैसी जलवायु दशाएं सदाबहार वनों के उगने के लिए अनुकूल हैं।

(iii) सामाजिक वानिकी से आशय है–पर्यावरणीय, सामाजिक व ग्रामीण विकास में मदद के उद्देश्य से वनों का प्रबन्ध और सुरक्षा तथा ऊसर भूमि पर वृक्षारोपण। इसके अन्तर्गत शहरी वानिकी, ग्रामीण वानिकी तथा फार्म वानिकी को सम्मिलित किया गया है।

(iv) जीवमण्डल निचय एक विशेष प्रकार का भौमिक और तटीय पारिस्थितिकी तन्त्र है जिसे यूनेस्को के मानव और जीवमण्डल कार्यक्रम के अन्तर्गत मान्यता प्राप्त है।
वन क्षेत्र राजस्व विभाग के अनुसार अधिसूचित होता है, जबकि वन आवरण प्राकृतिक रूप से वनों से ढका क्षेत्र होता है।

3. निम्नलिखित प्रश्नों के उत्तर लगभग 125 शब्दों में दें।

(i) वन संरक्षण के लिए क्या कदम उठाए गए हैं?

(ii) वन और वन्य जीव संरक्षण में लोगों की भागीदारी कैसे महत्वपूर्ण है?

उत्तर–

(i) भारत में वन संरक्षण के लिए निम्नलिखित कदम उठाए गए हैं–

(क) भारत सरकार ने सम्पूर्ण देश के लिए सन् 1952 में वन संरक्षण नीति लागू की।

(ख) सरकार द्वारा वनों के सततपोषणीय प्रबन्धन पर बल दिया गया जिससे कि वन संसाधनों का संरक्षण व विकास होने के साथ–साथ स्थानीय निवासियों की आवश्यकताओं को पूरा किया जा सके।

(ग) वर्तमान में देश के लगभग 23 प्रतिशत भाग पर वन क्षेत्र हैं। इस वन क्षेत्र के प्रतिशत को बढ़ाकर 33 प्रतिशत करने के प्रयास किए जा रहे हैं।

(घ) पारिस्थितिकी असन्तुलित क्षेत्रों में वनों को लगाया गया है।

(ङ) देश की प्राकृतिक धरोहर, जैव विविधता तथा आनुवंशिक पूल का संरक्षण करना।

(च) मृदा अपरदन, मरुस्थलीकरण, बाढ़ तथा सूखा पर नियन्त्रण करना।

(छ) सामाजिक वानिकी एवं वनारोपण द्वारा वन आवरण का विस्तार करना।

(ज) वनों की उत्पादकता बढ़ाना।

(झ) वृक्षों की कटाई रोकने के लिए जन–आन्दोलन चलाना।

(ञ) वन संरक्षण नीति के लिए, सामाजिक वानिकी के अन्तर्गत शहरी वानिकी, ग्रामीण वानिकी एवं फार्म वानिकी आदि कार्यक्रम चलाए जा रहे हैं।

(ii) वन संरक्षण में सरकारी प्रयासों के साथ–साथ स्थानीय लोगों की भागीदारी भी महत्वपूर्ण है। वृक्षारोपण करने तथा वनोन्मूलन को रोकने के लिए स्थानीय लोगों की महत्वपूर्ण भूमिका होती है। वनों को काटने से रोकने के लिए चलाये गये जन आन्दोलन की इस सन्दर्भ में महत्वपूर्ण भूमिका होती है। **कृषि वानिकी** के माध्यम से कृषक अपने खेत में कृषि के साथ वानिकी का कार्य भी कर सकते हैं। इसके अलावा ग्राम के भूमिविहीन लोगों को वानिकीकरण के कार्य से जोड़ा जा सकता है। **फार्म वानिकी** में कृषक अपने खेतों में व्यापारिक महत्व वाले पेड़ लगा सकते हैं। इसके अलावा वनों में निवास करने वाली जनजातियों को वनों से गौण उत्पाद संग्रह करने वाला न समझकर, उन्हें वन संरक्षण में भागीदार बनाया जाना चाहिए।

भारत में वन्य जीव संरक्षण की परम्परा बहुत पुरानी है। पंचतंत्र तथा जंगल बुक जैसी पुस्तकों की कहानियां लोगों का वन्य प्राणियों के प्रति प्रेम का उदाहरण प्रस्तुत करती हैं। यद्यपि हमारे देश में वन्य प्राणी संरक्षण के लिए कठोर कानून हैं फिर भी ये अपर्याप्त हैं। इन कानूनों को लागू कराने में स्थानीय निवासियों की महत्वपूर्ण भूमिका हो सकती है। स्थानीय लोग वन्य जीवों के आवासों को संरक्षित रखने में तथा शिकारियों को वन्य जीवों का शिकार न करने देने में अपना योगदान दे सकते हैं।

परियोजना/क्रियाकलाप

भारत के रेखा मानचित्र पर निम्नलिखित को पहचान कर चिह्नित करें।

1. मैंग्रोव वन वाले क्षेत्र।
2. नंदा देवी, सुंदर वन, मन्नार की खाड़ी और नीलगिरी जीव मंडल निचय।
3. भारतीय वन सर्वेक्षण मुख्यालय की स्थिति का पता लगाएं और रेखांकित करें।

उत्तर–संकेत–पुस्तक में दिए गए मानचित्रों की सहायता से विद्यार्थी स्वयं करें।

अभ्यासार्थ प्रश्न

बहुविकल्पीय प्रश्न

1. हिमालय के 1000 से 2000 मीटर ऊंचाई वाले भागों में मिलने वाले वन कहलाते हैं–

(अ) आर्द्र शीतोष्ण कटिबन्धीय वन

(ब) उष्ण कटिबन्धीय पर्णपाती वन

(स) उपोष्ण कटिबन्धीय पर्णपाती वन

(द) उष्ण कटिबन्धीय सदाबहारी वन

2. ज्वारीय वनों का सर्वाधिक क्षेत्रफल मिलता है–

(अ) अण्डमान–निकोबार द्वीप समूह में

(ब) गुजरात में

(स) पश्चिमी बंगाल में

(द) आन्ध्र प्रदेश में

3. देश में कुल जीवमण्डल निचय हैं–

(अ) 14

(ब) 16

(स) 12

(द) 10

4. निम्न में से कौन–सा जीवमण्डल निचय पश्चिम बंगाल में गंगा नदी के दलदली डेल्टा पर स्थित है ?

(अ) नौकरेक (ब) पंचमढ़ी

(स) नन्दादेवी (द) सुन्दरवन

5. समुद्रीय जीव विविधता के मामले में विश्व के सबसे धनी क्षेत्रों में से एक है–

(अ) मन्नार की खाड़ी (ब) नीलगिरी

(स) ग्रेट निकोबार (द) पंचमढ़ी

उत्तर–1. (अ), 2. (स), 3. (अ), 4. (द), 5. (अ)।

अति लघु उत्तरीय प्रश्न

1. उष्ण कटिबन्धीय सदाबहार वन कहां पाये जाते हैं?

उत्तर–ये वन पश्चिमी घाट के पश्चिमी ढालों पर, उत्तरी–पूर्वी पहाड़ियों पर तथा अण्डमान–निकोबार द्वीप समूह में मिलते हैं।

2. उष्ण कटिबन्धीय सदाबहार वनों में पायी जाने वाली मुख्य वृक्ष प्रजातियां बताइए।

उत्तर–रोजवुड़ महोगनी, ऐनी तथा एबनी नामक वृक्ष प्रजातियां।

3. अर्द्ध–सदाबहार वनों की मुख्य वृक्ष प्रजातियां बताइए।

उत्तर–साइडर, होलक तथा कैल नामक वृक्ष प्रजातियां।

4. जल उपलब्धता के आधार पर उष्ण कटिबन्धीय पर्णपाती वनों को कितने भागों में बांटा जा सकता है?

उत्तर–(i) आर्द्र पर्णपाती वन, (ii) शुष्क पर्णपाती वन।

5. आर्द्र पर्णपाती वन कहां पाए जाते हैं?

उत्तर–ये वन उत्तरी–पूर्वी राज्यों व हिमालय के गिरिपद, पश्चिमी घाट के पूर्वी ढालों और ओडिशा राज्य में पाए जाते हैं।

6. शुष्क पर्णपाती वन कहां पाए जाते हैं?

उत्तर–ये वन प्रायद्वीप के अधिक वर्षा वाले भागों तथा उत्तर प्रदेश व बिहार के मैदानी भागों में पाये जाते हैं।

7. आर्द्र पर्णपाती वनों में पाए जाने वाले प्रमुख वृक्ष कौन–से हैं?

उत्तर–सागवान, साल, शीशम, हुर्रा, महुआ, आंवला, सेमल, कुसुम व चंदन इन वनों में मिलने वाले प्रमुख वृक्ष हैं।

8. शुष्क पर्णपाती वनों में पाए जाने वाले प्रमुख वृक्ष कौन–से हैं?

उत्तर–तेन्दू, पलास, अमलतास, बेल, खैर व अक्सलवुड इन वनों में मिलने वाले प्रमुख वृक्ष हैं।

9. उष्ण कटिबन्धीय कांटेदार वन भारत के किन क्षेत्रों में पाए जाते हैं?

उत्तर–दक्षिणी–पश्चिमी पंजाब, हरियाणा, राजस्थान, गुजरात, मध्य प्रदेश और गुजरात के अर्द्ध शुष्क प्रदेशों में ये वन प्रमुख रूप से पाये जाते हैं।

10. उष्ण कटिबन्धीय कांटेदार वनों में पाए जाने वाले प्रमुख वृक्षों के नाम लिखिए।

उत्तर–बबूल, बेर, खजूर, खैर, नीम, खेजड़ी और पलास इन वनों में मिलने वाले प्रमुख वृक्ष हैं।

11. ब्ल्यू पाइन और स्प्रूस नामक वृक्ष कहां पाये जाते हैं?

उत्तर–ये वृक्ष हिमालय पर्वत के 2225 से 3048 मीटर ऊंचाई वाले पर्वतीय ढालों पर मुख्य रूप से पाये जाते हैं।

12. कश्मीर के हस्तशिल्प में कौन–से स्थानीय वृक्षों की लकड़ी प्रयोग की जाती है?

उत्तर–चिनार तथा वालन वृक्षों की।

13. शोलास क्या है?

उत्तर–नीलगिरी, अन्नामलाई एवं पालनी पहाड़ियों पर मिलने वाले शीतोष्ण कटिबन्धीय वनों को 'शोलास' कहा जाता है।

14. शोलास वनों में पाये जाने वाले आर्थिक महत्व के प्रमुख वृक्षों का उल्लेख कीजिए।

उत्तर–मगनोलिया, लैरेल, सिनकोना तथा वैटल।

15. मैंग्रोव वन अत्यधिक विकसित अवस्था में कहां मिलते हैं?

उत्तर–पश्चिमी बंगाल के सुन्दर वन डेल्टाई भाग तथा अण्डमान–निकोबार द्वीप समूह में यह वन विकसित रूप में मिलते हैं।

16. वन आवरण की पहचान किससे की जाती है?

उत्तर–वन आवरण की पहचान वायु फोटो चित्रों तथा उपग्रह से प्राप्त चित्रों से की जाती है।

17. भारत में 10 प्रतिशत से कम वन क्षेत्र रखने वाले प्रमुख राज्यों के नाम लिखिए।

उत्तर–राजस्थान, गुजरात, बिहार, उत्तर प्रदेश, पंजाब, हरियाणा तथा दिल्ली।

18. भारत सरकार ने वन संरक्षण नीति कब लागू की?

उत्तर–सन् 1952 में।

19. सन् 1988 में संशोधित वन संरक्षण नीति के कोई दो उद्देश्य लिखिए।

उत्तर–(i) देश में 33 प्रतिशत भाग पर वन लगाना।

(ii) मृदा अपरदन एवं मरुस्थलीयकरण रोकना।

20. राष्ट्रीय कृषि आयोग ने सामाजिक वानिकी को कितने वर्गों में बांटा है?

उत्तर–(i) शहरी वानिकी, (ii) ग्रामीण वानिकी, (iii) फार्म वानिकी।

21. हमारे देश में विभिन्न प्रकार के पारिस्थितिकी तंत्र क्यों पाए जाते हैं?

उत्तर–हमारे देश में बड़े पैमाने पर जैव विविधता पाए जाने के कारण विभिन्न प्रकार के पारिस्थितिक तंत्र पाए जाते हैं।

22. वन्य प्राणियों की संख्या कम होने का प्रमुख कारण क्या है?

उत्तर–मानव ने वनों को काटकर वन्य जीवों और उनके आवासों को नष्ट कर दिया है।

23. वन्य प्राणी अधिनियम कब अस्तित्व में आया?

उत्तर–सन् 1972 में वन्य प्राणी अधिनियम पारित हुआ।

24. भारत में वन्य प्राणी अधिनियम के किन्हीं दो उद्देश्यों का उल्लेख कीजिए।

उत्तर–(i) अधिनियम के तहत अनुसूची में सूचीबद्ध संकटापन्न प्रजातियों को सुरक्षा प्रदान करना।

(ii) राष्ट्रीय उद्यान एवं पशु विहार जैसे संरक्षित क्षेत्रों को कानूनी सहायता प्रदान करना।

25. सन् 1991 संशोधित वन्य प्राणी अधिनियम के अंतर्गत कौन–से प्रावधान किए गए हैं?

उत्तर–(i) कठोर सजा का प्रावधान, (ii) कुछ पौधों की प्रजातियों को बचाना, (iii) संकटापन्न प्रजातियों का संरक्षण करना।

26. भारत में कितने राष्ट्रीय उद्यान एवं वन्य प्राणी अभयवन हैं?

उत्तर–भारत में 92 राष्ट्रीय उद्यान एवं 492 वन्य प्राणी अभयवन हैं।

27. भारत सरकार ने किस योजना के अन्तर्गत वनस्पति जगत एव प्राणिजगत के संरक्षण के लिए महत्वपूर्ण कदम उठाए हैं?

उत्तर–यूनेस्को के मानव एवं जीवमण्डल कार्यक्रम के तहत भारत सरकार ने वनस्पति जगत एव प्राणिजगत के संरक्षण के लिए महत्वपूर्ण कदम उठाए हैं।

28. देश के किन्हीं दो जीवमण्डल निचय के नाम बताइए।

उत्तर–(i) नीलगिरी, (ii) सुन्दरवन।

29. नीलगिरी जीवमण्डल निचय की स्थापना कब हुई?

उत्तर–सन् 1986 में।

लघु उत्तरीय प्रश्न

1. अर्द्ध सदाबहार वनों का विस्तार बताइए।
2. उष्ण कटिबंधीय सदाबहार वनों का विस्तार क्षेत्र और प्रमुख वृक्षों का उल्लेख कीजिए।
3. वन क्षेत्र किसे कहते हैं? इसकी राज्यवार भिन्नता को समझाइए।
4. जनजातीय समुदायों के लिए वनों का महत्व स्पष्ट कीजिए।
5. फार्म वानिकी से आप क्या समझते हैं? संक्षेप में वर्णन कीजिए।
6. नंदादेवी जीवमण्डल निचय के बारे में आप क्या जानते हैं? संक्षिप्त विवरण दीजिए।
7. प्राकृतिक वनस्पति क्या है? भारत में प्राकृतिक वनस्पति के विभिन्न प्रकार बताइए।
8. उष्ण कटिबन्धीय पर्णपाती वनों का संक्षिप्त परिचय दीजिए।
9. वेलांचली व अनूप वन कहां–कहां पाए जाते हैं? संक्षिप्त विवरण दीजिए।
10. वनों का संरक्षण क्यों आवश्यक है?
11. भारत में वन्य प्राणियों की संख्या कम होने का कारण बताइए।

विस्तृत उत्तरीय प्रश्न

1. भारत में मिलने वाले प्रमुख वनों का भौगोलिक विवरण प्रस्तुत कीजिए।

   अथवा

   भारत में वनस्पतियों के वितरण का विस्तृत वर्णन कीजिए।
2. वन आवरण तथा वन क्षेत्र से क्या आशय है? वन क्षेत्र तथा वन आवरण के प्रतिशत के आधार पर राज्यों का वर्गीकरण प्रस्तुत कीजिए।
3. वन्य प्राणियों की संख्या कम होने के मुख्य कारण क्या हैं? भारत में वन्य प्राणी अधिनियम के उद्देश्यों को बताते हुए प्रोजेक्ट टाईगर परियोजना का विवरण दीजिए।
4. जीवमंडल निचय से क्या आशय है? इसके उद्देश्यों को स्पष्ट करते हुए विश्व नेटवर्क पर मान्यता प्राप्त भारत के जीवमंडल निचयों का विवरण दीजिए।
5. भारत के जीवमंडल निचय, भौगोलिक क्षेत्रफल और स्थिति का विवरण दीजिए। मानचित्र पर समस्त जीवमंडल निचयों को प्रदर्शित कीजिए।
6. भारत के सुरक्षित जैवमंडलों की पहचान कीजिए तथा वन एवं वनीय जीवन के संरक्षण में उनकी भूमिका का मूल्यांकन कीजिए।
7. भारत की राष्ट्रीय वन नीति का परीक्षण कीजिए।

मानचित्र कार्य

1. भारत के रेखा मानचित्र में निम्नलिखित वन क्षेत्रों को दर्शाइए—
   - वेलांचली व अनूप वन
   - पर्वतीय वन
   - उष्णकटिबंधीय वन
   - कांटेदार वन
   - उष्ण कटिबंधीय पर्णपाती वन
   - उष्ण कटिबंधीय सदाबहार वन व अर्द्धसदाबहार वन
2. भारत के मानचित्र में निम्नलिखित जीवमंडल निचयों को दर्शाइए—
   - नीलगिरी जीवमंडल निचय
   - नंदा देवी जीवमंडल निचय
   - सुन्दरवन जीवमंडल निचय
   - मन्नार की खाड़ी जीवमंडल निचय

   उत्तर—संकेत—उपर्युक्त हेतु विद्यार्थी अध्याय में समाहित मानचित्रों का अध्ययन/अवलोकन करें।

मृदा

मृदा : परिचय

मृदा भू-पर्पटी की सबसे महत्वपूर्ण परत है यह एक कीमती संसाधन है। हमारा अधिकतर भोजन तथा वस्त्र, मिट्टी में उगने वाली भूमि-आधारित फसलों से प्राप्त होता है। दैनिक आवश्यकताओं की पूर्ति के लिए हम जिस मिट्टी पर निर्भर हैं उसका विकास हजारों वर्षों में होता है। अपक्षय एवं क्रमण के विभिन्न कारक जनक सामग्री पर कार्य करके मृदा की एक पतली परत का निर्माण करते हैं।

मृदा शैल, मलवा तथा जैव सामग्री का सम्मिश्रण होती है जो पृथ्वी की सतह पर विकसित होते हैं। मृदा-निर्माण को प्रभावित करने वाले प्रमुख कारक हैं-उच्चावच, जनक सामग्री, जलवायु, वनस्पति व अन्य जीव रूप और समय। इनके अलावा मानवीय क्रियाएं भी पर्याप्त सीमा तक इसे प्रभावित करती हैं। मृदा के घटक खनिज कण, ह्यूमस, जल व वायु होते हैं। इनमें से प्रत्येक की वास्तविक मात्रा मृदा के प्रकार पर निर्भर करती है। कुछ मृदाओं में, इनमें से एक या अधिक घटक कम मात्रा में होता है जबकि अन्य कुछ मृदाओं में इन घटकों का संयोजन अलग-अलग प्रकार का पाया जाता है।

मृदा : वर्गीकरण

भारत में भिन्न-भिन्न प्रकार के उच्चावच, भूआकृति, जलवायु परिमण्डल व वनस्पतियां पाई जाती हैं। इन्होंने भारत में अनेक प्रकार की मिट्टियों के विकास में महत्वपूर्ण भूमिका का निर्वहन किया। प्राचीन काल में मृदा को दो मुख्य वर्गों में बांटा जाता था-उर्वर, जो उपजाऊ थी व ऊसर, जो अनुर्वर थी। 16वीं शताब्दी में मृदा का वर्गीकरण उनकी सहज विशेषताओं तथा बाह्य लक्षणों, जैसे-गठन, रंग, भूमि का ढाल तथा मिट्टी में नमी की मात्रा के आधार पर किया गया था। गठन के आधार पर मृदाओं के मुख्य प्रकार थे-बलुई मृण्मय, पांशु तथा दुमट इत्यादि। रंग के आधार पर वे लाल, पीली, काली इत्यादि थीं।

भारत के स्वतन्त्र होने के बाद अनेक संस्थानों द्वारा मृदा के वैज्ञानिक सर्वेक्षण किए गए। सन् 1956 में स्थापित भारत के मृदा सर्वेक्षण विभाग ने दामोदर घाटी जैसे कुछ चुने हुए क्षेत्रों में मृदाओं के व्यापक अध्ययन किए। भारतीय कृषि अनुसन्धान परिषद् (आई.सी.ए.आर.) के तत्वाधान में राष्ट्रीय मृदा सर्वेक्षण एवं भूमि उपयोग नियोजन ब्यूरो ने भारत की मृदाओं से सम्बन्धित अध्ययन किए। मृदा के अध्ययन तथा अन्तर्राष्ट्रीय स्तर पर इसे तुलनात्मक बनाने के प्रयासों के अन्तर्गत आई.सी.ए.आर. ने भारतीय मृदाओं को उनकी प्रकृति और उनके गुणों के आधार पर वर्गीकृत किया है। यह वर्गीकरण संयुक्त राज्य अमेरिका के कृषि विभाग (यू.एस.डी.ए.) मृदा वर्गीकरण पद्धति पर आधारित है।

आई.सी.ए.आर. ने यू.एस.डी.ए. (संयुक्त राज्य अमेरिका) मृदा वर्गीकरण के अनुसार भारत की मिट्टियों को निम्नलिखित क्रम में वर्गीकृत किया है :

क्र. सं.	क्रम	क्षेत्र (हजार हेक्टेअरों में)	प्रतिशत
1.	इंसेप्टीसोल्स	1,30,372.90	39.74
2.	एंटीसोल्स	92,131.71	28.08
3.	एल्फीसोल्स	44,448.68	13.55
4.	वर्टीसोल्स	27,960.00	8.52
5.	एरीडोसोल्स	14,069.00	4.28
6.	अल्टीसोल्स	8,250.00	2.51
7.	मॉलीसोल्स	1,320.00	0.40
8.	अन्य	9,503.10	2.92
	योग		100

आधार-भारत की मृदाएं, राष्ट्रीय मृदा सर्वेक्षण तथा भूमि उपयोग नियोजन ब्यूरो, प्रकाश संख्या-94

उत्पत्ति, रंग, संयोजन और अवस्थिति के आधार पर भारत की मिट्टियों को निम्नलिखित आठ प्रकारों में वर्गीकृत किया गया है-

(क) **जलोढ़ मृदाएं**-ये मृदाएं उत्तरी मैदान और नदी घाटियों के विस्तृत भागों में पाई जाती हैं। ये देश के कुल क्षेत्रफल के लगभग 40 प्रतिशत भाग को ढके हुए हैं। ये निक्षेपण मृदाएं हैं जिन्हें नदियों व सरिताओं ने वाहित और निक्षेपित किया है। राजस्थान के एक संकीर्ण गलियारे से होती हुई ये मृदाएं गुजरात के मैदान में फैली मिलती हैं। प्रायद्वीपीय प्रदेश में ये पूर्वी तट की नदियों के डेल्टाओं और नदियों की घाटियों में पाई जाती हैं।

जलोढ़ मृदाएं गठन में बलुई दोमट से चिकनी मिट्टी की प्रकृति की पाई जाती हैं। सामान्यतः इनमें पोटाश की मात्रा अधिक व फॉस्फोरस की मात्रा कम पाई जाती है। गंगा के ऊपरी और मध्यवर्ती मैदान में 'खादर' और 'बांगर' नाम की दो भिन्न मृदाएं विकसित हुई हैं। खादर प्रतिवर्ष बाढ़ों के द्वारा निक्षेपित होने वाला नया जलोढ़क है, जो महीन गाद होने के कारण मृदा की उर्वरता बढ़ा देता है। बांगर पुराना जलोढ़क होता है जिसका जमाव बाढ़ से ग्रस्त मैदानों से दूर होता है। खादर और बांगर मृदाओं में कैल्सियमी संग्रथन अर्थात् कंकड़ पाए जाते हैं। निम्न तथा मध्य गंगा के मैदान और ब्रह्मपुत्र घाटी में ये मृदाए अधिक दुमटी और मृण्मय हैं। पश्चिम से पूर्व की ओर इनमें बालू की मात्रा घटती चली जाती है।

जलोढ़ मृदाओं का रंग हल्के धूसर से राख धूसर जैसा होता है। इसका रंग निक्षेपण की गहराई, जलोढ़ के गठन और निर्माण में लगने वाली समयावधि पर निर्भर करता है। जलोढ़ मृदाओं पर गहन कृषि की जाती है।

(ख) **काली मृदाएं**-ये मृदाएं दक्कन के पठार के अधिकांश भागों पर स्थित हैं। इसमें महाराष्ट्र के कुछ भाग, गुजरात, आन्ध्र प्रदेश व तमिलनाडु के कुछ हिस्से सम्मिलित हैं। गोदावरी और कृष्णा नदियों के ऊपरी भागों और दक्कन के पठार के उत्तरी-पश्चिमी भाग में गहरी काली मृदा पाई जाती है। इन मृदाओं को 'रेगर' व 'कपास वाली काली मिट्टी' भी कहा जाता है। सामान्यतः काली मृदाएं मृण्मय, गहरी और अपारगम्य होती हैं। ये मृदाएं गीले होने पर फूल जाती हैं और चिपचिपी हो जाती हैं। सूखने पर ये सिकुड़ जाती हैं। इस प्रकार

शुष्क ऋतु में इन मृदाओं में चौड़ी दरारें पड़ जाती हैं। ऐसी दशा में ऐसा प्रतीत होता है कि जैसे इनमें 'स्वतः जुताई' हो गई हो। नमी के धीमे अवशोषण और नमी के क्षय की इस विशेषता के कारण काली मृदा में एक लम्बी अवधि तक नमी बनी रहती है। इसके कारण फसलों को, विशेष रूप से वर्षा पर आधारित फ़सलों को, शुष्क ऋतु में भी नमी मिलती रहती है फलस्वरूप वे फलती-फूलती रहती हैं।

रासायनिक दृष्टि से काली मृदाओं में चूने, लौह, मैग्नीशियम तथा ऐलुमिना के तत्व काफी मात्रा में पाए जाते हैं। इनमें पोटाश की मात्रा भी पाई जाती है। लेकिन इनमें फॉस्फोरस, नाइट्रोजन तथा जैव पदार्थों की कमी होती है। इस मृदा का रंग गाढ़े काले व स्लेटी रंग के बीच की विभिन्न आभाओं का होता है।

(ग) **लाल व पीली मृदाएं**—लाल मृदा का विकास दक्कन के पठार के पूर्वी और दक्षिणी भाग में कम वर्षा वाले उन क्षेत्रों में हुआ है, जहां रवेदार आग्नेय चट्टानें पाई जाती हैं। पश्चिमी घाट के गिरिपद क्षेत्र की एक लम्बी पट्टी में लाल दुमटी मृदा पाई जाती है। पीली व लाल मृदाएं ओडिशा तथा छत्तीसगढ़ के कुछ भागों और मध्य गंगा के मैदान के दक्षिणी भागों में पाई जाती हैं। इस मृदा का लाल रंग रवेदार तथा कायांतरित चट्टानों में लोहे के व्यापक विसरण के कारण होता है। जलयोजित होने के कारण यह पीली दिखाई पड़ती है। महीने कणों वाली लाल व पीली मृदाएं सामान्यतः उर्वर होती हैं। इसके विपरीत मोटे कणों वाली उच्च भूमियों की मृदाएं अनुर्वर होती हैं। इनमें सामान्यतः नाइट्रोजन, फॉस्फोरस और ह्यूमस की कमी होती है।

(घ) **लैटेराइट मृदाएं**—'लैटेराइट' लैटिन शब्द 'लेटर' से बना है, जिसका शाब्दिक अर्थ ईंट होता है। लैटेराइट मृदाएं उच्च तापमान तथा भारी वर्षा के क्षेत्रों में विकसित होती हैं। ये मृदाएं उष्ण कटिबन्धीय वर्षा के कारण हुए तीव्र निक्षालन का परिणाम हैं। वर्षा के साथ चूना और सिलिका तो निक्षालित हो जाते हैं जबकि लोहे के ऑक्साइड और ऐलुमीनियम के यौगिक से भरपूर मृदाएं शेष रह जाती हैं। उच्च तापमानों में आसानी से पनपने वाले जीवाणु ह्यूमस की मात्रा को तेजी से नष्ट कर देते हैं। इन मृदाओं में जैव पदार्थ, नाइट्रोजन, फॉस्फेट व कैल्सियम की कमी होती है तथा लौह-ऑक्साइड एवं पोटाश की अधिकता होती है। ऐसी दशा में लैटेराइट मृदाएं कृषि के लिए पर्याप्त उपजाऊ नहीं हैं। फसलों के लिए उपजाऊ बनाने के लिए इन मृदाओं में खाद व उर्वरकों की बड़ी मात्रा डालनी पड़ती है।

तमिलनाडु, आन्ध्र प्रदेश व केरल में काजू जैसे वृक्षों वाली फसलों की खेती के लिए लाल लैटेराइट मृदाएं अधिक उपयुक्त हैं। साथ ही साथ मकान बनाने के लिए लैटेराइट मृदाओं का प्रयोग ईंटें बनाने में किया जाता है। इन मृदाओं का विकास मुख्य रूप से प्रायद्वीपीय पठार के ऊंचे क्षेत्रों में हुआ है। लैटेराइट मृदाएं सामान्यतः कर्नाटक, केरल, तमिलनाडु, मध्य प्रदेश तथा ओडिशा व असम के पहाड़ी क्षेत्रों में पाई जाती हैं।

(ङ) **शुष्क मृदाएं**—इस प्रकार की मृदाओं का रंग लाल होने के साथ-साथ किशमिश की तरह भी होता है। सामान्यतया ये मृदा संरचना में बलुई तथा प्रकृति से लवणीय होती है। कुछ क्षेत्रों की इन मृदाओं में नमक की मात्रा इतनी ज्यादा होती है कि इनके जल का वाष्पीकरण करके नमक प्राप्त किया जाता है। शुष्क जलवायु, उच्च तापमान और तीव्रगति से वाष्पीकरण के कारण इन मृदाओं में नमी व ह्यूमस कम होते हैं। इनमें नाइट्रोजन अपर्याप्त और फॉस्फेट सामान्य मात्रा में होती है। नीचे की ओर चूने की मात्रा के बढ़ते जाने के कारण निचले संस्तरों में कंकड़ों की परतें पाई जाती हैं। मृदा के तली संस्तर में कंकड़ों की परत के बनने के कारण पानी का रिसाव सीमित हो जाता है। इसलिए सिंचाई किए जाने पर इन मृदाओं में पौधों की सतत् वृद्धि के लिए नमी सदैव उपलब्ध रहती है। ये मृदाएं विशिष्ट शुष्क स्थलाकृति वाले पश्चिमी राजस्थान में अभिलक्षणिक रूप से विकसित हुई हैं। ये मृदाएं अनुर्वर हैं क्योंकि इनमें ह्यूमस तथा जैव पदार्थ कम मात्रा में पाए जाते हैं।

(च) **लवण मृदाएं**—इस प्रकार की मृदाओं को ऊसर मृदाएं भी कहते हैं। लवण मृदाओं में सोडियम, पौटेशियम व मैग्नीशियम का अनुपात अधिक होता है। ऐसी दशा में ये अनुर्वर होती हैं और इनमें किसी भी प्रकार की वनस्पति नहीं उगती। मुख्य रूप से शुष्क जलवायु तथा खराब अपवाह के कारण इनमें लवणों की मात्रा बढ़ती जाती है। ये मृदाएं शुष्क और अर्ध-शुष्क तथा जलाक्रान्त क्षेत्रों और अनूपों में पाई जाती हैं। इनकी संरचना बलुई से लेकर दुमटी तक होती है। इनमें नाइट्रोजन तथा चूने की कमी होती है। लवण मृदाओं का अधिकतर प्रसार पश्चिमी गुजरात, पूर्वी तट के डेल्टाओं और पश्चिमी बगाल के सुन्दर वन क्षेत्रों में है।

कच्छ के रन में दक्षिणी-पश्चिमी मानसून के साथ नमक के कण आते हैं, जो एक पपड़ी के रूप में ऊपरी सतह पर जमा हो जाते हैं। डेल्टा प्रदेश में समुद्री जल के एकत्रित हो जाने से लवण मृदाओं के विकास को बढ़ावा मिलता है। बहुत अधिक सिंचाई वाले गहन कृषि के क्षेत्रों में, विशेष रूप हरित क्रान्ति वाले क्षेत्रों में, उपजाऊ जलोढ़ मृदाएं भी लवणीय होती जा रही हैं। शुष्क जलवायु वाली दशाओं में अत्यधिक सिंचाई केशिका क्रिया को बढ़ावा देती है। इसके फलस्वरूप नमक ऊपर की ओर बढ़ता है और मृदा की सबसे ऊपरी परत में नमक जमा हो जाता है। इस प्रकार के क्षेत्रों में, विशेष रूप में पंजाब तथा हरियाणा में मृदा की लवणता की समस्या से निबटने के लिए जिप्सम डालने की संस्तुति की गई है।

(छ) **पीटमय मृदाएं**—ये मृदाएं भारी वर्षा तथा उच्च आर्द्रता से युक्त उन क्षेत्रों में पाई जाती हैं जहां वनस्पति की वृद्धि अच्छी हो। ऐसी दशा में इन क्षेत्रों में मृत जैव पदार्थ बड़ी मात्रा में इकट्ठे हो जाते हैं, जो मृदा को ह्यूमस व पर्याप्त मात्रा में जैव तत्व प्रदान करते हैं। इन मृदाओं में जैव पदार्थों की मात्रा 40 से 50 प्रतिशत तक होती है। ये मृदाएं सामान्यतः गाढ़े और काले रंग की होती हैं। अनेक स्थानों पर ये क्षारीय भी हैं। ये मृदाएं अधिकांशतया बिहार के उत्तरी भाग, उत्तराखण्ड के दक्षिणी भाग, पश्चिम बंगाल के तटीय क्षेत्रों, ओडिशा व तमिलनाडु में पाई जाती हैं।

(ज) **वन मृदाएं**—ये मृदाएं पर्याप्त वर्षा वाले वन क्षेत्रों में ही बनती हैं। इन मृदाओं का निर्माण पर्वतीय पर्यावरण में होता है। इस पर्यावरण में परिवर्तन के अनुरूप मृदाओं का गठन और संरचना बदलती रहती है। घाटियों में ये दुमटी और पांशु होती हैं तथा ऊपरी ढालों पर ये मोटे कणों वाली होती हैं। हिमालय के हिमाच्छादित क्षेत्रों में इन मृदाओं का अनाच्छादन होता रहता है और ये अम्लीय तथा कम ह्यूमस वाली होती हैं। निचली घाटियों में पाई जाने वाली मृदाएं उर्वर होती हैं।

मृदा अवकर्षण

सामान्य दृष्टि से मृदा अवकर्षण को मृदा की उर्वरता के ह्रास के रूप में परिभाषित किया जा सकता है। अवकर्षण की क्रिया में मृदा का पोषण स्तर गिर जाता है तथा अपरदन और दुरुपयोग के कारण मृदा की गहराई कम हो जाती है। भारत में मृदा संसाधनों के क्षय का मुख्य कारक मृदा अवकर्षण ही है। मृदा अवकर्षण की दर भू-आकृति, पवनों की गति एवं वर्षा की मात्रा के अनुसार एक स्थान से दूसरे स्थान पर अलग होती है।

मृदा अपरदन

मृदा के आवरण का विनाश मृदा अपरदन कहलाता है। जल और वायु जैसे प्राकृतिक कारकों तथा मानवीय व जन्तुओं के हस्तक्षेप से मिट्टी की ऊपरी परत का हट जाना मृदा अपरदन कहलाता है।

प्रवाहित जल तथा पवनों की अपरदनात्मक प्रक्रियाएं तथा मिट्टी की निर्माणकारी प्रक्रियाएं साथ–साथ चलती रहती हैं। सामान्यतः उक्त दोनों प्रक्रियाओं में एक सन्तुलन बना रहता है। कई बार प्राकृतिक या मानवीय कारकों से यह सन्तुलन बिगड़ जाता है जो मृदा अपरदन का प्रमुख कारण है।

पवन तथा जल मृदा अपरदन के दो शक्तिशाली कारक हैं। एक ओर पवन द्वारा होने वाला मृदा अपरदन शुष्क तथा अर्द्ध–शुष्क क्षेत्रों में महत्वपूर्ण होता है तो दूसरी ओर भारी वर्षा व खड़े ढालों वाले प्रदेशों में बहते हुए जल द्वारा मृदा अपरदन सबसे अधिक होता है।

मृदा अपरदन की क्रिया निम्नलिखित दो रूपों में सम्पन्न होती है–

(क) **परत अपरदन**–जब मिट्टी की क्षैतिज परतें तेज हवा या भारी वर्षा द्वारा उड़ाकर या बहाकर ले जायी जाती हैं तो इस प्रकार का मृदा कटाव परत अपरदन कहलाता है। इस अपरदन से मिट्टी का उपजाऊपन क्रमशः कम होता चला जाता है। परत अपरदन प्रमुख रूप से वनस्पतिविहीन क्षेत्रों के अलावा जलोढ़ मिट्टी वाले क्षेत्रों में होता है।

(ख) **अवनालिका अपरदन**–जब मिट्टी की लम्बवत् परतें भारी वर्षा द्वारा बहाकर ले जायी जाएं तो इस प्रकार का अपरदन अवनालिका अपरदन कहलाता है इस अपरदन में गहरी नालियां, खड्डे तथा गड्ढे बन जाते हैं जिसके फलस्वरूप धरातल का स्वरूप ऊबड़–खाबड़ हो जाता है। इस प्रकार के अपरदन से कृषि योग्य भूमि शीघ्र ही बेकार हो जाती है। वर्षा से गहरी हुई अवनालिकाएं कृषि भूमियों को छोटे–छोटे टुकड़ों में बांट देती हैं। जिस क्षेत्र में अवनालिकाएं अथवा बीहड़ अधिक संख्या में होते हैं उसे उत्खात भूमि स्थलाकृति कहा जाता है। चम्बल नदी की द्रोणी में इस प्रकार की स्थलाकृतियां बहुतायत में मिलती हैं।

मृदा अपरदन के लिए उत्तरदायी कारक–मृदा अपरदन की क्रिया में अनेकानेक कारकों का योगदान होता है। इन कारकों को निम्नलिखित बिन्दुओं के अन्तर्गत प्रस्तुत किया गया है–

(i) भारत में होने वाली वर्षा का स्वभाव, मात्रा एवं वितरण यहां होने वाले मृदा अपरदन के लिए प्रमुख रूप से उत्तरदायी हैं। वर्षाकाल में जब भी दक्षिणी–पश्चिमी मानसूनी हवाओं द्वारा घनघोर वर्षा होती है, दक्षिणी प्रायद्वीप के पश्चिमी घाट, उत्तर के हिमालय पर्वतीय क्षेत्र तथा उत्तर के मैदानी भागों में बृहद् स्तर पर भू–अपरदन होता है। भारत के उत्तरी पर्वतीय भागों में अत्यधिक ढाल वाले भू–भागों में वर्षा होने पर मिट्टी की परतें शीघ्रता से अपरदित होती चली जाती हैं। ऐसे भू–भागों में अत्यधिक वर्षा होने से भूस्खलन की घटनाएं होने लगती हैं।

(ii) उत्तर भारत के अधिकांश भागों में मुलायम व घुलनशील मिट्टी की प्रधानता मिलती है जो वर्षा होने पर शीघ्र ही घुलकर बह जाती है।

(iii) उत्तर भारत की नदियों में वर्षाकाल में प्रायः बाढ़ें आ जाती हैं, जिसके कारण समीपवर्ती भूमि की मिट्टी की ऊपरी परत पानी के साथ शीघ्र ही बह जाती है। वस्तुतः भारत में वर्षाकाल में तीव्र गति से होने वाले जलीय मृदा अपरदन को नियन्त्रित करने के लिए न तो सघन वन आवरण हैं और न ही पर्याप्त संख्या में गहरे व विस्तृत जलाशय।

(iv) भारत के अधिकांश भागों में होने वाले अनियन्त्रित पशुचारण से भी मृदा अपरदन की दर बढ़ती है। पर्वतीय ढालों पर अनियन्त्रित पशुचारण से मृदा अपरदन की गम्भीर समस्या उत्पन्न हो जाती है।

(v) वनों की अविवेकपूर्ण कटाई से भी मिट्टी की अपरदन दर बढ़ती है। वृक्षों की जड़ें मिट्टी के कणों को बांधे रखती हैं। वनस्पतिविहीन भू–भागों पर मिट्टी के कण हवा या वर्षा द्वारा शीघ्र ही अपरदित हो जाते हैं।

(vi) हिमालय पर्वत श्रेणी के पूर्वी भागों में स्थानान्तरित कृषि प्रणाली का प्रचलन भी मृदा अपरदन की दर को बढ़ाने में सहयोग करता है।

(vii) उत्तरी भारत के मैदानी भागों में ग्रीष्मकाल में आने वाली प्रचण्ड आंधियां अपने साथ उपजाऊ मिट्टी की ऊपरी परत को उड़ाकर ले जाती हैं।

मृदा संरक्षण

मृदा संरक्षण एक विधि है जिसमें मिट्टी की उर्वरता बनाए रखी जाती है। मिट्टी के अपरदन व क्षय को रोका जाता है। साथ–ही–साथ मिट्टी की निम्नीकृत दशाओं को सुधारा जाता है।

मृदा संरक्षण की प्रमुख विधियां निम्नलिखित हैं–

1. **समोच्च रेखीय जुताई या बोआई**–ढालू धरातल पर यदि ऊपर से नीचे की ओर जुताई कर कृषि की जाती है तो वर्षा का जल या सिंचाई के लिए प्रयुक्त जल शीघ्रता से मिट्टी का कटाव करता है। इस समस्या से निपटने के लिए ढालू भूमि पर समोच्च रेखाओं के साथ–साथ बांध बनाकर जुताई कर अधिक ढाल को धीमे ढाल में परिवर्तित कर दिया जाता है।

2. **वेदिकाकरण**–पर्वतीय क्षेत्रों के ढालों में सीढ़ीदार खेत बनाकर प्रत्येक खेत के किनारे मेड़बन्दी कर दी जाती है, जिससे भूमि कटाव में कमी आ जाती है तथा अपरदित मिट्टी निचले सीढ़ीदार खेतों में जमा होती चली जाती है। वेदिकाकरण विधि ढालू भूमि पर प्रयुक्त की जाती है।

3. **मेड़बन्दी करना**–अपेक्षाकृत हल्के ढाल वाले मैदानी भागों में स्थित खेतों की मेड़ों को ऊंचा कर देना चाहिए जिससे भूमि का कटाव रुकता है तथा भूमिगत जल के स्तर में वृद्धि होती है।

4. **फसल आवर्तन**–एक कृषि भूमि पर कई वर्षों तक एक फसल बार–बार न बोकर अन्य फसलों को उगाना जैसे एक स्थान पर फलीदार फसल (leguminous crop) जैसे–मटर, चना आदि बोई जाती है तो मिट्टी में नाइट्रोजन की मात्रा पहले से अधिक हो जाती है क्योंकि फलीदार फसलों की जड़ों में स्थित असंख्य जीवाणु वायु की नाइट्रोजन को ग्रहण करके उपयोगी नाइट्रोजन के यौगिकों में बदल देते हैं। फलीदार फसल के बाद यदि बिना फलीदार फसल बाई जाए तो उनको मिट्टी में पर्याप्त मात्रा में नाइट्रोजन यौगिक मिल जाते हैं। वस्तुतः फसलों के समुचित आवर्तन से भूमि की उर्वरकता बनी रहती है।

5. **वृक्षारोपण एवं घास रोपड़**–मिट्टी अपरदन की समस्या से ग्रस्त क्षेत्रों में विस्तृत पैमाने पर वृक्षारोपण एवं घास का रोपण करना आवश्यक होता है। इससे मृदा अपरदन की दर से अधिक गिरावट आती है। साथ ही भूमि की जल अवशोषण क्षमता में वृद्धि होती है।

6. **नियन्त्रित पशुचारणता**–नियन्त्रित पशुचारणता में भूमि कटाव की प्रक्रिया रुकती है तथा घासों तथा अन्य वनस्पति की वृद्धि भी सुचारु रूप में होती है।

7. **अस्थाई कृषि पर प्रतिबन्ध**–जिन क्षेत्रों में परम्परागत रूप से अस्थाई कृषि या झूमिंग कृषि का प्रचलन है। उन क्षेत्रों में एक तो भूमि की उर्वरता शीघ्र समाप्त हो जाती है। दूसरे मृदा अपरदन की दर से तेजी से वृद्धि होती है। अतः अस्थाई कृषि पर कड़ाई से प्रतिबन्ध लगा उन क्षेत्रों का मृदा संरक्षण किया जा सकता है

8. **नदियों पर बांधों का निर्माण**–नदियों में आने वाली बाढ़ों को रोकने के लिए नदियों पर स्थान–स्थान पर बड़े–बड़े बांधों का निर्माण करना चाहिए जिससे नदियों के जल के तीव्र प्रवाह को नियन्त्रित किया जा सकता है। जल विद्युत उत्पादित की जा सकती है।

9. **अन्य विधियां**–भूमि को जल अपरदन से बचाने के लिए खालो भूमि में घासें तथा फलियों वाली आवरण फसलों को लगाना, वायु अपरदन वाले क्षेत्रों में बालू बन्धक पौधे लगाना, मिट्टी के प्रदूषण से सुरक्षा तथा मिट्टी को पर्याप्त सिंचाई साधनों की उपलब्धता कराना अन्य मिट्टी संरक्षण विधियां हैं।

अध्याय : मानचित्र की नजर में

भारत : मृदा के प्रमुख प्रकार

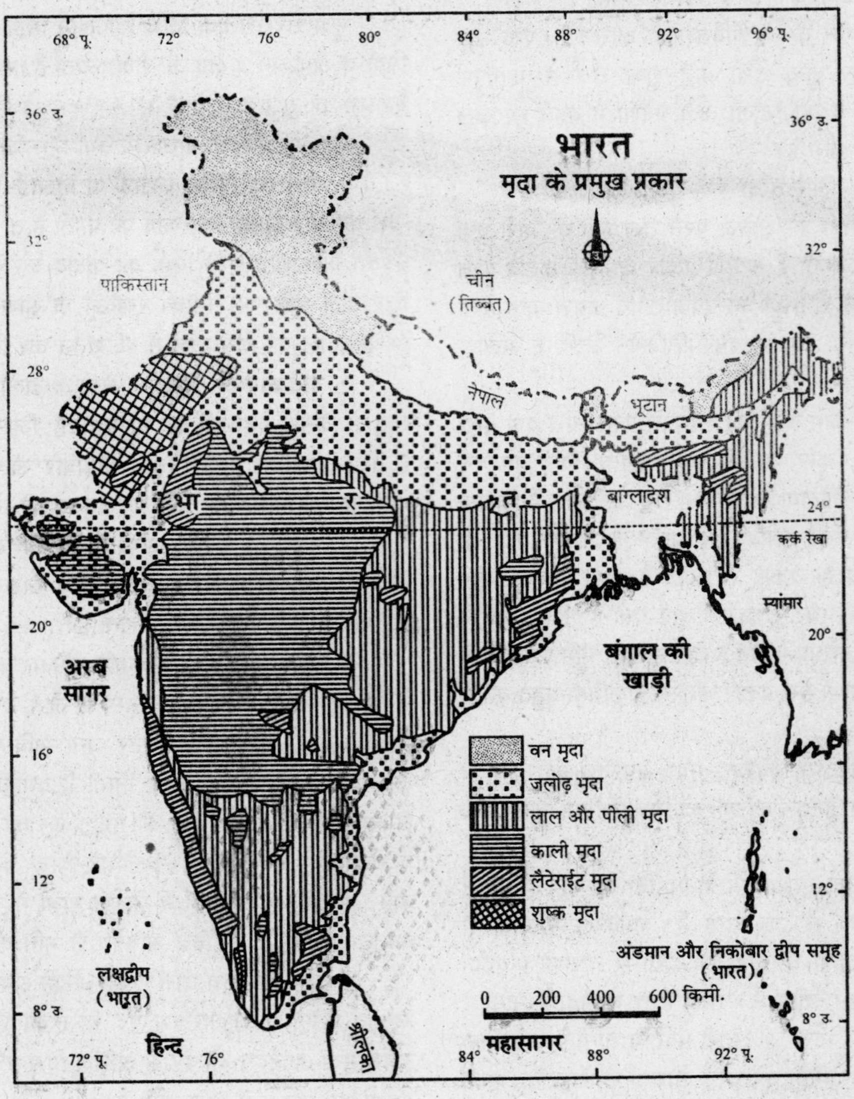

यह भी जानिए

खादर व बांगर तथा इनकी विशेषताएं

(क) खादर—यह मिट्टी नदी घाटियों के ऐसे क्षेत्रों में मिलती है जहां प्रतिवर्ष बाढ़ द्वारा मिट्टी की नई परत धरातल पर जमा हो जाती है। इनमें चीका की मात्रा अधिक होती है तथा जिसमें फसल आदि उगाने की क्षमता नहीं होती है।

(ख) बांगर—नदी घाटियों के ऐसे क्षेत्र जहां बाढ़ का पानी नहीं पहुंच पाता और धरातल पर पुराने जलोढ़ के लिए होते हैं, ऐसे क्षेत्रों को बांगर कहा जाता है तथा ये कृषि की दृष्टि से अनुपयोगी होती हैं।

विशेषताएं—(i) जलोढ़ मृदाएं गठन में बलुई दोमट में चिकनी मिट्टी जैसी होती हैं। (ii) इनमें पोटाश की मात्रा अधिक तथा फॉस्फोरस की मात्रा कम पाई जाती है। (iii) इन मृदाओं के कुछ क्षेत्रों में ककड़ मिलते हैं। (iv) पश्चिम से पूर्व की ओर इन मृदाओं में बालू की मात्रा घटती जाती है। (v) इनका रंग हल्के धूसर से राख धूसर जैसा होता है।

भारत में लवणता की समस्या—भारत के सिंचित क्षेत्रों में कृषि योग्य भूमि का एक बड़ा भाग अति सिंचाई के प्रभाव से लवणीय होता जा रहा है। मृदा के निचले संस्तरों में जमा हुआ नमक या लवण होता है। शुष्क जलवायु वाली दशाओं में अत्यधिक सिंचाई केशिका क्रिया को बढ़ावा देती है। इसके परिणामस्वरूप नमक ऊपर की ओर आकर मृदा की सबसे ऊपरी परत में जमा हो जाता है जिससे मिट्टी की उर्वरता नष्ट होने लगती है। पंजाब तथा हरियाणा इस समस्या से ग्रस्त भारत के प्रमुख राज्य हैं।

मृदा संरक्षण का सर्वोत्तम उपाय भूमि उपयोग की समुचित योजनाएं ही हैं—भारत सरकार द्वारा संचालित केन्द्रीय मृदा संरक्षण बोर्ड ने देश के विभिन्न भागों में मृदा संरक्षण हेतु अनेक योजनाओं का निर्माण किया है। ये योजनाएं जलवायु की दशाओं, भूमि संरक्षण एवं लोगों के सामाजिक व्यवहार पर आधारित हैं। इन योजनाओं का संचालन भी एक–दूसरे के तालमेल के बिना ही किया गया है भूमि का उसकी क्षमता के अनुसार ही वर्गीकरण होना चाहिए। भूमि उपयोग के मानचित्रों का निर्माण किया जाना चाहिए तथा भूमि का सर्वदा यही उपयोग किया जाना आवश्यक है। मृदा संरक्षण का निर्णायक दायित्व उन लोगों पर है जो कि उसका उपयोग करते हैं एवं उससे लाभ उठाते हैं। अतः स्पष्ट है कि मृदा संरक्षण के सर्वोत्तम उपयोग की समुचित योजनाएं ही हैं।

स्मरणीय बिन्दु

- प्राकृतिक संसाधनों में मिट्टी सबसे मूल्यवान तथा आधारभूत संसाधन है जिसने समस्त जीव जगत् के अस्तित्व को प्रत्यक्ष या अप्रत्यक्ष रूप से आधार प्रदान किया है।
- यदि पृथ्वी पर मिट्टी की उपस्थिति न हो तो पृथ्वी पर मानव जाति के अस्तित्व की कल्पना भी नहीं की जा सकती।
- कृषि कार्य तथा इससे सम्बन्धित व्यवसायों में विश्व की लगभग 80 प्रतिशत जनसंख्या संलग्न है।
- किसी क्षेत्र की मिट्टी का निर्माण उस क्षेत्र में हो रहे भौतिक, रासायनिक तथा जैविक परिवर्तनों के फलस्वरूप होता है।
- मृदा के निर्माण को प्रभावित करने वाले कारकों में उच्चावच, जनक सामग्री, जलवायु, वनस्पति अन्य जीव रूप एवं समय आदि प्रमुख हैं।
- मृदा के घटक खनिज कण, ह्यूमस, जल एवं वायु होते हैं।
- धरातल के नीचे मृदा की तीन परतें या संस्तर होते हैं। 'क' संस्तर सबसे ऊपर, मध्य में 'ख' संस्तर तथा सबसे नीचे 'ग' संस्तर होता है। इन तीनों संस्तरों के नीचे एक चट्टान होती है जिसे आधारी चट्टान कहा जाता है।

मृदा का वर्गीकरण

- प्राचीनकाल में मृदा को दो मुख्य वर्गों में विभाजित किया जाता था— (i) उपजाऊ मिट्टी, (ii) अनुपजाऊ मिट्टी।
- भारतीय कृषि अनुसन्धान परिषद् ने राष्ट्रीय मृदा सर्वेक्षण एवं भूमि उपयोग नियोजन ब्यूरो ने भारत की मृदाओं पर अनेक अध्ययन किए।
- भारतीय कृषि अनुसन्धान परिषद् ने भारतीय मृदाओं को उनकी प्रकृति एवं उनके गुणों के आधार पर वर्गीकृत किया है। यह वर्गीकरण संयुक्त राज्य अमेरिका के कृषि विभाग के मृदा वर्गीकरण पद्धति पर आधारित है।
- भारतीय कृषि अनुसन्धान परिषद् के अनुसार भारतीय मिट्टियों का वर्गीकरण—
  (i) इंसेप्टीसोल्स, (ii) एंटीसोल्स, (iii) एल्फीसोल्स, (iv) वर्टीसोल्स, (v) एरीडीसोल्स, (vi) अल्टीसोल्स, (vii) मॉलीसोल्स, (viii) अन्य मिट्टियां।
- उत्पत्ति, रंग, संयोजन तथा अवस्थिति के आधार पर भारत की मिट्टियों को निम्नलिखित आठ प्रकारों में वर्गीकृत किया गया है—1. जलोढ़ मृदाएं, 2. काली मृदाएं, 3. लाल और पीली मृदाएं, 4. लैटेराइट मृदाएं, 5. शुष्क मृदाएं, 6. लवण मृदाएं, 7. पीटमय मृदाएं, 8. वन मृदाएं।

(क) जलोढ़ मृदाएं

- उत्तरी मैदानी भाग तथा नदी घाटियों में विस्तृत ये मृदाएं देश के लगभग 40 प्रतिशत भाग पर मिलती हैं।
- ये निरीक्षण मृदाएं हैं। जिनको नदियों व सरिताओं ने वाहित व निक्षेपित किया है।
- राजस्थान के एक संकीर्ण गलियारे से होती हुई ये मृदाएं गुजरात के मैदानों में फैली मिलती हैं।
- गठन में यह बलुई दुमट से चिकनी मिट्टी के रूप में मिलती हैं। इनमें पोटाश की मात्रा अधिक तथा फॉस्फोरस की मात्रा कम मिलती है।
- जलोढ़ मृदाओं का रंग हल्के धूसर से राख धूसर जैसा होता है। इनमें गहन कृषि की जाती है।

(ख) काली मृदाएं

- ये मृदाएं दक्कन के पठार के अधिकांश भाग पर मिलती हैं।
- इन मृदाओं को रेगर तथा कपास वाली काली मिट्टी भी कहा जाता है।
- सूखने पर इन मिट्टियों में दरारें पड़ जाती हैं।
- रासायनिक दृष्टि से काली मृदाओं में चूने, लौह, मैग्नीशियम तथा एल्यूमिना के तत्व काफी मात्रा में मिलते हैं, लेकिन फॉस्फोरस, नाइट्रोजन तथा जैव पदार्थों की कमी होती है।

(ग) लाल और पीली मृदाएं

- लाल और पीली मृदाएं ओडिशा राज्य, छत्तीसगढ़ के कुछ भागों तथा मध्य गंगा के दक्षिणी भागों में मिलती हैं।
- इस मृदा का लाल रंग इनमें उपस्थित लोहांश के कारण होता है, जबकि जलयोजित होने पर यह पीली दिखाई देती है।
- इन मृदाओं में नाइट्रोजन, फॉस्फोरस तथा जीवांश की कमी होती है।

(घ) लैटेराइट मृदाएं

- ये मिट्टियां कर्नाटक, केरल, तमिलनाडु, मध्य प्रदेश, ओडिशा तथा असम के पहाड़ी क्षेत्रों में भारी वर्षा वाले क्षेत्रों में मिलती हैं।
- भारी वर्षा के कारण मृदाओं में निक्षालन क्रिया होने से चूना तथा सिलिका तो निक्षालित हो जाते हैं तथा लौह ऑक्साइड, पोटाश तथा ऐलुमिनियम के यौगिक शेष रह जाते हैं।

(ङ) शुष्क मृदाएं

- ये मृदाएं पश्चिमी राजस्थान के मरुस्थलीय भागों में मिलती हैं।
- इन मृदाओं में नमक पर्याप्त मात्रा में होता है जबकि ह्यूमस और जैव पदार्थों की कमी होती है।
- इन मृदाओं में नीचे की ओर चूने की मात्रा बढ़ते जाने के कारण निचली परतों में कंकड़ मिलते हैं।

(च) लवण मृदाएं

- यह मिट्टी पश्चिमी गुजरात, पूर्वी तट के डेल्टाई भाग तथा पश्चिमी बंगाल के सुन्दर वन क्षेत्रों में मिलती हैं।
- इस मिट्टी में सोडियम, पोटेशियम तथा मैग्नीशियम तत्वों की प्रधानता होती है।
- यह एक अनुर्वर मिट्टी है, इसमें किसी भी प्रकार की वनस्पति नहीं उगती है।

(छ) पीटमय मृदाएं

- बिहार के उत्तरी भागों, उत्तराखण्ड के दक्षिणी भागों, पश्चिमी बंगाल के तटीय क्षेत्रों, ओडिशा तथा तमिलनाडु में मिलने वाली ये मृदाएं भारी वर्षा व उच्च आर्द्रता वाले वनस्पति युक्त क्षेत्रों में मिलती हैं। पर्याप्त मात्रा में जैव तत्व 40 से 50 प्रतिशत तक मिलते हैं।

(ज) वन मृदाएं

- पर्याप्त वर्षा वाले वन क्षेत्रों में इस प्रकार की मृदाएं मिलती हैं।
- घाटियों में मिट्टी दोमट, गादयुक्त तथा उपजाऊ होती है, जबकि ऊपरी ढालों पर मोटे कणों वाली होती है।

मृदा अवकर्षण

- मृदा की उर्वरता में ह्रास को मृदा अवकर्षण कहा जाता है। इसमें मृदा का पोषण स्तर गिर जाता है।

मृदा अपरदन

- मृदा के आवरण का विनाश मृदा अपरदन कहलाता है। बहता हुआ जल, पवन की अपरदनात्मक प्रक्रियाएं तथा मानवीय गतिविधियां मृदा अपरदन के लिए प्रमुख रूप से उत्तरदायी हैं।
- शुष्क और अर्द्ध–शुष्क प्रदेशों में पवन तथा भारी वर्षा वाले खड़े ढालों पर बहता जल प्रभावशाली मृदा अपरदन के कारक हैं।
- वनोन्मूलन भी मृदा अपरदन के प्रमुख कारणों में से एक है।

मृदा संरक्षण

- मृदा संरक्षण एक विधि है जिसमें मिट्टी की उर्वरता कायम रखी जाती है, मिट्टी के अपरदन तथा क्षय को रोका जाता है और मिट्टी की निम्नीकृत दशाओं को सुधारा जाता है।
- भारत सरकार के केन्द्रीय मृदा संरक्षण बोर्ड ने मृदा संरक्षण के लिए देश के विभिन्न भागों में कई योजनाएं चला रखी हैं।

एन.सी.ई.आर.टी. पाठ्यपुस्तक भूगोल के प्रश्न (हल सहित)

1. नीचे दिए गए चार विकल्पों में से सही उत्तर को चुनिए–

(i) मृदा का सर्वाधिक व्यापक और सर्वाधिक उपजाऊ प्रकार कौन–सा है?
(क) जलोढ़ मृदा (ख) काली मृदा
(ग) लैटेराइट मृदा (घ) वन मृदा

(ii) रेगर मृदा का दूसरा नाम है–
(क) लवण मृदा (ख) शुष्क मृदा
(ग) काली मृदा (घ) लैटेराइट मृदा

(iii) भारत में मृदा के ऊपरी पर्त ह्रास का मुख्य कारण है–
(क) वायु अपरदन (ख) अत्यधिक निक्षालन
(ग) जल अपरदन (घ) इनमें से कोई नहीं

(iv) भारत के सिंचित क्षेत्रों में कृषि योग्य भूमि निम्नलिखित में से किस कारण से लवणीय हो रही है ?
(क) जिप्सम की बढ़ोत्तरी (ख) अति सिंचाई
(ग) अति चारण (घ) रासायनिक खादों का उपयोग

उत्तर–1. (i) (क), (ii) (ग), (iii) (ग), (iv) (ख)।

2. निम्नलिखित प्रश्नों के उत्तर लगभग 30 शब्दों में दीजिए–

(i) मृदा क्या है?
(ii) मृदा निर्माण के प्रमुख उत्तरदायी कारक कौन–से हैं?
(iii) मृदा परिच्छेदिका के तीन संस्तरों के नामों का उल्लेख कीजिए।
(iv) मृदा अवकर्षण क्या होता है?
(v) खादर और बांगर में क्या अन्तर है?

उत्तर–

(i) पृथ्वी के धरातल पर मृदा असंगठित पदार्थों की एक ऐसी परत होती है जो अपक्षय तथा अपरदन कारकों के माध्यम से चट्टानों तथा जैव पदार्थों से निर्मित होती है।

(ii) मृदा निर्माण एक दीर्घ अवधि की प्राकृतिक प्रक्रिया है जिसके निर्माण में उच्चावच, जनक सामग्री, जलवायु, वनस्पति तथा अपवाह प्रमुख रूप से उत्तरदायी कारक होते हैं।

(iii) मृदा की ऊर्ध्वाधर परिच्छेदिका में तीन संस्तर स्पष्ट रूप से पहचाने जाते हैं–

(अ) **सबसे ऊपर जलोढ़ 'क' संस्तर**–जिसमें पौधों की वृद्धि के लिए आवश्यक जैव पदार्थों का निर्माण खनिज पदार्थ, पोषक तत्वों तथा जल से संयोग होता है।

(ब) **'ख' संस्तर**–इसमें नीचे और ऊपर दोनों से पदार्थ प्राप्त होते हैं।

(स) **'ग' संस्तर**–इसकी रचना ढीली जनक सामग्री से होती है।

(iv) मृदा अवकर्षण को मृदा की उर्वरता के ह्रास के रूप में परिभाषित किया जा सकता है। मृदा अवकर्षण में मृदा का पोषण स्तर गिर जाता है तथा मृदा अपरदन और मृदा दुरुपयोग के कारण मृदा की गहराई कम हो जाती है। मृदा अवकर्षण की दर भू–आकृति, पवनों की गति तथा वर्षा की मात्रा के अनुसार एक स्थान से दूसरे स्थान पर भिन्नता लिए मिलती है।

(v) गंगा के ऊपरी तथा मध्यवर्ती मैदान में 'खादर' तथा 'बांगर' नामक दो जलोढ़क मिट्टियां मिलती हैं। खादर प्रतिवर्ष बाढ़कृत मैदानों में बाढ़ों द्वारा बिछाया हुआ नवीन जलोढ़ निक्षेप है जो महीन कणों का होने के कारण मृदा की उर्वरकता बढ़ा देता है।

दूसरी ओर बांगर पुराना जलोढ़क निक्षेप होता है, जिसका जमाव बाढ़कृत मैदानों से दूर होता है।

3. निम्नलिखित प्रश्नों के उत्तर 125 शब्दों तक में दीजिए–

(i) काली मृदाएं किन्हें कहते हैं? इनके निर्माण तथा विशेषताओं का वर्णन कीजिए।
(ii) मृदा संरक्षण क्या होता है? मृदा संरक्षण के कुछ उपाय सुझाइए।
(iii) आप यह कैसे जानेंगे कि कोई मृदा उर्वर है या नहीं? प्राकृतिक रूप से निर्धारित उर्वरता और मानवकृत उर्वरता में अन्तर स्पष्ट कीजिए।

उत्तर–

(i) दक्कन के पठार की बेसाल्ट की चट्टानों पर विकसित विशिष्ट मृदाएं जिनका रंग गाढ़े काले और सिलेटी रंग के मध्य की विभिन्न आभाओं का होता है, काली मृदा या कपास वाली मिट्टी या रेगर मिट्टी कहलाती है।

निर्माण–काली मृदाओं का निर्माण चट्टानों के दो वर्गों में हुआ है–
(a) दक्कन ट्रेप, (b) लौहमय नीस तथा शिस्ट चट्टानें।

तमिलनाडु की काली मृदाएं अधिकतर लौहमय चट्टानों से निर्मित हैं, जबकि शेष भाग की काली मिट्टी ज्वालामुखी विस्फोट से निकले लावा के जम जाने से बनी है।

विशेषताएं–काली मृदा की प्रमुख विशेषताएं निम्नलिखित हैं–

1. यह मृदा स्थायी रूप से उच्च मृत्तिकामय, गहरी तथा अपारगम्य होती है।
2. लम्बे समय तक नमी धारण करने की पर्याप्त क्षमता होती है।
3. ग्रीष्मकाल में सूखने पर यह मृदा सिकुड़ जाती है तथा इनमें चौड़ी दरारें पड़ जाती है।।
4. इन मृदाओं में चूना, लौह मैग्नीशियम तथा ऐल्यूमिना के तत्व पर्याप्त मात्रा में मिलते हैं।
5. इनमें पोटाश की मात्रा भी मिलती है लेकिन फॉस्फोरस, नाइट्रोजन तथा जैव पदार्थों की कमी होती है।
6. इस मृदा का रंग गाढ़े काले एवं स्लेटी रंग के मध्य की विभिन्न आभाओं का होता है।

(ii) **मृदा संरक्षण**–मृदा संरक्षण एक विधि है, जिसमें मिट्टी की उर्वरता बनाए रखी जाती है, मिट्टी के अपरदन तथा क्षय को रोका जाता है। साथ–ही–साथ मिट्टी की निम्नीकृत दशाओं को सुधारा जाता है।

मृदा संरक्षण के उपाय–मृदा संरक्षण के लिए निम्नलिखित उपाय महत्वपूर्ण हैं–

(क) 15 से 25 प्रतिशत ढाल प्रवणता वाली भूमि का उपयोग कृषि कार्यों के लिए नहीं किया जाना चाहिए। यदि ऐसी ढालयुक्त जमीन पर कृषि कार्य करना आवश्यक है तो इस पर सीढ़ीदार खेत निर्मित कर कृषि कार्य करना चाहिए।

(ख) भारत के विभिन्न भागों में अतिचारणता तथा स्थानान्तरित कृषि अपनाए जाने के कारण प्रभावित क्षेत्र में भूमि अपरदन बढ़ जाता है। स्थानीय लोगों को भूमि अपरदन के दुष्परिणामों के बारे में जानकारी प्रदान कर पशुचारणता तथा स्थानान्तरित कृषि पर नियन्त्रण करना चाहिए।

(ग) समोच्च रेखाओं के अनुसार खेतों को मेड़बन्दी, समोच्च रेखीय सीढ़ीदार खेतों का निर्माण, नियन्त्रित चराई, नियमित वानिकी, आवरण फसलों की कृषि, मिश्रित खेती तथा फसलों का हेर–फेर जैसे उपाय भी भूमि अपरदन को कम करके मृदा संरक्षण में सहायक होते हैं।

(घ) आर्द्र प्रदेशों में अवनालिका अपरदन को कम करने के लिए रोक बांधों की एक शृंखला बना देनी चाहिए तथा मरुस्थलीय व अर्द्ध–मरुस्थलीय प्रदेशों में पवन अपरदन को रोकने के लिए वृक्षों की रक्षक मेखला बना देनी चाहिए।

(iii) मृदा की उर्वरता उसमें विद्यमान पोषक तत्वों पर निर्भर करती है। मृदा में अनेक तत्व मौजूद रहते हैं जिनमें नाइट्रोजन, फॉस्फोरस, पोटेशियम, गन्धक, मैग्नीशियम, चूना, लोहा, मैंगनीज तथा जस्ता जैसे तत्व पौधों के विकास के लिए आवश्यक होते हैं। नाइट्रोजन, फॉस्फोरस तथा पोटेशियम इन तत्वों में सर्वाधिक महत्व रखते हैं तथा प्रत्येक मृदा में इन तीनों तत्वों का अनुपात अलग–अलग होता है। यदि उर्वरकों के रूप में हम इन तत्वों को मिट्टी में मिलाते हैं तो ऐसा करने पर यदि उत्पादन में उल्लेखनीय वृद्धि होती है तो वह मृदा उर्वर नहीं मानी जाएगी। अगर बिना उर्वरक डाले ही हमें मृदा से पर्याप्त उत्पादन प्राप्त हो रहा है तो वह मृदा उर्वर कही जाएगी। प्राकृतिक रूप से निर्धारित उर्वरता में हमें किसी प्रकार के रासायनिक उर्वरक डालने की आवश्यकता नहीं होती है। ऐसी मृदा में पर्याप्त मात्रा में आवश्यक तत्व मौजूद रहते हैं। इसके अलावा मृदा के जीव मृदा की उर्वरता बढ़ाने में प्रभावी भूमिका निभाते हैं। जीवाणु, कवक, केंचुआ, चींटियां, अन्य कीट तथा जीव–जन्तु मृदा के जीव हैं। अनुकूल दशाओं में ये बड़ी तेजी से बढ़ते हैं तथा मृदा के पोषक तत्वों में वृद्धि करते हैं। मानवीकृत उर्वरता के अन्तर्गत तब तक पर्याप्त उत्पादन प्राप्त नहीं हो सकता जब तक उस मृदा का रासायनिक परीक्षण करके उसमें आवश्यक मात्रा में रासायनिक उर्वरकों का प्रयोग न किया जाए। अतः मानवीकृत उर्वरता में मृदा का रासायनिक उपचार समय–समय पर आवश्यक होता है, जबकि प्राकृतिक रूप में निर्धारित उर्वरता में इसकी कोई आवश्यकता नहीं होती।

परियोजना/क्रियाकलाप

1. अपने क्षेत्र से मृदा के विभिन्न नमूने एकत्रित कीजिए तथा मृदा के प्रकारों पर रिपोर्ट तैयार कीजिए।

उत्तर–संकेत–प्रयोगात्मक खण्ड अध्यापक महोदय की सहायता से विद्यार्थी स्वयं करें।

2. भारत के रेखा मानचित्र पर मृदा के निम्नलिखित प्रकारों से ढके क्षेत्रों को चिह्नित कीजिए :

(i) लाल मृदा, (ii) लैटेराइट मृदा, (iii) जलोढ़ मृदा।

उत्तर–संकेत–अध्याय में समाहित मानचित्र की सहायता से विद्यार्थी स्वयं करें।

अभ्यासार्थ प्रश्न

बहुविकल्पीय प्रश्न

1. मृदा परिच्छेदिका में परतें मिलती हैं–

(अ) 2 (ब) 3

(स) 4 (द) 5

2. भारत में काली मिट्टी कैसी है?

(अ) विस्थापित (ब) दलदली

(स) लावा जन्य (द) विक्षालन जन्य

3. लैटेराइट मृदाओं में पर्याप्त मात्रा पाई जाती है–

(अ) नाइट्रोजन व पोटाश की (ब) पोटाश व फॉस्फेट की

(स) लौह ऑक्साइड व नाइट्रोजन की

(द) लोह ऑक्साइड व पोटाश की

4. उत्खात भूमि स्थलाकृतियां प्रमुख रूप में अवस्थित हैं–

(अ) पश्चिमी घाट में (ब) पूर्वी घाट में

(स) गोदावरी नदी के द्रोणी में (द) चम्बल नदी की द्रोणी में

5. भारत में पाई जाने वाली काली मिट्टी निम्नलिखित में से किस फसल से सम्बन्धित है?

(अ) तम्बाकू (ब) चाय

(स) कपास (द) गेहूं

उत्तर–1. (ब), 2. (स), 3. (द), 4. (द), 5. (स)

अति लघु उत्तरीय प्रश्न

1. भू–पर्पटी की सबसे महत्वपूर्ण परत कौन–सी है?

उत्तर–मृदा भू–पर्पटी की सबसे महत्वपूर्ण परत है।

2. मृदा किसका सम्मिश्रण होती है?

उत्तर–मृदा शैल मलवा तथा जैव सामग्री का सम्मिश्रण होती है जोकि पृथ्वी की सतह पर विकसित होते हैं।

3. मृदा के प्रमुख घटकों के नाम लिखिए।

उत्तर–खनिज कण, जीवांश, जल तथा वायु मृदा के प्रमुख घटक हैं।

4. 'संस्तर' किसे कहते हैं?

उत्तर–भूमि पर गड्ढा खोदने पर मृदा की तीन परतें दिखाई देती हैं जिन्हें संस्तर कहा जाता है।

5. मृदा का 'क' संस्तर क्या है?

उत्तर–मृदा का 'क' संस्तर सबसे ऊपरी खण्ड होता है जहां पौधों की वृद्धि के लिए अनिवार्य जैव पदार्थों का निर्माण खनिज पदार्थ, पोषक तत्वों एवं जल के संयोग से होता है।

6. मृदा के 'ग' संस्तर का निर्माण किस प्रकार होता है?

उत्तर–मृदा के 'ग' संस्तर का निर्माण ढीली जनक सामग्री से होता है।

7. मृदा परिच्छेदिका को स्पष्ट कीजिए।

उत्तर–पृथ्वी की ऊपरी परत से नीचे की ओर मृदा का ऊर्ध्वाधर खण्ड

जिससे कि मृदा की परतों के अनुक्रम का जनक सामग्री तक पता चलता है। मृदा परिच्छेदिका कहलाती है।

8. जनक चट्टान या आधारी चट्टान क्या है?
उत्तर—मृदा के तीन संस्तरों क, ख व ग के नीचे एक चट्टान होती है जिसे जनक चट्टान या आधारी चट्टान कहते हैं।

9. भारतीय कृषि अनुसन्धान परिषद् ने भारतीय मिट्टियों को कितने वर्गों में विभाजित किया है?
उत्तर—(i) इंसेप्टीसोल्स, (ii) एंटीसोल्स, (iii) एल्फीसोल्स, (iv) वर्टीसोल्स, (v) एरीडीसोल्स, (vi) अल्टीसोल्स, (vii) मॉलीसोल्स, (viii) अन्य मिट्टियां।

10. उत्पत्ति, रंग–संयोजन तथा अवस्थिति के आधार पर मिट्टियों के वर्गीकरण का नामोल्लेख कीजिए।
उत्तर—(i) जलोढ़ मृदाएं, (ii) काली मृदाएं, (iii) लाल और पीली मृदाएं, (iv) लैटेराइट मृदाएं, (v) शुष्क मृदाएं, (vi) लवण मृदाएं, (vii) पीटमय मृदाएं, (viii) वन मृदाएं।

11. जलोढ़ मृदाएं कहां मिलती हैं?
उत्तर—जलोढ़ मृदाएं उत्तरी मैदान तथा नदी घाटियों के विस्तृत भागों पर मिलती हैं।

12. जलोढ़ मृदाओं का रंग कैसा होता है?
उत्तर—जलोढ़ मृदाओं का रंग हल्के धूसर से राख धूसर जैसा होता है।

13. काली मृदाओं में किन तत्वों की प्रधानता होती है?
उत्तर—काली मृदाओं में चूना, लौह, मैग्नीशिया तथा ऐल्युमिना के तत्व पर्याप्त मात्रा में मिलते हैं।

14. लाल व पीली मृदाएं कहां पाई जाती हैं?
उत्तर—दक्कन पठार के पूर्वी तथा दक्षिणी भाग में कम वर्षा वाले उन क्षेत्रों में जहां रवेदार आग्नेय चट्टानें मिलती हैं, लाल व पीली मृदाएं मिलती हैं।

15. लैटेराइट मृदा किन क्षेत्रों में विकसित होती है?
उत्तर—लैटेराइट मृदा उच्च तापमान तथा भारी वर्षा वाले क्षेत्रों में विकसित होती है।

16. लैटेराइट मृदाओं में किन तत्वों की कमी होती है?
उत्तर—लैटेराइट मृदाओं मे जैव पदार्थ, नाइट्रोजन, फॉस्फेट तथा कैल्सियम तत्वों की कमी होती है।

17. लैटेराइट मृदाएं प्रमुख रूप से भारत के किन क्षेत्रों मे मिलती हैं?
उत्तर—लैटेराइट मृदा प्रमुख रूप से कर्नाटक, केरल, तमिलनाडु, मध्य प्रदेश तथा ओडिशा राज्यों के अलावा असम के पहाड़ी क्षेत्रों में मिलती हैं।

18. काजू की कृषि के लिए कौन–सी मृदा उपयुक्त होती है?
उत्तर—लैटेराइट मृदा।

19. शुष्क मृदाएं प्रमुख रूप से कहां मिलती हैं?
उत्तर—पश्चिमी राजस्थान।

20. लवण मृदाओं में किन लवणों की पर्याप्तता रहती है?
उत्तर—लवण मृदाओं में सोडियम, पोटेशियम तथा मैग्नीशियम तत्वों की पर्याप्तता मिलती है।

21. लवणीय मृदाओं के प्रमुख क्षेत्र लिखिए।
उत्तर—पश्चिमी गुजरात, पश्चिमी बंगाल के सुन्दर वन क्षेत्र तथा पूर्वी तट के डेल्टाई भाग भारत में लवण मृदाओं के प्रमुख क्षेत्र हैं।

22. पीटमय मृदाएं प्रमुख रूप से किन क्षेत्रों में मिलती हैं?
उत्तर—पीटमय मृदाएं प्रमुख रूप से बिहार के उत्तरी भाग, उत्तराखण्ड के दक्षिणी भाग, पश्चिमी बंगाल के तटीय क्षेत्रों के अलावा ओडिशा तथा तमिलनाडु के कुछ भागों में मिलती हैं।

23. मृदा अवकर्षण क्या है?
उत्तर—मृदा की उर्वरता में ह्रास को मृदा अवकर्षण कहा जाता है।

24. मृदा अपरदन से आप क्या समझते हैं?
उत्तर—मृदा आवरण का विनाश मृदा अपरदन कहलाता है।

25. मृदा अपरदन के दो रूप कौन–कौन–से होते हैं?
उत्तर—परत अपरदन तथा अवनालिका अपरदन मृदा अपरदन के दो रूप हैं।

26. बीहड़ क्या होते हैं?
उत्तर—नदी द्रोणियों तथा पहाड़ी ढालों पर अत्यधिक अवनालिका अपरदन से कृषि भूमि छोटे–छोटे टुकड़ों में खण्डित हो जाती है। ऐसी स्थलाकृति बीहड़ कहलाती है।

27. अवनालिका अपरदन क्या है?
उत्तर—चट्टान तथा मृदा के जल के सान्द्रित वाह से होने वाला ऐसा अपरदन जिसमें अवनालिकाएं निर्मित हो जाती हैं, अवनालिका अपरदन कहलाता है।

28. मृदा संरक्षण का अर्थ स्पष्ट कीजिए।
उत्तर—मृदा संरक्षण एक विधि है जिसमें मिट्टी की उर्वरता बनाए रखी जाती है, मिट्टी के अपरदन व क्षय को रोका जाता है तथा मिट्टी की निम्नीकृत दशाओं को सुधारा जाता है।

लघु उत्तरीय प्रश्न

1. मृदा के प्रमुख घटकों का उल्लेख कीजिए।
2. जलोढ़ मृदाओं की विशेषताओं का उल्लेख कीजिए।
3. काली मृदा के क्षेत्र एवं उसकी विशेषताओं का उल्लेख कीजिए।
4. लाल व पीली मृदा की विशेषताएं लिखिए।
5. लैटेराइट मृदाएं कहां–कहां पाई जाती हैं? इनकी विशेषताओं का उल्लेख कीजिए।
6. शुष्क मृदाओं का वितरण क्षेत्र स्पष्ट करते हुए महत्वपूर्ण विशेषताओं का उल्लेख कीजिए।
7. लवणीय मृदाओं का वितरण क्षेत्र एवं विशेषताएं स्पष्ट कीजिए।
8. भारत में मृदा लवणता की समस्या का उल्लेख कीजिए।
9. वन मृदाओं का निर्माण किस प्रकार होता है ? संक्षेप में समझाइए।
10. मृदा अवकर्षण पर संक्षिप्त टिप्पणी कीजिए।
11. मृदा अपरदन के किन्हीं तीन कारणों का उल्लेख कीजिए।
12. मृदा संरक्षण के तीन उपायों का उल्लेख कीजिए।
13. पीटमय मृदाओं की विशेषताओं का उल्लेख कीजिए।

विस्तृत उत्तरीय प्रश्न

1. भारत के प्रमुख मृदा प्रकारों विरचन तथा उनके प्रतिरूप पर चर्चा कीजिए। या
भारत की मिट्टियों को वर्गीकृत कर उनका विस्तार से वर्णन कीजिए।
या
उत्पत्ति, रंग, संयोजन एवं अवस्थिति के आधार पर भारत की मिट्टियों को वर्गीकृत कीजिए। या
भारत में पाई जाने वाली मृदाओं का वर्गीकरण कीजिए।
2. जलोढ़, लाल एवं पीली तथा लैटेराइट मृदाओं का विस्तार से विवरण दीजिए।
3. भारत में पाई जाने वाली शुष्क मृदाओं, लवण मृदाओं, पीटमय मृदाओं तथा वन मृदाओं का विस्तार से विवरण दीजिए।
4. मृदा अपरदन से क्या आशय है? मृदा अपरदन के दो रूपों को बताते हुए मृदा अपरदन के लिए उत्तरदायी कारकों को स्पष्ट कीजिए।
5. मृदा संरक्षण से क्या आशय है? मृदा संरक्षण की प्रमुख विधियों की विवेचना कीजिए।

23 प्राकृतिक संकट तथा आपदाएं

परिचय

प्राकृतिक संकट तथा आपदाएं प्रकृति में हो रहे परिवर्तनों का परिणाम है। परिवर्तन प्रकृति का नियम है। यह एक लगातार चलने वाली प्रक्रिया है, जो विभिन्न तत्वों में, चाहे वह बड़ा हो या छोटा, पदार्थ हो या अपदार्थ, लगातार चलती रहती है तथा हमारे प्राकृतिक और सामाजिक–सांस्कृतिक पर्यावरण को प्रभावित करती है। यह प्रक्रिया हर स्थान पर व्याप्त है परन्तु इसके परिणाम, सघनता तथा पैमाने में अन्तर होता है। ये बदलाव धीमी गति से भी आ सकते हैं, जैसे–स्थलाकृतियों व जीवों में। ये बदलाव तेज गति से भी आ सकते हैं, जैसे–ज्वालामुखी विस्फोट, सुनामी, भूकंप व तूफान इत्यादि। इसी प्रकार इसका प्रभाव छोटे क्षेत्र तक सीमित हो सकता है, जैसे–आंधी करकापात और टॉरनेडो और अत्यधिक व्यापक हो सकता है, जैसे–भूमंडलीय उष्णीकरण और ओजोन परत का ह्रास।

उल्लेखनीय तथ्य यह है कि कुछ परिवर्तन अपेक्षित एवं अच्छे होते हैं, जैसे–ऋतुओं में परिवर्तन, फलों का पकना आदि जबकि कुछ परिवर्तन अपेक्षा के विपरीत और बुरे होते हैं, जैसे–भूकंप, बाढ़ और यु ।

आपदा

आपदा सामान्यतया एक अनपेक्षित घटना होती है, जो ऐसी ताकतों द्वारा घटित होती है, जो मानव के नियंत्रण में नहीं हैं। यह थोड़े समय में और बिना चेतावनी के घटित होती है जिसकी वजह से मानव जीवन के क्रियाकलाप अवरु होते हैं तथा बड़े पैमाने पर जानमाल का नुकसान होता है। अतः इससे निपटने के लिए हमें सामान्यतः दी जाने वाली वैधानिक आपातकालीन सेवाओं की अपेक्षा अधिक प्रयत्न करने पड़ते हैं।

आपदा : मानव निर्मित आपदा के रूप में

सामान्यतः आपदाओं को प्राकृतिक बलों का परिणाम माना जाता रहा है किन्तु प्राकृतिक बल ही आपदाओं के एकमात्र कारक नहीं हैं। आपदाओं की उत्पत्ति का संबंध मानव क्रियाकलापों से भी है। कुछ मानवीय गतिविधियां तो प्रत्यक्ष रूप से इन आपदाओं के लिए जिम्मेदार हैं। भोपाल गैस त्रासदी,चेरनोबिल नाभिकीय आपदा, युद्ध, सी एफ सी (क्लोरोफ्लोरो कार्बन) गैसें वायुमंडल में छोड़ना तथा ग्रीन हाउस गैसें, ध्वनि, वायु, जल तथा मिट्टी सम्बन्धी पर्यावरण प्रदूषण आदि आपदाएं इसके उदाहरण हैं। कुछ मानवीय गतिविधियां परोक्ष रूप से भी आपदाओं को बढ़ावा देती हैं। वनों को काटने के कारण भू–स्खलन तथा बाढ़, भंगुर जमीन पर निर्माण कार्य और अवैज्ञानिक भूमि उपयोग कुछ उदाहरण हैं जिनकी वजह से आपदा परोक्ष रूप में प्रभावित होती है। पिछले कुछ सालों से मानवकृत आपदाओं की संख्या और परिमाण, दोनों में ही अत्यधिक वृ हुई है और कई स्तर पर ऐसी घटनाओं से बचने के यथासंभव प्रयत्न किए जा रहे हैं। यद्यपि इस संदर्भ में अब तक सफलता नाम मात्र ही हाथ लगी है, परन्तु इन मानवकृत आपदाओं में से कुछ का निवारण संभव है। इसके विपरीत प्राकृतिक आपदाओं पर रोक लगाने की संभावना बहुत कम है इसलिए सबसे अच्छा तरीका है इनके असर को कम करना तथा इनका प्रबंध करना। इस दिशा में विभिन्न स्तरों पर कई प्रकार के ठोस कदम उठाए गए हैं जिनमें भारतीय राष्ट्रीय आपदा प्रबंधन संस्थान की स्थापना 1993 में रियो–डि–जेनरो, ब्राजील में भू–शिखर सम्मेलन (Earth Summit) और मई 1994 में यॉकोहामा, जापान में आपदा प्रबंध पर विश्व संगोष्ठी आदि, विभिन्न स्तरों पर इस दिशा में उठाए जाने वाले उल्लेखनीय कदम हैं।

प्राकृतिक आपदा एवं प्राकृतिक संकट में भेद

सामान्यतया प्राकृतिक आपदा एवं प्राकृतिक संकट को एक ही समझा जाता है। इन अंतरों को हम निम्नलिखित विवरणों द्वारा समझ सकते हैं–

(i) प्राकृतिक संकट प्राकृतिक पर्यावरण में हालात के तत्व हैं जिनसे धन एवं जन अथवा दोनों को हानि पहुंचने की संभावना होती है। ये बहुत तीव्र हो सकते हैं या पर्यावरण विशेष के स्थायी पक्ष भी हो सकते हैं, जैसे–महासागरीय धाराएं, हिमालय में तीव्र ढाल व अस्थिर संरचनात्मक आकृतियां या रेगिस्तानों तथा हिमाच्छादित क्षेत्रों में विषम जलवायु दशाएं आदि।

प्राकृतिक संकट की तुलना में प्राकृतिक आपदाएं अपेक्षाकृत तीव्रता से घटित होती हैं तथा बड़े पैमान पर जन–धन की हानि तथा सामाजिक तंत्र एवं जीवन को कुप्रभावित/छिन्न–भिन्न कर देती हैं तथा उन पर लोगों का बहुत कम या कुछ भी नियंत्रण नहीं होता।

(ii) सामान्यतः प्राकृतिक आपदाएं दुनिया भर के लोगों के व्यापकीकृत (generalised) अनुभव होते हैं। दो आपदाएं न तो समान होती हैं और न उनमें आपस में तुलना की जा सकती है। प्रत्येक आपदा, अपने नियंत्रणकारी सामाजिक–पर्यावरणीय घटकों, सामाजिक अनुक्रिया जिसको यह उत्पन्न करते हैं और जिस ढंग से प्रत्येक सामाजिक वर्ग इससे निपटता है, अद्वितीय होती है।

(iii) प्राकृतिक आपदाओं एवं प्राकृतिक संकटों की वस्तुस्थिति में परिवर्तन भी आया है। पहले प्राकृतिक आपदाएं एवं प्राकृतिक संकट, दो परस्पर अंतर्संबन्धी परिघटनाएं समझी जाती थी अर्थात् जिन क्षेत्रों में प्राकृतिक संकट आते थे, वे आपदाओं के द्वारा भी सुभेद्य थे। अतः उस समय मानव पारिस्थितिक तंत्र के साथ अधिक छेड़छाड़ नहीं करता था। इसलिए इन आपदाओं से हानि कम होती थी। तकनीकी विकास ने मानव को, पर्यावरण को प्रभावित करने की बहुत क्षमता प्रदान कर दी है। ऐसी स्थिति में मनुष्य ने आपदा के खतरे वाले क्षेत्रों में गहन क्रियाकलाप शुरू कर दिया है और इस प्रकार आपदाओं की सुभेद्यता को बढ़ा दिया है। अधिकांश नदियों के बाढ़–मैदानों में भू–उपयोग तथा भूमि की कीमतों के कारण व तटों पर बड़े नगरों एवं बंदरगाहों, जैसे–मुंबई तथा चेन्नई आदि के विकास ने इन क्षेत्रों को चक्रवातों, प्रभंजनों तथा सुनामी आदि के लिए सुभेद्य बना दिया है।

प्राकृतिक आपदाओं का वर्गीकरण

प्राकृतिक आपदाओं को प्रमुखतया चार प्रकारों में वर्गीकृत किया गया है–

1. **वायुमण्डलीय**–इसके अन्तर्गत बर्फानी तूफान, तड़ितझंझा, तड़ित टॉरनेडो, उष्ण कटिबन्धीय चक्रवात, सूखा, करकापात, पाला, लू तथा शीतलहर को सम्मिलित किया जाता है।

2. **भौमिकी**–इनमें स्थलमण्डलीय आपदाएं; जैसे–भूकम्प, ज्वालामुखी, भूस्खलन, हिमघात, अवतलन तथा मृदा अपरदन जैसी आपदाओं को सम्मिलित किया जाता है।

3. **जलीय**–जल के कारण उत्पन्न आपदाएं; जैसे–बाढ़, ज्वार, महासागरीय धाराएं, तूफान महोर्मि तथा सुनामी इसमें सम्मिलित हैं।

4. **जैविक**–पौधों के कीट–पतंगे, फफूंद, बैक्टीरिया और वायरल संक्रमण, वर्ड फ्लू, डेंगू, मलेरिया तथा प्लेग आदि जैविक प्राकृतिक आपदाएं इसमें सम्मिलित हैं।

भारत में प्राकृतिक आपदाएं

भारत एक प्राकृतिक तथा सामाजिक–सांस्कृतिक विविधताओं वाला देश है। बृहत भौगोलिक आकार, पर्यावरणीय विविधताओं व सांस्कृतिक बहुलता के कारण भारत को 'भारतीय उपमहाद्वीप' और 'अनेकता में एकता वाली धरती' के नाम से जाना जाता है। बृहत आकार, प्राकृतिक परिस्थितियों में विभिन्नता, लंबे समय तक उपनिवेशन, अभी भी जारी सामाजिक भेदमूलन व बहुत अधिक जनसंख्या के कारण भारत की प्राकृतिक आपदाओं द्वारा सुभेद्यता (vulnerability) को बढ़ा दिया है। इन प्रेक्षणों को भारत की कुछ मुख्य प्राकृतिक आपदाओं के वर्णन द्वारा स्पष्ट किया जा सकता है।

(1) **भूकम्प**–भूकम्प पृथ्वी की ऊपरी सतह पर भूगर्भिक गतिविधियों से उत्सर्जित ऊर्जा से उत्पन्न होते हैं। भारत में भूकम्प आने का प्रमुख कारण यह है कि प्रायद्वीपीय भारत की ओर विस्तृत इंडियन प्लेट प्रतिवर्ष उत्तर व उत्तर–पूर्व दिशा में एक सेमी खिसक रही है जबकि उत्तर में स्थित यूरेशियन प्लेट इंडियन प्लेट के इस संचलन में बाधा उत्पन्न करती है। इसके परिणामस्वरूप उक्त दोनों प्लेटों के किनारे लॉक हो जाते हैं तथा प्लेट के कई किनारों पर ऊर्जा का संग्रह होता रहता है। अधिक मात्रा में ऊर्जा संग्रह होने से प्लेट के किनारों पर तनाव बढ़ता है जिससे दोनों प्लेटों के बीच का लॉक टूट जाता है। इससे अचानक जो ऊर्जा विमुक्त होती है, उससे हिमालय के चाप के साथ भूकम्प आ जाता है। इस प्रकार के भूकम्प से प्रभावित राज्यों में जम्मू–कश्मीर, हिमाचल प्रदेश, उत्तराखण्ड, सिक्किम, पश्चिम बंगाल का दार्जिलिंग उपमण्डल तथा सातों उत्तरी–पूर्वी राज्य सम्मिलित हैं तथा कभी–कभी देश के अन्य प्रदेशों में भी इसका प्रभाव देखने को मिलता है।

भारत के भूकम्पीय क्षेत्र–राष्ट्रीय भू–भौतिकी प्रयोगशाला, भारतीय भूगर्भीय सर्वेक्षण, मौसम विज्ञान विभाग तथा राष्ट्रीय आपदा प्रबन्धन संस्थान ने भारत में आये 1200 भूकम्पों का गहन विश्लेषण कर भारत को पांच भूकम्पीय क्षेत्रों में विभक्त किया–

(i) अत्यधिक क्षति जोखिम क्षेत्र,

(ii) अधिक क्षति जोखिम क्षेत्र,

(iii) मध्यम क्षति जोखिम क्षेत्र,

(iv) निम्न क्षति जोखिम क्षेत्र,

(v) अति निम्न क्षति जोखिम क्षेत्र।

उक्त पांचों क्षेत्रों में पहले दो क्षेत्रों में सबसे भीषण भूकम्प अनुभव किये गये हैं।

भारत के **अत्यधिक भूकम्पीय खतरे वाले क्षेत्रों** में भारत के उत्तरी–पूर्वी राज्य, दरभंगा से उत्तर में स्थित क्षेत्र तथा अरेरिया (बिहार में भारत–नेपाल सीमा के साथ), उत्तराखण्ड, पश्चिमी हिमाचल प्रदेश (धर्मशाला के चारों ओर), कश्मीर घाटी तथा गुजरात का कच्छ क्षेत्र सम्मिलित हैं।

भारत के **अधिक भूकम्पीय खतरे वाले क्षेत्रों** में कश्मीर व हिमाचल प्रदेश के शेष बचे भाग, उत्तरी पंजाब, हरियाणा का पूर्वी भाग, दिल्ली, पश्चिमी उत्तर प्रदेश का उत्तरी बिहार शामिल है।

भूकम्प के सामाजिक–पर्यावरणीय परिणाम–भूकम्प से वृहद् स्तर तथा अति तीव्रता से धरातल पर विनाशकारी दृश्य उत्पन्न हो जाते हैं। जिन क्षेत्रों में अधिक जनसंख्या घनत्व मिलता है वहां पर भूकम्पीय आपदा और अधिक विनाशकारी हो जाती है।

भूकम्प मानवीय बस्तियां, बुनियादी ढांचा, परिवहन व संचार व्यवस्था, उद्योग तथा अन्य विकासशील क्रियाओं को नष्ट कर देता है साथ ही इसके दुष्प्रभावों से पीढ़ियों से संचित पदार्थ तथा सामाजिक–सांस्कृतिक विरासत भी ध्वस्त हो जाती है। भूकम्प प्रभावित क्षेत्रों में हजारों लोग बेघर हो जाते हैं और यदि भूकम्प प्रभावित देश की अर्थव्यवस्था विकासशील हुई तो उस देश की कमजोर अर्थव्यवस्था को गहरा आघात लगता है।

(2) **सुनामी**–सुनामी या सुनामिस जापानी भाषा का शब्द है जिसमें 'सु' बन्दरगाह को तथा 'नामी' लहर को कहा जाता है। सुनामी लम्बी लहर लम्बाई (Long wave length) व उथले सागरीय जल की प्रगामी लहर (Progressive wave) होती है जो सागरीय जल की तीव्र उथल–पुथल का परिणाम होती है। आपदा प्रबन्धन की हाईपावर कमेटी के एक प्रतिवेदन के अनुसार "सुनामी एक सागरीय लहर है जो सागर में भूकम्प, भूस्खलन या ज्वालामुखी उद्गार जैसी घटना द्वारा उत्पन्न होती है।"

सुनामी सामान्यतः प्रारम्भ में एक ही ऊर्ध्वाधर ऊंची तरंग उत्पन्न होती है परन्तु कालान्तर में जल तरंगों की एक शृंखला बन जाती है। इसका प्रमुख कारण यह है कि प्रारम्भिक तरंग के ऊंचे शिखर तथा निचले गर्त के मध्य जल अपना स्तर बनाये रखने की कोशिश करता है।

सुनामी जनित प्रमुख प्रभाव–सुनामी आने पर महासागरीय भागों के आन्तरिक भाग कम प्रभावित होते हैं, जबकि तटीय भागों पर इसकी तरंगें विनाशकारी प्रभाव उत्पन्न करती हैं। यही कारण है कि सुनामी आने पर सागर के आन्तरिक भागों में चल रहे जलपोतों पर कोई विशेष प्रभाव नहीं पड़ता क्योंकि गहरे सागरीय भागों में सुनामी लहरों की लम्बाई अधिक होती है तथा ऊंचाई कम होती है। इसके विपरीत जब सुनामी उथले सागरीय भागों में प्रवेश करती है तो उसकी तरंग की लम्बाई कम होती जाती है तथा ऊंचाई बढ़ती जाती है एवं गति में तीव्रता होती है। कई बार तो यह तटीय भागों पर 15 मीटर या इससे अधिक भी ऊंची हो जाती है।

सुनामी आने पर सागर का जल तेजी से तटीय भागों में प्रवेश कर बन्दरगाहों, परिवहन मार्गों, इमारतों तथा बस्तियों को तबाह कर देता है। अन्य प्राकृतिक आपदाओं की तुलना में सुनामी के प्रभाव को कम करना कठिन है क्योंकि इससे वृहद् स्तर पर विनाश होता है।

सुनामी आमतौर पर प्रशान्त महासागरीय तट पर, इण्डोनेशिया, मलेशिया तथा हिन्द महासागर में म्यांमार, श्रीलंका तथा भारत के तटीय भागों में आती है। 26 दिसम्बर, 2004 को हिन्द महासागर में आयी सुनामी ने इण्डोनेशिया के अलावा भारत के पूर्वी तटीय भाग तथा अण्डमान–निकोबार द्वीप समूह में भारी तबाही मचायी तथा इसके कारण लगभग तीन लाख व्यक्तियों को अपनी जान से हाथ धोना पड़ा।

(3) **उष्ण कटिबन्धीय चक्रवात**–उष्ण कटिबन्धीय चक्रवात कम दबाव वाले उग्र मौसम तन्त्र हैं और 30° उत्तर तथा 30° दक्षिण अक्षांशों के बीच पाए जाते हैं। यह सामान्यतः 500 से 1000 किमी क्षेत्र में फैला होता है और इसकी ऊर्ध्वाधर ऊंचाई 12 से 14 किमी तक होती है। उष्ण कटिबन्धीय चक्रवात या प्रभंजन एक ऊष्मा इंजन की तरह होते हैं जिसे ऊर्जा प्राप्ति, समुद्र सतह से प्राप्त जलवाष्प की संघनन प्रक्रिया में छोड़ी गई गुप्त ऊष्मा से होती है।

उष्ण कटिबन्धीय चक्रवात की उत्पत्ति–इसकी उत्पत्ति के लिए निम्नलिखित प्रारम्भिक परिस्थितियों का होना आवश्यक है–

(i) लगातार और पर्याप्त मात्रा में उष्ण व आर्द्र वायु की सतत् उपलब्धता जिससे बहुत बड़ी मात्रा में गुप्त ऊष्मा निर्मुक्त हो।

(ii) तीव्र कोरियोलिस बल जो केन्द्र के निम्न वायुदाब को भरने न दे। (भूमध्य रेखा के आस–पास 0° से 5° कोरियोलिस बल कम होता है जिसके परिणामस्वरूप यहां से चक्रवात उत्पन्न नहीं होते)।

(iii) क्षोभमण्डल में अस्थिरता जिससे स्थानीय स्तर पर निम्न वायुदाब क्षेत्र बन जाते हैं। इन्हीं के चारों ओर चक्रवात विकसित हो जाते हैं।

(iv) मजबूत ऊर्ध्वाधर वायु फान (Wedge) की अनुपस्थिति, जो नम और गुप्त ऊष्मायुक्त वायु के ऊर्ध्वाधर बहाव को अवरुद्ध करें।

ऊष्ण कटिबन्धीय चक्रवात की संरचना—उष्ण कटिबन्धीय चक्रवात में वायुदाब प्रवणता बहुत अधिक होती है। चक्रवात का केन्द्र गर्म तथा निम्न वायुदाब और मेघरहित क्रोड होता है। इसे 'तूफान की आंख' कहा जाता है। सामान्यतः समदाब रेखाएं एक—दूसरे के नजदीक होती हैं जो उच्च वायुदाब प्रवणता का प्रतीक हैं। वायुदाब प्रवणता 14 से 17 मिलीबार/100 किमी के आस—पास होता है। कई बार यह 60 मिलीबार/100 किमी तक हो सकता है। केन्द्र से पवन पट्टी का विस्तार 10 से 150 किमी तक होता है।

भारत में चक्रवातों का क्षेत्रीय और समयानुसार वितरण—भारत की आकृति प्रायद्वीपीय है और इसके पूर्व में बंगाल की खाड़ी तथा पश्चिम में अरब सागर है। अतः यहां आने वाले चक्रवात इन्हीं दो जलीय क्षेत्रों में पैदा होते हैं। मानसूनी मौसम के दौरान चक्रवात 10° से 15° उत्तर अक्षांशों के बीच पैदा होते हैं। बंगाल की खाड़ी में चक्रवात अधिकांशतः अक्टूबर और नवम्बर में बनते हैं। यहां ये चक्रवात 16° से 21° उत्तर तथा 92° पूर्व देशान्तर से पश्चिम में पैदा होते हैं परन्तु जुलाई में ये सुन्दर वन डेल्टा के करीब 18° उत्तर और 90° पूर्व देशान्तर से पश्चिम में उत्पन्न होते हैं।

समुद्र से दूरी बढ़ने पर चक्रवात का बल कमजोर हो जाता है। भारत में चक्रवात जैसे—जैसे बंगाल की खाड़ी और अरब सागर से दूर जाता है। उसका बल कमजोर हो जाता है। तटीय क्षेत्रों में अक्सर उष्ण कटिबन्धीय चक्रवात 180 किलोमीटर प्रति घण्टा की गति से टकराते हैं। इससे तूफानी क्षेत्र में समुद्र तल भी असाधारण रूप से उठा होता है जिसे 'तूफान महोर्मि' (Storm sorge) कहा जाता है।

(4) **बाढ़**—बाढ़ का सामान्य अर्थ है—किसी भू—भाग का लगातार कई दिनों तक जलमग्न हो जाना। बाढ़ उस समय प्राकृतिक प्रकोप बन जाती है, जब उसके कारण अपार जन—धन की हानि होती है। सामान्यतः बाढ़ें नदी में सीमा से अधिक जल आ जाने के कारण आती हैं। इस सन्दर्भ में—

"बाढ़ नदी की एक ऐसी उच्च अवस्था है जिसमें नदी सामान्यतः अपने विशिष्ट पहुंच वाले प्राकृतिक बांधों को तोड़कर बहने लगती है अथवा "नदियों की वाहिकाओं (Channels) में अथवा सागरीय जल के ऊंचे हो जाने से वे सभी भाग जो सामान्यतः जलमग्न नहीं रहते हैं, जलमग्न हो जाते हैं, तो ऐसी स्थिति को बाढ़ कहा जाता है।"

बाढ़ों की विभीषिका से कृषि क्षेत्र ही नष्ट नहीं होते, वरन् बाढ़ग्रस्त क्षेत्रों में भवनों, दूर—संचार, यातायात सेवाओं के अतिरिक्त पशुओं तथा स्वयं मानव को भारी हानि उठानी पड़ती है।

बाढ़ आने के कारण—बाढ़ आने के प्रमुख कारण निम्नलिखित हैं—

(i) बाढ़ तब आती है जब नदी वाहिकाओं में इनकी क्षमता से अधिक जल आ जाता है और यह जल, बाढ़ के रूप में मैदान के निचले हिस्सों में भर जाता है।

(ii) वन विनाश तथा चरागाहों का अविवेकपूर्ण ढंग से किया गया विनाश।

(iii) तटीय क्षेत्रों में तूफानी महोर्मि का आना।

(iv) लम्बे समय तक वर्षा का होना।

(v) अधिक मृदा अपरदन के कारण नदी जल के जलोढ़ों की मात्रा में वृद्धि।

भारत के बाढ़ प्रभावित क्षेत्र—राष्ट्रीय बाढ़ आयोग ने देश की लगभग 4 करोड़ हेक्टेअर भूमि को बाढ़ प्रभावित क्षेत्र घोषित किया है। दिये गये मानचित्र में भारत के बाढ़ प्रभावित क्षेत्रों को प्रदर्शित किया है। असम, पश्चिमी बंगाल तथा बिहार राज्य भारत के सर्वाधिक बाढ़ प्रभावित क्षेत्र हैं। इसके अलावा उत्तर भारत की अधिकांश नदियां विशेष रूप से पंजाब तथा उत्तर प्रदेश में बाढ़ें लाती हैं। राजस्थान, गुजरात, हरियाणा तथा पंजाब राज्य पिछले कुछ दशकों से आकस्मिक रूप से आने वाली बाढ़ों से जलमग्न होते रहे हैं। कई बार तमिलनाडु में नवम्बर से जनवरी माह के मध्य लौटते मानसून से बाढ़ें आ जाती हैं।

बाढ़ के परिणाम—बाढ़ के निम्नलिखित परिणाम होते हैं—

(i) बाढ़ग्रस्त क्षेत्रों में कृषि भूमि तथा मानव बस्तियों के डूबने से देश की अर्थव्यवस्था तथा समाज पर प्रतिकूल प्रभाव पड़ता है।

(ii) बाढ़ कृषि फसलों का विनाश करने के साथ—साथ सड़कों, रेल पटरियों, पुलों तथा मानव बस्तियों को भी हानि पहुंचाती हैं।

(iii) बाढ़ग्रस्त क्षेत्रों में अनेक जलजनित बीमारियां फैलने का खतरा बढ़ जाता है।

(iv) कुछ क्षेत्रों में बाढ़ खेतों में उपजाऊ मिट्टी लाकर जमा कर देती है जो कृषि फसलों के लिए बहुत लाभदायक होती है।

बाढ़ नियन्त्रण के उपाय—बाढ़ नियन्त्रण के प्रमुख उपाय निम्नलिखित हैं—

(i) बाढ़ प्रभावित क्षेत्रों में तटबन्ध बनाना तथा नदियों पर बांध बनाना।

(ii) बाढ़ लाने वाली नदियों के ऊपरी जल ग्रहण क्षेत्रों में निर्माण कार्यों पर प्रतिबन्ध लगाना

(iii) नदी वाहिकाओं पर बसे लोगों को अन्यत्र बसाना तथा बाढ़ के मैदानों में जनसंख्या के जमाव पर नियन्त्रण रखना।

(iv) तटीय क्षेत्रों में चक्रवात सूचना केन्द्रों की स्थापना करना।

(5) **सूखा**—दीर्घकालीन समय तक कम वर्षा, अत्यधिक वाष्पीकरण और जलाशयों तथा भूमिगत ढाल के अत्यधिक प्रयोग से भूतल पर जल की कमी हो जाती है। ऐसी स्थिति सूखा कहलाती है।

सूखा एक प्राकृतिक आपदा है, क्षेत्र विशेष में इसका व्यापक नकारात्मक प्रभाव पड़ता है जिससे बड़े पैमाने पर धन—जन की हानि होती है। भारतीय मौसम विभाग के अनुसार जब किसी भौगोलिक प्रदेश में सामान्य से कम वर्षा प्राप्त होती है तो सूखा की स्थिति उत्पन्न होती है।

सूखा को वर्षा के आधार पर दो भागों में विभाजित किया जाता है—

1. **सामान्य सूखा**—जब वर्षा का अभाव सामान्य वर्षा से 25 से 50 प्रतिशत के मध्य होता है तो उसे सामान्य सूखा कहते हैं।

2. **प्रचण्ड सूखा**—जब वर्षा का अभाव सामान्य वर्षा से 50 प्रतिशत से अधिक होता है तो उसे प्रचण्ड सूखा कहते हैं।

जलवायविक दशा आर्थिक, सामाजिक गतिविधियों के आधार पर सूखा को निम्नलिखित चार भागों में विभाजित किया जा सकता है—

(i) **मौसम विज्ञान सम्बन्धी सूखा**—यह एक ऐसी स्थिति है जिसमें लम्बे समय तक अपर्याप्त वर्षा होती है और इसका सामयिक और स्थानिक वितरण भी असन्तुलित होता है।

(ii) **जल विज्ञान सम्बन्धी सूखा**—यह स्थिति तब पैदा होती है जब विभिन्न जल संग्रहण जलाशय, जलभृत और झीलों इत्यादि का स्तर वृष्टि द्वारा की जाने वाली जलापर्ति के बाद भी नीचे गिर जाए।

(iii) **कृषि सूखा**—इसे भूमि आर्द्रता सूखा भी कहा जाता है। मिट्टी में आर्द्रता की कमी के कारण फसलें मुरझा जाती हैं। जिन क्षेत्रों में 30 प्रतिशत से कुल बोये गये क्षेत्र में सिंचाई होती है उन्हें भी सूखा प्रभावित नहीं माना जाता।

(iv) **पारिस्थितिक सूखा**—जब प्राकृतिक पारिस्थितिक तन्त्र में जल की कमी से उत्पादकता में कमी आ जाती है फलस्वरूप पारिस्थितिक तंत्र में तनाव आ जाता है तथा यह क्षतिग्रस्त हो जाता है तो पारिस्थितिक सूखा कहलाता है।

भारत में सूखाग्रस्त क्षेत्र—भारत के कुल भौगोलिक क्षेत्र का लगभग 19 प्रतिशत भाग तथा 12 प्रतिशत भाग हर वर्ष सूखे से प्रभावित रहता है। भारत को सूखे की तीव्रता के आधार पर तीन भागों में विभक्त किया गया है।

(i) **अत्यधिक सूखा प्रभावित क्षेत्र**—राजस्थान का अधिकांश पश्चिमी भाग तथा गुजरात क कच्छ क्षेत्र है।

(ii) **अधिक सूखा प्रभावित क्षेत्र**—राजस्थान का पूर्वी भाग, मध्य प्रदेश, महाराष्ट्र का पूर्वी भाग, आन्ध्र प्रदेश के आन्तरिक भाग, कर्नाटक का पठार, उत्तरी तमिलनाडु, दक्षिणी झारखण्ड तथा ओडिशा के आन्तरिक भाग।

(iii) **मध्यम सूखा प्रभावित क्षेत्र**—उत्तरी राजस्थान, हरियाणा, दक्षिणी उत्तर प्रदेश, गुजरात के कुछ क्षेत्र, कोंकण को छोड़कर महाराष्ट्र, झारखण्ड, तमिलनाडु में कोयबटूर पठार तथा आन्तरिक कर्नाटक।

सूखा पड़ने पर अकाल की स्थितियां उत्पन्न हो जाती हैं। वृहद् स्तर पर मवेशियों की मौत, मानव प्रवास तथा पशु पलायन सूखाग्रस्त क्षेत्रों में प्रभावी हो जाते हैं।

भारत में सूखा प्रबन्धन—सूखा एक प्राकृतिक आपदा है। यदि सूखा लम्बे समय तक बना रहे तो अकाल की स्थिति उत्पन्न हो सकती है। अतः सूखा प्रबन्धन हेतु निम्नलिखित उपायों को अपनाया जा सकता है—

1. जल संरक्षण।
2. वृक्षारोपण।
3. शुष्क कृषि का विकास।
4. भूमिगत जल के भण्डारण का पता लगाना।
5. जल आधिक्य वाले क्षेत्रों से न्यूनता वाले क्षेत्रों में पानी पहुंचाना।
6. नदियों को जोड़ना।
7. उपयुक्त स्थलों पर बांधों व जलाशयों का निर्माण।
8. सूखा प्रवण क्षेत्र व जलसंभर विकास कार्यक्रम को व्यवहार में लागू करना।

(6) **भूस्खलन**—सामान्यतः भूस्खलन भूकंप, ज्वालामुखी फटने, सुनामी तथा चक्रवात की तुलना में कोई बड़ी घटना नहीं है, किन्तु इसका प्राकृतिक पर्यावरण और राष्ट्रीय अर्थव्यवस्था पर गहरा प्रभाव पड़ता है। अन्य आपदाओं के विपरीत, जो आकस्मिक, अननुमेय तथा बृहत स्तर पर दीर्घ एवं प्रादेशिक कारकों से नियन्त्रित हैं, भूस्खलन मुख्य रूप से स्थानीय कारणों से उत्पन्न होते हैं। इसलिए भूस्खलन के बारे में आंकड़े एकत्र करना व इसकी सम्भावना का अनुमान लगाना न केवल मुश्किल अपितु अत्यधिक महंगा पड़ता है।

भूस्खलन को परिभाषित करना और इसके व्यवहार को शब्दों में बांधना मुश्किल कार्य है। परन्तु फिर भी पिछले अनुभवों, इसकी बारंबारता और इसके घटने को प्रभावित करने वाले कारकों, जैसे—भूविज्ञान, भू-आकृतिक कारक, ढाल, भूमि उपयोग, वनस्पति आवरण और मानव क्रियाकलापों के आधार पर भारत को विभिन्न भूस्खलन क्षेत्रों में बांटा गया है। इसको हम निम्नलिखित विवरणों द्वारा समझ सकते हैं—

(क) **अत्यधिक सुभेद्यता क्षेत्र**—अधिक अस्थिर हिमालय की युवा पर्वत शृंखलाएं, अंडमान और निकोबार, पश्चिमी घट व नीलगिरी में अधिक वर्षा वाले क्षेत्र, उत्तर-पूर्वी क्षेत्र, भूकम्प प्रभावी क्षेत्र और अत्यधिक मानव क्रियाकलापों वाले क्षेत्र, जिसमें सड़क और बांध निर्माण इत्यादि आते हैं, अत्यधिक भूस्खलन सुभेद्यता क्षेत्रों में रखे जाते हैं।

(ख) **अधिक सुभेद्यता क्षेत्र**—अधिक भूस्खलन सुभेद्यता क्षेत्रों में भी अत्यधिक सुभेद्यता क्षेत्रों से मिलती-जुलती परिस्थितियां हैं। दोनों में अन्तर है, भूस्खलन को नियंत्रण करने वाले कारकों के संयोजन, गहनता और बारंबारता का। हिमालय क्षेत्र के सारे राज्य और उत्तर-पूर्वी भाग (असम को छोड़कर) इस क्षेत्र में शामिल हैं।

(ग) **मध्यम व कम सुभेद्यता क्षेत्र**—पार हिमालय के कम वृष्टि वाले क्षेत्र लद्दाख व हिमाचल प्रदेश में स्पिती, अरावली पहाड़ियों में कम वर्षा वाला क्षेत्र, पश्चिमी तथा पूर्वी घाट के व दक्कन पठार के वृष्टि छाया क्षेत्र ऐसे इलाके हैं, जहां कभी-कभी भूस्खलन होता है। इसके अलावा झारखंड, ओडिशा, छतीसगढ़, मध्य प्रदेश, महाराष्ट्र, आंध्र प्रदेश, कर्नाटक, तमिलनाडु, गोवा और केरल में खादानों और भूमि धंसने से भूस्खलन होता रहता है।

(घ) **अन्य क्षेत्र**—भारत के अन्य क्षेत्र मुख्यतः राजस्थान, हरियाणा, उत्तर प्रदेश, बिहार, पश्चिम बंगाल (दार्जिलिंग जिले को छोड़कर) असम (कार्बी अनलोंग को छोड़कर) तथा दक्षिण प्रांतों के तटीय क्षेत्र भूस्खलन युक्त हैं।

भूस्खलन के परिणाम—भूस्खलनों का प्रभाव अपेक्षाकृत छोटे क्षेत्र में पाया जाता है और स्थानीय होता है। परन्तु सड़क मार्ग में अवरोध, रेलपटरियों का टूटना तथा जल वाहिकाओं में चट्टानें गिरने से पैदा हुई रुकावटों के गम्भीर परिणाम हो सकते हैं। भूस्खलन के कारण हुए नदी रास्तों में बदलाव बाढ़ ला सकते हैं और जान माल का नुकसान हो सकता है। इससे इन क्षेत्रों में आवागमन कठिन हो जाता है और विकास कार्यों की गति धीमी पड़ जाती है।

भूस्खलन का निवारण—भूस्खलन से निपटने के उपाय भिन्न-भिन्न क्षेत्रों के लिए अलग-अलग होने चाहिए। अधिक भूस्खलन संभावी क्षेत्रों में सड़क तथा बड़े बांध बनाने जैसे निर्माण कार्य तथा विकास कार्य पर प्रतिबंध होना चाहिए। इन क्षेत्रों में कृषि नदी घाटी तथा कम ढाल वाले क्षेत्रों तक सीमित होनी चाहिए तथा बड़ी विकास परियोजनाओं पर नियंत्रण होना चाहिए। सकारात्मक कार्य जैसे—बृहत स्तर पर वनीकरण को बढ़ावा व जल बहाव को कम करने के लिए बांध का निर्माण भूस्खलन के उपायों के पूरक हैं। स्थानान्तरी कृषि वाले उत्तर-पूर्वी क्षेत्रों में सीढ़ीनुमा खेत बनाकर कृषि की जानी चाहिए।

आपदा प्रबंधन

भूकम्प, सुनामी तथा ज्वालामुखी की तुलना में चक्रवात के आने के समय एवं स्थान की भविष्यवाणी सम्भव है। इसके अतिरिक्त आधुनिक तकनीक का प्रयोग करके चक्रवात की गहनता, दिशा व परिमाण आदि को मॉनीटर करके इससे होने वाले नुकसान को कम किया जा सकता है। इससे होने वाले नुकसान को कम करने के लिए चक्रवात शेल्टर, तटबंध, डाइक, जलाशय निर्माण तथा वायुवेग को कम करने के लिए वनीकरण जैसे कदम उठाए जा सकते हैं, तथापि भारत, बांग्लादेश, म्यांमार इत्यादि देशों के तटीय क्षेत्रों में रहने वाली जनसंख्या की सुभेद्यता अधिक है, इसलिए यहां जान-माल का नुकसान बढ़ रहा है।

आपदाएं प्राकृतिक या मानवकृत दोनों प्रकार की हो सकती हैं, परन्तु हर संकट आपदा भी नहीं होती। आपदाओं, विशेषकर प्राकृतिक आपदाओं पर नियंत्रण मुश्किल है। इसका अच्छा उपाय इनके निवारण की तैयारियां करना है। आपदा निवारण और प्रबन्धन की निम्नलिखित तीन अवस्थाएं हैं—

(i) **आपदा से पहले**—आपदा के बारे में आंकड़े तथा सूचना एकत्र करना, आपदा संभावी क्षेत्रों का मानचित्र तैयार करना और लोगों को इसके बारे में जानकारी देना। इसके अलावा संभावी क्षेत्रों में आपदा योजना बनाना, तैयारियां रखना और बचाव का उपाय करना।

(ii) **आपदा के समय**—युद्ध स्तर पर बचाव व राहत कार्य करना, जैसे—आपदाग्रस्त क्षेत्रों से लोगों को निकालना, आश्रय स्थल निर्माण, राहत कैंप, जल, भोजन व दवाई आपूर्ति।

(iii) **आपदा के पश्चात्**—प्रभावित लोगों का बचाव और पुनर्वास। भविष्य में आपदाओं से निपटने के लिए क्षमता-निर्माण पर ध्यान केन्द्रित करना।

भारत जैसे देश में, जहां दो-तिहाई क्षेत्र और जनसंख्या आपदा सुभेद्य है, इन उपायों का विशेष महत्व है। आपदा प्रबंधन अधिनियम, 2005 और राष्ट्रीय आपदा प्रबंधन संस्थान की स्थापना इस दिशा में भारत सरकार द्वारा उठाए गए सकारात्मक कदम का उदाहरण है।

भारत सरकार का आपदा प्रबन्धन अधिनियम 2005

इस अधिनियम में आपदा को किसी क्षेत्र में घटित एक महाविपत्ति, दुर्घटना, संकट या गम्भीर घटना के रूप में परिभाषित किया गया है, जो प्राकृतिक या मानवकृत कारणों या दुर्घटना या लापरवाही का परिणाम हो और **जिससे बड़े स्तर पर जान की क्षति या मानव पीड़ा, पर्यावरण की हानि एवं विनाश हो और जिसकी प्रकृति या परिमाण प्रभावित क्षेत्र में रहने वाले मानव** समुदाय की सहन क्षमता से परे हो।

अध्याय : मानचित्र की नजर में

भारत : भूकम्प सम्भावित क्षेत्र

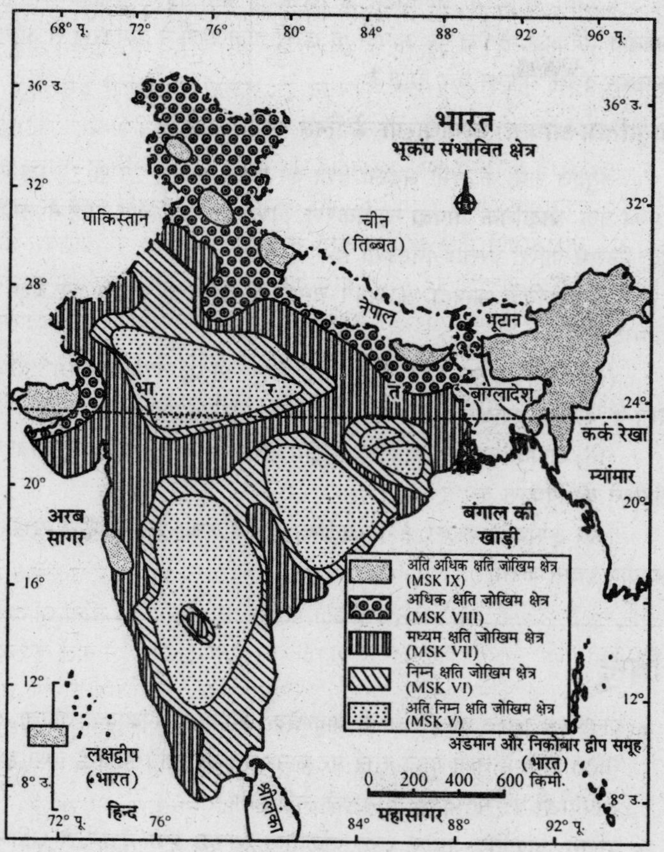

भारत : बाढ़ संभावित क्षेत्र

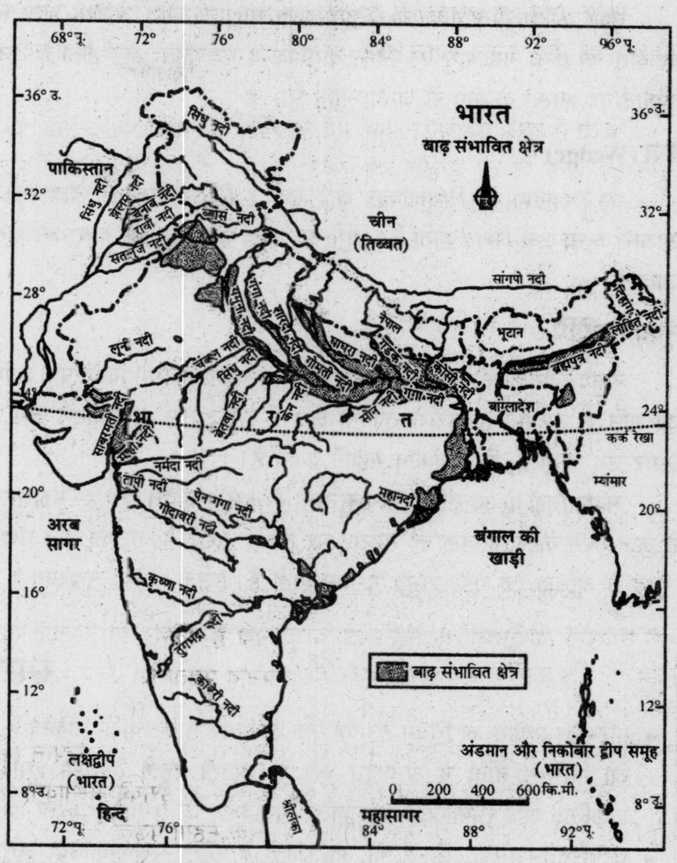

भारत : वायु तथा चक्रवात आपदा क्षेत्र

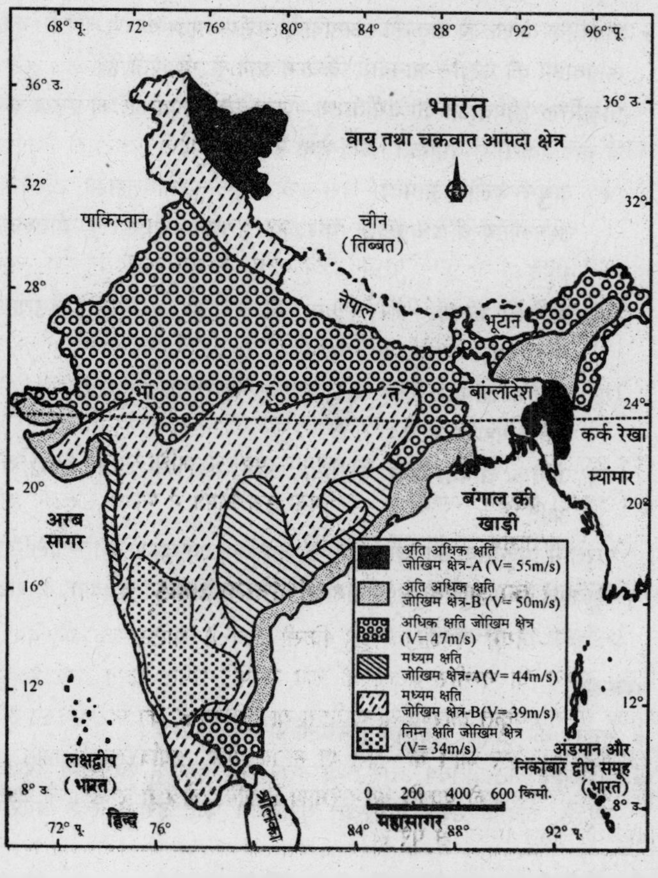

भारत : सूखा प्रभावित क्षेत्र

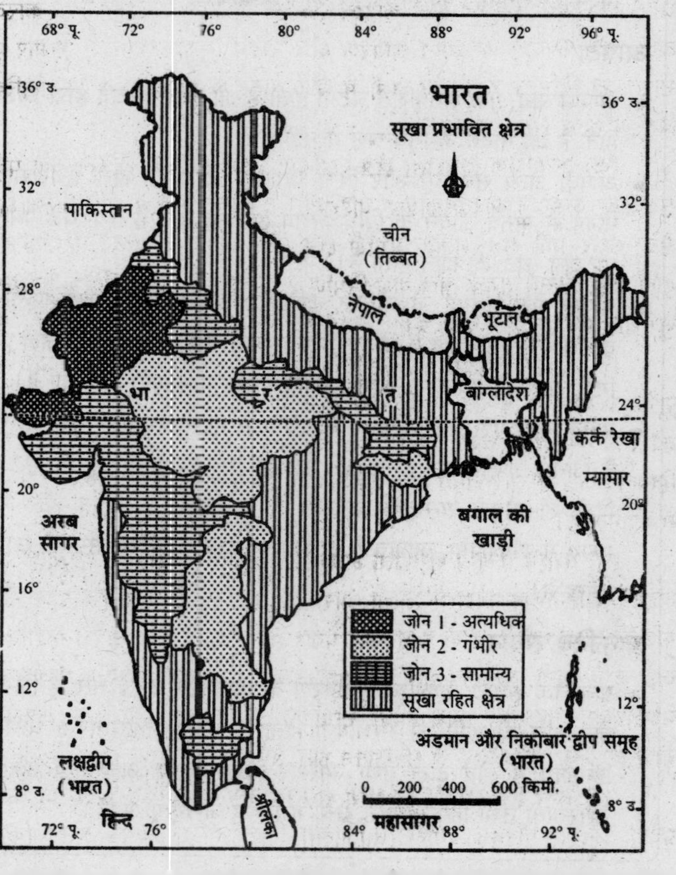

यह भी जानिए

तूफान की आंख

उष्ण कटिबन्धीय चक्रवात में वायुमंडल प्रवणता बहुत अधिक होती है। चक्रवात का केन्द्र गर्म वायु एवं निम्न वायुदाब व मेघरहित क्रोड होता है। इसे 'तूफान की आंख' के नाम से जाना जाता है।

वैज (Wedge)

यह उच्चदाब का त्रिभुजाकार क्षेत्र होता है जिसमें उच्चतम दाब उसके आधार के मध्य में स्थित होता है। आगे एवं पार्श्व की ओर यह दाब कम होता जाता है।

तूफान महोर्मि

समुद्रतटीय क्षेत्रों में प्रायः उष्ण कटिबन्धीय चक्रवात 190 किमी प्रति घण्टा की गति से टकराते हैं। इससे तूफानी क्षेत्र में समुद्र तल असाधारण रूप से ऊपर उठ जाता है, जिसे तूफान महोर्मि कहते हैं।

महासागरों के आन्तरिक भाग सुनामी से कम प्रभावित होते हैं—महासागर में जल तरंग की गति जल की गहराई पर निर्भर करती है। इसकी गति उथले समुद्र में अधिक एवं गहरे समुद्र में कम होती है। इसके कारण महासागरों के आन्तरिक भाग सुनामी से कम प्रभावित होते हैं।

वर्तमान में आपदाओं की सुभेद्यता बढ़ने का कारण

वर्तमान समय में आपदाओं की सुभेद्यता बढ़ गई है क्योंकि मानव ने तकनीकी विकास के बल पर आपदा के खतरे वाले क्षेत्रों में पर्यावरण से अधिक छेड़छाड़ करना प्रारम्भ कर दिया है।

प्राकृतिक आपदा-न्यूनीकरण के लिए पारित प्रस्ताव

संयुक्त राष्ट्र के सभी सदस्य देशों की विश्व कांफ्रेंस 23 से 27 मई सन् 1994 तक **'प्राकृतिक आपदा न्यूनीकरण'** विषय पर याकोहामा नगर में सम्पन्न हुई, जिसमें पारित प्रस्ताव निम्नवत् हैं—

(i) प्राकृतिक आपदा से अपने नागरिकों की रक्षा करना हर देश की जिम्मेदारी है।

(ii) कम विकसित देशों, चारों ओर से भू-आबद्ध देशों तथा छोटे द्वीपीय देशों के आपदा प्रबन्धन पर अन्तर्राष्ट्रीय स्तर पर सहायता प्रदान करना।

(iii) आपदा प्रबन्धन के लिए राष्ट्रीय स्तर पर कानून बनाकर क्षमता एवं सामर्थ्य का विकास करना।

(iv) आपदा प्रबन्धन में उपक्षेत्रीय, क्षेत्रीय तथा अन्तर्राष्ट्रीय स्तर पर सहयोग प्रदान करना।

स्मरणीय बिन्दु

- परिवर्तन प्रकृति का नियम है। यह एक लगातार चलने वाली प्रक्रिया है, जो विभिन्न तत्वों में अनवरत रूप से चलती रहती है तथा हमारे प्राकृतिक और सामाजिक-सांस्कृतिक पर्यावरण को प्रभावित करती है।
- ये परिवर्तन मन्द गति से भी आ सकते हैं, जैसे-स्थलाकृतियों और जीवों में। ये बदलाव तीव्रता से भी आ सकते हैं, जैसे-ज्वालामुखी विस्फोट, सुनामी, भूकम्प और तूफान इत्यादि।

आपदा

- आपदा प्रायः एक अनपेक्षित घटना होती है जो ऐसी ताकतों द्वारा घटित होती है जो मानव के नियन्त्रण में नहीं हैं।
- आपदा अल्प समय में और बिना चेतावनी के घटित होती है जिसकी वजह से मानव जीवन के क्रियाकलाप अवरुद्ध होते हैं तथा बड़े पैमाने पर जन-धन की हानि होती है।
- भोपाल गैस त्रासदी, चेरनोबिल नाभिकीय आपदा, युद्ध, क्लोरोफ्लोरो कार्बन गैसें वायुमंडल में छोड़ना, ग्रीन हाउस गैसें, ध्वनि, वायु, जल एवं मिट्टी सम्बन्धी पर्यावरण प्रदूषण आदि प्रमुख मानवकृत आपदाएं हैं।
- अनेक स्तर पर ऐसी घटनाओं से बचने के भरसक प्रयास किये जा रहे हैं जिनमें राष्ट्रीय आपदा प्रबंधन संस्थान की स्थापना, जून 1992 में रियो-डी-जेनरो सम्मेलन, ब्राजील में भू-शिखर सम्मेलन और मई 1994 में यॉकोहामा, जापान में आपदा प्रबन्धन पर विश्व संगोष्ठी आदि प्रमुख हैं।

प्राकृतिक संकट

- प्राकृतिक संकट, प्राकृतिक पर्यावरण के वातावरण के वे तत्व हैं जिनमें जन-धन की हानि की सम्भावना होती है। जैसे-महासागरीय धाराएं, हिमालय में तीव्र ढाल तथा अस्थिर संरचनात्मक आकृतियां अथवा रेगिस्तानों तथा हिमाच्छादित क्षेत्रों में विषम जलवायु आदि।
- प्राकृतिक संकट की तुलना में प्राकृतिक आपदाएं अपेक्षाकृत तीव्रता से घटित होती हैं तथा वृहद् स्तर पर जन-धन की हानि होती है तथा इन आपदाओं पर मानव का नियन्त्रण नहीं होता।
- वस्तुतः प्राकृतिक संकट तथा प्राकृतिक आपदा एक-दूसरे से घनिष्ठ रूप से जुड़े होते हैं तथा कभी-कभी ये एक-दूसरे के पर्याय के रूप में प्रयुक्त किये जाते हैं।
- प्राकृतिक कारक ही प्राकृतिक आपदाओं का एकमात्र कारण नहीं हैं। कुछ आपदाओं की उत्पत्ति मानवीय क्रियाकलापों से भी होती है।

प्राकृतिक आपदाओं का वर्गीकरण—प्राकृतिक आपदाओं को प्रमुख रूप से चार प्रकारों में वर्गीकृत किया गया है—

(क) **वायुमण्डलीय आपदा**—जैसे बर्फीले तूफान, तड़ितझंझा, टॉरनेडो, उष्णकटिबन्धीय चक्रवात, करकापात, पाला, सूखा, लू, शीतलहर आदि।

(ख) **भौमिकी आपदा**—जैसे भूकम्प, ज्वालामुखी, भूस्खलन, हिमघाव, अवतलन तथा मृदा अपरदन।

(ग) **जलीय आपदा**—जैसे बाढ़, ज्वार, महासागरीय धाराएं, सुनामी, तूफान महोर्मि आदि।

(घ) **जैविक आपदा**—जैसे टिड्डियां, कीट, बर्ड फ्लू, डेंगू, बैक्टीरिया आदि।

भारत में प्राकृतिक आपदाएं—प्रमुख प्राकृतिक आपदाओं में निम्नलिखित महत्वपूर्ण हैं—1. भूकम्प, 2. सुनामी, 3. उष्ण कटिबन्धीय चक्रवात, 4. बाढ़, 5. सूखा, 6. भूस्खलन।

भूकम्प

- भूकम्प की उत्पत्ति भूगर्भिक हलचलों से सम्बन्धित है।
- इण्डियन प्लेट प्रतिवर्ष उत्तर तथा उत्तर-पूर्व दिशा में एक सेमी खिसक रही है, जबकि उत्तर में स्थित यूरेशियन प्लेट इसके लिए अवरोध

उत्पन्न कर रही है जिसके कारण प्लेटों के किनारे पर तनाव बढ़ने से हिमालय के चाप के साथ भूकम्प आने की सम्भावना बनी रहती है।

- प्रायद्वीपीय भारत में लातूर और भीमा (कृष्णा) नदी के साथ-साथ एक भ्रंश रेखा विकसित हुई है, जिसके कारण प्रायद्वीपीय भारत के कुछ भागों में भूकम्प आते हैं।
- राष्ट्रीय आपदा प्रबंधन ने भारत को निम्नलिखित पांच भूकम्पीय क्षेत्रों में विभक्त किया है–
  (1) अति अधिक क्षति जोखिम क्षेत्र,
  (2) अधिक क्षति जोखिम क्षेत्र,
  (3) मध्यम क्षति जोखिम क्षेत्र,
  (4) निम्न क्षति जोखिम क्षेत्र,
  (5) अति निम्न क्षति जोखिम क्षेत्र।
- भूकम्प का प्रभाव सदैव विध्वंसक होता है। भूकम्प से वृहद् स्तर पर जन-धन की हानि होती है।
- भूकम्प के प्रभाव को कम करने का सबसे अच्छा उपाय है, इसकी समय से पूर्व जनता तक जानकारी पहुंचाना, साथ ही भूकम्प की आशंका वाले क्षेत्रों में भूकम्परोधी भवनों का निर्माण करना।

सुनामी

- भूकम्प या ज्वालामुखी से महासागरीय धरातल में ऊर्ध्वाधर ऊंची तरंगें उत्पन्न होती हैं जिन्हें सुनामी या भूकम्पीय समुद्री लहरें कहा जाता है।
- इनसे महासागरों के आन्तरिक भाग कम प्रभावित होते हैं, जबकि तटीय क्षेत्रों पर सुनामी लहरों के भारी विध्वंसात्मक प्रभाव देखे जाते हैं।
- सुनामी सामान्यतः प्रशान्त महासागरीय तट जिसमें अलास्का, जापान, फिलिपाइन, दक्षिण पूर्व एशिया के दूसरे द्वीप, इंडोनेशिया और मलेशिया तथा हिन्द महासागर में म्यांमार, श्रीलंका और भारत के तटीय भागों में आती हैं।
- सुनामी जैसी विनाशकारी आपदा से निपटने के लिए अन्तर्राष्ट्रीय स्तर पर प्रयास करना आवश्यक है।
- 26 दिसम्बर, 2004 को भारत में आयी सुनामी आपदा के बाद भारत अन्तर्राष्ट्रीय सुनामी चेतावनी तन्त्र में शामिल हो गया है।

उष्ण कटिबन्धीय चक्रवात

- 30° उत्तर तथा 30° दक्षिणी अक्षांशों के मध्य कम दबाव वाले उग्र मौसम तन्त्र उष्ण कटिबन्धीय चक्रवात कहलाते हैं।
- उष्ण कटिबन्धीय चक्रवात में वायुदाब प्रवणता बहुत अधिक होती है।
- भारत में उष्ण कटिबन्धीय चक्रवात बंगाल की खाड़ी तथा अरब सागर में उत्पन्न होते हैं।
- मानसूनी अवधि में अरब सागर की तुलना में बंगाल की खाड़ी में अधिक चक्रवात आते हैं। इसी प्रकार सितम्बर से दिसम्बर के मध्य भी बंगाल की खाड़ी में अधिक चक्रवात पैदा होते हैं।
- भारत में आने वाले उष्ण कटिबन्धीय चक्रवात तटीय क्षेत्रों में प्रायः 180 किमी प्रति घण्टा की चाल से प्रवेश करते हैं तथा तटीय क्षेत्रों में भारी तबाही के दृश्य उत्पन्न करते हैं।

बाढ़

- जब नदी जल-वाहिकाओं में इनकी क्षमता से अधिक जल बहाव होता है तो जल बाढ़ के रूप में मैदानी भागों के निचले हिस्सों में भर जाता है।
- प्राकृतिक आपदाओं की तुलना में बाढ़ की उत्पत्ति तथा उसके क्षेत्रीय फैलाव में मानव की महत्वपूर्ण भूमिका रहती है।
- असम, पश्चिम बंगाल तथा बिहार भारत के सर्वाधिक बाढ़ प्रभावित राज्य हैं।
- इसके अतिरिक्त उत्तर भारत की अधिकांश नदियां पंजाब तथा उत्तर प्रदेश में बाढ़ें लाती रहती हैं। पूर्वी उत्तर प्रदेश, राजस्थान, उत्तरी गुजरात तथा हरियाणा भारत के अन्य बाढ़ प्रभावित क्षेत्र हैं।
- बाढ़ों से फसलें नष्ट हो जाती हैं। लाखों लोग बेघर हो जाते हैं तथा बाढ़ग्रस्त क्षेत्रों में कई तरह की जलजनित बीमारियां फैलने की आशंका बढ़ जाती है। दूसरी ओर हर वर्ष आने वाली बाढ़ खेतों में उपजाऊ मिट्टी जमा कर देती है जो चावल की कृषि के लिए लाभदायक है।

सूखा

- दीर्घकालीन समय तक कम वर्षा, अत्यधिक वाष्पीकरण और जलाशयों तथा भूमिगत जल के अत्यधिक प्रयोग से भूतल पर जल की कमी हो जाती है ऐसी स्थिति सूखा कहलाती है।
- भारत के कुल भौगोलिक क्षेत्र का लगभग 19 प्रतिशत भाग और जनसंख्या का 12 प्रतिशत भाग प्रतिवर्ष सूखे से प्रभावित रहता है।
- सूखे के चार प्रकार होते हैं–
  (i) मौसम विज्ञान सम्बन्धी सूखा
  (ii) कृषि सूखा
  (iii) जल विज्ञान सम्बन्धी सूखा
  (iv) पारिस्थितिक सूखा।
- भारत को सूखे की तीव्रता के आधार पर तीन भागों में विभक्त किया गया है–
  (i) अत्यधिक सूखा प्रभावित क्षेत्र
  (ii) अधिक सूखा प्रभावित क्षेत्र
  (iii) मध्यम सूखा प्रभावित क्षेत्र।
- सूखा पड़ने पर अकाल की स्थितियां उत्पन्न हो जाती हैं। वृहद् स्तर पर मवेशियों की मौत, मानव प्रवास तथा पशु पलायन सूखाग्रस्त क्षेत्रों में प्रभावी हो जाते हैं।

भूस्खलन

- आधार चट्टानों या आवरण प्रस्तर (Regolith) का भारी मात्रा में तेजी से नीचे की ओर खिसकना भूस्खलन कहलाता है।
- भूस्खलनों की बारम्बारता और इसके घटने को प्रभावित करने वाले कारकों (भू-विज्ञान, भू-आकृतिक, कारक, ढाल भूमि उपयोग, वनस्पति आवरण) तथा मानवीय क्रियाकलापों के आधार पर भारत को चार भूस्खलन क्षेत्रों में विभक्त किया जाता है–
  (i) अत्यधिक सुभेद्यता क्षेत्र
  (ii) मध्यम और कम सुभेद्यता क्षेत्र
  (iii) अधिक सुभेद्यता क्षेत्र
  (iv) अन्य क्षेत्र।
- भूस्खलन का प्रभाव स्थानीय स्तर पर होता है। सड़क मार्ग तथा रेल मार्ग अवरुद्ध हो जाते हैं तथा नदियों के मार्ग बदल जाते हैं।

आपदा प्रबन्धन

- आपदा प्रबन्धन के अन्तर्गत विभिन्न आपदाओं के बारे में समय से पूर्व भविष्यवाणी करने के साथ-साथ आधुनिक तकनीक का उपयोग कर इनसे होने वाले नुकसान को कम करने वाली सभी प्रक्रियाएं सम्मिलित हैं।

एन.सी.ई.आर.टी. पाठ्यपुस्तक भूगोल के प्रश्न (हल सहित)

1. नीचे दिए गए चार विकल्पों में से सही उत्तर को चुनिए :

(i) इनमें से भारत के किस राज्य में बाढ़ अधिक आती है?

(क) बिहार (ख) पश्चिम बंगाल

(ग) असम (घ) उत्तर प्रदेश

(ii) उत्तराखण्ड के किस जिले में मालपा भू-स्खलन आपदा घटित हुई थी?

(क) बागेश्वर (ख) चम्पावत

(ग) अल्मोड़ा (घ) पिथौरागढ़

(iii) इनमें से कौन-से राज्य में सर्दी के महीनों में बाढ़ आती है?

(क) असम (ख) पश्चिमी बंगाल

(ग) केरल (घ) तमिलनाडु

(iv) इनमें से किस नदी में मजौली नदीय द्वीप स्थित है ?

(क) गंगा (ख) ब्रह्मपुत्र

(ग) गोदावरी (घ) सिन्धु

(v) बर्फानी तूफान किस तरह की प्राकृतिक आपदा है ?

(क) वायुमण्डलीय (ख) जलीय

(ग) भौमिकी (घ) जीवमण्डलीय

उत्तर—(i) (ग), (ii) (घ), (iii) (घ), (iv) (ख), (v) (क)

2. निम्नलिखित प्रश्नों के उत्तर लगभग 30 शब्दों में दीजिए।

(i) संकट किस दशा में आपदा बन जाता है?

(ii) हिमालय और भारत के उत्तरी-पूर्वी क्षेत्र में अधिक भूकम्प क्यों आते हैं?

(iii) उष्ण कटिबन्धीय तूफान की उत्पत्ति के लिए कौन-सी परिस्थितियां अनुकूल हैं?

(iv) पूर्वी भारत की बाढ़ पश्चिमी भारत की बाढ़ से अलग कैसे होती है?

(v) पश्चिमी और मध्य भारत में सूखे ज्यादा क्यों पड़ते हैं?

उत्तर—

(i) संकट, अल्पावधि की एक असाधारण घटना है जो देश की अर्थव्यवस्था को गम्भीर रूप से बिगाड़ देती है। एक संकट उस समय आपदा बन जाता है जब वह अचानक उत्पन्न हो तथा मानव उसका सामना करने के लिए पहले से तैयार न हो।

(ii) इसका प्रमुख कारण यह है कि इण्डियन प्लेट प्रतिवर्ष उत्तर व उत्तर-पूर्व दिशा में एक सेमी आगे की ओर खिसक रही है लेकिन उत्तर में स्थित यूरेशियन प्लेट इस कार्य में रुकावट उत्पन्न करती है। इण्डियन प्लेट तथा यूरेशियन प्लेटों के टकराने से उत्पन्न तनाव के कारण हिमालय और भारत के उत्तरी-पूर्वी क्षेत्र में अधिक भूकम्प आते हैं।

(iii) इसके लिए निम्नलिखित परिस्थितियां अनुकूल हैं—

(क) सतत् रूप से पर्याप्त मात्रा में उष्ण व आर्द्र वायु की उपलब्धता जिससे बहुत बड़ी मात्रा में गुप्त ऊष्मा निर्मुक्त होती है।

(ख) तीव्र कोरियालिस बल जो केन्द्र के न्यून वायुदाब को भरने न दे।

(ग) क्षोभमण्डल में अस्थिरता जिससे स्थानीय स्तर पर न्यून वायुदाब निर्मित हो जाते हैं।

(घ) **शक्तिशाली ऊर्ध्वाधर वायु फान (Wedge)** की अनुपस्थिति **जो नम तथा गुप्त ऊष्मा का ऊर्ध्वाधर प्रवाह न होने दे।**

(iv) पश्चिमी भारत को पिछले कुछ दशकों से आकस्मिक रूप से आने वाली बाढ़ों का सामना करना पड़ रहा है। इसका प्रमुख कारण मानसूनी वर्षा की तीव्रता तथा मानवीय क्रियाकलापों द्वारा प्राकृतिक अपवाह तन्त्र का अवरुद्ध करना है।

दूसरी ओर पूर्वी भारत में होने वाली भारी वर्षा से वहां की नदी जल वाहिकाओं में इनकी क्षमता से अधिक वर्षा जल आ जाता है तो इससे समीपवर्ती क्षेत्रों में बाढ़ें आ जाती हैं।

(v) पश्चिमी और मध्य भारत को मानसून की ऋतु में होने वाली वर्षा की अनिश्चितता का सामना करना पड़ता है। यही नहीं, यहां वर्षा केवल अनिश्चित ही नहीं, अपर्याप्त भी है। वर्षा की कमी तथा अनिश्चितता के कारण पश्चिमी और मध्य भारत में सूखा ज्यादा पड़ता है।

3. निम्न प्रश्नों के उत्तर लगभग 125 शब्दों में दीजिए—

(i) भारत में भूस्खलन प्रभावित क्षेत्रों की पहचान करें तथा इस आपदा के निवारण के कुछ उपाय बताएं।

(ii) सुभेद्यता क्या है? सूखे के आधार पर भारत को प्राकृतिक आपदा भेद्यता क्षेत्रों में विभाजित करें तथा इसके निवारण के उपाय बताएं।

(iii) किस स्थिति में विकास कार्य आपदा का कारण बन सकता है?

उत्तर—

(i) **भारत में भूस्खलन प्रभावित क्षेत्र**—भारत के अत्यधिक सुभेद्यता वाले क्षेत्रों में अस्थिर हिमालय की युवा पर्वत शृंखलाएं, अण्डमान और निकोबार द्वीप समूह, पश्चिमी घाट व नीलगिरी पर्वत के अधिक वर्षा वाले क्षेत्र, उत्तरी-पूर्वी क्षेत्र, भूकम्प प्रभावी क्षेत्र तथा अत्यधिक मानवीय क्रियाकलापों वाले क्षेत्र (जिससे सड़क तथा बांध निर्माण किये गये हैं) सम्मिलित हैं।

पार हिमालय के कम वर्षा वाले क्षेत्र लद्दाख और हिमाचल प्रदेश में स्पिती, अरावली पहाड़ियां, पश्चिमी घाट व पूर्वी घाट के वृष्टिछाया क्षेत्रों में कभी-कभी भूस्खलन होता रहता है, जबकि प्रायद्वीपीय भारत के खनन क्षेत्रों तथा अन्य क्षेत्रों में भी भूस्खलन की घटनाएं होती रहती हैं।

भूस्खलन आपदा निवारण के उपाय—भूस्खलन आपदा निवारण के लिए निम्नलिखित उपाय उपयोगी हो सकते हैं—

1. भूस्खलन सम्भावित क्षेत्रों में सड़क तथा बांध बनाने जैसे निर्माण कार्यों को पूर्ण रूप से प्रतिबन्धित कर देना चाहिए।
2. भूस्खलन सम्भावित क्षेत्रों में कृषि कार्य नदी घाटियों तथा कम ढाल वाले भू-भागों तक ही सीमित रखने चाहिए।
3. ऐसे क्षेत्रों में व्यापक स्तर पर वानिकी कार्यों को प्राथमिकता प्रदान की जाए।
4. उपयुक्त स्थलों पर नदी के जल बहाव को कम करने के लिए छोटे-छोटे बांधों का निर्माण करना चाहिए।
5. स्थानान्तरित कृषि वाले उत्तरी-पूर्वी क्षेत्रों में पर्वतीय ढालों पर सीढ़ीनुमा खेत बनाकर कृषि करनी चाहिए।

(ii) **सुभेद्यता**—सुभेद्यता किसी व्यक्ति, समुदाय या क्षेत्र को हानि पहुंचाने की वह दशा है जो मानवीय नियन्त्रण में नहीं रहती। दूसरे शब्दों में यह कहा जा सकता है कि सुभेद्यता जोखिम की वह सीमा है जिससे एक व्यक्ति, समुदाय या क्षेत्र पर प्रतिकूल प्रभाव पड़ता है।

भारत के सूखा प्रभावित क्षेत्र—सूखे की तीव्रता के आधार पर भारत को निम्नलिखित तीन सूखा प्रभावित क्षेत्रों में विभक्त किया जाता है।

1. **अत्यधिक सूखा प्रभावित क्षेत्र**—राजस्थान राज्य में अरावली श्रेणियों के पश्चिम में स्थित मरुस्थलीय भाग तथा गुजरात राज्य का कच्छ क्षेत्र भारत के अत्यधिक सूखा प्रभावित क्षेत्रों में सम्मिलित हैं। इसमें राजस्थान के जैसलमेर तथा बाड़मेर जिले भी सम्मिलित हैं जहां वार्षिक वर्षा का औसत 10 सेमी से भी कम है।
2. **अधिक सूखा प्रभावित क्षेत्र**—इस वर्ग में राजस्थान राज्य का पूर्वी भाग, मध्य प्रदेश का अधिकांश भाग, पूर्वी महाराष्ट्र, आन्ध्र प्रदेश का आन्तरिक भाग, कर्नाटक का पठार, तमिलनाडु का उत्तरी भाग, झारखण्ड का दक्षिणी भाग तथा ओडिशा के आन्तरिक भाग सम्मिलित हैं।
3. **मध्यम सूखा प्रभावित क्षेत्र**—इस वर्ग में उत्तरी राजस्थान, हरियाणा, उत्तर प्रदेश के दक्षिणी जिले, गुजरात का शेष भाग, कोंकण को छोड़कर महाराष्ट्र, तमिलनाडु में कोयंबटूर पठार तथा आन्तरिक कर्नाटक सम्मिलित हैं।

   भारत के शेष बचे भाग बहुत कम या न के बराबर सूखे से प्रभावित हैं।

सूखा निवारण के उपाय—सामाजिक तथा प्राकृतिक पर्यावरण पर सूखे का प्रभाव तात्कालिक एवं दीर्घकालिक होता है। इसलिए सूखे के उपाय भी तात्कालिक तथा दीर्घकालिक होते हैं।

1. **तात्कालिक उपाय**—सूखे की स्थिति में तात्कालिक सहायता प्रदान करने के लिए सुरक्षित पेयजल वितरण, दवाइयां, पशुओं के लिए चारे व जल की उपलब्धता तथा लोगों और पशुओं को सुरक्षित स्थलों पर पहुंचाना आवश्यक होता है।
2. **दीर्घकालिक उपाय**—सूखे से निपटने के लिए दीर्घकालिक योजनाओं के अन्तर्गत विभिन्न उपाय किये जा सकते हैं, जिनमें भूमिगत जल के भण्डारण का पता लगाना, जल आधिक्य क्षेत्रों से जल न्यूनता वाले क्षेत्रों में पानी पहुंचाना, नदियों को जोड़ना तथा उपयुक्त स्थलों पर बांधों व जलाशयों का निर्माण सम्मिलित है। सूखा प्रतिरोधी फसलों के बारे में प्रचार–प्रसार सूखे से लड़ने के लिये एक दीर्घकालिक उपाय है। वर्षा जल खेती का प्रचलन भी सूखे के प्रभाव को कम करने में महत्वपूर्ण भूमिका निभा सकता है।

(iii) लम्बे समय तक भौगोलिक साहित्यिक जगत् में प्राकृतिक आपदाओं को प्राकृतिक बलों का परिणाम माना जाता रहा लेकिन बीसवीं शताब्दी के दौरान मानव द्वारा किये जाने वाले अनेक विकास कार्य प्राकृतिक आपदा के लिए उत्तरदायी रहे हैं। उदाहरण के लिए, भोपाल गैस त्रासदी, चेरनोबिल नाभिकीय आपदा, सी. एफ. सी. तथा अन्य हानिकारक गैसों को सतत् रूप से वायुमण्डल में छोड़ना तथा पर्यावरण प्रदूषण सम्बन्धी मानवीय कार्य।

वस्तुतः मानवीय समाज को आगे बढ़ाने के लिए विकास अति आवश्यक है। आज का मानव जितनी सुख–सुविधाओं का उपभोग कर रहा है वह विकास के बिना सम्भव नहीं है लेकिन जहां मानव ने एक ओर आर्थिक विकास प्राप्त करने के लिए भूमि के संसाधनों का अविवेकपूर्ण ढंग से विदोहन किया है वहीं दूसरी ओर विनाश के बल पर किये गये विकास ने अनेक पर्यावरणीय समस्याओं को जन्म दिया है। इनमें भूस्खलन, बाढ़, मृदा अपरदन, भूकम्प, भूमण्डलीय तापन, ओजोन परत का क्षयीकरण तथा अम्लीय वर्षा जैसी समस्याएं उल्लेखनीय हैं। विकास कार्य निम्न स्थितियों में आपदा का कारण बन सकते हैं–

1. पर्वतीय भागों में बड़े पैमाने पर सड़कों का निर्माण भूस्खलन आपदा के लिए उत्तरदायी है।
2. ऊंचे बांध यदि किसी प्रकार टूट जाएं तो बाढ़ आपदा का सामना करना पड़ सकता है।
3. परमाणु संयन्त्रों में जरा–सी असावधानी नाभिकीय आपदा का कारण बन सकती है।
4. वृहद् स्तर पर वनोन्मूलन करने से भूस्खलन, मृदा अपरदन तथा बाढ़ जैसी प्राकृतिक आपदाएं प्रभावी हो जाती हैं।

अभ्यासार्थ प्रश्न

बहुविकल्पीय प्रश्न

1. निम्न में से वायुमण्डलीय आपदा नहीं है–

(अ) टॉरनेडो (ब) सूखा

(स) तड़ित झंझा (द) भूकम्प

2. भारत में भूकम्प किस क्षेत्र में अधिक आते हैं ?

(अ) अरावली (ब) हिमालय

(स) मध्य भारत (द) तटीय भारत

3. सुनामी लहरों का प्रकोप मुख्यतः होता है–

(अ) स्थलीय भागों में भूकम्प आने से

(ब) सागरीय भागों में भूकम्प आने से

(स) सागरीय भागों में बढ़ते प्रदूषण से

(द) सागरीय क्षेत्र में आने वाले तूफानों से

4. भारत में सर्वाधिक बाढ़ प्रभावित राज्य हैं–

(अ) पंजाब–उत्तर प्रदेश–बिहार (ब) असम–पश्चिमी बंगाल–बिहार

(स) असम–ओडिशा–मेघालय (द) बिहार–झारखण्ड–मध्य प्रदेश

5. दक्षिणी भारत में भूस्खलन प्रभावित प्रमुख क्षेत्र हैं–

(अ) पूर्वी घाट (ब) पूर्वी तटीय मैदान

(स) कच्छ–काठियावाड़ क्षेत्र (द) कोंकण तट

उत्तर–1. (द), 2. (ब), 3. (ब), 4. (ब), 5. (द)।

अति लघु उत्तरीय प्रश्न

1. 'आपदा' को स्पष्ट कीजिए।

उत्तर–आपदा प्रायः एक अनपेक्षित घटना है जो ऐसी ताकतों द्वारा घटित होती है, जो मानव के नियन्त्रण में नहीं होती तथा इनसे वृहद् स्तर पर जन–धन का नुकसान होता है।

2. मानवीय क्रियाकलापों से संबद्ध दो आपदाओं के नाम लिखिए।

उत्तर–(i) भोपाल गैस त्रासदी, (ii) चेरनोबिल नाभिकीय आपदा।

3. वर्तमान में आपदाओं की सुभेद्यता क्यों बढ़ी है?

उत्तर–वर्तमान में आपदाओं की सुभेद्यता बढ़ गयी है, क्योंकि मानव ने अपने तकनीकी विकास के बल पर आपदा के खतरे वाले क्षेत्रों के पर्यावरण से ज्यादा छेड़छाड़ करना प्रारम्भ कर दिया है।

4. आपदाओं की सुभेद्यता बढ़ाने वाले मानवीय क्रियाकलापों का उल्लेख कीजिए।

उत्तर–अधिकांश नदियों के बाढ़ मैदानों में तथा तटीय भागों पर बड़े नगरों एवं बन्दरगाहों (जैसे–चेन्नई, मुम्बई आदि) के विकास ने इन क्षेत्रों को चक्रवातों तथा सुनामी आदि के लिए सुभेद्य बना दिया है।

5. सन् 1994 ई. में जापान के याकोहामा नगर में आपदा प्रबन्धन की विश्व कांफ्रेंस को क्या नाम दिया गया?

उत्तर–'याकोहामा रणनीति तथा अधिक सुरक्षित संसार के लिए कार्य–योजना'।

6. किन्हीं दो वायुमण्डलीय आपदाओं के नाम लिखिए।

उत्तर–(i) तड़ित झंझा, (ii) टॉरनेडो।

7. जलीय आपदाओं के नाम लिखिए।

उत्तर–बाढ़, ज्वार, महासागरीय धाराएं, तूफान महोर्मि तथा सुनामी प्रमुख जलीय आपदाएं हैं।

8. भौमिकी आपदाओं के नाम लिखिए।

उत्तर–भूकम्प, ज्वालामुखी, भूस्खलन, हिमघाव, अवतलन तथा मृदा अपरदन प्रमुख भौमिकी आपदाएं हैं।

9. हिमालय क्षेत्र में भूकम्प आने का प्रमुख कारण क्या है?

उत्तर–इण्डियन प्लेट का उत्तर व उत्तर–पूर्व में खिसककर यूरेशियन प्लेट से टकराना हिमालय क्षेत्र में भूकम्प आने का प्रमुख कारण है।

10. राष्ट्रीय आपदा प्रबन्धन संस्थान ने भारत को भूकम्प के आधार पर कौन–से पांच भूकम्पीय क्षेत्रों में विभाजित किया है?

उत्तर–(i) अति अधिक क्षति जोखिम क्षेत्र, (ii) अधिक क्षति जोखिम क्षेत्र, (iii) मध्यम क्षति जोखिम क्षेत्र, (iv) निम्न क्षति जोखिम क्षेत्र, (v) अति निम्न क्षति जोखिम क्षेत्र।

11. सुनामी क्या है?

उत्तर–महासागरीय तली में भूकम्प या ज्वालामुखी विस्फोट से महासागरीय जल में ऊर्ध्वाधर ऊंची तरंगें उत्पन्न होती हैं जिन्हें सुनामी या भूकम्पीय लहर कहा जाता है।

12. महासागरों में आन्तरिक भाग सुनामी से कम प्रभावित होते हैं, क्यों?

उत्तर–महासागर में जल तरंग की गति जल की गहराई पर निर्भर करती है। इसकी गति उथले समुद्र में अधिक एवं गहरे समुद्र में कम होती है, परिणामस्वरूप महासागरों में आन्तरिक भाग सुनामी से कम प्रभावित होते हैं।

13. उष्ण कटिबन्धीय चक्रवात को ऊर्जा कहा से प्राप्त होती है?

उत्तर–उष्ण कटिबन्धीय चक्रवातों को ऊर्जा की प्राप्ति, समुद्र सतह से प्राप्त जलवाष्प की संघनन प्रक्रिया में छोड़ी गयी गुप्त ऊष्मा से होती है।

14. 'तूफान की आंख' से क्या आशय है?

उत्तर–उष्ण कटिबन्धीय चक्रवात में वायुमण्डल प्रवणता बहुत अधिक होती है। चक्रवात का केन्द्र गर्म वायु एवं निम्न वायुदाब व मेघरहित क्रोड होता है। इसे 'तूफान की आंख' के नाम से जाना जाता है।

15. वैज (Wedge) क्या है? अथवा वायुदाब क्या है?

उत्तर–वैज उच्चदाब का एक त्रिभुजाकार क्षेत्र होता है जिसमें उच्चतम दाब उसके आधार के मध्य में स्थित होता है तथा और अधिक आगे तथा पार्श्व की ओर यह दाब कम होता जाता है।

16. तूफान महोर्मि क्या है?

उत्तर–समुद्रतटीय क्षेत्रों में प्रायः उष्ण कटिबन्धीय चक्रवात 180 किमी प्रति घण्टा की गति से टकराते हैं। इससे तूफानी क्षेत्र में समुद्र तल असाधारण रूप से ऊपर उठ जाता है, जिसे तूफान महोर्मि कहते हैं।

17. बाढ़ की स्थिति कब उत्पन्न होती है?

उत्तर–जब नदी जल वाहिकाओं में इनकी क्षमता से अधिक जल बहाव होता है तथा जल मैदान के निचले हिस्से में भर जाता है तो बाढ़ की स्थिति पैदा हो जाती है।

18. सबसे बड़ा नदी द्वीप कौन–सा है?

उत्तर–ब्रह्मपुत्र नदी में स्थित मजोली (असम) सबसे बड़ा नदी द्वीप है।

19. 'सूखा' को स्पष्ट कीजिए।

उत्तर–लम्बे समय तक कम वर्षा, अत्यधिक वाष्पीकरण और जलाशयों तथा भूमिगत जल के अत्यधिक प्रयोग से भूतल पर जल की कमी हो जाने को सूखा कहा जाता है।

20. भारत के अत्यधिक सूखा प्रभावित क्षेत्रों के नाम बताइये।

उत्तर–पश्चिमी राजस्थान का मरुस्थलीय भाग तथा गुजरात का कच्छ क्षेत्र भारत के अत्यधिक सूखा प्रभावित क्षेत्र हैं।

21. अकाल किसे कहते हैं?

उत्तर–प्राकृतिक आपदा के कारण जब फसलें बर्बाद होने से अन्न की कमी हो जाती है तो उसे अकाल कहते हैं।

22. तृण अकाल क्या है?

उत्तर–चारा कम होने की स्थिति को तृण अकाल कहा जाता है।

23. जल अकाल क्या है?

उत्तर–जल आपूर्ति की कमी जल अकाल कहलाती है।

24. भूस्खलन से क्या आशय है?

उत्तर–किसी ढालू भू–भाग पर मिट्टी तथा चट्टानों के ऊपर से नीचे की ओर खिसकने, लुढ़कने या गिरने की प्रक्रिया को भूस्खलन कहा जाता है।

25. भूस्खलन के परिणाम क्या होते हैं?

उत्तर–आवागमन मार्गों का टूटना, नदियों के मार्ग में अवरोध आना तथा नदी मार्गों का बदलना भूस्खलन के प्रमुख परिणाम होते हैं।

26. आपदा प्रबन्धन अधिनियम कब पारित हुआ?

उत्तर–सन् 2005 में आपदा प्रबन्धन अधिनियम पारित हुआ।

लघु उत्तरीय प्रश्न

1. प्राकृतिक आपदा क्या है?

2. प्राकृतिक आपदाओं के प्रबन्धन से आप क्या समझते हैं?

3. आपदाओं की प्रभावशीलता को कम करने एवं इनका प्रबन्धन करने के लिए कौन–कौन से ठोस कदम उठाए गए हैं?

4. प्राकृतिक संकट तथा प्राकृतिक आपदा में अन्तर स्पष्ट कीजिए।

5. बाढ़ आने के प्रमुख कारण कौन–कौन से हैं?

6. भारत में बाढ़ प्रभावित क्षेत्रों के नाम लिखिए।

7. बाढ़ के क्या परिणाम होते हैं? स्पष्ट कीजिए।

8. बाढ़ नियन्त्रण के किन्हीं चार उपायों का उल्लेख कीजिए।

9. पारिस्थितिक सूखा क्या है?

10. भारत में अधिक सूखा प्रभावित क्षेत्रों के नाम लिखिए।

11. 'त्रिकाल' से आप क्या समझते हैं?
12. भूस्खलन क्या है? भारत को कितने भूस्खलन क्षेत्रों में बांटा गया है?
13. भूकम्प के सामाजिक एवं पर्यावरणीय परिणाम बताइए।
14. भूकम्प न्यूनीकरण उपायों की चर्चा कीजिए।
15. सुनामी के प्रभावों का संक्षिप्त विवरण प्रस्तुत कीजिए।
16. भारत के उष्णकटिबन्धीय चक्रवातों का विवरण स्पष्ट कीजिए।
17. उष्णकटिबन्धीय चक्रवातों का परिणाम बताइए।

विस्तृत उत्तरीय प्रश्न

1. भूकम्प क्या है? भारत में भूकम्प आने का कारण बताते हुए उसे भूकम्पीय क्षेत्रों में विभक्त कीजिए।
2. सुनामी क्या है? सुनामी के प्रभावों का विस्तार से विवरण प्रस्तुत कीजिए।
3. बाढ़ से आप क्या समझते हैं? बाढ़ आपदा के लिए उत्तरदायी कारकों, भारत में बाढ़ प्रभावित क्षेत्रों एवं बाढ़ के परिणाम व नियन्त्रण के उपायों की विवेचना कीजिए।
4. उष्ण कटिबन्धीय चक्रवात की उत्पत्ति, संरचना तथा क्षेत्रीय वितरण की विवेचना कीजिए।
5. सूखा के प्रकारों को परिभाषित कीजिए। भारत में सूखाग्रस्त क्षेत्रों एवं सूखा प्रबन्धन की अभिनव युक्तियों का विवरण प्रस्तुत कीजिए।

मानचित्र कार्य

1. भूकम्प के सन्दर्भ में भारत के रेखा मानचित्र पर निम्नलिखित को दर्शाइए—
   - अति अधिक क्षति जोखिम क्षेत्र
   - मध्यम क्षति जोखिम क्षेत्र
   - निम्न क्षति जोखिम क्षेत्र
2. वायु तथा चक्रवात आपदा क्षेत्र के सन्दर्भ में भारत के रेखा मानचित्र में निम्नलिखित को दर्शाइए—
   - अति अधिक क्षति जोखिम क्षेत्र–A
   - मध्यम क्षति जोखिम क्षेत्र–A
   - निम्न क्षति जोखिम क्षेत्र
3. भारत के रेखा मानचित्र में बाढ़ सम्भावित क्षेत्रों को दर्शाइए।
4. सूखा प्रभावित क्षेत्र के सन्दर्भ में भारत के रेखा मानचित्र में निम्नलिखित को दर्शाइए—
   - जोन–1–अत्यधिक गम्भीर क्षेत्र
   - जोन–2–गम्भीर क्षेत्र
   - जोन–3–सामान्य क्षेत्र

   उत्तर–संकेत–विद्यार्थी उपर्युक्त के हल हेतु अध्याय में समाहित नानचित्र का अवलोकन करें।

मॉडल प्रश्न-पत्र

भूगोल

समय : 3 घण्टे 15 मिनट] **कक्षा** 11 [**पूर्णांक** : 70

निर्देश :

(i) प्रारम्भ के 15 मिनट परीक्षार्थियों को प्रश्न–पत्र पढ़ने के लिए निर्धारित हैं।

(ii) सभी प्रश्न अनिवार्य हैं।

(iii) प्रश्न संख्या 1 से 8 तक बहु–विकल्पीय प्रश्न हैं। प्रश्न संख्या 9 से 16 तक अति लघु–उत्तरीय प्रश्न हैं, जिनका प्रत्येक उत्तर लगभग 20 शब्दों में, प्रश्न संख्या 17 से 22 तक लघु उत्तरीय प्रश्न हैं, जिनका प्रत्येक उत्तर लगभग 50 शब्दों में और प्रश्न संख्या 23 और 24 विस्तृत उत्तरीय प्रश्न हैं, जिनका प्रत्येक उत्तर लगभग 150 शब्दों में दीजिए। प्रश्न संख्या 25 एवं 26 मानचित्र–सम्बन्धी प्रश्न हैं।

(iv) सभी प्रश्नों के लिए निर्धारित अंक उनके सम्मुख अंकित हैं।

(v) उपर्युक्त रेखा–मानचित्रों एवं आरेखों द्वारा अपने उत्तरों की पुष्टि कीजिए।

बहुविकल्पीय प्रश्न

निम्नलिखित प्रश्नों के सही उत्तर अपनी उत्तर–पुस्तिका में लिखिए–

1. 'महाद्वीपीय विस्थापन सिद्धान्त' के जन्मदाता हैं– **1**

(अ) लोथियन ग्रीन (ब) अल्फ्रेड वेगनर
(स) अब्राहम आरटेलियस (द) एन्टोनियो पैलेग्रीनी

2. अवसादी शैलें बनती हैं– **1**

(अ) गर्म पदार्थों के ठंडा होने से
(ब) अत्यधिक ताप व दाब के कारण
(स) अपक्षय एवं अपरदन क्रियाओं द्वारा
(द) उपर्युक्त सभी

3. संवहनी प्रकार की वर्षा मुख्यत: होती है? **1**

(अ) ध्रुवीय क्षेत्रों में (ब) शीतोष्ण क्षेत्रों में
(स) विषुवतीय क्षेत्रों में (द) उपोष्ण क्षेत्रों में

4. वायु और वायुमण्डलीय दाब के कारण सागरीय जल की गति को कहते हैं– **1**

(अ) लहर (ब) महोर्मि
(स) उपभू (द) अपभू

5. भारत के कितने राज्यों से कर्क रेखा गुजरती है? **1**

(अ) 4 राज्यों से (ब) 7 राज्यों से
(स) 8 राज्यों से (द) 10 राज्यों से

6. डोडाबेटा चोटी निम्नलिखित में से कौन–सी पहाड़ी शृंखला में स्थित है? **1**

(अ) नीलगिरि (ब) कार्डामम
(स) अनामलाई (द) नल्लामाला

7. निम्न में से कौन–सा जीवमण्डल निचय पश्चिम बंगाल में गंगा नदी के दलदली डेल्टा पर स्थित है ? **1**

(अ) नौकरेक (ब) पंचमढ़ी
(स) नन्दादेवी (द) सुन्दरवन

8. भारत में सर्वाधिक बाढ़ प्रभावित राज्य हैं– **1**

(अ) पंजाब–उत्तर प्रदेश–बिहार
(ब) असम–पश्चिमी बंगाल–बिहार
(स) असम–ओडिशा–मेघालय
(द) बिहार–झारखण्ड–मध्य प्रदेश

अति लघु उत्तरीय प्रश्न

9. भौतिक भूगोल की किन्हीं दो शाखाओं का नामोल्लेख कीजिए। **2**

10. भूकम्प केन्द्र किसे कहते हैं? **2**

11. वेगनर की दृष्टि में महाद्वीप का विभाजन कब हुआ ? **2**

12. भू–विक्षेपी पवनें क्या हैं ? **2**

13. भारत का अक्षांशीय व देशान्तरीय विस्तार बताइए। **2**

14. आर्द्र पर्णपाती वन कहां पाए जाते हैं? **2**

15. मृदा का 'क' स्तर क्या है? **2**

16. सुनामी क्या है? **2**

लघु उत्तरीय प्रश्न

17. मृदा निर्माण के प्रमुख कारकों का उल्लेख कीजिए। **4**

18. संघनन की क्रिया में घटित होने वाली अवस्थाओं का संक्षिप्त विवरण दीजिए। **4**

19. प्रवाल द्वीप से आप क्या समझते हैं? **4**

20. भारत एक वृहत् भौगोलिक इकाई है–संक्षेप में समझाइए। **4**

21. उष्ण कटिबन्धीय पर्णपाती वनों का संक्षिप्त परिचय दीजिए। **4**

22. आपदाओं की प्रभावशीलता को कम करने एवं इनका प्रबन्धन करने के लिए कौन–कौन से ठोस कदम उठाए गए हैं? **4**

विस्तृत उत्तरीय प्रश्न

23. जैव विविधता के संरक्षण की आवश्यकता एवं महत्व का उल्लेख कीजिए। **6**

अथवा

कार्बन चक्र एवं ऑक्सीजन चक्र का विस्तृत विवरण प्रस्तुत कीजिए। **6**

24. वन्य प्राणियों की संख्या कम होने के मुख्य कारण क्या हैं? भारत में वन्य प्राणी अधिनियम् के उद्देश्यों को बताते हुए प्रोजेक्ट टाईगर परियोजना का विवरण दीजिए। **6**

अथवा

मृदा संरक्षण से क्या आशय है? मृदा संरक्षण की प्रमुख विधियों की विवेचना कीजिए। **6**

मानचित्र-सम्बन्धी प्रश्न

25. भारत के दिए गए मानचित्र में निम्नलिखित को उपर्युक्त चिन्हों द्वारा दर्शाइए और उनके नाम भी लिखिए–

(i) सबसे बड़ा केन्द्रशासित प्रदेश। ½ + ½

(ii) सबसे छोटा केन्द्रशासित प्रदेश। ½ + ½

(iii) भारतीय वन सर्वेक्षण मुख्यालय की स्थिति। ½ + ½

(iv) भारत का अत्यधिक भूकंप क्षति जोखिम क्षेत्र। ½ + ½

(v) कोई एक बाढ़ सम्भावित क्षेत्र। ½ + ½

केवल दृष्टिबाधित परीक्षार्थियों के लिए प्रश्न संख्या 25 के स्थान पर–

(i) सबसे बड़े केन्द्रशसित प्रदेश का नाम बताएं। **1**

(ii) सबसे छोटे केन्द्रशसित प्रदेश का नाम बताएं। **1**

(iii) भारतीय वन सर्वेक्षण का मुख्यालय कहां है? **1**

(iv) भारत का अत्यधिक भूकम्प क्षति जोखिम क्षेत्र का नाम बताएं। **1**

(v) भारत का कोई एक बाढ़ सम्भावित क्षेत्र का नाम। **1**

26. संसार के दिए गए रेखा–मानचित्र में निम्नलिखित को उपर्युक्त चिन्हों द्वारा दर्शाइए और उनके नाम भी लिखिए–

(i) समदाब रेखाएं। ½ + ½

(ii) महाद्वीपीय पर्पटी से निर्मित प्लेट ½ + ½

(iii) अंटार्कटिका प्लेट की स्थिति। ½ + ½

(iv) गंभीर भूकंप क्षेत्र। ½ + ½

(v) कैरोलिन प्लेट स्थिति सहित। ½ + ½

केवल दृष्टिबाधित परीक्षार्थियों के लिए प्रश्न संख्या 26 के स्थान पर–

(i) समदाब रेखाओं का नाम। **1**

(ii) महाद्वीपीय पर्पटी निर्मित प्लेट का नाम। **1**

(iii) अंटार्कटिका प्लेट की स्थिति। **1**

(iv) गभीर भूकंप क्षेत्र का क्षेत्र विवरण। **1**

(v) कैरोलिन प्लेट की स्थिति। **1**

ओ.एम.आर. उत्तर पत्रक (OMR Answer Sheet)

(सही उत्तर को नीली/काली बॉल प्वॉइंट पेन से पूर्णतया काला करें)

छात्र/छात्रा का नाम..

अनुक्रमांक..............................**विषय**......................... **कक्ष निरीक्षक के हस्ताक्षर एवं दिनांक**..

छात्र/छात्रा के हस्ताक्षर एवं दिनांक..

1	(अ)	(ब)	(स)	(द)
2	(अ)	(ब)	(स)	(द)
3	(अ)	(ब)	(स)	(द)
4	(अ)	(ब)	(स)	(द)
5	(अ)	(ब)	(स)	(द)
6	(अ)	(ब)	(स)	(द)
7	(अ)	(ब)	(स)	(द)
8	(अ)	(ब)	(स)	(द)